日本がわかるデータブック

日本国勢図会

にほんこくせいずえ

2024/25

第82版

公益財団法人 **矢野恒太記念会** 編集・発行

2

資料を提供していただいた諸団体（50音順）

IDC Japan、朝雲新聞社、運営管理機関連絡協議会、衛星放送協会、Energy Institute、ガートナージャパン、カーボンフロンティア機構、角川アスキー総合研究所、キャッシュレス推進協議会、原子力安全推進協会、国際自動車工業連合会、国土地理協会、国民年金基金連合会、国立天文台、古紙再生促進センター、コンピュータエンターテインメント協会、サイバーエージェント、産業タイムズ社、塩事業センター、情報通信総合研究所、ストックホルム国際平和研究所（SIPRI）、生命保険協会、世界鉄鋼協会、石油化学工業協会、石油連盟、セメント協会、全国軽自動車協会連合会、全国出版協会・出版科学研究所、全国食酢協会中央会、全国たばこ耕作組合中央会、大日本蚕糸会、WSTS日本協議会、デジタルコンテンツ協会、電気事業連合会、電子情報技術産業協会、電通、天然ガス鉱業会、電力広域的運営推進機関、東京カンテイ、東京商工リサーチ、投資信託協会、ニールセン デジタル、日本アルミニウム協会、日本映画製作者連盟、日本LPガス協会、日本化学繊維協会、日本学生支援機構、日本ガス協会、日本クレジット協会、日本経済新聞社、日本原子力産業協会、日本鉱業振興会、日本ゴム工業会、日本自動車工業会、日本自動車タイヤ協会、日本自動車販売協会連合会、日本自動車輸入組合、日本出版販売・出版流通学院、日本少額短期保険協会、日本証券業協会、日本新聞協会、日本生産性本部、日本製紙連合会、日本製薬工業協会、日本繊維輸入組合、日本ソーダ工業会、日本損害保険協会、日本たばこ協会、日本鉄鋼連盟、日本電機工業会、日本取引所グループ、日本フランチャイズチェーン協会、日本弁護士連合会、日本放送協会、日本民営鉄道協会、日本レコード協会、日本ロボット工業会、不動産経済研究所、ペットフード協会、三鬼商事、モバイル・コンテンツ・フォーラム、硫酸協会、レコフデータ
（株式会社、社団法人等の名称は省略しました）

日本国勢図会の版歴

第1版 1927年(昭2)	第29版 1971年(〃46)	第57版 1999年(〃11)
第2版 1929年(〃4)	第30版 1972年(〃47)	第58版 2000年(〃12)
第3版 1931年(〃6)	第31版 1973年(〃48)	第59版 2001年(〃13)
第4版 1933年(〃8)	第32版 1974年(〃49)	第60版 2002年(〃14)
第5版 1935年(〃10)	第33版 1975年(〃50)	第61版 2003年(〃15)
第6版 1938年(〃13)	第34版 1976年(〃51)	第62版 2004年(〃16)
第7版 1941年(〃16)	第35版 1977年(〃52)	第63版 2005年(〃17)
第8版 1943年(〃18)	第36版 1978年(〃53)	第64版 2006年(〃18)
第9版 1948年(〃23)	第37版 1979年(〃54)	第65版 2007年(〃19)
第10版 1950年(〃25)	第38版 1980年(〃55)	第66版 2008年(〃20)
第11版 1952年(〃27)	第39版 1981年(〃56)	第67版 2009年(〃21)
第12版 1954年(〃29)	第40版 1982年(〃57)	第68版 2010年(〃22)
第13版 1955年(〃30)	第41版 1983年(〃58)	第69版 2011年(〃23)
第14版 1956年(〃31)	第42版 1984年(〃59)	第70版 2012年(〃24)
第15版 1957年(〃32)	第43版 1985年(〃60)	第71版 2013年(〃25)
第16版 1958年(〃33)	第44版 1986年(〃61)	第72版 2014年(〃26)
第17版 1959年(〃34)	第45版 1987年(〃62)	第73版 2015年(〃27)
第18版 1960年(〃35)	第46版 1988年(〃63)	第74版 2016年(〃28)
第19版 1961年(〃36)	第47版 1989年(平1)	第75版 2017年(〃29)
第20版 1962年(〃37)	第48版 1990年(〃2)	第76版 2018年(〃30)
第21版 1963年(〃38)	第49版 1991年(〃3)	第77版 2019年(令1)
第22版 1964年(〃39)	第50版 1992年(〃4)	第78版 2020年(〃2)
第23版 1965年(〃40)	第51版 1993年(〃5)	第79版 2021年(〃3)
第24版 1966年(〃41)	第52版 1994年(〃6)	第80版*2022年(〃4)
第25版 1967年(〃42)	第53版 1995年(〃7)	第81版*2023年(〃5)
第26版 1968年(〃43)	第54版 1996年(〃8)	第82版*2024年(〃6)
第27版 1969年(〃44)	第55版 1997年(〃9)	*印のみ在庫あり
第28版 1970年(〃45)	第56版 1998年(〃10)	

まえがき

　日本国勢図会は、矢野恒太＊が創刊した統計データブックです。矢野恒太は、保険医を経て留学後、農商務省に入り保険業法の制定に尽力した人物で、内閣統計局から依嘱を受けて官製初の生命表を作成するなど、統計に深い造詣がありました。退官後の1902年（明治35年）に生命保険会社を設立する一方、1920年（大正9年）の第1回国勢調査にも協力しています。

　1927年（昭和2年）に刊行した本書の初版で、矢野恒太は「編者がもし教育家であって、幾人かの青年を預かったなら、本書に書いたことだけは何科の生徒にでも教えたいと思うことである。本書は講堂のない青年塾の一部である」と記しています。矢野恒太は客観的なデータが社会を知る上で重要と考え、その普及に努めました。以来、矢野恒太の理念を引き継ぎ、改良を加えながら版を重ねて現在に至っています。本書が、今後も読者の皆様が社会を考察されるための一助となれば幸いです。

　刊行にあたり、ご協力いただいた皆様方に深く感謝の意を表します。

2024年4月

公益財団法人　　矢野恒太記念会
編集長　　　岡田　康弘

＊矢野恒太（やのつねた）　慶応1.12.2〜昭和26.9.23（1866.1.18〜1951.9.23）
第一生命保険の創立者。保険のみならず統計、公衆衛生、社会教育など各方面に功績があった。

総目次

アンケートのお願い　本書へのご意見、ご感想は、とじ込みの郵便はがきのほか、下記のウェブサイトでも受け付けております。皆様のご意見をお待ちしています。

URL：https://yt-ms.jp/q_j_zue202425/

6

解説欄の目次

凡例

▼年次はすべて西暦を使いました。特に「年度」とあるもの以外は暦年（1月から12月まで）です。「年度」は特記しない限り会計年度を指し、日本の場合はその年の4月から翌年3月までです。

▼単位は原則として計量法に基づく法定計量単位を使用しています。重量単位 t は特記しない限り、メートル法によるトン（1000kg）です。

▼ドルは特記しない限り、アメリカ合衆国のドル（米ドル）です。

▼数値の単位未満は四捨五入している場合があり、その際には合計の数値と内訳の計とが一致しないことがあります。

▼構成比（％）の内訳は、その他の項目がある場合を除き100％になるよう調整していません。

▼統計データは編集時点での最新データを使用していますが、その後訂正されることがあります。

▼ただ中国とある場合は、台湾省および香港特別行政区、マカオ特別行政区を含みません。

▼資料の官庁名は、現行組織に従って表記しています。

統計表の記号等について

― は皆無、または定義上該当数値がないもの

0 または0.0 は表章単位に満たないもの

… は数値が得られないもの、不詳なもの

本書の巻末にある（付録Ⅰ）主要長期統計、（付録Ⅱ）府県別主要統計、（付録Ⅲ）府県別生産統計のデータをエクセルファイル形式で提供しています。以下のURLからダウンロードできます。

URL：https://yt-ms.jp/data/j_zue202425/

各国通貨の為替相場（1米ドルあたり）（上段：年末現在、下段：年平均）

通貨名 ISOコード	2019	2020	2021	2022	2023
日本円・・・・・・・・ JPY	109.120 109.010	103.630 106.775	114.210 109.754	132.650 131.498	141.910 140.491
中国・人民元・・・・ CNY	6.987 6.908	6.535 6.901	6.370 6.449	6.986 6.737	7.144 7.084
韓国ウォン・・・・・・ KRW	1 157.80 1 165.36	1 088.00 1 180.27	1 186.60 1 143.95	1 267.30 1 291.45	1 289.40 1 305.66
香港ドル・・・・・・・・ HKD	7.787 7.836	7.753 7.757	7.798 7.773	7.808 7.831	7.811 7.830
新台湾ドル・・・・・・ TWD	30.106 30.927	28.508 29.583	27.690 28.024	30.708 29.806	30.735 31.158
インド・ルピー・・ INR	71.274 70.420	73.054 74.100	74.303 73.918	82.786 78.604	83.116 82.599
インドネシア・ルピア・ IDR	13 901.0 14 147.7	14 105.0 14 582.2	14 269.0 14 308.1	15 731.0 14 849.9	15 416.0 15 236.9
タイ・バーツ・・・・ THB	30.154 31.048	30.037 31.294	33.420 31.977	34.562 35.061	34.223 34.802
マレーシア・リンギット・ MYR	4.093 4.142	4.013 4.203	4.176 4.143	4.413 4.401	4.592 4.561
ベトナム・ドン・・ VND	23 155.0 23 050.2	23 131.0 23 208.4	23 145.0 23 159.8	23 612.0 23 271.2	23 866.0 23 787.3
南アフリカ・ランド・ ZAR	14.026 14.448	14.686 16.459	15.905 14.779	16.994 16.356	18.521 18.450
ユーロ1)・・・・・・・・ EUR	0.890 0.893	0.815 0.876	0.883 0.845	0.938 0.950	0.905 0.925
イギリス・ポンド GBP	0.762 0.783	0.745 0.780	0.744 0.727	0.829 0.811	0.785 0.805
スイス・フラン・・ CHF	0.968 0.994	0.881 0.939	0.913 0.914	0.923 0.955	0.840 0.898
ロシア・ルーブル RUB	61.906 64.738	73.876 72.105	74.293 73.654	70.338 68.485	89.688 85.162
カナダ・ドル・・・・ CAD	1.306 1.327	1.286 1.341	1.287 1.254	1.360 1.302	1.326 1.350
メキシコ・ペソ・・ MXN	18.845 19.264	19.949 21.486	20.584 20.272	19.414 20.127	16.922 17.759
ブラジル・レアル BRL	4.030 3.944	5.196 5.155	5.580 5.394	5.217 5.164	4.841 4.994
オーストラリア・ドル・ AUD	1.427 1.439	1.298 1.453	1.378 1.331	1.476 1.442	1.462 1.505
ニュージーランド・ドル・ NZD	1.485 1.518	1.384 1.542	1.464 1.414	1.579 1.577	1.577 1.628

IMFデータ（2024年4月8日閲覧）より作成。1）参加国は23ページを参照。

2023年の10大ニュース（日付順）

日本

① 3月21日、野球のワールド・ベースボール・クラシック（WBC）の決勝で、日本がアメリカ合衆国に勝利し、3大会ぶり3度目の優勝を果たす。

② 3月27日、文化庁が京都に移転。2030年度までに、文化財の修復や人材育成などを一元的に担う国立「文化財修理センター」の設置を目指す。

③ 5月8日、新型コロナウイルスの感染症法上の位置付けが、それまでの「2類相当」から季節性インフルエンザと同じ「5類」に引き下げられる。

④ 5月19〜21日、先進7か国首脳会議（G7サミット）が広島市で開催された。会議にはウクライナのゼレンスキー大統領も対面で参加。

⑤ 6〜8月、気象庁が9月1日に、2023年の夏（6〜8月）の平均気温が、1898年の統計開始以降で最も高かったと発表した。

⑥ 6月16日、「性的指向及びジェンダーアイデンティティの多様性に関する国民の理解の増進に関する法律」（LGBT理解増進法）が成立。

⑦ 8月24日、東京電力福島第一原子力発電所より、トリチウム以外の放射性物質を除いた処理水の海洋放出が開始される。

⑧ 9月25日、アルツハイマー病の新薬が承認される。病気の原因とされる物質を脳内から除去し、認知症の進行を抑える効果が初めて認められた。

⑨ 10月11日、将棋の王座戦で、藤井聡太竜王・名人が3勝1敗でタイトルを奪取し、史上初の八冠独占を成し遂げた。

⑩ 11月16日、大リーグのエンゼルスでプレーする大谷翔平選手が、アメリカン・リーグの最優秀選手（MVP）に選ばれる。

*2024年1月1日、石川県能登地方で最大震度7の地震が発生。

世界

① 1月8日、中国で、新型コロナウイルス感染の「ゼロコロナ」政策が終了。

② 2月6日、トルコ南部で、大規模な地震が発生し、死者は5万人以上。

③ 4月4日、フィンランドが北大西洋条約機構（NATO）に正式加盟。NATO加盟国は31か国となる。2024年3月には、スウェーデンも加盟した。

④ 5月5日、WHO（世界保健機関）が、新型コロナウイルスの「国際的に懸念される公衆衛生上の緊急事態」（緊急事態宣言）の宣言を終了。

⑤ 7月17日、ロシアが、黒海を通じたウクライナ産穀物の輸出合意の停止を通告。黒海沿岸の港を利用する船舶を、すべて攻撃対象とみなすと警告。

⑥ 7月18日、国連の安全保障理事会がAI（人工知能）をテーマにしたはじめての会合を開き、国際的なルール作りが必要であることを強調。

⑦ 8月22日〜24日、新興5か国で作るBRICSの首脳会議で、新たに6か国が加盟することを発表。新加盟国は、エジプト、イラン、サウジアラビア、アラブ首長国連邦、アルゼンチン（加盟申請を撤回）、エチオピア。

⑧ 8月23日、インド宇宙研究機関（ISRO）の無人月探査機が月の南極付近に軟着陸。月面着陸の成功はソ連（当時）、米国、中国に次いで4か国目。

⑨ 10月7日、パレスチナのガザ地区を実効支配するイスラム組織ハマスが、イスラエルへ大規模な攻撃を仕掛け、イスラエルは報復攻撃を開始。

⑩ 11月19日、イエメン沖の紅海で、日本企業が運航する船舶がイエメンの反政府武装組織フーシ派に乗っ取られる。

主要経済データ（Ⅰ）

	完全# 失業率 （％）	有効求人 倍率1) # （倍）	鉱工業# 生産指数 （2020年 ＝100）	粗鋼生産 （千ｔ）	機械受注# （億円）	新設住宅 着工戸数 （戸）
2022. 1	2.8	1.20	104.6	7 757	27 558	59 690
2	2.7	1.21	106.0	7 301	25 488	64 614
3	2.6	1.23	105.7	7 954	27 042	76 120
4	2.6	1.24	105.3	7 471	32 609	76 294
5	2.6	1.25	100.7	8 065	28 983	67 223
6	2.6	1.27	105.7	7 448	29 047	74 617
7	2.5	1.29	106.3	7 321	27 848	73 024
8	2.5	1.31	107.8	7 359	27 701	77 731
9	2.6	1.32	107.3	7 140	26 183	74 004
10	2.6	1.33	105.5	7 333	26 472	76 590
11	2.5	1.35	105.5	7 175	26 792	72 372
12	2.5	1.35	104.9	6 902	27 136	67 249
2023. 1	2.5	1.35	101.1	7 220	25 786	63 604
2	2.6	1.34	104.5	6 916	25 757	64 426
3	2.7	1.32	104.9	7 488	25 574	73 693
4	2.6	1.32	105.2	7 237	26 617	67 250
5	2.6	1.32	104.1	7 648	26 573	69 561
6	2.5	1.31	105.0	7 329	26 436	71 015
7	2.6	1.30	103.5	7 383	27 911	68 151
8	2.6	1.30	103.1	7 147	25 538	70 389
9	2.6	1.29	103.2	7 028	27 782	68 941
10	2.5	1.29	104.4	7 511	26 584	71 769
11	2.5	1.27	103.8	7 111	26 920	66 238
12	2.5	1.27	105.0	6 983	28 267	64 586
2024. 1	2.4	1.27	98.0	7 264	27 450	58 849
2	2.6	1.26	97.4	6 992	28 034	59 162
3						
2012	4.3	0.80	110.1	107 232	237 337	882 797
2013	4.0	0.93	109.6	110 595	256 041	980 025
2014	3.6	1.09	111.9	110 666	278 919	892 261
2015	3.4	1.20	110.5	105 134	286 066	909 299
2016	3.1	1.36	110.5	104 775	271 907	967 237
2017	2.8	1.50	114.0	104 661	281 159	964 641
2018	2.4	1.61	114.6	104 319	293 365	942 370
2019	2.4	1.60	111.6	99 284	274 503	905 123
2020	2.8	1.18	100.0	83 186	258 611	815 340
2021	2.8	1.13	105.4	96 336	314 074	856 484
2022	2.6	1.28	105.3	89 227	332 321	859 529
2023	2.6	1.31	103.9	87 001	319 954	819 623

#月次データは季節調整値。1) 公共職業安定所における求人、求職の状況で、新規学卒者
を除きパートタイムを含む。2) 日本自動車工業会ウェブサイトより作成。自動車登録台数

主要経済データ（Ⅱ）

	新車販売台数2)(台)	商業販売額指数#(2020年=100)	実質賃金指数3)#(2020年平均=100)	消費者物価指数4)(2020年=100)	対前年同期比(%)	日経平均株価5)6)(終値)(円)
2022. 1	329 699	109.4	101.0	100.1	0.2	27 001.98
2	354 668	110.2	100.9	100.5	0.6	26 526.82
3	512 862	111.7	101.6	100.9	0.8	27 821.43
4	299 620	112.1	100.5	101.4	2.1	26 847.90
5	261 433	111.8	99.7	101.6	2.1	27 279.80
6	327 896	113.3	99.9	101.7	2.2	26 393.04
7	349 335	113.3	99.2	102.2	2.4	27 801.64
8	290 042	113.5	99.2	102.5	2.8	28 091.53
9	395 163	114.0	99.2	102.9	3.0	25 937.21
10	359 159	113.5	98.2	103.4	3.6	27 587.46
11	377 079	113.2	98.2	103.8	3.7	27 968.99
12	344 364	113.5	97.7	104.1	4.0	26 094.50
2023. 1	382 338	111.9	96.9	104.3	4.2	27 327.11
2	426 726	113.5	98.0	103.6	3.1	27 445.56
3	572 494	114.0	99.2	104.1	3.1	28 041.48
4	349 592	113.6	97.2	104.8	3.4	28 856.44
5	326 731	113.8	98.7	104.8	3.2	30 887.88
6	392 719	113.5	98.3	105.0	3.3	33 189.04
7	379 052	114.5	96.6	105.4	3.1	33 172.22
8	340 341	115.2	96.5	105.7	3.1	32 619.34
9	437 493	115.2	96.4	105.7	2.8	31 857.62
10	397 672	114.6	95.9	106.4	2.9	30 858.85
11	411 089	114.5	95.7	106.4	2.5	33 486.89
12	362 839	115.3	95.6	106.4	2.3	33 464.17
2024. 1	334 876	112.2		106.4	2.0	36 286.71
2	344 820	115.2		106.5	2.8	39 166.19
3	451 444					40 369.44
2012	5 369 720	111.8	105.9	95.1	-0.1	10 395.18
2013	5 375 513	112.8	105.1	95.5	0.4	16 291.31
2014	5 562 888	113.5	102.3	98.0	2.6	17 450.77
2015	5 046 510	110.5	101.3	98.5	0.5	19 033.71
2016	4 970 258	106.2	102.0	98.2	-0.3	19 114.37
2017	5 234 165	109.5	101.9	98.7	0.5	22 764.94
2018	5 272 067	113.2	102.1	99.5	0.9	20 014.77
2019	5 195 216	110.5	101.2	100.2	0.6	23 656.62
2020	4 598 615	100.0	100.0	100.0	-0.2	27 444.17
2021	4 448 340	106.0	100.6	99.8	-0.2	28 791.71
2022	4 201 320	112.4	99.6	102.1	2.3	26 094.50
2023	4 779 086	114.1	97.1	105.2	3.1	33 464.17

と、軽自動車販売台数の合計。3) 5人以上事業所の現金給与総額、調査産業計。年次は元数値の年平均。4) 生鮮食品を除く総合。5) 月末、年末値。6) 日経平均プロフィルより

主要経済データ（Ⅲ）

	為替相場5)（1ドルあたり円）	貿易7)（億円）		経常収支（億円）	貿易・サービス収支（億円）	マネタリーベース5)（億円）
		輸出	輸入			
2022. 1	115.43	63 303	85 800	-6 538	-23 930	6 631 825
2	115.55	71 889	79 265	22 669	-4 066	6 639 396
3	122.40	84 585	89 505	32 986	-2 254	6 880 327
4	129.90	80 753	89 635	10 567	-16 538	6 884 030
5	128.20	72 509	96 542	7 523	-21 114	6 733 977
6	136.63	86 137	100 148	4 812	-13 543	6 774 152
7	133.00	87 528	102 326	8 199	-20 136	6 659 614
8	138.61	80 605	108 516	6 218	-31 254	6 449 826
9	144.74	88 176	109 429	7 867	-21 354	6 180 535
10	148.24	90 013	112 073	-523	-25 321	6 208 632
11	138.80	88 368	108 944	17 951	-16 301	6 199 117
12	132.65	87 868	102 848	2 754	-14 855	6 324 071
2023. 1	130.41	65 500	100 781	-20 184	-38 584	6 518 986
2	136.29	76 540	85 829	22 003	-8 101	6 518 371
3	133.48	88 230	95 739	23 600	-4 671	6 758 401
4	134.05	82 909	87 207	18 954	-7 069	6 804 349
5	139.80	72 917	86 739	20 101	-13 801	6 722 761
6	144.88	87 409	87 043	15 194	-282	6 706 045
7	140.92	87 242	87 855	27 750	-4 342	6 688 501
8	146.07	79 944	89 345	22 938	-10 571	6 744 170
9	149.44	91 987	91 382	28 249	1 084	6 726 056
10	149.45	91 451	98 133	26 945	-380	6 772 899
11	146.98	88 180	96 063	20 408	-6 025	6 698 450
12	141.91	96 429	95 840	7 851	-1 426	6 730 470
2024. 1	147.50	73 328	90 993	*4 570	*-19 638	6 700 767
2	150.60	82 492	*86 270	*26 442	*-3 365	6 645 586
3	151.25	*94 696	*91 031			6 867 871
2012	86.55	637 476	706 886	47 640	-80 829	1 384 747
2013	105.30	697 742	812 425	44 566	-122 521	2 018 472
2014	120.64	730 930	859 091	39 215	-134 988	2 758 740
2015	120.50	756 139	784 055	165 194	-28 169	3 561 336
2016	116.80	700 358	660 420	213 910	43 888	4 374 314
2017	112.90	782 865	753 792	227 779	42 206	4 799 976
2018	110.83	814 788	827 033	195 047	1 052	5 042 166
2019	109.12	769 317	785 995	192 513	-9 318	5 182 425
2020	103.63	683 991	680 108	159 917	-8 773	6 176 083
2021	114.21	830 914	848 750	214 667	-24 834	6 700 674
2022	132.65	981 736	1 185 032	114 486	-210 665	6 324 071
2023	141.91	1 008 738	1 101 956	213 810	-94 167	6 730 470

作成。日経平均株価は、日本経済新聞社の著作物。7）2023年は確々報、2024年は確報（2月の輸入、3月の輸出入は速報）。*速報値。

第1章　世界の国々

　2023年は新型コロナウイルス感染症のパンデミック（世界的大流行）がようやく終結し、多くの国で通常の生活が戻ってきた。2020年1月30日にWHO（世界保健機関）が「国際的に懸念される公衆衛生上の緊急事態」を宣言して以降、2023年5月5日の終了宣言までの約3年3か月にわたり、各国は人の移動を制限し、感染対策やワクチン接種などに取り組んできた。2023年末までに、世界でワクチン接種が行われた回数は135億回に達している。人的被害を見ると、累計の新型コロナ感染者数は7億7000万人、死亡者数は700万人を超えた（One World in Data）。

　パンデミック収束に伴い、世界の経済活動が活発化している。ただし、コロナ禍を経て社会は大きく変わった。国際的なサプライチェーンが危機的な状況に陥ったことで、国内や友好国間での囲い込みが始まったほか、デジタル変革が加速され、リモートワークや遠隔医療、電子商取引の拡大、決済手段のデジタル化などが進んだ。一方、社会の格差が一層広がり、財政基盤がぜい弱な国の対外債務が急増し、セーフティネットの乏しい国では失業や教育機会の喪失が深刻な問題となった。2022年2月に始まったロシアのウクライナ侵攻や、2023年10月にぼっ発した中東紛争といった地政学リスクは、世界経済や安全保障の大きな重荷となり、物価上昇などで人々の日常生活にも大きな影響を及ぼしている。

世界の国・地域（2024年3月末現在）　2024年3月末現在、日本が国家として承認している国の数は195か国である。最近では、クック諸島（2011年3月25日）、南スーダン共和国（2011年7月9日）、ニウエ（2015年5月15日）を新たに承認した。北朝鮮については未承認で、北朝鮮と日本を含めた世界の国の数は197か国となる（日本政府は、北朝鮮を含まない196か国を世界の国の数とする）。国連加盟国は193か国で、北朝鮮は国連に加盟しており、日本承認国のうちバチカン、コソボ、クック諸島、ニウエは未加盟となっている。パレスチナは、2012年11月、国連のオブザーバー国家に格上げされ、139か国が国家として承認している。2024年3月末現在、台湾と国交を結んでいるのは12か国である（2024年1月にナウルが外交関係を解除）。

　ロシアのウクライナ侵攻は、いまだに終結の兆しが見えない状況である。ロシアのプーチン大統領はウクライナへの軍事侵攻を正当化しており、「新しい世界秩序」と称して欧米諸国に対抗する姿勢を打ち出している。新興国・途上国の総称であるグローバルサウスとの関係を強化し、中国やインドなどと連携関係を強めていく構えだ。中国と共にロシアが主導するBRICSは、ブラジル、ロシア、インド、中国、南アフリカ共和国の5か国に、2024年1月からアラブ首長国連邦、サウジアラビア、イラン、エチオピア、エジプトの5か国が新しく首脳会議に加わった。

　中東では、イスラエルとアラブ諸国の関係改善が進んでいた。その中で起きたパレスチナのイスラム組織ハマスとイスラエルの衝突は、イラ

イスラム組織ハマスとイスラエルの戦闘

　2023年10月、パレスチナのガザ地区を実効支配するイスラム組織ハマスが、イスラエルへ大規模な越境攻撃を仕掛けた。直後にイスラエルは激しい報復攻撃を開始し、5か月経過した2024年3月末現在も攻撃の応酬が続いている。多くの市民が犠牲になり、特に避難生活を余儀なくされるガザ市民は、支援物資の受け取りも困難な状況に陥っている。

　近年、中東情勢は大きな転機を迎えていた。2020年にイスラエルとアラブ首長国連邦（UAE）が国交正常化に合意し、ほかのアラブ諸国もイスラエルとの関係を見直し始めるなか、大国サウジアラビアも国交正常化に向けて動き出していた。サウジアラビアは、2023年4月に中国の仲介の下で、2016年以来断交していたイランとの国交正常化に合意している。

　ハマスのイスラエル攻撃は、パレスチナ問題解決が置き去りにされることへの危機感があったと言われている。実際、今回の動きによって、サウジアラビアはイスラエルとの国交正常化の流れを凍結した。アメリカ合衆国はイスラエルへの軍事支援を続けているが、国民からイスラエル批判が高まっており、大統領選挙が迫る中、バイデン大統領は2024年3月の停戦を求める国連安保理の決議案で、拒否権を行使せず、棄権した。

　イスラエルは、隣国レバノンのヒズボラとも国境で交戦を続けている。ヒズボラはイランの支援を受ける民兵組織で、ハマスとも協力関係にあると報じられている。また、イエメン沖の紅海周辺では、イランの支援を得てハマスとの連携を掲げるイエメンの反政府勢力フーシ派が、船舶への攻撃を続けており、アメリカ合衆国はフーシ派をテロ組織に指定した。

　イスラエルのネタニヤフ首相は、ハマス壊滅を目指すと明言している。停戦交渉は行き詰まっており、事態の収束は見えない状況である。

ンを巻き込んで中東全体の紛争に広がると懸念されている。カタールが仲介となって、ハマスとイスラエル軍との間で戦闘休止と人質解放に向けた交渉を行うための努力が続いているが、イランと強い関係にあるレバノンのイスラム教シーア派組織ヒズボラや、イエメンの反政府勢力フーシ派は、ハマスを支援してイスラエルとの戦闘を続ける姿勢を崩していない。ガザ地区では支援物資が十分に届かず、人道危機が深刻化している。2024年4月、国連人権委員会はガザ地区での停戦やイスラエルへの武器売却停止を求める決議を採択したが、イスラエルを支援するアメリカ合衆国は反対票を投じ、日本は投票を棄権した。ただし、アメリカ国内ではイスラエルへの抗議の声が高まっており、バイデン大統領はイスラエルに対し強硬路線を改めなければ支援を見直すと警告している。2024年11月、アメリカ大統領選挙が実施される。トランプ前大統領が共和党の予備選を圧勝するなか、その行方に世界で注目が集まっている。

表1-1　世界の地域別の人口と面積

	人口（百万人）(2023)			陸地面積（千km²）(2022)	人口密度（人/km²）	総面積（千km²）(2015)
	計	男	女			
アジア‥‥‥‥‥	4 753	2 417	2 336	31 033	153	31 915
東アジア‥‥‥	1 662	843	819	11 560	144	11 799
アフリカ‥‥‥‥	1 460	729	731	29 648	49	30 311
サハラ以南‥1)	1 196	596	600	21 879	55	22 431
ヨーロッパ‥‥‥	742	358	384	22 135	34	23 049
北米‥‥‥‥‥	379	188	191	18 652	20	21 776
中南米‥‥‥‥	665	327	338	20 139	33	20 546
カリブ諸島‥‥	45	22	23	226	198	234
中米‥‥‥‥‥	181	88	92	2 452	74	2 480
南米‥‥‥‥‥	440	217	223	17 461	25	17 832
オセアニア‥‥‥	46	23	23	8 486	5	8 564
世界計‥‥‥‥	**8 045**	**4 043**	**4 002**	**130 094**	**62**	**136 162**

人口は、国連"World Population Prospects"(2022年版)による中位推計予測人口。人口密度は、2023年人口と2022年陸地面積で編者算出。面積は、国連"Demographic Yearbook"(2015、2022年版)による。総面積は2015年版のデータ。2016年版以降は、世界計の面積を、総面積（surface area）ではなく、河川や湖沼面積等の内水面を除く陸地面積（land area）に変更。地域別の面積は各国・地域の面積の合計で、極地地方と定住者のない島の地域の面積は含まない。人口、面積ともトルコはアジアに、ハワイは北アメリカ、ロシアはヨーロッパに含む。表1-2の地域区分を参照。1) 北アフリカ（アルジェリア、エジプト、リビア、モロッコ、スーダン、チュニジア、西サハラ）以外の地域。

表 1-2　大陸別の独立国・その他の地域の面積・人口・首都

	面積 （千km²） （2022）	人口 （千人） （2023）	人口密度 （1km²に つき 人）	首都
アジア				
日本国・・・・・・・・・・・	378	124 352	[1] 333	東京
アゼルバイジャン共和国	87	10 413	120	バクー
アフガニスタン 　・イスラム共和国・	653	42 240	65	カブール
アラブ首長国連邦・・・ [2]	71	9 517	134	アブダビ
アルメニア共和国・・・	30	2 778	93	エレバン
イエメン共和国・・・・・	528	34 450	65	サヌア
イスラエル国・・・・・・	22	9 175	416	エルサレム [3]
イラク共和国・・・・・・	435	45 505	105	バグダッド
イラン・イスラム共和国	1 631	89 173	55	テヘラン
インド共和国・・・・・ [4]	3 287	1 428 628	435	ニューデリー
インドネシア共和国・	1 911	277 534	145	ジャカルタ [5]
ウズベキスタン共和国	449	35 164	78	タシケント
オマーン国・・・・・・・・	310	4 644	15	マスカット
カザフスタン共和国・	2 725	19 607	7	アスタナ [6]
カタール国・・・・・・・・	12	2 716	233	ドーハ
カンボジア王国・・・・・	181	16 945	94	プノンペン
キプロス共和国・・・ [7]	9.3	1 260	136	ニコシア
キルギス共和国・・・・・	200	6 735	34	ビシュケク
クウェート国・・・・・・	18	4 310	242	クウェート
サウジアラビア王国・	2 207	36 947	17	リヤド
ジョージア・・・・・・・・	70	3 728	53	トビリシ
シリア・アラブ共和国	185	23 227	125	ダマスカス
シンガポール共和国・	0.7	6 015	8 203	なし（都市国家）
スリランカ民主 　社会主義共和国・・・	66	21 894	334	スリ・ジャヤワルダ 　ナプラ・コッテ
タイ王国・・・・・・・・・	513	71 801	140	バンコク
大韓民国（韓国）・・・・	100	51 784	516	ソウル
タジキスタン共和国・	141	10 144	72	ドゥシャンベ
中華人民共和国・・・・・	9 600	1 425 671	149	ペキン（北京）
トルクメニスタン・・・	488	6 516	13	アシガバット
トルコ共和国・・・・・・	784	85 816	110	アンカラ
ネパール・・・・・・・・・・	147	30 897	210	カトマンズ
バーレーン王国・・・・・	0.8	1 486	1 908	マナーマ
パキスタン・イスラム共和国	796	240 486	302	イスラマバード
バングラデシュ人民共和国	148	172 954	1 165	ダッカ
東ティモール民主共和国	15	1 361	91	ディリ
フィリピン共和国・・・	300	117 337	391	マニラ
ブータン王国・・・・・・	38	787	21	ティンプー
ブルネイ・ 　ダルサラーム国・・・	5.8	453	78	バンダル・スリ 　・ブガワン
ベトナム社会主義共和国	331	98 859	298	ハノイ

	面積 (千km²) (2022)	人口 (千人) (2023)	人口密度 (1km²に つき 人)	首都
マレーシア‥‥‥‥‥	331	34 309	104	クアラルンプール
ミャンマー連邦共和国	677	54 578	81	ネーピードー
モルディブ共和国‥‥	0.3	521	1 737	マレ
モンゴル国‥‥‥‥‥	1 564	3 447	2	ウランバートル
ヨルダン・ハシェミット王国8)	89	11 337	127	アンマン
ラオス人民民主共和国	237	7 634	32	ビエンチャン
レバノン共和国‥‥‥	10	5 354	512	ベイルート
アフリカ				
アルジェリア 　民主人民共和国‥‥	2 382	45 606	19	アルジェ
アンゴラ共和国‥‥‥	1 247	36 684	29	ルアンダ
ウガンダ共和国‥‥‥	242	48 582	201	カンパラ
エジプト・アラブ共和国	1 002	112 717	112	カイロ9)
エスワティニ王国・10)	17	1 211	70	ムババーネ
エチオピア連邦民主共和国	1 104	126 527	115	アディスアベバ
エリトリア国‥‥‥‥	121	3 749	31	アスマラ
ガーナ共和国‥‥‥‥	239	34 122	143	アクラ
カーボベルデ共和国・	4.0	599	148	プライア
ガボン共和国‥‥‥‥	268	2 437	9	リーブルビル
カメルーン共和国‥‥	476	28 647	60	ヤウンデ
ガンビア共和国‥‥‥	11	2 773	246	バンジュール
ギニア共和国‥‥‥‥	246	14 191	58	コナクリ
ギニアビサウ共和国・	36	2 151	60	ビサウ
ケニア共和国‥‥‥‥	592	55 101	93	ナイロビ
コートジボワール共和国	322	28 873	90	ヤムスクロ11)
コモロ連合‥‥‥‥‥	2.2	852	381	モロニ
コンゴ共和国‥‥‥‥	342	6 107	18	ブラザビル
コンゴ民主共和国‥‥	2 345	102 263	44	キンシャサ
サントメ・プリンシペ 　民主共和国‥‥‥‥	1.0	232	241	サントメ
ザンビア共和国‥‥‥	753	20 570	27	ルサカ
シエラレオネ共和国・	72	8 791	122	フリータウン
ジブチ共和国‥‥‥‥	23	1 136	49	ジブチ
ジンバブエ共和国‥‥	391	16 665	43	ハラレ
スーダン共和国‥‥12)	1 880	48 109	26	ハルツーム
セーシェル共和国‥‥	0.5	108	236	ビクトリア
赤道ギニア共和国‥‥	28	1 715	61	マラボ
セネガル共和国‥‥‥	197	17 763	90	ダカール
ソマリア連邦共和国・	638	18 143	28	モガディシュ
タンザニア連合共和国	947	67 438	71	ドドマ13)
チャド共和国‥‥‥‥	1 284	18 279	14	ウンジャメナ
中央アフリカ共和国・	623	5 742	9	バンギ
チュニジア共和国‥‥	164	12 458	76	チュニス
トーゴ共和国‥‥‥‥	57	9 054	159	ロメ
ナイジェリア連邦共和国	924	223 805	242	アブジャ

	面積 (千km²) (2022)	人口 (千人) (2023)	人口密度 (1km²に つき 人)	首都
ナミビア共和国‥‥‥	825	2 604	3	ウィントフック
ニジェール共和国‥‥	1 267	27 203	21	ニアメ
ブルキナファソ‥‥‥	271	23 251	86	ワガドゥグ
ブルンジ共和国‥‥‥	28	13 239	476	ブジュンブラ14)
ベナン共和国‥‥‥‥	115	13 713	119	ポルトノボ
ボツワナ共和国‥‥‥	582	2 675	5	ハボローネ
マダガスカル共和国‥	587	30 326	52	アンタナナリボ
マラウイ共和国‥‥‥	95	20 932	221	リロングウェ
マリ共和国‥‥‥‥‥	1 240	23 294	19	バマコ
南アフリカ共和国‥‥	1 221	60 414	49	プレトリア
南スーダン共和国‥12)	659	11 089	17	ジュバ
モーリシャス共和国‥	2.0	1 301	657	ポートルイス
モーリタニア・イスラム共和国	1 031	4 863	5	ヌアクショット
モザンビーク共和国‥	799	33 897	42	マプト
モロッコ王国‥‥‥‥	447	37 840	85	ラバト
リビア国‥‥‥‥‥‥	1 676	6 888	4	トリポリ
リベリア共和国‥‥‥	111	5 418	49	モンロビア
ルワンダ共和国‥‥‥	26	14 095	535	キガリ
レソト王国‥‥‥‥‥	30	2 330	77	マセル
ヨーロッパ				
アイスランド‥‥‥‥	103	375	1	レイキャビク
アイルランド‥‥‥‥	70	5 057	72	ダブリン
アルバニア共和国‥‥	29	2 832	99	ティラナ
アンドラ公国‥‥‥‥	0.5	80	171	アンドラ・ラ・ベリャ
イタリア共和国‥‥‥	302	58 871	195	ローマ
ウクライナ‥‥‥‥‥	604	36 745	61	キーウ
エストニア共和国‥‥	45	1 323	29	タリン
オーストリア共和国‥	84	8 959	107	ウィーン
オランダ王国‥‥‥‥	42	17 618	424	アムステルダム
北マケドニア共和国15)	26	2 086	81	スコピエ
ギリシャ共和国‥‥‥	132	10 341	78	アテネ
グレートブリテン及び 北アイルランド 　連合王国（英国）‥	244	67 737	277	ロンドン
クロアチア共和国‥‥	57	4 009	71	ザグレブ
コソボ共和国(国連未加盟)16)	11	1 664	153	プリシュティナ
サンマリノ共和国‥‥	0.06	34	552	サンマリノ
スイス連邦‥‥‥‥‥	41	8 797	213	ベルン
スウェーデン王国‥‥	439	10 612	24	ストックホルム
スペイン王国‥‥‥‥	506	47 520	94	マドリード
スロバキア共和国‥‥	49	5 795	118	ブラチスラバ
スロベニア共和国‥‥	20	2 120	105	リュブリャナ
セルビア共和国‥‥17)	77	7 149	92	ベオグラード
チェコ共和国‥‥‥‥	79	10 495	133	プラハ
デンマーク王国‥‥‥	43	5 911	138	コペンハーゲン

	面積 （千km²） （2022）	人口 （千人） （2023）	人口密度 （1km²に つき 人）	首都
ドイツ連邦共和国…	358	83 295	233	ベルリン
ノルウェー王国………	324	5 474	17	オスロ
バチカン（国連未加盟）	0.0004	0.5	1 177	なし（都市国家）
ハンガリー………	93	10 156	109	ブダペスト
フィンランド共和国·	337	5 545	16	ヘルシンキ
フランス共和国………	552	64 757	117	パリ
ブルガリア共和国…	110	6 688	61	ソフィア
ベラルーシ共和国…	208	9 498	46	ミンスク
ベルギー王国………	31	11 686	383	ブリュッセル
ポーランド共和国…	313	41 026	131	ワルシャワ
ボスニア・ヘルツェゴビナ	51	3 211	63	サラエボ
ポルトガル共和国…	92	10 248	111	リスボン
マルタ共和国………	0.3	535	1 699	バレッタ
モナコ公国…………	0.002	36	18 149	モナコ
モルドバ共和国……	34	3 436	102	キシナウ
モンテネグロ………	14	626	45	ポドゴリツァ
ラトビア共和国……	65	1 830	28	リガ
リトアニア共和国…	65	2 718	42	ビリニュス
リヒテンシュタイン公国	0.2	40	247	ファドーツ
ルーマニア…………	238	19 893	83	ブカレスト
ルクセンブルク大公国	2.6	655	253	ルクセンブルク
ロシア連邦…………	17 098	144 444	8	モスクワ
北中アメリカ				
アメリカ合衆国（米国）	9 834	339 997	35	ワシントンD.C.
アンティグア・バーブーダ	0.4	94	213	セントジョンズ
エルサルバドル共和国	21	6 365	303	サンサルバドル
カナダ……………	9 985	38 781	4	オタワ
キューバ共和国……	110	11 194	102	ハバナ
グアテマラ共和国…	109	18 092	166	グアテマラシティー
グレナダ……………	0.3	126	366	セントジョージズ
コスタリカ共和国…	51	5 212	102	サンホセ
ジャマイカ…………	11	2 826	257	キングストン
セントクリストファー・ ネービス………	0.3	48	183	バセテール
セントビンセント及び グレナディーン諸島	0.4	104	267	キングスタウン
セントルシア………	0.6	180	293	カストリーズ
ドミニカ共和国……	49	11 333	233	サントドミンゴ
ドミニカ国…………	0.8	73	97	ロゾー
トリニダード・トバゴ共和国	5.1	1 535	299	ポート・オブ・スペイン
ニカラグア共和国…	130	7 046	54	マナグア
ハイチ共和国………	28	11 725	423	ポルトープランス
パナマ共和国………	75	4 468	59	パナマシティー
バハマ国……………	14	413	30	ナッソー

	面積 (千km²) (2022)	人口 (千人) (2023)	人口密度 (1km²に つき 人)	首都
バルバドス・・・・・・・・	0.4	282	654	ブリッジタウン
ベリーズ・・・・・・・・・・	23	411	18	ベルモパン
ホンジュラス共和国・	112	10 594	94	テグシガルパ
メキシコ合衆国・・・・・	1 964	128 456	65	メキシコシティ
南アメリカ				
アルゼンチン共和国・	2 796	45 774	16	ブエノスアイレス
ウルグアイ東方共和国	174	3 423	20	モンテビデオ
エクアドル共和国・・・	257	18 190	71	キト
ガイアナ共和国・・・・18)	215	814	4	ジョージタウン
コロンビア共和国・・・	1 142	52 085	46	ボゴタ
スリナム共和国・・・・・	164	623	4	パラマリボ
チリ共和国・・・・・・・・	756	19 630	26	サンティアゴ
パラグアイ共和国・・・	407	6 862	17	アスンシオン
ブラジル連邦共和国・	8 510	216 422	25	ブラジリア
ベネズエラ 　・ボリバル共和国・	930	28 838	31	カラカス
ペルー共和国・・・・・・	1 285	34 353	27	リマ
ボリビア多民族国・・・	1 099	12 389	11	ラパス19)
オセアニア				
オーストラリア連邦・	7 692	26 439	3	キャンベラ
キリバス共和国	0.7	134	184	タラワ

AI（人工知能）に関する国際ルールの検討始まる

　技術の進歩が急速に進む中、AIシステムが個人や社会に与える潜在的な影響を管理することが必要となっている。2023年5月のG7広島サミットは、はじめて生成AIを主要テーマの一つに挙げ、生成AIを含む高度なAIシステムについて議論するための「広島AIプロセス」を立ち上げた。G7諸国は包括的なAIガバナンスの構築に合意し、12月には、高度なAIシステムを開発する組織に対し、開発時においてデータの収集から学習、活用に至るまでのリスクを特定・軽減して適切な措置を講じること、市場投入後に悪用されるパターンを特定し低減すること、十分な透明性の確保や説明責任の向上のため、高度なAIシステムの能力、限界、適切・不適切な利用領域を公表すること、などの国際行動規範がまとめられた。

　国連は、2023年7月、安全保障理事会でAIをテーマにしたはじめての会合を開き、10月にAIに関する諮問機関の創設を発表した。2024年3月には、総会において、AIのリスク監視や個人データの保護などに関する決議案がはじめて採択された。デジタル格差がある中で、すべての国がAIの恩恵を受けるとともに、そのリスクを包括的に軽減しつつ、管理できるようにしていくことが求められている。

	面積 (千km²) (2022)	人口 (千人) (2023)	人口密度 (1km²に つき 人)	首都
クック諸島(国連未加盟)	0.2	17	72	アバルア
サモア独立国‥‥‥‥	2.8	226	79	アピア
ソロモン諸島‥‥‥‥	29	740	26	ホニアラ
ツバル‥‥‥‥‥‥‥	0.03	11	438	フナフティ
トンガ王国‥‥‥‥‥	0.7	108	144	ヌクアロファ
ナウル共和国‥‥‥‥	0.02	13	609	ヤレン
ニウエ‥‥‥‥‥‥‥	0.3	1.9	7	アロフィ
ニュージーランド‥‥	268	5 228	20	ウェリントン
バヌアツ共和国‥‥‥	12	335	27	ポートビラ
パプアニューギニア独立国	463	10 330	22	ポートモレスビー
パラオ共和国‥‥‥‥	0.5	18	39	マルキョク
フィジー共和国‥‥‥	18	936	51	スバ
マーシャル諸島共和国	0.2	42	232	マジュロ
ミクロネシア連邦‥‥	0.7	115	164	パリキール
(その他の地域)[20)				
北朝鮮‥‥‥‥‥‥‥	121	26 161	217	ピョンヤン（平壌）
台湾‥‥‥‥‥‥‥‥[21)	36	23 923	661	タイペイ（台北）
パレスチナ‥‥‥‥[22)	6.0	5 371	892	ラマッラ
香港‥‥‥‥‥‥‥[23)	1.1	7 492	6 725	—
マカオ‥‥‥‥‥‥[23)	0.03	704	21 338	—

国・首都名および地域・政庁所在地名は、原則として、外務省ホームページ資料による。面積は、国連 "Demographic Yearbook"（2022年版）より作成。面積は、原則として海洋面積等を含まない領土面積（surface area、内水面を含む）。人口は、国連 "World Population Prospects"（2022年版）による2023年7月1日現在の中位推計予測人口。日本の人口は、総務省統計局「人口推計」による2023年10月1日現在の人口（国連資料では1億2395万人と推計されている）。人口密度は2023年人口と2022年面積で編者算出。1) 北方領土（約5000km²）を除く面積で算出。2) 陸地面積。外務省公表の面積は83.6千km²。3) 首都エルサレムは、日本を含め国際的な承認を得ていない。2017年12月、アメリカ合衆国が首都として認定。4) パキスタンとの係争地ジャム・カシミール地方のインド支配地域を含む。首都はデリーとも表記される。5) 2022年1月に首都をカリマンタン島に移転する法案を可決。名称はヌサンタラ。6) 2022年9月、ヌルスルタンより再度アスタナに改称。7) 面積、人口とも北部のトルコ系実効支配地域（北キプロス・トルコ共和国）を含む。8) 外務省資料は国名をヨルダンと表記している。9) カイロ近郊へ行政首都が移転する予定。10) 旧スワジランド。2018年4月に国名変更。11) 実質的な首都機能所在地はアビジャン。12) 2011年7月、南スーダン共和国がスーダンから独立。スーダンの面積は外務省資料。13) ドドマは法律上の首都。実際の首都機能所在地はダルエスサラーム。14) 2019年1月、首都をギテガに移転する法案を採択。一部機関はブジュンブラに所在し、政治機能所在地はギテガ。15) 2019年2月、マケドニア旧ユーゴスラビア共和国の国名が北マケドニア共和国に変更。16) 2008年2月、セルビア共和国から独立。日本政府は同年3月に国家承認。面積は外務省資料。17) コソボの独立を認めていない。面積、人口はコソボを含まず、面積は外務省資料。18) 憲法上の国名はガイアナ協同共和国。19) 憲法上の首都はスクレ。20) 日本政府は国家承認を行っていない。21) 台湾内政部資料による2022年面積。22) パレスチナ自治政府の行政地域（ヨルダン川西岸とガザ地区）。23) 中国の特別行政区。

図 1-1　国連の主な機関 （2024年3月末現在）

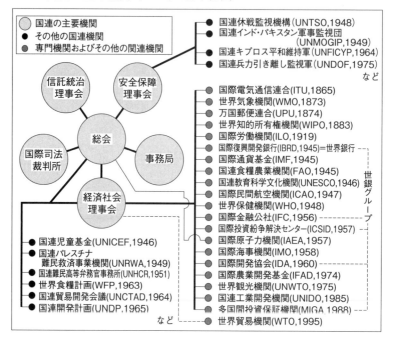

国連の加盟状況 （2024年3月末現在）

　2024年3月末現在の国連加盟国は193か国で、最近の加盟国は2011年7月に独立した南スーダン共和国。コソボは、ロシアとセルビアの独立承認がなく、国連加盟は未定。台湾は、1945年10月に「中華民国」として加盟したものの、1971年10月の中華人民共和国（中国）の加盟によって代表権が交替した。

　国連の中心組織である総会はすべての国が1票を持つ。安全保障理事会は加盟国を拘束する決定を行う機関で、常任理事国5か国（アメリカ合衆国、イギリス、フランス、中国、ロシア）と、総会が2年の任期で選ぶ非常任理事国10か国（2024年末までの任期：日本、モザンビーク、エクアドル、マルタ、スイス、2025年末までの任期：アルジェリア、ガイアナ、韓国、シエラレオネ、スロベニア）で構成される。常任理事国は「拒否権」（決議を阻止できる権利）を有する。通常予算分担率（2022～2024年の3年間）は、アメリカ合衆国が最も多く22.000％、次いで中国が大きく増加して15.254％となった。

分担率 （%）(2022～2024)	
アメリカ合衆国‥	22.000
中国‥‥‥‥‥	15.254
日本‥‥‥‥‥	8.033
ドイツ‥‥‥‥	6.111
イギリス‥‥‥	4.375
フランス‥‥‥	4.318
イタリア‥‥‥	3.189
カナダ‥‥‥‥	2.628
韓国‥‥‥‥‥	2.574
スペイン‥‥‥	2.134
オーストラリア‥	2.111

主な国際経済組織（2024年3月末現在）

```
┌─OECD（38か国）──────────────────┐ ┌─ASEAN（10か国）──────────────┐
│ 日本、イギリス、スイス      ┌─USMCA（3か国）─┐ │ インドネシア      ブルネイ   │
│ オーストラリア         │ アメリカ合衆国 │ │ タイ        ベトナム   │
│ ニュージーランド       │ カナダ     │ │ シンガポール    ラオス    │
│ 韓国、チリ、トルコ      │ メキシコ    │ │ フィリピン     ミャンマー  │
│ イスラエル、ノルウェー    └────────┘ │ マレーシア     カンボジア  │
│ コロンビア、コスタリカ、アイスランド      └────────────────────┘
│                          ┌─EU（27か国）──────┐
│ ┌──────────────────────────────┐  │ *マルタ（04）    │
│ │ *ドイツ、    *ギリシャ（81）、 チェコ（04）   │ │ *キプロス（04）   │
│ │ *フランス、   *スペイン（86）、 *スロバキア（04）│ │ ブルガリア（07）  │
│ │ *イタリア、   *ポルトガル（86）、*スロベニア（04）│ │ ルーマニア（07）  │
│ │ *ベルギー、   *オーストリア（95）、*エストニア（04）│ │ *クロアチア（13）  │
│ │ *オランダ、   *フィンランド（95）、*ラトビア（04）│ └──────────────┘
│ │ *ルクセンブルク、 スウェーデン（95）、*リトアニア（04）│
│ │ *アイルランド（73） ポーランド（04）        │ ┌───────────────────┐
│ │ デンマーク（73）、 ハンガリー（04）        │ │ EU内：（ ）は加盟年、年次なしは │
│ └──────────────────────────────┘ │ 原加盟国、*はユーロ導入国（20か国）。│
└──────────────────────────────────┘ └───────────────────┘
```

OECD　経済協力開発機構（Organisation for Economic Co-operation and Development）　[設立]1961年9月。[本部]パリ（フランス）。[主な目的]貿易の拡大と財政・金融の安定を維持しながらの経済成長、および発展途上国の援助。[加盟国]38か国。西ヨーロッパと北アメリカ諸国の経済協力体制の強化を図る目的で発足。下部機構にあたる開発援助委員会（DAC）は、発展途上国の開発の援助に関する問題について検討する機関。日本は1964年、21番目の正式加盟国となる。最近は、2020年にコロンビア、2021年にコスタリカが加盟。現時点での加盟候補国は、アルゼンチン、クロアチア、ブラジル、ブルガリア、ペルー、ルーマニアの6か国で、インドネシアも加盟協議を開始すると発表。

EU　欧州連合（ヨーロッパ連合）（European Union）　[設立]欧州共同体（EC）が前身で、1993年11月に発効したマーストリヒト条約による。[本部]（拠点都市）ブリュッセル（ベルギー）、ストラスブール（フランス）、ルクセンブルク。[主な目的]経済通貨統合、共通外交・安全保障政策の実施。欧州憲法に代わるリスボン条約は2009年12月に発効。1999年に発足した統一通貨ユーロ圏には、現在20か国が参加で、デンマークは適用除外（オプトアウト）権を持ち、ユーロは不参加。[加盟国]27か国。2020年1月31日をもって、イギリスが正式に離脱。現在の加盟候補国は、トルコ、北マケドニア、モンテネグロ、セルビア、アルバニア、ウクライナ、ボスニア・ヘルツェゴビナ、モルドバ、ジョージアの9か国。潜在的な（potential）加盟候補国はコソボ。ウクライナは2022年2月末に、モルドバとジョージアは3月に加盟を正式に申請。国境での出入国検査を廃止するシェンゲン領域のEU加盟国は23か国（2023年1月よりクロアチアが加盟。EU加盟国外では4か国が加盟し、計27か国）。シェンゲン協定は、EUの改正基本条約であるアムステルダム条約に組み入れられ、域内の人の移動の

自由がEUの法体系に組み込まれている。

USMCA　米国・メキシコ・カナダ協定（The United States-Mexico-Canada Agreement）　**［設立］**2020年7月1日に発効。NAFTA（北米自由貿易協定）を抜本改定した新協定。NAFTAにはなかった中小企業育成、腐敗防止、環境保護、労働者の権利保護などが組み込まれた。USMCAの特恵関税待遇（無税）を得るためには、規定された原産地規則を満たすことが必要。

ASEAN　東南アジア諸国連合（Association of South East Asian Nations）**［設立］**1967年8月（バンコク宣言による）。**［本部］**中央事務局はジャカルタ（インドネシア）。**［主な目的］**域内の経済成長ならびに社会・文化的発展の促進、域内の政治・経済的安定の確保、域内諸問題の解決。**［加盟国］**10か国。2008年12月、共同体の最高規範となる「ASEAN憲章」が発効。2015年12月、「ASEAN安全保障共同体」、「ASEAN経済共同体（AEC）」、「ASEAN社会・文化共同体」からなるASEAN共同体が発足。域内物品関税は、2018年1月にすべて撤廃された（一部例外品目あり）。通貨統合の予定はなく、サービス貿易やヒトの移動での自由化は限定的。東ティモールは2022年11月に原則加盟が認められ、現在はオブザーバーとして参加。2022年1月に発効したRCEP（地域的な包括的経済連携）協定は、ASEAN加盟国とオーストラリア、中国、日本、ニュージーランド、韓国が参加し、計15か国（インドはRCEP交渉を離脱し、署名に不参加）。そのうち、フィリピンは批准手続きを更新中で、ミャンマーは未発効。2023年7月のASEAN地域フォーラムで、スリランカがRCEPへの加入申請を行った。正式加盟は、他の加盟国の同意をもって実現する。

図 1-2　主な経済組織の世界に占める割合

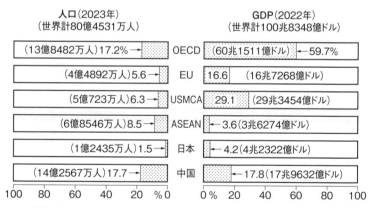

人口は国連 "World Population Prospects"（2022年版）による2023年中位推計予測人口。GDP（国内総生産）は国連 "National Accounts Main Aggregates Database" による2023年12月更新データ。各経済組織加盟国の合計が世界計に占める割合を試算したもの。経済組織の加盟国は2024年3月末現在で、23、24ページの解説を参照。EUはイギリス離脱後のデータ。

第2章　国土と気候

　日本の国土面積は約37.8万平方キロメートルである。日本の権限や権利がおよぶ海域である領海、排他的経済水域と延長大陸棚の合計面積は約465万平方キロメートルで、国土面積の約12倍に及ぶ。1万4125の島からなる日本の海岸線は約3.5万キロメートルあり、各国と比べて非常に長い。日本の国土のうち北方領土はロシアが、また、島根県竹島は韓国がそれぞれ占拠を続けており、いずれも領土問題解決の見込みはたって

図 2-1　日本の領域

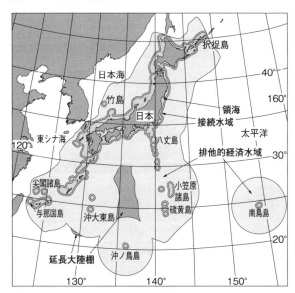

表 2-1　国土と領域

国土面積[1] (km²)	構成島数[2]	領海面積[3] (km²)	接続水域面積[4] (km²)	排他的経済水域面積[5] (km²)	延長大陸棚面積(km²)
377 975	14 125	約 430 000	約 320 000	約 4 050 000	約 180 000

国土地理院「全国都道府県市区町村別面積調」(2023年10月1日現在) および同資料、海上保安庁資料より作成。1) 2023年10月1日現在。2) 国土地理院による2023年2月公表値。周囲長0.1km以上の島および法令に基づく島。測量技術の向上により、従来の6852島から大幅に増加した。3) 基線から12海里＝約22kmの水域。湖沼、河川、基線内側の内水面積約15万km²を含む。4) 基線から24海里＝約44kmの海域。国内法の履行のため一定の権限を行使できる海域。5) 基線から200海里＝約370kmの海域。領海を除き接続水域を含む。漁業や鉱物資源に対する排他的な管轄権や、海洋汚染を規制する権限などが認められる。

いない。沖縄県尖閣諸島は、近海で石油埋蔵の可能性が指摘された後の
1971年に中国や台湾が領有権を主張するようになった。

　日本列島は南北に長く、亜寒帯から亜熱帯までさまざまな気候区分が
ある。冬は等圧線が縦縞模様の冬型気圧配置となり、これに伴い北西の
季節風がシベリアからの寒気を運んでくる。この冷たい季節風が日本列
島の高い山々が連なる山脈に当たって、日本海側では曇りや雪の日が多
くなる。一方、太平洋側は山から吹き下ろす乾いた風の影響で晴れの日

表 2-2　日本の主な島、河川、湖沼、山岳

島の面積（2023年10月1日現在）(km²)					
本州	227 938	佐渡島	855	福江島	326
北海道	77 982	奄美大島	712	西表島	290
九州	36 782	対馬	696	徳之島	248
四国	18 296	淡路島	592	色丹島	248
択捉島	3 167	天草下島	575	島後（隠岐）	242
国後島	1 489	屋久島	504	天草上島	226
沖縄島	1 208	種子島	444	石垣島	222

河川の流域面積（降水が集まる範囲）（2022年4月30日現在）(km²)					
利根川	16 840	木曾川	9 100	最上川	7 040
石狩川	14 330	十勝川	9 010	天塩川	5 590
信濃川	11 900	淀川	8 240	阿武隈川	5 400
北上川	10 150	阿賀野川	7 710	天竜川	5 090

河川の幹川流路延長（主流の流路の総延長）（2022年4月30日現在）(km)					
信濃川	367	天塩川	256	最上川	229
利根川	322	北上川	249	木曾川	229
石狩川	268	阿武隈川	239	天竜川	213

湖沼の面積（2023年10月1日現在）(km²)					
琵琶湖	669.3	中海	85.8	洞爺湖	70.7
霞ヶ浦	168.2	屈斜路湖	79.5	浜名湖	64.9
サロマ湖	151.6	宍道湖	79.3	風連湖	64.2
猪苗代湖	103.2	支笏湖	78.5	小川原湖	62.0

山岳の標高（2023年6月2日改定）(m)					
富士山 1)	3 776	間ノ岳 1)	3 190	赤石岳 6)	3 121
北岳 2)	3 193	槍ヶ岳 4)	3 180	涸沢岳 3)	3 110
奥穂高岳 3)	3 190	東岳（悪沢岳）5)	3 141	北穂高岳 3)	3 106

国土地理院「全国都道府県市区町村別面積調」（2023年）、同「日本の主な山岳標高」およ
び国土交通省「河川データブック2023」により作成。原資料で数値の大きなものの順。1)
山梨、静岡。2) 山梨。3) 長野、岐阜。4) 長野。5) 静岡。6) 長野、静岡。

が多い。春は天気が数日の周期で変動し、気温の変化も大きくなる。5月頃から沖縄・奄美で梅雨の時期となり、夏の前半は北海道を除いて全国的に梅雨前線の影響で降水量が多くなる。夏の後半は太平洋高気圧に

図 2-2　国土の地形区分別構成

山地 61.0%	丘陵地 11.8	台地 11.0	低地 13.8	その他 2.4

0%　10　20　30　40　50　60　70　80　90　100

総務省統計局「日本統計年鑑」（2016年）より作成。原資料は旧国土庁「1982年度国土数値情報作成調査」。丘陵は山地のうち低地との高さが300m以下のもの。台地は主に洪積台地。低地は主に沖積世に形成された扇状地や三角州など。その他は北方領土や内水域。

表 2-3　国土利用の推移（単位　万ha）

	1970	1980	1990	2000	2010	2020
農地・・・・・・・・・・・・・	581	546	524	483	459	437
森林・・・・・・・・・・・・・	2 523	2 526	2 524	2 511	2 507	2 503
原野等・・・・・・・・・ 1)	88	48	37	34	36	31
水面・河川・水路	111	115	132	135	133	135
道路・・・・・・・・・・・・・	88	104	114	127	136	142
宅地・・・・・・・・・・・・・	102	140	161	179	190	197
住宅地・・・・・・・・・	81	108	99	107	115	120
工業用地・・・・・・・・	12	15	16	17	16	16
その他の宅地・・・・	9	17	46	55	59	61
計×・・・・・・・・・・・	**3 773**	**3 777**	**3 777**	**3 779**	**3 779**	**3 780**

国土交通省「土地白書」および総務省統計局「日本長期統計総覧」より作成。1) 採草放牧地を含む。×その他とも。

表 2-4　日本の海岸線延長（2021年度）

	km	%		km	%
北海道・・・・・・・・ 1)	4 440	12.6	三重・・・・・・・・・・・・	1 083	3.1
長崎・・・・・・・・・・・	4 167	11.8	熊本・・・・・・・・・・・・	1 066	3.0
鹿児島・・・・・・・・・	2 643	7.5	島根・・・・・・・・・・・・	1 028	2.9
沖縄・・・・・・・・ 2)	2 037	5.8	兵庫・・・・・・・・・・・・	856	2.4
愛媛・・・・・・・・・・・	1 703	4.8			
山口・・・・・・・・・・・	1 504	4.3	計×・・・・・・・・・	35 272	100.0
広島・・・・・・・・・・・	1 124	3.2	うち砂浜のある海岸	4 651	13.2

国土交通省「海岸統計」（2022年度版）より作成。1) 北方領土（1348km）を含む。2) 尖閣諸島（22km）を含む。×その他とも。

覆われて全国的に気温が高い。9月には秋雨前線や台風の影響で降水量が増え、10月は移動性高気圧に覆われて晴天となる日が多くなる。近年は、夏に記録更新となる猛暑や、局地的豪雨による被害が相次ぐなど、極端な天候になりがちである。

表 2-5 日本の活火山

	活火山数	うち常時観測		活火山数	うち常時観測
北海道・・・・・・・・・・	20	9	中国・・・・・・・・・・・	2	―
東北・・・・・・・・・・・	18	12	九州・沖縄・・・・・・	19	9
関東・中部・・・・・・	20	13	北方領土・・・・・・・	11	―
伊豆諸島・小笠原諸島	21	7	全国計・・・・・・・・	111	50

気象庁ウェブサイトより作成。2024年4月1日閲覧。活火山数の原資料は気象庁「日本活火山総覧 第4版」(2013年刊行)。地域区分は原資料に従った。活火山は、概ね過去1万年以内に噴火した火山及び現在活発な噴気活動のある火山で、近畿や四国にはこの定義に当てはまる火山が無い。以前は過去2000年以内に噴火したものや、さらに以前は噴火している火山のみを活火山と定義していたが、2003年以降は定義が上記のように見直された。2017年6月に男体山を追加。常時観測火山は、今後100年程度の中長期的な噴火の可能性及び社会的影響を踏まえて、火山噴火予知連絡会によって選定されたもの。気象庁が火山活動を24時間体制で監視している。2016年12月に八甲田山、十和田、弥陀ヶ原を追加。

海上保安庁について 海上保安庁は1948年、海上における人命・財産の保護、法律違反への対処を目的に、当時の運輸省の外局として設置された。現在は国土交通省の外局として、海上での犯罪の取り締まりや、領海警護、海難救護、環境保全、災害対応、海洋調査、船舶の航行安全など、多岐にわたる任務に従事している。海上保安庁は全国を11の海上保安管区に分けて、海上保安業務を行う。

海上保安庁の装備等
（2023年4月1日現在）

巡視船・・・・・・・・・・	144隻
巡視艇・・・・・・・・・・	239隻
特殊警備救難艇・・・・	67隻
測量船・・・・・・・・・・	15隻
灯台見回り船・・・・・・	6隻
教育業務用船・・・・・・	3隻
飛行機・・・・・・・・・・	36機
ヘリコプター・・・・・・	55機
無操縦者航空機・・・・	1機
灯台・・・・・・・・・・・	3 112基
灯浮標・・・・・・・・・・	1 164基
その他の標識・・・・・・	858基
予算（2023年度）1)	2 431億円
定員（2023年度末）	14 681人

海上保安庁資料より作成。1) 当初予算。

近年、日本周辺海域では海上保安に関する重大な事態の発生が年々増加、多様化し、緊張が高まっている。海上保安庁では、日本の安全な海を守るために、①新たな脅威に備えた高次的な尖閣領海警備能力、②新技術等を活用した隙の無い広域海洋監視能力、③大規模・重大事案同時発生に対応できる強靱な事案対処能力、④戦略的な国内外の関係機関との連携・支援能力、⑤海洋権益確保に資する優位性を持った海洋調査能力、⑥強固な業務基盤能力、以上6つの海上保安能力の強化を進めている。

図 2-3　日本と世界の気温の変化（1991〜2020年平均からの偏差）

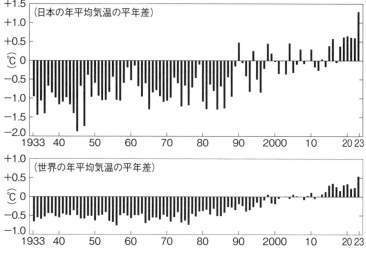

気象庁ウェブサイトより作成。

2023年の世界と日本の年平均気温

　2023年の世界の年平均気温は1991年から2020年の30年平均基準との偏差で+0.54℃と、1891年の統計開始以降、2016年を上回り最も高い値であった。また、最近10年（2014年〜2023年）は、すべて歴代10位以内となっている。長期的には100年あたり0.76℃の割合で上昇しており、特に1990年代半ば以降、高温となる年が多くなっている。世界各地で平年より高く、東アジアから東南アジア、中央アジアから北アフリカ北部、北米北部、北米東部から南部、南米中部などでかなり高かった。年降水量は、中央アジア北西部やヨーロッパ西部などで平年より多かった。

　同年の日本の年平均気温（都市化による影響が少なく、特定の地域に偏らないよう選定された15地点）は、1991年から2020年の30年平均基準との偏差が+1.29℃で、統計を開始した1898年以降、2020年を上回り最も高い値であった。長期的には100年あたり1.35℃の割合で上昇しており、特に1990年代以降、高温となる年が多くなっている。

　このように、近年、世界と日本で高温となる年が頻出しており、海洋の貯熱量も長期的に増加している。気象庁ではその要因として、二酸化炭素など温室効果ガスの増加に伴う地球温暖化の影響が考えられるとしている。また、数年から数十年程度で繰り返される自然変動の影響も受けていると考えられている。

図 2-4　日本の気候区分

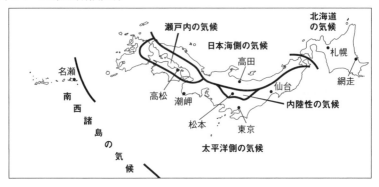

北海道の気候　この地域は冷帯（亜寒帯）で、冬の寒さは厳しく夏は涼しい。年間を通じて降水量は少なく、明瞭な梅雨の現象も見られない。

日本海側の気候　冬は、大陸から吹く北西の季節風が日本海をわたる時に大量の湿気を含むため雪が多くなる。夏は晴天が多く、気温も高い。

太平洋側の気候　夏は海から南東の季節風が吹き、雨が多く蒸し暑い。冬は北西の季節風が列島の山脈を越えて乾いた空気を送り込み、乾燥して晴れの日が多い。また台風の影響を受けやすい紀伊半島南部や四国南部では、6〜9月に雨が非常に多い。

内陸性の気候　夏はかなり暑く、冬は寒さが厳しい。夏冬、昼夜の気温差が大きいのが特徴。年間の降水量は少ない。

瀬戸内の気候　中国山地と四国山地が季節風をさえぎり、通年で晴れが多く温暖。雨量が少なく夏に日照りや干ばつが起きやすく、ため池など乾燥地特有の工夫がある。

南西諸島の気候　この地域は亜熱帯（熱帯に近い温帯）。年間を通して気温が高く、霜や雪はほとんど見られない。降水量が多く、奄美群島はその中でも雨量が多い地域。

2023年の日本の気候

　2023年の日本の天候は、冬は全国的に寒気の影響を受けやすい時期と、受けにくい時期が交互に現れた。冬の平均気温は、寒気の影響を受ける時期があった北日本で低かった一方、暖かい空気に覆われやすかった沖縄・奄美で高かった。春から秋にかけては、気温の高い状態が続いた。年平均気温は全国的に高く、北・東・西日本では統計開始以降、年平均気温が1位の高温となった。北・東日本は春・夏・秋の3季連続で季節平均気温が1位の高温となり、西日本では夏の平均気温が1位タイの高温であった。

　東・西日本太平洋側と沖縄・奄美では、秋雨前線や低気圧、台風の影響を受けにくく、高気圧に覆われて晴れた日が多かったため、秋の降水量はかなり少なく、日照時間はかなり多かった。特に西日本太平洋側では、秋の降水量平年比が48％、秋の日照時間平年比が120％となり、統計開始以降、秋として1位の少雨多照であった（統計開始はともに1946年）。

図 2-5　各地の気温と降水量の平年値 （1991〜2020年の平均）

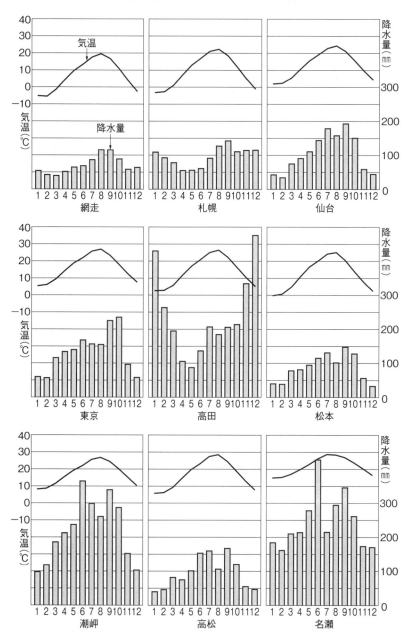

表2-6、2-7の資料より作成。

表2-6　各地の気温の平年値 (1991~2020年の平均) と観測史上最高気温 (℃) (大字は最高値、斜体は最低値)

	1月	2月	3月	4月	5月	6月	7月	8月	9月	10月	11月	12月	年平均	最高気温[1] (記録年次)
札幌……	-3.2	-2.7	1.1	7.3	13.0	17.0	21.1	22.3	18.6	12.1	5.2	-0.9	9.2	36.3(2023)
網走……	-5.1	-5.4	-1.3	4.5	9.8	13.5	17.5	19.6	16.8	10.9	4.0	-2.4	6.9	37.6(1994)
根室……	-3.4	-3.8	-0.8	3.5	7.7	10.9	14.9	17.4	16.2	11.6	5.6	-0.5	6.6	34.0(2019)
青森……	-0.9	-0.4	2.8	8.5	13.7	17.6	21.3	23.5	19.9	13.5	7.2	1.4	10.7	36.7(1994)
盛岡……	-1.6	-0.9	2.6	8.7	14.5	18.8	22.1	23.5	19.3	12.6	6.2	0.8	10.6	37.2(1924)
仙台……	2.0	2.4	5.5	10.7	15.6	19.2	22.9	24.4	21.2	15.7	9.8	4.5	12.8	37.3(2018)
秋田……	0.4	0.8	4.0	9.6	15.2	19.6	23.4	25.0	21.0	14.5	8.3	2.8	12.1	38.5(2023)
東京……	5.4	6.1	9.4	14.3	18.8	21.9	25.7	26.9	23.3	18.0	12.5	7.7	15.8	39.5(2004)
高田……	2.5	2.7	5.8	11.7	17.0	20.9	25.1	26.4	22.3	16.4	10.5	5.3	13.9	40.3(2019)
金沢……	4.0	4.2	7.3	12.6	17.7	21.6	25.3	27.3	23.2	17.6	11.9	6.8	15.0	38.5(2022)
長野……	-0.4	0.4	4.3	10.6	16.4	20.4	24.3	25.4	21.0	14.4	7.9	2.3	12.3	38.7(1994)
松本……	-0.3	0.6	4.6	10.8	16.5	20.2	24.2	25.1	20.4	13.9	7.8	2.5	12.2	38.5(1942)
名古屋…	4.8	5.5	9.2	14.6	19.4	23.0	26.9	28.2	24.5	18.6	12.6	7.2	16.2	40.3(2018)
尾鷲……	6.5	7.2	10.3	14.7	18.7	21.9	25.3	26.8	23.8	18.8	13.7	8.8	16.4	38.6(2016)
大阪……	6.2	6.6	9.9	15.2	20.1	23.6	27.7	29.0	25.2	19.5	13.8	8.7	17.1	39.1(1994)
潮岬……	8.3	8.8	11.6	15.6	19.3	22.1	25.7	26.9	24.6	20.3	15.5	10.6	17.5	36.1(2020)
鳥取……	4.2	4.7	7.9	13.2	18.1	22.0	26.2	27.3	22.9	17.2	11.9	6.8	15.2	39.2(2021)
岡山……	4.6	5.2	8.7	14.1	19.1	22.7	27.0	28.1	23.9	18.0	11.6	6.6	15.8	39.3(1994)
高松……	5.9	6.3	9.4	14.7	19.8	23.3	27.5	28.6	24.7	19.0	13.2	8.1	16.7	38.6(2013)
高知……	6.7	7.8	11.2	15.8	20.0	23.1	27.0	27.9	25.0	19.9	14.2	8.8	17.3	38.4(1965)
福岡……	6.9	7.8	10.8	15.4	19.9	23.3	27.4	28.4	24.7	19.6	14.2	9.1	17.3	38.3(2018)
熊本……	6.0	7.4	10.9	15.8	20.5	23.7	27.5	28.4	25.2	19.6	13.5	8.0	17.2	38.8(1994)
宮崎……	7.8	8.9	12.1	16.4	20.3	23.2	27.3	27.6	24.7	20.0	14.7	9.7	17.7	38.0(2013)
名瀬……	15.0	15.3	17.1	19.8	22.8	26.2	28.8	28.5	27.0	23.9	20.4	16.7	21.8	37.3(1960)
那覇……	17.3	17.5	19.1	21.5	24.2	27.2	29.1	29.0	27.9	25.5	22.5	19.0	23.3	35.6(2001)

気象庁ウェブサイトより作成。2024年4月1日閲覧。1) 統計開始から2023年までの最高記録。

表 2-7 各地の降水量の平年値 (1991～2020年の平均) と観測史上最多年降水量 (mm) (太字は最高値、斜体は最低値)

	1月	2月	3月	4月	5月	6月	7月	8月	9月	10月	11月	12月	全年	最多年降水量（記録年次）1)
札幌	108.4	91.9	77.6	54.6	55.5	60.4	90.7	126.8	142.2	109.9	113.8	114.5	1 146.1	1671.5 (1981)
網走	53.8	41.9	39.3	51.2	64.1	68.1	85.8	115.3	115.0	88.2	58.1	63.6	844.2	1231.4 (1912)
根室	30.6	23.5	47.0	64.4	96.2	103.0	115.1	132.3	160.0	126.1	83.2	59.0	1 040.4	1617.5 (2009)
青森	139.9	99.0	75.2	68.7	76.7	75.0	129.5	142.0	133.0	119.2	137.4	155.2	1 350.7	1972.8 (1947)
盛岡	49.4	48.0	82.1	85.4	106.5	109.4	197.5	185.4	151.7	108.7	85.6	70.2	1 279.9	1702.0 (1990)
仙台	42.3	33.9	74.4	90.2	110.2	143.7	178.4	157.8	192.6	150.6	58.7	44.1	1 276.7	1892.3 (1950)
秋田	118.9	98.5	99.5	109.9	125.0	122.9	197.0	184.6	161.0	175.5	189.1	159.8	1 741.6	2439.4 (1922)
東京	59.7	56.5	116.0	133.7	139.7	167.8	156.2	154.7	224.9	234.8	96.3	57.9	1 598.2	2229.6 (1938)
高田	429.6	263.3	194.7	105.3	87.0	136.5	206.8	184.5	205.8	213.9	334.2	475.5	2 837.1	3748.4 (1944)
金沢	256.0	162.6	157.2	143.9	138.0	170.3	233.4	179.3	231.9	177.1	250.8	301.1	2 401.5	3476.2 (1917)
長野	54.6	49.1	60.1	56.9	69.3	106.1	137.7	111.8	125.5	100.3	44.4	49.4	965.1	1296.9 (1903)
松本	39.8	38.5	78.0	81.1	94.5	114.9	131.3	101.6	148.0	128.3	56.3	32.7	1 045.1	1537.3 (1923)
名古屋	50.8	64.7	116.2	127.5	150.3	186.5	211.4	139.5	231.6	164.7	79.1	56.6	1 578.9	2323.6 (1896)
尾鷲	106.0	118.8	233.8	295.4	360.5	436.6	405.2	427.3	745.7	507.6	211.5	121.3	3 969.6	6174.5 (1954)
大阪	47.0	60.5	103.1	101.9	136.5	185.1	174.4	113.0	152.8	136.0	72.5	55.5	1 338.3	2014.5 (2021)
潮岬	97.7	118.1	185.5	212.3	236.7	364.7	298.4	260.3	339.2	286.6	152.0	102.9	2 654.3	3620.8 (1966)
鳥取	201.2	154.0	144.3	102.2	123.0	146.0	188.6	128.6	225.4	153.6	145.9	218.4	1 931.3	2689.7 (1945)
岡山	36.2	45.4	82.5	90.0	112.6	169.3	177.4	97.2	142.2	95.4	53.3	41.5	1 143.1	1660.1 (1923)
高松	39.4	45.8	81.4	74.6	100.9	153.1	159.8	106.0	167.4	120.1	55.0	46.7	1 150.1	1618.5 (1993)
高知	59.1	107.8	174.8	225.3	280.4	359.5	357.3	284.1	398.1	207.5	129.6	83.1	2 666.4	4383.0 (1998)
福岡	74.4	69.8	103.7	118.2	133.7	249.6	299.1	210.0	175.1	94.5	91.4	67.5	1 686.9	2976.5 (1980)
熊本	57.2	83.2	124.8	144.9	160.9	448.5	386.8	195.4	172.6	87.1	84.4	61.2	2 007.0	3369.0 (1993)
宮崎	72.7	95.8	155.7	194.5	227.6	516.3	339.3	275.5	370.9	196.7	105.7	74.9	2 625.5	4174.5 (1993)
名瀬	184.1	161.6	210.1	213.9	278.1	427.4	214.9	294.4	346.0	261.3	173.6	170.4	2 935.7	4429.5 (1959)
那覇	101.6	114.5	142.8	161.0	245.3	284.4	188.1	240.0	275.2	179.2	119.1	110.0	2 161.0	3322.0 (1998)

気象庁ウェブサイトより作成。2024年4月1日閲覧。1) 統計開始から2023年までの最高記録。

表 2-8　観測史上の記録（各地域の観測史上1位のランキング）

最高気温	℃	年月日	最低気温	℃	年月日
静岡県浜松････	41.1	2020. 8.17	北海道旭川････	-41.0	1902. 1.25
埼玉県熊谷････	41.1	2018. 7.23	北海道帯広････	-38.2	1902. 1.26
岐阜県美濃････	41.0	2018. 8. 8	北海道江丹別･･･	-38.1	1978. 2.17
岐阜県金山････	41.0	2018. 8. 6	静岡県富士山･･･	-38.0	1981. 2.27
高知県江川崎･･･	41.0	2013. 8.12	北海道歌登････	-37.9	1978. 2.17
静岡県天竜････	40.9	2020. 8.16	北海道幌加内･･･	-37.6	1978. 2.17
岐阜県多治見･･･	40.9	2007. 8.16	北海道美深････	-37.0	1978. 2.17
新潟県中条････	40.8	2018. 8.23	北海道和寒････	-36.8	1985. 1.25
東京都青梅････	40.8	2018. 7.23	北海道下川････	-36.1	1978. 2.17

最大10分間 降水量	mm	年月日	最大1時間 降水量	mm	年月日
北海道木古内･･･	55.0	2021.11. 2	千葉県香取････	153.0	1999.10.27
埼玉県熊谷････	50.0	2020. 6. 6	長崎県長浦岳･･･	153.0	1982. 7.23
新潟県室谷････	50.0	2011. 7.26	沖縄県多良間･･･ *	152.0	1988. 4.28
高知県清水････	49.0	1946. 9.13	熊本県甲佐････	150.0	2016. 6.21
宮城県石巻････	40.5	1983. 7.24	高知県清水････	150.0	1944.10.17
埼玉県秩父････	39.6	1952. 7. 4	新潟県下関････	149.0	2022. 8. 4
兵庫県柏原････	39.5	2014. 6.12	高知県室戸岬･･･	149.0	2006.11.26
兵庫県洲本････	39.2	1949. 9. 2	福岡県前原････	147.0	1991. 9.14
神奈川県横浜･･･	39.0	1995. 6.20	愛知県岡崎････	146.5	2008. 8.29

日降水量	mm	年月日	最大風速 (10分間の平均)	m/秒	年月日
神奈川県箱根･･･	922.5	2019.10.12	静岡県富士山･･ *	72.5	1942. 4. 5
高知県魚梁瀬･･･	851.5	2011. 7.19	高知県室戸岬･･･	69.8	1965. 9.10
奈良県日出岳･･ *	844.0	1982. 8. 1	沖縄県宮古島･･･	60.8	1966. 9. 5
三重県尾鷲････	806.0	1968. 9.26	長崎県雲仙岳･･･	60.0	1942. 8.27
香川県内海････	790.0	1976. 9.11	滋賀県伊吹山･･ *	56.7	1961. 9.16
沖縄県与那国島	765.0	2008. 9.13	徳島県剣山･･･ *	55.0	2001. 1. 7
三重県宮川････	764.0	2011. 7.19	沖縄県与那国島	54.6	2015. 9.28
愛媛県成就社･･･	757.0	2005. 9. 6	沖縄県石垣島･･･	53.0	1977. 7.31
高知県繁藤････	735.0	1998. 9.24	鹿児島県屋久島･	50.2	1964. 9.24

最大瞬間風速 (3秒間の平均)	m/秒	年月日	最深積雪	cm	年月日
静岡県富士山･･ *	91.0	1966. 9.25	滋賀県伊吹山･･ *	1 182	1927. 2.14
沖縄県宮古島･･･	85.3	1966. 9. 5	青森県酸ケ湯･･･	566	2013. 2.26
高知県室戸岬･･･ [1]	84.5	1961. 9.16	新潟県守門････ [1]	463	1981. 2. 9
沖縄県与那国島	81.1	2015. 9.28	山形県肘折････	445	2018. 2.13
鹿児島県名瀬･･･	78.9	1970. 8.13	新潟県津南････	419	2022. 2.24
沖縄県那覇････	73.6	1956. 9. 8	新潟県十日町･･･ [1]	391	1981. 2.28
愛媛県宇和島･･･	72.3	1964. 9.25	新潟県高田････	377	1945. 2.26
沖縄県石垣島･･･	71.0	2015. 8.23	新潟県小出････ [1]	363	1981. 2.28
沖縄県西表島･･･	69.9	2006. 9.16	新潟県関山････	362	1984. 3. 1

気象庁ウェブサイトより作成。2024年4月1日閲覧。データによって小数点以下の扱いが異なる。*は現在観測していない。1) この数値以上であることが確実。

表2-9 世界の気温・降水量の月別平年値 (1991年から2020年までの平均値) (上段の数字は気温℃、下段の数字は降水量mm)

	1月	2月	3月	4月	5月	6月	7月	8月	9月	10月	11月	12月	全年
北京 (中国)	-2.8	0.6	7.5	15.1	21.3	25.3	27.2	26.0	21.2	13.8	5.2	-1.0	13.3
	2.1	5.6	8.5	21.9	36.5	72.7	170.6	114.1	53.3	29.3	13.7	2.5	530.8
バンコク (タイ)	27.6	28.7	29.8	30.8	30.5	29.8	29.3	29.1	28.7	28.5	28.4	27.4	29.1
	24.2	19.4	53.6	92.7	215.4	209.9	182.9	212.0	343.6	304.0	46.5	13.5	1 717.7
ニューデリー (インド)	13.9	17.6	21.4	29.1	32.7	33.3	31.5	30.4	29.6	26.2	20.5	15.6	25.3
	20.0	25.6	22.9	13.0	26.1	87.8	197.2	226.1	131.1	17.1	5.4	11.4	782.2
モスクワ (ロシア)	-6.2	-5.9	-0.7	6.9	13.6	17.3	19.7	17.6	11.9	5.8	-0.5	-4.4	6.3
	53.2	44.0	39.0	36.6	61.2	77.4	83.8	78.3	66.1	70.1	51.9	51.4	713.0
ベルリン (ドイツ)	1.2	2.1	5.2	10.2	14.6	18.0	20.1	19.7	15.3	10.2	5.4	2.3	10.4
	49.3	36.8	41.3	30.2	50.0	57.4	71.4	58.1	46.1	44.7	42.6	42.3	570.2
マドリード (スペイン)	6.5	8.0	11.3	13.6	17.5	22.7	26.1	25.7	21.0	15.4	9.9	7.0	15.4
	31.5	33.5	33.0	47.2	49.0	21.5	10.5	10.1	23.0	61.4	54.3	47.8	422.8
リヤド (サウジアラビア)	14.6	17.6	21.6	27.3	33.1	35.9	36.9	37.0	33.7	28.4	21.4	16.5	27.0
	15.1	8.1	24.2	36.1	6.5	0.0	0.0	0.4	0.9	0.9	15.1	20.8	127.3
ニューヨーク (アメリカ合衆国)	1.2	2.2	5.9	11.8	17.4	22.7	26.0	25.2	21.4	15.1	9.3	4.3	13.5
	82.7	74.1	102.1	97.4	91.3	102.8	107.3	111.9	97.8	97.0	79.8	104.6	1 148.8
サンフランシスコ (アメリカ合衆国)	10.7	11.8	13.0	13.9	15.4	16.9	17.7	18.2	18.2	16.9	13.4	10.7	14.7
	98.8	100.2	69.4	35.2	13.3	3.8	0.0	1.0	1.9	20.0	50.3	105.9	499.8
ブエノスアイレス (アルゼンチン)	24.9	23.8	22.1	18.2	15.0	12.2	11.2	13.3	14.8	17.8	20.8	23.4	18.1
	153.1	115.3	125.1	139.3	101.5	67.2	67.9	72.8	65.9	115.7	117.8	114.5	1 256.1
ホノルル (アメリカ合衆国)	23.0	23.3	23.7	24.7	25.7	26.8	27.5	27.9	27.5	26.8	25.5	24.1	25.5
	45.7	49.4	46.5	19.8	21.9	7.6	11.2	14.3	21.7	38.4	42.3	47.4	366.2
キャンベラ (オーストラリア)	21.4	20.3	17.7	13.5	9.5	7.0	6.1	7.3	10.4	13.5	16.6	19.3	13.6
	57.7	56.3	48.1	31.5	27.6	51.2	39.5	42.8	55.4	50.1	67.1	57.5	584.8

気象庁ウェブサイト（2024年4月1日閲覧）および国立天文台「理科年表」(2024年)より作成。太数字は最高値、斜体数字は最低値。一部に統計期間が短い都市がある。全年の気温は年平均気温、降水量は年間降水量。

第2章 国土と気候

第3章　人口

　日本の総人口は、2008年の１億2808万人をピークに減少に転じている。総務省「人口推計」によると、2023年10月１日現在の推計人口は１億2435万人で、前年から59万人減り、13年連続で減少した。入国者数と出

図 3-1　総人口と合計特殊出生率の推移

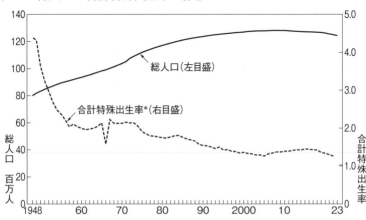

総務省「人口推計」および同「国勢調査」、厚生労働省「人口動態統計」より作成。
人口は各年10月１日現在。*日本における日本人。

表 3-1　最近の人口 （推計人口）（各年10月１日現在）（単位　千人）

	総人口	日本人人口	人口増減[1]	自然増減[2]	社会増減[3]	人口増減率（％）
2018	126 749	124 349	-170	-425	161	*-0.13*
2019	126 555	123 886	-193	-485	209	*-0.15*
2020*	126 146	123 399	-409	-501	42	*-0.32*
2021	125 502	122 780	-644	-609	-35	*-0.51*
2022	124 947	122 031	-556	-731	175	*-0.44*
2023	124 352	121 193	-595	-837	242	*-0.48*

総務省「人口推計」より作成。2018年および19年は、2015年および20年の国勢調査による補間補正人口。増減数は前年10月～当年９月の合計。1）補間補正を含むため、2018年～20年は自然増減と社会増減の合計と一致しない。2）出生児数－死亡者数。3）入国者数－出国者数。*人口は国勢調査による。日本人人口は不詳補完値。
推計人口は国勢調査人口を基礎に、各月の出生児・死亡者・入国者・出国者等を加減して算出されたもの。【☞長期統計509ページ】

国者数の差を表す社会増減はプラス24万人で、２年連続の社会増加となったが、出生数と死亡数の差を表す自然増減はマイナス84万人で、17年連続の自然減少となった。

　自然減少の要因は、少子化による出生数の減少と、高齢者の増加に伴う死亡数の増加である。厚生労働省「人口動態統計」によると、2022年

第3章

人口

図 3-2　出生数と死亡数の推移

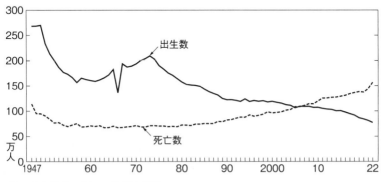

表3-2より作成。表3-2の注記を参照。

表 3-2　人口動態（日本における日本人）

	出生数 （千人）	出生率[1]	死亡数 （千人）	死亡率[1]	自然 増減率[1]	合計特殊 出生率
1970	1 934	18.8	713	6.9	11.8	2.13
1975	1 901	17.1	702	6.3	10.8	1.91
1980	1 577	13.6	723	6.2	7.3	1.75
1985	1 432	11.9	752	6.3	5.6	1.76
1990	1 222	10.0	820	6.7	3.3	1.54
1995	1 187	9.6	922	7.4	2.1	1.42
2000	1 191	9.5	962	7.7	1.8	1.36
2005	1 063	8.4	1 084	8.6	-0.2	1.26
2010	1 071	8.5	1 197	9.5	-1.0	1.39
2015	1 006	8.0	1 291	10.3	-2.3	1.45
2020	841	6.8	1 373	11.1	-4.3	1.33
2021	812	6.6	1 440	11.7	-5.1	1.30
2022	771	6.3	1 569	12.9	-6.5	1.26

厚生労働省「人口動態統計」（2022年）より作成。1972年までは沖縄県を除く数値。1）人口千あたりの数。
自然増減率は、出生児数から死亡者数を引いた数を期首人口で割った数。**合計特殊出生率**は、15～49歳の女性の年齢別出生率を合計したもので、１人の女性がその年齢別出生率で一生の間に産むとしたときの子どもの数に相当する。【☞長期統計509ページ】

の日本人の出生数は77.1万人で、前年より4.1万人減少し、統計開始以降、初めて80万人を下回った。1人の女性が生涯に産む子どもの数に相当する合計特殊出生率は1.26で、過去最低となった。一方、死亡数は156.9万人で、前年より12.9万人増加し、過去最多となった。

　人口の減少と少子高齢化は、経済社会の縮小や、社会保障制度の維持困難など、さまざまな問題を引き起こす。1990年代以降、政府によって少子化対策が実施されてきたが、未だに少子化は止まらない。対策強化のため、2023年12月に、新たな少子化対策である「こども未来戦略」が発表された。2030年代までに少子化傾向を反転させることを目標に、児童手当の拡充など、経済的支援を中心とした政策が実施される。

表 3-3　国勢調査人口 （総人口）（各年10月1日現在）

	人口（千人）			5年間の人口増減		人口密度（人/km²）
	総数	男	女	増減数（千人）	増減率（％）	
1920	55 963	28 044	27 919	…	…	147
1925	59 737	30 013	29 724	3 774	6.7	156
1930	64 450	32 390	32 060	4 713	7.9	169
1935	69 254	34 734	34 520	4 804	7.5	181
1940	1) 71 933	1) 35 387	1) 36 546	2 679	3.9	4) 191
1945	2) 72 147	33 894	38 104	3) 780	3) 1.1	3)4) 195
1950	84 115	41 241	42 873	3) 11 052	3) 15.3	226
1955	90 077	44 243	45 834	5 962	7.1	242
1960	94 302	46 300	48 001	4 225	4.7	253
1965	99 209	48 692	50 517	4 908	5.2	267
1970	104 665	51 369	53 296	5 456	5.5	281
1975	111 940	55 091	56 849	7 274	7.0	300
1980	117 060	57 594	59 467	5 121	4.6	314
1985	121 049	59 497	61 552	3 989	3.4	325
1990	123 611	60 697	62 914	2 562	2.1	332
1995	125 570	61 574	63 996	1 959	1.6	337
2000	126 926	62 111	64 815	1 356	1.1	340
2005	127 768	62 349	65 419	842	0.7	343
2010	128 057	62 328	65 730	289	0.2	343
2015	127 095	61 842	65 253	-963	-0.8	341
2020	126 146	61 350	64 797	-949	-0.7	338

総務省「国勢調査」（2020年）より作成。原資料により、1950～70年も沖縄県を含む。1) 国勢調査による人口から内地外の軍人、軍属等の推計数を差し引いた補正人口。2) 1945年の人口調査による人口に内地の軍人および外国人の推計数を加えた補正人口。沖縄県を含まない。3) 沖縄県を除いて算出。4) 補正前の人口により算出。

表 3-4　年齢別人口の割合　（総人口）（各年10月1日現在）（%）

	0～14歳	15～64歳	65歳以上		0～14歳	15～64歳	65歳以上
1950	35.4	59.6	4.9	2000	14.6	68.1	17.4
1960	30.2	64.1	5.7	2010	13.2	63.8	23.0
1970	24.0	68.9	7.1	2020	11.9	59.5	28.6
1980	23.5	67.4	9.1	2022*	11.6	59.4	29.0
1990	18.2	69.7	12.1	2023*	11.4	59.5	29.1

総務省「国勢調査」および同「人口推計」より作成。2010年以前は不詳を除く割合。2020年は不詳補完値より算出。*推計値。

第3章 人口

表 3-5　年齢・男女別人口 （2023年10月1日現在）（推計値）

	総人口（千人）			性別ごとの年齢別割合（%）		
	計	男	女	計	男	女
0～ 4歳‥	4 087	2 093	1 995	3.3	3.5	3.1
5～ 9歳‥	4 838	2 478	2 360	3.9	4.1	3.7
10～14歳‥	5 248	2 689	2 559	4.2	4.4	4.0
15～19歳‥	5 494	2 818	2 675	4.4	4.7	4.2
20～24歳‥	6 236	3 212	3 024	5.0	5.3	4.7
25～29歳‥	6 479	3 333	3 146	5.2	5.5	4.9
30～34歳‥	6 380	3 273	3 106	5.1	5.4	4.9
35～39歳‥	7 047	3 593	3 454	5.7	5.9	5.4
40～44歳‥	7 765	3 938	3 827	6.2	6.5	6.0
45～49歳‥	9 115	4 620	4 495	7.3	7.6	7.0
50～54歳‥	9 650	4 868	4 782	7.8	8.0	7.5
55～59歳‥	8 279	4 143	4 136	6.7	6.8	6.5
60～64歳‥	7 507	3 719	3 788	6.0	6.1	5.9
65～69歳‥	7 332	3 569	3 763	5.9	5.9	5.9
70～74歳‥	8 817	4 161	4 656	7.1	6.9	7.3
75～79歳‥	7 474	3 365	4 108	6.0	5.6	6.4
80～84歳‥	5 895	2 458	3 437	4.7	4.1	5.4
85～89歳‥	3 979	1 448	2 531	3.2	2.4	4.0
90～94歳‥	2 045	583	1 463	1.6	1.0	2.3
95～99歳‥	597	120	477	0.5	0.2	0.7
100歳以上	87	11	77	0.07	0.02	0.12
総数‥‥	124 352	60 492	63 859	100.0	100.0	100.0
（再掲）						
0～14歳‥	14 173	7 260	6 913	11.4	12.0	10.8
15～64歳‥	73 952	37 518	36 434	59.5	62.0	57.1
65歳以上‥	36 227	15 714	20 512	29.1	26.0	32.1
うち75歳以上	20 078	7 985	12 093	16.1	13.2	18.9
85歳以上	6 708	2 161	4 547	5.4	3.6	7.1

総務省「人口推計」（2023年）より作成。

図 3-3　年齢構成の国際比較 （2021年）（推計値）

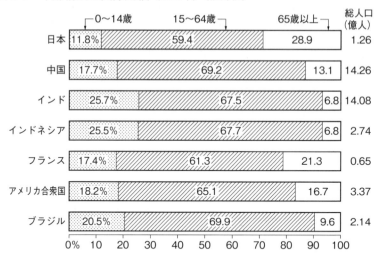

総務省「人口推計」（2021年）および国連 "World Population Prospects 2022" より作成。日本は10月1日時点、その他の国は7月1日時点の推計値。

図 3-4　各国の年齢（5歳階級）・男女別人口構成割合

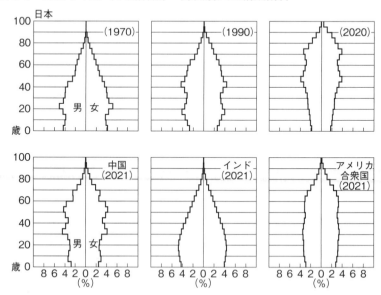

総務省「国勢調査」および国連 "World Population Prospects 2022" より作成。日本は10月1日時点。その他の国は7月1日時点で、推計値。上段は全て日本の人口構成図。日本の1970年は85〜89歳が85歳以上人口、その他は95〜99歳が95歳以上人口。

〔**世帯**〕 国勢調査によると、2020年の一般世帯数は5570万世帯で、2015年より237万世帯増加した。世帯数は年々増加し、人口が減少に転じてからも増加が続いている。大家族の減少、核家族や１人暮らしの増加が背景にある。１世帯あたりの平均人員は、1960年には４人以上であったが、2020年には2.21人に減少した。単独世帯は2115万世帯で、一般世帯の38％を占める。また、単独世帯のうち32％が65歳以上である。

第３章 人口

表 3-6　**世帯数の推移**（各年10月１日現在）

	世帯数（千世帯）				世帯人員（千人）		
	総数[1]	一般世帯	5人以上[2]（％）	施設等の世帯	一般世帯	1世帯あたり（人）	施設等の世帯
1960	22 567	22 539	41.9	28	93 419	4.14	883
1970	30 374	30 297	25.6	77	103 351	3.41	1 315
1980	36 015	35 824	20.0	137	115 451	3.22	1 538
1990	41 036	40 670	16.7	104	121 545	2.99	1 742
2000	47 063	46 782	11.5	102	124 725	2.67	1 973
2010	51 951	51 842	7.8	108	125 546	2.42	2 512
2015	53 449	53 332	6.8	117	124 296	2.33	2 798
2020	55 830	55 705	5.5	125	123 163	2.21	2 983

総務省「国勢調査」より作成。一般世帯は住居と生計を共にする人の集まりや単身者など。施設等の世帯は寮に住む学生や施設の入所者などで、１棟を１世帯とする。1）1980～2000年は世帯の種類「不詳」を含む。2）世帯人員が５人以上の世帯の割合。

表 3-7　**家族類型別の一般世帯数**（単位　千世帯）

	2000	2005	2010	2015	2020
核家族世帯・・・・・・・・・・・・・	27 273	28 327	29 207	29 754	30 111
夫婦のみ・・・・・・・・・・・・	8 823	9 625	10 244	10 718	11 159
夫婦と子・・・・・・・・・・・・	14 904	14 631	14 440	14 288	13 949
ひとり親と子・・・・・・・・・	3 546	4 070	4 523	4 748	5 003
単独世帯・・・・・・・・・・・・・	12 911	14 457	16 785	18 418	21 151
その他の世帯・・・・・・・・・・	6 598	6 278	5 765	5 024	4 283
計・・・・・・・・・・・・・・・・	46 782	49 063	1) 51 842	1) 53 332	1) 55 705
一般世帯に占める単独世帯の割合（％）・・・・	27.6	29.5	32.4	34.6	38.1
65歳以上単独世帯・・・・・・・	3 032	3 865	4 791	5 928	6 717
（参考）65歳以上人口（千人）	22 005	25 672	29 246	2) 33 790	2) 36 027

総務省「国勢調査」より作成。各年10月１日現在。2010年に家族類型の分類方法が変更となった。2000年と2005年の数値は、2010年以降の基準に合わせて再分類したもの。1）世帯の家族類型「不詳」を含む。2）不詳補完値。

〔婚姻・離婚〕　厚生労働省「人口動態統計」によると、2022年の婚姻件数は50.5万組で、前年より3792組増加した。婚姻件数は、1970年代前半をピークに減少傾向が続いており、2020、21年は新型コロナの影響でさらに減少した。2022年は微増したが、2019年に比べると9.4万組少ない。一方、婚姻や出産の年齢は上昇傾向が続いており、2022年の平均初婚年齢は男性31.1歳、女性29.7歳で、ともに前年より上昇した。婚姻数の減少と婚姻・出産年齢の上昇は、少子化の大きな要因となっている。

表 3-8　婚姻と離婚の推移（日本における日本人）

	婚姻			離婚		
	婚姻件数（組）	夫妻とも初婚	婚姻率（人口千対）	離婚件数（組）	離婚率（人口千対）	平均同居期間（年）
1960	866 115	758 429	9.3	69 410	0.74	6.5
1970	1 029 405	914 870	10.0	95 937	0.93	6.8
1980	774 702	657 373	6.7	141 689	1.22	8.6
1990	722 138	589 886	5.9	157 608	1.28	9.9
2000	798 138	630 235	6.4	264 246	2.10	10.3
2010	700 222	520 960	5.5	251 379	1.99	10.9
2020	525 507	386 883	4.3	193 253	1.57	12.0
2021	501 138	370 911	4.1	184 384	1.50	12.3
2022	504 930	377 804	4.1	179 099	1.47	12.5

厚生労働省「人口動態統計」（2022年）より作成。夫妻いずれかが外国人の場合を含む。1960年および70年は沖縄県を含まない。

表 3-9　平均初婚年齢と50歳時の未婚割合

	平均初婚年齢[1]（歳）		50歳時の未婚割合[2]（％）	
	男	女	男	女
1980	27.8	25.2	2.60	4.45
1990	28.4	25.9	5.57	4.33
2000	28.8	27.0	12.57	5.82
2010	30.5	28.8	20.14	10.61
2020	31.0	29.4	*28.25	*17.81
2022	31.1	29.7	…	…

厚生労働省「人口動態統計」（2022年）および国立社会保障・人口問題研究所「人口統計資料集」（2023年改訂版）より作成。1) 日本における日本人。2) 45～49歳と50～54歳における割合の平均。*配偶関係不詳補完結果による。

表 3-10　第1子出産時の母の平均年齢

	年齢（歳）
1980	26.4
1990	27.0
2000	28.0
2010	29.9
2020	30.7
2022	30.9

資料は表3-8に同じ。日本における日本人。1991年以前は92年以降と計算方法が異なる。

〔在留外国人・海外在留日本人〕 出入国在留管理庁によると、2023年末の在留外国人数は341.1万人で、前年末より33.6万人増加し、過去最多を更新した。生産年齢人口が減少している日本では、外国人労働者の受け入れが進んでおり、2019年には、特定の分野の人材を確保するための在留資格「特定技能」が新設された。2024年3月には特定技能の対象分

第3章 人口

図 3-5　在留外国人の国籍別割合（2023年末現在）

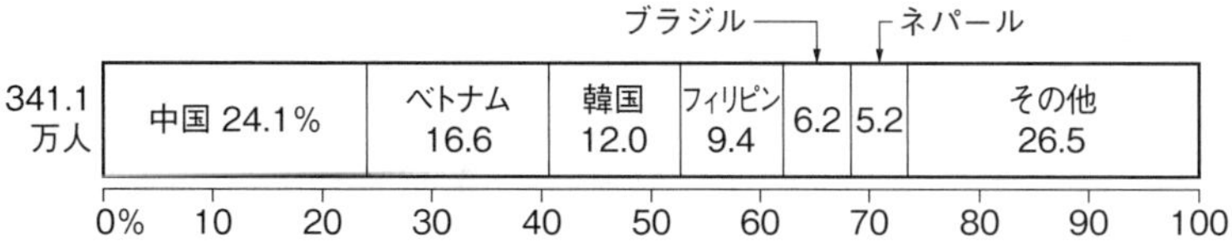

出入国在留管理庁「令和5年末現在における在留外国人数について」より作成。

表 3-11　在留資格別在留外国人人口（各年末現在）（単位　千人）

	2019	2020	2021	2022	2023
高度専門職・・・・・・・・・・・・ 1)	15	17	16	18	24
経営・管理・・・・・・・・・・・・・	27	27	27	32	38
技術・人文知識・国際業務	272	283	275	312	362
技能・・・・・・・・・・・・・・・・・・	42	40	38	40	42
特定技能・・・・・・・・・・・・ 2)	2	16	50	131	208
技能実習	411	378	276	325	405
留学	346	281	208	301	341
家族滞在・・・・・・・・・・・・・	201	197	192	228	266
特定活動・・・・・・・・・・・・ 3)	65	103	124	83	74
永住者	793	808	831	864	892
日本人の配偶者等・・・・・・・	145	143	142	145	148
永住者の配偶者等・・・・・・・	42	43	45	47	51
定住者・・・・・・・・・・・・・・・ 4)	205	201	199	207	217
中長期在留者計×・・・・・・	2 621	2 583	2 464	2 786	3 130
特別永住者・・・・・・・・・・・ 5)	313	304	296	289	281
総計・・・・・・・・・・・・・・・・・	2 933	2 887	2 761	3 075	3 411

出入国在留管理庁「令和5年末現在における在留外国人数について」より作成。1) 教授や芸術、宗教、報道、経営・管理、法律・会計業務、医療、教育、技術・人文知識・国際業務などは、それぞれ別の在留資格となる。2) 2019年4月1日に新設。特定産業分野の知識や経験を要する「特定技能1号」と、さらに熟練した技能を要する「特定技能2号」がある。3) ワーキングホリデー、経済連携協定に基づく看護師や介護福祉士候補者など。4) 一定の在留期間の居住を認めるもので、第三国定住難民や日系3世、中国残留邦人など。5) 平和条約に基づく日本国籍離脱者やその家族が対象。×その他とも。

野の追加などが決定し、受け入れはさらに増えるとみられる。

　2023年の海外在留日本人数は129.4万人で、前年より1.5万人減少した（外務省による）。海外在留日本人数は、コロナ前の2019年までは増え続けていたが、2020年以降は毎年減少している。

表 3-12　難民認定数（単位　人）

	2019	2020	2021	2022	2023	1978〜累計
難民認定数						
定住難民・・・・ 1)	20	—	—	35	47	11 595
条約難民・・・・ 2)	44	47	74	202	303	1 420
補完的保護対象者 3)	—	—	—	—	2	2
その他の庇護・・ 4)	37	44	580	1 760	1 005	6 054
計・・・・・・・・ 5)	**101**	**91**	**654**	**1 997**	**1 357**	**19 071**
難民認定申請者数	10 375	3 936	2 413	3 772	13 823	105 487

法務省「我が国における難民庇護の状況等」より作成。1) インドシナ難民と第三国定住難民（タイとマレーシアから受け入れたミャンマー難民）。2) 入管法の規定に基づき、難民認定された者。3) 2023年12月から認定開始。条約上の難民に該当しないが、保護すべき対象として認められた者。4) 難民や補完的保護対象者には認定されないが、人道的な配慮を理由に在留が認められた者。在留ミャンマー人への緊急避難措置等により、難民認定手続きに先行して在留を認められた者を含む。5) このほか、シリア危機により就学機会を奪われたシリア人を、2017〜23年度に留学生として計127人受け入れている。

表 3-13　海外在留日本人人口（各年10月1日現在）（単位　千人）

	1990	2000	2010 1)	2020 1)2)	2022 1)2)	2023 1)2)3)
アメリカ合衆国・	236	298	388	426	419	415
中国・・・・・・・・・	8	46	132	112	102	102
オーストラリア・	15	38	71	98	95	100
カナダ・・・・・・・・	22	34	54	71	74	75
タイ・・・・・・・・・	14	21	47	81	78	72
イギリス・・・・・・	44	53	62	63	65	65
ブラジル・・・・・・	105	75	58	50	47	47
韓国・・・・・・・・・	6	16	29	41	42	43
ドイツ・・・・・・・・	21	25	36	42	42	42
フランス・・・・・・	15	26	27	37	36	36
総数×・・・・・・・	620	812	1 143	1 358	1 309	1 294
長期滞在者 4)	374	527	759	828	751	719
永住者・・・ 5)	246	285	385	530	557	575

外務省「海外在留邦人数調査統計」、国立社会保障・人口問題研究所「人口統計資料集」（2023年改訂版）より作成。1) イラクおよびアフガニスタンを除く。2) シリアを除く。3) ウクライナを除く。4) 永住者を除く滞在期間3か月以上の者。5) 当該在留国より永住権が認められており、日本国籍を所有している者。×その他とも。

〔**将来推計**〕 日本の人口は、2008年をピークに減少傾向が続いているが、今後もさらに減少するとみられる。国立社会保障・人口問題研究所が2023年に発表した将来推計によると、2020年の国勢調査で１億2615万人であった人口は、2056年に１億人を下回り、2070年には現在のおよそ７割にあたる8700万人になると予想されている。少子高齢化はさらに進行し、2070年には人口のおよそ４割が65歳以上になる見込みである。人口減少と少子高齢化の進行は、社会の維持に困難をもたらす。少子化対策に加え、人口構造の変化に対応した制度の整備が必要となっている。

図 3-6　**将来人口の動き**（総人口）（各年10月１日現在）（中位推計）

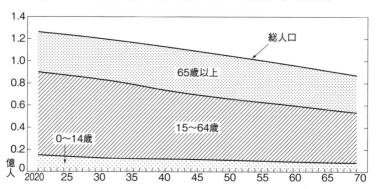

国立社会保障・人口問題研究所「日本の将来推計人口」（2023年推計）より作成。2020年は国勢調査による確定値。

表 3-14　**将来推計人口**（中位推計）

	総人口（千人）	人口動態（人口千あたり　人）		年齢別人口割合（％）		
		出生率	死亡率	0〜14歳	15〜64歳	65歳以上
2020*	126 146	1) 6.8	1) 11.1	2) 11.9	2) 59.5	2) 28.6
2030	120 116	6.4	13.3	10.3	58.9	30.8
2040	112 837	6.4	14.8	10.1	55.1	34.8
2050	104 686	5.9	15.1	9.9	52.9	37.1
2060	96 148	5.6	16.3	9.3	52.8	37.9
2070	86 996	5.7	17.5	9.2	52.1	38.7

国立社会保障・人口問題研究所「日本の将来推計人口」（2023年推計）、厚生労働省「人口動態統計」より作成。人口は各年10月１日現在。1) 日本における日本人。2) 国勢調査の不詳補完値による。*確定値。

第３章

人口

〔世界の人口〕　国連の推計によると、2023年7月1日現在の世界の人口は80.5億人である（2022年発表の将来推計）。世界人口は2022年11月に80億人を突破したとされている。国別人口は、インドが14億2863万人、中国が14億2567万人で、インドが中国を初めて上回り、世界一となった。

　今後、世界の人口は増え続ける見通しである。国別では、アジアやアフリカなどの新興国・途上国の人口が増加し、日本やヨーロッパなどの先進国の多くでは人口が減少していくと予想されている。また、出生率は年々低下するが、平均寿命は伸び続け、少子高齢化が進むとみられる。

図 3-7　**世界人口の動き**（推計値）（各年7月1日現在）

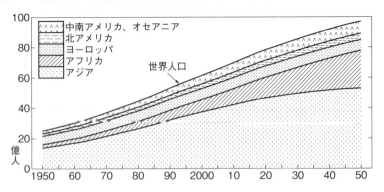

国連 "World Population Prospects 2022" より作成。2021年までは推計人口、2022年からは将来推計人口の中位推計値。

表 3-15　**各国の人口動態**（推計値）（2021年）

	人口 （百万人）	人口 増減率 （％）	出生率*	死亡率*	自然 増減率1)*	社会 増減率2)*
インド・・・・・・・・・	1 408	*0.68*	16.42	9.45	6.97	-0.22
インドネシア・・・	274	*0.63*	16.43	10.07	6.36	-0.06
韓国・・・・・・・・・・	52	*-0.00*	5.58	6.46	-0.88	0.84
中国・・・・・・・・・・	1 426	*0.00*	7.63	7.45	0.19	-0.14
ドイツ・・・・・・・・	83	*0.04*	9.17	12.49	-3.32	3.76
フランス・・・・・・	65	*0.09*	10.50	9.91	0.58	0.32
ロシア・・・・・・・・	145	*-0.51*	9.64	16.96	-7.32	2.21
アメリカ合衆国・	337	*0.30*	11.06	9.74	1.31	1.67
ブラジル・・・・・・	214	*0.47*	12.88	8.33	4.56	0.10

国連 "World Population Prospects 2022" より作成。人口は2021年7月1日現在。1) 出生児数－死亡者数を人口で割ったもの。2) 入国者数－出国者数を人口で割ったもの。
*人口千あたりの数。

第4章　府県と都市

　総務省「人口推計」によると、2023年の都道府県別人口は、東京都が1409万人で最も多く、次いで神奈川県が923万人、大阪府が876万人であった。最も人口が少ないのは鳥取県の54万人であった。前年からの増減をみると、東京都のみが増加し、その他の道府県は減少した。出生数と死亡数の差を示す自然増減は、すべての都道府県でマイナスであった。

　住民基本台帳による2023年の都道府県間人口移動をみると、転入が転出を上回る転入超過であったのは、東京都、神奈川県、埼玉県、大阪府、千葉県、福岡県、滋賀県のみで、その他の40道府県は転出超過であった。

転入超過数は、東京都が6.8万人で、2位の神奈川県より4万人多かった。東京都の転入超過数は、外国人を含む数が公表されている2014年以降、2019年まで毎年7～8万人台で推移していた。コロナ禍の2020、21年にはテレワークの普及などによって減少したが、2022年からは再び増加している。転出超過数が最も多かったのは、3年連続で広島県であった。東京圏、名古屋圏、大阪圏の3大都市圏では、東京圏が12.7万人の転入超過であったのに対し、名古屋圏

表 4-1　地方別の面積と人口（2023年10月1日現在）

	面積 (km²)	総人口 (千人)	人口密度 (1 km² につき人)
北海道‥	78 418 (83 421)	5 092	64.9
本州‥‥	231 239	101 652	439.6
東北‥	66 947	8 318	124.3
関東‥	32 439	43 527	1 341.8
中部‥ 1)	66 806	20 749	310.6
近畿‥	33 126	21 989	663.8
中国‥	31 921	7 069	221.5
四国‥‥	18 802	3 578	190.3
九州‥‥	42 230	12 561	297.4
沖縄‥‥	2 282	1 468	643.3
全国計	**372 972** (377 975)	**124 352**	333.4

面積は国土地理院「全国都道府県市区町村別面積調」、人口は総務省「人口推計」（2023年）より作成。人口は推計値。人口密度は面積と人口を用いて編者算出。面積については、本表では現在日本の施政権の及んでいる範囲に限定した。歯舞（はぼまい）群島、色丹（しこたん）島、国後（くなしり）島、択捉（えとろふ）島（以上が北方領土で北海道所属、面積は5003km²）および竹島（島根県、0.2km²）については、北海道の下のカッコ内に北方領土を含む面積、全国計の下に北方領土と竹島を含む面積を掲載。1）新潟、富山、石川、福井、山梨、長野、岐阜、静岡、愛知の9県。

では1.8万人の転出超過であった。高度経済成長期には 3 大都市圏全体に人口が流入していたが、近年は東京圏への一極集中が続いている。

　地方では、人口の流出により、人手不足や経済の停滞など、さまざまな問題が発生している。政府は地方創生を掲げ、移住の促進などを通じて東京一極集中の是正を図ってきたが、状況は変わらない。2023年度からは、デジタル技術を活用して地方の課題を解決する「デジタル田園都市国家構想」を通じた施策に取り組み、地方の活性化を目指している。

表 4-2　都道府県別の面積・人口・人口密度 （2023年10月 1 日現在）

	面積 (km²)	総人口 (千人)	人口密度 (1 km²に つき　人)		面積 (km²)	総人口 (千人)	人口密度 (1 km²に つき　人)
北海道·	78 418 (83 421)	5 092	64.9	滋賀···	4 017	1 407	350.1
				京都···	4 612	2 535	549.7
青森···	9 645	1 184	122.8	大阪···	1 905	8 763	4 599.1
岩手···	15 275	1 163	76.2	兵庫···	8 401	5 370	639.2
宮城···	7 282	2 264	311.0	奈良···	3 691	1 296	351.0
秋田···	11 638	914	78.5	和歌山	4 725	892	188.8
山形···	9 323	1 026	110.1	鳥取···	3 507	537	153.2
福島···	13 784	1 767	128.2	島根···	6 708	650	96.8
茨城···	6 098	2 825	463.2	岡山···	7 115	1 847	259.6
栃木···	6 408	1 897	296.1	広島···	8 479	2 738	322.9
群馬···	6 362	1 902	298.9	山口···	6 113	1 298	212.3
埼玉···	3 798	7 331	1 930.5	徳島···	4 147	695	167.6
千葉···	5 157	6 257	1 213.3	香川···	1 877	926	493.2
東京···	2 200	14 086	6 402.9	愛媛···	5 676	1 291	227.5
神奈川·	2 416	9 229	3 819.4	高知···	7 102	666	93.8
新潟···	12 584	2 126	169.0	福岡···	4 988	5 103	1 023.1
富山···	4 248	1 007	237.0	佐賀···	2 441	795	325.7
石川···	4 186	1 109	264.9	長崎···	4 131	1 267	306.7
福井···	4 191	744	177.6	熊本···	7 409	1 709	230.6
山梨···	4 465	796	178.2	大分···	6 341	1 096	172.9
長野···	13 562	2 004	147.8	宮崎···	7 734	1 042	134.8
岐阜···	10 621	1 931	181.8	鹿児島·	9 186	1 549	168.6
静岡···	7 777	3 555	457.2	沖縄···	2 282	1 468	643.3
愛知···	5 173	7 477	1 445.3	全国·	372 972 (377 975)	124 352	333.4
三重···	5 774	1 727	299.0				

面積は国土地理院「全国都道府県市区町村別面積調」、人口は総務省「人口推計」(2023年)より作成。人口は推計値。人口密度は面積と人口を用いて編者算出。面積については、本表では現在日本の施政権の及んでいる範囲に限定した。表中のカッコ内の数字は北海道の下が北方領土を、全国計の下が北方領土と竹島を含む面積。北方領土については表4-1の注記参照。【☞府県別統計517ページ】

図 4-1　自然増減率と社会増減率〔総人口〕〔2022〜23年〕

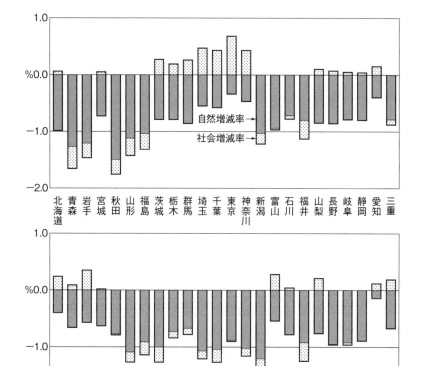

第4章　府県と都市

総務省「人口推計」（2023年）より作成。算出に用いられた人口は各年10月1日現在の推計人口。
自然増減は出生数−死亡数。**社会増減**は入国者数−出国者数に、都道府県間の転入者数−転出者数を加えたもの。増減率は増減数を期首人口で割ったもの。

国勢調査と人口推計　日本の人口は、国勢調査によって明らかにされる。国勢調査は、住民登録のある住所に関係なく、調査時にその地域に3か月以上住んでいるか、住む予定があるすべての人を対象とする。国勢調査は1920年以降5年ごとに行われており、国勢調査の実施間の人口は人口推計で把握される。

　人口推計では、国勢調査人口を基礎として、その後の出生・死亡・転入・転出者数を加減して各月1日現在人口が算出される。新たな国勢調査の確定人口が公表されると、前回の国勢調査との間の人口について、補間補正が行われる。

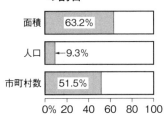

図 4-2　全国に占める過疎地域の割合

面積	63.2%
人口	←9.3%
市町村数	51.5%

0% 20 40 60 80 100

資料および注記は表4-3参照。2022年4月1日現在。人口と面積は2020年国勢調査による。

表 4-3　過疎地域の面積割合（%）

過疎面積割合が大きい都道府県		過疎面積割合が小さい都道府県	
秋田・・・	90.2	神奈川・	0.3
島根・・・	86.4	大阪・・・	11.5
大分・・・	85.2	静岡・・・	17.6
高知・・・	85.1	愛知・・・	18.1
和歌山・	83.4	滋賀・・・	18.3

総務省「過疎対策の現況」（2021年度版）より作成。2022年4月1日現在。面積は2020年国勢調査による。2021年度から、過疎地域の人口要件や財政力の要件が見直された。

表 4-4　都道府県別の人口増減（総人口）

	2021〜22	2022〜23			2021〜22	2022〜23	
	増減数（千人）	増減数（千人）	増減率（%）		増減数（千人）	増減数（千人）	増減率（%）
北海道・	-42.4	-47.9	-0.93	滋賀・・・	-1.6	-2.3	-0.16
青森・・・	-16.9	-20.0	1.66	京都・・・	-11.7	-14.5	-0.57
岩手・・・	-15.8	-17.4	-1.47	大阪・・・	-23.6	-19.6	-0.22
宮城・・・	-10.2	-15.5	-0.68	兵庫・・・	-29.9	-32.6	-0.60
秋田・・・	-15.0	-16.3	-1.75	奈良・・・	-9.5	-10.3	-0.79
山形・・・	-13.9	-14.8	-1.42	和歌山・	-10.3	-11.4	-1.27
福島・・・	-21.8	-23.5	-1.31	鳥取・・・	-5.0	-6.2	-1.14
茨城・・・	-12.1	-15.0	-0.53	島根・・・	-7.0	-8.3	-1.27
栃木・・・	-12.5	-11.4	-0.60	岡山・・・	-13.9	-15.6	-0.84
群馬・・・	-13.3	-11.5	-0.60	広島・・・	-20.1	-21.7	-0.78
埼玉・・・	-3.4	-5.7	-0.08	山口・・・	-14.1	-15.8	-1.21
千葉・・・	-9.2	-9.3	-0.15	徳島・・・	-8.1	-8.9	-1.27
東京・・・	28.1	47.7	0.34	香川・・・	-8.2	-8.5	-0.91
神奈川・	-3.8	-3.6	-0.04	愛媛・・・	-14.4	-15.1	-1.16
新潟・・・	-24.4	-26.3	-1.22	高知・・・	-8.3	-9.3	-1.37
富山・・・	-8.9	-9.8	-0.96	福岡・・・	-7.7	-13.3	-0.26
石川・・・	-7.5	-8.7	-0.78	佐賀・・・	-5.2	-5.9	-0.74
福井・・・	-7.6	-8.5	-1.12	長崎・・・	-13.7	-16.0	-1.25
山梨・・・	-3.5	-6.0	-0.75	熊本・・・	-9.9	-9.5	-0.55
長野・・・	-13.2	-16.1	-0.80	大分・・・	-7.6	-10.5	-0.95
岐阜・・・	-15.2	-14.6	-0.75	宮崎・・・	-8.9	-10.1	-0.96
静岡・・・	-25.3	-27.0	-0.75	鹿児島・	-13.7	-13.9	-0.89
愛知・・・	-21.4	-18.5	-0.25	沖縄・・・	-0.1	-0.4	-0.02
三重・・・	-13.5	-15.4	-0.88	全国・	-555.5	-594.9	-0.48

総務省「人口推計」（参考表）より作成。算出に用いられた人口は各年10月1日現在の推計人口。

表 4-5　都道府県別の男女別人口と人口性比（総人口）（2023年10月1日現在）

	男 （千人）	女 （千人）	人口 性比*		男 （千人）	女 （千人）	人口 性比*
北海道·	2 405	2 688	89.5	滋賀···	695	712	97.5
青森···	559	626	89.3	京都···	1 210	1 325	91.3
岩手···	562	602	93.3	大阪···	4 191	4 572	91.7
宮城···	1 105	1 160	95.2	兵庫···	2 551	2 819	90.5
秋田···	432	482	89.6	奈良···	609	686	88.8
山形···	498	528	94.2	和歌山·	420	471	89.2
福島···	873	894	97.7				
茨城···	1 412	1 412	100.0	鳥取···	257	280	91.9
栃木···	948	950	99.8	島根···	314	335	93.8
群馬···	942	960	98.2	岡山···	889	958	92.7
埼玉···	3 640	3 691	98.6	広島···	1 329	1 409	94.3
千葉···	3 099	3 158	98.1	山口···	618	680	90.8
東京···	6 914	7 172	96.4	徳島···	332	363	91.7
神奈川·	4 578	4 651	98.4	香川···	448	478	93.7
新潟···	1 034	1 092	94.7	愛媛···	613	678	90.5
富山···	490	516	95.0	高知···	316	351	90.0
石川···	539	570	94.5	福岡···	2 418	2 685	90.1
福井···	364	380	95.7	佐賀···	377	417	90.4
山梨···	391	404	96.8	長崎···	598	670	89.2
長野···	981	1 023	96.0	熊本···	811	898	90.3
岐阜···	938	993	94.4	大分···	522	575	90.8
静岡···	1 754	1 801	97.4	宮崎···	492	550	89.6
愛知···	3 726	3 751	99.3	鹿児島·	732	817	89.6
三重···	844	882	95.7	沖縄···	723	745	97.0
				全国·	**60 492**	**63 859**	94.7

総務省「人口推計」（2023年）より作成。推計人口。*女性100人に対する男性の数。

第4章

府県と都市

表 4-6　3大都市50キロ圏の人口（2023年1月1日現在）

	東京50キロ圏		名古屋50キロ圏		大阪50キロ圏	
	人口 （千人）	構成比 （%）	人口 （千人）	構成比 （%）	人口 （千人）	構成比 （%）
0～10キロ······	4 205	12.3	2 339	25.2	4 348	26.3
10～20キロ······	9 703	28.3	2 390	25.8	3 908	23.7
20～30キロ······	8 212	23.9	1 815	19.6	2 738	16.6
30～40キロ······	7 361	21.4	2 177	23.5	3 016	18.3
40～50キロ······	4 844	14.1	549	5.9	2 497	15.1
計··········	**34 325**	100.0	**9 271**	100.0	**16 507**	100.0

国土地理協会「住民基本台帳人口・世帯数表」（2023年版）より作成。旧東京都庁（千代田区丸の内）、名古屋市役所、大阪市役所を中心とした半径50キロメートルの範囲にある地域を、中心から10キロメートルごとに分けたもの。

図 4-3　３大都市圏中心部への流入人口と割合（2020年10月 1 日現在）

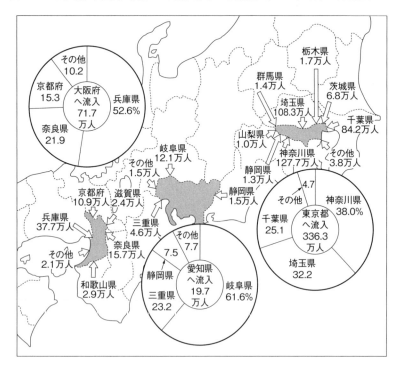

総務省「国勢調査」(2020年）より作成。不詳補完値。流入人口は常住地から通勤・通学のために流入してくる人口。

表 4-7　大都市圏の昼間人口（2020年10月 1 日現在）

	昼間人口（千人）	常住（夜間）人口（千人）	昼夜間人口比率		昼間人口（千人）	常住（夜間）人口（千人）	昼夜間人口比率
茨城···	2 799	2 867	97.6	愛知···	7 638	7 542	101.3
栃木···	1 914	1 933	99.0	三重···	1 742	1 770	98.4
群馬···	1 939	1 939	100.0	滋賀···	1 366	1 414	96.6
埼玉···	6 435	7 345	87.6	京都···	2 629	2 578	102.0
千葉···	5 550	6 284	88.3	大阪···	9 228	8 838	104.4
東京···	16 752	14 048	119.2	兵庫···	5 210	5 465	95.3
神奈川·	8 306	9 237	89.9	奈良···	1 195	1 324	90.2
岐阜···	1 906	1 979	96.3	和歌山·	908	923	98.4
静岡···	3 627	3 633	99.8				

総務省「国勢調査」(2020年）より作成。不詳補完値。３大都市圏およびその近郊。昼夜間人口比率は、常住人口100人あたりの昼間人口。

表 4-8 　都道府県別の年齢別人口割合（総人口）（2023年10月 1 日現在）（％）

	0～14歳	15～64歳	65歳以上		0～14歳	15～64歳	65歳以上
北海道	10.1	56.9	33.0	滋賀	13.0	60.0	27.0
青森	10.0	54.8	35.2	京都	10.8	59.4	29.7
岩手	10.3	54.7	35.0	大阪	11.2	61.1	27.7
宮城	11.1	59.7	29.2	兵庫	11.7	58.3	30.0
秋田	9.1	51.9	39.0	奈良	11.2	56.2	32.6
山形	10.7	54.2	35.2	和歌山	11.1	54.7	34.2
福島	10.8	56.0	33.2	鳥取	12.0	54.7	33.3
茨城	11.1	58.3	30.6	島根	11.8	53.2	35.0
栃木	11.1	58.7	30.2	岡山	11.9	57.1	31.0
群馬	11.0	58.0	30.9	広島	12.1	57.8	30.1
埼玉	11.3	61.2	27.4	山口	11.0	53.7	35.3
千葉	11.2	60.7	28.1	徳島	10.6	54.1	35.3
東京	10.7	66.5	22.8	香川	11.6	55.9	32.6
神奈川	11.2	62.9	25.9	愛媛	11.1	54.8	34.2
新潟	10.7	55.4	33.8	高知	10.5	53.2	36.3
富山	10.8	56.2	33.1	福岡	12.6	58.9	28.5
石川	11.6	57.9	30.5	佐賀	12.9	55.4	31.7
福井	12.0	56.5	31.5	長崎	12.1	53.6	34.3
山梨	10.9	57.3	31.7	熊本	12.8	54.9	32.3
長野	11.4	55.9	32.7	大分	11.6	54.2	34.2
岐阜	11.6	57.2	31.2	宮崎	12.7	53.6	33.7
静岡	11.4	57.6	31.0	鹿児島	12.7	53.5	33.8
愛知	12.4	61.9	25.7	沖縄	16.1	60.1	23.8
三重	11.5	57.9	30.6	全国	11.4	59.5	29.1

総務省「人口推計」（2023年）より作成。推計値。【☞府県別統計517ページ】

第 4 章　府県と都市

表 4-9 　都道府県別の合計特殊出生率（日本における日本人）（2022年）

北海道	1.12	東京	1.04	滋賀	1.43	香川	1.45
青森	1.24	神奈川	1.17	京都	1.18	愛媛	1.39
岩手	1.21	新潟	1.27	大阪	1.22	高知	1.36
宮城	1.09	富山	1.46	兵庫	1.31	福岡	1.33
秋田	1.18	石川	1.38	奈良	1.25	佐賀	1.53
山形	1.32	福井	1.50	和歌山	1.39	長崎	1.57
福島	1.27	山梨	1.40	鳥取	1.60	熊本	1.52
茨城	1.27	長野	1.43	島根	1.57	大分	1.49
栃木	1.24	岐阜	1.36	岡山	1.39	宮崎	1.63
群馬	1.32	静岡	1.33	広島	1.40	鹿児島	1.54
埼玉	1.17	愛知	1.35	山口	1.47	沖縄	1.70
千葉	1.18	三重	1.40	徳島	1.42	全国	1.26

厚生労働省「人口動態統計」（2022年）より作成。
合計特殊出生率は、15～49歳の女性の年齢別出生率を合計したもので、1 人の女性がその年齢別出生率で一生の間に産むとしたときの子どもの数に相当する。

図 4-4　3大都市圏の転入超過数の推移

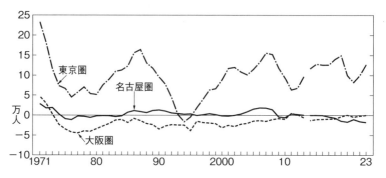

総務省「住民基本台帳人口移動報告」より作成。2013年までは日本人のみ、2014年以降は日本人と外国人を合わせた移動者数。転入超過数は転入者数－転出者数。東京圏は埼玉県、千葉県、東京都、神奈川県。名古屋圏は岐阜県、愛知県、三重県。大阪圏は京都府、大阪府、兵庫県、奈良県。

表 4-10　都道府県別の世帯数と一般世帯1世帯の平均構成人員 (2020年)

	世帯数 (千世帯)	一般 世帯数[1] (千世帯)	一般世帯 平均構成 人員(人)		世帯数 (千世帯)	一般 世帯数[1] (千世帯)	一般世帯 平均構成 人員(人)
北海道・	2 477	2 469	2.04	滋賀・・・	571	571	2.44
青森・・・	512	510	2.34	京都・・・	1 191	1 189	2.12
岩手・・・	492	491	2.39	大阪・・・	4 136	4 127	2.10
宮城・・・	983	981	2.30	兵庫・・・	2 402	2 399	2.23
秋田・・・	385	384	2.41	奈良・・・	545	544	2.38
山形・・・	398	397	2.61	和歌山・	394	393	2.28
福島・・・	743	740	2.42	鳥取・・・	220	219	2.44
茨城・・・	1 184	1 182	2.37	島根・・・	270	268	2.40
栃木・・・	797	795	2.38	岡山・・・	801	800	2.30
群馬・・・	805	803	2.35	広島・・・	1 244	1 241	2.20
埼玉・・・	3 163	3 158	2.28	山口・・・	599	597	2.17
千葉・・・	2 774	2 768	2.23	徳島・・・	308	307	2.26
東京・・・	7 227	7 217	1.92	香川・・・	407	406	2.27
神奈川・	4 224	4 210	2.15	愛媛・・・	601	600	2.16
新潟・・・	865	863	2.48	高知・・・	315	314	2.11
富山・・・	404	403	2.50	福岡・・・	2 323	2 318	2.15
石川・・・	470	469	2.34	佐賀・・・	313	311	2.51
福井・・・	292	291	2.57	長崎・・・	558	556	2.27
山梨・・・	339	338	2.34	熊本・・・	719	717	2.34
長野・・・	832	830	2.41	大分・・・	489	488	2.22
岐阜・・・	781	779	2.49	宮崎・・・	470	469	2.20
静岡・・・	1 483	1 481	2.40	鹿児島・	728	726	2.11
愛知・・・	3 238	3 233	2.29	沖縄・・・	615	613	2.33
三重・・・	743	741	2.33	全国・	55 830	55 705	2.21

資料は表4-7に同じ。2020年10月1日現在。1) 一般世帯については表3-6参照。

〔**市町村**〕 2023年の住民基本台帳によると、792ある市のうち、最も人口が多いのは横浜市の375万人、次いで大阪市の274万人、名古屋市の229万人であった。これらを含め、人口が100万人以上の市は11市あった。最も人口が少ない市は、北海道の歌志内市で、2790人であった。人口が3万人未満の市は117市あり、前年より5市増えた。926ある町村のうち、最も人口が多いのは広島県府中町で、5.3万人であった。前年からの増減数をみると、人口が最も増えた市町村は福岡市で、1.3万人増加した。最も減ったのは福岡県北九州市で、7190人減少した。東京23区の人口は957万人で、前年より4.6万人増加した。

表 4-11 **市部・町村部の人口・面積・人口密度**（各年10月1日現在）

	1995	2000	2005	2010	2015	2020
人口（千人）						
市部········	98 009	99 865	110 264	116 157	116 137	115 758
町村部·······	27 561	27 061	17 504	11 901	10 958	10 388
面積（km²）						
市部········	105 092	105 999	181 792	216 209	216 974	217 100
町村部·······	271 458	270 782	195 026	161 655	160 913	160 792
人口密度[1]						
（1 km²につき人）						
市部········	933	943	607	538	535	533
町村部·······	103	102	92	76	70	67

総務省「国勢調査」より作成。市部には東京都特別区部を含む。面積には所属未定の湖沼などを含まない。2020年の面積は国土地理院「全国都道府県市区町村別面積調」により、同年の人口密度は編者算出。1）北方領土と竹島を除く。

表 4-12 **市町村の数**（2023年1月1日現在）

市		町村	
100万人以上 ·········	11	4万人以上················	20
500 000〜999 999人····	16 （8）	30 000〜39 999人·········	44
300 000〜499 999人····	45 （5）	20 000〜29 999人·········	75
100 000〜299 999人····	187 （9）	10 000〜19 999人·········	262
50 000〜99 999人···	236 （1）	5 000〜9 999人··········	230
30 000〜49 999人···	180	1 000〜4 999人··········	260
3万人未満 ··········	117	1 000人未満··············	35
計 ················	792 （23）	計 ················	926

総務省「住民基本台帳に基づく人口、人口動態及び世帯数」（2023年）より作成。カッコ内の数字は東京都特別区で、792市の中には含まない。北方領土の6村は含まない。

表 4-13　市の人口（Ⅰ）（2023年1月1日現在）（単位　人）

市	人口	市	人口	市	人口
北海道（35）		五所川原		大館　おおだて	68 083
札幌　さっぽろ	1 959 512	ごしょがわら	51 637	能代　のしろ	49 353
旭川　あさひかわ	324 186	三沢　みさわ	38 274	湯沢　ゆざわ	41 479
函館　はこだて	244 431	黒石　くろいし	31 557	潟上　かたがみ	31 836
苫小牧とまこまい	168 299	つがる	30 185	北秋田きたあきた	29 339
帯広　おびひろ	164 014	平川　ひらかわ	30 126	鹿角　かづの	28 473
釧路　くしろ	160 483	**岩手県（14）**		男鹿　おが	24 784
江別　えべつ	119 169	盛岡　もりおか	282 960	仙北　せんぼく	24 100
北見　きたみ	113 036	奥州　おうしゅう	111 632	にかほ	23 047
小樽　おたる	108 548	一関　いちのせき	109 697	**山形県（13）**	
千歳　ちとせ	97 664	花巻　はなまき	92 385	山形　やまがた	240 441
室蘭　むろらん	78 252	北上　きたかみ	92 056	鶴岡　つるおか	120 398
岩見沢いわみざわ	76 753	滝沢　たきざわ	55 273	酒田　さかた	97 395
恵庭　えにわ	70 179	宮古　みやこ	48 038	米沢　よねざわ	77 232
石狩　いしかり	57 954	大船渡おおふなと	33 540	天童　てんどう	61 052
北広島		久慈　くじ	32 645	東根　ひがしね	47 982
きたひろしま	57 351	釜石　かまいし	30 624	寒河江　さがえ	40 086
登別　のぼりべつ	45 226	二戸　にのへ	25 138	新庄　しんじょう	33 374
北斗　ほくと	44 366	遠野　とおの	25 058	南陽　なんよう	29 848
滝川　たきかわ	38 062	八幡平はちまんたい	23 975	上山　かみのやま	28 584
網走　あばしり	33 444	陸前高田		長井　ながい	25 276
伊達　だて	32 395	りくぜんたかた	17 970	村山　むらやま	22 232
稚内　わっかない	31 644	**宮城県（14）**		尾花沢おばなざわ	14 433
名寄　なよろ	26 020	仙台　せんだい	1 067 486	**福島県（13）**	
根室　ねむろ	23 546	石巻　いしのまき	136 822	郡山　こおりやま	317 486
紋別　もんべつ	20 618	大崎　おおさき	125 444	いわき	310 890
富良野　ふらの	20 223	名取　なとり	79 630	福島　ふくしま	270 744
美唄　びばい	19 500	登米　とめ	74 795	会津若松	
留萌　るもい	19 234	栗原　くりはら	63 299	あいづわかまつ	114 200
深川　ふかがわ	19 161	多賀城たがじょう	62 204	須賀川　すかがわ	74 634
士別　しべつ	17 283	気仙沼けせんぬま	58 926	白河　しらかわ	58 743
砂川　すながわ	15 909	塩竈　しおがま	52 474	伊達　だて	57 558
芦別　あしべつ	11 976	富谷　とみや	52 399	南相馬みなみそうま	57 527
赤平　あかびら	9 008	岩沼　いわぬま	43 656	二本松にほんまつ	52 162
三笠　みかさ	7 722	東松島ひがしまつしま	38 919	喜多方　きたかた	45 078
夕張　ゆうばり	6 729	白石　しろいし	31 968	田村　たむら	34 264
歌志内うたしない	2 790	角田　かくだ	27 262	相馬　そうま	33 355
青森県（10）		**秋田県（13）**		本宮　もとみや	29 958
青森　あおもり	271 544	秋田　あきた	300 470	**茨城県（32）**	
八戸　はちのへ	221 229	横手　よこて	84 294	水戸　みと	270 010
弘前　ひろさき	164 243	大仙　だいせん	76 537	つくば	252 202
十和田　とわだ	59 024	由利本荘		日立　ひたち	169 785
むつ	53 884	ゆりほんじょう	72 753	ひたちなか	156 435

市の人口（Ⅱ）（2023年1月1日現在）（単位　人）

市	人口	市	人口	市	人口
土浦　つちうら	141 418	さくら	43 984	和光　わこう	83 962
古河　こが	140 959	矢板　やいた	30 946	行田　ぎょうだ	78 741
取手　とりで	106 011	那須烏山		飯能　はんのう	78 445
筑西　ちくせい	101 606	なすからすやま	24 601	本庄　ほんじょう	77 526
神栖　かみす	94 710	**群馬県（12）**		志木　しき	76 416
牛久　うしく	84 293	高崎　たかさき	369 314	蕨　わらび	75 282
龍ケ崎りゅうがさき	75 813	前橋　まえばし	331 771	桶川　おけがわ	74 680
笠間　かさま	73 787	太田　おおた	222 403	吉川　よしかわ	73 001
石岡　いしおか	71 817	伊勢崎　いせさき	212 128	鶴ヶ島つるがしま	70 190
守谷　もりや	70 414	桐生　きりゅう	104 647	北本　きたもと	65 751
鹿嶋　かしま	66 274	館林　たてばやし	74 427	蓮田　はすだ	61 211
常総　じょうそう	61 562	渋川　しぶかわ	73 968	秩父　ちちぶ	59 244
那珂　なか	53 839	藤岡　ふじおか	62 884	日高　ひだか	54 615
つくばみらい	53 004	安中　あんなか	55 245	羽生　はにゅう	53 951
坂東　ばんどう	52 639	みどり	49 423	白岡　しらおか	52 748
結城　ゆうき	50 349	富岡　とみおか	46 427	幸手　さって	49 404
小美玉　おみたま	49 224	沼田　ぬまた	45 305	**千葉県（37）**	
常陸太田		**埼玉県（40）**		千葉　ちば	977 016
ひたちおおた	48 222	さいたま	1 339 333	船橋　ふなばし	647 037
鉾田　ほこた	47 181	川口　かわぐち	604 715	松戸　まつど	497 120
下妻　しもつま	42 419	川越　かわごえ	353 183	市川　いちかわ	491 577
北茨城きたいばらき	41 448	所沢　ところざわ	344 070	柏　かしわ	433 733
かすみがうら	40 628	越谷　こしがや	343 866	市原　いちはら	270 085
常陸大宮		草加　そうか	250 966	流山　ながれやま	208 401
ひたちおおみや	39 370	春日部　かすかべ	231 726	八千代　やちよ	204 717
桜川　さくらがわ	39 041	上尾　あげお	230 229	習志野　ならしの	174 812
稲敷　いなしき	38 377	熊谷　くまがや	193 132	佐倉　さくら	171 460
行方　なめがた	32 502	新座　にいざ	165 730	浦安　うらやす	169 552
潮来　いたこ	26 890	久喜　くき	150 987	野田　のだ	153 661
高萩　たかはぎ	26 866	狭山　さやま	149 360	木更津　きさらづ	136 303
栃木県（14）		入間　いるま	145 718	我孫子　あびこ	130 964
宇都宮うつのみや	517 497	朝霞　あさか	144 062	成田　なりた	130 944
小山　おやま	167 277	三郷　みさと	142 410	印西　いんざい	109 953
栃木　とちぎ	155 669	戸田　とだ	141 887	鎌ケ谷　かまがや	109 564
足利　あしかが	142 510	深谷　ふかや	141 681	四街道よつかいどう	96 226
那須塩原		鴻巣　こうのす	117 798	茂原　もばら	87 358
なすしおばら	116 733	ふじみ野ふじみの	114 156	君津　きみつ	81 176
佐野　さの	115 088	富士見　ふじみ	112 839	香取　かとり	71 868
鹿沼　かぬま	94 606	加須　かぞ	112 179	八街　やちまた	67 396
真岡　もおか	79 391	坂戸　さかど	99 763	袖ケ浦そでがうら	65 659
日光　にっこう	77 546	八潮　やしお	92 365	旭　あさひ	63 379
大田原おおたわら	69 455	東松山		白井　しろい	62 845
下野　しもつけ	60 140	ひがしまつやま	90 651	東金　とうがね	57 268

市の人口（Ⅲ）（2023年1月1日現在）（単位　人）

市	人口	市	人口	市	人口
銚子　ちょうし	56 373	小平　こだいら	196 924	南足柄	
富里　とみさと	49 404	三鷹　みたか	189 916	みなみあしがら	41 057
山武　さんむ	49 103	日野　ひの	187 254	**新潟県（20）**	
大網白里		立川　たちかわ	185 483	新潟　にいがた	773 914
おおあみしらさと	48 417	東村山		長岡　ながおか	261 287
館山　たてやま	44 677	ひがしむらやま	151 814	上越　じょうえつ	184 941
富津　ふっつ	41 773	多摩　たま	148 210	新発田　しばた	94 098
いすみ	35 896	武蔵野　むさしの	147 964	三条　さんじょう	93 403
南房総		青梅　おうめ	130 274	柏崎　かしわざき	78 901
みなみぼうそう	35 593	国分寺こくぶんじ	128 238	燕　つばめ	77 401
匝瑳　そうさ	34 338	小金井　こがねい	124 756	村上　むらかみ	55 919
鴨川　かもがわ	31 277	東久留米		南魚沼	
勝浦　かつうら	16 097	ひがしくるめ	116 839	みなみうおぬま	53 962
東京都（26）*		昭島　あきしま	114 259	佐渡　さど	50 651
特別区部(23区)	9 569 211	稲城　いなぎ	93 421	十日町とおかまち	49 172
世田谷せたがや	915 439	東大和ひがしやまと	84 870	五泉　ごせん	47 274
練馬　ねりま	738 914	狛江　こまえ	82 749	阿賀野　あがの	40 353
大田　おおた	728 425	あきる野あきるの	79 807	糸魚川いといがわ	39 772
足立　あだち	690 114	国立　くにたち	76 168	見附　みつけ	39 045
江戸川えどがわ	688 153	清瀬　きよせ	74 702	小千谷　おぢや	33 722
杉並　すぎなみ	570 786	武蔵村山		魚沼　うおぬま	33 722
板橋　いたばし	568 241	むさしむらやま	71 296	妙高　みょうこう	30 345
江東　こうとう	532 882	福生　ふっさ	56 201	胎内　たいない	27 718
葛飾　かつしか	464 175	羽村　はむら	54 504	加茂　かも	25 052
品川　しながわ	404 196	**神奈川県（19）**		**富山県（10）**	
北　きた	353 732	横浜　よこはま	3 753 645	富山　とやま	409 075
新宿しんじゅく	346 279	川崎　かわさき	1 524 026	高岡　たかおか	165 714
中野　なかの	333 593	相模原さがみはら	719 118	射水　いみず	91 450
豊島　としま	288 704	藤沢　ふじさわ	445 177	南砺　なんと	47 778
墨田　すみだ	279 985	横須賀　よこすか	388 197	砺波　となみ	47 347
目黒　めぐろ	278 635	平塚　ひらつか	256 005	氷見　ひみ	44 076
港　みなと	261 615	茅ヶ崎　ちがさき	246 394	黒部　くろべ	40 072
文京ぶんきょう	229 653	大和　やまと	244 421	魚津　うおづ	39 919
渋谷　しぶや	229 412	厚木　あつぎ	223 836	滑川　なめりかわ	32 878
荒川　あらかわ	216 814	小田原　おだわら	187 880	小矢部　おやべ	28 602
台東　たいとう	207 479	鎌倉　かまくら	176 460	**石川県（11）**	
中央ちゅうおう	174 074	秦野　はだの	159 646	金沢　かなざわ	447 181
千代田ちよだ	67 911	海老名　えびな	138 969	白山　はくさん	112 916
八王子はちおうじ	562 145	座間　ざま	131 527	小松　こまつ	106 405
町田　まちだ	430 831	伊勢原　いせはら	99 910	加賀　かが	63 486
府中　ふちゅう	259 924	綾瀬　あやせ	84 376	野々市　ののいち	54 130
調布　ちょうふ	238 505	逗子　ずし	58 959	能美　のみ	49 708
西東京にしとうきょう	205 876	三浦　みうら	41 297	七尾　ななお	49 259

市の人口（Ⅳ）（2023年1月1日現在）（単位　人）

市	人口	市	人口	市	人口
かほく	35 931	中野　なかの	43 030	湖西　こさい	58 400
輪島　わじま	24 021	小諸　こもろ	41 623	裾野　すその	49 779
羽咋　はくい	20 166	駒ヶ根　こまがね	31 892	菊川　きくがわ	47 738
珠洲　すず	12 948	東御　とうみ	29 557	伊豆の国	
福井県（9）		大町　おおまち	26 085	いずのくに	47 261
福井　ふくい	257 941	飯山　いいやま	19 705	牧之原まきのはら	43 497
坂井　さかい	89 369	**岐阜県（21）**		熱海　あたみ	34 433
越前　えちぜん	80 726	岐阜　ぎふ	402 400	御前崎おまえざき	30 706
鯖江　さばえ	68 863	大垣　おおがき	159 280	伊豆　いず	28 872
敦賀　つるが	63 662	各務原かかみがはら	145 570	下田　しもだ	20 099
大野　おおの	30 969	多治見　たじみ	107 278	**愛知県（38）**	
小浜　おばま	28 317	可児　かに	100 612	名古屋　なごや	2 294 854
あわら	26 900	関　せき	85 537	豊田　とよた	417 432
勝山　かつやま	21 821	高山　たかやま	84 338	岡崎　おかざき	384 422
山梨県（13）		中津川なかつがわ	75 401	一宮　いちのみや	380 201
甲府　こうふ	186 393	羽島　はしま	67 076	豊橋　とよはし	370 761
甲斐　かい	76 598	美濃加茂みのかも	57 220	春日井　かすがい	308 937
南アルプス		瑞穂　みずほ	55 985	安城　あんじょう	188 843
みなみあるぷす	71 631	土岐　とき	55 842	豊川　とよかわ	186 524
笛吹　ふえふき	67 641	恵那　えな	47 564	西尾　にしお	170 332
富士吉田ふじよしだ	47 298	郡上　ぐじょう	39 115	刈谷　かりや	152 372
北杜　ほくと	45 984	瑞浪　みずなみ	36 105	小牧　こまき	150 434
山梨　やまなし	33 511	本巣　もとす	33 092	稲沢　いなざわ	134 281
中央　ちゅうおう	30 802	海津　かいづ	32 582	瀬戸　せと	128 122
甲州　こうしゅう	29 925	下呂　げろ	30 118	半田　はんだ	117 747
都留　つる	29 168	山県　やまがた	25 545	東海　とうかい	113 625
韮崎　にらさき	28 356	飛騨　ひだ	22 527	江南　こうなん	99 039
大月　おおつき	22 204	美濃　みの	19 494	日進　にっしん	93 774
上野原うえのはら	22 019	**静岡県（23）**		大府　おおぶ	92 828
長野県（19）		浜松　はままつ	792 704	あま	88 787
長野　ながの	368 785	静岡　しずおか	683 739	北名古屋	
松本　まつもと	236 447	富士　ふじ	249 094	きたなごや	86 271
上田　うえだ	153 507	沼津　ぬまづ	189 632	知多　ちた	84 002
佐久　さく	98 198	磐田　いわた	167 520	尾張旭おわりあさひ	83 986
飯田　いいだ	97 322	藤枝　ふじえだ	142 387	蒲郡　がまごおり	78 666
安曇野　あづみの	96 605	焼津　やいづ	137 199	犬山　いぬやま	72 733
塩尻　しおじり	66 118	富士宮ふじのみや	129 250	碧南　へきなん	72 645
伊那　いな	66 016	掛川　かけがわ	115 873	知立　ちりゅう	72 030
千曲　ちくま	59 529	三島　みしま	107 204	清須　きよす	69 194
茅野　ちの	54 637	島田　しまだ	96 496	豊明　とよあけ	68 325
須坂　すざか	49 776	袋井　ふくろい	88 562	愛西　あいさい	61 618
諏訪　すわ	48 385	御殿場　ごてんば	85 267	みよし	61 485
岡谷　おかや	47 691	伊東　いとう	66 286	長久手　ながくて	60 985

第4章　府県と都市

市の人口（Ⅴ）（2023年 1 月 1 日現在）（単位　人）

市	人口	市	人口	市	人口
津島　つしま	60 623	木津川　きづがわ	80 109	藤井寺 ふじいでら	63 336
田原　たはら	59 596	舞鶴　まいづる	78 194	泉南　せんなん	59 635
常滑　とこなめ	58 452	福知山 ふくちやま	76 075	大阪狭山	
高浜　たかはま	49 154	城陽　じょうよう	74 591	おおさかさやま	58 292
岩倉　いわくら	47 821	京田辺		高石　たかいし	56 992
弥富　やとみ	43 861	きょうたなべ	71 367	四條畷	
新城　しんしろ	43 812	八幡　やわた	69 469	しじょうなわて	54 765
三重県（14）		向日　むこう	56 794	阪南　はんなん	51 579
四日市よっかいち	309 719	京丹後		兵庫県（29）	
津　つ	272 645	きょうたんご	51 981	神戸　こうべ	1 510 917
鈴鹿　すずか	196 461	綾部　あやべ	31 959	姫路　ひめじ	528 459
松阪　まつさか	159 000	南丹　なんたん	30 499	西宮　にしのみや	482 796
桑名　くわな	139 563	宮津　みやづ	16 721	尼崎　あまがさき	458 895
伊勢　いせ	121 770	大阪府（33）		明石　あかし	305 404
伊賀　いが	87 168	大阪　おおさか	2 741 587	加古川　かこがわ	259 884
名張　なばり	76 190	堺　さかい	821 428	宝塚　たからづか	230 788
亀山　かめやま	49 503	東大阪		伊丹　いたみ	202 539
志摩　しま	46 159	ひがしおおさか	480 137	川西　かわにし	155 098
いなべ	44 797	豊中　とよなか	407 695	三田　さんだ	108 387
鳥羽　とば	17 215	枚方　ひらかた	396 252	芦屋　あしや	95 378
尾鷲　おわせ	16 319	吹田　すいた	381 316	高砂　たかさご	88 166
熊野　くまの	15 738	高槻　たかつき	348 530	豊岡　とよおか	77 758
滋賀県（13）		茨木　いばらき	284 921	三木　みき	74 872
大津　おおつ	344 552	八尾　やお	261 998	たつの	74 081
草津　くさつ	138 336	寝屋川　ねやがわ	227 544	丹波　たんば	61 717
長浜　ながはま	115 009	岸和田　きしわだ	189 396	小野　おの	47 451
東近江ひがしおうみ	112 586	和泉　いずみ	183 761	赤穂　あこう	45 440
彦根　ひこね	111 648	守口　もりぐち	142 014	南あわじ	
甲賀　こうか	89 038	箕面　みのお	139 128	みなみあわじ	45 193
守山　もりやま	85 619	門真　かどま	117 937	淡路　あわじ	42 437
近江八幡		大東　だいとう	117 294	加西　かさい	42 265
おうみはちまん	82 025	松原　まつばら	116 966	洲本　すもと	41 826
栗東　りっとう	70 578	羽曳野　はびきの	108 961	丹波篠山	
湖南　こなん	54 601	富田林とんだばやし	108 105	たんばささやま	39 923
野洲　やす	50 711	池田　いけだ	103 074	加東　かとう	39 719
高島　たかしま	46 394	河内長野		西脇　にしわき	38 716
米原　まいばら	37 761	かわちながの	100 484	宍粟　しそう	35 309
京都府（15）		泉佐野いずみさの	98 545	朝来　あさご	28 676
京都　きょうと	1 385 190	摂津　せっつ	86 457	相生　あいおい	27 974
宇治　うじ	182 144	貝塚　かいづか	83 156	養父　やぶ	21 969
亀岡　かめおか	87 090	交野　かたの	77 363	奈良県（12）	
長岡京		泉大津いずみおおつ	73 282	奈良　なら	351 418
ながおかきょう	81 946	柏原　かしわら	67 226	橿原　かしはら	119 985

市の人口 （Ⅵ）（2023年1月1日現在）（単位　人）

市	人口	市	人口	市	人口
生駒　いこま	117 946	赤磐　あかいわ	43 392	阿南　あなん	69 954
大和郡山		真庭　まにわ	42 586	鳴門　なると	54 746
やまとこおりやま	83 891	井原　いばら	38 064	吉野川よしのがわ	38 872
香芝　かしば	78 782	瀬戸内　せとうち	36 525	小松島こまつしま	35 894
大和高田		浅口　あさくち	33 382	阿波　あわ	35 315
やまとたかだ	62 845	備前　びぜん	32 068	美馬　みま	27 354
天理　てんり	62 081	高梁　たかはし	27 650	三好　みよし	23 530
桜井　さくらい	55 508	新見　にいみ	27 244	**香川県（8）**	
葛城　かつらぎ	37 805	美作　みまさか	26 035	高松　たかまつ	422 424
五條　ごじょう	28 039	**広島県（14）**		丸亀　まるがめ	111 575
宇陀　うだ	27 941	広島　ひろしま	1 184 731	三豊　みとよ	62 258
御所　ごせ	24 070	福山　ふくやま	460 684	観音寺かんおんじ	57 738
和歌山県（9）		呉　くれ	209 241	坂出　さかいで	50 931
和歌山　わかやま	359 654	東広島		さぬき	45 822
田辺　たなべ	69 716	ひがしひろしま	190 353	善通寺ぜんつうじ	30 682
橋本　はしもと	60 295	尾道　おのみち	130 007	東かがわ	
紀の川　きのかわ	59 981	廿日市はつかいち	116 219	ひがしかがわ	28 498
岩出　いわで	54 215	三原　みはら	89 154	**愛媛県（11）**	
海南　かいなん	47 910	三次　みよし	49 557	松山　まつやま	503 865
新宮　しんぐう	26 924	府中　ふちゅう	36 563	今治　いまばり	151 608
有田　ありだ	26 214	庄原　しょうばら	32 629	新居浜　にいはま	115 314
御坊　ごぼう	22 049	安芸高田		西条　さいじょう	105 616
鳥取県（4）		あきたかた	26 979	四国中央	
鳥取　とっとり	183 269	大竹　おおたけ	26 064	しこくちゅうおう	83 426
米子　よなご	146 139	竹原　たけはら	23 586	宇和島　うわじま	70 019
倉吉　くらよし	44 969	江田島　えたじま	21 393	大洲　おおず	40 580
境港さかいみなと	32 985	**山口県（13）**		伊予　いよ	35 805
島根県（8）		下関　しものせき	250 645	西予　せいよ	35 232
松江　まつえ	197 843	山口　やまぐち	188 598	東温　とうおん	33 250
出雲　いずも	173 835	宇部　うべ	160 353	八幡浜やわたはま	31 293
浜田　はまだ	50 681	周南　しゅうなん	138 104	**高知県（11）**	
益田　ますだ	44 355	岩国　いわくに	128 609	高知　こうち	319 724
安来　やすぎ	36 391	防府　ほうふ	113 927	南国　なんこく	46 328
雲南　うんなん	35 738	山陽小野田		香南　こうなん	33 009
大田　おおだ	32 773	さんようおのだ	60 209	四万十　しまんと	32 460
江津　ごうつ	22 134	下松　くだまつ	57 120	土佐　とさ	26 334
岡山県（15）		光　ひかり	49 461	香美　かみ	25 381
岡山　おかやま	702 020	萩　はぎ	43 685	須崎　すさき	20 268
倉敷　くらしき	477 799	長門　ながと	31 664	宿毛　すくも	19 178
津山　つやま	97 645	柳井　やない	30 201	安芸　あき	16 235
総社　そうじゃ	69 678	美祢　みね	22 166	土佐清水	
玉野　たまの	55 721	**徳島県（8）**		とさしみず	12 271
笠岡　かさおか	45 534	徳島　とくしま	249 040	室戸　むろと	12 015

第4章　府県と都市

市の人口（Ⅶ）（2023年1月1日現在）（単位　人）

市	人口	市	人口	市	人口
福岡県（29）		長崎　ながさき	401 195	豊後高田	
福岡　ふくおか	1 581 398	佐世保　させほ	240 473	ぶんごたかだ	22 177
北九州		諫早　いさはや	134 691	竹田　たけた	19 890
きたきゅうしゅう	929 396	大村　おおむら	98 305	津久見　つくみ	15 868
久留米　くるめ	302 383	島原　しまばら	43 169	**宮崎県（9）**	
飯塚　いいづか	125 753	南島原		宮崎　みやざき	399 576
春日　かすが	112 765	みなみしまばら	42 556	都城みやこのじょう	161 605
大牟田　おおむた	108 421	雲仙　うんぜん	41 829	延岡　のべおか	117 563
筑紫野　ちくしの	106 442	五島　ごとう	35 025	日向　ひゅうが	59 390
糸島　いとしま	103 702	平戸　ひらど	29 162	日南　にちなん	49 989
大野城おおのじょう	102 809	対馬　つしま	28 452	小林　こばやし	43 554
宗像　むなかた	97 319	西海　さいかい	25 747	西都　さいと	28 867
行橋　ゆくはし	72 635	壱岐　いき	24 956	えびの	18 050
太宰府　だざいふ	71 542	松浦　まつうら	21 369	串間　くしま	16 990
福津　ふくつ	68 481	**熊本県（14）**		**鹿児島県（19）**	
柳川　やながわ	63 182	熊本　くまもと	731 476	鹿児島　かごしま	597 834
八女　やめ	60 943	八代　やつしろ	122 625	霧島　きりしま	124 751
小郡　おごおり	59 760	天草　あまくさ	75 101	鹿屋　かのや	100 767
古賀　こが	59 234	合志　こうし	64 474	薩摩川内	
直方　のおがた	55 655	玉名　たまな	64 066	さつませんだい	92 248
朝倉　あさくら	50 903	宇城　うき	57 562	姶良　あいら	78 077
那珂川　なかがわ	49 994	荒尾　あらお	50 415	出水　いずみ	52 191
筑後　ちくご	49 403	山鹿　やまが	49 397	日置　ひおき	46 992
田川　たがわ	45 704	菊池　きくち	47 103	奄美　あまみ	41 670
中間　なかま	39 912	宇土　うと	36 483	指宿　いぶすき	38 487
嘉麻　かま	35 532	人吉　ひとよし	30 734	曽於　そお	33 600
みやま	35 481	上天草		南九州	
大川　おおかわ	32 359	かみあまくさ	25 015	みなみきゅうしゅう	32 745
うきは	28 213	阿蘇　あそ	24 751	南さつま	
宮若　みやわか	26 746	水俣　みなまた	22 709	みなみさつま	32 279
豊前　ぶぜん	24 195	**大分県（14）**		志布志　しぶし	29 808
佐賀県（10）		大分　おおいた	476 556	いちき串木野	
佐賀　さが	229 427	別府　べっぷ	113 735	いちきくしきの	26 468
唐津　からつ	116 972	中津　なかつ	83 101	伊佐　いさ	23 967
鳥栖　とす	74 537	佐伯　さいき	67 126	枕崎　まくらざき	19 715
伊万里　いまり	52 721	日田　ひた	62 080	阿久根　あくね	18 914
武雄　たけお	47 705	宇佐　うさ	53 395	西之表	
小城　おぎ	44 365	臼杵　うすき	36 137	にしのおもて	14 417
神埼　かんざき	30 624	由布　ゆふ	33 531	垂水　たるみず	13 624
鹿島　かしま	27 914	豊後大野		**沖縄県（11）**	
嬉野　うれしの	25 090	ぶんごおおの	33 415	那覇　なは	317 030
多久　たく	18 285	杵築　きつき	27 295	沖縄　おきなわ	142 679
長崎県（13）		国東　くにさき	26 179	うるま	125 973

市の人口（Ⅷ）（2023年1月1日現在）（単位　人）

市	人口	市	人口	市	人口
浦添　うらそえ	115 702	名護　なご	64 290	石垣　いしがき	49 530
宜野湾　ぎのわん	100 269	糸満　いとまん	62 569	南城　なんじょう	45 928
豊見城とみぐすく	65 954	宮古島みやこじま	55 562		

総務省「住民基本台帳に基づく人口、人口動態及び世帯数」（2023年）より作成。都道府県名の横の数字は市の数。＊東京23区は含まない。

表 4-14　主な市の面積・人口・人口密度（2023年）

	面積 （km²）	人口 （千人）	人口密度 （1km²に つき　人）		面積 （km²）	人口 （千人）	人口密度 （1km²に つき　人）
（東京23区）	628	9 569	15 249	市川···	57	492	8 557
横浜··＊	438	3 754	8 570	西宮···	100	483	4 830
大阪··＊	225	2 742	12 167	東大阪·	62	480	7 772
名古屋＊	327	2 295	7 029	倉敷···	356	478	1 342
札幌··＊	1 121	1 960	1 748	大分···	502	477	949
福岡··＊	343	1 581	4 604	福山···	518	461	890
川崎··＊	143	1 524	10 661	尼崎···	51	459	9 049
神戸··＊	557	1 511	2 712	金沢···	469	447	954
京都··＊	828	1 385	1 673	藤沢···	70	445	6 400
さいたま＊	217	1 339	6 160	柏····	115	434	3 780
広島··＊	907	1 185	1 307	町田···	72	431	6 021
仙台··＊	786	1 067	1 358	高松···	376	422	1 125
千葉··＊	272	977	3 595	豊田···	918	417	455
北九州＊	493	929	1 887	富山···	1 242	409	329
堺····＊	150	821	5 482	豊中···	36	408	11 203
浜松··＊	1 558	793	509	岐阜···	204	402	1 976
新潟··＊	726	774	1 066	長崎···	406	401	989
熊本··＊	390	731	1 874	宮崎···	644	400	621
相模原＊	329	719	2 186	枚方···	65	396	6 085
岡山··＊	790	702	889	横須賀·	101	388	3 851
静岡··＊	1 412	684	484	岡崎···	387	384	993
船橋···	86	647	7 557	吹田···	36	381	10 566
川口···	62	605	9 761	一宮···	114	380	3 340
鹿児島·	548	598	1 092	豊橋···	262	371	1 415
八王子·	186	562	3 016	高崎···	459	369	804
姫路···	535	528	989	長野···	835	369	442
宇都宮·	417	517	1 241	和歌山·	209	360	1 722
松山···	429	504	1 174	川越···	109	353	3 236
松戸···	61	497	8 099	奈良···	277	351	1 269

国土地理院「全国都道府県市区町村別面積調」および総務省「住民基本台帳に基づく人口、人口動態及び世帯数」（2023年）より作成。面積は2023年10月1日、人口は1月1日現在。人口密度は面積と人口を用いて編者算出。人口の多い順に掲載。＊政令指定都市。

第4章　府県と都市

表 4-15　世界の主要都市の人口（単位　千人）

	国名	調査年	市域人口	郊外を含む人口
テヘラン‥‥‥‥‥‥‥‥	イラン	2016	8 694	…
ムンバイ‥‥‥‥‥‥‥#	インド	2011	…	12 442
デリー‥‥‥‥‥‥‥‥#	インド	2011	…	11 035
ベンガルール‥‥‥‥‥#	インド	2011	…	8 495
ジャカルタ‥‥‥‥‥‥	インドネシア	2020	10 562	…
ソウル‥‥‥‥‥‥‥‥	韓国	2020	9 618	…
バンコク‥‥‥‥‥‥‥	タイ	2022	…	8 421
チョンチン（重慶）‥‥‥	中国	2022	…	32 130
シャンハイ（上海）‥‥‥	中国	2022	…	24 750
ペキン（北京）‥‥‥‥	中国	2022	…	21 840
チョンツー（成都）‥‥	中国	2020	16 500	20 950
コワンチョウ（広州）‥‥	中国	2020	16 150	18 740
テンチン（天津）‥‥‥‥	中国	2022	…	13 630
シーアン（西安）‥‥‥‥	中国	2020	10 260	12 960
シーチアチョワン(石家荘)	中国	2020	7 890	11 240
イスタンブール‥‥‥‥	トルコ	2021	…	15 841
東京‥‥‥‥‥‥‥‥‥	日本	2020	1) 9 733	2) 14 048
カラチ‥‥‥‥‥‥‥#	パキスタン	2017	14 910	…
ダッカ‥‥‥‥‥‥‥#	バングラデシュ	2022	3) 10 296	…
マニラ‥‥‥‥‥‥‥‥	フィリピン	2020	1 847	…
カイロ‥‥‥‥‥‥‥‥	エジプト	2017	…	9 540
ロンドン‥‥‥‥‥‥‥	イギリス	2011	8 136	…
マドリード‥‥‥‥‥‥	スペイン	2021	3 277	…
ベルリン‥‥‥‥‥‥‥	ドイツ	2019	3 645	…
パリ‥‥‥‥‥‥‥‥‥	フランス	2015	2 206	10 706
モスクワ‥‥‥‥‥‥‥	ロシア	2012	11 918	…
ニューヨーク‥‥‥‥‥	アメリカ合衆国	2022	8 336	…
ロサンゼルス‥‥‥‥‥	アメリカ合衆国	2022	3 822	…
シカゴ‥‥‥‥‥‥‥‥	アメリカ合衆国	2022	2 665	…
ヒューストン‥‥‥‥‥	アメリカ合衆国	2022	2 303	…
ダラス‥‥‥‥‥‥‥‥	アメリカ合衆国	2022	1 300	…
トロント‥‥‥‥‥‥‥	カナダ	2022	3 026	6 686
ブエノスアイレス‥‥‥#	アルゼンチン	2022	…	15 717
ボゴタ‥‥‥‥‥‥‥‥	コロンビア	2022	7 902	…
サンパウロ‥‥‥‥‥‥	ブラジル	2022	11 452	20 673
リマ‥‥‥‥‥‥‥‥#	ペルー	2022	11 098	…
メキシコシティ‥‥‥‥	メキシコ	2022	…	22 168
シドニー‥‥‥‥‥‥‥	オーストラリア	2021	…	5 231

国連 "Demographic Yearbook 2022" より作成。ただし、日本は総務省「国勢調査」(2020年)、中国は中国国家統計局「中国統計年鑑2023」および同「中国城市統計年鑑2021」(いずれも万人単位で公表) による。常住人口。ただし、#印は現在人口。1) 東京23区の人口。2) 東京都の人口。3) 北市と南市の合計。

現在人口 (de facto population) は調査時にいる場所で各人を調査した人口、**常住人口** (de jure population) は調査時に常住している場所で調査した人口をいう。

第5章　労働

　2024年の春季労使交渉（春闘）では、労働組合の賃上げ要求を企業が
そのまま受け入れる「満額回答」が続出した。連合が公表した第1回の
回答集計結果は、平均賃上げ率が5.28％で、33年ぶりに5％を超えた。
2023年の春闘での平均賃上げ率は3.58％で、30年ぶりの高水準となった
が、24年は前年を上回る見込みが強くなっている。

　企業が賃上げを実施する背景には、コロナ禍が収束し、経済活動が徐々

図 5-1　労働力状態の推移（年平均）

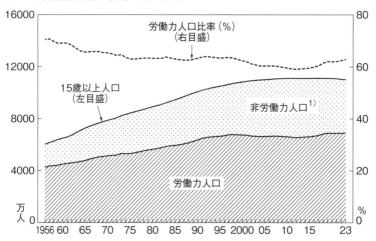

総務省「労働力調査（基本集計）」より作成。1972年まで沖縄を含まず。調査方法の
改正や算出の基礎となる人口の切り替えに伴う時系列接続用数値を使用しているた
め、各年の報告書の数値と異なる年がある。2011年は一時調査困難となった岩手県、
宮城県、福島県のデータを補完的に推計した値。1）就業状態が不詳な人口を含む。

図 5-2　労働力調査（基本集計）による就業状態の区分

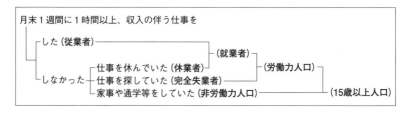

に回復する中で、人手不足が深刻化していることがある。公共職業安定所（ハローワーク）における2023年平均の有効求人倍率は1.31倍で、2年連続で増加した。職業別にみると、建設関係や介護関係、接客業などの有効求人倍率が、平均を大きく上回った。2024年度からは、建設業や運輸業などで時間外労働の上限規制が始まったことで、さらなる人手不足が懸念されている。政府や自治体は、育児休業の取得促進などを通じた働きやすい環境の整備や、業務の効率を高める設備投資の導入支援な

図 5-3　労働力と非労働力の割合 （2023年平均）

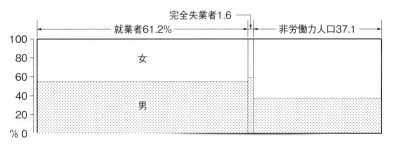

総務省「労働力調査（基本集計）」（2023年平均）より作成。15歳以上人口。非労働力人口には、就業状態が不詳の人口を含む。就業状態の区分については図5-2参照。

表 5-1　労働力人口と非労働力人口 （年平均）（単位　万人）

	2020	2021	2022	2023	男	女
15歳以上人口‥‥ 1)	11 108	11 087	11 038	11 017	5 321	5 696
労働力人口‥‥‥	6 902	6 907	6 902	6 925	3 801	3 124
就業者‥‥‥‥	6 710	6 713	6 723	6 747	3 696	3 051
完全失業者‥‥	192	195	179	178	105	73
非労働力人口‥‥	4 197	4 171	4 128	4 084	1 516	2 568
通学‥‥‥‥‥	588	588	578	568	301	267
家事‥‥‥‥‥	1 317	1 269	1 228	1 178	80	1 098
その他‥‥‥‥	2 292	2 314	2 321	2 338	1 135	1 203
完全失業率（％）‥	2.8	2.8	2.6	2.6	2.8	2.3
労働力人口比率(%)2)	62.0	62.1	62.5	62.9	71.4	54.8
就業率（％）‥‥ 3)	60.3	60.4	60.9	61.2	69.5	53.6

総務省「労働力調査（基本集計）」より作成。算出の基礎となるベンチマーク人口は、5年ごとの国勢調査結果によって基準が切り替わり、時系列数値が接続用に補正される（比率は除く）ため、各年の報告書の数値と異なる年がある。1) 就業状態不詳を含む。2) 15歳以上人口に占める労働力人口の割合。3) 15歳以上人口に占める就業者の割合。

どを通じて、人手不足の解消に努めている。

　賃上げは、人材の確保につながるだけでなく、消費を後押しし、経済が活性化する要因になる。岸田首相は、持続的な賃上げの実現を主要政策の一つに位置付けている。2022年2月からは、保育士や介護職員、看護職員などの給与を引き上げるための措置が実施された。国が定める最低賃金は、年々引き上げられ、2023年度の地域別最低賃金の全国平均は1004円で、初めて1000円を超えた。しかし、物価の上昇が賃金の伸びを上回っており、実質賃金は減少している（図5-11）。政府は、2024年度の診療報酬改定で医療従事者の賃上げを決めたほか、賃上げを実施した企業への税制優遇、非正規労働者の正社員化や処遇改善を行った企業へ

表 5-2　産業別就業者数 (年平均)（単位　万人）

	2022	2023	男	女	対前年増減数	割合(％)
農業、林業‥‥‥‥	192	187	116	71	−5	2.8
漁業‥‥‥‥‥‥‥	13	12	10	2	−1	0.2
鉱業、採石業‥ 1)	2	2	2	0	0	0.0
建設業‥‥‥‥‥‥	479	483	395	88	4	7.2
製造業‥‥‥‥‥‥	1 044	1 055	738	317	11	15.6
電気・ガス業‥ 2)	32	30	25	5	−2	0.4
情報通信業‥‥‥‥	272	278	196	82	6	4.1
運輸業、郵便業‥	351	349	272	77	−2	5.2
卸売業、小売業‥	1 044	1 041	493	548	−3	15.4
金融業、保険業‥	160	155	70	85	−5	2.3
不動産業,物品賃貸業 3)	141	139	81	58	−2	2.1
学術研究‥‥‥ 3)	254	256	157	99	2	3.8
宿泊業,飲食サービス業	381	398	151	247	17	5.9
生活関連サービス業4)	225	225	88	138	0	3.3
教育、学習支援業	349	344	141	203	−5	5.1
医療、福祉‥‥‥‥	908	910	230	681	2	13.5
複合サービス事業5)	50	47	28	19	−3	0.7
サービス業‥‥ 6)	463	458	269	189	−5	6.8
公務‥‥‥‥‥ 7)	251	253	171	82	2	3.7
就業者総数×‥	6 723	6 747	3 696	3 051	24	100.0

総務省「労働力調査（基本集計）」より作成。15歳以上の就業者数。第13回改定日本標準産業分類による。1) 砂利採取業を含む。2) 水道業、熱供給業を含む。3) 専門・技術サービス業を含む。4) 娯楽業を含む。5) 郵便局および協同組合。6) 他に分類されないもの。7) 主に本来の立法業務、司法業務および行政業務を行う官公署で、原則として公務であっても業務内容がほかの産業として分類されるものは含まれない。×分類不能を含む。

第5章 労働

の助成などを実施し、「物価と賃金の好循環」の実現を目指している。

　労働力を補うため、外国人労働者の受け入れも進んでいる。厚生労働省によると、2023年10月末の外国人労働者数は205万人で、初めて200万人を超え、過去最多を更新した。特に、在留資格「特定技能」の労働者数は、前年比75％増となった。政府は、特定技能の受け入れ人数の上限

図 5-4　産業 3 部門別の就業者数の推移 （年平均）

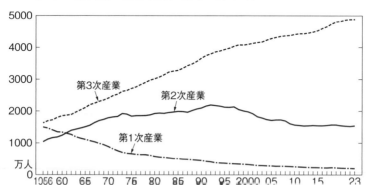

総務省「労働力調査（基本集計）」より作成。各産業の数値より編者算出。第 1 次産業は農林業と漁業。第 2 次産業は鉱業、建設業、製造業。第 3 次産業はその他の産業。分類不能は含まない。2001年までは第10回改定の日本標準産業分類、2002年からは第12回および13回改定の産業分類に基づく数値。2001年までの数値では新聞業と出版業が第 2 次産業に分類されているが、2002年からは第 3 次産業に分類されているため、比較には注意が必要。

表 5-3　従業上の地位別就業者数 （年平均）（単位　万人）

	2020	2021	2022	2023	男	女	〃(%)
自営業主····	527	523	514	512	369	143	7.6
雇有業主 1)	118	115	111	109	88	21	1.6
家族従業者 2)	140	139	133	126	26	101	1.9
雇用者······	6 005	6 016	6 041	6 076	3 282	2 793	90.1
役員······	344	345	343	337	253	84	5.0
計×······	6 710	6 713	6 723	6 747	3 696	3 051	100.0

総務省「労働力調査（基本集計）」より作成。算出の基礎となるベンチマーク人口は、5年ごとの国勢調査結果によって基準が切り替わり、時系列数値が接続用に補正されるため、各年の報告書の数値と異なる年がある。1）1 人以上の有給従業者を雇って個人経営の事業を営んでいる者。2）自営業主の家族で、その自営業主の営む事業に無給で従事している者。×従業上の地位不詳を含む。

を増やし、既存の12分野に加え、自動車運送や鉄道などの4分野を新たに対象とすることを決定した。一方、在留資格「技能実習」は廃止され、新たに「育成就労」が創設されることが決まった。技能実習制度は、途上国に技術を伝えるという国際貢献を目的として始まったが、実際は労働力の確保として機能しており、目的と実態が乖離していた。厳しい職場環境や、職場を変更する「転籍」の原則禁止によって、実習生の失踪が相次いだことも問題視されていた。育成就労では、分野ごとに設定される1〜2年の就労期間を超えること、一定水準以上の日本語能力があることなどを条件に、本人の意向による転籍が可能となる。

図 5-5　従業上の地位別就業者割合 （2023年平均）

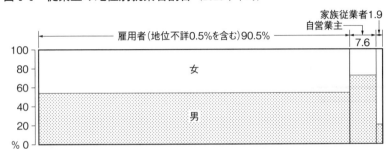

総務省「労働力調査（基本集計）」（2023年平均）より作成。雇用者には便宜上、従業上の地位が不詳な就業者を含む。

表 5-4　職業別の就業者数 （年平均） （単位　万人）

	2021	2022	2023	男	女	〃 (%)
管理的職業	129	124	123	105	18	1.8
専門的・技術的職業	1 265	1 277	1 286	668	619	19.1
事務	1 389	1 401	1 406	557	849	20.8
販売	848	826	811	442	369	12.0
サービス職業	806	817	835	265	570	12.4
保安職業	130	129	125	116	9	1.9
農林漁業	203	199	194	128	67	2.9
生産工程	865	870	878	614	263	13.0
輸送・機械運転	214	216	218	209	9	3.2
建設・採掘	284	276	277	269	8	4.1
運搬・清掃・包装等	488	489	487	265	222	7.2
総数×	6 713	6 723	6 747	3 696	3 051	100.0

総務省「労働力調査（基本集計）」より作成。×分類不能を含む。

図 5-6 **完全失業率と有効求人倍率の推移** (年平均)

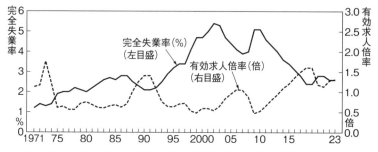

総務省「労働力調査（基本集計）」および厚生労働省「一般職業紹介状況」より作成。
1972年まで沖縄を含まず。【☞長期統計510ページ】【☞府県別統計517ページ】

図 5-7 **年齢階級別完全失業率の推移** (年平均)

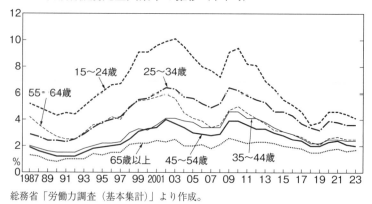

総務省「労働力調査（基本集計）」より作成。

表 5-5 **求職理由別完全失業者数** (年平均)（単位 万人）

	2021	2022	2023	男	女	〃(%)
非自発的な離職‥‥‥	56	46	43	28	15	24.2
定年・雇用契約満了	20	18	18	13	6	10.1
勤め先の都合‥‥‥	36	29	25	16	9	14.0
自発的な離職‥‥‥‥	74	72	75	40	35	42.1
新たに求職‥‥‥‥‥	51	47	47	28	19	26.4
学卒未就職者‥‥ 1)	7	7	7	4	3	3.9
収入を得る必要‥‥ 2)	26	24	25	15	10	14.0
その他‥‥‥‥‥‥	17	15	15	9	6	8.4
総数×‥‥‥‥‥‥	195	179	178	105	73	100.0

総務省「労働力調査（基本集計）」より作成。1) 学校を卒業して新たに仕事を探し始めた
者。2) 新たに収入を得る必要が生じたため。×理由不詳を含む。

表 5-6　雇用形態別雇用者数の推移 (年平均) (単位　万人)

	2021	2022	2023	男	女	〃(%)
正規の職員・従業員	3 587	3 588	3 606	2 338	1 267	62.9
非正規の職員・従業員	2 075	2 101	2 124	683	1 441	37.1
パート‥‥‥‥‥	1 024	1 021	1 030	129	901	18.0
アルバイト‥‥‥	439	453	459	226	233	8.0
その他‥‥‥‥1)	613	627	635	329	307	11.1
役員を除く雇用者計‥‥	5 662	5 689	5 730	3 021	2 708	100.0

総務省「労働力調査 (詳細集計)」より作成。形態区分は勤め先における呼称によるもの。詳細集計は、基本集計の約4分の1の世帯が対象であることなどから、基本集計の数値と必ずしも一致しない。1) 派遣社員、契約社員、嘱託など。

図 5-8　雇用形態別の雇用者構成比 (2023年平均)

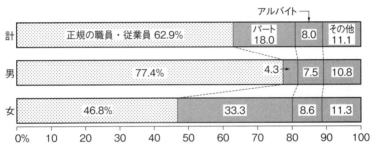

資料・注記は表5-6に同じ。その他は派遣社員、契約社員、嘱託など。役員を除く。

図 5-9　正規と非正規の職員・従業員数の推移

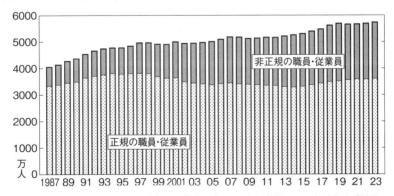

総務省「労働力調査 (詳細集計)」より作成。表5-6の注記参照。2001年以前は「労働力調査特別調査」による2月末現在の数値。2002年からは年平均。役員を除く。

表 5-7　外国人雇用事業所数と外国人労働者数の推移（各年10月末現在）

	2019	2020	2021	2022	2023
事業所数（所）・・・・・	242 608	267 243	285 080	298 790	318 775
派遣・請負・・・・ 1)	18 438	19 005	19 226	19 290	19 722
［産業別］2)					
建設業・・・・・・・・・	25 991	31 314	33 608	35 309	39 415
製造業・・・・・・・・・	49 385	51 657	52 363	53 026	54 980
情報通信業・・・・・・	11 058	11 912	12 180	12 601	13 248
卸売業、小売業・・・	42 255	48 299	52 726	55 712	59 497
宿泊業・飲食サービス業	34 345	37 274	40 692	42 896	45 495
教育、学習支援業・・	6 471	6 663	6 991	7 331	7 545
医療、福祉・・・・・・	11 700	13 804	16 455	18 553	20 537
サービス業・・・・・・ 3)	19 510	21 195	22 625	23 652	25 054
［事業所規模別］2)					
30人未満・・・・・・・・・	145 000	161 429	174 214	183 551	197 256
30〜99人・・・・・・・・・	44 384	48 499	50 891	52 737	55 504
100〜499人・・・・・・・	27 530	28 917	30 288	31 208	32 336
500人以上・・・・・・・・	9 098	9 374	9 546	9 787	10 011
外国人労働者数（人）	1 658 804	1 724 328	1 727 221	1 822 725	2 048 675
派遣・請負・・・・ 1)	338 104	342 179	343 532	350 383	372 287
男性・・・・・・・・・・・・	881 913	918 169	910 081	963 982	1 090 564
女性・・・・・・・・・・・・	776 891	806 159	817 140	858 743	958 111
［在留資格別］2)					
専門的・技術的分野	329 034	359 520	394 509	479 949	595 904
特定技能・・・・・・ 4)	520	7 262	29 592	79 054	138 518
特定活動・・・・・・・・	41 075	45 565	65 928	73 363	71 676
技能実習・・・・・・・・	383 978	402 356	351 788	343 254	412 501
資格外活動・・・・・・	372 894	370 346	334 603	330 910	352 581
留学・・・・・・・・・	318 278	306 557	267 594	258 636	273 777
身分に基づく資格 5)	531 781	546 469	580 328	595 207	615 934
［国籍別］2)					
ベトナム・・・・・・・・	401 326	443 998	453 344	462 384	518 364
中国・・・・・・・・・・ 6)	418 327	419 431	397 084	385 848	397 918
フィリピン・・・・・・・	179 685	184 750	191 083	206 050	226 846
ネパール・・・・・・・・	91 770	99 628	98 260	118 196	145 587
ブラジル・・・・・・・・	135 455	131 112	134 977	135 167	137 132
インドネシア・・・・	51 337	53 395	52 810	77 889	121 507
韓国・・・・・・・・・・・	69 191	68 897	67 638	67 335	71 454
ミャンマー・・・・・・	27 798	31 410	34 501	47 498	71 188
タイ・・・・・・・・・・・	28 302	29 137	29 355	31 998	36 543
ペルー・・・・・・・・・	29 554	29 054	31 381	31 263	31 584
G 7 等・・・・・・・ 7)	81 003	80 414	78 621	81 175	83 882

厚生労働省「外国人雇用状況の届出状況」（2023年10月末現在）より作成。1) 労働者派遣・請負事業を営む事業所数および当該事業所に就労する外国人労働者数。2) ほかにその他、不明がある。3) 他に分類されないもの。4) 2019年 4 月に新設。人手が不足している分野において、一定の専門性・技能を有する外国人を受け入れる制度。5) 永住者、定住者、日本人の配偶者など。6) 香港とマカオを含む。7) フランス、アメリカ合衆国、イギリス、ドイツ、イタリア、カナダ、オーストラリア、ニュージーランド、ロシアの合計。

図 5-10　外国人労働者数の推移 （各年10月末現在）

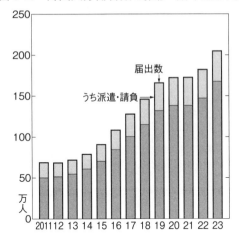

厚生労働省「外国人雇用状況の届出状況」より作成。2008年から開始した調査で、2007年10月1日施行の外国人雇用状況報告制度により、すべての事業主に対して外国人労働者の入離職の状況を届け出ることが義務付けられた（それまでの調査は、従業員50人以上規模のすべての事業所と、従業員49人以下規模の一部の事業所に対し、任意で報告を求めていたもの）。

第5章　労働

表 5-8　産業別の外国人労働者数 （2023年10月末現在）

	外国人労働者数（人）	派遣・請負1)（％）		外国人労働者数（人）	派遣・請負1)（％）
農業、林業‥‥‥‥	51 628	2.3	不動産・物品賃貸業	19 332	10.7
農業‥‥‥‥‥‥	51 423	2.3	学術研究‥‥‥‥ 5)	71 700	18.0
漁業‥‥‥‥‥‥‥	5 507	0.7	宿泊業・飲食サービス業	233 911	3.2
鉱業、採石業‥‥ 2)	451	12.2	宿泊業‥‥‥‥	32 403	8.5
建設業‥‥‥‥‥‥	144 981	5.8	飲食店‥‥‥‥	198 901	2.3
製造業‥‥‥‥‥‥	552 399	13.7	生活関連サービス業6)	25 971	14.3
食料品‥‥‥‥	169 483	8.6	教育、学習支援業	80 033	6.0
飲料・たばこ 3)	1 872	7.1	医療、福祉‥‥‥	90 839	3.1
繊維‥‥‥‥‥	28 870	5.6	医療業‥‥‥‥	23 853	3.3
金属製品‥‥‥	55 132	8.1	社会保険・社会福祉7)	66 660	3.1
生産用機械器具	26 086	13.2	複合サービス事業	6 268	12.5
電気機械器具‥	40 233	25.5	サービス業‥‥‥ 8)	320 755	67.6
輸送用機械器具	95 338	25.4	自動車整備業‥	4 805	3.1
電気・ガス・水道業4)	724	9.3	職業紹介・労働者派遣業	163 555	88.7
情報通信業‥‥‥	85 401	12.7	その他の事業サービス	122 462	51.0
運輸業、郵便業‥	66 581	17.4	公務‥‥‥‥‥ 8)	11 053	7.1
卸売業、小売業‥	263 555	4.0	分類不能‥‥‥‥	5 398	13.3
金融業、保険業‥	12 188	7.3	全産業計‥‥‥‥	**2 048 675**	18.2

厚生労働省「外国人雇用状況の届出状況」（2023年10月末現在）より作成。1) 各産業の外国人労働者数に占める、労働者派遣・請負事業を営む事業所で働く外国人労働者の割合。2) 砂利採取業を含む。3) 飼料製造業を含む。4) 熱供給業を含む。5) 専門・技術サービス業を含む。6) 娯楽業を含む。7) 介護事業を含む。8) 他に分類されるものを除く。

表 5-9　産業別の月間現金給与額 (2023年平均) (単位　千円)

	現金給与総額		所定内給与		特別給与	
	金額	前年比 (％)	金額	前年比 (％)	金額	前年比 (％)
就業形態計						
鉱業、採石業等・・・・・	425.3	-6.1	306.9	-8.8	93.8	0.7
建設業・・・・・・・・・・・	430.7	-0.2	327.3	0.3	78.8	-1.2
製造業・・・・・・・・・・・	398.2	1.7	285.0	1.7	83.8	3.7
電気・ガス業・・・・・ 1)	563.1	1.2	391.0	1.0	120.8	1.8
情報通信業・・・・・・・・・	507.1	1.6	357.6	1.6	116.3	1.6
運輸業、郵便業・・・・・	379.5	4.4	273.8	3.1	61.8	9.1
卸売業、小売業・・・・・	294.1	0.3	230.0	0.6	51.9	-0.7
金融業、保険業・・・・・	498.9	3.7	355.3	4.5	119.3	2.7
不動産・物品賃貸業	422.6	7.1	306.0	5.1	94.7	14.1
学術研究・・・・・・・・・ 2)	492.4	0.7	355.2	1.7	110.2	-2.5
飲食サービス業・・・・ 3)	131.8	2.4	116.5	1.1	8.4	14.0
生活関連サービス・・ 4)	221.3	2.6	190.2	1.4	22.3	14.0
教育、学習支援業・・・・	377.5	1.3	286.3	0.5	84.1	3.9
医療、福祉・・・・・・・・・	303.7	0.5	244.6	0.8	44.7	-0.1
複合サービス事業・・ 5)	382.1	3.4	280.1	2.2	83.4	6.2
その他のサービス業 6)	278.6	3.7	222.9	3.3	36.6	7.3
調査産業計・・・・・・・・	329.8	1.2	251.3	1.2	59.5	1.9
一般労働者						
製造業・・・・・・・・・・・	439.7	1.6	310.7	1.5	96.1	3.5
情報通信業・・・・・・・・・	533.2	1.3	374.0	1.4	124.0	1.0
卸売業、小売業・・・・・	441.8	1.5	331.9	1.6	89.9	1.1
飲食サービス業・・・・ 3)	335.9	8.2	274.5	5.4	37.3	24.4
教育、学習支援業・・・・	518.6	0.7	384.7	-0.3	123.7	3.5
医療、福祉・・・・・・・・・	393.3	0.1	308.4	0.3	64.5	0.1
調査産業計 ×・・・・・・	436.8	1.8	323.8	1.6	86.4	2.8
パートタイム労働者						
製造業・・・・・・・・・・・	131.6	3.3	120.2	3.5	5.0	3.3
情報通信業・・・・・・・・・	136.9	4.5	125.3	4.9	6.5	14.1
卸売業、小売業・・・・・	100.9	1.8	96.6	2.0	2.3	-1.9
飲食サービス業・・・・ 3)	77.7	5.1	74.6	4.8	0.7	16.4
教育、学習支援業・・・・	97.2	1.9	90.7	1.8	5.6	2.4
医療、福祉・・・・・・・・・	127.8	3.5	119.5	3.6	5.7	0.5
調査産業計 ×・・・・・	104.6	2.4	98.6	2.5	3.1	-0.7

厚生労働省「毎月勤労統計調査」(2023年確報) より作成。事業所規模 5 人以上。就業形態計は常用労働者 (パートタイム労働者と一般労働者) で、期間を定めずに (または 1 か月以上の期間を定めて) 雇われている者。現金給与総額はきまって支給する給与 (定期給与のことで、所定内給与と時間外手当などの所定外給与の計) と特別に支払われた給与 (賞与などの一時金) の合計。所得税等を差し引く前の金額。退職金は含まない。1) 熱供給・水道業を含む。2) 専門・技術サービス業を含む。3) 宿泊業を含む。4) 娯楽業を含む。5) 郵便局および協同組合。6) 他に含まれないサービス業。×その他とも。

図 5-11　賃金指数の推移（2020年＝100）（現金給与総額）

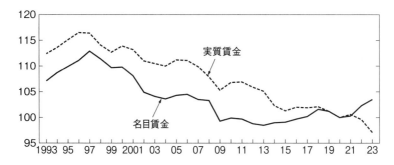

資料および注記は表5-9に同じ。調査産業計、事業所規模 5 人以上。実質賃金は、名目賃金指数を消費者物価指数（持家の帰属家賃を除く総合）で除して算出している。2004〜2011年の指数は、時系列比較のための推計値を用いている。

図 5-12　賃金改定率と消費者物価指数上昇率の推移

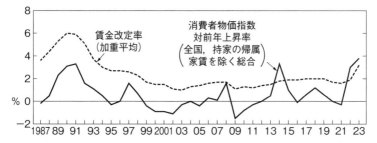

厚生労働省「賃金引上げ等の実態に関する調査」（2023年）、総務省「消費者物価指数」（2020年基準）より作成。賃金改定率は、1 人 1 か月あたり平均所定内賃金の改定額の、改定前に対する割合。原則として、常用労働者を対象とした定期昇給、ベースアップ、諸手当の改定等を含み、賃金カット等による賃金の減額も含まれる。ただし、1998年以前は、平均賃金が増額した企業についてのみの調査。賃上げの影響を受ける常用労働者数を計算に反映させた加重平均。常用労働者100人以上の企業が対象。

「年収の壁」問題

　収入が一定額を超えると、社会保険料の負担が発生し、手取りが減少する「年収の壁」が問題となっている。一定の要件の下で厚生年金保険・健康保険料が発生する「106万の壁」、国民年金・国民健康保険料が発生する「130万の壁」がある。年収の壁は、短時間労働者の所得向上を妨げるだけでなく、企業の人手不足を加速させる原因にもなっている。政府は、2023年10月から、企業への助成金などを通じて対策を講じている。

表 5-10　産業別の月間実労働時間 (2023年平均) (単位　時間)

	総実労働時間		所定内		所定外	
	時間	前年比 (%)	時間	前年比 (%)	時間	前年比 (%)
就業形態計						
鉱業、採石業等・・・・・	161.9	1.3	148.5	-0.3	13.4	21.2
建設業・・・・・・・・・・・	164.3	0.4	150.6	0.6	13.7	-1.2
製造業・・・・・・・・・・・	157.0	0.3	143.4	0.8	13.6	-5.5
電気・ガス業・・・・・ 1)	154.9	0.6	140.1	0.5	14.8	2.0
情報通信業・・・・・・・・	157.3	0.8	141.8	1.0	15.5	-1.2
運輸業、郵便業・・・・・	167.7	1.6	145.0	1.8	22.7	-0.1
卸売業、小売業・・・・・	129.5	-0.8	122.4	-0.7	7.1	-2.8
金融業、保険業・・・・・	147.1	1.8	135.0	1.9	12.1	1.0
不動産・物品賃貸業・・	150.8	3.4	138.6	2.9	12.2	8.9
学術研究・・・・・・・・ 2)	154.1	0.6	140.3	0.6	13.8	1.4
飲食サービス業・・・・ 3)	88.5	-1.1	83.4	-1.6	5.1	9.0
生活関連サービス・・ 4)	122.2	-1.2	116.1	-1.2	6.1	-1.3
教育、学習支援業・・・・	124.3	2.6	114.0	2.3	10.3	6.1
医療、福祉・・・・・・・・	130.1	0.4	125.0	0.5	5.1	0.4
複合サービス事業・・ 5)	148.2	1.5	139.0	1.3	9.2	3.5
その他のサービス業6)	139.3	0.9	128.4	0.9	10.9	1.7
調査産業計・・・・・・・	136.3	0.1	126.3	0.2	10.0	-0.9
一般労働者						
製造業・・・・・・・・・・・	164.5	0.1	149.5	0.8	15.0	-5.6
情報通信業・・・・・・・・	161.8	0.5	145.6	0.7	16.2	-1.9
卸売業、小売業・・・・・	163.4	0.5	152.1	0.6	11.3	-0.8
飲食サービス業・・・・ 3)	174.3	3.4	158.4	2.2	15.9	16.5
教育、学習支援業・・・・	158.8	2.1	143.7	1.6	15.1	4.9
医療、福祉・・・・・・・・	156.5	0.3	149.5	0.3	7.0	-0.5
調査産業計×・・・・・	163.5	0.7	149.7	0.8	13.8	-0.4
パートタイム労働者						
製造業・・・・・・・・・・・	108.8	0.9	104.1	1.3	4.7	-7.1
情報通信業・・・・・・・・	93.4	5.1	88.4	4.1	5.0	26.7
卸売業、小売業・・・・・	85.1	-1.9	83.4	-1.7	1.7	-8.7
飲食サービス業・・・・ 3)	65.8	0.3	63.5	-0.1	2.3	11.0
教育、学習支援業・・・・	55.8	3.2	55.0	2.9	0.8	25.3
医療、福祉・・・・・・・・	78.3	1.5	76.9	1.3	1.4	14.0
調査産業計×・・・・・	79.3	-0.4	77.1	-0.5	2.2	1.6

厚生労働省「毎月勤労統計調査」(2023年確報) より作成。就業形態については表5-9の注記参照。事業所規模 5 人以上。労働者の 1 人 1 か月あたり平均労働時間数。労働者が実際に労働した時間数で休憩時間は除かれる。総実労働時間は、所定内 (就業規則等で決められた正規の労働時間) と所定外 (早出、残業、臨時の呼び出し、休日出勤など) の合計。1) 熱供給・水道業を含む。2) 専門・技術サービス業を含む。3) 宿泊業を含む。4) 娯楽業を含む。5) 郵便局および協同組合。6) 他に含まれないサービス業。×その他とも。

図 5-13　労働時間指数の推移（2020年＝100）

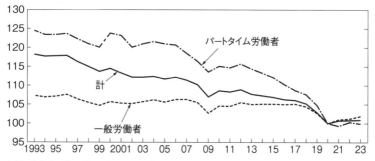

厚生労働省「毎月勤労統計調査（長期時系列表）」（2023年確報）より作成。総実労働時間指数。総実労働時間については表5-10の注記参照。調査産業計、事業所規模 5 人以上。2004～2011年の指数は、時系列比較のための推計値を用いている。

図 5-14　年間総実労働時間およびパートタイム労働者比率

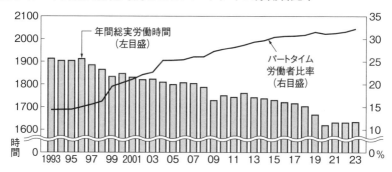

資料・注記は表5-10に同じ。調査産業計、事業所規模 5 人以上。総実労働時間の年換算値は、各月平均値を12倍にしたもの。パートタイム労働者比率は表5-11を参照。

図 5-15　常用雇用指数の推移（2020年＝100）

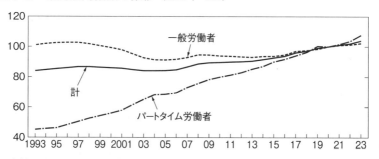

資料は図5-13に同じ。調査産業計、事業所規模 5 人以上。常用雇用指数は、労働者数の推移を基準年の平均を100として時系列比較するもの。

第
5
章

労
働

表 5-11 産業別の常用雇用と労働異動率 (2023年平均)

	労働者総数(千人)	前年比(％)	パートタイム比率(％)	前年差(ポイント)	入職率(％)	離職率(％)
就業形態計						
鉱業、採石業等‥	12	-3.6	1.71	-0.90	1.18	1.18
建設業‥‥‥‥‥	2 770	1.3	5.75	-0.30	1.27	1.22
製造業‥‥‥‥‥	7 713	0.2	13.47	-0.10	1.11	1.09
電気・ガス業‥ 1)	244	0.1	5.00	-0.03	1.40	1.35
情報通信業‥‥‥	1 628	2.1	6.61	-0.20	1.79	1.64
運輸業、郵便業‥	3 020	-0.7	15.68	-0.38	1.53	1.58
卸売業、小売業‥	9 580	0.3	43.32	1.07	1.91	1.87
金融業、保険業‥	1 348	-0.7	10.09	-1.01	1.81	1.87
不動産·物品賃貸業	867	2.4	19.15	-3.17	1.93	1.66
学術研究‥‥‥‥ 2)	1 597	2.3	10.42	-0.01	1.50	1.33
飲食サービス業 3)	5 552	8.3	79.06	2.29	4.68	4.14
生活関連サービス4)	1 663	2.7	49.40	2.12	3.00	2.80
教育、学習支援業	3 407	2.8	33.53	-0.52	2.74	2.47
医療、福祉‥‥‥	8 028	1.9	33.78	0.07	1.84	1.72
複合サービス事業5)	388	-2.9	18.04	0.25	1.59	1.79
その他のサービス業6)	4 463	2.3	29.35	-0.60	2.59	2.47
調査産業計‥‥‥	**52 282**	1.9	32.24	0.64	2.14	2.01
一般労働者						
製造業‥‥‥‥‥	6 674	0.3	—	—	0.95	0.94
情報通信業‥‥‥	1 521	2.3	—	—	1.59	1.47
卸売業、小売業‥	5 430	-1.6	—	—	1.38	1.38
飲食サービス業 3)	1 161	-2.4	—	—	2.68	2.69
教育、学習支援業	2 264	3.6	—	—	1.74	1.60
医療、福祉‥‥‥	5 317	1.7	—	—	1.52	1.49
調査産業計×‥	**35 426**	0.9	—	—	1.49	1.45
パートタイム労働者						
製造業‥‥‥‥‥	1 039	-0.6	—	—	2.15	2.05
情報通信業‥‥‥	108	-0.9	—	—	4.64	3.90
卸売業、小売業‥	4 150	2.9	—	—	2.59	2.52
飲食サービス業 3)	4 391	11.5	—	—	5.22	4.53
教育、学習支援業	1 142	1.2	—	—	4.74	4.19
医療、福祉‥‥‥	2 712	2.1	—	—	2.46	2.17
調査産業計×‥	**16 856**	3.9	—	—	3.50	3.18

厚生労働省「毎月勤労統計調査」(2023年確報) より作成。事業所規模5人以上。労働者総数は常用労働者で、一般労働者とパートタイム労働者の合計。常用労働者については表5-9の注記を参照。パートタイム労働者比率は、常用労働者に占めるパートタイム労働者の割合。入職率 (離職率) は前月末労働者数に対する月間の入職 (離職) 労働者数の割合。同一企業内での事業所間の異動者を含む。1) 熱供給・水道業を含む。2) 専門・技術サービス業を含む。3) 宿泊業を含む。4) 娯楽業を含む。5) 郵便局および協同組合。6) 他に含まれないサービス業。×その他とも。

表 5-12　労働生産性の動向

	2018	2019	2020	2021	2022
就業者1人あたり（千円）	8 330	8 265	8 045	8 231	8 325
実質対前年上昇率（％）	-1.5	-1.4	-3.6	2.5	0.8
就業1時間あたり（円）‥	4 710	4 770	4 775	4 817	4 845
実質対前年上昇率（％）	-0.8	0.6	-0.8	1.1	0.2
実質経済成長率（％）‥‥1)	0.6	-0.4	-4.1	2.6	1.0
（参考）TFP上昇率（％）2)	-0.4	0.2	-1.6	1.3	0.5

日本生産性本部「生産性データベース」(2024年4月5日閲覧）より作成。暦年。労働生産性は名目値で、就業者1人あたりと就業1時間あたりの付加価値額。実質労働生産性上昇率は、物価変動を考慮した実質ベース。1) 内閣府「国民経済計算年次推計」（2022年度）による。国内総生産（支出側）の実質の対前年増加率（2015年暦年連鎖価格）。2) TFPは全要素生産性のことで、労働や資本といった量的な成長要素以外の、技術革新や生産の効率化など質的な成長要素を表す。

表 5-13　主な産業別の労働生産性指数（年平均）（2020年＝100）

	製造工業	輸送機械	建設業	情報通信業	運輸、郵便業	卸売業	金融業、保険業
2015	105.3	113.6	104.1	100.3	107.9	110.4	97.2
2016	106.4	112.0	107.2	101.5	109.1	109.6	94.1
2017	108.7	115.2	104.8	100.5	109.1	108.3	93.5
2018	108.9	114.7	101.8	105.3	112.5	108.8	97.4
2019	107.4	115.3	98.7	106.5	112.5	110.1	98.0
2020	100.0	100.0	100.0	100.0	100.0	100.0	100.0
2021	104.8	99.6	98.3	98.9	100.2	100.1	103.8
2022	105.2	102.4	90.0	101.1	105.9	96.0	112.5
2023	103.5	117.0	87.7	99.3	106.8	93.5	116.0

日本生産性本部「生産性統計」(2024年4月5日閲覧）より作成。事業所規模5人以上。本表の労働生産性指数は、物的労働生産性の変化を示すもので、投下される労働投入量あたりの産出量のこと。

労働生産性　生産性とは、モノやサービスを生み出す際に、材料や設備などの投入量に対して生み出された成果を示す指標である。労働の視点から生産性をとらえたものを労働生産性という。労働生産性は、労働投入量（労働者数や労働時間）に対する成果の割合を表し、生産量や生産額を成果とする物的労働生産性と、付加価値を成果とする付加価値労働生産性がある。経済成長を生み出す要因には、労働生産性の向上に加え、資本生産性（設備などの資本投入に対する成果の割合）の向上や、全要素生産性（TFP）の上昇がある。全要素生産性上昇率は、労働や資本以外の、技術革新や経営革新などによる生産性の向上を表し、広義の技術進歩率とみなされている。

図 5-16　製造業・非製造業の労働生産性比較（会計年度）

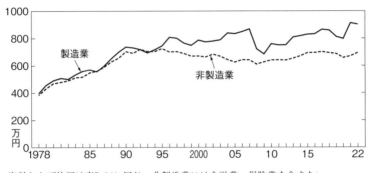

資料および注記は表5-14に同じ。非製造業には金融業・保険業を含まない。

表 5-14　主な産業別・資本金別の労働生産性（2022年度）（単位　万円）

	全規模	1000万円未満	1000万円〜5000万円未満	5000万円〜1億円未満	1億円〜10億円未満	10億円以上
製造業·········	902	443	554	602	898	1 476
食料品······	534	246	421	463	570	978
化学······	1 492	374	638	699	1 102	2 044
石油・石炭製品	1 447	662	786	839	1 547	1 928
鉄鋼······	1 285	704	686	773	1 066	1 891
金属製品····	681	570	615	584	892	984
はん用機械···	989	995	794	818	1 162	1 226
生産用機械···	1 174	660	715	901	1 069	1 736
業務用機械···	1 063	853	650	741	912	1 585
電気機械·····	1 080	596	470	470	986	1 687
情報通信機械·	1 063	416	435	692	1 024	1 518
輸送用機械···	1 020	477	550	598	802	1 311
非製造業······	694	483	559	593	775	1 438
建設業·······	872	710	787	848	1 184	1 514
電気業·······	1 340	4 222	1 798	7 122	2 339	1 173
情報通信業···	1 068	585	689	619	944	2 157
運輸業、郵便業	677	370	515	543	717	1 268
卸売業、小売業	663	404	631	626	823	965
不動産業·····	1 722	2 009	1 375	1 083	1 411	3 057
物品賃貸業···	750	-4 495	532	870	1 175	2 453
サービス業···	521	395	406	454	577	1 392
宿泊、飲食·	326	277	302	318	384	489
医療、福祉·	382	385	323	459	380	592
全産業·······	738	479	558	595	801	1 453

財務省「法人企業統計」(2022年度）より作成。営利法人等の無作為抽出標本調査。従業者
1人あたりの付加価値額。付加価値額は、営業純益（営業利益－支払利息等）に人件費な
どを加えて算出されたもの。金融業・保険業を除く。

表 5-15　OECD加盟国の労働生産性 (2022年)（単位　ドル）

	人口 1 人 あたり GDP	前年比 （%）	就業 1 時間 あたり GDP	前年比 （%）	就業者 1 人 あたり GDP	前年比 （%）
ルクセンブルク・	111 837	-0.8	② 100.2	-1.4	② 146 148	-1.9
アイルランド・・・	108 591	7.4	① 131.6	0.8	① 218 079	2.6
スイス・・・・・・・・	70 086	1.7	④ 77.7	1.0	⑤ 118 778	1.1
ノルウェー・・・・・	64 501	2.1	③ 84.1	-0.8	④ 119 843	-0.8
アメリカ合衆国・	63 659	1.6	⑤ 75.5	-1.6	③ 132 384	-1.7
オランダ・・・・・・	56 239	3.3	⑩ 69.7	0.4	⑩ 98 021	0.4
デンマーク・・・・	55 548	1.8	⑦ 74.3	-1.3	⑧ 103 560	-1.0
スウェーデン・・・	53 375	2.2	⑥ 74.8	0.6	⑦ 107 750	0.2
オーストリア・・・	52 625	3.6	⑨ 70.6	1.8	⑨ 101 964	2.1
アイスランド・・・	52 433	4.6	65.8	0.2	95 926	0.4
オーストラリア・	50 929	1.8	55.9	-2.0	94 570	-1.2
ドイツ・・・・・・・・	50 225	1.1	68.5	0.5	92 306	0.4
ベルギー・・・・・・	49 804	2.2	⑧ 72.9	-1.3	⑥ 114 149	0.9
フィンランド・・・	46 454	1.4	62.7	0.5	93 981	-1.3
カナダ・・・・・・・・	46 352	1.9	53.7	-0.8	90 505	-0.7
イギリス・・・・・・	44 746	3.2	60.5	1.0	92 641	3.3
韓国・・・・・・・・・・	44 473	2.8	43.1	0.1	81 742	-0.4
フランス・・・・・・	42 950	2.1	65.2	-1.9	97 796	-0.2
イスラエル・・・・・	42 336	4.4	47.5	-0.9	89 832	-0.1
日本・・・・・・・・・・	42 220	1.5	㉑ 48.1	0.9	㉕ 77 225	0.9
OECD平均・・・	44 632	2.4	53.8	-0.7	93 389	-0.1
G7平均 ・・・・	52 660	1.8	65.4	-0.6	106 856	-0.1

OECD.Statより作成（2024年 4 月 5 日閲覧）。 1 人あたりGDPの多い順。単位は、2015年基準の購買力平価（PPP）換算ドル。PPPは、物価水準などを考慮した各国通貨の実質的な購買力を表す換算レート。OECDは、労働生産性の算出においてGDP（国内総生産）を付加価値産出として捉えて、就業者数および労働時間を投入資源としている。○内はOECD加盟38か国（2022年時点）の順位（①〜⑩位、および日本）。

表 5-16　労働組合員数の推移 (各年 6 月末現在)

	1990	2000	2010	2020	2022	2023
組合数（組合）・・	72 202	68 737	55 910	49 098	47 495	46 704
組合員数（千人）	12 265	11 539	10 054	10 115	9 992	9 938
パート労働者	97	260	726	1 375	1 404	1 410
推定組織率（%）	25.2	21.5	18.5	17.1	16.5	16.3

厚生労働省「労働組合基礎調査」(2023年) より作成。労働組合とは、労働者が自主的に労働条件の維持改善などを図ることを目的とする組織。本部の下に支部を持つ組合について、本部と支部をまとめて 1 組合と数えたものを単一労働組合、最下部の組織 1 つにつき 1 組合と数えたものを単位労働組合という。本表では単位労働組合数を掲載。ただし、組合員数には単位労働組合に属さない非独立組合員数を含む（パート労働者には含まない）。推定組織率は、組合員数を総務省「労働力調査」の各年 6 月の雇用者数で割ったもの。

第6章　国民経済計算

　日本経済を国際比較可能な体系で記録した国民経済計算は、国連が定めた国際基準（SNA、System of National Accounts）で作成され、「四半期別GDP速報」と「国民経済計算年次推計」からなる。2023年12月に内閣府が公表した年次推計によると、日本の2022年度の名目GDPは

図 6-1　国内総生産（GDP）と経済成長率の推移（会計年度）

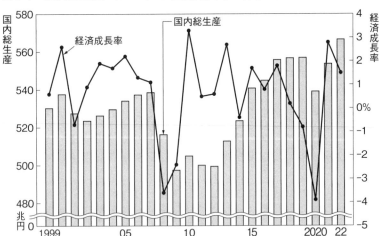

内閣府「国民経済計算年次推計」（2022年度）より作成。国内総生産は名目、経済成長率は実質（2015暦年連鎖価格）による対前年度増減率。

表 6-1　国内総生産と国民総所得の推移　（会計年度）（単位　十億円）

	2000	2010	2020	2021	2022
国内総生産（名目）・	537 614	504 874	539 009	553 642	566 490
〃　　　（実質）・	485 623	512 065	528 798	543 649	551 814
同対前年度増加率（%）	2.6	3.3	-3.9	2.8	1.5
国民総所得（名目）・	545 845	518 661	558 812	582 625	600 558
〃　　　（実質）・	512 516	527 439	551 958	564 992	567 147
同対前年度増加率（%）	2.7	2.6	-3.2	2.4	0.4

内閣府「国民経済計算年次推計」（2022年度）（2024年 2 月15日閲覧）より作成。実質値は2015暦年連鎖価格。【☞国内総生産の暦年での長期統計510ページ】

566兆4897億円であった。コロナ禍からの回復で、実質経済成長率は
1.5％と２年連続のプラスだったが、供給網の混乱などで成長率は前年
度を下回った。寄与率は内需がプラス2.0％、外需がマイナス0.5％であ
った。内需はGDPの過半
を占める個人消費が前年度
比2.7％増え、外食や宿泊
などの回復でサービス関連
が伸びた。外需は世界経済
の減速で輸出が4.7％の増
加にとどまり、7.1％増加
した輸入に比べ伸び悩ん
だ。2023年度も景気は緩や
かな回復傾向にある。行動
制限の解除で消費の回復が
期待されたが、所得の伸び

図 6-2　国民所得の推移

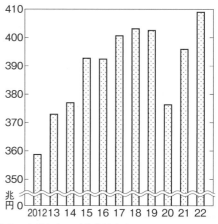

名目。会計年度。要素費用表示。

表 6-2　国内総生産と国民総所得 （名目）（会計年度）（単位　十億円）

	2000	2010	2020	2021	2022
雇用者報酬‥‥‥‥‥‥	270 610	251 021	283 445	289 456	296 275
営業余剰・混合所得‥‥‥	111 323	99 880	72 750	77 334	78 611
固定資本減耗‥‥‥‥‥	123 795	125 402	136 447	140 602	145 987
生産・輸入品に課される税	38 479	36 067	48 947	50 988	53 228
（控除）補助金 ‥‥‥‥	4 036	3 558	3 212	3 519	7 000
統計上の不突合‥‥‥‥	-2 558	-3 938	632	-1 219	-611
国内総生産（生産側）‥	**537 614**	**504 874**	**539 009**	**553 642**	**566 490**
民間最終消費支出‥‥‥	287 984	286 110	289 442	298 189	315 849
政府最終消費支出‥‥‥	89 491	97 754	113 834	118 769	122 092
総固定資本形成‥‥‥‥	153 394	114 581	136 815	141 107	147 969
在庫変動‥‥‥‥‥‥‥	521	1 048	-673	2 267	3 553
財貨・サービスの輸出‥	56 468	76 082	84 403	103 819	123 245
（控除）財貨・サービスの輸入	50 244	70 701	84 811	110 508	146 218
国内総生産（支出側）‥	**537 614**	**504 874**	**539 009**	**553 642**	**566 490**
海外からの所得‥‥‥‥	12 372	18 015	30 266	41 328	50 606
（控除）海外に対する所得	4 141	4 227	10 463	12 346	16 538
国民総所得‥‥‥‥‥	**545 845**	**518 661**	**558 812**	**582 625**	**600 558**

内閣府「国民経済計算年次推計」(2022年度)(2024年２月15日閲覧) より作成。

第6章

国民経済計算

がインフレに追いつかないことが逆風になっている。設備投資は研究開発投資や脱炭素などのニーズがある一方で、海外需要の減速懸念から足踏みもみられる。国全体の豊かさを示す正味資産（国富）は3999.1兆円（2022年末）で、前年末から127.3兆円（3.3％）増えて、7年連続の増加となり、比較可能な1994年以降最高となった（表6-9）。内訳では道路・住宅・機械などの生産資産が、資材高を背景に4.5％増加した。非生産資産は大半が土地で、地価上昇を受けて2.4％増加した。金融資産の国内保有分を負債と相殺した対外純資産は0.1％の増加だった。

表 6-3　国内総生産（支出側）（名目）（会計年度）（単位　十億円）

	2020	2021	2022	構成比（％）	前年度比（％）
民間最終消費支出····	289 442	298 189	315 849	*55.8*	*5.9*
家計最終消費支出···	280 921	290 175	307 887	*54.4*	*6.1*
対家計民間非営利					
団体最終消費支出·	8 521	8 013	7 962	*1.4*	*-0.6*
政府最終消費支出·····	113 834	118 769	122 092	*21.6*	*2.8*
総資本形成···········	136 141	143 374	151 521	*26.7*	*5.7*
総固定資本形成····	136 815	141 107	147 969	*26.1*	*4.9*
民間···········	106 000	111 313	118 690	*21.0*	*6.6*
住宅·········	19 928	21 472	21 800	*3.8*	*1.5*
企業設備······	86 072	89 841	96 891	*17.1*	*7.8*
公的···········	30 814	29 795	29 278	*5.2*	*-1.7*
住宅·········	550	488	587	*0.1*	*20.3*
企業設備······	6 906	6 736	6 662	*1.2*	*-1.1*
一般政府······	23 359	22 571	22 029	*3.9*	*-2.4*
在庫変動·········	-673	2 267	3 553	*0.6*	—
民間企業·······	-574	2 276	3 617	*0.6*	—
公的···········	-100	-9	-64	*-0.0*	—
財貨・サービスの純輸出	-408	-6 689	-22 973	*-4.1*	—
国内総生産（支出側）	**539 009**	**553 642**	**566 490**	*100.0*	*2.3*
(参考)					
海外からの所得の					
純受取···········	19 803	28 982	34 068	*6.0*	—
国民総所得·········	558 812	582 625	600 558	*106.0*	*3.1*
国内需要···········	539 417	560 331	589 462	*104.1*	*5.2*
民間需要·········	394 868	411 777	438 156	*77.3*	*6.4*
公的需要·········	144 549	148 555	151 306	*26.7*	*1.9*

内閣府「国民経済計算年次推計」（2022年度）（2024年2月15日閲覧）より作成。

表 6-4　国民所得の分配（名目）（会計年度）（単位　十億円）

	2020	2021	2022	構成比（％）	前年度比（％）
雇用者報酬‥‥‥‥‥‥	283 550	289 566	296 382	72.5	2.4
賃金・俸給‥‥‥‥‥	240 035	244 900	250 593	61.3	2.3
雇主の社会負担‥‥‥	43 514	44 666	45 789	11.2	2.5
財産所得（非企業部門）	25 686	27 056	30 326	7.4	12.1
一般政府‥‥‥‥‥‥	-736	-599	994	0.2	265.9
家計‥‥‥‥‥‥‥‥	26 114	27 288	28 911	7.1	5.9
利子‥‥‥‥‥‥‥	5 785	5 598	6 147	1.5	9.8
配当‥‥‥‥‥‥‥	7 251	7 889	8 488	2.1	7.6
その他の投資所得‥	9 726	10 256	10 591	2.6	3.3
賃貸料‥‥‥‥‥‥	3 352	3 546	3 685	0.9	3.9
対家計民間非営利団体‥‥‥‥	307	368	420	0.1	14.4
企業所得‥‥‥‥‥‥	66 763	79 150	82 246	20.1	3.9
民間法人企業‥‥‥‥	37 259	50 385	54 438	13.3	8.0
公的企業‥‥‥‥‥‥	1 437	879	1 153	0.3	31.3
個人企業‥‥‥‥‥‥	28 068	27 887	26 655	6.5	-4.4
農林水産業‥‥‥‥	1 794	1 735	1 582	0.4	-8.8
その他の産業‥‥‥1)	6 464	7 357	7 342	1.8	-0.2
持ち家‥‥‥‥‥‥	19 809	18 795	17 731	4.3	-5.7
国民所得‥‥‥‥‥‥2)	**375 998**	**395 772**	**408 954**	100.0	3.3
生産・輸入品に課される税（控除）補助金	45 735	47 469	46 228	11.3	-2.6
国民所得‥‥‥‥‥‥3)	**421 733**	**443 242**	**455 182**	111.3	2.7
その他の経常移転（純）	-2 449	-2 198	-2 827	-0.7	-28.6
国民可処分所得‥‥‥	419 285	441 044	452 354	110.6	2.6

内閣府「国民経済計算年次推計」（2022年度）より作成。1) 非農林水産、非金融。2) 要素費用表示。3) 市場価格表示（87ページ下欄参照）。

表 6-5　1人あたり名目GDP、名目GNI、国民所得（会計年度）（単位　千円）

	2005	2010	2015	2020	2021	2022
1人あたり名目GDP‥	4 181	3 943	4 255	4 272	4 411	4 535
前年度比（％）‥‥‥	0.8	1.5	3.4	-2.9	3.2	2.8
1人あたり名目GNI‥	4 281	4 051	4 421	4 429	4 642	4 807
前年度比（％）‥‥‥	1.3	1.7	3.5	-3.2	4.8	3.6
1人あたり国民所得‥	3 038	2 848	3 089	2 980	3 153	3 274
前年度比（％）‥‥‥	-0.1	3.4	4.3	-6.3	5.8	3.8

内閣府資料より作成。1人あたりの金額はそれぞれ、国内総生産、国民総所得、国民所得の年度値を各月初人口の年度平均で割ったもの。

第6章　国民経済計算

表 6-6　経済活動別国内総生産（名目）（暦年）（単位　十億円）

	2020	2021	2022	構成比 （％）	前年比 （％）
農林水産業・・・・・・・・・・・・	5 756	5 599	5 696	1.0	1.7
農業・・・・・・・・・・・・	4 890	4 705	4 792	0.9	1.8
林業・・・・・・・・・・・・	232	269	277	0.0	2.8
水産業・・・・・・・・・・・	635	625	627	0.1	0.4
鉱業・・・・・・・・・・・・	383	365	447	0.1	22.4
製造業・・・・・・・・・・・・	108 245	115 242	107 618	19.2	-6.6
食料品・・・・・・・・・・・	13 040	13 251	12 882	2.3	-2.8
化学・・・・・・・・・・・・	12 539	11 838	9 686	1.7	-18.2
石油・石炭製品・・・・・・	5 844	5 966	2 038	0.4	-65.8
一次金属・・・・・・・・・・	8 726	10 919	12 048	2.2	10.3
金属製品・・・・・・・・・・	5 334	5 493	5 112	0.9	-6.9
はん用・生産用・業務用機械	15 749	17 005	17 423	3.1	2.5
電子部品・デバイス・・・	5 790	7 183	7 421	1.3	3.3
電気機械・・・・・・・・・・	6 862	7 279	6 844	1.2	-6.0
情報・通信機器・・・・・・	2 662	2 763	2 625	0.5	-5.0
輸送用機械・・・・・・・・・	13 174	14 370	13 878	2.5	-3.4
電気・ガス・水道・廃棄物処理業	17 323	15 298	13 417	2.4	-12.3
電気・・・・・・・・・・・・	8 360	6 037	4 187	0.7	-30.7
ガス・水道・廃棄物処理・	8 963	9 261	9 231	1.6	-0.3
建設業・・・・・・・・・・・・	30 990	30 794	29 172	5.2	-5.3
卸売・小売業・・・・・・・・	68 833	73 006	80 105	14.3	9.7
卸売・・・・・・・・・・・・	36 427	39 519	45 014	8.0	13.9
小売・・・・・・・・・・・・	32 405	33 487	35 091	6.3	4.8
運輸・郵便業・・・・・・・・	22 789	23 022	26 373	4.7	14.6
宿泊・飲食サービス業・・・	8 982	7 014	8 918	1.6	27.2
情報通信業・・・・・・・・・・	27 480	27 670	27 243	4.9	-1.5
通信・放送・・・・・・・・	12 524	12 215	11 632	2.1	-4.8
情報サービス・映像 音声文字情報制作・・・	14 955	15 455	15 611	2.8	1.0
金融・保険業・・・・・・・・	22 693	23 457	25 412	4.5	8.3
不動産業・・・・・・・・・・・・	65 815	65 285	64 769	11.6	-0.8
住宅賃貸・・・・・・・・・・	53 274	52 909	52 403	9.4	-1.0
専門・科学技術、 業務支援サービス業・・・	47 014	48 770	50 711	9.1	4.0
公務・・・・・・・・・・・・・・	27 897	28 294	28 877	5.2	2.1
教育・・・・・・・・・・・・・・	19 120	19 140	19 217	3.4	0.4
保健衛生・社会事業・・・・	44 136	45 453	46 389	8.3	2.1
その他のサービス・・・・・・	20 203	20 882	21 555	3.9	3.2
小計・・・・・・・・・・・・・・	537 656	549 289	555 918	99.3	1.2
輸入品に課される税・関税	9 535	11 362	14 769	2.6	30.0
（控除）総資本形成に 　係る消費税・・・・・・・・	7 741	8 020	8 844	1.6	10.3
国内総生産×・・・・・・・・	**539 808**	**552 571**	**559 710**	100.0	1.3

資料は表6-4と同じ。×統計上の不突合を含む。

表 6-7　県内総生産と1人あたり県民所得、経済成長率 (2020年度)

	県内総生産 (億円)	1人あたり県民所得 (千円)	経済成長率 (%)		県内総生産 (億円)	1人あたり県民所得 (千円)	経済成長率 (%)
北海道	197 256	2 682	-5.2	滋賀‥	67 397	3 097	-2.6
青森‥	44 566	2 633	-2.3	京都‥	101 680	2 745	-6.1
岩手‥	47 474	2 666	-3.0	大阪‥	397 203	2 830	-4.6
宮城‥	94 852	2 803	-4.6	兵庫‥	217 359	2 887	-3.5
秋田‥	35 305	2 583	-2.8	奈良‥	36 859	2 501	-4.5
山形‥	42 842	2 843	-1.3	和歌山	36 251	2 751	-6.6
福島‥	78 286	2 833	-2.1	鳥取‥	18 199	2 313	-5.3
茨城‥	137 713	3 098	-3.3	島根‥	25 757	2 768	-3.7
栃木‥	89 465	3 132	-5.2	岡山‥	76 064	2 665	-5.4
群馬‥	86 535	2 937	-7.1	広島‥	115 554	2 969	-4.4
埼玉‥	229 226	2 890	-3.5	山口‥	61 481	2 960	-4.0
千葉‥	207 756	2 988	-4.6	徳島‥	31 852	3 013	-1.9
東京‥	1 096 016	5 214	-5.6	香川‥	37 344	2 766	-8.2
神奈川	339 055	2 961	-4.3	愛媛‥	48 275	2 471	-7.9
新潟‥	88 575	2 784	-4.4	高知‥	23 543	2 491	-5.4
富山‥	47 299	3 120	-4.0	福岡‥	188 869	2 630	-6.0
石川‥	45 277	2 770	-5.2	佐賀‥	30 459	2 575	-4.5
福井‥	35 711	3 182	-4.1	長崎‥	45 387	2 483	-4.3
山梨‥	35 527	2 982	-0.2	熊本‥	61 051	2 498	-3.5
長野‥	82 141	2 788	-3.4	大分‥	44 580	2 604	-4.0
岐阜‥	76 630	2 875	-4.1	宮崎‥	36 025	2 289	-4.0
静岡‥	171 052	3 110	-4.9	鹿児島	56 103	2 408	-4.2
愛知‥	396 593	3 428	-4.0	沖縄‥	42 609	2 167	-6.0
三重‥	82 731	2 948	0.8	全国	5 587 783	3 123	-4.6

内閣府「県民経済計算」(2020年度)(2024年2月15日閲覧) より作成。名目値。経済成長率は実質県内総生産 (2015年連鎖価格) の対前年度増減率。

第6章 国民経済計算

国民総所得（GNI）と国民所得（NI）

　国民総所得（GNI）は、GDPに海外からの所得の純受取を加えたものである。国民所得（NI）は、GNIから固定資本減耗を控除した市場価格表示と、さらに純間接税を控除した要素費用表示とがある。市場価格は間接税や政府補助金の影響を受けるため、労働などの生産要素に対する付加価値の分配をみるには、間接税等の影響を排除した要素費用表示の国民所得をみる必要がある。

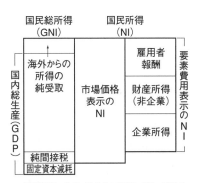

※純間接税＝生産・輸入品に課される税−補助金

表 6-8　**国民資産・負債残高の推移**（各年末現在）（単位　兆円）

	2000	2010	2020	2021	2022
非金融資産・・・・・・・・・	3 362	3 065	3 327	3 450	3 577
生産資産・・・・・・・・・	1 775	1 860	2 056	2 164	2 260
固定資産・・・・・・・	1 711	1 797	1 988	2 088	2 174
住宅・・・・・・・	403	405	426	462	472
その他の建物・ 1)	947	1 032	1 165	1 219	1 273
機械・設備・・・・	236	214	231	238	252
知的財産生産物	116	137	154	158	164
非生産資産(自然資源)	1 587	1 206	1 271	1 287	1 317
土地・・・・・・・・・・・	1 580	1 200	1 265	1 279	1 309
金融資産・・・・・・・・・・・	5 847	5 766	8 586	9 018	9 072
現金・預金・・・・・・・	1 198	1 286	2 303	2 365	2 370
貸出・・・・・・・・・・・・	1 651	1 297	1 671	1 756	1 797
債務証券・・・・・・・・・	737	1 114	1 388	1 384	1 355
持分・投資信託受益証券	593	614	1 225	1 390	1 297
株式・・・・・・・・・・・	435	391	827	955	870
保険・年金・定型保証	550	516	557	556	555
総資産・・・・・・・・・・・	**9 209**	**8 831**	**11 913**	**12 468**	**12 649**
負債・・・・・・・・・・・・・・	5 714	5 509	8 224	8 596	8 650
現金・預金・・・・・・・・	1 189	1 281	2 290	2 352	2 351
借入・・・・・・・・・・・・	1 648	1 307	1 719	1 797	1 829
債務証券・・・・・・・・・	773	1 186	1 594	1 611	1 587
持分・投資信託受益証券	669	713	1 481	1 670	1 561
株式・・・・・・・・・・・	510	488	1 077	1 228	1 127
正味資産・・・・・・・・・・・	3 495	3 322	3 689	3 872	3 999
負債・正味資産・・・・	**9 209**	**8 831**	**11 913**	**12 468**	**12 649**

内閣府「国民経済計算年次推計」（2022年度）より作成。主要項目。1) 構築物を含む。

表 6-9　**部門別にみた正味資産（国富）の推移**（単位　兆円）

	2010	2020	2021	2022	前年比 （％）
非金融法人企業・・・・・	641.3	603.6	607.5	756.1	*24.4*
民間非金融法人企業	577.6	534.3	518.0	658.9	*27.2*
公的非金融法人企業	63.7	69.3	89.6	97.2	*8.5*
金融機関・・・・・・・・・・・	70.3	199.5	190.3	92.0	*-51.7*
民間金融機関・・・・・・	41.0	136.5	121.1	42.5	*-64.9*
公的金融機関・・・・・・	29.3	63.0	69.2	49.4	*-28.6*
一般政府・・・・・・・・・・・	152.8	69.2	118.1	176.8	*49.7*
家計・・・・・・・・・・・・・・ 1)	2 373.7	2 707.3	2 840.9	2 854.3	*0.5*
対家計民間非営利団体	84.1	109.6	114.9	119.9	*4.3*
計・・・・・・・・・・・・・・	3 322.2	3 689.2	3 871.7	3 999.1	*3.3*

資料は表6-8と同じ。各年末時点。1) 個人企業を含む。

〔GDPの国際比較〕国連資料では2022年の日本のGDPは4兆2322億ドルでアメリカ合衆国、中国に次ぐ3位だが、2023年の推計ではドイツが日本を上回った。アメリカのGDPは世界の25.5％、中国は17.8％を占め、両国が突出している。日本のGDPは全体の4.2％で、豊かさの目安となる1人あたりGDPはOECD加盟国（38か国）の中21位である。

図 6-3　GDPの多い国（名目）（2022年）

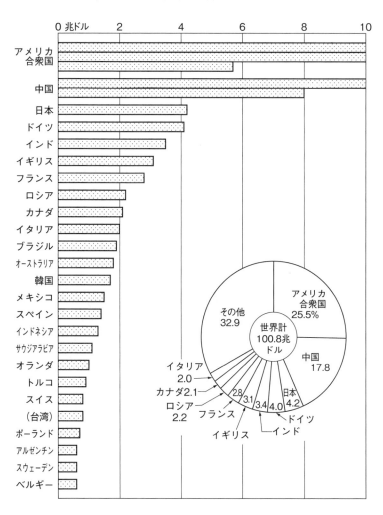

国連資料などより作成。

表 6-10　主な国の国内総生産と 1 人あたり国民所得（名目）

	国内総生産 （百万ドル）			1 人あたり 国民総所得（ドル）	
	2021	2022	2022 （%）	2021	2022
アメリカ合衆国‥	23 594 000	25 744 100	25.5	70 919	77 087
中国‥‥‥‥‥‥	17 820 459	17 963 171	17.8	12 411	12 463
日本‥‥‥‥‥‥	5 005 537	4 232 174	4.2	42 155	36 337
ドイツ‥‥‥‥‥	4 278 504	4 076 924	4.0	53 272	50 804
インド‥‥‥‥‥	3 175 276	3 465 541	3.4	2 211	2 396
イギリス‥‥‥‥	3 141 506	3 089 073	3.1	46 949	45 990
フランス‥‥‥‥	2 959 356	2 775 317	2.8	45 226	42 160
ロシア‥‥‥‥‥	1 836 891	2 240 422	2.2	12 363	15 180
カナダ‥‥‥‥‥	2 001 487	2 137 939	2.1	52 152	55 038
イタリア‥‥‥‥	2 155 360	2 046 953	2.0	36 848	34 984
ブラジル‥‥‥‥	1 649 623	1 920 095	1.9	7 454	8 637
オーストラリア‥	1 752 688	1 776 577	1.8	65 061	65 059
韓国‥‥‥‥‥‥	1 818 432	1 673 917	1.7	35 479	32 780
メキシコ‥‥‥‥	1 313 070	1 463 324	1.5	10 097	11 212
スペイン‥‥‥‥	1 445 652	1 415 874	1.4	30 680	29 913
インドネシア‥‥	1 186 505	1 319 100	1.3	4 217	4 656
サウジアラビア‥	868 586	1 108 149	1.1	24 584	30 969
オランダ‥‥‥‥	1 029 678	1 008 027	1.0	59 773	56 826
トルコ‥‥‥‥‥	819 865	907 118	0.9	9 545	10 529
スイス‥‥‥‥‥	813 409	818 427	0.8	92 102	91 745
（台湾）‥‥‥‥‥	773 135	760 813	0.8	33 808	33 624
世界計×‥‥‥‥	**97 329 051**	**100 834 796**	100.0	12 309	12 626

国連 "National Accounts - Analysis of Main Aggregates"（2024年 2 月15日閲覧）より作成。
（台湾）は台湾 "National Statistics" による。×その他とも。

IMFによる経済見通し（%）

	2023	2024
先進国・地域‥‥	1.6	1.7
うち日本‥‥‥‥‥	1.9	0.9
アメリカ合衆国	2.5	2.7
ユーロエリア・	0.4	0.8
ドイツ‥‥‥	-0.3	0.2
フランス‥‥	0.9	0.7
イギリス‥‥	0.1	0.5
新興・開発途上国	4.3	4.2
うち中国‥‥‥‥	5.2	4.6
インド‥‥‥‥	7.8	6.8
ロシア‥‥‥‥	3.6	3.2
ブラジル‥‥‥	2.9	2.2
世界‥‥‥‥‥	3.2	3.2

IMF, "World Economic Outlook, April 2024"
より作成。実質GDP対前年増減率。

IMF（国際通貨基金）は2024年 4 月に、2024年の世界の実質経済成長率を3.2%とする経済見通しを公表した。成長率は2024年 1 月の予測から0.1%引き上げられ、世界景気は不均衡ながら底堅さを保つとみている。経済規模で世界の 4 分の 1 を占めるアメリカ合衆国が0.6%上方修正され、金融引き締め後も成長が加速する影響が大きい。一方、ドイツ、フランスがともに0.3%引き下げられ、ユーロ圏全体で0.8%の低成長を予測している。中国と日本は成長率が減速する見通しが維持された。IMFは、依然インフレが政策の優先課題であり、財政支出を引き締めるべきだと主張している。

第7章　企業活動

　2023年の企業業績は、円安や価格転嫁などを背景に増収・増益が続き、設備投資額も増加するなど好調に推移した。財務省「法人企業統計調査」によると、2023年10月～12月の企業の経常利益は25.3兆円で、前年同期比で13％増加した。特に自動車などの輸送用機械について、半導体や部品などの供給制約が緩和されたことを背景に大幅な増益となったほか、

表7-1　経済センサスでみた企業活動 （2021年調査）

	企業数（千）2021年6月1日	％	売上高3)（十億円）(2020年)	％	純付加価値額3)4)（十億円）(2020年)	％
法人‥‥‥‥‥	2 065	56.1	1 668 231	98.5	326 378	97.1
会社企業‥‥1)	1 781	48.4	1 417 540	83.7	241 264	71.7
会社以外の法人	284	7.7	250 691	14.8	85 114	25.3
個人経営‥‥‥	1 619	43.9	25 082	1.5	9 881	2.9
企業等計‥‥2)	3 684	100.0	1 693 313	100.0	336 260	100.0

総務省・経済産業省「経済センサス - 活動調査」（企業等に関する集計）（2021年）より作成。企業は、事業・活動を行う法人（外国の会社を除く）及び個人経営の事業所をいう。個人経営であって同一の経営者が複数の事業所を経営している場合は、まとめて一つの企業となる。1）株式、有限、相互、合名、合資、合同会社で、本所と支所を含めた全体。2）法人でない団体は含まず。3）必要な事項の数値が得られた企業等を対象としている。4）**付加価値**とは、企業の生産活動によって新たに生み出された価値のことで、本調査においては、売上金額と費用総額の差に、給与と租税公課を足して算出（純付加価値額）。

表7-2　雇用者規模別・資本金階級別の会社企業数 （2021年6月1日）

常用雇用者規模別	会社企業	％	資本金階級別	会社企業	％
0～4人‥‥‥	1 071 849	60.2	300万円未満‥	202 929	11.4
5～9人‥‥‥	274 459	15.4	300～500万円‥	578 995	32.5
10～19人‥‥‥	191 036	10.7	500～1000〃‥	254 152	14.3
20～29人‥‥‥	77 807	4.4	1000～3000〃‥	554 838	31.1
30～49人‥‥‥	67 018	3.8	3000～5000〃‥	72 755	4.1
50～99人‥‥‥	50 410	2.8	5000万～1億円‥	52 109	2.9
100人以上‥‥‥	48 744	2.7	1億円以上‥‥	30 364	1.7
計‥‥‥‥‥	1 781 323	100.0	計‥‥‥1)	1 781 323	100.0

資料・注記は表7-1に同じ。1）資本金階級別が不詳な会社企業を含む。

第7章　企業活動

コロナ禍から回復した宿泊、飲食などのサービス業が増益となった。全産業（金融・保険業を除く）のソフトウェアを含む設備投資も前年同期比16.4%増加の14.5兆円となった。

図 7-1　産業 3 部門別企業割合 （2021年調査）

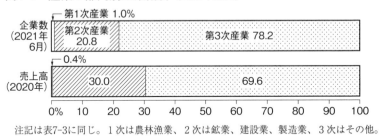

注記は表7-3に同じ。1 次は農林漁業、2 次は鉱業、建設業、製造業、3 次はその他。

表 7-3　企業活動の産業別構成 （2021年調査）

	企業数 (2021年 6月1日)	売上高 (十億円) (2020年)	1 企業 あたり (万円)	純付加 価値額 (十億円) (2020年)	1 企業 あたり (万円)
農林漁業‥‥‥‥ 1)	35 301	5 933	17 468	1 142	3 340
鉱業、採石業‥ 2)	1 428	1 503	113 876	400	29 812
建設業‥‥‥‥‥	426 155	120 031	29 283	23 983	5 847
製造業‥‥‥‥‥	339 738	387 061	118 126	64 806	19 763
電気・ガス業‥ 3)	5 496	36 233	702 589	4 093	77 569
情報通信業‥‥‥	56 599	75 500	144 819	19 497	37 052
運輸業、郵便業‥	66 831	62 199	97 314	12 537	19 591
卸売業、小売業‥	741 239	480 168	67 713	47 564	6 699
金融業、保険業 4)	30 995	117 768	409 158	18 759	64 012
不動産業‥‥‥ 5)	328 329	59 532	19 104	12 218	3 907
学術研究‥‥‥ 6)	214 724	48 029	23 751	20 296	9 960
宿泊業‥‥‥‥ 7)	426 575	20 783	5 326	6 112	1 565
生活関連サービス業8)	334 668	30 461	9 565	4 906	1 539
教育、学習支援業	109 004	17 390	16 979	8 020	7 813
医療、福祉‥‥‥	298 517	173 337	60 609	71 114	24 838
複合サービス事業	5 445	8 924	166 983	3 680	68 781
サービス業‥‥ 9)	263 005	48 460	24 990	17 133	6 799
全産業‥‥‥‥‥	3 684 049	1 693 313	49 194	336 260	9 588

資料・注記は表7-1に同じ。産業分類は、原則として売上高が最も多い産業で分類されている。1 企業あたりは必要な数値が得られた企業を対象。1) 個人経営を除く。2) 砂利採取業を含む。3) 熱供給・水道業を含む。4) 売上高は経常収益。5) 物品賃貸業を含む。6) 専門・技術サービス業を含む。7) 飲食サービス業を含む。8) 娯楽業を含む。9) 他に分類されないもの。

　企業業績は好調だが、労働分配率（企業の利益などに対する人件費の割合、表7-11）は横ばいが続いている。民間企業の金融資産残高が1474兆円（金融機関を除く、2023年12月末）と過去最高を更新する中、賃上げや更なる設備投資に余剰資金を回せるかが注目される。

　また、企業の稼ぐ力の改善が進んでいる。東証によるPBR改善の要請をきっかけに、株主資本を効率的に活用する動きが国内企業に広がった。市場評価を意識し、成長分野への投資や事業再編などに取り組む企業があるほか、株主の要求にとらわれない中長期的な経営を行うため、MBOなどの手法を用いて、自ら上場廃止を選択する企業も増えている。

表 7-4　民営事業所数と従業者数 （2021年6月1日）

	事業所数	従業者数 （千人）	男 （%）	女 （%）	雇用者に占める割合（%） 無期雇用者	雇用者に占める割合（%） 無期雇用者以外
農林漁業‥‥‥ 1)	42 458	454	70.5	29.5	60.1	39.9
鉱業、採石業‥ 2)	1 865	20	84.6	15.4	86.4	13.6
建設業‥‥‥‥	485 135	3 737	80.9	19.1	85.5	14.5
製造業‥‥‥‥	412 617	8 804	70.0	30.0	82.1	17.9
電気・ガス業・ 3)	9 139	202	85.9	14.1	90.5	9.5
情報通信業‥‥	76 559	1 987	71.9	28.1	88.1	11.9
運輸業、郵便業	128 224	3 265	80.0	20.0	78.2	21.8
卸売業、小売業	1 228 920	11 612	50.9	49.1	65.4	34.6
金融業、保険業	83 852	1 494	44.6	55.4	88.3	11.7
不動産業‥‥‥ 4)	374 456	1 618	58.4	41.6	74.2	25.8
学術研究‥‥‥ 5)	252 340	2 119	65.8	34.2	83.2	16.8
宿泊業‥‥‥‥ 6)	599 058	4 679	41.8	58.2	42.3	57.7
生活関連サービス業7)	434 209	2 176	42.7	57.3	59.1	40.9
教育,学習支援業	163 357	1 951	46.4	53.6	50.1	49.9
医療、福祉‥‥	462 531	8 162	28.1	71.9	71.0	29.0
複合サービス事業	32 131	436	59.1	40.9	82.0	18.0
サービス業‥‥ 8)	369 212	5 234	58.6	41.4	55.2	44.8
計‥‥‥‥‥ 9)	5 156 063	57 950	55.4	44.6	69.7	30.3

総務省・経済産業省「2021年経済センサス‐活動調査」（事業所に関する集計）より作成。産業別は、原則として、売上高が最も多い産業で分類され、必要な事項の数値が不明の事業所は除く。従業者は、他の会社など別経営の事業所へ出向または派遣している人を含み、雇用者、個人業主・無給の家族従業者、有給役員があり、男女別不詳を含む。男女別割合は、不詳を除いて算出。1) 個人経営を除く。2) 砂利採取業を含む。3) 熱供給・水道業を含む。4) 物品賃貸業を含む。5) 専門・技術サービス業を含む。6) 飲食サービス業を含む。7) 娯楽業を含む。8) 他に分類されないもの。9) 産業分類不詳を含まない。

　業績が好調な企業がある一方、倒産や休廃業に追い込まれる企業が増えている。東京商工リサーチによると、2023年の企業倒産件数は8690件（前年比35.1％増）で31年ぶりの高水準となった。特に従業員20人以下の小規模企業の倒産が多く、全体の9割を占めた。休廃業・解散件数も4万9788件で過去最多となった。コロナ禍に実施されたゼロゼロ融資（100ページ参照）の返済に加え、物価高で経営が悪化したケースが多いとみられる。政府は企業支援策を資金繰りから事業再生に転換し、金融機関に対して企業と連携して経営改善を進めるよう求めている。

表 7-5　経済構造実態調査でみた企業活動（2021年）

	企業数	売上(収入)金額（十億円）	構成比（％）	付加価値額[1]（十億円）	付加価値率[1][2]（％）
農林漁業・・・・・・・・[3]	36 219	6 174	0.4	1 174	19.0
鉱業、採石業・・・・[4]	1 407	1 866	0.1	704	37.8
建設業・・・・・・・・・・	428 239	122 635	7.2	24 196	20.0
製造業・・・・・・・・・・	336 486	415 961	24.3	81 033	19.5
電気・ガス業・・・・[5]	6 012	36 371	2.1	2 703	7.4
情報通信業・・・・・・・	60 112	76 157	4.4	20 123	26.4
運輸業、郵便業・・・	66 966	66 384	3.9	14 515	21.9
卸売業、小売業・・・	733 130	486 115	28.4	45 198	9.5
金融業、保険業・・・	31 530	121 066	7.1	18 699	15.5
不動産業,物品賃貸業[6]	328 578	61 243	3.6	12 784	21.2
学術研究・・・・・・・[6]	216 858	50 942	3.0	19 782	40.5
宿泊業,飲食サービス業	400 636	20 873	1.2	5 134	28.5
生活関連サービス業[7]	324 883	31 098	1.8	4 886	16.5
教育、学習支援業・	105 605	17 989	1.0	8 312	47.1
医療、福祉・・・・・・	294 441	148 237	8.6[8]	40 687[8]	28.5
複合サービス事業	5 295	8 409	0.5	3 288	39.2
サービス業・・・・・・[9]	144 184	42 740	2.5	17 154	40.6
全産業×・・・・・・・・	3 520 593	1 714 262	100.0[8]	320 371[8]	19.0

総務省・経済産業省「経済構造実態調査」（企業等に関する集計）（2022年）より作成。企業は、事業・活動を行う法人（外国の会社を除く）および個人経営の事業所をいう。企業数は、2022年6月1日現在。企業単位で1つの産業（主業）に分類したものの集計で、売上（収入）金額は分類以外の副業を含む。売上高の少ない企業は推計で、各分類の合計は必ずしも一致しない。1) 法人企業のみの数値で、個人経営の企業は含まない。2) 売上高に対する付加価値額の割合。3) 個人経営を除く。4) 砂利採取業を含む。5) 熱供給・水道業を含む。6) 専門・技術サービス業を含む。7) 娯楽業を含む。8) 年金運用収益等の変動による金額の増減が大きい社会保険事業団体を除いた付加価値額は、医療・福祉が28831十億円（付加価値率55.0％）、全産業が308515十億円（同19.3％）。9) 他に分類されないもの。×分類不能を含む。

表7-6　主な産業別法人企業の経営状況（2022年度）（単位　十億円）

	売上高	前年比（％）	経常利益[1]	前年比（％）	設備投資[2]	前年比（％）
製造業‥‥‥‥‥	436 342	8.6	34 651	4.4	15 854	10.8
食料品‥‥‥‥	45 412	9.1	1 679	-12.8	1 443	36.4
化学‥‥‥‥‥	46 268	5.1	5 346	-5.1	2 232	13.7
石油・石炭‥‥	14 959	33.6	141	-79.9	149	-9.5
鉄鋼‥‥‥‥‥	20 986	12.0	1 374	9.9	839	1.7
金属製品‥‥‥	19 466	5.6	956	-18.1	685	9.5
はん用機械‥‥	7 674	10.0	687	7.3	230	-14.4
生産用機械‥‥	29 802	16.7	3 281	37.2	963	12.7
業務用機械‥‥	14 342	8.6	1 926	23.5	510	43.5
電気機械‥‥‥	29 984	1.2	3 213	3.8	983	30.1
情報通信機械‥	35 075	2.6	2 838	-19.0	2 108	19.0
輸送用機械‥‥	83 399	11.6	7 693	43.0	2 373	-8.1
非製造業‥‥‥‥	1 142 098	9.2	60 629	19.5	31 802	1.4
建設業‥‥‥‥	149 828	9.6	7 805	12.5	2 637	2.0
卸売業、小売業‥	539 765	8.7	18 306	23.1	5 929	5.6
不動産業‥‥‥	46 268	-4.8	5 939	-2.0	4 684	23.4
物品賃貸業‥‥	17 739	2.0	203	-55.3	1 884	4.8
情報通信業‥‥	82 602	3.3	9 311	14.1	4 374	-10.1
運輸業、郵便業‥	71 118	7.8	3 902	217.6	3 366	-20.5
電気業‥‥‥‥	41 159	44.3	-577	-286.0	2 567	-4.4
サービス業‥‥	175 832	10.5	14 163	20.8	5 211	5.7
産業計‥‥‥‥‥	1 578 440	9.0	95 280	13.5	47 656	4.4
資本金別						
10億円以上‥‥	599 877	10.3	57 361	15.8	22 784	4.5
1億円～10億円‥	300 082	6.2	15 090	7.6	7 534	1.9
1000万円～1億円	533 002	7.5	18 629	4.0	12 591	3.1
1000万円未満‥	145 479	15.7	4 200	70.7	4 747	11.8
金融・保険業（別掲）	—	—	12 443	-0.4	2 437	20.8

財務省「法人企業統計調査」（2022年度）より作成。営利法人等の決算計数をとりまとめたもの。金融・保険業を除く。1）営業利益（売上高から売上原価や販売費・一般管理費を差引く）に本業以外の収益や費用を加減したもの。2）調査年度中の土地を除く有形固定資産増減額、ソフトウェア増減額に減価償却費および特別減価償却費を加算したもの。

表7-7　法人企業の経常利益の推移（会計年度）（単位　十億円）

	2017	2018	2019	2020	2021	2022
製造業‥‥‥‥	28 318	27 347	22 690	21 830	33 194	34 651
非製造業‥‥‥	55 237	56 571	48 748	41 023	50 731	60 629
産業計‥‥‥‥	83 554	83 918	71 439	62 854	83 925	95 280

資料は上表に同じ。金融・保険業を除く。

第7章　企業活動

表 7-8　法人企業の付加価値（会計年度）（単位　十億円）

	2017	2018	2019	2020	2021	2022
人件費·········	206 481	208 609	202 274	195 407	206 595	214 445
支払利息等·····	6 199	6 497	5 629	6 012	6 923	7 166
動産・不動産賃借料	27 619	27 314	26 609	26 162	28 954	29 346
租税公課·······	10 169	10 830	10 626	10 128	10 237	10 858
営業純益····· 1)	61 245	61 233	49 534	35 620	47 293	56 099
付加価値·····	311 713	314 482	294 672	273 329	300 003	317 914
付加価値率(%)2)	20.2	20.5	19.9	20.1	20.7	20.1
労働生産性(万円)3)	739	730	715	688	722	738

資料は表7-6に同じ。金融・保険業を除く。**付加価値**（表7-1参照）は、本調査では、表に示した項目の合計として算出される。1）営業利益から支払利息等を差し引いたもの。2）売上高に占める付加価値額の割合。3）従業員一人あたりの付加価値額。

図 7-2　資本金規模別の総資本経常利益率（会計年度末）

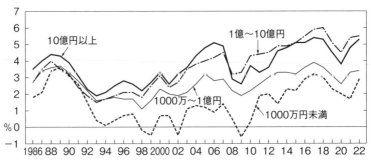

資料は表7-6に同じ。金融・保険業を除く。総資本経常利益率は、経常利益を総資本で割った比率で、総資本が利益獲得のためにどれほど効果的に利用されているかを示す。

図 7-3　資本金規模別の自己資本比率（会計年度末）

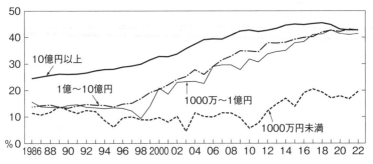

資料は上図に同じ。金融・保険業を除く。自己資本比率は、自己資本を総資本で割った比率で、低すぎると資金調達などの安定性に欠ける。

図 7-4　M&A（合併・買収）件数の推移

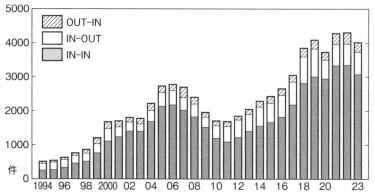

株式会社レコフデータ「日本企業のM&A動向」より作成。グループ内のM&Aは含
まず。2023年のM&A件数は4015件。マーケット別の内訳は、IN-IN（日本企業同士
のM&A）は3071件、IN-OUT（日本企業による外国企業へのM&A）は661件、
OUT-IN（外国企業による日本企業へのM&A）は283件である。

表 7-9　企業倒産件数と休廃業・解散件数の推移

	2018	2019	2020	2021	2022	2023
倒産件数（件）····	8 235	8 383	7 773	6 030	6 428	8 690
農・林・漁・鉱業··	64	86	109	55	90	93
建設業·········	1 431	1 444	1 247	1 065	1 194	1 693
製造業·········	1 014	1 024	915	664	722	977
卸売業·········	1 216	1 143	1 065	806	834	960
小売業·········	1 132	1 230	1 054	730	718	939
金融・保険業···	34	24	30	23	17	35
不動産業·······	257	251	251	235	216	288
運輸業·········	238	254	227	239	324	416
情報通信業·····	337	358	279	206	238	349
サービス業ほか·	2 512	2 569	2 596	2 007	2 075	2 940
負債総額（億円）··	14 855	14 232	12 200	11 507	23 314	24 026
休廃業・解散件数(件)	46 724	43 348	49 698	44 377	49 625	49 788

東京商工リサーチ「全国企業倒産状況」および「休廃業・解散企業」動向調査より作成。
負債総額1000万円以上のみ。休廃業・解散件数は倒産以外で事業活動を停止した企業。

企業倒産には、法定倒産処理手続と法定外倒産処理手続によるものがある。法定外には、
不渡り手形を出して銀行取引停止処分を受けて行う私的整理などがある。法定倒産処理手
続には、消滅型として、**破産**（裁判所の破産宣告を受けて破産管財人のもとで債務者資産
が整理され、債権者への分配が行われる）や**特別清算**（解散後の株式会社について申し立
てにより裁判上の清算手続きが取られる）、そして破産を避ける再建型として**民事再生法**
（破たん前に申請を行い、現経営者がそのまま残って再建にあたる）や**会社更生法**（株式
会社のみが対象で、主として消滅すると社会的に大きな影響のある上場企業や大企業を再
建する目的で適用される。会社の管理権が現経営者から管財人に移行する）がある。

第
7
章

企
業
活
動

表 7-10　欠損法人数と資本金階級別割合（会計年度）

	欠損法人数[1]		資本金階級別の欠損法人割合[2]（％）			
	総数	割合（％）	1000万円以下	1000万円〜1億円	1億円〜10億円	10億円超
2000	1 734 444	68.4	75.0	61.2	47.5	46.7
2010	1 877 801	72.8	77.1	67.6	50.9	46.4
2019	1 691 357	61.6	63.7	49.0	28.9	23.2
2020	1 739 778	62.3	64.1	51.9	31.3	26.9
2021	1 757 601	61.7	63.5	50.9	27.4	22.7

国税庁「会社標本調査」より作成。欠損法人は所得が負または 0 のもの（繰越欠損金を控除した結果 0 になったものを含む）。2005年以前は 2 月〜1 月決算ベース。割合は各階級の法人数全体に占める割合。1）連結子法人を除く。2）連結法人を除く。2010年度以前の資本金階級は「以上、未満」で区分されている。

表 7-11　法人企業の資本金規模別労働分配率（金融・保険業を除く）（％）

	2017	2018	2019	2020	2021	2022
1000万円未満····	80.3	78.5	82.3	86.5	91.0	84.6
1000万円〜5000万円	75.6	77.7	78.8	81.3	79.7	79.3
5000万円‐1億円	70.7	71.8	73.1	77.1	76.9	72.8
1億円〜10億円···	65.8	65.6	67.8	69.6	66.0	65.1
10億円以上······	51.7	51.3	54.9	57.6	52.4	51.2
全平均········	66.2	66.3	68.6	71.5	68.9	67.5
1億円未満··	75.8	76.7	78.4	81.7	81.7	79.2
1億円以上··	56.4	56.0	59.3	61.9	57.2	56.1

財務省「法人企業統計調査」（2022年度）より作成。会計年度。労働分配率は企業活動で得られた付加価値（人件費、支払利息・割引料、動産・不動産賃借料、租税、営業純益を合計したもので、表7-8参照）に対する人件費の割合。

表 7-12　個人企業の 1 企業あたり営業状況（2022年）（単位　千円）

	売上高	売上原価	売上総利益	営業費	営業利益	営業利益率（％）
調査対象産業計··	13 268	5 684	7 584	5 494	2 090	15.8
建設業········	14 610	5 077	9 533	6 726	2 807	19.2
製造業········	11 289	3 404	7 885	5 471	2 413	21.4
卸売業、小売業	25 860	17 398	8 462	6 756	1 706	6.6
飲食サービス業[1]	10 178	3 982	6 196	5 239	957	9.4
生活関連サービス業、娯楽業	4 646	628	4 018	2 781	1 237	26.6
その他のサービス業	9 861	780	9 081	5 923	3 157	32.0

総務省「個人企業経済調査」（2023年）より作成。1）宿泊業を含む。

表 7-13　海外現地法人の推移（会計年度）

	2005	2010	2015	2019	2020	2021
企業数（社）‥[1]	15 850	18 599	25 233	25 693	25 703	25 325
従業者数（千人）[2]	4 361	4 994	5 574	5 636	5 627	5 695
売上高（十億円）・	184 950	183 195	274 017	263 086	240 903	303 238
経常利益（〃）‥	7 609	10 900	9 631	10 834	9 872	17 074
当期純利益（〃）・	5 149	7 694	6 537	7 871	6 953	14 228
設備投資額（〃）・	4 412	4 102	8 726	8 048	6 620	6 893

経済産業省「海外事業活動基本調査」より作成。金融業、保険業、不動産業を除く。海外
法人は、日本側出資比率10%以上、または日本側出資比率50%超の外国法人が50%超の出
資を行う外国法人。回収率の違いにより、時系列比較には注意が必要。また、売上高等は
有効回答企業が対象で、項目により回答企業数に差がある。円換算はIMF公表の期中平均
レート。1）年度末現在。操業中と回答した数。2）年度末現在。常時従業者数。

表 7-14　海外現地法人の売上高内訳（2021年度）（単位　十億円）

	日本向け輸出	現地販売額	第三国向け輸出	売上高計	日本向け割合（%）
製造業‥‥‥‥	14 360	79 315	45 766	139 442	10.3
非製造業‥‥‥	11 336	106 977	45 484	163 797	6.9
農林漁業‥‥	128	213	61	402	31.8
鉱業‥‥‥‥	1 176	2 258	346	3 780	31.1
建設業‥‥‥	30	2 056	73	2 159	1.4
情報通信業‥	285	2 257	981	3 523	8.1
運輸業‥‥‥	875	4 088	1 165	6 128	14.3
卸売業‥‥‥	6 736	72 143	35 775	114 654	5.9
小売業‥‥‥	97	10 780	1 203	12 080	0.8
サービス業‥	1 645	10 763	2 060	14 469	11.4
計‥‥‥‥‥	25 697	186 292	91 249	303 238	8.5

資料・注記は表7-13に同じ。上表の売上高の内訳。製造業は183ページを参照。

表 7-15　地域別の海外現地法人の概況（2021年度）（単位　十億円）

	企業数（社）	従業者数（千人）	売上高	経常利益	当期純利益	設備投資額
アジア‥‥‥‥	17 136	3 779	140 923	8 085	6 744	2 448
中東‥‥‥‥‥	165	18	1 678	257	231	33
アフリカ‥‥‥	168	39	1 648	39	35	28
ヨーロッパ‥‥	2 812	641	41 455	2 157	1 713	711
北アメリカ‥‥	3 201	841	96 616	3 914	3 363	3 005
中南アメリカ‥	1 341	332	12 587	829	625	465
オセアニア‥‥	502	45	8 332	1 793	1 517	203
世界計‥‥‥‥	25 325	5 695	303 238	17 074	14 228	6 893

資料・注記は表7-13に同じ。

第 7 章

企業活動

表 7-16　**主な国の海外現地法人**（2021年度）

	従業者 （千人）	売上高 （十億円）		従業者 （千人）	売上高 （十億円）
アジア‥‥‥‥	3 779	140 923	スペイン‥‥	33	1 724
中国‥‥‥‥	1 213	52 446	ロシア‥‥‥	23	1 695
タイ‥‥‥‥	639	21 144	スイス‥‥‥	4	1 118
シンガポール	122	19 986	イタリア‥‥	34	1 065
インドネシア	390	9 222			
（香港）‥‥‥	44	7 190	北アメリカ‥‥	841	96 616
（台湾）‥‥‥	118	6 249	アメリカ合衆国	798	91 759
韓国‥‥‥‥	85	5 531	カナダ‥‥‥	43	4 857
インド‥‥‥	222	5 518	中南アメリカ‥	332	12 587
ベトナム‥‥	422	4 441	メキシコ‥‥	157	4 076
マレーシア‥	159	4 081	ブラジル‥‥	96	3 130
フィリピン‥	282	3 959	アルゼンチン	11	948
中東‥‥‥‥	18	1 678	オセアニア‥‥	45	8 332
			オーストラリア	38	7 649
アフリカ‥‥‥	39	1 648	ニュージーランド	5	581
ヨーロッパ‥‥	641	41 455	世界計‥‥‥‥	**5 695**	**303 238**
イギリス‥‥	167	8 120	（再掲）		
ベルギー‥‥	65	7 313	ASEAN‥‥1)	2 057	63 044
ドイツ‥‥‥	75	6 522	BRICs‥‥‥2)	1 555	62 789
オランダ‥‥	54	4 988	EU‥‥‥‥3)	415	29 008
フランス‥‥	49	3 899			

経済産業省「海外事業活動基本調査」（2021年度実績）より作成。注記は表7-13を参照。従業者は常時従業者で2021年度末現在。有効回答は、従業者は2万257社、売上高は2万184社。1) 10か国。2) ブラジル、インド、中国、ロシア。3) 27か国。

ゼロゼロ融資

　ゼロゼロ融資とは、コロナ禍で実施された実質無利子・無担保の保証付き融資のことで、貸し倒れの際には信用保証協会が金融機関に貸付残額を弁済する。ゼロゼロ融資により、コロナ禍での倒産件数は抑えられた一方、金融機関の融資の審査が甘くなり、本来は融資を受けられないような企業が延命したという指摘もある。

　2023年よりゼロゼロ融資の返済が本格化する中、本業の利益で借入金の支払利息をまかなえず、実質破綻状態に陥った企業（ゾンビ企業）が増加しているほか、保証協会が企業に代わって借入金の返済を行う代位弁済の件数も増えている。政府は、金融機関に対し企業の経営状況に応じた事業再生支援を実施するよう求めているが、ゼロゼロ融資を受けた企業の多くが金融機関とのやり取りが少ない小規模事業者で、金融機関の自前の融資を利用する企業と比べ、支援が遅れる現状がある。

第8章　資源

　国内鉱山は、鉱量の枯渇などで多くが閉山した。日本の戦後復興を支えた石炭も、1990年代に多くの鉱山が閉鎖しており、産出量はわずかである。現在も操業を続ける鉱山は、ほとんどが石灰石鉱山である。

図 8-1　石炭・原油・天然ガスの都道府県別産出量

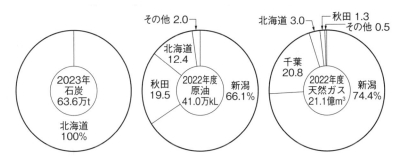

カーボンフロンティア機構資料および天然ガス鉱業会資料より作成。

表 8-1　おもな鉱産物の国内産出量

	1990	2000	2010	2020	2022	2023
金　（kg）・・・・・[1]	7 303	8 400	8 223	7 590	4 886	4 139
銀　（kg）・・・・・[1]	149 920	103 781	4 981	4 192	2 923	2 604
亜鉛（t）・・・・[1]	127 273	63 601	—	—	—	—
鉛　（t）・・・・・・[1]	18 727	8 835	—	—	—	—
銅　（t）・・・・・・[1]	12 927	1 211	—	—	—	—
鉄　（t）・・・・・[1]	[2] 34 092	523	—	—	—	—
石灰石（千t）・	198 224	185 569	133 974	131 533	129 086	120 139
けい石（千t）・	17 925	15 578	9 159	8 709	7 977	7 625
ドロマイト（千t）・	5 371	3 539	3 438	3 217	2 919	2 874
けい砂（千t）・	9 302	6 121	3 079	1 924	2 014	1 990
塩　（千t）・・・・[3]	1 382	1 374	1 122	874	897	…
石炭（千t）・・・	8 262	3 126	917	772	697	636
原油（千kL）・・・	632	740	873	512	421	395
天然ガス（百万m³）	2 044	2 453	3 396	2 295	2 148	2 019

経済産業省「生産動態統計」および塩事業センター資料、カーボンフロンティア機構資料より作成。精錬された金属の生産や、世界の金属資源は第16章に掲載。1）精鉱に含まれる金属含有量。2007年以降は金鉱のみ。2）精鉱量。3）会計年度。

〔水資源〕　日本は世界的に雨の多い地域であるが、人口に比べ国土面積が狭く、1人あたり水資源賦存量（理論上人間が最大限利用可能な量）は世界平均の半分以下である。また、河川が急で狭く、人口集中地区から水源地が遠いなど、水資源の利用には不利な点が多い。高度経済成長期に、大都市では地下水のくみ上げにより地盤沈下が進行した。その反省から、冷却用などの工業用水では主に回収水が利用されている。

表 8-2　地域別水資源量（1992～2021年）

	渇水年[1]			平均年[2]		
	年降水量（mm）	水資源賦存量[3]（億m³）	1人あたり水資源賦存量[3]（m³）	年降水量（mm）	水資源賦存量[3]（億m³）	1人あたり水資源賦存量[3]（m³）
北海道・	965	411	7 461	1 151	566	10 286
東北・・[4]	1 454	733	6 255	1 682	905	7 727
関東・・[5]	1 294	281	647	1 570	369	849
東海・・[6]	1 676	506	2 929	2 014	651	3 771
北陸・・[7]	2 021	160	5 224	2 377	205	6 688
近畿・・・	1 358	186	891	1 824	315	1 506
中国・・・	1 446	218	2 884	1 758	331	4 382
四国・・・	1 603	164	4 128	2 245	285	7 162
九州・・・	1 852	454	3 435	2 288	638	4 831
沖縄・・・	1 830	19	1 375	2 133	26	1 865
全国・	1 528	3 338	2 606	1 733	4 291	3 351

国土交通省「日本の水資源の現況」（2023年版）より作成。1）降水量が少ない方から数えて3番目の年の数値。2）1992～2021年平均値。3）賦存量は資源量を理論的に導きだした量で、本表の水資源賦存量は、降水量から蒸発などで失われる水量を引いたものに、面積をかけたもの。4）新潟県を含む。5）山梨県を含む。6）長野県、岐阜県を含む。7）富山県、石川県、福井県の北陸3県。

表 8-3　水の使用量（淡水）（単位　億m³）

	1980	1990	2000	2010	2019	2020
都市用水・・・・・・・	280	303	297	271	252	265
生活用水・・・・・	128	158	164	154	148	135
工業用水・・・・・	152	145	134	117	103	130
農業用水・・・・・・	580	586	572	544	533	532
計・・・・・・・・・	860	889	870	815	785	797

資料は上表に同じ。取水量ベースの推計で、使用後再び河川等へ還元される水量も含む。工業用水は、2020年より母集団名簿の変更等で集計結果に変動が生じている場合がある。

図 8-2　都市用水の水源別取水量 （2020年）

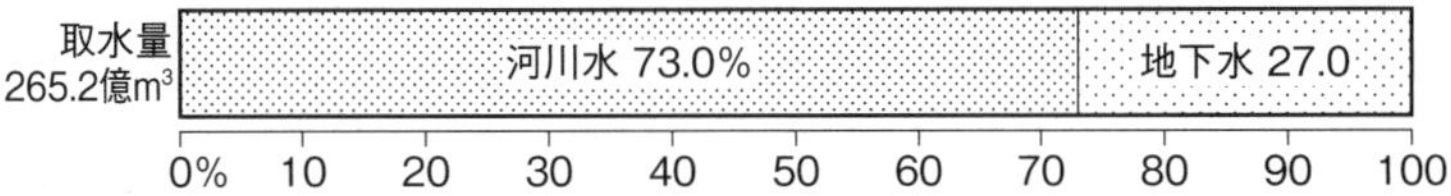

取水量
265.2億m³

河川水 73.0%	地下水 27.0

0%　10　20　30　40　50　60　70　80　90　100

国土交通省「日本の水資源の現況」(2023年版) より作成。都市用水は生活用水と工業用水（淡水で回収水を除く）。

表 8-4　農業用水量の推移 （用途別）（単位　億m³）

	1980	1989	2000	2010	2019	2020
水田かんがい用水・	565	559	539	510	499	497
畑地かんがい用水・	11	22	29	29	30	31
畜産用水・・・・・・・・	4	5	5	4	4	4
計・・・・・・・・・・・	580	586	572	544	533	532

資料は上図に同じ。

表 8-5　工業用水の用水量 （回収水を除く淡水）（2021年）（単位　百万m³）

化学工業・・・・	2 120	非鉄金属・・・	199	輸送用機械・	262
石油製品・・・	282	食料品工業・・・	1 119	繊維工業・・・・・	447
紙・パルプ・・・	2 020	飲料・たばこ	239	プラスチック製品	323
金属工業・・・・・	1 647	機械工業・・・	790	窯業・土石製品	210
鉄鋼業・・・・・	1 281	電子部品・・・	287	計×・・・・・・	8 832

総務省・経済産業省「経済構造実態調査」(2022年) より作成。従業者30人以上の事業所。昨年版と異なり、回収水や海水を含んでいないことに留意。×その他とも。

都市鉱山

　都市鉱山とは、使用済みの家電、携帯電話、パソコンなどを都市に眠る鉱山に見立てたものである。近年は、紛争や災害、感染症などで物流や生産が滞ることが増えており、資源を輸入に頼る日本に欠かせない素材を確保する点で重要である。さらに、鉱石からの製錬と異なり、環境への負荷が少ない点でも都市鉱山は注目される。日本鉱業協会加盟12社が2022年にリサイクル処理した原料は97.2万 t で、過去20年で倍増した。同年の再資源化率は、金が24.4％、銀が45.3％、銅が25.8％などである。

　一方で、原料となる廃棄物は一般に回収率が低く、希少な金属が使用される家電や携帯電話などは十分な量を確保できていない。また、金属資源の回収コストを経済的に成り立たせることも課題である。

第9章　一次エネルギー

　一次エネルギーは化石燃料や原子力、再生可能エネルギーなどを指し、これらを加工、変換してつくる二次エネルギーの電力などと区別される。

　脱炭素化で化石燃料関連の投資が手控えられるなかで、2022年にロシアがウクライナに侵攻し、それに伴う経済制裁の影響でヨーロッパを中

図 9-1　一次エネルギーの国内供給割合 （会計年度）

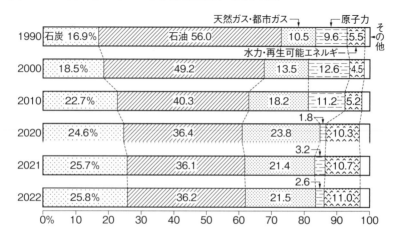

下表より作成。2022年は速報値。

表 9-1　一次エネルギーの国内供給 （会計年度）（単位　PJ）

	1990	2000	2010	2020	2021	2022 （速報）
石炭	3 318	4 199	4 997	4 419	4 811	4 717
石油	11 008	11 164	8 858	6 532	6 752	6 614
天然ガス・都市ガス	2 056	3 059	3 995	4 272	3 998	3 939
再生可能エネルギー[1]	267	274	436	1 186	1 324	1 361
水力[2]	819	746	716	663	673	652
未活用エネルギー[3]	318	410	530	543	549	526
原子力	1 884	2 858	2 462	326	605	473
計	19 669	22 709	21 995	17 942	18 713	18 283

資源エネルギー庁「総合エネルギー統計」より作成。PJ（ペタジュール）はエネルギーの単位で、1PJ＝2390億kcal。1) 水力を除く。2) 揚水式を除く。3) 廃棄物エネルギー回収や廃棄物燃料、排熱利用など。

心に天然ガスなどが供給不安に陥った。エネルギーの安定供給は、国民生活や経済成長に不可欠である。特に日本は天然資源が乏しく、エネルギー自給率は13.3%（2021年）と主要国の中でも極めて低い。ドイツな

図 9-2　最終エネルギー消費の部門別割合（会計年度）

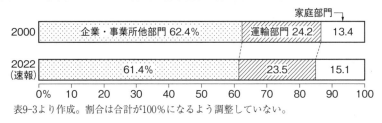

表9-3より作成。割合は合計が100%になるよう調整していない。

表 9-2　最終エネルギー消費（会計年度）（単位　PJ）

	2000	2010	2020	2021	2022 （速報）	〃 %
石油・・・・・・・・・・・・・	8 742	7 263	5 734	5 683	5 541	46.6
電力・・・・・・・・・・・・・	3 502	3 728	3 288	3 325	3 264	27.4
石炭・・・・・・・・・・・・・	1 473	1 447	1 118	1 230	1 125	9.5
天然ガス・都市ガス	857	1 157	1 048	1 093	1 066	9.0
熱・・・・・・・・・・・・・・・	1 224	1 089	858	882	861	7.2
未活用エネルギー・・	6	7	30	32	32	0.3
再生可能エネルギー	50	21	10	10	9	0.1
計・・・・・・・・・・・・・	**15 854**	**14 712**	**12 086**	**12 255**	**11 897**	*100.0*

資料は表9-1に同じ。産業活動や家庭などで消費されたエネルギーの総量で、発電所や石油精製などエネルギー転換を含まない。

表 9-3　部門別最終エネルギー消費（会計年度）（単位　PJ）

	2000	2010	2020	2021	2022 （速報）	〃 %
企業・事業所他・・・・	9 900	9 161	7 501	7 776	7 302	61.4
農林水産鉱業建設	617	444	394	397	393	3.3
製造業・・・・・・・・・	6 729	6 305	5 100	5 346	5 018	42.2
業務他(第三次産業)	2 553	2 412	2 007	2 033	1 892	15.9
運輸・・・・・・・・・・・・	3 830	3 387	2 674	2 692	2 799	23.5
旅客・・・・・・・・・・・	2 254	2 026	1 513	1 497	1 613	13.6
貨物・・・・・・・・・・・	1 576	1 361	1 161	1 195	1 186	10.0
家庭・・・・・・・・・・・・	2 125	2 165	1 912	1 788	1 796	15.1
計・・・・・・・・・・・・・	**15 854**	**14 712**	**12 086**	**12 255**	**11 897**	*100.0*

資料は表9-1に同じ。

どと比べてロシアに対するエネルギー依存度は小さいものの、多くを輸入に頼る日本にとって、国際市場がひっ迫する影響は大きい。

　2050年のカーボンニュートラル（CN）を国際公約とした日本は、エネルギーの安定供給とともに経済成長を行いつつ、可能な限り早期のCN達成を目指している。2021年に政府が公表した「第6次エネルギー基本計画」では2030年度の一次エネルギー国内供給のうち再生可能エネルギーを22～23％程度とした。エネルギー自給率は、原子力と合わせて30％程度と見込んでいる。さらに2023年には、再生可能エネルギー比率36～38％を目標とする「GX実現に向けた基本方針」がまとめられた。

　水素やアンモニアは、燃焼時に二酸化炭素を生じない新たなエネルギー源である。余剰電力で水素を製造すれば、電力の貯蔵にも利用できる。水素から生産されるアンモニアは、火力発電で石炭と混焼する実証実験が行われ、将来的にアンモニアの燃焼のみでの発電を目指している。

表 9-4　各国のエネルギー自給率 (2021年) (%)

	中国	アメリカ合衆国	インド	ロシア	日本
石炭・・・・・・・・・・・	94.5	110.1	68.0	192.4	0.3
石油・・・・・・・・・・・	29.4	94.9	15.5	339.0	0.3
天然ガス・・・・・・・・	59.4	112.3	50.4	142.6	2.2
エネルギー全体・・・	79.5	103.4	62.8	183.3	13.3

	ブラジル	イラン	韓国	カナダ	ドイツ
石炭・・・・・・・・・・・	15.5	80.7	0.6	247.3	51.8
石油・・・・・・・・・・・	141.9	191.9	1.0	294.6	3.2
天然ガス・・・・・・・・	59.1	107.7	0.1	138.0	5.0
エネルギー全体・・・	104.6	130.9	17.6	185.8	35.2

	サウジアラビア	インドネシア	フランス	メキシコ	ナイジェリア
石炭・・・・・・・・・・・	—	419.6	—	40.5	100.0
石油・・・・・・・・・・・	340.4	55.6	1.2	126.7	304.3
天然ガス・・・・・・・・	100.0	144.1	0.1	43.7	211.7
エネルギー全体・・・	243.0	208.7	53.7	86.4	139.8

国連 "Energy Balances" (2021年) より作成。各国の国内供給量に対する生産量の割合で、エネルギー量ベース。エネルギー全体での割合は、掲載した化石燃料のほか、水力や原子力（原子力はすべて自給とみなされる）などがある。

表9-5　各国のエネルギー国内消費（2022年）（単位　PJ）

	中国	アメリカ合衆国	インド	ロシア	日本	カナダ
石炭‥‥‥‥	88 414	9 868	20 093	3 194	4 916	386
石油‥‥‥‥	28 157	36 150	10 050	7 055	6 609	4 267
天然ガス‥‥‥	13 525	31 724	2 095	14 690	3 618	4 379
原子力‥‥‥	3 763	7 315	416	2 015	466	780
水力‥‥‥‥	12 231	2 427	1 642	1 855	703	3 740
再生可能エネルギー	13 303	8 427	2 149	84	1 530	591
計‥‥‥‥	**159 393**	**95 910**	**36 444**	**28 893**	**17 842**	**14 143**
1人あたり(GJ)	111.8	283.5	25.7	199.7	143.9	367.8

	ブラジル	韓国	ドイツ	イラン	サウジアラビア	インドネシア
石炭‥‥‥‥	586	2 875	2 330	76	5	4 379
石油‥‥‥‥	5 007	5 470	4 259	3 691	7 151	3 064
天然ガス‥‥‥	1 151	2 229	2 782	8 241	4 333	1 333
原子力‥‥‥	131	1 586	313	59	—	
水力‥‥‥‥	4 009	33	164	70		256
再生可能エネルギー	2 526	515	2 450	19	8	741
計‥‥‥‥	**13 410**	**12 708**	**12 299**	**12 156**	**11 496**	**9 774**
1人あたり(GJ)	62.3	245.3	147.5	137.3	315.7	35.5

	メキシコ	フランス	イギリス	トルコ	イタリア	オーストラリア
石炭‥‥‥‥	251	214	211	1 745	305	1 551
石油‥‥‥‥	4 118	2 911	2 668	2 101	2 470	2 067
天然ガス‥‥‥	3 477	1 381	2 591	1 844	2 350	1 499
原子力‥‥‥	98	2 654	430	—	—	—
水力‥‥‥‥	335	418	50	631	264	161
再生可能エネルギー	446	808	1 365	691	756	704
計‥‥‥‥	**8 725**	**8 388**	**7 315**	**7 012**	**6 144**	**5 980**
1人あたり(GJ)	68.4	129.8	108.4	82.2	104.1	228.5

	スペイン	タイ	アラブ首長国連邦	マレーシア	南アフリカ共和国	世界計✕
石炭‥‥‥‥	169	711	103	938	3 313	161 475
石油‥‥‥‥	2 657	2 386	2 186	1 727	1 064	190 691
天然ガス‥‥‥	1 191	1 595	2 515	1 778	164	141 887
原子力‥‥‥	528	—	181	—	91	24 128
水力‥‥‥‥	171	62	—	305	29	40 679
再生可能エネルギー	1 039	309	65	89	158	45 176
計‥‥‥‥	**5 755**	**5 063**	**5 050**	**4 837**	**4 819**	**604 036**
1人あたり(GJ)	121.0	70.6	534.9	142.5	80.5	75.7

EI（Energy Institute）"Statistical Review of World Energy"（2023年）より作成。GJ（ギガジュール）はPJ（表9-1参照）の1000分の1で、1GJ=239000kcal。✕その他とも。

〔化石燃料〕　石炭は世界中に分布しており、政情不安の影響を受けることが少なく、埋蔵量が豊富で、熱量あたりの価格が安い。日本では石油危機以降、石油依存からの脱却を目指す電力会社を中心に消費量が拡大した。これまで技術革新で燃焼効率を高めてきたが、石炭は二酸化炭素排出量が化石燃料の中で最も多く、カーボンニュートラルが求められる中で欧米では石炭利用を控えるようになった。日本でも、2021年の

表 9-6　石炭の国内生産と輸入（単位　千 t）

	1990	2000	2010	2020	2022	2023
国内生産······	8 262	3 126	917	772	697	636
輸入···········	107 517	145 278	184 560	173 730	183 005	166 965
自給率（％）··[1]	7.7	2.1	0.5	0.4	0.4	0.4
（輸入先内訳）						
オーストラリア·	55 736	86 541	117 496	103 489	121 542	107 119
インドネシア···	935	14 045	33 835	27 538	25 722	25 879
カナダ·········	19 267	13 383	10 542	9 091	10 605	12 575
アメリカ合衆国·	11 546	4 196	3 065	9 329	9 754	11 596
ロシア·········	8 704	5 464	10 689	21 680	11 577	3 454
南アフリカ共和国	5 040	1 952	299	86	933	3 387
コロンビア·····	120	99	60	710	1 357	1 624
ベトナム········	106	1 127	1 734	272	429	402

財務省「貿易統計」およびカーボンフロンティア機構資料、経済産業省「本邦鉱業のすう勢」より作成。輸入量の2023年は確々報。国内生産の府県別は図8-1参照。1) 国内生産と輸入量の合計に対する国内生産の割合。

表 9-7　世界の石炭生産（単位　千 t）

	2000	2010	2020	2021	2022
中国···········	1 384 185	3 428 447	3 901 577	4 125 834	4 560 000
インド·········	334 797	572 740	760 243	812 302	910 872
インドネシア···	77 040	275 164	563 728	613 990	687 432
アメリカ合衆国·	973 964	983 722	485 738	523 837	539 399
オーストラリア·	313 918	434 402	469 998	460 277	443 425
ロシア·········	262 210	322 937	399 754	434 070	439 028
南アフリカ共和国	224 199	254 522	246 248	229 794	225 936
ドイツ·········	201 572	182 303	107 400	126 257	132 500
カザフスタン···	74 872	110 930	113 398	116 219	117 982
ポーランド·····	162 820	133 238	100 697	107 640	107 454
世界計×·····	4 707 668	7 462 464	7 740 777	8 159 511	8 803 372

EI（Energy Institute）"Statistical Review of World Energy"（2023年）より作成。褐炭、亜炭、その他商用固体燃料を含む。×はその他とも。

「第6次エネルギー基本計画」のなかで一次エネルギー供給に占める石炭の割合を2030年度に19％程度に引き下げるとしている。石炭火力のうち非効率のものはフェードアウトさせる方針である。

石油は資源量が中東に偏っているが、近年は非在来型資源の開発が進んで、ベネズエラやカナダの埋蔵量が増えた。原油の世界生産はアメリ

図 9-3　石炭の生産量と埋蔵量の割合 （褐炭・亜炭を含む）

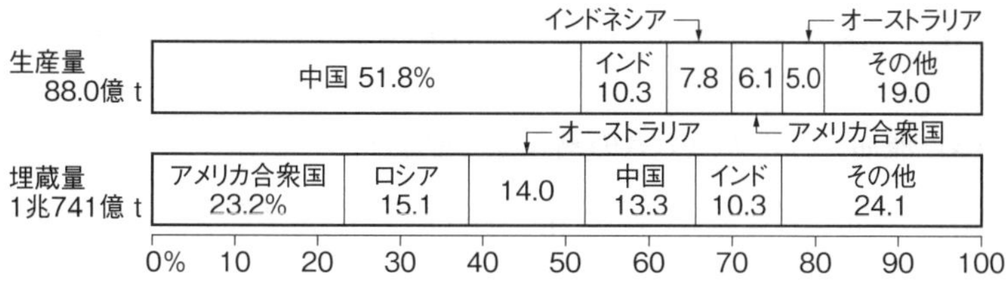

表9-7、表9-9より作成。生産量は2022年、埋蔵量は2020年末現在。

表 9-8　各国の石炭の輸出入 （石炭換算）（単位　千 t）

輸出	2020	2021	輸入	2020	2021
インドネシア‥	359 382	372 624	中国‥‥‥	191 190	201 712
オーストラリア	357 653	335 403	インド‥‥	189 030	183 769
ロシア‥‥‥‥	187 410	187 178	日本‥‥‥	148 347	157 685
アメリカ合衆国	57 434	72 081	韓国‥‥‥	104 152	105 674
コロンビア‥‥	68 868	57 179	(台湾)‥1)	53 415	62 458
南アフリカ			ドイツ‥‥	30 128	39 212
共和国‥‥‥	58 975	51 376	トルコ‥‥	36 410	34 238
計×‥‥‥‥	1 210 576	1 195 640	計×‥‥	1 105 224	1 149 232

国連 "Energy Statistics Yearbook"（2021年）より作成。褐炭、亜炭等を含む。オイルシェール等も石炭換算して含む。コークスなど石炭製品を含む。1) 原資料の表記は「その他アジア」だが、ほとんどが台湾と考えられる。×その他とも。

表 9-9　世界の石炭埋蔵量 （2020年末現在）（単位　百万 t）

	埋蔵量	可採年数（年）		埋蔵量（百万 t）	可採年数（年）
アメリカ合衆国・	248 941	514	ドイツ‥‥‥‥	35 900	334
ロシア‥‥‥‥	162 166	407	インドネシア‥	34 869	62
オーストラリア・	150 227	315	ウクライナ‥‥	34 375	1 429
中国‥‥‥‥‥	143 197	37	ポーランド‥‥	28 395	282
インド‥‥‥‥	111 052	147	世界計×‥‥	1 074 108	139

資料は表9-7に同じ。褐炭、亜炭を含む。×その他とも。

カが最も多く、中東の割合は33％（2022年、図9-6）である。日本は原油の中東依存度が95％（2023年、表9-11）と高く、特にサウジアラビアとアラブ首長国連邦に集中している。原油価格はロシアのウクライナ侵攻で高騰した。日本では円安の影響も加わり大幅な値上がりとなり、政府は「燃料油価格激変緩和補助金」を燃料油元売りに支給することで、価格抑制を図った。2022年12月より各国がロシア産原油について1バレル60ドルの上限価格を設けた（上限を超える原油は輸送にかかる保険等を停止）。2023年に入ると、中国などの景気減速が意識され、さらにア

図9-4　原油・液化天然ガスの輸入量と金額

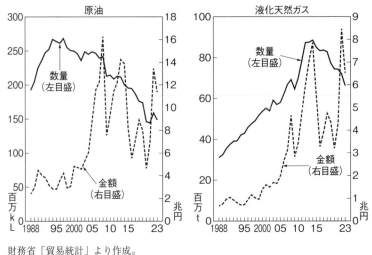

財務省「貿易統計」より作成。

表9-10　石油の国内生産と輸入（単位　千kL）

	1990	2000	2010	2020	2022	2023
国内原油生産・1)	632	740	873	512	421	395
原油輸入・・・・・・	225 251	249 814	214 618	146 026	158 909	148 596
計・・・・・・・・・	225 883	250 554	215 491	146 538	159 330	148 991
自給率（％）・・2)	0.3	0.3	0.4	0.3	0.3	0.3
燃料油生産・・・3)	184 395	224 034	196 247	138 819	150 080	143 624

財務省「貿易統計」および経済産業省「生産動態統計」より作成。原油輸入の出所を昨年版から変更。2023年は確々報。1) 都道府県別割合を図8-1に掲載。2) 国内生産と輸入の合計に対する国内生産の割合。3) 燃料油生産の内訳は表9-12参照。【☞長期統計510ページ】

メリカやブラジル、イランが増産を続けているため、OPECなど産油国の減産にもかかわらず原油の国際価格は頭打ちとなった。

　天然ガスは、燃焼による二酸化炭素排出が石炭の半分程度と少なく、よりクリーンなエネルギーとされる。このため、再生可能エネルギーへの移行が進むなかでも重要な資源とみなされている。日本では液化天然ガス（LNG）の状態で輸入されるが、ヨーロッパではロシアやノルウェーなどからパイプラインによる供給が行われてきた（表9-26）。ロシアのウク

図 9-5　石油・天然ガスの自主開発比率（会計年度）

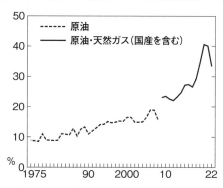

経済産業省資料より作成。石油・天然ガスの輸入量および国内生産量に占める、日本企業の権益に関する引取量および国内生産量の割合。2021年10月閣議決定の第6次エネルギー基本計画では、国産を含む石油・天然ガスの自主開発比率を、2030年度に50％以上、2040年度に60％以上に引き上げることを目指すこととしている。

表 9-11　原油の輸入先（単位　千kL）

	2000	2010	2020	2022	2023	″ %
サウジアラビア‥	62 863	65 033	58 559	62 626	60 689	40.8
アラブ首長国連邦	62 876	44 249	45 988	59 828	58 605	39.4
クウェート‥‥‥	21 036	16 114	13 086	13 079	13 348	9.0
カタール‥‥‥‥	22 928	25 260	12 062	11 521	7 271	4.9
アメリカ合衆国‥	1 218	32	2 439	1 593	2 879	1.9
エクアドル‥‥‥	211	248	2 334	2 919	1 928	1.3
オマーン‥‥‥‥	11 403	6 857	856	1 855	1 749	1.2
オーストラリア‥	3 797	2 040	313	343	638	0.4
ベトナム‥‥‥‥	2 872	411	443	559	394	0.3
インドネシア‥‥	12 365	4 903	—	59	290	0.2
（参考）イラン‥‥	29 556	20 989	—	—	—	—
輸入量計×‥‥‥	249 814	214 618	146 026	158 909	148 596	100.0
うち中東‥‥‥	214 540	186 384	131 828	149 601	141 829	95.4
中東依存度（％）	85.9	86.8	90.3	94.1	95.4	

財務省「貿易統計」より作成。2023年は確々報。×その他とも。

ライナ侵攻に伴い、経済制裁を行ったドイツなどに対して供給が制限されると、天然ガス価格が一気に跳ね上がった。さらに、ヨーロッパ各国がLNGでの調達に切り替えたことにより、本来アジア市場に供給されるはずだったLNGがヨーロッパに供給された。この結果、LNGの調達難

表 9-12　**石油製品の生産**（燃料油のみ）（単位　千kL）

	1990	2000	2010	2020	2022	2023
ガソリン‥‥‥	42 272	56 726	58 827	44 135	46 339	45 067
ナフサ‥‥‥‥	10 860	17 955	20 850	13 378	14 186	13 198
ジェット燃料油‥	4 441	10 625	14 048	8 034	10 442	11 694
灯油‥‥‥‥‥	23 119	27 886	19 675	13 252	12 197	11 324
軽油‥‥‥‥‥	31 980	42 612	42 866	34 214	38 958	36 098
重油‥‥‥‥‥	71 722	68 230	39 980	25 805	27 958	26 242
燃料油計‥‥‥	**184 395**	**224 034**	**196 247**	**138 819**	**150 080**	**143 624**

経済産業省「生産動態統計」より作成。液化石油ガス（LPG）は表10-10参照。

表 9-13　**主な石油製品の輸出入**（単位　千kL）

		1990	2000	2010	2020	2022	2023*
輸出	揮発油‥‥‥[1]	551	503	2 380	2 196	3 779	3 696
	灯油‥‥‥‥[2]	620	958	3 195	2 668	3 223	2 303
	軽油‥‥‥‥	1 218	1 852	10 611	3 992	8 072	6 096
輸入	揮発油‥‥‥[1]	27 011	31 679	27 950	31 253	28 178	28 470
	灯油‥‥‥‥[2]	10 224	4 306	1 076	2 279	1 856	2 885
	軽油‥‥‥‥	6 680	3 390	579	946	506	827
	重油‥‥‥‥	11 547	2 889	3 063	523	1 680	714

資料は表9-11に同じ。1）ガソリンなど。2）ジェット燃料油を含む。*確々報。

表 9-14　**石油製品の販売量**（燃料油のみ）（単位　千kL）

	1990	2000	2010	2020	2022	2023
ガソリン‥‥‥	44 446	58 201	58 379	46 052	44 781	44 624
ナフサ‥‥‥‥	31 110	48 238	47 394	40 055	37 985	36 785
ジェット燃料油‥	3 637	4 576	5 432	3 245	3 806	4 319
灯油‥‥‥‥‥	26 324	29 876	20 248	14 075	13 039	11 906
軽油‥‥‥‥‥	37 178	42 275	33 064	32 037	32 039	31 391
重油‥‥‥‥‥	74 475	61 283	32 731	16 252	20 155	17 802
燃料油計‥‥‥	**217 171**	**244 450**	**197 249**	**151 715**	**151 805**	**146 827**

経済産業省「資源エネルギー統計（石油）」より作成。国内向け販売。

に陥ったバングラデシュでは大規模な停電が発生した。しかし、2023年は景気の減速や暖冬に加えて、再生可能エネルギーへの転換も加速し、ヨーロッパのガス需要は落ち着いた。また、ロシア産天然ガスの輸入減少を、アメリカが補う形で輸出を増やしたことも供給の安定に寄与した。

将来的には、多くの国々がカーボンニュートラルの達成を目標としており、LNG需要の見通しは不透明である。LNG供給への投資が進まなければ、LNG不足が発生しかねない。日本にとってLNGは発電量の4割、

表9-15　世界の原油生産（単位　万kL）

	1990	2000	2010	2020	2021	2022
アメリカ合衆国·	51 734	44 999	43 866	95 976	96 794	103 129
サウジアラビア·	41 237	53 080	57 251	64 240	63 570	70 434
ロシア········	60 022	38 308	60 232	62 068	63 837	65 013
カナダ········	11 420	15 732	19 338	29 855	31 419	32 358
イラク········	12 471	15 206	14 328	23 939	23 808	26 230
中国·········	16 120	18 953	23 661	22 700	23 179	23 860
アラブ首長国連邦	11 518	15 124	16 915	21 412	21 127	23 330
イラン········	18 978	22 407	25 655	18 157	21 200	22 181
ブラジル······	3 775	7 427	12 401	17 634	17 350	18 030
クウェート····	5 595	13 061	14 881	15 836	15 690	17 575
世界計×·····	**377 354**	**433 750**	**483 344**	**515 776**	**522 753**	**544 644**
うち中東····	100 066	135 543	148 638	160 968	163 351	178 415

EI "Statistical Review of World Energy"（2023年）より作成。シェールオイルやオイルサンドのほか、ガス田で得られるコンデンセートや天然ガス液を含んでおり、表9-17と異なる。×その他とも。

表9-16　世界の原油埋蔵量（2020年末現在）（単位　百万kL）

	埋蔵量	可採年数(年)		埋蔵量	可採年数(年)
ベネズエラ··· 1)	48 305	1 538	アメリカ合衆国·	10 932	11
サウジアラビア·	47 307	74	リビア········	7 690	339
カナダ······· 2)	26 726	89	ナイジェリア···	5 866	56
イラン········	25 090	140	カザフスタン···	4 770	45
イラク········	23 058	96	中国·········	4 128	18
ロシア········	17 141	28	カタール······	4 014	38
クウェート····	16 139	103	世界計×·····	**275 446**	54
アラブ首長国連邦	15 550	73	うち中東·····	132 915	83

資料および原油の統計範囲は表9-15に同じ。可採年数は生産量と埋蔵量から産出されたもの。1) うちオリノコベルトとよばれる重質油帯の埋蔵量が41624百万kL。2) うちオイルサンドの埋蔵量が25656百万kL。×その他とも。

都市ガスのほぼ全量を占め、供給が途絶した場合の影響が大きく、日本政府は天然ガスを経済安全保障推進法に基づく特定重要物資に指定している。日本が輸入するLNGの1割弱をロシアのサハリン2が占める。サ

図 9-6　原油の生産量と埋蔵量の割合

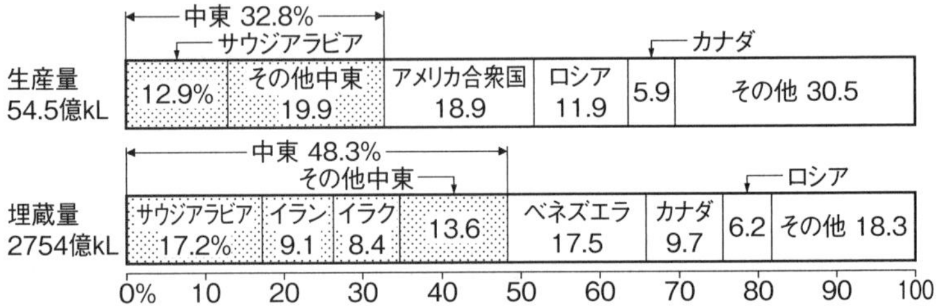

表9-15、9-16より作成。生産量は2022年、埋蔵量は2020年末現在。

表 9-17　主要国の原油需給 (在来型の原油) (2021年) (単位　万t)

	生産	輸出	輸入	国内供給	1人あたり(kg)	原油自給率(%)
アメリカ合衆国·	55 508	14 600	30 236	72 821	2 161	76.2
中国·········	19 888	261	51 292	72 310	507	27.5
ロシア········	48 825	23 271	—	25 814	1 779	189.1
インド········	2 969		21 198	24 236	172	12.3
サウジアラビア·	45 384	30 943	—	14 514	4 037	312.7
韓国·········	1	—	12 941	13 307	2 567	0.0
日本·········	19	—	12 652	12 572	1 009	0.2
ブラジル······	14 744	6 345	711	9 079	424	162.4
イラン········	12 236	3 787	—	8 448	961	144.8
世界計×·····	364 690	201 050	214 846	383 951	485	—

国連 "Energy Statistics Yearbook" (2021年版) より作成。×その他とも。

表 9-18　各国の原油の輸出入 (在来型の原油) (単位　万t)

輸出	2020	2021	輸入	2020	2021
サウジアラビア·	33 511	30 943	中国·········	54 201	51 292
ロシア········	23 920	23 271	アメリカ合衆国·	29 114	30 236
イラク········	16 888	16 897	インド········	19 646	21 198
カナダ········	15 588	15 788	韓国·········	13 246	12 941
アメリカ合衆国·	15 818	14 600	日本·········	11 508	12 652
アラブ首長国連邦	12 060	11 508	ドイツ········	8 272	8 130
クウェート····	9 614	9 197	イタリア······	5 036	5 702
世界計×·····	205 868	201 050	世界計×·····	214 011	214 846

資料は表9-17に同じ。×その他とも。

ハリン２は2022年６月末にロシア政府によって国内２社が持つ権益の無償譲渡を命じられたが、新会社への出資が認められ、権益を維持した。EUも制裁対象外の北極圏の事業「ヤマル」などからロシア産LNGの輸入を継続しており、ロシア産のLNGは市場での存在感を維持している。

図 9-7　天然ガスの生産量と埋蔵量の割合

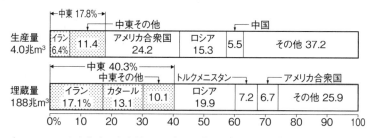

表9-21、9-22より作成。生産量は2022年、埋蔵量は2020年末現在。

表 9-19　天然ガスの国内生産と自給率（単位　億m³）

	1990	2000	2010	2020	2022	2023
国内生産量‥‥‥	20.44	24.53	33.96	22.95	21.48	20.19
自給率（％）‥ 1)	4.3	3.5	3.7	2.1	2.1	…

経済産業省「生産動態統計」および資源エネルギー庁「総合エネルギー統計」より作成。1)
総合エネルギー統計によるエネルギーベースの割合で、会計年度。

表 9-20　液化天然ガス（LNG）の輸入先（単位　千ｔ）

	2000	2010	2020	2022	2023	〃 %
オーストラリア‥‥	7 270	13 278	29 103	30 751	27 519	41.6
マレーシア‥‥‥‥	10 959	13 950	10 594	12 049	10 333	15.6
ロシア‥‥‥‥‥‥	—	6 031	6 140	6 869	6 133	9.3
アメリカ合衆国‥‥	1 226	568	4 722	4 136	5 525	8.4
パプアニューギニア	—	—	3 419	3 790	3 820	5.8
インドネシア‥‥‥	17 967	12 785	2 226	2 541	3 037	4.6
カタール‥‥‥‥‥	5 833	7 632	8 734	2 884	2 934	4.4
ブルネイ‥‥‥‥‥	5 710	5 849	3 962	3 214	2 494	3.8
オマーン‥‥‥‥‥	61	2 860	2 450	2 529	2 182	3.3
アラブ首長国連邦‥	4 664	5 166	1 034	1 335	842	1.3
輸入量計×‥‥‥	**53 690**	**70 008**	**74 464**	**71 998**	**66 151**	100.0
うち中東‥‥‥	10 558	15 776	12 218	6 747	5 958	9.0
中東依存度（％）	19.7	22.5	16.4	9.4	9.0	

財務省「貿易統計」より作成。2023年は確々報。×その他とも。

表9-21　世界の天然ガス生産 （単位　億m³）

	1990	2000	2010	2020	2021	2022
アメリカ合衆国·	4 834	5 186	5 752	9 161	9 441	9 786
ロシア·········	5 996	5 371	5 984	6 384	7 021	6 184
イラン·········	247	563	1 439	2 495	2 567	2 594
中国·········	154	274	965	1 940	2 092	2 218
カナダ·········	1 034	1 763	1 496	1 656	1 723	1 850
カタール········	65	258	1 231	1 749	1 770	1 784
オーストラリア·	206	312	526	1 459	1 482	1 528
ノルウェー·····	253	494	1 062	1 115	1 143	1 228
サウジアラビア·	318	473	833	1 131	1 145	1 204
アルジェリア···	517	919	774	814	1 011	982
世界計×·····	**19 697**	**24 007**	**31 502**	**38 606**	**40 534**	**40 438**
うち中東····	1 007	2 041	4 746	6 788	7 062	7 213

EI "Statistical Review of World Energy" (2023年) より作成。×その他とも。

表9-22　世界の天然ガス埋蔵量 （2020年末現在）（単位　億m³）

	埋蔵量	可採年数（年）		埋蔵量	可採年数（年）
ロシア·······	373 915	59	アラブ首長国連邦	59 387	107
イラン·······	321 014	128	ナイジェリア·	54 730	111
カタール·····	246 655	144	イラク·······	35 285	336
トルクメニスタン	136 013	231	アゼルバイジャン	25 037	97
アメリカ合衆国	126 187	14	オーストラリア	23 896	17
中国·········	83 985	43	カナダ·······	23 540	14
ベネズエラ···	62 602	334	世界計×····	**1 880 742**	49
サウジアラビア	60 191	54	うち中東··	758 069	110

資料は表9-21に同じ。可採年数は埋蔵量に対する生産量。×その他とも。

表9-23　各国の天然ガス国内消費 （単位　億m³）

	2000	2010	2020	2021	2022	自給率（%）
アメリカ合衆国·	6 284	6 482	8 329	8 358	8 812	*111.0*
ロシア·········	3 662	4 239	4 235	4 746	4 080	*151.5*
中国·········	247	1 089	3 366	3 803	3 757	*59.0*
イラン·········	594	1 444	2 368	2 365	2 289	*113.3*
カナダ·········	892	916	1 136	1 170	1 216	*152.1*
サウジアラビア·	473	833	1 131	1 145	1 204	*100.0*
日本·········	757	999	1 041	1 036	1 005[1]	*2.1*
メキシコ·······	359	660	945	973	966	*41.8*
ドイツ·········	829	881	871	917	773	*5.5*
世界計×·····	**23 994**	**31 594**	**38 603**	**40 671**	**39 413**	—

資料は表9-21に同じ。自給率は生産量に対する割合。1) 表9-19の数値。×その他とも。

表9-24　各国の液化天然ガス（LNG）の輸出入（単位　億m³）

輸出	2021	2022	輸入	2021	2022
カタール‥‥‥	1 069	1 141	日本‥‥‥‥‥	1 013	983
オーストラリア・	1 085	1 123	中国‥‥‥‥‥	1 099	932
アメリカ合衆国・	947	1 043	韓国‥‥‥‥‥	641	639
ロシア‥‥‥‥	395	402	フランス‥‥‥	176	351
マレーシア‥‥	335	374	スペイン‥‥‥	204	288
ナイジェリア‥‥	234	196	インド‥‥‥‥	335	284
インドネシア‥‥	146	155	(台湾)‥‥‥‥	267	274
オマーン‥‥‥	141	150	イギリス‥‥‥	149	253
アルジェリア‥‥	156	144	トルコ‥‥‥‥	139	151
世界計×‥‥‥	5 157	5 424	世界計×‥‥‥	5 157	5 424

EI "Statistical Review of World Energy"（2023年）より作成。×その他とも。

表9-25　液化天然ガス（LNG）貿易の相手先（2022年）（単位　億m³）

	輸出国（From）					
	カタール	オーストラリア	アメリカ合衆国	ロシア	マレーシア	計×
日本‥‥‥‥‥	39	419	56	92	163	983
中国‥‥‥‥‥	248	350	26	61	102	932
韓国‥‥‥‥‥	134	159	78	27	75	639
フランス‥‥‥	22	—	155	74	—	351
スペイン‥‥‥	14	0	116	50	0	288
インド‥‥‥‥	147	6	33	6	1	284
(台湾)‥‥‥‥	72	101	29	15	8	274
イギリス‥‥‥	80	—	124	5	—	253
トルコ‥‥‥‥	1	—	53	3	—	151
計×‥‥‥‥‥	1 141	1 123	1 043	402	374	5 424

資料は表9-24に同じ。表9-24の内訳。再輸出を含む。×その他とも。

表9-26　パイプラインによる天然ガスの貿易相手先（2022年）（単位　億m³）

	輸出国（From）					
	ロシア	ノルウェー	アメリカ合衆国	カナダ	トルクメニスタン	計×
EU‥‥‥‥‥‥	615	863	—	—	—	2 986
アメリカ合衆国・	—	—	—	821	—	821
中国‥‥‥‥‥	147	—	—	—	329	584
メキシコ‥‥‥	—	—	565	—	—	565
カナダ‥‥‥‥	—	—	262	—	—	262
ベラルーシ‥‥	185	—	—	—	—	185
計×‥‥‥‥‥	1 253	1 168	827	821	407	7 184

資料は表9-24に同じ。原資料に個別に掲載された国・地域から作成。×その他とも。

〔原子力〕　原子力発電は、1970年代の2度の石油危機で、過度な石油依存からの脱却を目指す政府主導で進んだ。1998年度には総発電量の32%に達したが、その後は事故や電力会社のトラブル隠しが明るみに出て、運転休止が相次いだ。

　2011年の東日本大震災に伴う福島第一原発事故では、放射性物質が拡散して地域住民は避難を強いられた。その後2018年に帰還困難区域を除き面的除染が完了したほか、帰宅困難区域でも避難指示の解除が徐々に進んでいる。廃炉作業では処理水がたまり続け、2023年8月にトリチウム以外の放射性物質を規制基準以下まで取り除いた後で、海洋投棄を開始した。政府と国際原子力機関（IAEA）は科学的根拠に基づき問題ないとしているが、中国は日本の水産物輸入を全面的に停止している。

　福島第一原発事故後、政府は厳しい安全基準を設けて、適合したもののみ再稼働を認めている。しかしその稼働は限られ、電力不足を受けて

図 9-8　原子力発電所の状況

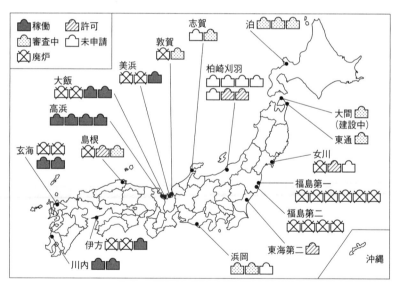

原子力安全推進協会ウェブサイト（2024年4月2日閲覧）より作成。2023年9月15日時点のものだが、閲覧日まで変更がない。新規制基準で17基の原子炉が再稼働の許可を得ており、12基が稼働している。本図の廃炉は、2011年の福島第一原発事故以降に廃炉となったもの。

経済界から原子力の再稼働を求める声が高まっている。政府が目指す2050年のカーボンニュートラル達成には原子力発電が必要で、2021年の「第6次エネルギー基本計画」では、2030年度の総発電量に占める原子力の割合を20〜22%としている。2023年にはGX（グリーントランスフォーメーション）脱炭素電源法が成立し、原子力発電所の運転開始後「原則40年、最長60年」を改め、60年超の運転が可能になった。すでに運転開始から40年超の原子力発電所が再稼働している。

表 9-27　世界の原子力発電所設備容量 （2023年1月1日現在）

	運転中		建設・計画中		合計	
	千kW	基	千kW	基	千kW	基
アメリカ合衆国‥	98 420	92	2 500	2	100 920	94
フランス‥‥‥‥	64 040	56	1 650	1	65 690	57
中国‥‥‥‥‥‥	55 596	53	50 596	47	106 192	100
日本‥‥‥‥‥ 1)	33 083	33	15 723	11	48 806	44
ロシア‥‥‥‥‥	29 510	34	16 292	23	45 802	57
韓国‥‥‥‥‥‥	24 816	25	4 200	3	29 016	28
カナダ‥‥‥‥‥	14 512	19	300	1	14 812	20
ウクライナ‥‥‥	13 818	15	2 250	2	16 068	17
スペイン‥‥‥‥	7 397	7	—	—	7 397	7
スウェーデン‥‥	7 071	6	—	—	7 071	6
インド‥‥‥‥‥	6 780	22	19 100	23	25 880	45
イギリス‥‥‥‥	6 534	9	6 780	4	13 314	13
ベルギー‥‥‥‥	5 173	6	—	—	5 173	6
ドイツ‥‥‥‥‥	4 291	3	—	—	4 291	3
世界計×‥‥‥‥	409 281	431	164 975	158	574 256	589

日本原子力産業協会「世界の原子力発電開発の動向」（2023年版）より作成。1）運転中の容量と基数には、定期点検や新規制基準審査などで停止中のものを含む。×その他とも。

表 9-28　世界のウラン生産と埋蔵量 （2021年）

	生産量(t)	確認1)埋蔵量(千t)		生産量(t)	確認1)埋蔵量(千t)
カザフスタン‥	21 819	387.4	ニジェール‥‥	2 250	334.8
ナミビア‥‥‥	5 753	322.8	中国‥‥‥‥‥	1 600	111.1
カナダ‥‥‥‥	4 692	649.0	インド‥‥‥‥	600	213.0
オーストラリア	3 817	1 317.8	ウクライナ‥‥	455	120.6
ウズベキスタン	3 520	49.2	南アフリカ共和国	192	255.7
ロシア‥‥‥‥	2 635	251.9	世界計×‥‥‥	47 472	4 688.3

OECD, NEA "Uranium"（2022年）より作成。1）2021年1月1日現在。ウラン1kgあたり260米ドル以下で回収可能な可採埋蔵量。×その他とも。

第9章　一次エネルギー

〔再生可能エネルギー〕　太陽光や風力など再生可能エネルギーは、二酸化炭素を排出しない国産エネルギーで、地球環境やエネルギーの安定供給にとって重要である。普及促進のため、2012年度に導入された固定価格買取制度によって、事業者の資金回収を保証してきた。2022年度からは、売電価格に補助金を上乗せする制度が導入された。市場価格を意識した発電や、蓄電池の活用を促すことで、電力需給の平準化を期待している。補助金に充てる消費者からの再エネ賦課金は、これまで上昇してきた。しかし、2023年度は電力買取価格が上昇したことで補助が減り、一般的な世帯で月1380円から560円へと初めて引き下げられた。

表9-29　再生可能エネルギー買取状況（会計年度）

	導入発電設備容量[1]（千kW）			買取電力量（百万kWh）		
	2020	2021	2022	2020	2021	2022
太陽光（住宅）・[2]	12 396	13 256	14 317	7 994	8 076	8 013
太陽光（非住宅）[3]	48 547	52 271	55 808	63 670	69 610	74 856
風力	4 489	4 771	5 058	8 611	9 007	8 884
水力	930	1 074	1 371	3 935	4 485	5 488
地熱	92	94	96	566	600	616
バイオマス　[4]	4 071	4 734	5 969	18 859	21 728	24 283
計	70 524	76 201	82 619	103 635	113 506	122 140

資源エネルギー庁ウェブサイトより作成。2024年3月7日閲覧。再エネ特措法で認定された設備。同法では固定価格による買取制度（FIT制度）のほか、2022年度より市場価格連動型のFIP制度（市場価格に補助額を上乗せ）が加えられた。1) 会計年度末現在。再エネ特措法の下で買取が行われた設備。2) 発電設備容量10kW未満。3) 発電設備容量10kW以上。4) 発電設備容量はバイオマス比率を考慮。

表9-30　太陽光発電・風力発電の発電電力量（2022年）

太陽光	発電量（億kWh）	%	風力	発電量（億kWh）	%
中国	4 277	32.3	中国	7 627	36.2
アメリカ合衆国	2 062	15.6	アメリカ合衆国	4 392	20.9
日本	1 024	7.7	ドイツ	1 253	6.0
インド	952	7.2	ブラジル	816	3.9
ドイツ	608	4.6	イギリス	802	3.8
オーストラリア	388	2.9	インド	700	3.3
スペイン	338	2.6	(参考) 日本	82	0.4
世界計×	13 226	100.0	世界計×	21 048	100.0

EI "Statistical Review of World Energy"（2023年）より作成。×その他とも。

121

第10章　電力・ガス

〔**電力**〕　戦後の電気事業は地域ごとの電力会社が事業を独占してきた。しかし、電力小売りは2000年に大規模工場等向けが自由化された。2016年には、一般家庭を含めて全面自由化されており、新電力と呼ばれる新規参入業者が電力小売りに参入している。電力料金は、以前は決め

図 10-1　国内の主な発電所

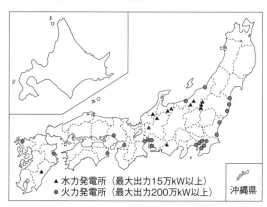

▲ 水力発電所（最大出力15万kW以上）
● 火力発電所（最大出力200万kW以上）

沖縄県

資源エネルギー庁「電気事業便覧」、同ウェブサイトおよび各発電事業者のウェブサイトより作成。2022年3月末現在。水力発電所は一般水力発電所のみで、揚水式を含まない。原子力発電所は図9-8を参照。

表 10-1　発電設備容量 (最大出力)（会計年度末現在）（単位　千kW)

	1990	2000	2010	2020	2021	2022
水力………	37 831	46 325	48 111	50 033	50 009	50 008
火力………	124 984	166 648	182 381	191 758	188 256	187 879
原子力……	31 645	45 248	48 960	33 083	33 083	33 083
太陽光……	1	—	32	19 028	21 042	23 499
風力………	—	84	2 294	4 119	4 262	4 483
地熱………	269	533	537	487	487	437
計×……	**194 730**	**258 838**	**282 315**	**298 550**	**297 197**	**299 450**
(事業者別)						
電気事業者…	175 072	228 596	228 479	269 648	268 708	270 098
自家用発電…	19 658	30 241	53 836	28 903	28 489	29 351

資源エネルギー庁「電力調査統計」より作成（2024年4月3日閲覧）。2015年度以前は電気事業連合会「電気事業便覧」。電力小売自由化に伴い、2016年度より新規参入した発電事業者を含む。自家用発電は、2016年度以降は常時系統に接続する出力合計1000kW以上。1996～2015年度は1発電所1千kW以上、1995年度までは同500kW以上。×その他とも。

第10章　電力・ガス

られた規制料金のみであったが、自由化後は各社が独自の料金を提示し、消費者が自由に選択できるようになった。各地域の電力会社は、小売部門が分離されて新電力と同条件で競争することになり、その結果として料金が下がると期待されている。ただし、消費者保護のために、規制料金については経過措置料金として当面残されている（表10-5）。

　2022年にロシアがウクライナに侵攻し、燃料費が高騰すると、電力会社の収益が急速に悪化した。この影響で、新電力の中には事業から撤退したところも多い。新電力から契約を打ち切られた企業もあり、セーフティネットである最終保障供給（標準より割高）の利用が増加している。また、電力料金が上昇し、一般家庭の負担が高まった。政府は、エネルギー価格の激変緩和対策として事業者に値引きの原資を提供し、2023年1月から2024年5月ま

図 10-2　発電電力量の推移（会計年度）

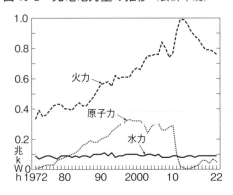

表 10-2　発電電力量（会計年度）（単位　百万kWh）

	1990	2000	2010	2020	2021	2022
水力・・・・・・・	95 835	96 817	90 681	86 310	87 632	85 034
火力・・・・・・・	557 423	669 177	771 306	790 020	776 326	758 498
原子力・・・・・・	202 272	322 050	288 230	37 011	67 767	53 524
太陽光・・・・・・	1	—	22	24 992	27 970	31 543
風力・・・・・・・	—	109	4 016	8 326	8 246	8 203
地熱・・・・・・・	1 741	3 348	2 632	2 114	2 096	2 038
計×・・・・・・	**857 272**	**1 091 500**	**1 156 888**	**948 979**	**970 249**	**939 025**
（事業者別）						
電気事業者・・	757 593	940 687	918 239	845 409	863 762	834 746
自家用発電・・	99 679	150 813	238 649	103 570	106 486	104 280

資料や注記は表10-1に同じ。表10-1は発電する能力の大きさ（容量）で、本表は1年間で実際に発電された量。本表も表10-1同様に電力小売自由化に伴い、2016年度より電気事業者には新規参入した発電事業者を含む。自家用は表10-1注記に示したように規模の大きな発電施設のみが調査対象で、家庭用の太陽光発電などは表9-29を参照。×その他とも。

で、使用量に応じて値引きが行われた。ただし、電力料金は2024年より
大手10社のうち5社が値上げを行っている。

日本の電力構成は、火力の割合が高い。東日本大震災に伴う福島第一
原発事故のあとで原子力の発電量が減り、火力発電で補っている。近年
は太陽光など再生可能エネルギーが増えているが、原子力発電の不足を

表 10-3　**発電源別発電電力量**（会計年度）（単位　百万kWh）

	電気事業者			自家用発電		
	2020	2021	2022	2020	2021	2022
水力‥‥‥‥‥	84 493	85 817	83 218	1 817	1 815	1 816
一般‥‥‥‥	73 464	73 674	72 306	…	…	…
揚水式‥‥‥	11 029	12 143	10 912	…	…	…
火力‥‥‥‥‥	697 933	681 510	666 416	92 087	94 817	92 083
（うちコジェネ）[1]	…	…	…	(26 920)	(28 632)	(29 034)
石炭‥‥‥‥	274 666	282 675	281 393	22 811	22 530	21 439
石油‥‥‥‥	14 639	20 808	21 473	10 314	10 200	9 519
ガス‥‥‥‥	380 753	348 214	327 837	40 532	42 883	42 197
LNG‥‥‥	354 635	319 086	302 499	2 802	3 072	2 969
原子力‥‥‥‥	37 011	67 767	53 524	—	—	—
新エネルギー等	25 766	28 457	31 403	9 666	9 855	10 381
太陽光‥‥‥	16 185	19 042	22 075	8 808	8 928	9 468
風力‥‥‥‥	7 594	7 448	7 411	731	798	792
地熱‥‥‥‥	1 987	1 967	1 916	127	129	122
（バイオマス）[2]	(19 122)	(22 251)	(25 375)	(7 167)	(8 103)	(8 584)
（廃棄物）‥[2]	(3 752)	(3 933)	(4 162)	(3 541)	(3 710)	(4 009)
計×‥‥‥‥‥	**845 409**	**863 762**	**834 746**	**103 570**	**106 486**	**104 280**

資料は表10-2に同じ。表10-2の内数。1) コージェネレーション。発電の際に生じる廃熱
を同時に回収するもの。2) 火力発電の内数で、新エネルギー等に含まず。×その他とも。

表 10-4　**火力発電の燃料消費量**（電気事業用）（会計年度）

	1990	2000	2010	2020	2021	2022
石炭（千 t）‥‥	27 238	57 785	72 153	105 882	108 868	108 473
重油（千kL）‥‥	23 806	11 750	6 318	3 119	4 696	5 409
原油（千kL）‥‥	21 859	7 510	4 759	305	230	183
LNG（千 t）‥‥	27 624	38 663	41 743	47 067	41 852	39 124

資源エネルギー庁「電力調査統計」より作成。2015年度以前は電気事業連合会「電気事業
便覧」による汽力発電のみの統計で、旧一般電気事業者と旧卸電気事業者のみ（1995～
2009年度は公営や共同火力など卸供給事業者を含む）。2016年度以降は自由化に伴い新規
参入した発電事業者を含む。

補うには至っていない。また、再生可能エネルギーは多くが天候等によって発電量が左右されるため、バックアップが必要である。

電力は大量に保存ができず、需要に見合う電力を絶えず供給する必要がある。2018年に北海道で起きた全域停電（ブラックアウト）は、地震

表 10-5　**電力需要実績**（電気事業者）（会計年度）（単位　百万kWh）

		2018	2019	2020	2021	2022
みなし小売電気事業者等（従来の電力会社）	自由料金・・・・	561 234	561 560	535 118	541 966	548 440
	特別高圧・・	220 178	217 243	196 402	201 388	201 546
	高圧・・・・・・	235 082	232 303	216 503	214 053	221 954
	低圧・・・・・・	105 974	112 014	122 214	126 525	124 939
	電灯・・・・	94 471	100 494	110 045	114 539	113 423
	電力・・・・	11 503	11 520	12 169	11 986	11 516
	経過措置料金	166 125	142 837	129 073	113 450	102 982
	電灯・・・・	143 839	123 009	111 073	96 836	86 642
	電力・・・・	22 286	19 827	18 000	16 613	16 340
	最終保障供給	49	47	207	146	13 357
	離島供給・・・・	2 204	2 191	2 179	2 218	2 217
	計・・・・・・・・	**729 611**	**706 635**	**666 570**	**657 779**	**666 996**
新電力[1)	自由料金・・・・	122 897	129 402	154 319	179 322	155 205
	特別高圧・・	16 164	12 676	18 494	24 008	17 150
	高圧・・・・・・	71 714	69 509	73 738	82 286	61 521
	低圧・・・・・・	35 019	47 218	62 087	73 029	76 534
	電灯・・・・	32 000	43 148	56 860	66 771	70 156
	電力・・・・	3 019	4 070	5 228	6 258	6 378
特定供給・・・・・・・・・・		6 270	6 228	5 472	6 157	6 158
自家消費・・・・・・・・・		37 420	34 868	36 790	38 258	38 181
合計・・・・・・・・・・		**896 198**	**877 132**	**863 159**	**881 515**	**866 540**

資料は表10-2に同じ。1) みなし小売電気事業者および特定送配電事業者以外のもの。

表 10-6　**最大需要電力発生時の供給状況**（送電端）（単位　万kW）

	夏（7～9月）				冬（12～2月）			
	最大需要電力	供給力	予備力	予備率（%）	最大需要電力	供給力	予備力	予備率（%）
2019	16 461	18 584	2 122	*12.9*	14 619	16 808	2 189	*15.0*
2020	16 645	18 608	1 964	*11.8*	15 607	17 012	1 406	*9.0*
2021	16 460	18 804	2 344	*14.2*	15 119	16 783	1 665	*11.0*
2022	16 608	18 561	1 956	*11.8*	15 967	17 587	1 620	*10.1*

電力広域的運営推進機関「年次報告書」より作成。会計年度のうち最大需要電力発生日。

により需給バランスが崩れて発生した。近年、夏と冬の電力需要ピークに電力が足りず、老朽化した火力発電の再稼働や、節電要請で対応する綱渡りの状態が続いている。一方、原子力発電所は審査に合格した17基のうち、稼働した原子炉は2023年9月時点で12基に留まる（図9-8）。安定した電力供給のために、産業界を中心に原子力発電所の再稼働を期待する声が高まっている。

図 10-3　主要国の発電電力量の発電源別割合 (2021年)

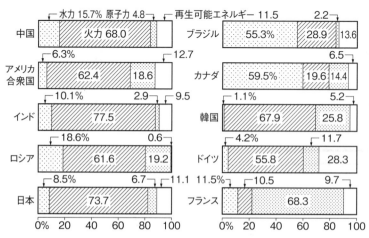

下表より作成。火力は化石燃料のみ。再生可能エネルギーには、わずかにその他のエネルギーを含む。

表 10-7　各国の発電電力量 (2021年)（単位　億kWh）

	水力	火力[1]	原子力	太陽光	風力	発電量計×
中国‥‥‥‥‥	13 390	58 059	4 075	3 258	6 561	85 343
アメリカ合衆国‥	2 741	27 311	8 116	1 513	3 828	43 747
インド‥‥‥‥	1 624	12 478	471	756	771	16 101
ロシア‥‥‥‥	2 161	7 148	2 225	22	33	11 594
日本‥‥‥‥‥	888	7 738	708	861	94	10 499
ブラジル‥‥‥	3 628	1 893	147	168	723	6 561
カナダ‥‥‥‥	3 829	1 263	926	60	348	6 430
韓国‥‥‥‥‥	67	4 153	1 580	234	32	6 118
ドイツ‥‥‥‥	250	3 283	691	493	1 146	5 883
フランス‥‥‥	640	583	3 794	157	368	5 553
世界計×‥‥‥	44 083	181 870	27 989	10 326	18 655	284 285

国連 "Energy Statistics Yearbook"（2021年）より作成。1) 化石燃料。×その他とも。

　〔ガス〕　都市ガスは、地域ごとの都市ガス会社が事業を独占していたが、2017年より小売りが全面自由化され、消費者は自由に契約を結ぶことができる。都市ガスは原料のほとんどを液化天然ガス（LNG）が占めている。LNG不足が問題となった2022年も、都市ガス事業者はLNG調達の長期契約の比率を高めて必要な在庫を確保していたため、供給力

表 10-8　家庭でのエネルギー消費の内訳（会計年度）（単位　PJ）

	1990	2000	2010	2020	2021	〃%
ガス・・・・・・・・・・	559.8	681.2	662.1	639.0	617.1	34.5
都市ガス・・・・・	343.1	418.9	427.1	433.2	428.5	24.0
一般ガス・・・・	325.0	397.3	409.8	419.3	415.0	23.2
簡易ガス・・・・	18.1	21.6	17.3	14.0	13.5	0.8
LPG・・・・・・・・・	216.7	262.3	235.1	205.8	188.6	10.5
(参考)灯油・・・・・	389.6	506.5	411.4	308.7	265.2	14.8
電力・・・・・	638.5	902.9	1 073.6	956.7	898.6	50.3
総消費量×・・・・	1 640.5	2 124.7	2 164.8	1 911.8	1 787.7	100.0

資源エネルギー庁「総合エネルギー統計」より作成。表9-3の家庭部門の内訳。PJはペタジュール（仕事量の単位）で、熱量換算すると１PJ＝2390億kcal。×その他とも。

表 10-9　都市ガス（一般ガス）の需給（単位　PJ）

	1990	2000	2010	2020	2022	2023
生産量・・・・・・・・・	581.7	943.7	1 577.0	1 563.6	1 634.2	1 514.5
購入量・・・・・・・・・	65.3	107.2	501.0	619.2	726.5	682.0
生産、購入計・・・・	647.1	1 050.9	2 078.0	2 182.8	2 360.6	2 196.5
石炭系・・・・・・・・	19.9	9.6	―	―	―	―
石油系・・・・・・・・	137.9	127.1	54.8	59.6	88.6	85.2
天然ガス系・・・・	488.7	914.1	2 023.0	2 123.1	2 272.0	2 111.2
液化天然ガス	450.3	854.4	1 786.1	1 941.4	2 085.2	1 945.1
販売量・・・・・・・・・	628.4	1 035.1	1 632.9	1 632.1	1 732.8	1 606.1
家庭用・・・・・・・・	320.0	392.6	405.9	406.0	404.7	375.3
商業用・・・・・・・・	105.7	167.5	198.8	155.1	161.6	161.8
工業用・・・・・・・・	160.7	388.3	898.4	945.5	1 031.3	937.5
一般ガス事業者数[1][2]	246	237	211	193	193	…
需要家数[1][3]（千戸）	21 334	25 858	28 839	31 142	31 591	31 818
普及率（%）[1][3][4]	82.6	82.6	79.8	74.5	74.2	…

2000年までは日本ガス協会「ガス事業便覧」による一般ガス事業者のみの数値、2010年以降は資源エネルギー庁「ガス事業生産動態統計」によるガス事業者計の数値。2023年の販売量を熱量換算すると、384兆kcal。1) 各年末現在。2) ガス事業便覧による。3) メーター取付数。4) 供給区域内普及率。2010年以降は各年度末現在。

に問題は生じなかった。しかし、ガスの小売価格は上昇しており、政府の負担軽減策により2023年1月から24年5月まで値引きが行われた。

　LPガスは全国の約4割の世帯で利用される身近なエネルギーである。LPガスの国内供給のうち、石油精製などで得られる国産ガスは15.5%（2022年度）で、シェール革命以降はアメリカからの輸入が中心である。

表 10-10　**液化石油ガス（LPG）の需給**（会計年度）（単位　千 t ）

	1990	2000	2010	2020	2021	2022
生産・・・・・・・・・・・	4 495	4 612	4 466	2 632	2 287	2 005
石油精製・・・・・・	4 352	4 327	4 112	2 327	2 049	1 799
石油化学・・・・・	143	285	354	305	238	206
輸入・・・・・・・・・・	14 281	14 851	12 332	10 160	10 302	10 896
輸出・・・・・・・・・	16	55	160	70	56	37
国内需要・・・・・・・	18 782	18 830	16 306	12 787	12 536	12 728
家庭業務用・・・・	6 207	7 710	7 312	5 927	6 089	5 932
一般工業用・・・・	4 745	4 815	3 453	3 000	2 596	2 506
都市ガス用・・・・	2 334	2 121	904	1 097	1 312	1 599
自動車用・・・・・	1 805	1 623	1 370	529	551	538
大口鉄鋼用・・・・	417	199	142	98	95	133
化学原料用・・・・	2 378	1 969	2 819	2 136	1 893	2 020
電力用・・・・・・・	896	393	306	0	0	0

資源エネルギー庁「LPガス需要見通し」より作成。LPガス（プロパン70%、ブタン30%）1キログラムあたりの熱量50.06MJ（11958kcal）で換算すると、2022年度の国内需要は637.2PJ（152兆kcal）。

表 10-11　**液化石油ガス（LPG）の輸入**（単位　千 t ）

	1990	2000	2010	2020	2022	2023 (確々報)
アメリカ合衆国・・	0	18	202	6 647	6 554	6 558
カナダ・・・・・・・・・	—	—	—	838	1 577	1 780
オーストラリア・・	757	993	1 163	1 023	1 193	1 313
クウェート・・・・・・	963	1 351	1 302	317	452	256
カタール・・・・・・・	455	633	3 346	290	183	159
アラブ首長国連邦	3 480	3 832	2 817	391	193	110
東ティモール・・・・	—	—	24	46	100	40
韓国・・・・・・・・・	60	109	26	25	17	20
(参考)インドネシア	2 197	989	4	—	1	—
計×・・・・・・・・	**14 536**	**15 058**	**12 144**	**9 796**	**10 479**	**10 237**
うち中東・・・・	11 392	12 482	10 381	1 215	1 036	525
中東依存度(%)	*78.4*	*82.9*	*85.5*	*12.4*	*9.9*	*5.1*

財務省「貿易統計」より作成。×その他とも。

第11章　農業・農作物

〔農業生産と食料需給〕　農業は、従事者の減少と高齢化が進み、耕地面積が減少して食料自給率が低下している。ただし、対GDP比でみた農林水産業産出額は、先進国のなかでは農業国のフランスなどより低い

表 11-1　農林漁業の生産額（食品のみ）（単位　億円）

		2000	2010	2020	2021	2022（概算）
国内生産額	農業（畜産含む）‥	106 965	96 667	108 423	107 586	109 323
	林業‥‥‥‥‥‥1)	2 184	2 252	2 305	2 138	2 136
	漁業‥‥‥‥‥‥	18 517	14 760	13 324	13 689	15 628
	農林漁業計‥‥‥	**127 666**	**113 679**	**124 052**	**123 413**	**127 087**
国内総生産	農業（畜産含む）‥	59 145	45 968	45 548	41 863	39 774
	林業‥‥‥‥‥‥1)	976	1 103	1 059	982	978
	漁業‥‥‥‥‥‥	10 574	7 272	6 526	6 329	7 446
	農林漁業計‥‥‥	**70 695**	**54 342**	**53 133**	**49 174**	**48 198**
	対GDP比‥‥‥	*1.3*	*1.1*	*1.0*	*0.9*	*0.9*

農林水産省「農業・食料関連産業の経済計算」（2022年概算）より作成。国内総生産は、生産額から中間投入を除いた付加価値額で、GDPに相当する概念。ただし、本表は品目ベースで、事業所ベースの国民経済計算とは異なる。農業生産額は、表11-3の農業総産出額と比較して、種苗など中間生産物を含み加工農産物を含まない。1）きのこなどのみ。

表 11-2　農林水産物の輸出入（単位　億円）

		2000	2010	2020	2022	2023*
輸出	農産物（畜産含む）	1 685	2 865	6 552	8 862	9 059
	林産物‥‥‥‥‥	79	106	429	638	621
	水産物‥‥‥‥‥	1 384	1 950	2 276	3 873	3 901
	輸出計‥‥‥‥‥	**3 149**	**4 920**	**9 256**	**13 372**	**13 581**
	対総輸出額（%）	*0.6*	*0.7*	*1.4*	*1.4*	*1.3*
輸入	農産物（畜産含む）	39 714	48 281	62 129	92 405	90 536
	林産物‥‥‥‥‥	12 087	9 204	12 188	21 087	17 194
	水産物‥‥‥‥‥	17 340	13 709	14 649	20 732	20 160
	輸入計‥‥‥‥‥	**69 140**	**71 194**	**88 965**	**134 224**	**127 890**
	対総輸入額（%）	*16.9*	*11.7*	*13.1*	*11.3*	*11.6*
輸出－輸入		-65 991	-66 274	-79 709	-120 851	-114 309

農林水産省「農林水産物輸出入概況」より作成。加工品を含む。*確々報。

ものの、ほかの欧米先進国とは同程度である。農業産出額は9兆円程度で推移し、畜産物や果実が近年は増加した一方で、米は減少傾向が続いている。農林水産物の貿易額は、政府の輸出振興もあって和牛を中心に輸出が伸びているものの、全体では大幅な輸入超過である。

　日本の食料自給率は長期的に低下傾向にあり、2022年度は供給熱量ベースで38%、金額ベースで58%である。政府は、2030年度までにこれをそれぞれ45%、75%とする目標を立てている。自給率は、特に小麦や大豆、飼料が低い。近年はロシアのウクライナ侵攻に伴う穀物価格の高騰に見舞われ、輸入の安定化が求められている。しかし、輸入した穀物や油糧種子を生産するためには、国内農地面積の2.1倍が必要で（農林水産省、2016〜18年分）、すべてを国産でまかなうことは不可能である。

　食料生産の不安定化とともに、長期的に世界人口が増加していくなか

表11-3　**農業総産出額** （単位　億円）

	2000	2010	2020	2021	2022	割合(%)
耕種········	66 026	55 127	56 562	53 787	54 772	*60.8*
米·········	23 210	15 517	16 431	13 699	13 946	*15.5*
麦類······	1 306	469	508	709	647	*0.7*
豆類······	1 013	619	690	697	715	*0.8*
いも類·····	2 298	2 071	2 370	2 358	2 199	*2.4*
野菜······	21 139	22 485	22 520	21 467	22 298	*24.8*
果実······	8 107	7 497	8 741	9 159	9 232	*10.3*
花き······	4 466	3 512	3 080	3 306	3 493	*3.9*
工芸農作物·	3 391	2 143	1 553	1 727	1 551	*1.7*
畜産物······	24 596	25 525	32 372	34 048	34 678	*38.5*
肉用牛·····	4 564	4 639	7 385	8 232	8 257	*9.2*
乳用牛·····	7 675	7 725	9 247	9 222	9 013	*10.0*
生乳····	6 822	6 747	7 797	7 861	7 916	*8.8*
豚·········	4 616	5 291	6 619	6 360	6 713	*7.5*
鶏·········	7 023	7 352	8 334	9 364	9 716	*10.8*
鶏卵·····	4 247	4 419	4 546	5 470	5 638	*6.3*
ブロイラー	2 685	2 877	3 621	3 740	3 940	*4.4*
加工農産物··1)	673	562	436	549	565	*0.6*
計 ········	**91 295**	**81 214**	**89 370**	**88 384**	**90 015**	*100.0*
生産農業所得·	35 562	28 395	33 434	33 479	31 051	—
割合(%)··2)	*39.0*	*35.0*	*37.4*	*37.9*	*34.5*	—

農林水産省「生産農業所得統計」（2022年）より作成。中間生産物（種子・飼料など農業への再投入分）を除く。1）かんぴょう、干し柿、荒茶など。2）生産農業所得が農業総産出額に占める割合。

で、食料の安定供給の維持は日本にとって最重要課題の一つである。政府は2024年に、「食料・農業・農村基本法」の25年ぶりの改正を目指している。このなかで、特に強調されているのが食料安全保障（食料の安

図 11-1　主要農産物の農業総産出額の推移

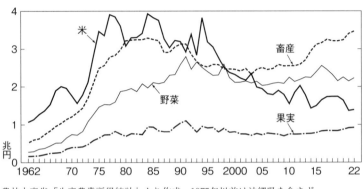

農林水産省「生産農業所得統計」より作成。1975年以前は沖縄県を含まず。

図 11-2　地域別の農業産出額の割合 （2022年）

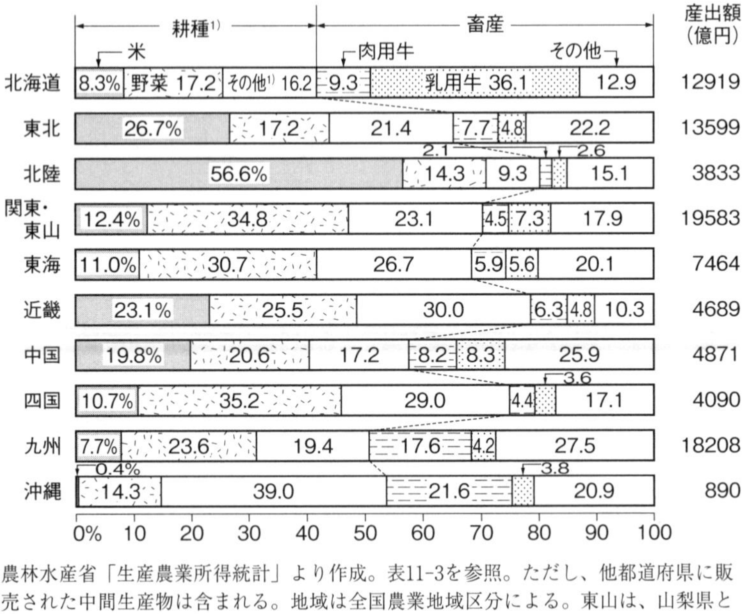

	耕種[1]			畜産					産出額（億円）
	米		その他[1]	肉用牛			その他		
北海道	8.3%	野菜 17.2	16.2	9.3	乳用牛 36.1			12.9	12919
東北	26.7%		17.2	21.4	7.7	4.8		22.2	13599
北陸	56.6%			14.3	9.3	2.1	2.6	15.1	3833
関東・東山	12.4%	34.8		23.1	4.5	7.3		17.9	19583
東海	11.0%	30.7		26.7	5.9	5.6		20.1	7464
近畿	23.1%	25.5		30.0	6.3	4.8		10.3	4689
中国	19.8%	20.6		17.2	8.2	8.3		25.9	4871
四国	10.7%	35.2		29.0	4.4	3.6		17.1	4090
九州	7.7%	23.6	19.4	17.6	4.2			27.5	18208
沖縄	0.4% 14.3	39.0		21.6	3.8			20.9	890

農林水産省「生産農業所得統計」より作成。表11-3を参照。ただし、他都道府県に販売された中間生産物は含まれる。地域は全国農業地域区分による。東山は、山梨県と長野県。1）便宜上、耕種には加工農産物を含む。【☞府県別統計519ページ】

定供給）の抜本的な強化である。農産物や農業資材の安定的な輸入を確保することに加えて、国内生産による食料供給能力を維持するために、輸出を促進して収益性の向上を図るとしている。

表 11-4　各国の食料自給率（試算値）（2020年）（％）

	日本1)	ドイツ	フランス	アメリカ合衆国	カナダ	オーストラリア
穀類・・・・・・・・・・ 2)	28	103	168	116	188	208
食用穀物・・・・ 2)3) 4)	64	117	153	153	340	206
小麦・・・・・・・・	15	134	166	154	375	226
粗粒穀物・・・・・ 5)	1	84	193	111	121	210
いも類・・・・・・・・・	73	129	139	101	145	84
豆類・・・・・・・・・・	8	15	74	195	386	221
野菜類・・・・・・・・・	80	40	71	83	58	90
果実類・・・・・・・・・	38	31	67	66	23	101
肉類・・・・・・・・・・	53	117	104	114	144	155
卵類・・・・・・・・・・	97	75	99	104	96	98
牛乳・乳製品・・・ 6)	61	105	104	102	95	105
魚介類・・・・・・・ 7)	55	27	30	63	86	33
食料自給率・・・ 8)	37	84	117	115	221	173

農林水産省「食料需給表」（2022年度）より作成。重量ベース。1）会計年度。2）米は玄米換算。3）小麦、ライ麦、米など。4）そばを含む。5）大麦、とうもろこしなど。6）生乳換算。7）飼肥料を含む魚介類全体。8）熱量ベース。

表 11-5　主な国の農産物貿易額（2022年）（単位　百万ドル）

	輸出	％	輸入	％	輸出超過額
輸出超過国					
ブラジル・・・・・・・・	136 406	7.2	13 826	0.7	122 579
アルゼンチン・・・・・	50 219	2.6	4 808	0.2	45 411
オランダ・・・・・・・・	119 934	6.3	85 638	4.3	34 296
オーストラリア・・・	50 962	2.7	17 525	0.9	33 437
インドネシア・・・・・	57 360	3.0	27 337	1.4	30 023
輸入超過国					
中国・・・・・・・・・・・	67 067	3.5	216 721	10.8	-149 654
日本・・・・・・・・・・・	6 576	0.3	65 442	3.3	-58 866
イギリス・・・・・・・・	30 079	1.6	71 306	3.6	-41 227
韓国・・・・・・・・・・・	7 900	0.4	39 989	2.0	-32 089
サウジアラビア・・・	3 504	0.2	24 989	1.2	-21 484
世界計×・・・・・・・	**1 903 560**	100.0	**2 007 774**	100.0	—

FAO（国連食糧農業機関）"FAOSTAT" より作成（2024年3月24日閲覧）。輸出超過（輸出－輸入）、輸入超過の多い国。×その他とも。

図 11-3　**食料自給率の推移**（会計年度）

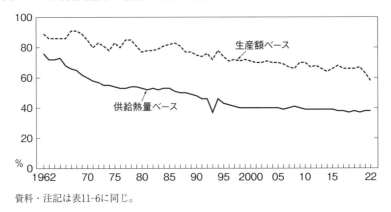

資料・注記は表11-6に同じ。

表 11-6　**食料自給率の推移**（％）（会計年度）

	1980	2000	2010	2020	2021	2022 （概算）
重量ベース[1]						
穀物・・・・・・・・・・・・ [2]	33	28	27	28	29	29
米・・・・・・・・・・・・ [3]	100	95	97	97	98	99
小麦・・・・・・・・・・	10	11	9	15	17	15
いも類・・・・・・・・・・	96	83	76	73	72	70
大豆・・・・・・・・・・・・	4	5	6	6	7	6
野菜・・・・・・・・・・・・	97	81	81	80	80	79
果実・・・・・・・・・・・・	81	44	38	38	39	39
肉類・・・・・・・・・・・・ [4]	81	52	56	53	53	53
（飼料輸入を考慮）	(12)	(7)	(7)	(7)	(8)	(8)
鶏卵・・・・・・・・・・・・	98	95	96	97	97	97
（飼料輸入を考慮）	(10)	(11)	(10)	(11)	(13)	(13)
牛乳・乳製品・・・・・・	82	68	67	61	63	62
（飼料輸入を考慮）	(46)	(30)	(28)	(26)	(27)	(27)
魚介類（食用のみ）・・・	97	53	62	57	59	56
供給熱量ベース						
食料自給率・・・・・・ [5][6]	53	40	39	37	38	38
食料国産率・・・・・・ [6]	61	48	47	46	47	47
飼料自給率・・・・・・ [7]	28	26	25	25	26	26
生産額ベース						
食料自給率・・・・・ [5][6]	77	71	70	67	63	58
食料国産率・・・・・・ [6]	82	74	74	71	69	65

農林水産省「食料需給表」より作成。一部の品目は暦年。畜産物は国内生産のものでも輸入飼料によるものが多く、（飼料輸入を考慮）は飼料の自給率をふまえた数値。1) 国内消費仕向量に対する国内生産量の割合。2) 飼料用を含む。3) 1998年度以降は生産量に国産米在庫取崩量を加えて算出。4) 鯨肉を除く。5) 畜産物には飼料自給率を乗じている。6) 加工品には原料自給率を乗じている。7) TDN（表12-9参照、エネルギー含量）換算。

表 11-7　食料需給表（概算値）（2022年度）（単位　千 t ）

	国内生産	輸入	輸出	国内消費仕向量	粗食料1)	1人1年あたり供給2)（kg）
穀類・・・・・・・・・・	9 340	23 641	89	32 068	12 401	84.1
米・・・・・・・・・	8 073	832	89	8 236	7 013	50.9
小麦・・・・・・・・	994	5 512	0	6 469	5 070	31.7
大麦・・・・・・・・	216	1 830	0	1 965	61	0.2
とうもろこし・	0	15 062	0	14 952	106	0.5
いも類・・・・・・・・	2 995	1 307	30	4 272	2 921	21.1
かんしょ・・・・・	711	50	17	744	528	3.8
ばれいしょ・・・	2 284	1 257	13	3 528	2 393	17.2
でん粉・・・・・・・・	2 296	147	0	2 462	1 956	15.7
豆類・・・・・・・・・・	313	3 969	0	4 279	1 160	9.0
大豆・・・・・・・・	243	3 704	0	3 895	841	6.7
野菜・・・・・・・・・	11 237	2 970	35	14 172	12 667	88.1
果菜類・・・・・・	2 908	1 563	5	4 466	4 004	26.9
葉茎菜類・・・・・	5 889	870	22	6 737	5 886	41.2
根菜類・・・・・・	2 440	537	8	2 969	2 777	20.0
（再掲）緑黄色野菜	2 443	1 541	2	3 982	3 579	26.2
果実・・・・・・・・・	2 645	4 233	86	6 783	5 631	33.2
みかん・・・・・ 3)	682	0	1	670	568	3.4
りんご・・・・・・・	737	559	53	1 245	1 118	7.6
肉類・・・・・・・・ 4)	3 473	3 191	16	6 570	6 429	34.0
牛肉・・・・・・・・	497	804	11	1 259	1 232	6.2
豚肉・・・・・・・・	1 287	1 407	2	2 650	2 593	13.1
鶏肉・・・・・・・・	1 681	937	3	2 616	2 560	14.6
鶏卵・・・・・・・・・	2 537	117	27	2 627	2 488	16.9
牛乳及び乳製品・	7 532	4 450	137	12 206	11 736	93.9
飲用向け・・・・・	3 941	0	8	3 933	3 888	31.1
乳製品向け・・・	3 545	4 450	129	8 227	7 834	62.7
魚介類・・・・・・ 5)	3 477	3 781	789	6 425	5 043	22.0
生鮮・冷凍・・・	1 345	887	685	1 528	1 526	6.7
塩干、くん製等	1 334	1 962	65	3 222	3 217	14.0
海藻類・・・・・・・・	76	39	2	113	95	0.8
砂糖類・・・・・・・・	…	…	…	…	2 158	17.3
粗糖・・・・・・・・	148	1 060	0	1 188	0	0.0
精糖・・・・・・・・	1 789	411	2	2 168	2 125	17.0
油脂類・・・・・・・・	1 955	948	24	2 892	2 307	13.5
植物油脂・・・・	1 630	929	22	2 589	2 231	13.0
動物油脂・・・・	325	19	2	303	76	0.4
みそ・・・・・・・・	467	0	21	446	444	3.6
しょうゆ・・・・・・	695	3	47	652	649	5.2
きのこ類・・・・・・	460	59	0	519	494	3.4

農林水産省「食料需給表」（2022年度）より作成。0はデータが皆無または不詳。統計数値は集計期間が暦年のものが一部含まれている。1) 食用向けの量。2) 純食料（粗食料から魚の頭など通常食べない部分を除いたもの）。3) うんしゅうみかん。4) わずかに鯨を含む。5) 飼肥料を含む。

〔耕地と農業経営〕　日本の農業は、農業就業者が大きく減少し、農地面積も減少している。経営耕地の小さい個人経営体が減少する一方、法人をはじめ団体経営体が徐々に増加している。経営体の規模は拡大して、1経営体あたりの経営耕地面積や農業粗収益、農業経営費が増加している。近年は耕地の貸付・借入が増えており、経営耕地に占める借入耕地の割合は、2005年の22％から2023年には44％に拡大した。

図 11-4　田畑別耕地面積の推移

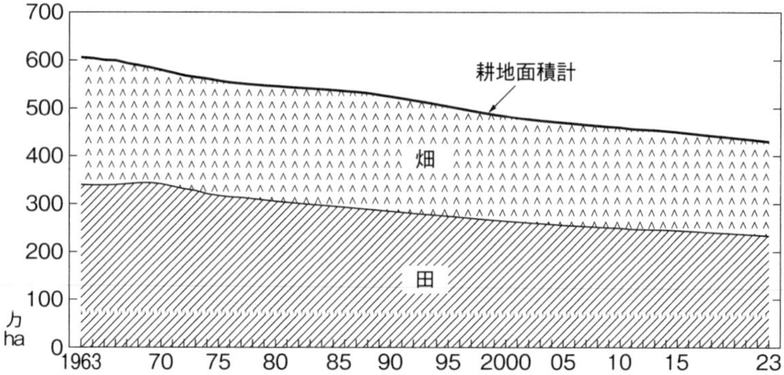

資料・注記は表11-8に同じ。ピークは1961年（608.6万ha）。

表 11-8　耕地面積と作付（栽培）延べ面積 （単位　千ha）

	1960	1980	2000	2020	2022	2023
田・・・・・・・・・・・・・	3 381	3 055	2 641	2 379	2 352	2 335
畑・・・・・・・・・・・・・	2 690	2 406	2 189	1 993	1 973	1 962
普通畑・・・・・・・・ 1)	2 165	1 239	1 188	1 130	1 123	1 120
樹園地・・・・・・・・ 1)	451	587	356	268	259	254
牧草地・・・・・・・・ 1)	81	580	645	595	591	589
計・・・・・・・・・・	**6 071**	**5 461**	**4 830**	**4 372**	**4 325**	**4 297**
うち本地 ・・・・・ 2)	5 755	5 199	4 625	4 199	4 154	4 127
田畑の拡張・・・・・・	29.3	31.9	3.8	8.2	6.6	8.6
田畑のかい廃・・・・	34.3	45.0	39.7	33.0	30.2	37.0
作付（栽培）延べ面積	8 129	5 706	4 563	3 991	3 947	…
耕地利用率3)（％）・	*133.9*	*104.5*	*94.5*	*91.3*	*91.3*	…

農林水産省「耕地及び作付面積統計」より作成。1970年までは沖縄県を含まず。1) 1961年。2) けい畔（畦（あぜ））を除く、栽培に直接使用される土地。3) 耕地面積に対する作付（栽培）延べ面積の割合で、同じ土地で複数回作付けする場合は100％を超える。

　基幹的農業従事者（表11-12）は減少し続けている。高齢化も進展しており、個人経営体では平均年齢が68.7歳であった（2023年）。新規就農者も若者は少なく、65歳以上の高齢者の割合が増加している。大規模経営を行う経営体や、加工品の製造やサービス産業も行う6次産業化を進めた経営体は雇用者が多い。労働力調査によると、農林業の就業者が

表 11-9　農業経営体と経営耕地面積（2005年農林業センサス以降）

	2005	2010	2015	2020	2022	2023
農業経営体（千経営体）·	2 009	1 679	1 377	1 076	975	929
個人経営体··········	1 976	1 644	1 340	1 037	935	889
団体経営体··········	33	36	37	38	40	41
法人経営体········	19	22	27	31	32	33
（参考）総農家（千戸）··	2 848	2 528	2 155	1 747	…	…
販売農家···········	1 963	1 631	1 330	1 028	…	…
自給的農家·········	885	897	825	719	…	…
経営耕地面積（千ha）··	3 693	3 632	3 451	3 233	3 178	3 141
田···············	2 084	2 046	1 947	1 785	1 716	1 672
畑···············	1 380	1 372	1 316	1 289	1 302	1 315
樹園地············	229	214	189	159	160	155
1経営体あたり（ha）··	1.9	2.2	2.5	3.1	3.3	3.4
北海道············	20.1	23.5	26.5	30.2	33.1	34.0
都府県············	1.4	1.6	1.8	2.2	2.3	2.4
借入耕地面積[1]（千ha）··	824	1 063	1 164	1 257	1 332	1 373
田···············	493	702	781	835	886	887
畑···············	309	335	355	394	414	448
樹園地············	23	26	28	28	32	37

農林水産省「農林業センサス累計統計」および「2020年農林業センサス結果の概要」より作成。農林業センサスは全数調査で5年ごとに実施される。2022、23年は農林水産省「農業構造動態調査」（農林業センサス実施以外の年に実施。標本調査でセンサスの数値とは厳密には接続しない）による。2005年調査以降、「農業センサス」は「林業センサス」と統合され、「農林業センサス」として実施されている。1）経営耕地面積の内数。

農業経営体：経営耕地30a以上や年間販売金額50万以上などに相当する規模以上の農業を営む者、または農作業の受託事業を行う者。
（参考）総農家：自家消費用も含めて農業を行うすべての世帯。
（参考）販売農家：販売用の農産物を主に生産する世帯。
経営耕地：農業経営体が経営している耕地のことで、けい畔（畦（あぜ）のこと）を含む。自家所有耕地（自作地）と借入耕地の合計。

「農林業センサス」の経営耕地面積と「耕地及び作付面積統計」の耕地面積の比較
本表に示した経営耕地面積は「農林業センサス」によるが、本調査は農林業を行う経営体を対象に行われたもので、自給的農家などは含まれていない。一方、表11-8に示した耕地面積は「耕地及び作付面積統計」により、空中写真（衛星画像等）を元に標本地域を選定して現況を調査した結果から、全体の面積を推定したもの。

減少するなかで、雇用者は増加している（表11-14）。また、農業分野で届出のあった外国人労働者は5万人（2023年10月末）である。

　2022年の農業経営体の経営状況は、肥料や飼料費、動力光熱費の大幅な増加によって、農業所得が前年を22％下回った。特に、法人経営体に限ると、農業所得は平均で赤字である（表11-11）。燃料や飼料、肥料の

表 11-10　経営耕地面積規模別の農業経営体（2023年）

	都府県			北海道		
	農業経営体（千経営体）	対前年比（％）	耕地面積（千ha）	農業経営体（千経営体）	対前年比（％）	耕地面積（千ha）
1 ha未満‥‥ 1)	478.7	-5.1	243.2	2.6	-3.7	0.7
1 〜 5 ‥‥‥	343.5	-4.9	655.1	3.6	-16.3	8.2
5 〜10 ‥‥‥	41.3	-3.5	268.7	3.1	-13.9	18.6
10〜20 ‥‥‥	19.8	-2.0	272.1	5.4	0.0	59.8
20〜30 ‥‥‥	6.5	1.6	164.6	4.2	-2.3	80.7
30〜50 ‥‥‥				6.5	6.6	
50〜100 ‥‥‥	7.3	4.3	479.8	4.8	2.1	889.8
100ha以上 ‥‥				2.0	5.3	
計‥‥‥‥	897.1	—	2 083.5	32.3	—	1 057.9

農林水産省「農業構造動態調査」（2023年）より作成。1) 経営体は経営耕地なしを含む。

表 11-11　農業経営体の1経営体あたり農業経営収支（2022年）（単位　千円）

	全農業経営体	対前年比（％）	主業1)経営体	対前年比（％）	法人経営体	対前年比（％）
農業粗収益‥‥‥	11 656	8.2	20 359	-1.8	126 790	4.0
作物収入‥‥‥	6 035	9.1	13 075	2.2	31 670	3.9
畜産収入‥‥‥	4 080	9.0	4 815	-4.7	78 466	4.1
共済・補助金等	1 233	2.9	2 123	-15.5	13 230	4.6
農業経営費‥‥‥	10 674	12.2	16 730	2.1	127 554	8.4
雇人費‥‥‥	1 088	8.9	1 016	4.0	22 041	0.3
肥料費‥‥‥	555	16.8	1 094	9.2	2 887	11.7
飼料費‥‥‥	2 099	31.5	2 353	6.6	41 724	30.0
動力光熱費‥‥	692	24.7	1 265	17.8	5 686	18.9
農業所得‥‥‥	982	-21.7	3 629	-16.3	-764 2)	…
経営耕地面積 (a)	386	5.2	684	0.1	2 234	-0.6
農業従事者数（人）	4.54	5.6	5.79	6.6	14.15	-3.5

農林水産省「営農類型別経営統計」（2022年）より作成。1) 個人経営体のうち、農業所得が主で、自営農業に60日以上従事している65歳未満の者がいる経営体。2) 2021年は農業所得がプラスの424万5千円であった。

価格が世界的に高騰したことが、経営に重くのしかかっている。

　肥料は、2021年秋以降に中国が肥料原料の輸出検査の厳格化を行った
ことや、ロシアによるウクライナ侵攻の影響で、中国やロシアからの輸
入が停滞し、他の国からの調達に切り替えている。肥料は経済安全保障
推進法に基づき安定供給を図る「特定重要物資」に指定されており、政
府は国内需要の3か月分の民間備蓄を支援している。

　化学肥料などを使用しない有機農業は、取組面積が国内の耕地面積の

図 11-5　年齢別基幹的農業従事者数の割合（個人経営体）（2023年）

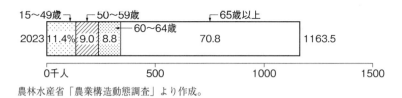

農林水産省「農業構造動態調査」より作成。

表 11-12　農家人口（販売農家）（各年2月1日現在）

	農家人口 （千人）	農業 従事者 数1)	農業 就業人口	基幹的 農業 従事者1)	農家1戸 あたり（人） 農家 人口	農業就業 人口
1990	13 878	8 493	4 819	2 927	4.67	1.62
1995	12 037	7 398	4 140	2 560	4.54	1.56
2000	10 467	6 856	3 891	2 400	4.48	1.67
2005	8 370	5 562	3 353	2 241	4.26	1.71
2010	6 503	4 536	2 606	2 051	3.99	1.60
2015	4 880	3 399	2 097	1 754	3.67	1.58
2019*	3 984	2 765	1 681	1 404	3.53	1.49
2020	…	2 494	…	1 363	…	…
2021*	…	2 294	…	1 302	…	…
2022*	…	2 145	…	1 226	…	…
2023*	…	2 035	…	1 164	…	…

農林水産省「世界農林業センサス」および「農林業センサス」より作成。*は「農業構造
動態調査」による。住み込みの雇人を含まず。1) 2020年センサス以降は調査対象が農業
経営体の個人経営体に変更され、1戸1法人の基幹的農業従事者を含まない。

農家人口：農家のすべての世帯員。農業に従事しているか否かは問わない。
農業従事者：年間1日以上自営農業に従事した世帯員。
農業就業人口：主に自営農業に従事した世帯員（家事などが主体の主婦や学生も含む）。
2020年センサスでは調査が廃止される。
基幹的農業従事者：自営農業に主として従事した世帯員。

0.6％を占めて（2021年度、以下同じ）、年々増加している（表11-17）。国内の農産物総生産量に占める有機農産物の割合は、野菜が0.4％、米は0.1％程度であるが、茶は５％を超えている。

図 11-6　農産物販売金額１位の部門別農業経営体数の割合

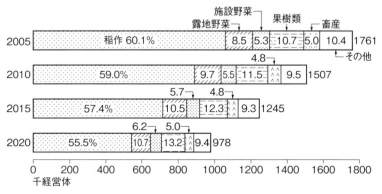

資料は表11-13に同じ。販売なしを除く。

表 11-13　農産物販売金額規模別経営体数（農業経営体）（単位　千経営体）

	2005	2010	2015	2020	2022	2023
販売なし‥‥‥	249	173	132	97	348	322
50万円未満‥‥	570	529	470	287		
50～100万円‥‥	341	288	211	176	163	152
100～500万円‥‥	559	443	341	296	257	248
500～1000万円‥	138	114	97	92	79	79
1000～3000万円‥	116	100	90	86	84	83
3000～5000万円‥	21	18	18	20	21	21
5000万～１億円‥	10	9	10	13	14	14
１～５億円‥‥‥	4	5	6	7	9	10
５億円以上‥‥‥	1	1	1	1		
農業経営体計‥	2 009	1 679	1 377	1 076	975	929

農林水産省「農業構造動態調査」および「農林業センサス累計統計」より作成。

表 11-14　農林業の就業者数（年平均）（単位　万人）

	1980	2000	2010	2020	2022	2023
農林業就業者数‥	532	297	237	200	192	187
うち雇用者‥ 1)	30	34	54	59	58	60

総務省「労働力調査」より作成。1) 自営業主等（法人組織を除く）を含まない。

図 11-7　新規就農者数の推移

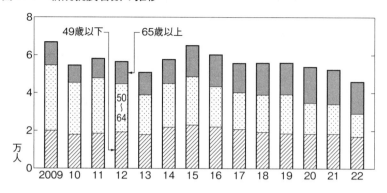

農林水産省「新規就農者調査」より作成。

表 11-15　農業生産関連事業（6次産業）の年間販売額（単位　億円）

	2010	2020	2021	2022	1事業体 あたり （万円）
農作物の加工・・・・・・	7 783	9 187	9 533	10 128	3 495
農産物直売所・・・・・・	8 176	10 535	10 464	10 879	4 862
観光農園・・・・・・・・・	352	293	326	360	708
農家民宿・・・・・・・・・	51	36	40	46	390
農家レストラン・・・・	181	279	303	352	2 641
計・・・・・・・・・・・・・	16 552	20 329	20 666	21 765	3 692

農林水産省「6次産業化総合調査」より作成。会計年度。

表 11-16　世界の植物品種出願件数（2022年）（単位　件）

	出願 件数1)	内国人	外国人	出願人居住地別 出願件数2)	
中国・・・・・・・・・・・	13 027	12 333	694	中国・・・・・・・・・・・	12 357
欧州植物品種庁・・	3 193	2 543	650	オランダ・・・・・・・・	2 874
イギリス・・・・・・・・	1 702	1 535	167	アメリカ合衆国・・	2 120
アメリカ合衆国・・	1 375	720	655	イギリス・・・・・・・・	1 657
ロシア・・・・・・・・・・	865	589	276	フランス・・・・・・・・	1 167
ウクライナ・・・・・・	789	297	492	ドイツ・・・・・・・・・・	920
オランダ・・・・・・・・	684	516	168	日本・・・・・・・・・・・	668
日本・・・・・・・・・・・	683	464	219	スイス・・・・・・・・・・	663
世界計×・・・・・・	27 260	21 500	5 760	世界計×・・・・・・	27 260

WIPO “World Intellectual Property Indicators 2023” より作成。1) 各国で受理した出願
件数。ヨーロッパは各国のほか、欧州植物品種庁（EU全体に出願したのと同じ効力がある）
への出願分もある。2) 各受理件数を国籍別に集計したもの。×調査対象72省庁の計。

図 11-8 日本の化学肥料消費量の推移

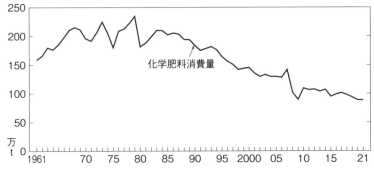

FAO（国連食糧農業機関）FAOSTATより作成（2024年3月28日閲覧）。窒素（N含有量）、りん酸（P_2O_5含有量）、カリ（K_2O含有量）肥料の計。

図 11-9 耕地1haあたり化学肥料 消費量（2021年）

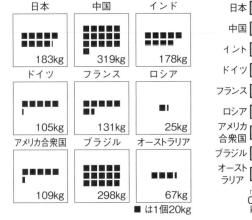

■は1個20kg

資料・注記は図11-8に同じ。

図 11-10 耕地1haあたり 農薬消費量（2021年）

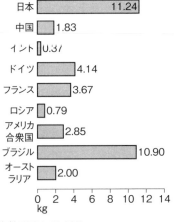

資料は図11-8に同じ。

表 11-17 有機農業の取組面積 （単位 千ha）

	2010	2015	2019	2020	2021
有機農業取組面積・・・・・・・・	16.7	22.1	23.8	25.2	26.6
うち有機JAS認証を取得 ・・	9.4	10.0	12.0	14.1	15.3
耕地面積に占める割合（%）	0.4	0.5	0.5	0.6	0.6

農林水産省資料より作成。有機農業は、有機農業推進法で「化学的に合成された肥料や農薬を使用しない、遺伝子組換え技術を利用しないことを基本として、農業生産に由来する環境への負荷をできる限り低減した農業生産の方法を用いて行われる農業」と定義。

〔米〕 2023年産の水稲の作付面積は134万4000ヘクタールで、前年産より１万1000ヘクタール減少した。収穫量は、前年比10万トン減の717万トン、10アールあたりの収量は、前年比３キログラム減って533キログラムとなった。全国の作況指数は101の「平年並み」であった（141ページの解説参考）。地域別にみると、田植え期以降に比較的天候に恵ま

図 11-11 米の需給の動き

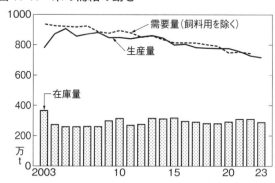

生産量は表11-18、需要量は表11-21、在庫量は農林水産省生産局資料より作成。

　生産量（収穫量）は各年産で、需要量は会計年度、在庫量は６月末現在の数値。なお在庫量は、民間流通米と政府米の合計で、生産・出荷・販売の各段階で集計が行われる。

表 11-18 水陸稲の作付面積および収穫量の推移（玄米）

	水陸稲計		うち水稲			
	作付面積（千ha）	収穫量（千 t）	作付面積（千ha）	10aあたり収量（kg）	収穫量（千 t）	主食用収穫量（千 t）
1990	2 074	10 499	2 055	509	10 463	…
2000	1 770	9 490	1 763	537	9 472	…
2010	1 628	8 483	1 625	522	8 478	8 239
2020	1 462	7 765	1 462	531	7 763	7 226
2022	1 355	7 270	1 355	536	7 269	6 701
2023	1 345	7 166	1 344	533	7 165	6 610

農林水産省「作物統計」（2023年）より作成。作付面積は青刈り面積を除く子実用。収穫量は1.7ミリメートル以上のふるい目を基準とした玄米の重量。【☞長期統計511ページ】

作況指数　農作物の作柄の良否を表す指標で、その年の10アールあたり平年収量（その年の天候や農作物の被害などを平年並みとして、栽培技術の進歩や作付面積の変動を考慮し、実収量の動きを元に予想した収量）に対する実際の10アールあたり収量の割合。作柄の良否は、作況指数99～101を平年並みとし、102～105「やや良」、106以上「良」、95～98「やや不良」、94以下「不良」で、特に90以下は「著しい不良」と表現される。

れた北海道、東北、関東・東山は、宮城県の105をはじめ「やや良」が増加した。一方、日照不足に加え、小雨や記録的な高温の影響を受けた中国、四国、九州は落ち込み、新潟県、鳥取県が95と最低となった。

　主食用の米の需要は、戦後の食生活の変化に伴い縮小してきた。1人あたりの米の年間消費量（純食料）は、1962年度の118キログラムがピ

表 11-19　地域別の水稲の作付面積および収穫量（玄米）（2023年産）

	作付面積（千ha）	%	対前年差（ha）	10aあたり収量（kg）	収穫量（千t）	%
北海道・・・・	93.3	6.9	-0.3	579	540	7.5
東北・・・・・・	349.1	26.0	0.8	569	1 988	27.7
北陸・・・・・・1)	197.7	14.7	-0.5	513	1 015	14.2
関東・東山2)	239.5	17.8	-0.6	544	1 302	18.2
東海・・・・・・3)	86.8	6.5	-0.3	494	429	6.0
近畿・・・・・・	94.7	7.0	-1.7	503	476	6.6
中国・・・・・・	94.0	7.0	-1.8	514	483	6.7
四国・・・・・・	43.1	3.2	-1.5	482	208	2.9
九州・・・・・・	145.3	10.8	-4.8	497	722	10.1
沖縄・・・・・・	0.6	0.0	-0.1	321	2	0.0
全国・・・・	1 344.0	100.0	-11.0	533	7 165	100.0
都道府県・・4)						
新潟・・・・	115.8	8.6	-0.2	511	592	8.3
北海道・・・	93.3	6.9	-0.3	579	540	7.5
秋田・・・・	83.0	6.2	0.6	552	458	6.4
山形・・・・	61.0	4.5	-0.5	589	359	5.0
宮城・・・・	60.9	4.5	0.1	566	345	4.8
福島・・・・	58.4	4.3	0.6	561	328	4.6
茨城・・・・	59.7	4.4	-0.3	530	316	4.4
栃木・・・・	51.4	3.8	0.6	553	284	4.0

農林水産省「作物統計」（2023年）より作成。1) 新潟、富山、石川、福井の4県。2) 関東は7都県で、東山は山梨、長野の2県。3) 岐阜、静岡、愛知、三重の4県。4) 収穫量上位の道県。【☞府県別統計522ページ】

表 11-20　市町村別の水稲の作付面積および収穫量（玄米）（2023年産）

	作付面積（ha）	収穫量（千t）		作付面積（ha）	収穫量（千t）
新潟市（新潟）	24 400	131.1	登米市（宮城）	9 850	58.3
大仙市（秋田）	11 700	66.9	大潟村（秋田）	10 200	55.9
横手市（秋田）	10 900	63.5	上越市（新潟）	11 300	55.0
鶴岡市（山形）	10 700	62.1	大崎市（宮城）	9 090	52.3
長岡市（新潟）	12 300	61.6	栗原市（宮城）	9 180	52.2

農林水産省「作物統計」（2023年）より作成。収穫量の上位市町村。

ークで、2022年度には51キログラムにまで落ち込んでいる。コロナ禍で2020年度に外食を中心に需要が落ち込み、その後回復してきているが、1人あたり消費量は全体では2020年度以降低迷が続いている。

1971年より政府が米の生産量を調整してきた「減反政策」は2018年に廃止され、農家は自らの判断で米の生産を行うことが求められるようになった。品種開発が進み、ブランド米などの生産を行っているが、需要の減少が続いている。政府は、その対策として水田の畑作化支援や戦略作物（麦、大豆、飼料米、米粉用等）への助成を行っている。

日本は、米の生産コストがアメリカの約7倍で（2021年）、内外価格差が大きい。日本の米市場へのアクセスが求められ、日本は協定に基づ

表 11-21　米の需給 （会計年度）（単位　千t）

	1990	2000	2010	2020	2021	2022 (概算)
生産量	10 499	9 490	8 554	8 145	8 226	8 073
輸入量	50	879	831	814	878	832
輸出量	0	462	201	110	90	89
在庫増減量	65	-76	-240	250	-53	-255
国内消費仕向量[1]	10 484	9 790	9 018	7 855	8 189	8 236
粗食料	9 554	9 049	8 411	7 067	7 123	7 013
加工用	650	489	322	230	227	229
飼料用[1]	13	11	71	384	665	805
純食料（精米）	8 656	8 198	7 620	6 403	6 453	6 354
1人あたり供給量（精米）(kg)	70.0	64.6	59.5	50.8	51.4	50.9

農林水産省「食料需給表」より作成。精米以外は玄米の数値。輸出入は玄米換算。1) 2000年度以降、過剰米処理に伴う飼料用の政府売却分を除く。

表 11-22　日本の米の輸入先 （単位　千t）

	2000	2010	2020	2022	2023	″ %
タイ	128.3	295.4	272.0	283.6	369.6	52.1
アメリカ合衆国	338.5	316.4	317.2	294.1	211.3	29.8
中国	70.7	52.2	74.6	61.1	72.2	10.2
オーストラリア	101.8	—	1.2	24.4	50.2	7.1
計×	655.8	664.4	676.8	669.3	708.9	100.0

財務省「貿易統計」より作成。もみ、玄米、精米、砕米の計。2023年は確々報。日本は1995年4月より最低輸入義務量として割り当てられたミニマムアクセス米の輸入を開始。1999年からは、それ以外の輸入米に高率の関税を課して輸入を自由化。×その他とも。

き1995年度より最低限の輸入義務であるミニマムアクセス（MA）を設定して、国家貿易として輸入を行っている。MA米輸入は2023年度で77万玄米トンである（このほかTPP11合意によるオーストラリア枠が6720実トン）。米の食料自給率は2022年度概算値で99％と高く、MA米は飼料用や加工用などに活用されている。一方、政府は米の輸出拡大を目指している。援助米を除く米の輸出量は2023年が3.7万 t で、2019年からの４年間で２倍になったほか、パックご飯などの輸出も増えている。

表 11-23　世界の米の生産（単位　千 t）

	2000	2010	2020	2021	2022	1 ha あたり（t）
中国‥‥‥‥‥	187 908	197 226	211 860	212 843	208 495	7.08
インド‥‥‥‥	127 465	143 963	186 500	194 200	196 246	4.23
バングラデシュ‥	37 628	50 061	54 906	56 383	57 189	4.89
インドネシア‥‥	51 898	59 283	54 649	54 415	54 749	5.24
ベトナム‥‥‥	32 530	40 006	42 765	43 853	42 672	6.02
タイ‥‥‥‥‥	25 844	35 703	31 734	32 978	34 317	2.99
ミャンマー‥‥‥	21 320	32 580	26 400	27 438	24 680	3.58
フィリピン‥‥‥	12 389	15 772	19 295	19 960	19 756	4.11
カンボジア‥‥‥	4 026	8 245	10 936	12 207	11 624	3.52
パキスタン‥‥‥	7 204	7 235	12 630	13 984	10 983	3.69
ブラジル‥‥‥‥	11 135	11 236	11 091	11 661	10 776	6.64
日本‥‥‥‥‥	11 863	10 692	10 469	10 525	10 364	6.92
世界計×‥‥‥	598 935	696 503	772 545	789 045	776 461	4.70

FAOSTATより作成（2024年４月７日閲覧）。×その他とも。

表 11-24　世界の米の輸出入（精米換算）（単位　千 t）

輸出	2021	2022	輸入	2021	2022
インド‥‥‥‥	21 035	22 074	中国‥‥‥‥‥	4 920	6 155
タイ‥‥‥‥‥	6 065	7 685	フィリピン‥‥‥	2 967	3 176
ベトナム‥‥‥	5 703	5 438	イラク‥‥‥‥	1 257	2 131
パキスタン‥‥	3 933	4 569	ベナン‥‥‥‥	1 394	1 577
中国‥‥‥‥‥	2 412	2 178	コートジボワール	1 441	1 560
アメリカ合衆国	2 838	2 125	セネガル‥‥‥	1 194	1 487
ミャンマー‥‥	1 598	2 071	サウジアラビア	1 173	1 304
ブラジル‥‥‥	771	1 409	モザンビーク‥	1 541	1 293
世界計×‥‥	51 726	55 612	世界計×‥‥	52 645	55 883

FAOSTATより作成（2024年４月７日閲覧）。×その他とも。

〔麦〕 2023年産の4麦（小麦、二条大麦、六条大麦、はだか麦）の収穫量（子実用）は133万トンで、このうち小麦が109万トンである。小麦の国内生産は、1960年代までほぼ年間100万トンを超えていたが、品質や価格で輸入小麦に対抗できず、1973年に戦後最低の20万トンまで落ち

表 11-25　麦類の収穫量（単位　千t）

	小麦	大麦	二条大麦	六条大麦	はだか麦	計	作付面積（千ha）
1980	583	332	269	63	53	968	313
1990	952	323	254	69	23	1 297	366
2000	688	192	154	38	22	903	237
2010	571	149	104	45	12	732	266
2020	949	201	145	57	20	1 171	276
2022	994	216	151	65	17	1 227	291
2023	1 094	216	151	64	17	1 326	296

農林水産省「作物統計」より作成。

表 11-26　麦類の主産県の収穫量（2023年産）

		t	%			t	%
小麦	北海道‥	717 100	65.5	二条大麦	佐賀‥‥	42 800	28.3
	福岡‥‥	70 000	6.4		栃木‥‥	35 300	23.3
	佐賀‥‥	50 900	4.7		福岡‥‥	23 600	15.6
	愛知‥‥	34 300	3.1		全国×	151 300	100.0
	三重‥‥	26 800	2.4				
	滋賀‥‥	24 200	2.2	六条大麦	福井‥‥	16 100	25.0
	群馬‥‥	22 400	2.0		富山‥‥	13 200	20.5
	埼玉‥‥	22 000	2.0		石川‥‥	6 390	9.9
	全国×	1 094 000	100.0		全国×	64 400	100.0

農林水産省「作物統計」より作成。×その他とも。【☞小麦の府県別統計522ページ】

表 11-27　麦類供給の内訳（2022年度）（概算値）（単位　千t）

	国内消費仕向量	飼料用	種子用	加工用1)	減耗量	粗食料2)
小麦‥‥‥‥	6 469	932	21	282	157	5 070
大麦‥‥‥‥	1 965	1 088	4	810	2	61
はだか麦‥‥	31	0	0	7	1	23

農林水産省「食料需給表」より作成。1) ビール、しょうちゅうなど酒類や、みそ、しょうゆ、グルタミン酸ソーダなどの生産に使用される分。2) 食用向けの量。

こんだ。1980年代になると、政府が米の減反政策で麦への転作を奨励し、生産は次第に回復した。近年、麺やパンに使用する国産小麦への需要の高まりにより、水田での麦作の奨励などが行われている。2022年度の食料自給率は15％で、今後国産に切り替えられる余地が大きい。

　麦類の輸入は国家貿易であり、政府が一元で買い付けて製粉会社に売却している。売り渡し価格は、直近 6 か月の平均買い付け価格をベースに算定されるが、2022年のロシアによるウクライナ侵攻で一時急騰した際には、緊急措置等で2023年上半期分まで価格が抑えられた。

表 11-28　日本の小麦の輸入先（単位　千 t）

	2000	2010	2020	2022	2023	〃 %
アメリカ合衆国‥	3 175	3 305	2 632	2 154	1 942	38.6
カナダ‥‥‥‥‥	1 483	1 018	1 938	1 881	1 928	38.4
オーストラリア‥	1 194	1 093	797	1 306	1 150	22.9
計×‥‥‥‥‥	5 854	5 476	5 374	5 346	5 026	100.0

財務省「貿易統計」より作成。2023年は確々報。×その他とも。

表 11-29　世界の小麦と大麦の生産量（単位　千 t）

		2000	2010	2020	2021	2022	〃 %
小麦	中国‥‥‥‥‥	99 636	115 181	134 250	136 946	137 720	17.0
	インド‥‥‥‥	76 369	80 804	107 861	109 587	107 742	13.3
	ロシア‥‥‥‥	34 460	41 508	85 896	76 061	104 234	12.9
	アメリカ合衆国	60 639	60 062	49 751	44 804	44 902	5.6
	オーストラリア	24 757	21 834	14 480	31 923	36 237	4.5
	フランス‥‥‥	37 356	38 207	30 181	36 559	34 632	4.3
	カナダ‥‥‥‥	26 536	23 300	35 437	22 422	34 335	4.2
	パキスタン‥‥	21 079	23 311	25 248	27 464	26 209	3.2
	ドイツ‥‥‥‥	21 622	23 783	22 172	21 459	22 587	2.8
	アルゼンチン‥	15 479	9 016	19 777	17 644	22 150	2.7
	世界計×‥‥	587 648	640 803	757 023	772 779	808 442	100.0
大麦	ロシア‥‥‥‥	14 039	8 350	20 939	17 996	23 394	15.1
	オーストラリア	5 043	7 865	10 127	14 649	14 377	9.3
	フランス‥‥‥	9 709	10 102	10 277	11 321	11 285	7.3
	ドイツ‥‥‥‥	12 106	10 327	10 769	10 411	11 207	7.2
	カナダ‥‥‥‥	13 229	7 627	10 741	6 848	9 987	6.4
	世界計×‥‥	131 406	123 461	156 836	145 133	154 877	100.0

FAOSTATより作成（2024年 4 月 7 日閲覧）。×その他とも。

表 11-30　小麦の需給（会計年度）（単位　千 t ）

	1990	2000	2010	2020	2021	2022（概算）
生産量‥‥‥‥‥	952	688	571	949	1 097	994
輸入量‥‥‥‥‥	5 307	5 688	5 473	5 521	5 375	5 512
輸出量‥‥‥‥‥	0	0	0	0	0	0
国内消費仕向量‥	6 270	6 311	6 384	6 412	6 421	6 469

農林水産省「食料需給表」より作成。玄麦の数値で、輸出入は玄麦換算。

表 11-31　大麦の需給（会計年度）（単位　千 t ）

	1990	2000	2010	2020	2021	2022（概算）
生産量‥‥‥‥‥	323	192	149	201	213	216
輸入量‥‥‥‥‥	2 211	2 438	1 902	1 649	1 658	1 830
輸出量‥‥‥‥‥	0	0	0	0	0	0
国内消費仕向量‥	2 590	2 606	2 087	1 810	1 893	1 965

資料、注記は表11-30に同じ。

表 11-32　1 ヘクタールあたり小麦収量（2022年）（単位　t ）

イギリス‥‥‥‥	8.59	ウクライナ‥‥‥	3.92	アメリカ合衆国‥	3.13
ドイツ‥‥‥‥‥	7.58	ロシア‥‥‥‥‥	3.55	トルコ‥‥‥‥‥	2.99
フランス‥‥‥‥	7.00	インド‥‥‥‥‥	3.54	パキスタン‥‥‥	2.92
エジプト‥‥‥‥	6.78	カナダ‥‥‥‥‥	3.41	オーストラリア‥	2.85
中国‥‥‥‥‥‥	5.86	アルゼンチン‥‥	3.38	イラン‥‥‥‥‥	1.67
ポーランド‥‥‥	5.24	ブラジル‥‥‥‥	3.27	カザフスタン‥‥	1.27

FAOSTATより作成（2024年4月7日閲覧）。生産量の多い18か国を掲載した。

表 11-33　世界の小麦の輸出入（小麦粉を含まず）（単位　千 t ）

輸出	2021	2022	輸入	2021	2022
オーストラリア	25 563	28 781	中国‥‥‥‥‥‥	9 711	9 873
アメリカ合衆国	24 014	20 918	インドネシア‥‥	11 481	9 459
フランス‥‥‥‥	16 091	20 152	トルコ‥‥‥‥‥	8 877	8 907
カナダ‥‥‥‥‥	21 546	18 548	エジプト‥‥‥‥	6 641	8 010
ロシア‥‥‥‥‥	27 366	17 829	アルジェリア‥‥	8 029	7 017
アルゼンチン‥‥	9 485	12 938	イタリア‥‥‥‥	7 298	6 917
ウクライナ‥‥‥	19 395	11 223	フィリピン‥‥‥	6 029	6 251
インド‥‥‥‥‥	6 091	6 799	モロッコ‥‥‥‥	4 669	6 008
世界計×‥‥‥	**200 044**	**186 680**	世界計×‥‥‥	**196 957**	**184 798**

FAOSTATより作成（2024年4月7日閲覧）。×その他とも。

〔豆類・いも類・雑穀〕　大豆は豆腐や納豆、みそやしょう油の原料で、和食に不可欠であるが、自給率は6％（2022年度概算）と低い。大豆の需要量は390万トン（同年度）で、多くが油糧用であるが、国産大豆はほぼ全量が食用になる。輸入先はアメリカ合衆国が69％（2023年確々報）を占める。近年は中国での需要の高まりなどを受けて価格が上昇しており、2022年にはロシアによるウクライナ侵攻で高騰した。

　雑穀のとうもろこしは、日本人が普段食べるスイートコーンではなく、畜産業の飼料用とうもろこしを指す。2022年の世界の輸入量で、日本は

表 11-34　豆類・雑穀・いも類の生産量（単位　千t）

	1990	2000	2010	2020	2021	2022
大豆‥‥‥‥‥ 1)	220.4	235.0	222.5	218.9	246.5	242.8
小豆‥‥‥‥‥ 1)	117.9	88.2	54.9	51.9	42.2	42.1
いんげん‥‥‥ 1)	32.4	15.3	22.0	4.9	7.2	8.5
らっかせい‥ 1)2)	40.1	26.7	16.2	13.2	14.8	17.5
そば‥‥‥‥‥ 1)3)	20.5 4)	26.0	29.7	44.8	40.9	40.0
かんしょ‥‥‥‥	1 402	1 073	864	688	672	711
ばれいしょ‥‥‥	3 552	2 898	2 290	2 205	2 175	2 283

農林水産省「作物統計」より作成。1) 乾燥子実。2) から付き。3) 1989年。4) 2001年、調査対象県のみ。

表 11-35　豆類・雑穀・いも類の主産地（2022年産）（単位　t）

大豆1)		%	小豆1)2)		%	そば1)		%
北海道	108 900	44.9	北海道	39 300	93.3	北海道	18 300	45.8
宮城	15 800	6.5	全国×	42 100	100.0	長野	3 190	8.0
秋田	11 500	4.7				茨城	3 000	7.5
滋賀	10 600	4.4	いんげん1)2)		%	栃木	2 760	6.9
福岡	9 790	4.0				全国×	40 000	100.0
佐賀	8 930	3.7	北海道	8 090	94.8			
新潟	7 100	2.9	全国×	8 530	100.0	かんしょ		%
全国×	242 800	100.0				鹿児島	210 000	29.5
らっかせい1)2)		%	ばれいしょ		%	茨城	194 300	27.3
						千葉	88 800	12.5
千葉	14 900	85.1	北海道	1 819 000	79.7	宮崎	77 900	11.0
全国×	17 500	100.0	鹿児島	97 600	4.3	全国×	710 700	100.0
			全国×	2 283 000	100.0			

資料は上表に同じ。1) 乾燥子実。2) 主産県調査。全国は主産県の調査結果から推計したもの。×その他とも。【☞府県別統計で大豆522ページ、ばれいしょ523ページ】

中国、メキシコに次ぐ3位である。中国で2020年より豚熱からの回復などをきっかけに輸入量が急増したほか、2022年にはロシアのウクライナ侵攻の影響で高騰し、畜産農家の経営に打撃を与えた。

ばれいしょは国内生産が228万トンで、自給率は65％である（2022年度概算）。輸入は冷凍加工食品が主である。生ばれいしょは植物防疫法で輸入禁止または隔離検疫が必要で、ポテトチップ用にアメリカ産に限り、決められた加熱加工施設向け等の場合のみ輸入が可能である。近年は、ポテトチップ用の国産ばれいしょが不足している。

表 11-36 日本のとうもろこし・大豆の輸入先（単位 千t）

とうもろこし	2022	2023	大豆	2022	2023
アメリカ合衆国	9 902	6 742	アメリカ合衆国	2 576	2 168
ブラジル‥‥‥‥	3 498	6 643	ブラジル‥‥‥‥	597	646
アルゼンチン‥	1 004	762	カナダ‥‥‥‥‥	309	324
南アフリカ共和国	744	587	中国‥‥‥‥‥‥	19	18
計×‥‥‥‥	15 271	14 876	計×‥‥‥‥	3 503	3 156

財務省「貿易統計」より作成。2023年は確々報。×その他とも。

表 11-37 世界のとうもろこし・大豆の生産量（単位 千t）

		2010	2020	2021	2022	％
と う も ろ こ し	アメリカ合衆国・	315 618	358 447	382 893	348 751	30.0
	中国‥‥‥‥‥‥	177 425	260 670	272 552	277 203	23.8
	ブラジル‥‥‥‥	55 364	103 991	88 272	109 421	9.4
	アルゼンチン‥‥	22 663	58 396	60 526	59 037	5.1
	インド‥‥‥‥‥	21 726	28 766	31 647	33 730	2.9
	メキシコ‥‥‥‥	23 302	27 425	27 503	26 626	2.3
	ウクライナ‥‥‥	11 953	30 290	42 110	26 187	2.3
	インドネシア‥‥	18 328	16 926	17 017	23 564	2.0
	世界計×‥‥‥	852 694	1 155 754	1 207 996	1 163 497	100.0
大 豆	ブラジル‥‥‥‥	68 756	121 821	134 799	120 701	34.6
	アメリカ合衆国・	90 663	114 749	121 528	116 377	33.4
	アルゼンチン‥‥	52 675	48 780	46 218	43 861	12.6
	中国‥‥‥‥‥‥	15 083	19 600	16 400	20 280	5.8
	インド‥‥‥‥‥	12 736	11 226	12 610	12 987	3.7
	カナダ‥‥‥‥‥	4 445	6 359	6 224	6 543	1.9
	世界計×‥‥‥	265 088	355 866	372 854	348 856	100.0

FAOSTATより作成（2024年4月7日閲覧）。×その他とも。

表 11-38　大豆の需給（会計年度）（単位　千t）

	1990	2000	2010	2020	2021	2022 （概算）
生産量‥‥‥‥‥	220	235	223	219	247	243
輸入量‥‥‥‥‥	4 681	4 829	3 456	3 139	3 224	3 704
輸出量‥‥‥‥‥	0	0	0	0	0	0
国内消費仕向量‥	4 821	4 962	3 642	3 498	3 564	3 895

農林水産省「食料需給表」より作成。

表 11-39　世界のとうもろこし・大豆の輸出入（単位　千t）

	2021	2022		2021	2022
とうもろこし輸出			**大豆輸出**		
アメリカ合衆国	70 041	58 595	ブラジル‥‥‥‥	86 110	78 932
ブラジル‥‥‥‥	20 430	43 389	アメリカ合衆国	53 051	57 332
アルゼンチン‥‥	36 912	35 409	アルゼンチン‥‥	4 284	5 195
ウクライナ‥‥‥	24 539	25 177	カナダ‥‥‥‥‥	4 505	4 283
世界計×‥‥‥	**196 153**	**209 464**	世界計×‥‥‥	**161 155**	**157 644**
とうもろこし輸入			**大豆輸入**		
中国‥‥‥‥‥‥	28 348	20 618	中国‥‥‥‥‥‥	96 517	91 081
メキシコ‥‥‥‥	17 567	16 256	オランダ‥‥‥‥	4 163	4 007
日本‥‥‥‥‥‥	15 240	15 271	メキシコ‥‥‥‥	4 691	3 935
韓国‥‥‥‥‥‥	11 654	11 810	日本‥‥‥‥‥‥	3 271	3 503
世界計×‥‥‥	**195 562**	**201 777**	世界計×‥‥‥	**163 238**	**153 414**

FAOSTATより作成（2024年4月7日閲覧）。×その他とも。

表 11-40　世界のいも類の生産（単位　千t）

	2021	2022		2021	2022
ばれいしょ			**かんしょ**		
中国‥‥‥‥‥‥	94 300	95 570	中国‥‥‥‥‥‥	47 746	46 604
インド‥‥‥‥‥	54 230	56 176	マラウイ‥‥‥‥	7 448	8 051
ウクライナ‥‥‥	21 356	20 899	タンザニア‥‥‥	4 000	4 260
ロシア‥‥‥‥‥	18 296	18 888	ナイジェリア‥‥	4 024	4 011
世界計×‥‥‥	**373 787**	**374 778**	世界計×‥‥‥	**87 490**	**86 410**
キャッサバ			**タロイモ**		
ナイジェリア‥‥	58 238	60 836	ナイジェリア‥‥	8 203	8 200
コンゴ民主共和国	45 673	48 775	中国‥‥‥‥‥‥	1 919	1 906
タイ‥‥‥‥‥‥	35 094	34 068	カメルーン‥‥‥	1 777	1 892
ガーナ‥‥‥‥‥	24 997	25 592	ガーナ‥‥‥‥‥	1 650	1 701
世界計×‥‥‥	**326 016**	**330 409**	世界計×‥‥‥	**17 290**	**17 718**

FAOSTATより作成（2024年4月7日閲覧）。×その他とも。

〔果実・野菜〕　果実は農業総産出額の10％を占める（2022年）。果樹にはそれぞれにあう気候や土壌があり、山形県のさくらんぼや沖縄のパイナップルなどは、1県で全国生産の過半数を占める。果実生産は戦後大きく増加し、1979年にピークに達した後、減少傾向が続いている。栽培農家（販売農家）は高齢化に伴い減少し、果樹の栽培面積も減少して

図 11-12　おもな果実と野菜の収穫量の推移

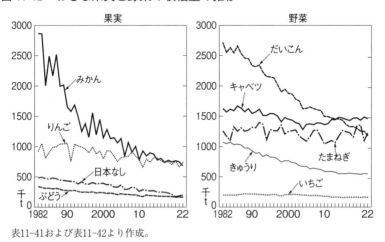

表11-41および表11-42より作成。

表 11-41　おもな果実の収穫量（単位　千 t ）

	1990	2000	2010	2020	2021	2022
みかん・・・・・・ 1)	1 653.0	1 143.0	786.0	765.8	749.0	682.2
りんご・・・・・・・・	1 053.0	799.6	786.5	763.3	661.9	737.1
日本なし・・・・・・	432.0	392.9	258.7	170.5	184.7	196.5
西洋なし・・・・・・	11.0	31.4	26.2	27.7	21.5	26.7
かき・・・・・・・・・	285.7	278.5	189.4	193.2	187.9	216.1
もも・・・・・・・・・	189.9	174.6	136.7	98.9	107.3	116.9
すもも・・・・・・・	31.8	26.6	20.9	16.5	18.8	18.8
さくらんぼ・・・ 2)	16.1	17.1	19.7	17.2	13.1	16.1
うめ・・・・・・・・・	97.1	121.2	92.4	71.1	104.6	96.6
びわ・・・・・・・・・	13.0	8.2	5.7	2.7	2.9	2.5
ぶどう・・・・・・・	276.1	237.5	184.8	163.4	165.1	162.6
くり・・・・・・・・・	40.2	26.7	23.5	16.9	15.7	15.6
パイナップル・ 3)	31.9	11.2	8.8	7.4	7.0	7.4
キウイフルーツ・	69.1	44.4	26.5	22.5	19.7	22.9

農林水産省「果樹生産出荷統計」より作成。1) 生産量の多い表年と少ない裏年が交互に発生する傾向にある。2) おうとう。3) 沖縄県のみ集計。【☞府県別統計522ページ】

いる。果実輸入は自由化（1963年バナナ、1971年りんご、1991年オレンジ）に伴って増加傾向にあったが、2005年をピークに減少している。総供給量（国内生産＋輸入）のピークは2001年である。

　需要喚起などを目指して、国内では優良品種が次々と開発された。その結果、高品質化が進んで、金額ベースでみると国内果実は増加傾向にある。海外でも品質が評価されて、輸出が増加している。一方、無断で品種が持ち出されて海外で栽培されることが相次いだことから、2021年

表 11-42　おもな野菜の収穫量（単位　千 t）

	1990	2000	2010	2020	2021	2022
だいこん‥‥‥‥	2 336	1 876	1 496	1 254	1 251	1 181
にんじん‥‥‥‥	655	682	596	586	636	582
ごぼう‥‥‥‥‥	270	190	161	127	133	117
はくさい‥‥‥‥	1 220	1 036	889	892	900	875
キャベツ‥‥‥‥	1 544	1 449	1 360	1 434	1 485	1 458
ほうれんそう‥‥	384	316	269	214	211	210
ブロッコリー‥‥	89	83	129	175	172	173
レタス‥‥‥‥‥	518	537	538	564	547	553
ねぎ‥‥‥‥‥‥	558	537	478	441	440	443
たまねぎ‥‥‥‥	1 317	1 247	1 042	1 357	1 096	1 219
きゅうり‥‥‥‥	931	767	588	539	551	549
かぼちゃ‥‥‥‥	286	254	221	187	174	183
なす‥‥‥‥‥‥	554	477	330	297	298	295
トマト‥‥‥‥‥	767	806	691	706	725	708
ピーマン‥‥‥‥	171	171	137	143	149	150
スイートコーン‥	409	289	235	235	219	209
いちご‥‥‥‥‥	217	205	178	159	165	161
メロン‥‥‥‥‥	421	318	188	148	150	142
すいか‥‥‥‥‥	753	581	369	311	320	316

農林水産省「野菜生産出荷統計」より作成。ばれいしょは表11-34参照。

表 11-43　その他のおもな野菜の収穫量（2022年）（単位　千 t）

かぶ‥‥‥‥‥	105.1	みつば‥‥‥‥	13.4	にんにく‥‥‥	20.4
れんこん‥‥‥	56.2	しゅんぎく‥‥	26.0	さやいんげん‥	33.1
さといも‥‥‥	138.7	みずな‥‥‥‥	39.0	さやえんどう‥	19.3
やまのいも‥‥	157.2	セルリー‥‥‥	29.3	グリーンピース	4.9
ながいも‥‥‥	139.4	アスパラガス‥	26.0	そらまめ‥‥‥	13.2
こまつな‥‥‥	120.1	カリフラワー‥	22.2	えだまめ‥‥‥	65.2
ちんげんさい‥	40.1	にら‥‥‥‥‥	54.3	しょうが‥‥‥	46.2

資料は上表に同じ。ふきは7.7千 t。ししとうは上表ピーマンの内数で、6.0千 t。

に種苗法が改正されて持ち出しが制限されている。

　野菜（いちごなどを含む）は農業総産出額の25％を占める（2022年）。自給率は79％（2022年度）で、家計消費用はほぼ全量が国産であるが、加工・業務用は輸入野菜が増加している。近年、野菜の需要は家計消費用から加工・業務用に徐々に移行し、2020年時点で加工・業務用が出荷量の過半数を占める（農林水産省資料）。特に、食の簡便化のなかで、

表 11-44　日本の果実と野菜の輸入

	金額（億円）				重量（千ｔ）	
	2010	2020	2022	2023*	2022	2023*
生鮮・乾燥果実·	2 228	3 469	3 846	3 927	1 772.1	1 721.1
バナナ·····1)	744	1 052	1 172	1 344	1 054.9	1 033.4
キウイフルーツ1)	210	490	502	466	112.3	96.2
アーモンド·2)	122	277	316	284	42.2	40.6
アボカド···1)	106	239	208	225	50.6	61.7
生鮮・冷凍野菜·	765	731	903	844	667.2	618.9
乾燥野菜······	274	259	366	385	38.6	38.0
乾燥豆·······3)	149	188	293	299	0.1	0.1
冷凍野菜······	1 120	1 871	2 823	3 048	1 149.1	1 121.2
ばれいしょ·4)	261	316	605	720	301.0	296.5
ブロッコリー·	39	120	206	197	75.3	71.0
枝豆·········	110	159	185	197	65.7	65.9

農林水産省「農林水産物輸出入概況」より作成。原資料は財務省「貿易統計」で、農林水産省による統計範囲。*確々報。1) 生鮮のもの。2) スイートアーモンド。3) さやなし。4) 加熱冷凍品。

表 11-45　日本の果実と野菜の輸入の国別割合（2023年、確々報）

生鮮・乾燥果実·	フィリピン31.7％、アメリカ合衆国21.8％
バナナ·····1)	フィリピン79.5％、エクアドル8.6％
キウイフルーツ1)	ニュージーランド96.2％、アメリカ合衆国1.7％
アーモンド·2)	アメリカ合衆国97.7％、スペイン1.4％
アボカド···1)	メキシコ75.7％、ペルー22.0％
生鮮・冷凍野菜·	中国50.4％、韓国12.8％、メキシコ12.3％
乾燥野菜······	中国81.5％、アメリカ合衆国10.6％
乾燥豆·······3)	中国46.1％、カナダ23.5％、ミャンマー14.6％
冷凍野菜······	中国46.6％、アメリカ合衆国24.9％、タイ4.6％
ばれいしょ·4)	アメリカ合衆国63.2％、オランダ12.0％
ブロッコリー·	エクアドル49.6％、中国46.6％、グアテマラ1.3％
枝豆·········	（台湾）40.5％、タイ29.0％、中国25.6％

資料、注記は上表に同じ。国別割合は輸入金額ベース。

カット野菜や長期保存が可能な冷凍野菜が増加している。野菜は、米に比べて機械化が遅れており、労働時間が長い。また、天候で作柄が変動しやすく保存性も乏しいため、価格が変動しやすい。一方、品目転換が比較的容易で、価格変動に応じて供給量を変動させやすい。

表 11-46 果実・野菜の需給 (会計年度)（単位 千t）

	果実			野菜		
	国内生産	輸入	国内消費仕向量	国内生産	輸入	国内消費仕向量
1980	6 196	1 539	7 635	16 634	495	17 128
1990	4 895	2 978	7 763	15 845	1 551	17 394
2000	3 847	4 843	8 691	13 704	3 124	16 826
2010	2 960	4 756	7 719	11 730	2 783	14 508
2020	2 674	4 504	7 104	11 511	2 987	14 438
2021	2 589	4 180	6 665	11 350	2 894	14 221
2022*	2 645	4 233	6 783	11 237	2 970	14 172

農林水産省「食料需給表」より作成。輸入は暦年、果実生産も原則暦年。*概算値。

表 11-47 世界のおもな果物・野菜の生産 (2022年)（単位 千t）

りんご	バナナ	ぶどう
中国・・・・・・・・ 47 572	インド・・・・・・・ 34 528	中国・・・・・・・・ 12 600
トルコ・・・・・・・・ 4 818	中国・・・・・・・・・ 11 777	イタリア・・・・・・ 8 438
アメリカ合衆国・ 4 429	インドネシア・・・ 9 245	フランス・・・・・・・ 6 200
世界計×・・・・ **95 836**	世界計×・・・ **135 112**	世界計×・・・・ **74 943**

オレンジ類	パイナップル	すいか
中国・・・・・・・・ 34 600	インドネシア・・・ 3 204	中国・・・・・・・・ 60 386
ブラジル・・・・・ 18 016	フィリピン・・・・・ 2 914	トルコ・・・・・・・・ 3 395
インド・・・・・・・ 10 198	コスタリカ・・・・・ 2 910	インド・・・・・・・・ 3 308
世界計×・・・ **120 590**	世界計×・・・ **29 361**	世界計×・・・ **99 958**

キャベツ類[1]	にんじん・かぶ	きゅうり
中国・・・・・・・・ 34 986	中国・・・・・・・・・ 18 676	中国・・・・・・・・ 77 258
インド・・・・・・・・ 9 825	ウズベキスタン・ 3 916	トルコ・・・・・・・・ 1 939
韓国・・・・・・・・・ 2 429	アメリカ合衆国・ 1 381	ロシア・・・・・・・・ 1 636
世界計×・・・・ **72 604**	世界計×・・・・ **42 233**	世界計×・・・・ **94 718**

なす	たまねぎ[2]	トマト
中国・・・・・・・・ 38 285	インド・・・・・・・ 31 687	中国・・・・・・・・ 68 242
インド・・・・・・・ 12 765	中国・・・・・・・・・ 24 542	インド・・・・・・・ 20 694
エジプト・・・・・・ 1 397	エジプト・・・・・・ 3 664	トルコ・・・・・・・・ 13 000
世界計×・・・・ **59 313**	世界計×・・・ **110 616**	世界計×・・・ **186 108**

FAOSTATより作成（2024年4月7日閲覧）。国によって作物の品種等が異なる場合があることに留意。1) はくさいなどを含む。2) 完熟して乾燥させたもの。×その他とも。

表 11-48　果実の主産地（2022年産収穫量）（主産県調査）（単位　t）

みかん[1]		%	りんご[2]		%	日本なし		%
和歌山	152 500	22.4	青森	439 000	59.6	千葉	19 200	9.8
愛媛	109 300	16.0	長野	132 600	18.0	茨城	17 800	9.1
静岡	103 000	15.1	岩手	47 900	6.5	栃木	17 000	8.7
熊本	75 000	11.0	山形	41 200	5.6	福島	15 200	7.7
長崎	40 400	5.9	福島	23 700	3.2	長野	13 000	6.6
全国×	682 200	100.0	全国×	737 100	100.0	全国×	196 500	100.0

かき		%	もも		%	ぶどう		%
和歌山	42 000	19.4	山梨	35 700	30.5	山梨	40 800	25.1
奈良	29 500	13.7	福島	27 700	23.7	長野	28 900	17.8
福岡	17 700	8.2	長野	12 000	10.3	岡山	14 600	9.0
岐阜	16 200	7.5	山形	9 800	8.4	山形	14 000	8.6
愛知	15 200	7.0	和歌山	8 010	6.9	福岡	7 170	4.4
全国×	216 100	100.0	全国×	116 900	100.0	全国×	162 600	100.0

西洋なし		%	すもも		%	キウイフルーツ		%
山形	18 200	68.2	山梨	5 940	31.6	愛媛	4 790	20.9
新潟	2 110	7.9	長野	3 070	16.3	福岡	3 990	17.4
青森	1 870	7.0	山形	2 080	11.1	和歌山	3 350	14.6
長野	1 260	4.7	和歌山	1 730	9.2	神奈川	1 140	5.0
全国×	26 700	100.0	全国×	18 800	100.0	全国×	22 900	100.0

さくらんぼ（おうとう）		%	うめ		%	くり		%
山形	12 400	77.0	和歌山	64 400	66.7	茨城	3 670	23.5
北海道	1 530	9.5	群馬	3 680	3.8	熊本	2 280	14.6
山梨	535	3.3	山梨	1 710	1.8	愛媛	1 200	7.7
全国×	16 100	100.0	全国×	96 600	100.0	全国×	15 600	100.0

農林水産省「果樹生産出荷統計」より作成。1) 表年と裏年が交互に発生する傾向がある。2) 代表品種は、ふじ37.8万トン、つがる8.2万トン、王林5.2万トン、ジョナゴールド4.6万トン。×その他とも。【☞府県別統計522ページ】

表 11-49　おもな野菜の主産地（Ⅰ）（2022年産収穫量）（単位　t）

だいこん		%	にんじん		%	ごぼう		%
千葉	144 900	12.3	北海道	168 200	28.9	青森	42 600	36.5
北海道	128 800	10.9	千葉	110 500	19.0	茨城	13 400	11.5
青森	107 300	9.1	徳島	48 500	8.3	北海道	10 400	8.9
鹿児島	90 400	7.7	青森	34 400	5.9	宮崎	8 690	7.4
全国×	1 181 000	100.0	全国×	582 100	100.0	全国×	116 700	100.0

農林水産省「野菜生産出荷統計」（2022年）より作成。ばれいしょは表11-35参照。×その他とも。【☞府県別統計522、523ページ】

おもな野菜の主産地（Ⅱ）（2022年産収穫量）（単位　t）

はくさい		%	キャベツ		%	ほうれんそう		%
茨城	244 100	27.9	群馬	284 500	19.5	群馬	22 300	10.6
長野	233 500	26.7	愛知	268 900	18.4	埼玉	21 800	10.4
群馬	27 000	3.1	千葉	109 600	7.5	千葉	20 700	9.9
埼玉	24 800	2.8	茨城	106 900	7.3	茨城	18 100	8.6
全国×	**874 600**	100.0	全国×	**1 458 000**	100.0	全国×	**209 800**	100.0

ブロッコリー		%	レタス		%	ねぎ		%
北海道	27 600	16.0	長野	182 600	33.0	茨城	54 300	12.3
埼玉	15 500	9.0	茨城	86 800	15.7	千葉	53 800	12.2
愛知	15 100	8.7	群馬	56 700	10.3	埼玉	51 300	11.6
香川	13 300	7.7	長崎	37 000	6.7	北海道	19 600	4.4
全国×	**172 900**	100.0	全国×	**552 800**	100.0	全国×	**442 500**	100.0

にら		%	たまねぎ		%	にんにく		%
高知	14 300	26.3	北海道	825 800	67.7	青森	13 500	66.2
栃木	8 320	15.3	兵庫	86 400	7.1	北海道	973	4.8
茨城	6 780	12.5	佐賀	84 000	6.9	香川	728	3.6
宮崎	3 460	6.4	長崎	28 800	2.4	岩手	383	1.9
全国×	**54 300**	100.0	全国×	**1 219 000**	100.0	全国×	**20 400**	100.0

きゅうり		%	かぼちゃ		%	なす		%
宮崎	64 500	11.8	北海道	94 000	51.4	高知	40 600	13.8
群馬	55 800	10.2	鹿児島	6 890	3.8	熊本	33 400	11.3
埼玉	44 000	8.0	長野	6 620	3.6	群馬	28 500	9.7
福島	40 500	7.4	茨城	6 360	3.5	茨城	17 900	6.1
全国×	**548 600**	100.0	全国×	**182 900**	100.0	全国×	**294 600**	100.0

トマト		%	ピーマン		%	スイートコーン		%
熊本	130 300	18.4	茨城	33 300	22.2	北海道	78 100	37.4
北海道	62 900	8.9	宮崎	28 100	18.7	千葉	16 300	7.8
愛知	47 700	6.7	高知	13 800	9.2	茨城	14 800	7.1
茨城	46 300	6.5	鹿児島	13 300	8.9	群馬	12 600	6.0
全国×	**707 900**	100.0	全国×	**150 000**	100.0	全国×	**208 800**	100.0

いちご		%	メロン		%	すいか		%
栃木	24 400	15.1	茨城	33 700	23.7	熊本	48 000	15.2
福岡	16 800	10.4	熊本	24 400	17.1	千葉	36 800	11.6
熊本	11 700	7.3	北海道	19 900	14.0	山形	31 400	9.9
愛知	10 600	6.6	愛知	9 870	6.9	新潟	19 000	6.0
全国×	**161 100**	100.0	全国×	**142 400**	100.0	全国×	**315 900**	100.0

農林水産省「野菜生産出荷統計」（2022年）より作成。×その他とも。【☞府県別統計523ページ】

〔花き、工芸農作物とコーヒー・カカオ〕　花きは冠婚葬祭や贈答、装飾など利用が多様で、用途で品種や色などが細かく異なり、嗜好性が極めて高い。2020年からの、コロナ禍に伴うイベント縮小等による需要減少の影響を大きく受けたが、その後の経済活動の再開に伴い、回復傾向にある。ただし、最近の燃料価格の高騰によって、燃料消費の多い施設園芸では経営が圧迫された。花きの国内流通のうち、金額ベースで国内生産は約9割で、輸入は1割である。また、1世帯当たりの切り花購入金額は1997年以降減少傾向が続いており、特に若者の購入が少ない。

　工芸農作物のうち茶は、2020年産がコロナ禍に伴う需要の減少を見通して大幅に減産したが、2021年産以降は生産が回復している。家庭での緑茶（茶葉）消費量は減少傾向にあるが、緑茶飲料の消費は増加してお

表 11-50　花きの出荷量（単位　百万本）

	2021	2022		2021	2022
切り花類‥‥‥‥	3 249.0	3 139.0	宿根かすみそう	50.8	45.8
きく‥‥‥‥‥	1 298.0	1 227.0	切り葉‥‥‥‥	91.6	86.2
カーネーション	201.5	191.5	切り枝‥‥‥‥	202.5	202.1
ばら‥‥‥‥‥	194.4	188.7			
ガーベラ‥‥‥	122.6	121.8	球根類（百万球）	74.2	70.5
スターチス‥‥	122.4	116.1	鉢もの類（百万鉢）	188.6	181.3
ゆり‥‥‥‥‥	114.8	109.9	シクラメン‥‥	15.2	14.8
トルコギキョウ	85.4	84.5	洋ラン類‥‥‥	11.9	11.9
りんどう‥‥‥	75.4	73.1	花壇用苗もの類	554.4	535.1
アルストロメリア	56.2	56.8	パンジー‥‥‥	109.0	103.5

農林水産省「花き生産出荷統計」より作成。

表 11-51　工芸農作物の収穫量（2022年産）（単位　t）

茶[1][2]		%	こんにゃくいも[1]		%	なたね（子実用）(2023年産)		%
静岡	28 600	37.0	群馬	49 200	94.8	北海道	3 020	82.1
鹿児島	26 700	34.6	全国×	51 900	100.0	青森	346	9.4
三重	5 250	6.8				福島	66	1.8
全国×	77 200	100.0	さとうきび[4]		%	全国×	3 680	100.0
てんさい[3](2023年産)		%	沖縄	737 600	58.0	い（いぐさ）[5](2023年産)		%
北海道	3 403 000	100.0	鹿児島	534 100	42.0	熊本	5 440	100.0
			全国	1 272 000	100.0			

農林水産省「作物統計」より作成。1）主産県調査で全国は推計。2）荒茶の生産量。3）北海道のみ調査。4）鹿児島県、沖縄県のみ調査。5）熊本県のみ調査。×その他とも。

り、家計調査によると2007年以降は年間支出金額で茶飲料が緑茶を上回っている。また、近年は緑茶の輸出が拡大している。一方、茶の栽培面積は減少傾向が続き、従事者の高齢化も進んでいる。特に機械化が困難な傾斜地は、労働負荷が大きい。茶園の約4割が樹齢30年以上と老園化していることも課題である。

表 11-52　茶の生産と輸出入（単位　千 t）

	1990	2000	2010	2020	2022	2023
生産 …… 1)	89.90 2)	88.50	85.00	69.80	77.20	…
輸出 …… 3)	0.32	0.70	2.29	5.34	6.38	* 7.69
輸入 …… 3)	33.31	57.97	43.31	27.48	25.77	* 24.73
うち緑茶 …	1.94	14.33	5.91	3.92	3.09	* 3.11

農林水産省「作物統計」および財務省「貿易統計」より作成。1) 荒茶（生茶を蒸して乾燥させたもので、製品になる前の状態）。2) 1999年。3) 紅茶などを含む。*確々報。

表 11-53　茶とコーヒー生豆の輸入先（2023年確々報）（単位　千 t）

茶		うち紅茶		コーヒー生豆	
中国 …… 1)	10.36	スリランカ‥	5.04	ブラジル ……	124.5
スリランカ‥	5.05	ケニア ……	2.83	ベトナム ……	99.1
ケニア ……	2.84	インド ……	2.78	コロンビア‥	34.0
インド ……	2.78	インドネシア	1.40	グアテマラ‥	21.9
インドネシア	1.40	マラウイ ……	0.66	インドネシア	16.2
計×……	24.73	計×……	13.70	計×……	355.7

財務省「貿易統計」より作成。1) 緑茶が2.77千 t、紅茶が0.24千 t。×その他とも。

表 11-54　世界の茶・コーヒー・カカオの生産（2022年）（単位　千 t）

茶葉		コーヒー生豆		カカオ豆	
中国 ……	14 531	ブラジル ……	3 173	コートジボワール	2 230
インド ……	5 969	ベトナム ……	1 954	ガーナ ……	1 109
ケニア ……	2 326	インドネシア	795	インドネシア	667
スリランカ‥	1 400	コロンビア‥	665	エクアドル‥	337
トルコ ……	1 300	エチオピア‥	496	カメルーン‥	300
ベトナム ……	1 117	ウガンダ ……	394	ナイジェリア	280
世界計×‥	29 761	世界計×‥	10 782	世界計×‥	5 875

FAOSTATより作成（2024年4月7日閲覧）。×その他とも。

〔油脂〕 世界的な人口増加や中国などの所得水準の向上に伴い、食料油の需要が拡大している。2021年のカナダでのなたねの不作や、22年のインドネシアによる一時的なパーム油の輸出禁止で価格が上昇した。

表 11-55　植物油脂の生産量（単位　千 t）

	2021	2022		2021	2022
国産・・・・・・・・・・・・	71	70	大豆油・・・・・・	478	552
米油（米ぬか）・・	70	68	パーム核油・・	120	76
輸入・・・・・・・・・・・・	2 589	2 508	とうもろこし油	73	74
なたね・からし油	1 010	912	オリーブ油・	59	60
パーム油・・・・・・	638	636	計・・・・・・・・・	2 660	2 578

農林水産省「ポケット農林水産統計」(2023年版) より作成。輸入は、原料を輸入して国内で搾油したものと、製品を直接輸入したものの合計。

表 11-56　油脂類の需給（2022年度）（概算値）（単位　千 t）

	生産量[1]	輸入量	輸出量	国内消費仕向量	加工用	粗食料
植物油脂・・・・・・	1 630	929	22	2 589	341	2 231
大豆油・・・・・・	539	13	1	632	44	583
なたね油・・・・	886	28	9	868	55	807
動物油脂・・・・・・	325	19	2	303	131	76
油脂計・・・・・・	1 955	948	24	2 892	472	2 307

農林水産省「食料需給表」より作成。1) 輸入原料から搾油した分を含む。

表 11-57　おもな植物油脂の世界生産（2021年）（単位　千 t）

パーム油・・・・	80 585	大豆油・・・・・・	61 572	なたね油・・[1)2)]	26 585
インドネシア・	49 710	中国・・・・・・	16 772	カナダ・・・・	4 218
マレーシア・	18 116	アメリカ合衆国	11 841	ドイツ・・・・	4 013
タイ・・・・・・	2 940	ブラジル・・・	11 099	中国・・・・・・	3 326
ひまわり種子油[1)]	18 495	パーム核油・・・	7 992	落花生油・・・・	4 750
ロシア・・・・・・	5 249	インドネシア・	4 653	中国・・・・・・	1 845
ウクライナ・	4 929	マレーシア・	2 049	インド・・・・	777
アルゼンチン・	1 340	タイ・・・・・・	282	ナイジェリア・	364
綿実油・・・・・・	4 305	オリーブ油・・・	3 348	トウモロコシ油・	2 915
中国・・・・・・	1 264	スペイン・・・	1 492	アメリカ合衆国	1 035
インド・・・・	1 223	イタリア・・・	339	中国・・・・・・	510
ブラジル・・・	297	ギリシャ・・・	293	ブラジル・・・	305

FAOSTAT（2024年4月7日閲覧）より作成。1) 粗油。2) キャノーラ油を含む。

第11章 農業・農作物

第12章　畜産業

　畜産業の農業産出額は３兆4678億円で、2010年代以降拡大傾向が続いている。農業産出額全体に占める割合は、2000年の27％から、2022年には39％に上昇している。飼養戸数は減少しているが、家畜の改良による

表12-1　畜産物の輸出入額（単位　億円）

	輸出額			輸入額		
	2020	2022	2023*	2020	2022	2023*
畜産物貿易額…	771	1 268	1 321	18 131	24 769	24 174
牛肉………	289	513	570	3 574	4 925	4 112
酪農品……	177	255	229	2 241	3 261	3 343

農林水産省「農林水産物輸出入概況」より作成。政府は2030年の牛肉輸出目標額を3600億円としている。牛肉の輸出入量は表12-6参照。*確々報。

表12-2　主要家畜の飼養頭数・飼養羽数（単位　千頭、千羽）

	1990	2000	2010	2020	2022	2023
乳用牛………	2 058	1 764	1 484	1 352	1 371	1 356
飼養戸数（戸）・	63 300	33 600	21 900	14 400	13 300	12 600
1戸あたり（頭）	32.5	52.5	67.8	93.9	103.1	107.6
肉用牛…… 1)	2 702	2 823	2 892	2 555	2 614	2 687
飼養戸数（戸）・	232 200	116 500	74 400	43 900	40 400	38 600
1戸あたり（頭）	11.6	24.2	38.9	58.2	64.7	69.6
豚…………	11 817	9 806	2) 9 899	3) 9 156	8 949	8 956
飼養戸数（戸）・	43 400	11 700	2) 6 890	3) 4 320	3 590	3 370
1戸あたり（頭）	272	838	2) 1 437	3) 2 119	2 493	2 658
採卵鶏…… 4)	136 961	140 365	2)139 910	3)141 792	137 291	128 579
飼養戸数5)（戸）	86 500	4 890	2) 3 110	3) 2 120	1 810	1 690
1戸あたり（羽）	1 583	28 704	2) 44 987	3) 66 883	75 851	76 082
（参考）全採卵鶏6)	187 412	187 382	180 994	184 917	182 661	172 265
ブロイラー… 7)	150 445	108 410	2)107 141	3)138 228	139 230	141 463
飼養戸数（戸）・	5 529	3 082	2) 2 392	3) 2 250	2 100	2 100
1戸あたり（羽）	27 210	35 175	2) 44 791	3) 61 435	66 300	67 363

農林水産省「畜産統計」より作成。各年２月１日現在。1) 乳用種を含む。2) 2009年。3) 2019年。4) 成鶏めす（６か月以上）。1998年以降、成鶏めす飼養羽数1000羽以上の飼養者のみ。5) 種鶏のみの飼養者を除く。6) ひな（６か月未満）や種鶏を含む。7) 2014年以降、年間出荷羽数3000羽以上の飼養者のみ。【☞長期統計511ページ】

生産性向上や、規模の拡大により生産量を補ってきた。ブランド化など高付加価値化が進んでおり、特に和牛は輸出が増えている。一方、近年はTPP11や日米貿易協定などで安価な畜産物が流入している。

日本は飼料の自給率が低く、輸入飼料分を自給とみなさない場合の畜

表 12-3 畜産業の農業産出額 （単位 億円）

	1990	2000	2010	2020	2021	2022
肉用牛········	5 981	4 564	4 639	7 385	8 232	8 257
乳用牛········	9 055	7 675	7 725	9 247	9 222	9 013
生乳······	7 634	6 822	6 747	7 797	7 861	7 916
豚············	6 314	4 616	5 291	6 619	6 360	6 713
鶏············	8 622	7 023	7 352	8 334	9 364	9 716
鶏卵········	4 778	4 247	4 419	4 546	5 470	5 638
ブロイラー····	3 735	2 685	2 877	3 621	3 740	3 940
計×········	31 303	24 596	25 525	32 372	34 048	34 678

農林水産省「生産農業所得統計」より作成。×その他とも。

表 12-4 都道府県別飼育戸数と飼育頭数・羽数 （2023年2月1日現在）

	飼養戸数(戸)	飼養頭数(千頭)	1戸あたり頭数(頭)		飼養戸数(戸)	飼養羽数(千羽)	1戸あたり羽数(千羽)
乳用牛				**採卵鶏**[2]（成鶏めす）			
北海道··	5 380	843	156.6	茨城····	87	9 732	111.9
栃木····	592	54	91.2	千葉····	91	9 690	106.5
熊本····	467	44	93.8	鹿児島··	93	8 281	89.0
岩手····	728	40	55.2	愛知····	108	6 346	58.8
全国×	12 600	1 356	107.6	全国×	1 690	128 579	76.1
肉用牛[1]				**採卵鶏**[2][3]（ひな、種鶏を含む）			
北海道··	2 180	566	259.8	千葉····	93	13 113	141.0
鹿児島··	6 350	358	56.3	茨城····	93	12 652	136.0
宮崎····	4 700	260	55.4	鹿児島··	100	11 782	117.8
熊本····	2 090	139	66.6	群馬····	52	9 750	187.5
全国×	38 600	2 687	69.6	全国×	1 760	172 265	97.9
豚				**ブロイラー**[4]			
鹿児島··	443	1 153	2 603	鹿児島··	390	31 285	80.2
宮崎····	295	818	2 774	宮崎····	462	28 254	61.2
北海道··	191	760	3 977	岩手····	295	20 766	70.4
群馬····	172	594	3 452	青森····	60	6 905	115.1
全国×	3 370	8 956	2 658	全国×	2 100	141 463	67.4

資料は表12-2に同じ。1) 乳用種を含む。2) 成鶏めす飼養羽数1000羽以上の飼養者のみ。3) 種鶏のみの飼養者を含む。4) 年間出荷羽数3000羽以上の飼養者のみ。×その他とも。

産物の自給率は17%にとどまる（2022年概算カロリーベース）。近年は飼料が国際価格の上昇や、円安の影響で高騰している。経営コストに占める飼料費は牛で4〜5割、豚や鶏で6〜7割で、負担が増している。

表 12-5　主な畜産物の生産 （単位　千t）

	1990	2000	2010	2020	2021	2022
枝肉生産量	1) 2 110	1) 1 808	1 813	1 787	1 800	1 790
牛肉‥‥‥‥‥	549	530	515	478	478	491
和牛‥‥‥ 2)	190	236	221	227	229	233
豚肉‥‥‥‥‥	1 555	1 271	1 292	1 306	1 318	1 293
馬肉‥‥‥‥‥	5	7	6	4	5	5
ブロイラー生体処理量・ 3)	1 812	1 551	1 835	2 174	2 226	2 224
鶏卵生産量‥‥‥	2 419	2 540	2 515	2 633	2 574	2 597

農林水産省「畜産物流通統計」より作成。1) めん羊、やぎを含む。2) 成牛のみ。3) 2015年以降は年間処理量30万羽を超える食鳥処理場のみ。

表 12-6　日本の肉類の輸入 （単位　千t）

	2000	2010	2020	2022	2023	″ %
牛肉						
オーストラリア・	330.4	351.1	262.8	210.9	208.4	41.4
アメリカ合衆国・	348.3	91.6	255.1	224.7	203.9	40.5
カナダ‥‥‥‥‥	18.8	12.9	38.0	48.1	42.0	8.3
ニュージーランド	13.8	31.6	20.2	30.5	24.0	4.8
計×‥‥‥‥‥	719.4	499.5	600.4	560.2	503.9	100.0
日本からの輸出量	0.2	0.5	4.8	7.5	8.4	—
豚肉						
アメリカ合衆国・	189.1	298.3	254.3	235.0	226.3	24.6
カナダ‥‥‥‥‥	110.9	178.6	233.4	211.1	217.8	23.7
スペイン‥‥‥‥	0.0	14.6	103.6	186.5	171.5	18.6
メキシコ‥‥‥‥	39.8	40.9	104.8	128.5	122.5	13.3
デンマーク‥‥‥	212.2	133.6	73.2	86.5	57.2	6.2
計×‥‥‥‥‥	650.8	753.0	891.8	977.2	919.7	100.0
鶏肉						
ブラジル‥‥‥‥	112.9	380.0	397.0	424.0	404.5	69.2
タイ‥‥‥‥‥‥	127.9	—	123.6	136.5	167.3	28.6
アメリカ合衆国・	87.3	34.2	12.1	11.8	12.3	2.1
計×‥‥‥‥‥	568.3	420.2	535.0	574.5	584.8	100.0

財務省「貿易統計」より作成。2023年は確々報。×その他とも。

家畜の伝染病対策もコスト増の要因である。2022年度の鳥インフルエンザによる殺処分対象の家きんは1771万羽と過去最大となり、特に採卵鶏が不足して鶏卵生産が滞った。豚やイノシシへの豚熱の感染も続いており、家畜の防疫体制強化の重要性が高まっている。

牛乳は、コロナ禍に伴う需要の減少によって、生乳の廃棄が懸念される事態が続いた。保存のきくバターや脱脂粉乳にしているが、脱脂粉乳は消費が低迷しており、飼料転用や輸出等への助成が行われている。

表 12-7 生乳と牛乳等の生産量

	1990	2000	2010	2020	2021	2022
生乳（千 t）‥‥‥‥	8 189	8 497	7 720	7 438	7 592	7 617
北海道‥‥‥‥‥	3 061	3 650	3 902	4 154	4 266	4 309
都府県‥‥‥‥‥	5 128	4 848	3 819	3 285	3 326	3 308
（用途別処理量）						
牛乳等向け‥‥‥	5 060	4 970	4 150	4 020	4 001	3 977
乳製品向け‥‥‥	3 002	3 421	3 499	3 374	3 543	3 594
飲用牛乳等（千kL）	4 953	4 571	3 747	3 574	3 576	3 564
牛乳‥‥‥‥‥	4 261	3 895	3 069	3 180	3 194	3 178
加工乳‥‥‥‥‥	692	677	678	394	382	386
乳飲料（千kL）‥‥ 1)	810	1 216	1 210	1 135	1 089	1 077
はっ酵乳（千kL）‥ 1)	307	695	841	1 175	1 137	1 063
乳酸菌飲料（千kL）1)	201	173	184	119	115	106

農林水産省「牛乳乳製品統計」より作成。飲用牛乳等には、2003年4月より業務用（飲料用等の原料）の牛乳、加工乳、成分調整牛乳が含まれるようになった。生乳の用途別処理量の牛乳等向けと乳製品向けも同年で接続しない。1）基本的に生乳を処理する工場のみ。

表 12-8 畜産物等の需給 （概算値）（2022年度）（単位　千 t）

	国内生産	輸入	輸出	国内消費仕向量	純食料	1人1日あたり（g）
肉類‥‥‥‥‥‥	3 473	3 191	16	6 570	4 253	93.3
牛肉‥‥‥‥‥	497	804	11	1 259	776	17.0
豚肉‥‥‥‥‥	1 287	1 407	2	2 650	1 634	35.8
鶏肉‥‥‥‥‥	1 681	937	3	2 616	1 818	39.9
その他の肉‥‥	6	43	0	43	23	0.5
鯨‥‥‥‥‥‥	2	0	0	2	2	0.0
鶏卵‥‥‥‥‥‥	2 537	117	27	2 627	2 115	46.4
牛乳・乳製品‥‥	7 532	4 450	137	12 206	11 736	257.3

農林水産省「食料需給表」より作成。一部は暦年。純食料は通常の食習慣で食べる部位。

表 12-9　飼料の需給（会計年度）（TDNベース）（単位　千 t ）

	2000	2010	2020	2021	2022（概算）
需要量・・・・・・・・・・・・・	25 481	25 204	24 937	25 071	25 003
粗飼料・・・・・・・・・・・・	5 756	5 369	4 971	4 997	5 008
国内産・・・・・・・・・・	4 491	4 164	3 793	3 798	3 913
濃厚飼料・・・・・・・・・・	19 725	19 835	19 967	20 074	19 995
国内産・・・・・・・・・・ 1)	2 179	2 122	2 337	2 633	2 649
純国内産飼料自給率（%）	*26*	*25*	*25*	*26*	*26*
粗飼料・・・・・・・・・・	*78*	*78*	*76*	*76*	*78*
濃厚飼料・・・・・・・・・	*11*	*11*	*12*	*13*	*13*

農林水産省資料より作成。**粗飼料**は牧草など。カロリーは低いが繊維質等が多く、牛の主食となる（TDNベースで酪農では50%程度、肉用牛の肥育で10%程度）。**濃厚飼料**はとうもろこしや大豆油かすなどでカロリーが多い（同じく養豚、養鶏では100%、肉用牛肥育で90%程度、酪農で50%程度）。TDN（可消化養分総量）は飼料に含まれるエネルギー含量を示す単位。政府は2030年度までに粗飼料自給率を100%に、濃厚飼料自給率を15%に、全体の飼料自給率を34%とすることを目標にしている。1) 国内産に由来する濃厚飼料で、輸入食料原料から発生した副産物（輸入大豆から搾油した大豆油かす等）を除く。

表 12-10　世界の家畜頭数（2022年）

	千頭・千羽	%		千頭・千羽	%
牛（世界計）・・・	1 551 516	*100.0*	**豚**（世界計）・・・	978 972	*100.0*
ブラジル・・・・・・	234 353	*15.1*	中国・・・・・・・・	452 560	*46.2*
インド・・・・・・・	193 607	*12.5*	アメリカ合衆国	74 399	*7.6*
アメリカ合衆国	92 077	*5.9*	ブラジル・・・・・	44 394	*4.5*
エチオピア・・・・	67 961	*4.4*	スペイン・・・・・	34 073	*3.5*
中国・・・・・・・・	61 230	*3.9*	ロシア・・・・・・・	26 193	*2.7*
羊（世界計）・・・	1 321 536	*100.0*	**鶏**（世界計）・・・	26 561 634	*100.0*
中国・・・・・・・・・	194 030	*14.7*	中国・・・・・・・・	5 185 477	*19.5*
インド・・・・・・・	75 346	*5.7*	インドネシア・・	3 482 427	*13.1*
オーストラリア	70 235	*5.3*	パキスタン・・・・	1 725 000	*6.5*
イラン・・・・・・・	55 582	*4.2*	ブラジル・・・・・	1 586 048	*6.0*
ナイジェリア・・	50 284	*3.8*	アメリカ合衆国	1 528 000	*5.8*
水牛（世界計）・	205 142	*100.0*	**やぎ**（世界計）・	1 145 386	*100.0*
インド・・・・・・・	111 856	*54.5*	インド・・・・・・・	149 994	*13.1*
パキスタン・・・・	43 676	*21.3*	中国・・・・・・・・	132 243	*11.5*
中国・・・・・・・・	26 873	*13.1*	ナイジェリア・・	88 037	*7.7*
あひる（世界計）	1 126 276	*100.0*	**七面鳥**（世界計）	255 767	*100.0*
中国・・・・・・・・	683 075	*60.6*	アメリカ合衆国	70 000	*27.4*
ベトナム・・・・・	83 700	*7.4*	チリ・・・・・・・	26 840	*10.5*
バングラデシュ	63 845	*5.7*	フランス・・・・・	15 070	*5.9*

FAOSTATより作成（2024年4月7日閲覧）。

図 12-1　主要国の１人１日あたり肉と魚の供給量（2021年）

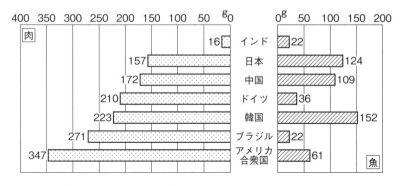

FAOSTATより作成（2024年４月７日閲覧）。日本もFAOSTATの数値。魚介類には海藻や水産ほ乳類を含まない。世界平均は肉118g、魚55g。

表 12-11　世界の畜産物生産高（2022年）

	千 t	%		千 t	%
肉類計（世界計）	360 618	100.0	**牛肉**[1)2)]（世界計）	69 346	100.0
中国 ………	92 949	25.8	アメリカ合衆国	12 890	18.6
アメリカ合衆国	47 531	13.2	ブラジル … …	10 350	14.9
ブラジル … …	30 398	8.4	中国 … … …	7 180	10.4
ロシア … … …	12 245	3.4	アルゼンチン …	3 133	4.5
インド … … …	10 644	3.0	メキシコ … …	2 176	3.1
豚肉[1)]（世界計）	122 585	100.0	**羊肉**（世界計）・	10 272	100.0
中国 ………	55 410	45.2	中国 … … …	2 678	26.1
アメリカ合衆国	12 252	10.0	オーストラリア	707	6.9
ブラジル … …	5 186	4.2	トルコ … … …	489	4.8
スペイン … …	5 066	4.1	ニュージーランド	437	4.3
ロシア … … …	4 532	3.7	アルジェリア・・	345	3.4
鶏肉（世界計）・	123 631	100.0	**鶏卵**（世界計）・	87 000	100.0
アメリカ合衆国	19 599	15.9	中国 … … …	29 198	33.6
ブラジル … …	14 524	11.7	インド … … …	6 571	7.6
中国 ………	14 300	11.6	アメリカ合衆国	6 528	7.5
ロシア … … …	5 308	4.3	インドネシア・・	5 942	6.8
インド … … …	4 907	4.0	ブラジル … …	3 342	3.8
牛乳（世界計）・	753 321	100.0	**水牛乳**（世界計）	143 573	100.0
インド … … …	108 371	14.4	インド … … …	99 151	69.1
アメリカ合衆国	102 722	13.6	パキスタン … …	37 528	26.1
ブラジル … …	35 647	4.7	中国 … … …	2 895	2.0
中国 ………	35 614	4.7	ネパール … …	1 465	1.0
ロシア … … …	32 739	4.3	エジプト … …	1 276	0.9

FAOSTATより作成（2024年４月７日閲覧）。1）骨付き。2）インドは数値が未公表。

第13章　林業

　木材やきのこなどを供給する林業は、国土や生態系を保全し地球温暖化防止にも寄与する森林を、整備・保全する重要な役割も担っている。

　日本の森林蓄積量は、戦後盛んにおこなわれた植林によって大幅に増えたが、人工林の半数が一般的な利用期である50年を超えている。資源

表 13-1　林業従事者（単位　千人）

	1980	1990	2000	2010	2015	2020
育林‥‥‥‥‥	75.4	58.4	41.9	27.4	19.4	17.5
伐木・造材等‥ 1)	62.2	36.5	20.6	18.9	20.9	20.5
計×‥‥‥‥	146.3	100.5	67.6	51.2	45.4	43.7

総務省「国勢調査」より作成。2000年以前は林業作業者。1）集材を含む。2000年以前は伐木・造材作業者と集材・運材作業者の計。×その他とも。

表 13-2　林業産出額（単位　億円）

	1990	2000	2010	2020	2021	2022
木材生産‥‥‥‥	7 285	3 222	1 953	2 464	3 254	3 605
すぎ‥‥‥‥	2 150	1 238	935	1 074	1 473	1 675
栽培きのこ類生産‥	2 294	1 969	2 189	2 260	2 092	2 080
計×‥‥‥	9 775	5 312	4 257	4 831	5 457	5 807
生産林業所得‥‥‥	7 027	3 519	2 292	2 536	2 865	3 070
うち木材生産‥‥‥	5 452	2 220	1 187	1 405	1 855	2 055

農林水産省「林業産出額」より作成。×その他とも。薪炭生産や、まつたけの採取など。

表 13-3　日本の森林資源（2022年3月31日現在）

	森林面積 （万ha）	人工林	天然林	森林蓄積 （百万m³）	人工林	天然林
民有林‥‥‥	1 737	785	880	4 260	2 992	1 268
国有林‥‥‥	766	225	476	1 301	554	746
計‥‥‥‥	2 502	1 009	1 355	5 560	3 545	2 014

林野庁「森林資源の現況」より作成。**森林蓄積**は、森林にある樹木の幹の体積を示す指標で、1966年の1887百万m³から56年で約3倍になった。森林面積と森林蓄積は、立木地（人工林と天然林）のほか、竹林や無立木地を含む。

の有効活用だけでなく、より花粉の排出が少ない品種への植え替えのためにも、伐採と計画的な再造成が求められている。

木材需要は、高度経済成長に伴い1973年にピークとなった後、増減を繰り返しながら2010年頃まで減少傾向が続いた。特に国産材は、1964年

第13章 林業

図 13-1　木材の輸入先 （2022年）

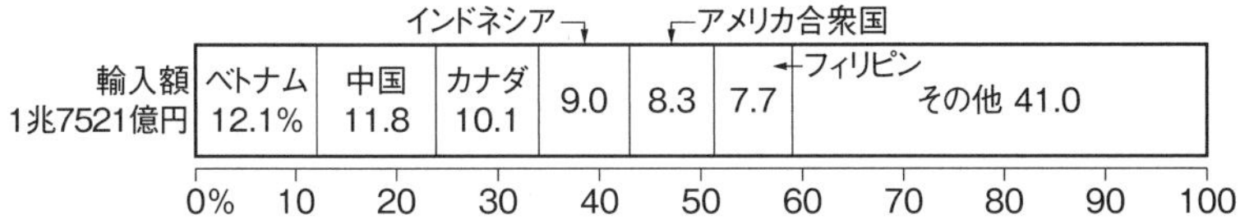

輸入額 1兆7521億円	ベトナム 12.1%	中国 11.8	カナダ 10.1	インドネシア 9.0	アメリカ合衆国 8.3	フィリピン 7.7	その他 41.0

農林水産省資料より作成。木材および同製品（丸太や製材、合板など）、木炭の合計。2022年はウッドショックの影響で金額ベースで輸入額が大幅に増加したが、2023年は速報値で前年比20％減の1兆3941億円となった。

表 13-4　木材の需給 （単位　千m³）

	1990	2000	2010	2020	2021	2022
国内生産	31 297	19 058	18 923	31 149	33 721	34 617
用材	29 369	18 022	18 236	21 980	24 127	24 144
丸太	29 302	17 990	17 960	21 874	23 966	24 050
しいたけ原木	1 563	803	532	242	246	209
燃料材 1)	365	233	155	8 927	9 348	10 264
輸入	81 945	81 948	52 961	43 290	48 409	50 477
用材	81 793	81 241	52 018	39 412	43 015	43 351
丸太	33 861	18 018	6 044	3 306	3 879	3 628
木材製品 2)	47 932	63 223	45 974	36 106	39 136	39 723
燃料材 1)	152	707	943	3 878	5 394	7 126
国内消費	113 070	100 518	70 330	71 430	78 879	82 052
用材	110 991	98 777	68 708	58 387	63 895	64 457
製材用材	53 849	40 934	25 284	24 321	25 844	25 973
合板用材	14 502	13 801	9 535	8 741	10 056	9 596
パルプ・チップ用材	41 282	41 741	30 999	24 900	27 529	28 349
燃料材 1)	517	938	1 091	12 800	14 738	17 385
輸出	172	489	1 554	3 009	3 251	3 042
木材供給（需要）3)	113 242	101 006	71 884	74 439	82 130	85 094
木材自給率（％）	27.6	18.9	26.3	41.8	41.1	40.7

林野庁「木材需給表」（2022年）より作成。1) 薪炭材。2014年より木質バイオマス発電施設等で燃料となる木材チップを含む。2) 製材品や合板、木材パルプ、チップ等。3) 国内生産と輸入の計で、国内消費と輸出の計と同じ。

の木材輸入自由化以降の木材価格の低下や、生産コストの上昇で生産が停滞した。近年は、2012年の再生可能エネルギー固定買取制度導入に伴い、間伐材などによる木質バイオマス燃料の需要が急増しており、国産材生産を押し上げて、燃料材は国内生産全体の30％を占める（2022年）。

図 13-2　木材の国内生産と輸入

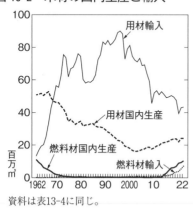

資料は表13-4に同じ。

木材の輸入は1996年にピークを迎えた後、2010年頃まで低下して、その後横ばい傾向が続いている。輸出国では国内産業育成や環境保護のために丸太輸出を制限しており、輸入材は木材を加工した木材製品が中心である。コロナ禍で世界的に木材供給が減少すると、2021年から22年にかけてウッドショックとよばれる価格高騰に見舞

表 13-5　樹種別素材の国内生産 （2022年）

	千m³	%		千m³	%
針葉樹‥‥‥‥	20 386	92.3	えぞまつ・とどまつ	1 430	6.5
すぎ‥‥‥‥	13 238	59.9	あかまつ・くろまつ	559	2.5
ひのき‥‥‥	2 971	13.5	広葉樹‥‥‥‥‥‥‥	1 696	7.7
からまつ‥‥	1 932	8.7	計‥‥‥‥‥‥‥‥	22 082	100.0

農林水産省「木材需給報告書」(2022年）より作成。

表 13-6　主な特用林産物の生産 （単位　千t）

	2021	2022		2021	2022
しいたけ‥‥‥‥ 1)	86.6	83.8	エリンギ‥‥‥‥‥	38.3	37.8
乾しいたけ‥‥‥	2.2	2.0	きくらげ類‥‥‥	3.0	3.0
生しいたけ‥‥‥	71.1	69.5	まつたけ（t）‥‥	39	35
なめこ‥‥‥‥‥‥	24.1	23.7	たけのこ‥‥‥‥	19.9	21.8
えのきたけ‥‥‥‥	129.6	126.3	わさび‥‥‥‥‥	1.9	1.6
ぶなしめじ‥‥‥‥	119.5	122.8	木炭‥‥‥‥‥‥	11.6	11.9
まいたけ‥‥‥‥‥	54.5	56.8	木質粒状燃料‥‥	155.8	158.0

農林水産省「特用林産物生産統計」より作成。特用林産物は山林で得られる産物のうち木材以外のもので、きのこや山菜など。1) 乾しいたけは生換算（7倍）。

われ、これに伴い国内の林業産出額も増加している。近年は世界的に地球環境を守るため違法伐採に対する取り組みが求められるようになり、日本でも木材の合法性確認が強化されている。

　特用林産物はきのこなど木材以外の森林資源であり、林業産出額の4割占める（2022年）。ただし、一部のきのこは栽培が主流である。

第13章
林業

表13-7　主な林産物の府県別生産（2022年）

	生産量	%		生産量	%
すぎ1)（千m³）···	13 238	100.0	ひのき1)（千m³）·	2 971	100.0
宮崎········	1 878	14.2	高知········	248	8.3
秋田········	1 112	8.4	岡山········	241	8.1
大分········	1 018	7.7	愛媛········	218	7.3
乾しいたけ（t）	2 034	100.0	生しいたけ（t）	69 532	100.0
大分········	769	37.8	徳島········	7 604	10.9
宮崎········	360	17.7	岩手········	6 117	8.8
熊本········	209	10.2	北海道·······	4 931	7.1
えのきたけ（t）	126 321	100.0	ぶなしめじ（t）	122 840	100.0
長野········	74 853	59.3	長野········	51 580	42.0
新潟········	19 005	15.0	新潟········	21 484	17.5
福岡········	5 542	4.4	福岡········	15 061	12.3
まいたけ（t）··	56 763	100.0	たけのこ（t）··	21 798	100.0
新潟········	36 621	64.5	福岡········	5 875	27.0
静岡········	4 996	8.8	鹿児島·······	5 251	24.1
福岡········	3 824	6.7	京都········	3 053	14.0

資料は表13-5、13-6に同じ。1）素材生産量。

表13-8　世界の木材生産（単位　千m³）

	2021	2022	用材	製材・ベニヤ材	薪炭材	〃 %
アメリカ合衆国	453 530	458 774	382 544	186 157	76 230	11.5
インド········	349 576	348 487	49 517	47 804	298 970	8.7
中国·········	319 893	317 056	165 881	81 996	151 175	8.0
ブラジル·····	292 595	303 898	170 681	61 245	133 217	7.6
ロシア········	224 399	197 191	182 082	122 047	15 109	5.0
カナダ········	145 297	145 297	143 811	126 474	1 486	3.6
インドネシア·	125 453	123 783	88 576	33 114	35 207	3.1
世界計×···	**4 003 760**	**3 983 336**	**2 016 041**	**1 142 343**	**1 967 294**	100.0

FAOSTATより作成（2024年4月7日閲覧）。×その他とも。

第14章　水産業

　2022年の漁業・養殖業の総生産量は400万トンを下回り、ピークの1984年の3割程度の水準に留まった。漁業では、1970年代に各国が水産資源を守るため200海里水域制限を行ったことで遠洋漁業が減少したほか、70年代後半から急増したマイワシの漁獲量が88年をピークに激減し

表14-1　漁業産出額と就業者数（単位　億円）

	1990	2000	2010	2020	2021	2022
海面・・・・・・・・・ 1)	25 272	17 367	13 819	12 078	12 526	14 372
漁業・・・・・・・・ 1)	19 511	12 347	9 717	7 721	8 020	9 161
養殖業・・・・・・・	5 762	5 020	4 101	4 357	4 505	5 211
内水面・・・・・・・・	1 621	1 133	792	1 100	1 210	1 375
漁業・・・・・・・・	650	623	226	165	154	155
養殖業・・・・・ 2)	971	510	566	935	1 056	1 219
漁業産出額計 1)	**26 893**	**18 501**	**14 611**	**13 178**	**13 736**	**15 747**
生産漁業所得・・ 3)	9 914	6 224	7 196	6 396	6 854	7 364
就業者数（千人）・	370.5	260.2	202.9	135.7	129.3	123.1

農林水産省「漁業産出額」および同「漁業構造動態調査」より作成。種苗は従来は漁業産出額に含まれていたが、養殖業の中間生産物であり、原資料で遡及して除いている。1) わずかに捕鯨を含む。2) 2018年以降、にしきごいを含む。3) 2002年まで内水面漁業・養殖業を含まないなどの違いがあり、年次により接続しない。

表14-2　漁業生産量（単位　千t）

	1990	2000	2010	2020	2021	2022
海面・・・・・・・・・・・	10 843	6 252	5 233	4 185	4 106	3 863
漁業・・・・・・・・・・	9 570	5 022	4 122	3 215	3 179	2 951
遠洋漁業・・・・	1 496	855	480	298	279	262
沖合漁業・・・・	6 081	2 591	2 356	2 046	1 963	1 804
沿岸漁業・・・・	1 992	1 576	1 286	871	937	886
海面養殖業・・・・	1 273	1 231	1 111	970	927	912
内水面・・・・・・・・	209	132	79	51	52	54
漁業・・・・・・・・	112	71	40	22	19	23
養殖業・・・・・・・	97	61	39	29	33	32
総生産量・・・・・	**11 052**	**6 384**	**5 313**	**4 236**	**4 158**	**3 917**

農林水産省「漁業・養殖業生産統計」より作成。

た。マイワシは回復傾向にあるが、全体の漁獲量は減少しており、乱獲
による海洋資源の減少や、水域環境の変化が主な原因と考えられている。
育てる漁業を目指して養殖業の導入が進んだが、日本人の魚離れも影響
して、海面養殖による生産量は1994年をピークに減少している。

　近年は、近隣国での漁業の活発化もあり、資源量の減少が指摘され、
適切な資源管理が求められている。日本政府は、魚種ごとに漁獲量を定
めて管理するTAC制度の拡大を進めている。1996年の国連海洋法批准
に伴い6魚種で始まり、2018年の漁業法改正で対象魚種を大幅に増やし
て、2023年度末現在では全漁獲量の65％（遠洋漁業などを除く）にあたる

表14-3　魚種等別海面漁業漁獲量の推移 （単位　千t）

	1990	2000	2010	2020	2021	2022
魚類‥‥‥‥‥	8 056.8	3 573.1	3 165.3	2 603.7	2 572.7	2 374.9
いわし類‥‥‥	4 107.7	629.1	542.2	944.8	900.7	871.5
まいわし‥‥	3 678.2	149.6	70.2	698.3	639.9	641.8
さば類‥‥‥‥	273.0	346.2	491.8	390.3	441.8	319.7
たら類‥‥‥‥	930.5	351.1	305.8	216.6	231.5	218.1
かつお類‥‥‥	324.9	368.6	331.4	195.9	238.9	197.1
まぐろ類‥‥‥	293.3	286.3	208.1	177.0	147.6	122.3
くろまぐろ‥1)	13.8	16.7	10.4	10.8	12.0	13.2
あじ類‥‥‥‥	331.2	282.4	184.5	110.4	106.4	114.9
ぶり類‥‥‥‥	52.1	77.5	106.9	106.3	94.6	93.1
さけ・ます類‥	223.2	179.4	179.5	62.7	60.6	91.2
かれい類‥‥‥	71.6	71.1	49.0	39.9	35.5	35.5
ほっけ‥‥‥‥	133.6	165.1	84.5	41.1	45.5	35.3
たい類‥‥‥‥	24.5	24.1	25.0	23.4	24.3	23.9
さめ類‥‥‥‥	22.0	21.7	38.2	21.7	21.0	22.9
にしん‥‥‥‥	1.6	2.3	3.2	14.1	14.3	20.7
さんま‥‥‥‥	308.3	216.5	207.5	29.7	19.5	18.4
えび類‥‥‥‥	43.3	28.6	18.6	12.4	12.6	12.9
かに類‥‥‥‥	60.6	42.2	31.7	20.6	21.4	19.7
貝類‥‥‥‥‥	417.6	404.8	407.2	382.5	388.9	373.2
ほたて貝‥‥‥	229.7	304.3	327.1	346.0	356.0	340.0
あさり類‥‥‥	71.2	35.6	27.2	4.3	4.9	5.7
いか類‥‥‥‥	564.8	623.9	266.7	82.2	63.9	59.3
たこ類‥‥‥‥	54.8	47.4	41.7	32.7	27.3	22.3
海藻類‥‥‥‥	207.7	118.9	97.2	63.4	61.8	56.7
こんぶ類‥‥‥	131.7	93.6	74.1	45.0	45.2	40.9
海面漁獲量計×	9 570.0	5 021.6	4 122.1	3 215.3	3 179.3	2 951.0

資料は表14-2に同じ。1) みなみまぐろ、めじを含む。×その他とも。【☞府県別統計519
ページ】

魚種で管理が開始された。一方、地球温暖化の影響が疑われる水温の上昇
や海流の変化が起きて、各地で不漁が続いている。2010年代より北海道
でブリの漁獲量が増加しているが（表14-6）、その要因として海水温の
上昇に伴う水産物の生息域の変化が指摘されている。

　世界の漁業・養殖業生産は増加傾向が続いている。人口増加に加えて、
途上国の経済発展を受けて需要が増加していることが要因で、1人あた
りの消費量をみると日本は減少傾向にあるのに対し、世界全体では半世

表 14-4　海面養殖業の生産（単位　千t）

	1990	2000	2010	2020	2021	2022
魚類・・・・・・・・・・・	255.5	258.7	245.7	251.9	256.2	237.4
ぶり類・・・・・・・・	161.1	136.8	138.9	137.5	133.7	113.9
まだい・・・・・・・・	51.6	82.2	67.6	66.0	69.4	68.1
くろまぐろ・・・・	…	…	…	18.2	21.5	20.5
ぎんざけ・・・・・・	23.6	13.1	14.8	17.3	18.5	20.2
貝類・・・・・・・・・・・	442.3	433.6	420.7	308.5	323.7	338.1
ほたて貝・・・・・・	192.0	210.7	219.6	149.1	164.5	172.1
かき類・・・・・ 1)	248.8	221.3	200.3	159.0	158.8	165.6
海藻類・・・・・・・・・	565.1	528.6	432.8	398.3	335.8	325.0
のり類・・・・・・ 2)	387.2	391.7	328.7	289.4	237.3	232.5
わかめ類・・・・・	113.0	66.7	52.4	53.8	44.0	46.9
こんぶ類・・・・・	54.3	53.8	43.3	30.3	31.7	29.8
もずく類・・・・・・	…	16.3	8.1	24.3	22.4	15.2
真珠（t）・・・・ 3)	70	30	21	16	13	13
海面養殖業計×	1 272.9	1 230.8	1 111.3	969.6	926.6	911.8

資料は表14-2に同じ。1) 殻つき。2) 生重量。3) 浜揚げ量。×その他とも。

表 14-5　内水面漁業・養殖業の生産（単位　千t）

	1990	2000	2010	2020	2021	2022
内水面漁業・・・・・・	112.1	70.8	39.8	21.7	18.9	22.6
さけ類・・・・・・・・	15.3	12.3	12.6	6.6	4.9	9.7
あゆ・・・・・・・・・	17.8	11.2	3.4	2.1	1.9	1.8
しじみ・・・・・・・	37.0	19.3	11.2	8.9	9.0	8.3
内水面養殖業・・・・	96.9	61.0	39.4	29.1	32.9	31.5
うなぎ・・・・・・・	38.9	24.1	20.5	16.8	20.7	19.2
ます類・・・・・・・	20.1	15.2	9.4	5.9	6.1	6.5
あゆ・・・・・・・・・	13.0	8.6	5.7	4.0	3.9	3.7
こい・・・・・・・・・	16.3	10.5	3.7	2.2	2.1	2.0

資料は表14-2に同じ。

紀でほぼ倍になった。各国の旺盛な需要を背景に、魚介類の輸入で日本が買い負けることも増えている。他方、世界的な需要の増加は近年の日本の水産物の輸出増加にもつながっていたが、2023年に福島第一原発処理水の海洋放出をめぐって、中国などが日本の水産物の輸入停止に踏み切ったことで、ほたて貝を中心に輸出が滞っている。

表14-6 **主な魚介類の府県別生産** (2022年)

	t	%		t	%
まぐろ類‥‥‥‥	122 299	*100.0*	**かつお類**‥‥‥‥	197 107	*100.0*
宮城‥‥‥‥‥	19 600	*16.0*	静岡‥‥‥‥‥	57 804	*29.3*
静岡‥‥‥‥‥	18 901	*15.5*	宮城‥‥‥‥‥	33 326	*16.9*
高知‥‥‥‥‥	12 102	*9.9*	東京‥‥‥‥‥	16 883	*8.6*
さけ・ます類‥‥ 1)	91 172	*100.0*	**いわし類**‥‥‥‥	871 475	*100.0*
北海道‥‥‥‥	89 266	*97.9*	茨城‥‥‥‥‥	241 989	*27.8*
青森‥‥‥‥‥	722	*0.8*	長崎‥‥‥‥‥	77 003	*8.8*
秋田‥‥‥‥‥	425	*0.5*	千葉‥‥‥‥‥	66 592	*7.6*
さば類‥‥‥‥‥	319 744	*100.0*	**ぶり類**‥‥‥‥‥	93 112	*100.0*
長崎‥‥‥‥‥	70 903	*22.2*	長崎‥‥‥‥‥	10 775	*11.6*
茨城‥‥‥‥‥	33 928	*10.6*	北海道‥‥‥‥	9 574	*10.3*
宮城‥‥‥‥‥	33 827	*10.6*	千葉‥‥‥‥‥	9 378	*10.1*
たら類‥‥‥‥‥	218 143	*100.0*	**かに類**‥‥‥‥‥	19 734	*100.0*
北海道‥‥‥‥	185 067	*84.8*	北海道‥‥‥‥	5 046	*25.6*
岩手‥‥‥‥‥	11 503	*5.3*	鳥取‥‥‥‥‥	2 596	*13.2*
青森‥‥‥‥‥	9 650	*4.4*	兵庫‥‥‥‥‥	2 211	*11.2*
ほたて貝‥‥‥ 2)	340 040	*100.0*	**養殖ぶり類**‥‥ 3)	113 863	*100.0*
北海道‥‥‥‥	339 609	*99.9*	鹿児島‥‥‥‥	37 260	*32.7*
青森‥‥‥‥‥	431	*0.1*	愛媛‥‥‥‥‥	17 091	*15.0*
岩手‥‥‥‥‥	0	*0.0*	大分‥‥‥‥‥	16 521	*14.5*
養殖かき類‥‥ 3)4)	165 590	*100.0*	**養殖のり類**‥‥ 3)	232 490	*100.0*
広島‥‥‥‥‥	96 816	*58.5*	佐賀‥‥‥‥‥	54 415	*23.4*
宮城‥‥‥‥‥	25 708	*15.5*	兵庫‥‥‥‥‥	50 138	*21.6*
岡山‥‥‥‥‥	14 724	*8.9*	福岡‥‥‥‥‥	39 558	*17.0*
しじみ‥‥‥‥‥	8 313	*100.0*	**養殖うなぎ**‥‥‥	19 167	*100.0*
島根‥‥‥‥‥	4 286	*51.6*	鹿児島‥‥‥‥	7 858	*41.0*
青森‥‥‥‥‥	2 045	*24.6*	愛知‥‥‥‥‥	4 205	*21.9*
茨城‥‥‥‥‥	977	*11.8*	宮崎‥‥‥‥‥	3 574	*18.6*

資料は表14-2に同じ。養殖の記載がないものは漁業の統計。海面漁業は海面漁業経営体の所在地別。1) 海面漁業のみ。2) このほか養殖業（種苗養殖を除く）が17万2078 t で、うち北海道が49.7%、青森が45.3%、宮城4.0%など。3) 種苗養殖を除く。4) 殻つき。

図 14-1　主な漁港の水揚量 (2022年)

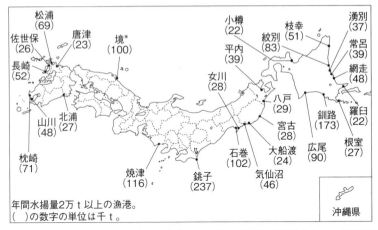

松浦(69)　佐世保(26)　唐津(23)　境*(100)　小樽(22)　枝幸(51)　湧別(37)　紋別(83)　常呂(39)　長崎(52)　平内(39)　網走(48)　女川(28)　羅臼(22)　八戸(29)　山川(48)　北浦(27)　釧路(173)　宮古(28)　広尾(90)　根室(27)　枕崎(71)　石巻(102)　大船渡(24)　焼津(116)　気仙沼(46)　銚子(237)

年間水揚量2万t以上の漁港。
(　)の数字の単位は千t。

沖縄県

水産庁「産地水産物流通調査」より作成。水揚量には貝類・藻類を含む。*「境」は漁港名で、「境港」は市の名称。

表 14-7　水産物の輸出入 (2023年、確々報) (単位　億円)

輸出		
水産物‥‥‥‥1)	2 191	アメリカ合衆国21.8%、中国19.6%
ほたて貝‥1)2)	689	中国37.6%、アメリカ合衆国17.3%
ぶり‥‥‥3)	417	アメリカ合衆国58.3%、韓国9.6%
輸入		
水産物‥‥‥‥	13 159	チリ13.1%、アメリカ合衆国10.9%
さけ・ます‥	2 582	チリ58.7%、ノルウェー22.4%、ロシア5.9%
まぐろ類‥‥	2 009	(台湾) 19.2%、中国11.9%、マルタ10.7%
くろまぐろ	775	マルタ27.7%、トルコ14.8%、スペイン13.7%
えび‥‥‥3)	1 932	インド20.5%、ベトナム18.8%
いか‥‥‥3)4)	791	中国46.9%、ペルー8.4%、ベトナム8.2%
たら‥‥‥5)	625	アメリカ合衆国68.9%、ロシア12.9%
かに‥‥‥3)	569	ロシア70.5%、カナダ18.1%
ずわいがに	400	ロシア65.9%、カナダ25.7%
たこ‥‥‥3)	434	モーリタニア38.9%、中国20.2%
たらの卵‥‥	362	ロシア57.3%、アメリカ合衆国42.5%
うに‥‥‥3)	278	チリ43.9%、ロシア42.5%、カナダ7.3%
さば‥‥‥‥	260	ノルウェー73.4%、イギリス18.0%
塩乾水産物‥‥	760	中国30.7%、韓国29.2%、アメリカ合衆国7.0%
うなぎ (活)‥6)	290	中国89.5%、(台湾) 10.5%、フィリピン0.0%
うなぎ (稚魚)‥6)	222	(香港) 98.4%、(台湾) 1.5%、フィリピン0.1%
魚粉‥‥‥‥‥	408	インド20.3%、チリ15.1%、ペルー14.0%

農林水産省「農林水産物輸出入概況」(2023年) より作成。水産物は生鮮、冷蔵、冷凍のもの。国別割合は金額ベース。1) 塩蔵品、乾燥品を含む。2) くん製品を含む。3) 活魚を含む。4) もんごうを含む。5) すり身を含む。6) 生きているもの。×その他とも

図 14-2　海面漁業・養殖業生産と魚介類の食料需給

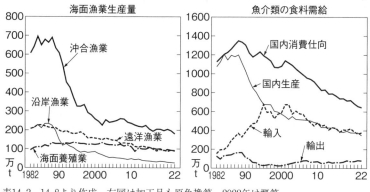

表14-2、14-8より作成。右図は加工品も原魚換算。2022年は概算。

表 14-8　魚介類の食料需給 （単位　千 t ）

	1990	2000	2010	2020	2021	2022 （概算）
国内生産········	10 278	5 736	4 782	3 772	3 775	3 477
輸入············	3 823	5 883	4 841	3 885	3 649	3 781
輸出············	1 140	264	706	721	829	789
国内消費仕向量··	13 028	10 812	8 701	6 838	6 562	6 425
飼料用········	4 230	2 283	1 936	1 555	1 374	1 375
粗食料········	8 798	8 529	6 765	5 283	5 188	5 043
1日1人あたり 純食料 （ g ）···	102.8	101.8	80.6	64.7	62.3	60.3

農林水産省「食料需給表」より作成。食料需給表は基本的に会計年度で計測されるが、魚介類は暦年で計測。本表は原魚換算で、純食料のみ消費に直接利用可能な形態での換算。

表 14-9　世界の漁業・養殖業生産量 （2021年） （単位　千 t ）

	漁業		海面	内水面	養殖業		海面	内水面
中国············	①	13 143	11 944	1 199	①	72 805	40 897	31 908
インドネシア····	②	7 207	6 741	466	②	14 607	10 957	3 649
インド··········	⑤	5 025	3 178	1 847	③	9 408	1 197	8 212
ベトナム········	⑦	3 540	3 391	150	④	4 749	2 085	2 664
ペルー··········	③	6 576	6 558	18	㉜	151	91	59
ロシア··········	④	5 168	4 896	272	㉒	319	129	190
アメリカ合衆国··	⑥	4 282	4 268	14	⑲	449	205	244
（参考）日本····	⑧	3 151	3 133	18	⑫	964	931	33
世界計×······		92 343	80 977	11 365		126 035	69 727	56 308

FAO Fishstatより作成（2024年4月7日閲覧）。魚介類と海藻の合計。漁業と養殖業合計が多い順で、円内数字は漁業、養殖業それぞれの順位。×その他とも。

176

第15章　工業

　工業は、就業者数の16％（2023年）、GDPの19％（2022年）を占める。戦後の経済発展の中核を担ってきたが、貿易摩擦や円高を契機に、アメリカなどでの現地生産や、製造コストの安かった中国やアジアに製造拠点を移した。1990年代より、海外生産が増えて、国内生産が頭打ちとなっている。

　日本や各国メーカーは、アジアに部品や素材を送って工業製品を作るようになり、現地で組み立て、完成品を輸出する、サプライチェーンが形成されていった。

　1990年代より韓国メーカーが、2000年

図 15-1　主要国の工業付加価値額 （名目値）

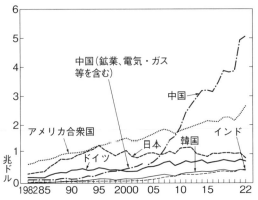

国連 “National Accounts Main Aggregates Database”（2023年12月更新データ）より作成。

表 15-1　工業の概況 （2020年以降は個人経営事業所を除く）

	1990	2000	2010	2020	2021
事業所数‥‥‥‥1)	728 853	589 713	434 672	2) 220 912	2) 222 770
従業者数（千人）‥1)	11 788	9 700	8 087	2) 7 560	2) 7 714
人件費（億円）‥‥3)	432 916	424 125	330 903	351 248	360 700
原材料使用額等（億円）	1 905 396	1 709 454	1 810 662	1 847 570	2 071 548
製造品出荷額等（億円）	3 270 931	3 035 824	2 908 029	3 035 547	3 302 200
付加価値額（億円）	1 212 432	1 121 118	4) 906 672	975 399	1 066 140

総務省・経済産業省「経済構造実態調査」、同「経済センサス－活動調査」および経済産業省「工業統計調査」より作成。2002年より新聞・出版業、もやし製造業を除く。2010年の従業者3人以下の事業所は推計値。製造品出荷額等には修理料等を含む（2007年より転売収入等を追加）。付加価値額は製造品出荷額等から原材料費や在庫の増減等を差し引いたもの。2001年以前は従業者9人以下、2002年以降は従業者29人以下の事業所が粗付加価値額（在庫の増減等を加味しない）。1) 各年末現在。2) 翌年6月1日現在。3) 人件費には派遣受入者にかかる支払額を含む。2019年以前は現金給与総額。4) 従業者4人以上の事業所。【☞府県別統計519ページ】

代より中国メーカーが工業生産を伸ばし、これに伴い日本メーカーの地位が低下した。日本では、工業が依然として盛んであるが、国内で出回る工業製品は電子機器などを中心に海外メーカー品が増加している。

近年の米中対立による貿易の不安定化や、コロナ禍での物流の混乱、ロシアのウクライナ侵攻による資源価格の高騰により、日本の工業は大きな打撃を受けた。自動車や電気機器では、半導体などの部品の調達が

表 15-2 工業の産業別構成（個人経営事業所を除く）（2021年）

	事業所数1)	従業者数1) （千人）	製造品 出荷額等 （億円）	付加 価値額2) （億円）
食料品工業（本書での分類）	29 813	1 212.3	395 053	129 185
食料品‥‥‥‥‥‥‥‥	24 654	1 105.5	299 348	101 554
飲料・たばこ・飼料‥‥	5 159	106.7	95 705	27 631
繊維工業‥‥‥‥‥‥‥‥	13 316	230.6	36 525	14 682
木材・木製品‥‥‥‥‥3)	6 223	92.5	32 463	10 489
家具・装備品‥‥‥‥‥‥	6 366	92.1	20 086	7 687
パルプ・紙・紙加工品‥‥	5 960	180.7	72 144	22 125
印刷・同関連業‥‥‥‥‥	13 536	252.6	48 555	22 342
化学工業（本書での分類）・	6 904	418.8	461 411	137 868
化学工業‥‥‥‥‥‥‥	5 623	390.9	317 082	119 652
石油製品・石炭製品‥‥	1 281	27.9	144 329	18 216
プラスチック製品‥‥‥4)	13 719	449.3	130 299	48 997
ゴム製品‥‥‥‥‥‥‥‥	2 378	113.8	33 755	14 870
なめし革・同製品・毛皮‥	1 261	18.1	2 804	1 117
窯業・土石製品‥‥‥‥‥	10 871	243.5	79 747	33 736
金属工業（本書での分類）・	38 718	977.4	475 505	132 574
鉄鋼業‥‥‥‥‥‥‥‥	5 010	221.2	197 188	41 293
非鉄金属‥‥‥‥‥‥‥	3 060	145.9	119 507	29 401
金属製品‥‥‥‥‥‥‥	30 648	610.2	158 811	61 880
機械工業（本書での分類）・	63 235	3 271.0	1 468 676	471 533
はん用機械器具‥‥‥‥	8 124	329.4	122 153	43 803
生産用機械器具‥‥‥‥	23 478	661.7	228 795	85 228
業務用機械器具‥‥‥‥	4 811	213.2	65 769	25 143
電子部品・デバイス・電子回路	4 490	414.2	164 424	67 581
電気機械器具‥‥‥‥‥	9 942	504.9	194 993	68 449
情報通信機械器具‥‥‥	1 277	112.2	61 345	18 763
輸送用機械器具‥‥‥‥	11 113	1 035.4	631 198	162 565
その他‥‥‥‥‥‥‥‥‥	10 470	161.9	45 176	18 935
計‥‥‥‥‥‥‥‥‥‥	**222 770**	**7 714.5**	**3 302 200**	**1 066 140**

総務省・経済産業省「経済構造実態調査」(2022年) より作成。工業統計に関する注記は表15-1参照。1) 2022年6月1日現在。2) 従業者29人以下の事業所は粗付加価値額（在庫の増減等を加味していない）。3)家具を除く。4)家具など他の産業に分類されるものを除く。
【☞府県別統計524〜526ページ】

滞って、生産に支障が出た工場もあり、国境を越えたサプライチェーンのぜい弱性が再認識された。日本をはじめ各国では、サプライチェーン強靭化のために、製造拠点を国内に戻す動きがみられる。また、日本政府は、半導体や工作機械、重要鉱物など、国民の生活や経済活動に欠かせない物資を特定重要物資として指定し、有事でも安定供給できる体制の構築を目指している。

図 15-2　製造品出荷額等構成の推移

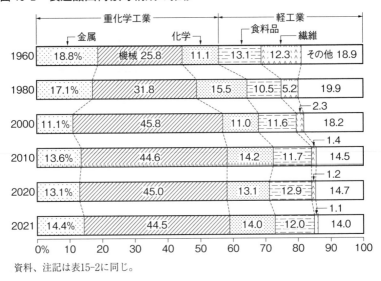

資料、注記は表15-2に同じ。

表 15-3　主要国の工業出荷額 (2021年) (単位　億ドル)

	中国[2][3] (2020)	アメリカ 合衆国	日本[3]	ドイツ[3]	韓国[3]	インド[3][6]
食料品工業‥‥	15 122	10 701	3 394	2 722	970	2 072
繊維工業‥‥‥	7 407	596	318	228	332	838
化学工業‥‥[1]	17 132	8 323	2 516	2 627	1 705	1 716
金属工業‥‥‥	25 167	6 741	3 727	2 814	2 096	2 144
機械工業‥‥‥	56 453	17 428	12 629	[5]10 248	7 092	2 711
自動車‥‥‥	13 639	6 204	[4]5 849	4 474	1 838	945
計×‥‥‥‥	151 663	60 796	27 743	23 996	15 021	12 899

UNIDO Statistics Data Portal (2024年4月2日閲覧) より作成。1) 石油製品を除く。2) 収益2000万元以上の企業。3) UNIDOによる推定値。4) その他の輸送用機械を含む。5) 事務用機器、テレビ、通信機器類、精密機器等を除く。6) 登録済の従業者20人以上 (動力がある場合は10人以上) の事業所。×その他とも。

図 15-3　**事業所規模別構成比**（個人経営事業所を除く）（2021年）

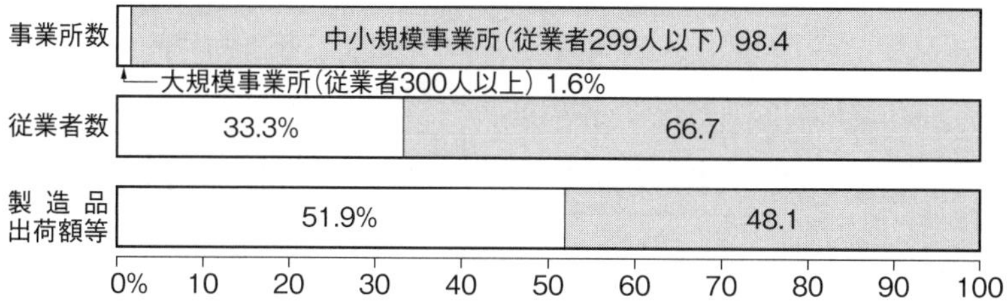

下表より作成。事業所数、従業者数は2022年6月1日現在。

表 15-4　**事業所規模別工業統計**（個人経営事業所を除く）（2021年）

事業所 の規模 （従業者数別）	事業所 数[1] 	従業者 数[1] （千人）	人件費[2] （億円）	原材料 使用額等 （億円）	製造品 出荷額等 （億円）	付加 価値額 （億円）
1～9人···	108 661	493	15 861	44 537	87 673 [3]	39 231
10～19人···	43 654	603	21 603	68 728	126 806 [3]	52 821
20～29人···	23 308	568	21 030	74 683	132 033 [3]	52 033
30～49人···	17 618	684	27 418	116 213	195 687	68 974
50～99人···	15 416	1 069	44 722	199 744	336 830	118 024
100～199人·	8 120	1 123	50 026	254 351	433 985	150 663
200～299人·	2 496	607	29 188	166 574	276 623	94 882
300～499人·	1 930	732	37 146	263 352	426 810	124 542
500～999人·	1 045	709	38 493	235 586	371 585	118 127
1000人以上·	522	1 127	75 212	647 780	914 168	246 843
計······	**222 770**	**7 714**	**360 700**	**2 071 548**	**3 302 200**	**1 066 140**

資料は表15-2に同じ。1）2022年6月1日現在。2）人件費には派遣受入者にかかる支払額を含む。3）粗付加価値（在庫の増減等を加味しない）。

表 15-5　**資本金規模別工業統計**（個人経営事業所を除く）（2021年）

	事業所 数[1] 	従業者 数[1] （千人）	人件費[2] （億円）	製造品 出荷額等 （億円）	粗付加 価値額[3] （億円）
資本金1000万円未満··	80 511	637	19 281	74 454	37 045
1000～3000万円未満··	88 170	1 782	66 139	349 989	144 655
3000～5000万円未満··	17 031	715	28 334	177 140	69 322
5000万～3億円未満··	23 526	1 799	79 186	634 933	231 791
3億円以上·········	11 005	2 737	166 209	2 053 411	646 256
その他··········· [4]	2 527	44	1 551	12 272	4 714
計···············	**222 770**	**7 714**	**360 700**	**3 302 200**	**1 133 783**

資料は表15-2に同じ。1）2022年6月1日現在。2）人件費には派遣受入者にかかる支払額を含む。3）在庫の増減等を加味していない。4）資本金の発生しない組織、組合など。

第
15
章

工
業

図 15-4　工業地帯、工業地域の製造品出荷額等の構成 (2021年)

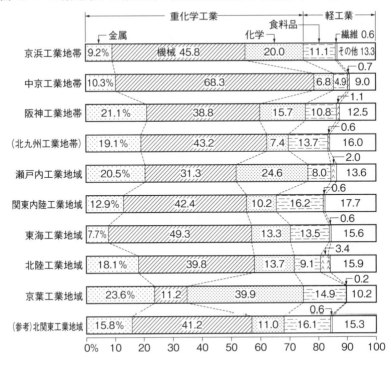

表 15-6　工業地帯、工業地域の製造品出荷額等 (単位　億円)

	1990	2000	2010	2020[1]	2021[1]
京浜工業地帯・・・・	515 908	402 530	257 710	231 190	249 979
中京工業地帯・・・・	445 033	427 472	481 440	546 299	589 290
阪神工業地帯・・・・	405 725	325 518	301 386	324 505	351 081
(北九州工業地帯)	77 793	74 264	82 491	89 950	94 450
瀬戸内工業地域・・	266 875	242 029	292 784	279 905	325 189
関東内陸工業地域	336 323	304 815	290 180	291 499	312 133
東海工業地域・・・・	164 646	167 811	158 848	165 147	172 905
北陸工業地域・・・・	132 396	127 914	118 319	132 525	142 209
京葉工業地域・・・・	122 615	115 188	124 137	119 770	130 968
(参考)北関東工業地域	272 484	266 025	269 328	284 075	306 461

資料は表15-1に同じ。2002年より新聞、出版業が工業統計から外れていることに留意。本表は下記に示す都府県を合計したもの。京浜：東京都、神奈川県。中京：愛知県、三重県。阪神：大阪府、兵庫県。北九州：福岡県。瀬戸内：岡山県、広島県、山口県、香川県、愛媛県。関東内陸：栃木県、群馬県、埼玉県。東海：静岡県。北陸：新潟県、富山県、石川県、福井県。京葉：千葉県。北関東：茨城県、栃木県、群馬県。なお、工業地帯は北九州を含めず三大工業地帯とするのが一般的。1) 個人経営事業所を除く。

表 15-7　鉱工業生産指数 (2020年＝100)

	付加生産ウエイト	2019	2020	2021	2022	2023
食料品・たばこ………	1 377.9	103.2	100.0	99.4	98.7	98.3
繊維工業……………	150.1	115.4	100.0	100.6	100.9	96.6
木材・木製品………	94.0	112.6	100.0	108.4	104.9	95.8
パルプ・紙・紙加工品‥	236.5	110.0	100.0	103.0	101.9	96.2
印刷業………………	182.5	111.0	100.0	99.9	97.8	93.0
化学工業……………	1 233.0	110.9	100.0	104.5	103.6	99.7
化粧品……………	259.8	122.3	100.0	99.2	101.0	97.6
石油・石炭製品……	175.6	117.8	100.0	100.3	106.6	102.1
プラスチック製品……	464.7	107.0	100.0	102.9	100.8	98.8
ゴム製品……………	137.6	120.9	100.0	113.0	111.2	109.9
窯業・土石製品………	352.8	110.8	100.0	103.9	99.2	94.1
鉄鋼業………………	341.7	121.1	100.0	116.7	108.6	106.1
非鉄金属……………	254.8	110.2	100.0	107.3	106.2	102.2
金属製品……………	452.5	112.7	100.0	103.5	103.0	99.2
はん用機械…………	560.2	114.0	100.0	112.5	115.8	110.4
生産用機械…………	746.1	112.1	100.0	121.6	134.0	120.7
半導体等製造装置…1)	237.9	97.2	100.0	131.5	154.2	129.9
業務用機械…………	145.6	114.5	100.0	106.0	112.9	116.2
電子部品・デバイス…‥	585.0	98.6	100.0	111.4	104.8	94.6
集積回路 (IC) ……	213.8	97.9	100.0	110.4	110.1	109.4
電気機械……………	674.2	108.8	100.0	108.4	109.5	110.2
情報通信機械………	186.6	120.5	100.0	95.2	86.8	90.8
輸送機械……………	1 502.4	120.9	100.0	98.4	97.6	111.5
自動車工業…………	1 248.2	121.1	100.0	101.8	98.9	113.1
乗用車……………	640.7	122.5	100.0	96.5	95.1	114.6
車体・自動車部品‥	474.3	119.2	100.0	103.5	97.8	109.8
船舶・同機関………	111.3	107.5	100.0	84.6	81.8	84.3
(参考)機械工業計……2)	4 410.9	113.6	100.0	107.5	109.0	109.8
製造工業計…………	9 983.5	111.6	100.0	105.4	105.3	104.0
鉱業………………	16.5	106.0	100.0	99.1	94.9	88.6
鉱工業計…………	10 000.0	111.6	100.0	105.4	105.3	103.9

経済産業省「鉱工業指数」より作成。鉱工業指数は、価格の変動を除いた量的変動を示す。付加生産ウエイトは基準年の付加価値額の構成比で、量的変動にウエイトを反映させて指数が作成される。1) フラットパネルディスプレイ製造装置を含む。2) 時計を含む。【☞長期統計512ページ】

経済構造実態調査　工業統計調査は、2020年調査で廃止された。以降の製造業の統計は、5年に1度の経済センサスと、その中間年に実施される経済構造実態調査（製造業事業所調査）で公表される。工業統計調査との相違点は、個人経営の事業所を含まないことである。経済構造実態調査と工業統計調査のデータを比較すると、繊維工業や金属製品製造業の事業所数が大きく減少している。これは、個人経営事業所を含まないことが大きな要因と考えられる。

第15章

工業

図 15-5　鉱工業生産指数

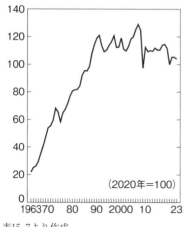

(2020年＝100)

表15-7より作成。

図 15-6　海外生産比率

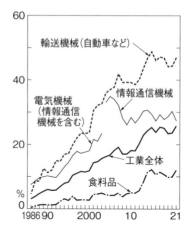

下表より作成。会計年度。

表 15-8　海外生産比率 (売上高ベース)(会計年度)(%)

	1990	2000	2005	2010	2015	2020	2021
食料品・・・・・・・・	1.2	2.7	4.2	5.0	12.2	9.9	12.0
繊維・・・・・・・・・	3.0	8.0	6.3	6.2	12.9	13.1	15.2
木材・紙パ・・・・・	2.1	3.8	3.0	4.5	9.7	10.5	12.3
化学・・・・・・・・・	4.9	11.8	14.8	17.4	19.4	18.4	23.4
石油・石炭・・・・・	0.2	1.4	2.6	2.4	9.6	5.4	11.1
窯業・土石・・・・・	…	8.1	6.6	13.6	17.4	15.5	17.6
鉄鋼・・・・・・・・・	5.3	14.0	9.6	11.2	14.0	20.6	19.2
非鉄金属・・・・・・	4.9	9.4	10.2	14.7	18.8	18.4	20.6
金属製品・・・・・・	…	1.6	2.2	3.9	6.4	6.8	8.8
はん用機械・・・・・	…	…	…	28.3	33.8	29.5	34.4
生産用機械・・・・・	…	…	…	11.1	15.7	14.7	15.3
業務用機械・・・・・	…	…	…	13.8	18.5	17.0	18.0
電気機械・・・・ }	10.2	18.0	11.0	11.8	17.3	13.3	19.2
情報通信機械・・・ }			34.9	28.4	29.4	30.3	27.4
輸送機械・・・・・・	11.2	23.7	37.0	39.2	48.8	44.4	47.0
(旧)一般機械・・・	9.6	10.8	13.1	…	…	…	…
(旧)精密機械・・・	4.5	11.2	13.8	…	…	…	…
製造業計・・・・・	6.0	11.8	16.7	18.1	25.3	23.6	25.8

経済産業省「海外事業活動基本調査」より作成。国内と現地法人の売上高の合計に対する、現地法人売上高の割合。現地法人は、日本側出資比率が10％以上の外国法人、または日本側出資比率が50％超の海外子会社が50％超の出資を行っている外国法人で、いわゆる海外子会社、孫会社での売上高比率を示している。一般機械、精密機械は旧分類による。

注意　情報通信機械では、台湾資本などのEMSとよばれる製造受託メーカーへの委託が増えている。これらは資本関係にないため、本表の海外生産比率には反映されていない。

表 15-9　製造業現地法人の概況（2021年度）

	常時従業者（千人）	売上高（億円）		常時従業者（千人）	売上高（億円）
アジア‥‥‥‥ 1)	3 023	812 166	ヨーロッパ‥‥‥	385	158 206
中国‥‥‥‥‥	1 023	354 745	イギリス‥‥‥	89	27 158
タイ‥‥‥‥‥	563	146 868	ベルギー‥‥‥	56	22 433
インドネシア・	334	66 149	ドイツ‥‥‥‥	36	22 243
インド‥‥‥‥	176	44 752	フランス‥‥‥	21	17 080
韓国‥‥‥‥‥	53	36 063	オランダ‥‥‥	21	16 785
ベトナム‥‥‥	359	33 134	スペイン‥‥‥	16	7 269
フィリピン‥‥	223	29 542	（再掲）EU‥‥‥	262	117 078
（台湾）‥‥‥‥	69	29 410	中南アメリカ‥‥	217	62 791
マレーシア‥‥	114	25 771	メキシコ‥‥‥	118	31 173
（香港）‥‥‥‥	20	22 145	ブラジル‥‥‥	81	21 259
シンガポール・	30	17 718	オセアニア‥‥‥	13	18 662
（再掲）ASEAN	1 654	320 238	オーストラリア	10	17 338
北アメリカ‥‥‥	519	325 092	アフリカ‥‥‥‥	33	10 786
アメリカ合衆国	488	298 704	中東‥‥‥‥‥‥	6	6 714
カナダ‥‥‥‥	31	26 387	世界計‥‥‥‥	4 196	1 394 416

経済産業省「海外事業活動基本調査」（2021年度実績）より作成。常時従業者は有効回答のあった9164社、売上高は9032社の集計で、単純比較できない。常時従業者は2021年度末現在。現地法人の定義は表15-8を参照。1) 中東を除く。

表 15-10　製造業現地法人の売上高内訳（2021年度）（単位　億円）

	日本向け輸出	現地販売額	第三国向け輸出	売上高計	日本向け割合（%）
食料品‥‥‥‥‥	4 872	41 657	10 200	56 729	8.6
繊維‥‥‥‥‥‥	2 805	6 826	2 625	12 256	22.9
木材・紙パ‥‥‥	1 542	10 479	4 461	16 482	9.4
化学‥‥‥‥‥‥	8 253	90 581	35 905	134 739	6.1
石油・石炭‥‥‥	58	13 854	64	13 976	0.4
窯業・土石‥‥‥	1 346	8 961	8 838	19 145	7.0
鉄鋼‥‥‥‥‥‥	340	39 857	4 181	44 378	0.8
非鉄金属‥‥‥‥	6 806	21 326	10 468	38 600	17.6
金属製品‥‥‥‥	2 322	12 371	3 114	17 807	13.0
はん用機械‥‥‥	9 795	17 492	9 382	36 669	26.7
生産用機械‥‥‥	6 133	30 826	9 323	46 282	13.3
業務用機械‥‥‥	11 727	11 492	5 784	29 002	40.4
電気機械‥‥‥‥	11 911	44 797	13 530	70 239	17.0
情報通信機械‥‥	38 956	71 573	18 775	129 303	30.1
輸送機械‥‥‥‥	30 086	326 249	306 435	662 770	4.5
製造業計×‥‥‥	**143 604**	**793 155**	**457 658**	**1 394 416**	10.3

資料、注記は上表に同じ。上表の売上高の内訳。×その他とも。

表 15-11　**製造業グローバル出荷指数**（2015年＝100）

	ウエイト	2017	2018	2019	2020	2021	2022
国内出荷指数····	6 869.8	102.2	103.0	100.2	89.6	93.7	93.4
国内向け······	5 422.6	101.5	101.9	99.9	90.1	91.8	90.6
輸出向け······	1 447.2	104.6	107.1	101.2	87.7	100.9	103.8
海外出荷指数····	3 130.2	106.2	107.5	105.8	94.5	103.3	107.8
（仕向け先）							
現地国向け····	1 706.4	107.0	108.0	107.5	97.5	105.5	109.3
日本向け······	303.9	105.0	105.8	104.6	98.1	106.1	110.0
第三国向け····	1 119.9	107.3	110.9	107.7	88.8	103.7	110.0
（地域別）							
中国········· 1)	758.4	107.7	112.7	110.4	116.5	128.2	136.6
ASEAN4 ···· 2)	585.2	113.4	119.8	116.4	97.4	112.1	102.3
北アメリカ····	843.4	96.7	92.3	95.8	77.1	80.0	90.6
それ以外の地域	943.2	109.0	109.2	104.6	89.6	98.0	102.5
（再掲）海外ビジネス	4 577.4	105.7	107.4	104.4	92.3	102.6	106.5
グローバル出荷指数	10 000.0	103.4	104.4	101.9	91.1	96.7	97.9

経済産業省ウェブサイトより作成。製造業のグローバル展開を踏まえて作成された指数で、**国内出荷指数**は国内事業所からの出荷、**海外出荷指数**は日本企業の海外事業所からの出荷を示す。海外ビジネスは国内出荷指数の輸出向けと、海外出荷指数を合わせたもの。本表は、経済産業省「鉱工業出荷内訳表・総供給表」および「海外現地法人四半期調査」の組み合わせより、経済産業省経済解析室が試算したもの。2015年を100とした指数であるが、算出方法の都合等で2015年の数値が100でない場合がある。1）（香港）を含む。2）タイ、フィリピン、マレーシア、インドネシアの4か国のみ。

表 15-12　**主要業種別グローバル出荷指数**（2015年＝100）

	ウエイト	2017	2018	2019	2020	2021	2022
輸送機械········	2 828.9	107.0	109.2	107.1	88.5	93.9	97.3
国内出荷指数··	1 287.3	105.0	107.0	106.9	87.2	86.5	85.3
海外出荷指数··	1 541.6	108.7	111.0	107.3	89.7	100.1	107.3
電気機械······· 1)	1 341.2	102.5	102.2	98.4	93.3	101.5	100.5
国内出荷指数··	861.2	100.2	101.2	95.8	90.2	98.3	97.3
海外出荷指数··	480.0	106.5	103.9	103.2	98.9	107.1	106.4
一般機械······· 2)	1 093.9	106.7	111.9	104.7	93.9	109.7	116.8
国内出荷指数··	835.6	106.7	112.2	103.8	92.3	107.5	114.4
海外出荷指数··	258.3	106.7	110.9	107.7	98.9	116.7	124.5
化学工業········	900.0	104.7	104.7	104.8	99.6	104.2	105.4
国内出荷指数··	650.1	104.6	104.3	103.7	95.4	98.1	96.2
海外出荷指数··	249.9	104.9	105.8	107.6	110.4	120.2	129.3

資料、注記は上表に同じ。1）電子部品・デバイス、電気機械、情報通信機械。2）はん用機械、生産用機械、業務用機械。

第16章　金属工業

　本書における金属工業は、産業分類中の鉄鋼業、非鉄金属工業、金属製品製造業を合わせたものである。製造品出荷額等の14.4%を占め（2021年）、機械工業などに素材や部品等を提供する重要な産業である。

表 16-1　**金属工業の推移**（2020年以降は個人経営事業所を除く）

	1990	2000	2010	2020	2021
事業所数・・・・・・・・・・・ 1)	103 742	88 821	70 258	38 208	38 718
従業者数（千人）・・・・・ 1)	1 441.1	1 178.0	1 010.4	958.4	977.4
製造品出荷額等（億円）	452 854	337 687	396 463	397 745	475 505
鉄鋼業・・・・・・・・・・・・	183 131	119 630	181 776	151 183	197 188
非鉄金属製造業・・・・・・	78 526	62 189	89 294	94 527	119 507
金属製品製造業・・・・・・	191 197	155 868	125 392	152 036	158 811
付加価値額（億円）・・・・	167 523	131 835	2)106 419	110 479	132 574

総務省・経済産業省「経済構造実態調査」、同「経済センサス－活動調査」、経済産業省「工業統計調査」より作成。工業統計に関する注記は表15-1も参照。1) 2010年までは各年末、2020年以降は翌年6月1日現在。2) 従業者4人以上の事業所。【☞府県別統計525ページ】

表 16-2　**金属工業の構成**（個人経営事業所を除く）（2021年）

	事業所数1)	従業者数1)（千人）	製造品出荷額等（億円）	付加価値額2)（億円）
鉄鋼業・・・・・・・・・・・・・・・・・・	5 010	221.2	197 188	41 293
製鉄業・・・・・・・・・・・・・・・	26	37.7	73 554	12 589
高炉による製鉄業・・・・・	13	35.5	70 862	11 858
製鋼・製鋼圧延・・・・・・・・・	72	24.8	31 728	5 424
製鋼を行わない鋼材・・・・3)	388	41.0	33 625	7 310
非鉄金属製造業・・・・・・・・・・・	3 060	145.9	119 507	29 401
第1次製錬（新地金）・・・4)	56	9.9	30 373	5 261
第2次製錬(リサイクル)4)5)	413	13.3	19 345	3 880
非鉄金属・同合金圧延・・6)	537	31.9	25 790	6 155
金属製品製造業・・・・・・・・・・・	30 648	610.2	158 811	61 880
建設用・建築用金属・・・・7)	13 014	221.3	65 486	24 757
金属工業計・・・・・・・・・・・・・	**38 718**	**977.4**	**475 505**	**132 574**

資料は表16-1に同じ。1) 2022年6月1日現在。2) 従業者29人以下の事業所は粗付加価値額。3) 圧延や鋼管製造など。表面処理鋼材を除く。4) 精製業を含む。5) 合金製造業を含む。6) 抽伸、押出しを含む。7) 製缶板金業を含む。

〔**鉄鋼業**〕　鉄鋼業は、1970年代以降は国内粗鋼生産量で1億トン程度を維持してきた。バブル崩壊で国内需要が停滞すると、韓国や中国向けを中心に輸出が拡大して、国内生産を維持した。1990年代後半から、中

図 16-1　**鉄鋼の主な製造工程**

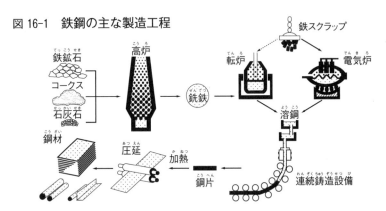

主要成分が酸化鉄である鉄鉱石を、高炉でコークスにより還元すると、銑鉄が得られる（石灰石は不純物の除去に必要）。銑鉄は炭素含有量が高く、固くてもろい。転炉で少量の鉄スクラップとともに酸素を加えることで、銑鉄は炭素含有量が下がって鋼に転換される。鋼は、転炉のほかに電気炉で鉄スクラップからも製造される。溶けた鋼は、連続鋳造設備で鋳造される（一部の特殊鋼などでは、古くからの鋳型による鋳造が行われる）。鋳造された鋼片は圧延されて、鋼板や鋼管などの鋼材となる。

表 16-3　**銑鉄生産と粗鋼の需給**（単位　千t）

	1990	2000	2010	2020	2022	2023
銑鉄生産‥‥‥‥	80 229	81 071	82 283	61 600	64 147	63 042
粗鋼生産‥‥‥‥	110 339	106 444	109 599	83 186	89 227	87 001
普通鋼‥‥‥‥	90 511	87 575	84 929	65 750	68 804	67 533
特殊鋼‥‥‥‥	19 828	18 870	24 670	17 436	20 422	19 468
（炉別）						
転炉‥‥‥‥‥	75 640	75 784	85 756	62 047	65 392	64 167
電気炉‥‥‥ 1)	34 698	30 660	23 843	21 140	23 835	22 834
粗鋼輸出‥‥‥‥	18 862	31 447	46 581	34 158	35 160	35 454
粗鋼輸入‥‥‥‥	7 555	5 564	5 099	6 060	6 227	6 679
粗鋼消費‥‥‥‥	99 032	80 561	68 117	55 089	60 293	58 226
1人あたり(kg)	801	635	532	437	483	…

経済産業省「生産動態統計」、日本鉄鋼連盟「鉄鋼統計要覧」および同ウェブサイトより作成。**粗鋼**は、すべての鋼を示す統計用語。**特殊鋼**は、特殊な元素を添加したり成分を調整して物性を高めたもので、ステンレス鋼や磁石鋼など。粗鋼の輸出入は、鋼材や二次製品（主要加工品）等の貿易量を粗鋼換算している。粗鋼消費は生産＋輸入－輸出でみた見掛消費。1) 鋳鋼鋳込を含む。【☞粗鋼生産の長期統計512ページ】

国が旺盛な国内需要を背景に生産量を急激に拡大したが、過剰生産に陥り、2010年代より余剰の鉄鋼を安く輸出するようになった。各国メーカーの収益が悪化し、国内メーカーは高炉などの生産設備を休止したことで、近年は国内生産が減少している。最近では、原料価格が高騰して製造コストが上昇している。

　鉄鋼生産は、高炉で鉄鉱石とコークスから銑鉄を製造し、転炉で転換した転炉鋼が主流で、国内生産の74％（2023年）を占める。このほか、鉄スクラップから製造する電炉鋼が26％である。高炉での銑鉄生産は、

図 16-2　高炉一貫製鉄所の所在地（2023年7月1日現在）

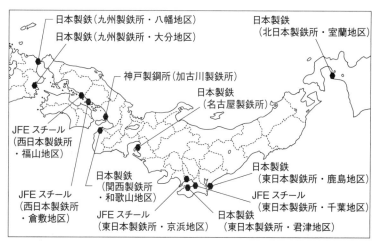

日本鉄鋼連盟「日本の鉄鋼業」（2023年）より作成。地名表記は各社の製鉄所名。JFEスチールは、東日本製鉄所・京浜地区の高炉の操業を2023年9月16日に休止した。

表 16-4　鉄鋼業の主要原料の輸入先（2022年）

鉄鉱石	千t	%	石炭	千t	%
オーストラリア·	62 774	60.2	オーストラリア·	39 614	74.4
ブラジル·······	29 171	28.0	カナダ········	5 007	9.4
カナダ········	6 143	5.9	アメリカ合衆国·	3 165	5.9
南アフリカ共和国·	3 006	2.9	ロシア········	2 442	4.6
アメリカ合衆国·	1 040	1.0	インドネシア···	1 247	2.3
計×········	**104 223**	100.0	計×········	**53 229**	100.0

財務省「貿易統計」および日本鉄鋼連盟「鉄鋼統計要覧」（2023年版）より作成。石炭は鉄鋼業の原料炭のみで、2022年の総輸入量183005千tの29.1％にあたる。×その他とも。

鉄鉱石からの還元反応で多くの二酸化炭素が排出される。鉄鋼業はエネルギー消費も多く、温室効果ガスの排出量が多い産業であり、2021年には産業部門全体の39%に当たる1億4500万トンの二酸化炭素を排出した。

　化石燃料への依存度を減らし、クリーンエネルギーの利用へシフトするGX（グリーントランスフォーメーション）への取り組みが進んでいる。鉄鋼業では、高炉を用いない電炉鋼の生産を拡大するほか、コークスを用いず水素による還元反応で生産する「水素還元製鉄」の本格化を目指している。従来よりも大幅に製造時の二酸化炭素排出量を削減して製造した製品は「グリーンスチール」と呼ばれ、GXへの対応が求められるメーカーからの要望が高まっている。各国の大手鉄鋼メーカーは、グリーンスチールの製造技術の開発を急いでおり、最近は供給についての計画発表が相次いでいる。

表 16-5　日本の鉄鋼貿易（単位　千t）

		1990	2000	2010	2020	2022	2023
輸出	普通鋼鋼材‥	13 483	22 393	29 308	20 924	21 404	22 642
	特殊鋼鋼材‥	2 848	4 300	7 782	5 833	6 941	6 168
	二次製品‥‥1)	533	481	719	500	582	527
	輸出計×‥	17 021	29 160	43 395	32 136	32 303	32 690
輸入	普通鋼鋼材‥	5 978	4 661	3 664	3 985	4 229	4 698
	特殊鋼鋼材‥	25	150	293	615	515	448
	二次製品‥‥1)	137	349	640	721	774	682
	輸入計×‥	11 680	7 747	7 208	6 910	7 456	7 575

日本鉄鋼連盟「鉄鋼統計要覧」および同ウェブサイトより作成。1) 主要加工品を集計したもの。×その他とも。銑鉄などや半製品を含む。

表 16-6　日本の鉄鋼輸出先（単位　千t）

	2022	2023		2022	2023
韓国‥‥‥‥‥	5 431	5 637	メキシコ‥‥‥	1 244	1 860
タイ‥‥‥‥‥	5 038	4 676	（台湾）‥‥‥	1 809	1 585
中国‥‥‥‥‥	3 949	2 849	アメリカ合衆国‥	1 268	1 229
インドネシア‥‥	2 300	2 281	インド‥‥‥‥	848	1 175
ベトナム‥‥‥	1 896	1 952	計×‥‥‥‥‥	32 303	32 690

資料は上表に同じ。上表の輸出計の国別内訳。×その他とも。

図 16-3　粗鋼の国内需給と主要国の生産量

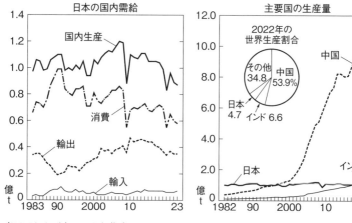

表16-3および表16-7より作成。

表 16-7　世界の粗鋼生産（単位　千 t）

	2000	2010	2020	2021	2022
中国‥‥‥‥‥‥	128 500	638 743	1 064 767	1 035 243	1 019 080
インド‥‥‥‥‥	26 924	68 976	100 256	118 201	125 377
日本‥‥‥‥‥‥	106 444	109 599	83 186	96 336	89 227
アメリカ合衆国‥	101 824	80 495	72 732	85 791	80 535
ロシア‥‥‥‥‥	59 136	66 942	71 621	77 020	71 746
韓国‥‥‥‥‥‥	43 107	58 914	67 079	70 418	65 846
ドイツ‥‥‥‥‥	46 376	43 830	35 680	40 241	36 860
トルコ‥‥‥‥‥	14 325	29 143	35 810	40 360	35 134
世界計×‥‥‥‥	**850 020**	**1 435 254**	**1 884 011**	**1 962 439**	**1 890 064**

WSA（世界鉄鋼協会）ウェブサイト（2024年4月8日閲覧）および同 "Steel Statistical Yearbook" より作成。×その他とも。

表 16-8　世界の鉄鋼メーカー別粗鋼生産量（2022年）（単位　千 t）

宝鋼集団（中）‥‥‥‥	131 840	建龍集団（中）‥‥‥‥	36 560
アルセロール・ミタル(ル)	68 890	首鋼集団（中）‥‥‥‥	33 820
鞍山鋼鉄集団（中）‥‥	55 650	タタ・スチール（印）‥	30 180
日本製鉄（日）‥‥‥‥	44 370	山東鋼鉄集団（中）‥‥	29 420
江蘇沙鋼集団（中）‥‥	41 450	徳龍鋼鉄（中）‥‥‥‥	27 900
河北鋼鉄集団（中）‥‥	41 000	湖南鋼鉄集団（中）‥‥	26 430
ポスコ（韓）‥‥‥‥‥	38 640	JFEスチール（日）‥‥	26 200

WSA（世界鉄鋼協会）"WORLD STEEL IN FIGURES 2023" より作成。ル＝ルクセンブルク。原資料では万 t 単位で公表。子会社や合弁の持ち分を含む。

第16章　金属工業

表 16-9　世界の鋼材および半鋼材の輸出入（単位　千 t ）

輸出	2021	2022	輸入	2021	2022
中国・・・・・・・・	66 208	68 126	アメリカ合衆国・	29 692	28 913
日本・・・・・・・・	33 763	31 739	ドイツ・・・・・・・	23 274	20 990
韓国・・・・・・・・	26 781	25 462	イタリア・・・・・・	20 760	20 212
ドイツ・・・・・・・	23 950	22 288	トルコ・・・・・・・	16 151	17 439
トルコ・・・・・・・	22 057	17 956	中国・・・・・・・・	27 824	17 063
ロシア・・・・・・・	32 583	17 855	韓国・・・・・・・・	14 067	13 666
イタリア・・・・・・	17 186	15 991	タイ・・・・・・・・	15 711	13 431
世界計×・・・・・	**460 381**	**402 107**	世界計×・・・・・	**445 112**	**399 129**

WSA（世界鉄鋼協会）ウェブサイト（2024年 4 月 8 日閲覧）より作成。×その他とも。

表 16-10　**粗鋼消費量**（見掛消費）（単位　千 t 、 1 人あたりはkg）

	2000	2010	2020	2021	2022	1人あたり消費 (2022)
中国・・・・・・・・・・	138 086	612 063	1 008 220	954 400	925 650	649.2
インド・・・・・・・・・	30 200	69 082	89 333	106 226	116 157	82.0
アメリカ合衆国・・	133 360	92 400	80 043	97 078	94 525	279.4
日本・・・・・・・・・・	79 600	67 400	52 630	57 410	54 980	113.6
韓国・・・・・・・・・・	40 000	54 573	49 195	56 041	51 297	990.0
ロシア・・・・・・・・・	29 412	41 444	42 314	43 924	41 727	288.3
トルコ・・・・・・・・・	13 370	25 131	29 481	33 377	32 500	380.8
ドイツ・・・・・・・・・	42 091	40 479	31 343	35 508	32 398	388.6
イタリア・・・・・・・・	32 483	27 212	20 414	26 624	25 141	425.8
世界計×・・・・・・	**847 142**	**1 419 631**	**1 794 712**	**1 844 916**	**1 788 059**	224.3

資料は表16-7に同じ。粗鋼換算による生産＋輸入－輸出。×その他とも。

表 16-11　**世界の鉄鉱石生産量**（鉄含有量）（単位　百万 t ）

	1990	2000	2010	2020	2021	〃 %
オーストラリア・・	69.8	104.2	271.0	564.1	565.0	34.2
ブラジル・・・・・・・	99.9	141.1	248.0	246.8	272.9	16.5
中国・・・・・・・・・・	50.5	73.5	230.0	225.0	246.0	14.9
インド・・・・・・・・・	34.4	48.6	128.0	126.0	169.0	10.2
ロシア・・・・・・・・・	1) 132.0	50.0	57.6	69.5	66.7	4.0
ウクライナ・・・・・・	・・・	30.6	38.6	49.3	52.4	3.2
イラン・・・・・・・・・	1.8	6.1	16.5	32.5	47.9	2.9
南アフリカ共和国	19.7	21.6	36.9	35.4	46.5	2.8
カナダ・・・・・・・・・	22.0	22.7	23.3	36.1	34.5	2.1
世界計×・・・・・・	**540.0**	**604.3**	**1 170.0**	**1 530.0**	**1 650.0**	100.0

USGS（アメリカ地質調査所）"Minerals Yearbook" より作成。1) 旧ソ連。×その他とも。

〔非鉄金属〕　アルミ新地金の精錬は、1970年代の石油危機による電力価格の高騰で撤退が進み、現在は全量を輸入している。一方、アルミは新地金を製造する３％程度のエネルギーでリサイクルが可能で、再利用が進んでいる。アルミは軽い割に強く、自動車や建材などに使われている。特に自動車では、燃費向上のために車体の軽量化が求められており、アルミニウムやその他の軽金属の活用が進んでいる。

　銅は電気伝導性などが高く加工が容易で、主に電線や伸銅品として様々な産業分野で活用されている。近年は、太陽光や風力発電などから

表 16-12　アルミニウムの生産（単位　千 t）

	1990	2000	2010	2020	2022	2023
アルミナ‥‥‥‥‥	481	369	318	―	―	―
新地金‥‥‥‥‥	34	7	5	―	―	―
二次地金‥‥‥‥	166	205	126	142	152	144
精製アルミニウム‥	16	41	49	33	29	29
合金新地金‥‥‥	} 1 250	} 1 311	} 1 288	30	36	34
合金二次地金‥‥				1 157	1 170	1 185
アルミ圧延品‥‥1)	2 258	2 452	2 057	1 719	1 825	1 697
アルミはく‥‥‥	134	153	122	106	110	97

日本アルミニウム協会「アルミニウム統計年報」および経済産業省「生産動態統計」より作成。1) アルミはくを除く。板や管、棒、線など。

アルミニウムはボーキサイトからアルミナ（酸化アルミニウム）を抽出し、これを電気分解して得る。大量の電力が必要で、電力コストの高い日本では石油危機を契機に新生アルミニウム事業からの撤退が相次いだ。自家水力発電を有した国内最後の事業所も2014年に生産終了。**二次地金**はアルミニウムをリサイクルした再生地金。**精製アルミニウム**は純度99.95％以上のもので、優れた物性を持ち大容量の電解コンデンサーなどに用いられる。

表 16-13　アルミニウムの輸出入（合金を含む）（単位　千 t）

	輸出			輸入		
	2020	2022	2023*	2020	2022	2023*
地金‥‥‥‥‥	20.7	21.7	12.1	2 052.1	2 456.8	2 109.2
圧延品‥‥‥‥1)	237.1	289.2	222.1	227.0	253.6	235.8
計‥‥‥‥‥2)	**258.4**	**312.3**	**235.9**	**2 283.0**	**2 714.9**	**2 348.3**
（別掲）スクラップ	312.0	437.4	460.6	52.8	87.3	99.2

財務省「貿易統計」より作成。1) アルミはくを含む。2) アルミニウム粉等を含む。*確々報。確定の際に数値が修正される場合がある。

の送電に用いる電線向け用途や、電気自動車向けの需要が増えている。今後、脱炭素化が進む中で、銅の需要の増加が予想されている。銅鉱石からの製錬は環境負荷が大きいが、銅のリサイクルは比較的簡単で、今後さらに銅製品の回収と再生を増やすことが求められる。

　レアメタルは、蓄電池やモーター等の製造に欠かせず、安定した工業

表 16-14　世界のボーキサイトとアルミニウムの生産 （単位　千 t ）

ボーキサイト	2019	2020	アルミニウム (一次アルミ)	2020	2021
オーストラリア	105 544	104 328	中国	37 080	38 900
中国	105 000	92 700	インド	3 558	3 967
ギニア	67 000	86 000	ロシア	3 639	3 640
ブラジル	31 938	31 000	カナダ	3 119	3 137
インドネシア	16 593	20 800	アラブ首長国連邦	2 520	2 540
世界計×	387 000	391 000	世界計×	65 000	67 500

USGS（アメリカ地質調査所）"Minerals Yearbook"より作成。ボーキサイトは日本では産出しない。アルミニウム生産には再生アルミを含まない。アルミは生産の際に電力を大量に消費するため、大消費地のほか発電コストの低い国々で生産が盛ん。×その他とも。

表 16-15　銅の生産 （単位　千 t ）

	1990	2000	2010	2020	2022	2023
粗銅	1 351	1 857	1 925	1 968	1 932	1 808
電気銅	1 008	1 437	1 549	1 580	1 556	1 494
伸銅品	1 180	1 168	867	644	748	643
銅製	479	563	445	350	406	354
電線（銅線）[1]	1 155	880	641	572	568	552

経済産業省「生産動態統計」より作成。銅は鉱石から粗銅を生産し、電解精製によって電気銅を得る。伸銅品は板や棒などに加工したもので、銅のほか黄銅製など合金を含む。1)導体ベースの重量千 t 。【☞銅生産の長期統計512ページ】

表 16-16　銅の国内需給 （銅地金） （単位　千 t ）

	2022	2023		2022	2023
生産	1 551.1	1 494.2	国内販売	908.4	818.8
輸入	9.7	9.5	電線	551.4	535.1
輸出	651.7	708.5	伸銅品	339.2	272.7

日本鉱業振興会ウェブサイト（2024年4月9日閲覧）より作成。出典は日本鉱業協会。輸出入は財務省「貿易統計」（2023年は確々報）。

生産を維持する上で重要である。日本政府は、リチウム、ニッケル、コバルトといったバッテリーメタルや、レアアース等の重要鉱物を特定重要物資に指定して、安定供給の確保に取り組んでいる。一方、これらは

図16-4　銅鉱の輸入先（2022事業年度）（銅含有量ベース）

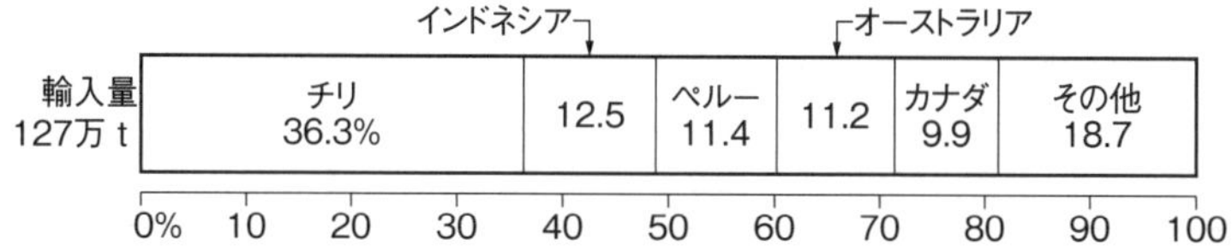

日本鉱業協会資料より作成。各鉱山毎の事業年度が異なるため、暦年を基本に、一部異なる期間の数値を含む。自山鉱（日本鉱業協会会員各社の引取権）は全体の18％。

表16-17　銅の輸出入（合金を含む）（単位　千 t）

	輸出			輸入		
	2020	2022	2023*	2020	2022	2023*
粗銅・・・・・・・・・・・1)	1.5	0.2	0.1	4.4	0.0	3.0
精製銅・合金・・・・	774.7	675.7	727.3	9.6	10.1	9.9
伸銅品・・・・・・・・	156.5	182.2	161.6	61.8	80.6	64.3
はく・・・・・・・・・・	43.2	44.5	36.4	25.1	31.7	26.2
計×・・・・・・・・	982.3	909.8	931.4	109.5	133.4	112.5
（別掲）スクラップ	366.9	314.0	375.0	183.3	242.7	211.4

財務省「貿易統計」より作成。1) 電解精製用陽極銅を含む。×その他とも。ただし、銅のマットやセメントカッパー（沈殿銅）など不純物を多く含むものは除く。*確々報。

表16-18　世界の銅鉱、精錬銅の生産（単位　千 t）

銅鉱1)（銅含有量）	2019	2020	精錬銅（再生銅を含む）	2019	2020
チリ・・・・・・・・・	5 787	5 733	中国・・・・・・・・・・	9 783	10 025
ペルー・・・・・・・・	2 455	2 154	チリ・・・・・・・・・・*	2 269	2 329
中国・・・・・・・・・・	1 684	1 723	日本・・・・・・・・・・	1 495	1 583
コンゴ民主共和国・	1 371	1 602	コンゴ民主共和国*	1 141	1 347
アメリカ合衆国・・	1 260	1 200	ロシア・・・・・・・・	1 028	1 041
オーストラリア・・	925	885	アメリカ合衆国・・	1 030	918
ザンビア・・・・・・・	800	853			
ロシア・・・・・・・・	812	811	世界計×・・・・・・	24 400	25 000
			新生銅・・・・・・・	20 300	21 100
世界計×・・・・・	20 400	20 600	再生銅・・・・・・	4 130	3 970

USGS（アメリカ地質調査所）"Minerals Yearbook" より作成。*は新生銅のみで再生銅（リサイクル）を含まず。1) 電解採取を含む。×その他とも。

第16章　金属工業

中国が権益を持つものが多い。米中摩擦が続くなかで、中国は電気自動車等の安定した生産のために権益をさらに確保する方針であり、中国が世界生産の半分以上を占めるレアアースでは、付加価値が高い精製や加工技術の輸出を禁止している。これに対し、日本は2023年に「資源自立経済」の確立を目指した戦略を策定し、リサイクル強化を目指している。また、友好国間で有事の際のレアメタルの相互融通も進めている。

表 16-19 その他の主な非鉄金属の国内生産 (単位 千t)

	1990	2000	2010	2020	2022	2023
電気鉛・・・・・・・・・1)	261.0	239.4	215.8	197.6	192.9	177.6
亜鉛・・・・・・・・・・	687.5	654.4	574.0	501.1	516.6	484.7
電気亜鉛・・・・・・2)	546.7	493.6	458.6	431.7	...	...
すず・・・・・・・・・・	0.8	0.6	0.8	1.6	1.5	1.8
ニッケル・・・・・・・3)	22.3	36.2	40.2	55.4	49.7	59.0
電気金 (t)・・・・	108	146	136	109	113	95
電気銀 (t)・・・・	2 089	2 385	1 898	1 755	1 746	1 590

経済産業省「生産動態統計」および日本鉱業振興会ウェブサイト（原資料は日本鉱業協会）より作成。1) 乾式鉛を含む。2) 粗留亜鉛を含む。3) 2020年以降は地金。

表 16-20 世界の鉛、亜鉛、すずの生産 (単位 千t)

鉛鉱石 (2020年) (鉛含有量)		亜鉛鉱石 (2021年) (亜鉛含有量)		すず鉱石 (2020年) (すず含有量)	
中国・・・・・・・	1 900	中国・・・・・・・・	4 136	中国・・・・・・・	84.0
オーストラリア	494	ペルー・・・・・・・	1 532	インドネシア	53.0
アメリカ合衆国	306	オーストラリア	1 323	ミャンマー・1)	29.0
メキシコ・・・・	260	インド・・・・・・	777	ペルー・・・・・・	20.6
ペルー・・・・・・	242	メキシコ・・・・	724	コンゴ民主共和国	17.3
世界計×・・	4 380	世界計×・・	12 700	世界計×・・	264.0
鉛 (2020年) (再生鉛を含む)		亜鉛 (2021年) (再生亜鉛を含む)		すず (2020年) (再生すずを含む)	
中国・・・・・・・	5 000	中国・・・・・・・・	6 408	中国・・・・・・・*	203.0
アメリカ合衆国	1 000	韓国・・・・・・・*	949	インドネシア*	58.8
インド・・・・・	820	インド・・・・・*	759	マレーシア・*	22.6
韓国・・・・・・・	770	カナダ・・・・・*	641	ペルー・・・・・*	19.6
メキシコ・・・・	412	日本・・・・・・・*	517	ブラジル・・・*	11.8
(参考) 日本・	198	スペイン・・・*	510	(参考) 日本*	1.6
世界計×・・	11 500	世界計×・・	13 400	世界計×・・	363.0

USGS (アメリカ地質調査所)“Minerals Yearbook”より作成。*は新生金属のみで再生（リサイクル）を含まず。1) すず－タングステン精鉱のすずを含む。×その他とも。

表 16-21　貴金属の世界生産（単位　t）

金鉱 （2022年）		銀鉱 （2021年）		プラチナ （2022年）	
中国・・・・・・・	372	メキシコ・・・・・	6 108	南アフリカ共和国	124.4
オーストラリア	314	中国・・・・・・・	3 501	ロシア・・・・・・・	20.0
ロシア・・・・・・・	310	ペルー・・・・・	3 310	ジンバブエ・・・・	17.1
カナダ・・・・・・	206	オーストラリア	1 363	カナダ・・・・・・	5.4
アメリカ合衆国	173	ロシア・・・・・・	1 322	アメリカ合衆国	3.0
世界計×・・	3 160	世界計×・・・	25 000	世界計×・・・・	174.0

USGS（アメリカ地質調査所）“Minerals Yearbook”より作成。×その他とも。
参考　2022年のパラジウム生産は世界全体で203.0 t、うちロシア87.0 t、南アフリカ共和国73.1 t、カナダ16.1 t、ジンバブエ14.3 t、アメリカ合衆国10.1 t。

表 16-22　主なレアメタル（鉱）の世界生産（金属含有量）（単位　千 t）

ニッケル鉱（2019年） （ステンレス鋼など）		タングステン鉱(2020年) （超硬工具原料など）		チタン鉱[3)4)]（2022年） （航空機向け合金等）	
インドネシア・・	853	中国・・・・・・・	66.0	中国・・・・・・・・・	3 140
フィリピン・・・・	323	ベトナム・・・・・	4.5	モザンビーク・・	1 408
ロシア・・・・・・・	279	ロシア・・・・・・	2.4	南アフリカ共和国	1 200
世界計×・・・・	2 610	世界計×・・・・	78.4	世界計×・・・・	9 400
コバルト鉱（2020年） （二次電池など多数）		**モリブデン鉱（2022年）** （鉄鋼添加材など）		**ジルコニウム鉱[1)]（2021年）** （ファインセラミックス等）	
コンゴ民主共和国	98.0	中国・・・・・・・	106.0	オーストラリア	500
ロシア・・・・・・・	9.0	チリ・・・・・・・	45.6	南アフリカ共和国	320
オーストラリア	5.6	アメリカ合衆国	34.6	中国・・・・・・・・・	140
世界計×・・・・	142.0	世界計×・・・・	253.0	世界計×・・[5)]	1 350
クロム鉱[1)2)]（2022年） （特殊鋼など）		**バナジウム鉱（2022年）** （特殊鋼や合金類など）		**リチウム鉱（2021年）** （リチウム電池など）	
南アフリカ共和国	19 105	中国・・・・・・・	66.9	オーストラリア	55.3
カザフスタン・・	6 000	ロシア・・・・・・	20.0	チリ・・・・・・・	30.3
トルコ・・・・・・・	5 410	南アフリカ共和国	8.9	中国・・・・・・・	14.1
世界計×・・・・	41 900	世界計×・・・・	102.0	世界計×・・[5)]	107.0
マンガン鉱（2022年） （マンガン鋼など）		**アンチモン鉱（2020年）** （難燃助剤や電子機器等）		**レアアース[6)]（2020年）** （高性能磁石、高屈折ガラス等）	
南アフリカ共和国	7 300	中国・・・・・・・・・	61.0	中国・・・・・・・[7)]	140.0
ガボン・・・・・・・	4 671	ロシア・・・・・・	25.0	アメリカ合衆国	39.0
オーストラリア	3 044	タジキスタン・・	13.0	ミャンマー・・・・	31.0
世界計×・・・・	20 100	世界計×・・・・	111.0	世界計×・・・・	243.0

資料は上表に同じ。かっこは主要用途。信頼性が十分なデータがない国は、世界計から除外されている。国によって各鉱物の統計範囲が異なる場合がある。1) 精鉱の生産量で含有量ではない。2) クロマイトの生産量。3) USGS “Mineral Commodity Summaries”より作成。4) TiO_2含有量。イルメナイトとルチルの合計。5) アメリカ合衆国を除く。6) レアアース酸化物当量。7) 違法な採掘分を含まない。×その他とも。

第16章　金属工業

図 16-5　世界の各種金属鉱石産出高（金属含有量）（2022年）

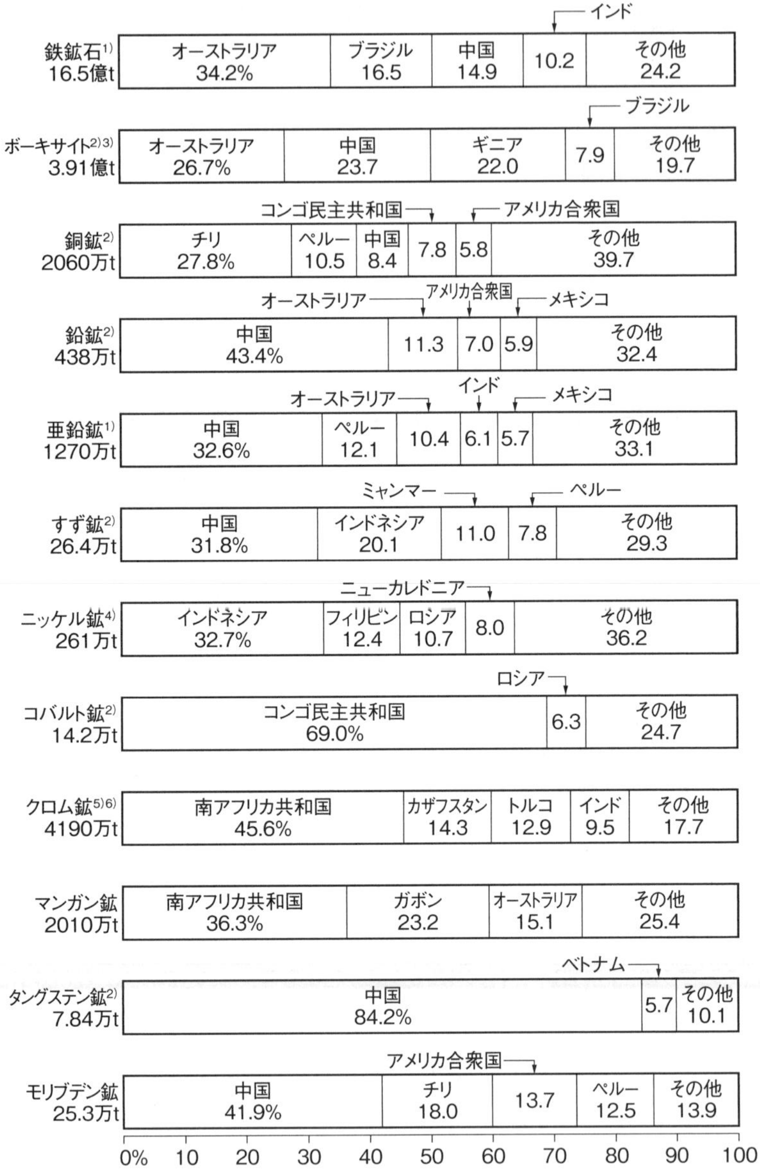

鉱種	構成比
鉄鉱石[1] 16.5億t	オーストラリア 34.2%　ブラジル 16.5　中国 14.9　インド 10.2　その他 24.2
ボーキサイト[2][3] 3.91億t	オーストラリア 26.7%　中国 23.7　ギニア 22.0　ブラジル 7.9　その他 19.7
銅鉱[2] 2060万t	チリ 27.8%　ペルー 10.5　中国 8.4　コンゴ民主共和国 7.8　アメリカ合衆国 5.8　その他 39.7
鉛鉱[2] 438万t	中国 43.4%　オーストラリア 11.3　アメリカ合衆国 7.0　メキシコ 5.9　その他 32.4
亜鉛鉱[1] 1270万t	中国 32.6%　ペルー 12.1　オーストラリア 10.4　インド 6.1　メキシコ 5.7　その他 33.1
すず鉱[2] 26.4万t	中国 31.8%　インドネシア 20.1　ミャンマー 11.0　ペルー 7.8　その他 29.3
ニッケル鉱[4] 261万t	インドネシア 32.7%　フィリピン 12.4　ロシア 10.7　ニューカレドニア 8.0　その他 36.2
コバルト鉱[2] 14.2万t	コンゴ民主共和国 69.0%　ロシア 6.3　その他 24.7
クロム鉱[5][6] 4190万t	南アフリカ共和国 45.6%　カザフスタン 14.3　トルコ 12.9　インド 9.5　その他 17.7
マンガン鉱 2010万t	南アフリカ共和国 36.3%　ガボン 23.2　オーストラリア 15.1　その他 25.4
タングステン鉱[2] 7.84万t	中国 84.2%　ベトナム 5.7　その他 10.1
モリブデン鉱 25.3万t	中国 41.9%　チリ 18.0　アメリカ合衆国 13.7　ペルー 12.5　その他 13.9

0%　10　20　30　40　50　60　70　80　90　100

アメリカ地質調査所“Minerals Yearbook”より作成。1) 2021年。2) 2020年。3) ボーキサイト産出量で、金属含有量ではない。4) 2019年。5) 精鉱の生産量。6) クロマイト（クロム鉄鉱）。

〔金属製品〕 金属製品製造業は、金属を加工して製品をつくる産業で、建設資材や機械部品のほか、缶などを製造している。日本のものづくりの基盤を支える重要な産業であり、高い技術力を有するメーカーが少なくない。ただし、従業者数10人未満の事業者が全体の半分以上を占めており、鉄鋼などの素材メーカーと自動車などの最終製品メーカーにはさまれて、取引における立場が弱い場合が多い。最近では、物価高で製造コストが上がっており、適切な価格転嫁が重要な課題になっている。

図 16-6　金属製品製造業の都道府県別製造品出荷額等割合（2021年）

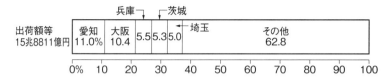

総務省・経済産業省「経済構造実態調査」より作成。個人経営事業所を除く。

表 16-23　主な金属製品の生産（単位　千 t）

	2022	2023		2022	2023
ワイヤー……[1]	255	234	石油機器（千台）·	3 608	3 572
ドラム缶……[1]	318	306	粉末や金製品·[5]	115	110
18L缶………[1]	121	113	機械材料……	75	73
食缶………[1]	187	179	磁性材料……	38	35
軽金属板製品…	369	362	鍛工品……	2 379	2 396
飲料用缶……	351	347	鉄系……	2 327	2 334
はんだ……	14.8	14.1	熱間鍛造品·	2 229	2 239
鉄構物……	1 497	1 506	冷間鍛造品·	98	95
鉄骨……[2]	1 247	1 193	アルミニウム系	52	62
ばね……	374	415	銑鉄鋳物……	3 115	3 080
バルブ（百万個）[3]	106	94	球状黒鉛鋳鉄·	1 315	1 297
管継手（百万個）[4]	257	242	可鍛鋳鉄……	29.4	28.9
空気動工具（千台）	951	855	精密鋳造品…	4.4	4.2
作業工具（百万個）	91.6	85.7	銅・銅合金鋳物·	59	57
のこ刃……	3.2	2.8	アルミニウム鋳物	364	391
機械刃物……	10.1	9.6	ダイカスト……	895	962
ガス機器（千台）·	8 006	6 382	自動車用…[6]	779	851

経済産業省「生産動態統計」より作成。鍛工品や鋳物などは、産業分類上は金属製品製造業に含まれない。1) 鉄鋼加工製品。2) 軽量鉄骨を含む。3) コックを含む。4) フランジ形を含む。5) 超硬チップを除く。6) アルミと亜鉛のみ。二輪自動車用を除く。

第17章　機械工業

　機械工業は日本の製造品出荷額等全体の44％を占め（2021年）、日本を代表する製造業である。高度経済成長とともに技術力を高め国際競争力をつけて、自動車や電子機器などが輸出産業として成長した。しかし、貿易摩擦や労働コスト削減のために、1980年代中盤より海外生産が増えた。その後、半導体や電子機器、造船を中心に韓国メーカーが成長したほか、その後中国メーカーがさまざまな分野で成長している。日本は以前と異なりスマートフォンなどハイテク製品を輸入する国になっているが、自動車のほ

図 17-1　機械工業の貿易額

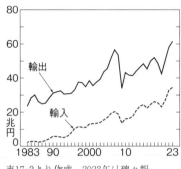

表17-3より作成。2023年は確々報。

表 17-1　機械工業の推移（2020年以降は個人経営事業所を除く）

	1990	2000	2010	2020	2021
事業所数········· 1)	154 935	133 770	102 665	63 084	63 235
従業者数（千人）· 1)	4 438.4	3 739.2	3 264.5	3 183.8	3 271.0
製造品出荷額等(億円)	1 409 261	1 389 882	1 295 546	1 367 483	1 468 676
はん用機械·····			101 563	114 759	122 153
生産用機械·····	} 393 096	} 349 591	138 214	197 080	228 795
業務用機械·····			69 053	64 226	65 769
電子デバイス等 2)		212 356	166 467	146 154	164 424
電気機械等·····	} 546 668	207 902	151 736	178 745	194 993
情報通信機械····		175 559	125 903	64 210	61 345
輸送用機械·····	469 497	444 474	542 608	602 308	631 198
自動車······ 3)	423 707	400 428	473 251	534 472	563 679
付加価値額(億円) 4)	489 762	459 437	394 768	415 720	471 533

総務省・経済産業省「経済構造実態調査」、同「経済センサス－活動調査」および経済産業省「工業統計調査」より作成。工業統計に関する注記は表15-1を参照。2008年より時計、めがねを除く。同年より光ディスク等が電気機械から電子部品・デバイス・電子回路へ、ビデオ機器やデジタルカメラ等が電気機械から情報通信機械へ移行。1) 2010年までは各年末現在、2020年以降は翌年6月1日現在。2) 電子部品・デバイス・電子回路。3) 附属品等を含む。4) 2010年は従業者4人以上の事業所。【☞府県別統計526ページ】

か新興国の生産に必要な産業機械や部品などを中心に、機械工業製品の輸出が現在も盛んで、機械工業の貿易黒字額は2023年で27兆円（確々報）と輸出産業の中核を担っている。

表 17-2　機械工業の構成（個人経営事業所を除く）（2021年）

	事業所数[1]	従業者数[1]（千人）	製造品出荷額等（億円）	付加[2]価値額（億円）
はん用機械器具‥‥‥‥‥	8 124	329.4	122 153	43 803
ボイラ・原動機‥‥‥‥	383	46.4	23 184	7 281
ポンプ・圧縮機器‥‥‥	1 357	65.4	26 923	10 637
一般産業用機械・装置‥	2 531	103.5	39 090	13 459
玉軸受・ころ軸受‥‥‥	381	43.9	15 891	5 618
生産用機械器具	23 478	661.7	228 795	85 228
建設機械・鉱山機械‥‥	1 507	77.3	44 496	11 737
金属加工機械‥‥‥‥‥	6 849	156.1	41 767	17 466
金属工作機械‥‥‥‥	709	45.5	14 469	6 201
半導体製造装置‥‥‥‥	1 720	93.0	41 421	15 551
ロボット製造業‥‥‥‥	477	28.1	14 153	5 453
業務用機械器具‥‥‥‥	4 811	213.2	65 769	25 143
サービス用・娯楽用機械・	754	27.1	12 992	4 931
計量器・測定器等‥‥‥[3]	1 928	64.8	18 286	7 669
医療用機械・医療用品‥	1 308	58.4	15 265	6 102
電子部品・デバイス・電子回路	4 490	414.2	164 424	67 581
集積回路‥‥‥‥‥‥‥	110	60.1	40 440	21 805
電子部品‥‥‥‥‥‥‥	958	87.8	31 659	12 195
電子回路‥‥‥‥‥‥‥	1 260	82.3	24 165	9 522
電気機械器具‥‥‥‥‥	9 942	504.9	194 993	68 449
発・送・配電用電気機械器具	4 490	184.4	55 398	20 295
内燃機関電装品‥‥‥‥	822	77.2	45 399	13 791
民生用電気機械器具‥‥	1 041	59.5	29 313	11 400
電池‥‥‥‥‥‥‥‥‥	167	32.1	13 718	4 299
電気計測器‥‥‥‥‥‥	948	44.8	14 410	6 401
情報通信機械器具‥‥‥	1 277	112.2	61 345	18 763
通信機械器具・関連機械器具	493	55.4	28 570	9 151
無線通信機械‥‥‥‥	171	28.9	15 130	4 837
電子計算機・同附属装置・	433	35.6	24 686	6 673
輸送用機械器具‥‥‥‥	11 113	1 035.4	631 198	162 565
自動車・同附属品‥‥‥	7 407	867.4	563 679	137 946
自動車(二輪自動車を含む)	101	178.9	208 371	45 753
自動車部分品・附属品	7 051	666.0	347 436	89 680
船舶製造・修理業、舶用機関	1 982	67.8	29 816	8 734
航空機・同附属品‥‥‥	358	37.9	18 265	9 589
計‥‥‥‥‥‥‥‥‥‥	63 235	3 271.0	1 468 676	471 533

総務省・経済産業省「経済構造実態調査」（2022年）より作成。工業統計に関する注記は表15-1を参照。1) 2022年6月1日現在。2) 従業者29人以下の事業所は粗付加価値額（在庫の増減等を加味しない）。3) 分析機器等を含む。

表 17-3　機械工業の貿易額の推移（単位　億円）

		1990	2000	2010	2020	2022	2023*
輸出	一般機械···	91 757	110 964	133 166	131 403	189 089	184 461
	電気機器···	95 496	136 798	126 611	129 089	173 546	167 653
	輸送用機器·	103 667	108 282	152 581	144 562	190 570	236 327
	自動車···	73 587	69 301	91 741	95 796	130 116	172 654
	精密機器類·	20 013	27 726	21 051	20 409	26 140	25 969
	輸出額計·	**310 933**	**383 769**	**433 410**	**425 463**	**579 345**	**614 409**
輸入	一般機械···	20 237	45 006	48 257	70 425	92 869	95 939
	電気機器···	18 834	58 657	81 591	114 736	174 517	179 813
	輸送用機器·	15 957	14 553	16 814	25 998	33 891	41 336
	精密機器類·	4 329	11 432	14 622	19 764	25 926	28 340
	輸入額計·	**59 357**	**129 648**	**161 284**	**230 923**	**327 203**	**345 428**

財務省「貿易統計」より作成。本表は貿易概況品分類を基に作成しており、機械工業に電線・ケーブル類を含むなど、統計範囲が表17-2と若干異なる。*2023年は確々報。

表 17-4　機械工業貿易額の内訳（単位　億円）

輸出	2022	2023*	輸出（つづき）	2022	2023*
一般機械······	189 089	184 461	個別半導体·	10 706	9 938
原動機·······	28 444	29 273	集積回路···	39 751	40 007
内燃機関···	23 590	24 447	電気計測機器·	19 630	18 851
事務用機器···	14 547	14 142	輸送用機器·····	190 570	236 327
電算機部分品	10 245	9 776	自動車·······	130 116	172 654
金属加工機械·	11 634	11 485	乗用車·····	113 813	155 440
建設用機械··1)	16 910	19 646	バス・トラック	15 623	16 625
ポンプ······2)	15 472	15 481	自動車の部分品	38 476	38 836
半導体製造装置	26 482	24 074	船舶·······	11 570	13 495
電気機器·······	173 546	167 653	精密機器類·····	26 140	25 969
重電機器·····	13 850	14 896	科学光学機器·	25 107	24 969
電気回路等機器	23 221	21 242	輸出額計·····	**579 345**	**614 409**
電子部品····	56 761	54 942			

輸入	2022	2023*	輸入（つづき）	2022	2023*
一般機械······	92 869	95 939	集積回路···	41 233	39 933
事務用機器···	33 263	30 987	輸送用機器·····	33 891	41 336
電算機類··3)	27 094	24 841	自動車·······	15 123	19 074
電気機器······	174 517	179 813	乗用車·····	13 980	17 567
音響・映像機器4)	16 041	17 049	精密機器類·····	25 926	28 340
通信機·······	37 793	39 459	科学光学機器·	22 088	23 804
電話機·····	22 924	24 744	輸入額計·····	**327 203**	**345 428**
電子部品····	49 032	46 805			

上表の内訳。1）鉱山用を含む。2）遠心分離機を含む。3）周辺機器を含む。4）部品を含む。*2023年は確々報で、確定の際に修正される場合がある。

〔**自動車**〕 自動車は、約3万点の部品を組み立てて製造される。多くの部品メーカーが下請けや孫請けとして自動車メーカーを支えるほか、鉄鋼やガラス、プラスチックなど関連産業が広範で、雇用創出効果が大きく、自動車産業の動向は日本経済に大きな影響をもたらす。

日本の自動車産業は1960年代に内需を中心に発展し、70年代には輸出産業としても成長した。それに伴い日米貿易摩擦の原因となり、1982年より対米輸出自主規制を行ったほか、現地生産を始めた。その後、各国に生産拠点を拡大して、2007年以降は海外生産が国内生産を上回ってい

表17-5 自動車の供給台数 （単位　千台）

	1990	2000	2010	2020	2022	2023
生産・・・・・・・・・・・	13 487	10 141	9 629	8 068	7 835	8 999
乗用車・・・・・・・・	9 948	8 359	8 310	6 960	6 566	7 767
普通車・・・・・・	1 751	3 376	4 846	4 193	4 063	5 027
小型四輪車・・	7 361	3 700	2 159	1 410	1 202	1 330
軽四輪車・・・・	836	1 283	1 305	1 358	1 301	1 410
トラック・・・・・	3 499	1 727	1 209	1 038	1 185	1 127
普通トラック	1 250	649	521	405	513	493
小型トラック	1 263	483	239	254	239	233
軽トラック・・	986	594	450	378	433	402
バス・・・・・・・・・	40	55	109	70	85	104
輸出・・・・・・・・・・1)	5 831	4 455	4 841	3 741	3 813	4 423
国内販売・・・・・・2)	7 777	5 963	4 956	4 599	4 201	4 779
輸入車販売・・・・・	224	275	225	318	310	311
うち日本車・・・・	13	23	43	62	68	63
(参考)中古車販売	7 110	8 214	6 539	6 867	6 302	6 435

日本自動車工業会、日本自動車販売協会連合会、全国軽自動車協会連合会、日本自動車輸入組合の各ウェブサイトより作成。1) 2017年12月より一部メーカーを含まず。2) 新車登録台数と軽自動車販売台数。【☞長期統計512ページ】

表17-6 ハイブリッド車の生産台数 （単位　千台）

	2010	2015	2020	2021	2022	2023
乗用車・・・・・・・・・	817.8	1) 1 294.7	1) 1 740.4	1) 1 772.8	1) 1 868.8	3 505.1
ハイブリッド車2)	・・・	・・・	・・・	・・・	・・・	3 294.3
電気自動車・・・・	・・・	・・・	・・・	・・・	・・・	210.9
トラック・バス・・	・・・	3) 1.7	3) 17.3	3) 17.0	3) 30.2	36.1

経済産業省「生産動態統計」より作成。表17-5生産台数の内訳。1) 軽自動車を除く。2) HEV車及びPHEV車。3) バスを除く。

る。しかし、国内生産は国内市場向けや高機能車を中心に現在も盛んで、2022年の生産台数は中国、アメリカに次ぐ3位である。

　世界の自動車生産台数は、2019年の9186万台からコロナ禍で2020年に

表 17-7　ブランド別国内新車販売台数（2023年）（単位　千台）

自動車計		うち軽	乗用車		うち軽	トラック・バス	うち軽
トヨタ 1)	1 578	30	トヨタ 1)	1 378	13	トヨタ‥	200	17
スズキ‥	651	532	ホンダ‥	565	289	ダイハツ	166	166
ダイハツ	595	566	スズキ‥	521	402	スズキ‥	129	129
ホンダ‥	594	319	ダイハツ	428	400	日産‥‥	80	38
日産‥‥	481	190	日産‥‥	400	152	いすゞ‥	65	—
マツダ‥	178	35	マツダ‥	166	28	日野‥‥	38	—
スバル‥	106	16	スバル‥	99	9	三菱ふそう	38	—
計×‥	**4 779**	**1 745**	計×‥	**3 993**	**1 341**	計×‥	**786**	**404**

日本自動車工業会ウェブサイトより作成。海外生産車を含む。1）レクサス（乗用車販売95千台）を含まず。×その他とも。
参考　海外ブランド車はメルセデスベンツは51千台、BMW35千台（BMW MINIやBMWアルピナを含めると53千台）、フォルクスワーゲン32千台など（日本自動車輸入組合調べ）。

表 17-8　車名別乗用車国内販売台数（2023年）（単位　台）

	会社名	台数		会社名	台数
N-BOX‥‥‥＊	ホンダ	231 385	スペーシア‥‥＊	スズキ	122 275
ヤリス‥‥‥‥	トヨタ	194 364	ムーヴ‥‥‥‥＊	ダイハツ	104 557
タント‥‥‥＊	ダイハツ	159 392	ノート‥‥‥‥	日産	102 508
カローラ‥‥‥	トヨタ	154 870	ルーミー‥‥‥	トヨタ	100 800
シエンタ‥‥‥	トヨタ	132 332	プリウス‥‥‥	トヨタ	99 149

日本自動車販売協会連合会資料、全国軽自動車協会連合会資料より作成。＊軽自動車。

表 17-9　次世代自動車（乗用車）の国内販売台数（単位　千台）

	2008	2010	2020	2021	2022
ハイブリッド車‥‥‥‥‥	108.5	481.2	1 346.8	1 434.7	1 450.6
プラグインハイブリッド車‥	—	—	14.7	22.7	37.7
電気自動車‥‥‥‥‥‥	—	2.4	14.6	21.7	58.8
燃料電池車‥‥‥‥‥‥	—	—	0.8	2.5	0.8
クリーンディーゼル車‥‥‥	—	8.9	147.1	149.3	140.3
計‥‥‥‥‥‥‥‥‥	108.5	492.6	1 524.0	1 630.8	1 688.3
割合（％）‥‥‥‥‥ 1)	2.6	11.7	40.0	44.4	49.0

日本自動車工業会「日本の自動車工業」より作成。1）乗用車販売台数に占める割合。

7744万台に減少し、2023年は9355万台とコロナ禍前の水準まで回復した。日本の国内生産は、車載用半導体の不足などにより、生産台数の回復が遅かった。2023年は生産台数が増加したが、12月に国内メーカーが不祥

事に伴い生産を停止して、2024年1月の自動車工業の生産指数（季節調整済）は先月比-18.8%と大きく減少した。

世界的に、外部充電が可能な電気自動車（EV車、バッテリー式とプラグインハイブリッド）が普及し、中国やヨーロッパの主要国では乗用車販売の約2割を

図 17-2　自動車工場の所在地

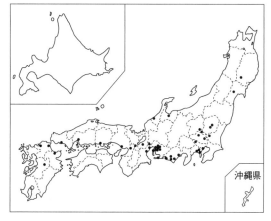

日本自動車工業会「日本の自動車工業」(2023年版) より作成。2023年5月1日現在。二輪車を含む組立工場(46工場)のみで、基本的には日本自動車工業会会員メーカーの工場であるが、一部はその関連メーカーの工場。

第17章　機械工業

サプライチェーンにおける価格転嫁

近年、原材料費やエネルギー価格、労務費などが上昇しており、生産者は商品への価格転嫁の必要に迫られている。しかし、下請け企業はメーカーなどとの取引の縮小や停止を恐れて、価格交渉を持ちかけづらい。公正取引委員会によると、価格転嫁を要請した商品やサービスの7割以上で価格転嫁が認められたと回答した企業の割合は、製造業でメーカーが84.1%なのに対して三次下請けは63.5%と、両者で20ポイント以上差があった。取引段階を遡るにつれて転嫁が難しく、多重な下請け構造が存在するサプライチェーンで、特に価格転嫁が円滑に進んでいない。

価格転嫁要請の原因が原料や資源高の場合は、転嫁が比較的進みやすい。しかし、労務費の場合は受注者側の努力で吸収すべきと考えられるなど、理解を得ることが難しい場合が多い。政府が目指す経済の好循環を実現するためには、物価上昇とともに賃金の引上げが不可欠で、労務費上昇に向けた適切な転嫁を行うための取引適正化が求められる。

占める（表17-16）。中国の自動車生産は電気自動車の成長が著しく、ブランド力を高めて販売量が増加している。一方で、中国で現地生産をする海外メーカーは販売量が減少し、中国からの撤退や生産を縮小をする

表 17-10　日本の自動車メーカーの海外生産（単位　千台）

	1990	2000	2010	2020	2022	2023
アジア・・・・・・・・・	952	1 674	7 127	9 169	10 543	10 008
中近東・・・・・・・・・	—	4	—	—	—	—
ヨーロッパ・・・・・[1]	227	953	1 356	1 237	1 212	1 289
EU	223	838	1 250 [2]	435 [2]	626 [2]	624
北アメリカ・・・・・	1 570	2 992	3 390	3 499	3 498	4 173
アメリカ合衆国	1 299	2 481	2 653	2 716	2 823	3 271
中南アメリカ・・・[3]	161	388	982	1 319	1 478	1 811
アフリカ・・・・・・	186	146	206	153	230	231
オセアニア・・・・・	169	131	119	—	—	—
計・・・・・・・・・・	3 265	6 288	13 182	15 377	16 962	17 512

日本自動車工業会ウェブサイトより作成。原則として日本ブランド車のみ。2017年11月より一部メーカーを含まず。基本的に2007年以降は現地工場の生産台数で、2006年以前は海外生産用部品の輸出台数。1) トルコを含む。2) イギリスを除く。3) メキシコを含む。

表 17-11　日本の自動車メーカーの海外組立工場数（四輪自動車）

中国・・・・・・・・	25	インドネシア・	14	メキシコ・・・・・	9
タイ・・・・・・・・	15	マレーシア・・・	12	世界計×・・	184
アメリカ合衆国	15	インド・・・・・・・	11		

日本自動車工業会「日本の自動車工業」(2023年版) より作成。2023年5月1日時点。×その他とも。二輪自動車 (68工場、うち4工場が四輪車も製造) を含めると248工場。

表 17-12　二輪自動車の生産と輸出入（単位　千台）

	1990	2000	2010	2020	2022	2023
生産・・・・・・・・・・・	2 807	2 415	664	485	695	681
原付第一種・・・[1]	1 343	637	88	122	153	93
原付第二種・・・[2]	687	630	81	39	55	52
軽二輪車・・・・・[3]	270	297	109	54	54	55
小型二輪車・・・[4]	507	851	387	270	434	481
輸出・・・・・・・・・・	1 184	1 641	493	312	487	518
輸入・・・・・・・・・[5]	29	75	353	707	855 *	837
海外生産・・・・・・・	…	…		20 162	25 361	25 189

日本自動車工業会ウェブサイトより作成。1) 排気量50cc以下。2) 51～125cc。3) 126～250cc。4) 251cc以上。5) 財務省「貿易統計」より作成。中古品を含む。*確々報。

メーカーが増えている。また、各国のEV購入補助の停止や縮小が相次いで、世界的にEV販売の勢いが落ちており、EVシフトを進めていた欧州メーカーがガソリン車の生産を増やす事態となっている。

図 17-3　主要国の自動車生産の推移

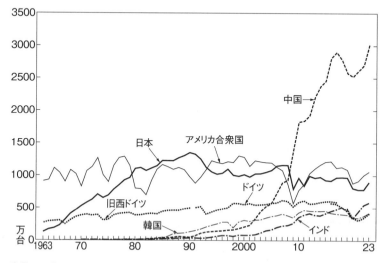

資料は下表に同じ。ドイツは2011年以降重トラック、バスを除く。2016～18、2023年は乗用車のみ。この他の国でも、年によって統計範囲が異なる場合がある。

表 17-13　世界の自動車生産 （単位　千台）

	2010	2020	2022	2023	乗用車	トラック・バス
中国・・・・・・・・・・	18 265	25 225	27 021	30 161	26 124	4 037
アメリカ合衆国・・	7 743	8 821	10 053	10 612	1 745	8 866
日本・・・・・・・・・・	9 629	8 068	7 836	8 997	7 765	1 232
インド・・・・・・・・1)	3 557	3 382	5 457	5 852	4 784	1 068
韓国・・・・・・・・・・	4 272	3 507	3 757	4 244	3 909	335
ドイツ・・・・・・・・	2) 5 906	2) 3 515	2) 3 480	3) 4 109	4 109	…
メキシコ・・・・・・・	2 342	3 177	3 509	4 002	904	3 098
スペイン・・・・・・・	2 388	2 268	2 219	2 451	1 907	544
ブラジル・・・・・・・	3 382	2 014	2 370	2 325	1 782	543
世界計×・・・・・4)	77 584	77 439	84 830	93 547	68 020	25 526

OICA（国際自動車工業連合会）ウェブサイト（2024年4月10日閲覧）より作成。一部の国でノックダウンなど他国との重複分を含む（世界計からは除外）。1) 一部の欧州メーカーを除く。2) 重トラック、バスを除く。3) 乗用車のみ。4) 乗用車のみ集計された国などもそのまま集計。×その他とも。

表 17-14　主要国の自動車輸出台数（単位　千台）

	2020	乗用車	トラック・バス	2021	乗用車	トラック・バス
フランス‥‥‥‥1)	4 158	3 496	662	4 330	3 410	920
日本‥‥‥‥‥‥	3 741	3 408	333	3 819	3 368	451
アメリカ合衆国‥	2 367	1 912	455	2 713	2 205	509
メキシコ‥‥‥‥	2 682	744	1 938	2 707	527	2 180
ドイツ‥‥‥‥‥	2 812	2 647	165	2 526	2 374	152
韓国‥‥‥‥‥‥	1 887	1 821	66	2 041	1 961	80
中国‥‥‥‥‥‥	1 002	767	235	2 015	1 614	402

日本自動車工業会「日本の自動車工業」（2023年版）より作成。1) 国外からのフランスメーカーの出荷台数を含む。

参考　2023年の中国の乗用車の輸出台数は414万台（中国汽車工業協会調べ）と、日本の398万台（日本自動車工業会調べ）を上回り、報道によると世界一の輸出国となった。

表 17-15　世界の自動車販売台数（単位　千台）

	2010	2020	2022	2023	うち乗用車
中国‥‥‥‥‥‥	18 062	25 311	26 864	30 094	26 063
アメリカ合衆国‥‥	11 772	14 881	14 230	16 009	3 117
インド‥‥‥‥‥	3 040	2 939	4 726	5 080	4 102
日本‥‥‥‥‥‥	4 956	4 599	4 201	4 779	3 993
ドイツ‥‥‥‥‥	3 198	3 267	2 964	3 204	2 845
ブラジル‥‥‥‥	3 515	2 058	2 104	2 309	1 721
イギリス‥‥‥‥	2 294	1 965	1 944	2 264	1 903
世界計×‥‥‥‥	**74 972**	**79 669**	**82 871**	**92 725**	**65 272**

OICA（国際自動車工業連合会）ウェブサイト（2024年 4 月10日閲覧）より作成。一部の国で重トラック、バスを除く。×その他とも。

表 17-16　電気自動車（乗用車）の販売台数（単位　千台）

	2021	〃 %1)	2022	BEV	PHEV	〃 %1)
中国‥‥‥‥‥‥	3 250	16.0	5 900	4 400	1 500	29.0
アメリカ合衆国‥	630	4.5	990	800	190	7.7
ドイツ‥‥‥‥‥	690	26.0	830	470	360	31.0
イギリス‥‥‥‥	310	19.0	370	270	100	23.0
フランス‥‥‥‥	300	19.0	340	210	130	21.0
ノルウェー‥‥‥	148	86.0	166	150	16	88.0
（参考）日本‥‥	45	1.2	102	61	41	3.0
世界計×‥‥‥‥	**6 500**	**8.7**	**10 200**	**7 300**	**2 900**	**14.0**

IEA "Global EV Outlook 2023" より作成。バッテリー式（BEV）とプラグインハイブリッド（PHEV）。1) 各国の乗用車販売台数全体に占める割合。×その他とも。

〔造船〕　日本の造船業は、1956年に竣工量世界一となり、1960年代中盤から90年代には世界全体の4割以上を占めた。その後、90年代から韓国が、2000年代より中国が大規模な造船設備や政府の産業保護によって競争力を高めて、近年は造船受注量で日本を大きく上回っている。

　メーカーは構造改善を急ぐほか、地球温暖化に対処するゼロエミッション技術の開発を進めている。2028年にはゼロエミッション船を投入予定で、輸送中のCO_2排出量が問われるなかで、受注増を期待している。

表 17-17　国内鋼船しゅん工実績

<table>
<tr><th colspan="2"></th><th>1990</th><th>2000</th><th>2010</th><th>2020</th><th>2021</th><th>2022</th></tr>
<tr><td rowspan="7">（総トン数）（千総トン）</td><td>国内船・・・・・・</td><td>1 353</td><td>426</td><td>805</td><td>616</td><td>884</td><td>1 043</td></tr>
<tr><td>貨物船・・・・</td><td>550</td><td>77</td><td>751</td><td>302</td><td>758</td><td>548</td></tr>
<tr><td>油送船・・・・</td><td>526</td><td>310</td><td>38</td><td>207</td><td>42</td><td>400</td></tr>
<tr><td>輸出船・・・・・・</td><td>5 123</td><td>11 220</td><td>18 821</td><td>12 203</td><td>9 896</td><td>8 281</td></tr>
<tr><td>貨物船・・・・</td><td>2 688</td><td>6 843</td><td>13 347</td><td>9 626</td><td>7 487</td><td>6 344</td></tr>
<tr><td>油送船・・・・</td><td>2 413</td><td>4 330</td><td>5 455</td><td>2 572</td><td>2 398</td><td>1 931</td></tr>
<tr><td>計・・・・・・・</td><td>6 476</td><td>11 646</td><td>19 626</td><td>12 819</td><td>10 780</td><td>9 324</td></tr>
<tr><td rowspan="7">隻数（隻）</td><td>国内船・・・・・・</td><td>838</td><td>245</td><td>164</td><td>255</td><td>222</td><td>236</td></tr>
<tr><td>貨物船・・・・</td><td>195</td><td>32</td><td>44</td><td>53</td><td>55</td><td>53</td></tr>
<tr><td>油送船・・・・</td><td>120</td><td>32</td><td>30</td><td>49</td><td>43</td><td>44</td></tr>
<tr><td>輸出船・・・・・・</td><td>213</td><td>303</td><td>477</td><td>305</td><td>247</td><td>220</td></tr>
<tr><td>貨物船・・・・</td><td>133</td><td>220</td><td>327</td><td>225</td><td>186</td><td>159</td></tr>
<tr><td>油送船・・・・</td><td>63</td><td>77</td><td>136</td><td>76</td><td>54</td><td>55</td></tr>
<tr><td>計・・・・・・・</td><td>1 051</td><td>548</td><td>641</td><td>560</td><td>469</td><td>456</td></tr>
</table>

国土交通省「造船造機統計月報」より作成。**総トン**は船の容積を表す単位。輸出船には便宜置籍船を含む。国内船や輸送船には、貨物船や油送船のほか貨客船や漁船などを含む。

表 17-18　世界の造船竣工量（単位　千総トン）

	2018	2019	2020	2021	2022	〃 %
中国・・・・・・・・・・・	23 260	23 074	23 257	26 863	25 894	*46.6*
韓国・・・・・・・・・・・	14 633	21 670	18 174	19 687	16 254	*29.2*
日本・・・・・・・・・・・	14 440	16 242	12 827	10 726	9 585	*17.2*
イタリア・・・・・・・・	477	527	518	499	731	*1.3*
フランス・・・・・・・・	360	353	132	177	594	*1.1*
ベトナム・・・・・・・・	481	555	545	372	444	*0.8*
フィリピン・・・・・・	1 988	802	608	643	396	*0.7*
世界計×・・・・・・	58 045	65 911	57 765	60 780	55 580	*100.0*

UNCTADstat（2024年4月9日閲覧）より作成。×その他とも。

〔工作機械・ロボット〕　工作機械は「マザーマシン」と呼ばれ、工作
機械の能力が生産物の品質を決定するため、工作機械の性能は工業力全
体に影響を及ぼす。日本政府は工作機械と産業用ロボットを特定重要物
資に指定し、安定供給と国際競争力の確保への支援を行っている。工作
機械のうち高機能品の生産はドイツや日本が中心である一方、中低級品
では中国メーカーが国内向けなどで需要が高く、性能も向上している。

　アメリカは、中国が最先端半導体技術を軍事転用することを恐れて、
2022年10月より半導体製造装置の一部で対中輸出を規制している。2023
年には、先端半導体製造に必要な装置を製造するオランダと日本が、ア
メリカからの要請を受けて規制に乗り出した。この規制の対象外の装置
で、日本から中国への輸出が2023年後半に急増しており、2023年の輸出
額の47％を占めた。2024年に入り、アメリカは日本とオランダに輸出規
制対象の拡大を要請している。

　産業用ロボットは、日本では自動車や電子機器の生産などに広く利用

表 17-19　金属工作機械の生産と輸出入

	1990	2000	2010	2020	2022	2023
生産台数（台）···	196 131	90 916	67 607	45 569	70 004	58 832
うちNC工作機械1)	61 965	53 755	55 132	37 703	59 078	49 278
生産額（億円）···	13 034	8 146	8 130	7 240	10 788	10 518
うちNC工作機械1)	9 864	7 208	6 733	6 600	10 131	9 794
輸出額（億円）···	4 558	6 201	6 086	5 296	8 571	* 8 304
輸入額（億円）···	686	856	306	555	840	* 855

経済産業省「生産動態統計」および財務省「貿易統計」より作成。輸出入には中古機械や
海外への工場移転を含む。また、半導体製造装置を一部含んでおり、生産統計と分類が若
干異なる。1) 数値制御工作機械。*確々報。【☞工作機械生産の長期統計513ページ】

表 17-20　半導体製造装置の生産と輸出入（単位　億円）

	2000	2010	2015	2020	2022	2023
生産額········	12 753	9 704	10 018	16 202	26 690	24 295
輸出額········	···	8 497	7 920	13 811	26 482	* 24 074
輸入額········	···	1 057	2 961	2 974	4 247	* 4 059

経済産業省「生産動態統計」および財務省「貿易統計」より作成。生産と輸出入で統計範
囲が異なる場合があるほか、輸出入には中古を含むことに留意。*確々報。

されて、1990年代には世界全体の稼働台数の70％を日本が占めていた。しかし、国内生産拠点の閉鎖や海外移転などによって稼働台数が減少した。世界的には稼働台数が増加しており、特に中国では急速に導入が進んで、2016年に日本を上回った。近年は、日本も稼働台数が増えている。

表 17-21 産業用ロボットの生産と輸出

		1990	2000	2010	2020	2021	2022
台数	国内生産‥‥	79 096	89 399	93 587	192 974	256 783	280 051
	国内出荷‥‥	67 514	49 810	24 959	41 655	49 950	52 415
	輸出‥‥‥‥	12 587	40 758	67 453	154 946	211 686	230 519
	海外生産‥‥	…	…	…	46 366	65 209	65 155
金額(億円)	国内生産‥‥	5 443	6 475	5 564	7 665	9 391	10 210
	国内出荷‥‥	4 461	3 177	1 487	2 085	2 231	2 335
	輸出‥‥‥‥	1 078	3 226	4 076	5 728	7 393	8 174

日本ロボット工業会「ロボット産業需給動向（産業ロボット編）」（2023年版）より作成。
ロボットとは、人間の手に似た装置を持つ３軸以上のもの（空間的な操作ができる）や、自らが知能や記憶を持ち、移動して作業する産業上の機械。本表はマニピュレータ（２軸以下で直線や平面的な動きのみ行う）を含む。

表 17-22 世界の産業用ロボット稼働台数 （各年末現在）（単位 千台）

	2021	2022		2021	2022
中国‥‥‥‥‥‥	1 226.3	1 501.5	ドイツ‥‥‥‥‥	248.1	259.6
日本‥‥‥‥‥‥	393.3	414.3	イタリア‥‥‥‥	84.5	91.5
韓国‥‥‥‥‥‥	366.5	374.7	（台湾）‥‥‥‥‥	84.2	88.7
アメリカ合衆国‥	339.8	365.0	世界計×‥‥‥‥	3 478.7	3 903.6

日本ロボット工業会資料より作成。×その他とも。

表 17-23 世界のサービスロボット販売台数 （単位 千台）

業務用	2021	2022	家庭用	2021	2022
輸送・物流‥‥‥	59.6	86.0	家事ロボット‥‥	5 552	4 889
ホスピタリティ	10.9	24.5	掃除（屋内）‥	3 497	2 766
医療用ロボット	9.8	9.3	掃除（屋外）‥	898	1 071
農業用‥‥‥‥‥	6.8	8.0	社会交流、教育	196	157
掃除用（業務用）	6.4	6.9	教育‥‥‥‥‥‥	92	104
探索・救助等‥‥	1.5	1.7	ケア（家庭内）‥	2	1
計×‥‥‥‥‥	106.5	157.6	計×‥‥‥‥‥	5 751	5 056

資料は上表に同じ。×その他とも。

〔半導体・電子部品〕　半導体は、データセンターなどIT企業の競争力
にも影響を与え、重要性が高まっている。1980年代の日本は、DRAM
などで半導体の世界市場の中心であったが、貿易摩擦や産業構造の変化
に追いつけず、国内生産が減少した。輸入品への依存が高まっているが、
コロナ禍では半導体輸入が滞り、さまざまな工業生産に支障が出た。ま
た、日本では最先端半導体を作ることが出来ない状況が続いている。

図 17-4　**半導体工場の分布図**（2023年）

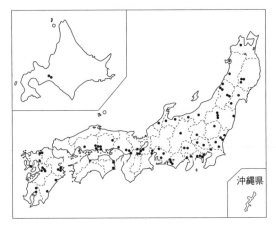

　日本政府は半導体を特定重要物資に指定し、安定供給を確保するため、半導体メーカーへの支援を強めている。国内の大手企業が出資して設立した企業では、北海道で次世代半導体を量産する工場を建設する一方、生産のための技術開発を進めている。

産業タイムズ社「半導体工場ハンドブック」（2024年版）より作成。半導体チップの製造を行う工場で、カバーや電線をつける工程のみの工場や研究開発工場を含まない。

表 17-24　**集積回路の生産額**（単位　億円）

	1990	2000	2010	2020	2022	2023
半導体集積回路	26 728	40 703	26 340	12 740	16 183	16 186
線形回路・・・ 1)	4 128	6 820	3 296	1 400	1 357	1 099
MCU・・・・・・ 2) 3)	3 393	7 070	3 765	740	955	982
ロジック・・・ 4)	6 928	13 661	8 752	1 349	1 643	2 111
メモリー・・・ 5)	9 173	10 686	6 456	3 480	5 241	3 258
混成集積回路・ 6)	2 406	3 578	2 303	4 330	4 650	4 896
計・・・・・・・・	29 134	44 281	28 642	17 070	20 834	21 083

経済産業省「生産動態統計」より作成。1) 電気信号の増幅などを行う。2) 家電や自動車
などを制御するマイクロコンピュータ。3) MPU（パソコンのCPU）を含む。4) ディス
プレイドライバーなど特定の機能を果たす論理回路。5) DRAMやフラッシュメモリーな
どの記憶素子。2022年調査より内訳廃止。6) 配線や抵抗等と集積回路を組み合わせたもの。

　半導体のサプライチェーンは、1つの国ですべてを完結させることが難しい。日本はサプライチェーンの川上にあたる製造装置や素材産業が強みで、半導体チップを製造する企業の国内誘致を行っている。2024年2月には、高い製造技術を有する台湾メーカーの工場が熊本県で開所した。これに伴い、地価や賃金が上昇するなど、地域経済に大きな影響を与えている。一方、米中摩擦が進んで、アメリカは2022年から先端半導体の中国への輸出規制を行っている。2023年には日本も製造装置の輸出規制を始めた。また、有事の際に友好国間で半導体を融通しあうサプライチェーンの強靭化を進めており、半導体の囲い込みが始まっている。

　2023年は、物価高などを背景にパソコン向け等の需要が減少した結果、

表 17-25　世界の半導体市場（単位　百万ドル）

	1990	2000	2010	2020	2021	2022
日本・・・・・・・・・	19 563	46 749	46 561	36 471	43 687	48 158
南北アメリカ・・・・	14 445	64 071	53 675	95 366	121 481	141 136
ヨーロッパ・・・・・・	9 599	42 309	38 054	37 520	47 757	53 853
アジア・太平洋地域	6 912	51 264	160 025	271 032	342 967	330 937
うち中国・・・・・・・	…	…	…	151 488	192 487	180 477
世界計・・・・・・・・	50 519	204 394	298 315	440 389	555 893	574 084

世界半導体市場統計（WSTS）資料より作成。WSTSに加盟する各半導体メーカーの地域別出荷額の合計。WSTSは、世界の主要半導体メーカーの大多数が加盟している。

表 17-26　世界の半導体メーカー売上高（単位　百万ドル）

	2022	2023	〃 %	前年比（％）
インテル（米）・・・・・・・・・・・	58 436	49 117	9.3	-15.9
サムスン電子（韓）・・・・・・・・・・・	63 823	40 942	7.7	-35.9
クアルコム（米）・・・・・・・・・・	34 840	29 225	5.5	-16.1
ブロードコム（米）・・・・・・・・	23 868	25 613	4.8	7.3
エヌビディア（米）・・・・・・・・・	15 331	25 053	4.7	63.4
SKハイニックス（韓）・・・・・・・	33 387	23 027	4.3	-31.0
AMD（米）・・・・・・・・・・・・・	23 620	22 307	4.2	-5.6
アップル（米）・・・・・・・・・・・	18 108	18 052	3.4	-0.3
インフォニオン・テクノロジーズ（独）	15 400	17 022	3.2	10.5
STマイクロエレクトロニクス(ス)	15 842	16 941	3.2	6.9
その他・・・・・・・・・・・・・・・・	297 725	262 665	49.6	-11.8
計・・・・・・・・・・・・・・・	600 380	529 964	100.0	-11.7

Gartner（2024年3月）による。ス＝スイス。

DRAMやフラッシュメモリの価格が低下して、半導体メーカーの収益が悪化した。一方、生成AIや仮想通貨で用いられるロジック半導体のGPUの需要が急激に高まり、世界的に不足している。

表 17-27　半導体の日本メーカーと世界の総生産 （単位　億円）

	2010	2015	2020	2021	2022
日本メーカーの生産額····	55 430	48 101	46 096	52 448	62 007
うち国内生産 ········	39 779	31 929	24 831	28 063	30 306
国内生産割合（％）·····	*71.8*	*66.4*	*53.9*	*53.5*	*48.9*
世界の総生産額·········	261 622	405 553	471 216	608 702	750 902
日本メーカーの割合(％)	*21.2*	*11.9*	*9.8*	*8.6*	*8.3*

電子情報技術産業協会「電子情報産業の世界生産見通し」より作成。半導体素子と集積回路。表17-38の半導体と同じ。

表 17-28　半導体素子の生産額 （単位　億円）

	1990	2000	2010	2020	2022	2023
シリコンダイオード····	809	982	237	156	152	125
整流素子（100mA以上）	829	1 109	658	416	488	420
トランジスター·······	2 716	3 957	2 821	2 521	3 324	3 818
シリコントランジスター	2 438	2 044	665	169	209	166
電界効果型トランジスター	278	1 551	1 146	697	722	686
IGBT···········	···	362	1 010	1 655	2 393	2 966
光電変換素子·········	1 684	4 809	6 319	3 722	4 404	4 164
発光ダイオード······	954	944	1 784	1 901	2 043	2 271
レーザーダイオード··	···	2 020	478	594	744	526
太陽電池セル········	···	···	2 961	130	18	1
計×···············	7 100	11 958	11 137	7 761	9 472	9 528

経済産業省「生産動態統計」より作成。IGBTは、大電力のインバーター（直交変換）に用いられる素子で、電気自動車などに用いられる。×その他とも。

表 17-29　液晶素子と太陽電池モジュールの生産額 （単位　億円）

	2000	2010	2015	2020	2022	2023
アクティブ型····	10 175	15 025	21 609	10 266	9 253	6 802
パッシブ型······	4 362	432	201	17	···	···
液晶素子計····	14 537	15 457	21 811	10 283	···	···
太陽電池モジュール	···	3 220	2 994	317	207	235

経済産業省「生産動態統計」より作成。液晶のアクティブ型は、画素にトランジスタなどを組み込んだもので、高精細であるなど機能が高い。パッシブ型は2021年で調査終了。

〔情報通信機器・家電産業〕 スマートフォンは、途上国を含め世界中で利用されている。現在、日本で出回る製品は、多くがアメリカや韓国メーカー品で、近年は、中国メーカー品も増えている。中国メーカーは

表 17-30 主な通信機器の生産

	1990	2000	2010	2020	2022	2023
台数（千台）						
電話機……… 1)	15 719	13 046	1 074	155	112	141
陸上移動通信装置2)	5 776	63 560	28 386	8 114	…	5 990
携帯電話……	…	55 272	23 907	6 039	…	…
金額（億円）						
電話機……… 1)	2 611	1 066	97	19	14	16
陸上移動通信装置2)	2 896	16 293	7 958	1 545	…	977
携帯電話……	…	14 919	7 106	1 041	…	…

経済産業省「生産動態統計」より作成。1) 固定式。2) 携帯電話、自動車電話など。

表 17-31 移動電話の輸出入

		2000	2010	2020	2022	2023*	うちスマホ
輸出	台数（千台）………	7 960	162	813	700	532	527
	金額（億円）………	1 243	19	154	204	117	113
輸入	台数（千台）…… 1)	413	16 371	32 001	34 438	30 630	30 435
	金額（億円）…… 1)	85	4 408	15 916	22 799	24 624	24 582

財務省「貿易統計」より作成。中古を含む。1) 2006年以前はセルラー方式のみ。*確々報。

表 17-32 世界のメーカー別スマートフォン出荷台数（単位 百万台）

	2022	%	2023	%	前年比（%）
アップル（米）………	226.3	18.8	234.6	20.1	3.7
サムスン電子（韓）……	262.2	21.7	226.6	19.4	-13.6
シャオミ（中）……	153.2	12.7	145.9	12.5	-4.7
OPPO（中）……	114.4	9.5	103.1	8.8	-9.9
トランション（中）……	72.6	6.0	94.9	8.1	30.8
その他………	377.2	31.3	361.8	31.0	-4.1
計………	1 205.9	100.0	1 166.9	100.0	-3.2

IDCプレスリリース（2024年1月15日、Apple Grabs the Top Spot in the Smartphone Market in 2023 along with Record High Market Share Despite the Overall Market Dropping 3.2%, According to IDC Tracker）より作成。割合は原資料による。

第17章 機械工業

世界市場で存在感を高め、アメリカが安全保障上の懸念から半導体の供
給を制限するなど、米中貿易摩擦の要因ともなった。最近では、新興の
中国メーカーが、途上国市場を中心に機能を絞った安価な製品を供給し、
急成長している。一方、日本メーカーは世界市場だけでなく国内市場で
もシェアの確保が難しく、2023年には事業からの撤退が相次いだ。

　パソコンは、小中学生に1人1台の端末を貸与しICT教育を行う

表 17-33　パソコンの生産 （本体のみ）

	1990	2000	2010	2020	2022	2023
台数（千台）						
サーバー用‥‥‥‥	…	…	149	191	148	148
デスクトップ型‥	…	…	2 974	1 803	1 085	1 269
ノートブック型 1)	…	…	4 389	4 051	3 508	3 583
計‥‥‥‥‥‥	3 004	12 040	7 511	6 045	4 742	5 000
金額（億円）						
サーバー用‥‥‥‥	…	…	587	1 030	714	782
デスクトップ型‥	…	…	2 659	1 431	1 119	1 471
ノートブック型 1)	…	…	4 216	3 906	3 951	3 995
計‥‥‥‥‥‥	9 039	21 287	7 463	6 367	5 785	6 248
（参考） コンピュータ計 2)	26 626	28 672	9 112	6 618	5 994	6 452

経済産業省「生産動態統計」より作成。1) タブレット型を含む。2) パソコンのほか、は
ん用コンピュータ、ミッドレンジコンピュータを含む。

表 17-34　コンピュータの輸出入額 （単位　億円）

		1990	2000	2010	2020	2022	2023*
輸出	本体‥‥‥‥‥‥	3 858	4 865	1 506	993	1 168	1 370
	周辺装置‥‥‥‥	13 727	11 140	2 963	2 060	2 733	2 593
	部品・附属品‥‥	9 650	13 698	12 753	8 682	10 245	9 776
	輸出額計‥‥‥	27 239	29 704	17 223	11 735	14 147	13 739
輸入	本体‥‥‥‥‥‥	2 374	8 189	8 748	17 003	18 236	16 493
	周辺装置‥‥‥‥	1 872	10 635	6 732	7 060	8 858	8 348
	部品・附属品‥‥	2 952	9 757	5 698	4 130	5 419	5 184
	輸入額計‥‥‥	7 203	28 584	21 179	28 193	32 513	30 025

財務省「貿易統計」より作成。周辺装置にはディスプレイやプリンターなどの入出力装置
や、外部記憶装置などを含む。*確々報であり、確定の際に数値が修正されることがある。

GIGAスクール構想向けや、コロナ禍に伴うテレワーク需要があったが、2023年には需要が落ち着いた。また、半導体価格の上昇に伴ってパソコン価格が上がっており、市場が低迷している。

　家電製品は、高度経済成長以降の日本にとって、自動車に匹敵する輸出産業であった。特に、半導体を組み込むことで高機能化し、国際競争力を高めたが、アメリカとの貿易摩擦に発展し、輸出規制が行われた。また、1985年からの円高で、日本メーカーは安価な労働力を求めてアジア諸国に製造拠点を移してコスト削減に努めた。その後、韓国メーカーが成長して、世界市場で日本メーカーのシェアを奪っていった。近年は中国メーカーも成長しており、日本メーカーの存在感が薄れている。テレビなど民生用電子機器の国内生産は、2010年で2兆円以上あったが、2023年は4000億円程度と急減している。スマートフォンが高機能化し、デジタルカメラなど多くの電子機器の機能を代替できるようになったこ

表 17-35　民生用電子機器の生産

		1990	2000	2010	2020	2022	2023
生産台数（千台）	テレビ受像器‥‥‥	15 132	3 382	13 549	154 1)	165 1)	125 1)
	液晶テレビ‥‥‥	1 889	1 000	12 111	…	…	…
	VTR‥‥‥‥‥ 2)	31 640	5 513	…	…	…	…
	DVD－ビデオ‥‥	…	4 517	1 843	…	…	…
	ビデオカメラ‥‥ 2)	8 803	11 902	3 856	62	…	…
	デジタルカメラ‥‥	…	9 657	24 253	1 868	1 986	2 327
	一眼レフタイプ‥	…	…	5 250	1 446	1 575	1 652
	カーオーディオ‥‥	22 774	10 534	2 339	1 774	868	632
	カーナビゲーション	…	2 439	6 121	5 081	4 841	6 007
生産額（億円）	テレビ受像器‥‥‥	9 031	2 971	11 362	178 1)	130 1)	103 1)
	液晶テレビ‥‥‥	285	518	9 910	…	…	…
	VTR‥‥‥‥‥ 2)	10 785	1 041	…	…	…	…
	DVD－ビデオ‥‥	…	1 225	907	…	…	…
	ビデオカメラ‥‥ 2)	7 363	5 792	1 137	62	…	…
	デジタルカメラ‥‥	…	3 239	4 363	1 026	1 087	1 241
	一眼レフタイプ‥	…	…	1 843	891	971	1 053
	カーオーディオ‥‥	3 580	1 452	502	312	210	120
	カーナビゲーション	…	2 104	5 436	2 223	2 185	2 648
	計×‥‥‥‥‥‥	41 540	22 214	23 957	3 891	3 689	4 183

経済産業省「生産動態統計」より作成。1) 薄型テレビのみ。2) 放送用を除く。×その他とも。2013年以降カーオーディオ以外のオーディオを、2014年以降DVD-ビデオを、2021年以降ビデオカメラを除く。【☞生産額の長期統計512ページ】

第17章　機械工業

との影響も大きい。一方、エアコンなどの民生用電気機器は、堅調な買い替え需要に支えられて、国内生産をある程度維持している。ただし、2010年代後半に海外企業による国内家電事業や、メーカーそのものの買収が行われた。近年、国内大手メーカーは高機能化で生き残りを図っている。ヒートポンプ式エアコンは、エネルギー効率がよく日本メーカー品が国際的に評価されており、世界的な異常気象や、エネルギー価格の高騰のなかで、ヨーロッパを中心に人気が高まった。

図17-5　民生用電子機器の貿易額

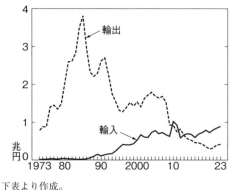

下表より作成。

表17-36　民生用電子機器の輸出入額（単位　億円）

		1990	2000	2010	2020	2022	2023*
輸出	カラーテレビ････	2 517	526	263	57	29	30
	液晶テレビ･･ 1)	446	158	106	41	20	20
	VTR ･･･････	8 884	1 058	127	0	0	0
	DVD-ビデオ ･･ 2)	337	905	101	28	24	16
	デジタルカメラ 3)	…	7 278	8 091	2 557	3 563	3 680
	録音・再生機器･･	…	…	189	39	43	52
	テープレコーダ4)	2 852	387	}6) 123	}6) 27	}6) 24	}6) 25
	DADプレーヤー5)	1 729	847				
	輸出額計×････	26 178	15 309	9 172	2 930	3 965	4 070
輸入	カラーテレビ････	227	1 871	4 558	2 538	2 633	2 255
	液晶テレビ･･	…	…	4 448	2 140	1 954	1 703
	VTR ･･･････	75	526	7	0	0	…
	DVD-ビデオ ･･ 2)	3	81	1 869	690	598	540
	デジタルカメラ 3)	…	507	1 552	2 422	3 313	3 881
	録音・再生機器･･	…	…	863	221	225	219
	テープレコーダ4)	454	1 311	6) 427	6) 78	6) 89	6) 99
	輸入額計×････	1 131	5 301	10 223	7 346	8 537	8 893

財務省「貿易統計」より作成。貿易統計は中古を含む。1) 1990、2000年は液晶テレビ等。2) VTR以外の録画再生機。3) ビデオスチルカメラ等を含む。2010年以降はテレビカメラ（ビデオ一体型カメラ）を統合。4) カーステレオを除く。5) CDやMDなどのプレーヤー。6) テープ・ディスク・半導体等のプレーヤー・レコーダー。×その他とも。*確々報。

図 17-6 家電製品の輸入先（2022年）

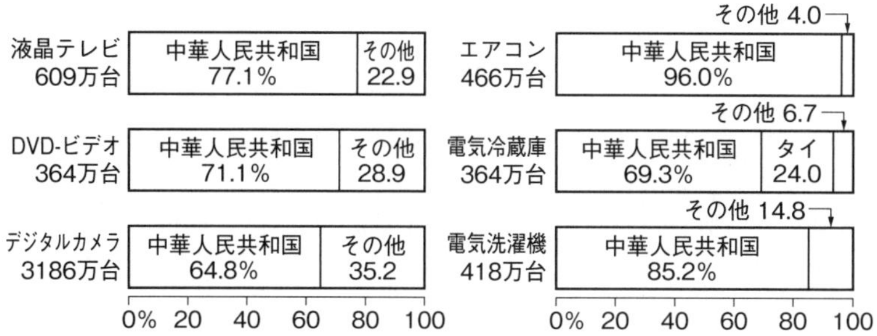

液晶テレビ 609万台：中華人民共和国 77.1%／その他 22.9
エアコン 466万台：中華人民共和国 96.0%／その他 4.0
DVD-ビデオ 364万台：中華人民共和国 71.1%／その他 28.9
電気冷蔵庫 364万台：中華人民共和国 69.3%／タイ 24.0／その他 6.7
デジタルカメラ 3186万台：中華人民共和国 64.8%／その他 35.2
電気洗濯機 418万台：中華人民共和国 85.2%／その他 14.8

財務省「貿易統計」より作成。確定値。

表 17-37 民生用電子機器の日本と世界の総生産（単位　億円）

	2010	2015	2020	2021	2022
日本メーカーの生産額····	86 687	47 364	34 215	31 851	31 996
国内生産·············	23 957	6 806	3 891	3 818	3 689
海外生産·············	62 730	40 558	30 324	28 033	28 307
国内生産割合（％）····	*27.6*	*14.4*	*11.4*	*12.0*	*11.5*
海外メーカーの生産額····	101 527	112 990	100 777	116 499	126 834
世界の総生産額·········	**188 214**	**160 354**	**134 992**	**148 350**	**158 830**
日本メーカーの割合(％)	*46.1*	*29.5*	*25.3*	*21.5*	*20.1*

電子情報技術産業協会「電子情報産業の世界生産見通し」より作成。

表 17-38 電子情報産業の世界生産額（単位　兆円）

	世界生産		日系企業生産		日本国内生産	
	2021	2022	2021	2022	2021	2022
民生用電子機器········	14.8	15.9	3.2	3.2	0.4	0.4
通信機器·············	58.6	67.8	2.0	2.0	0.9	0.7
コンピュータ、情報端末	57.4	66.3	5.5	6.3	1.0	1.0
その他電子機器·······	14.9	18.1	2.5	2.7	1.5	1.5
電子部品·············	27.8	31.6	9.6	10.3	3.3	3.4
ディスプレイデバイス··	19.4	17.9	1.3	1.2	1.1	1.0
半導体···············	60.9	75.1	5.2	6.2	2.8	3.0
電子工業計··········	253.8	292.7	29.3	31.9	11.0	11.0
ソリューションサービス	119.9	161.6	7.6	8.1	…	…
電子情報産業計······	**373.7**	**454.2**	**36.9**	**40.0**	…	…

電子情報技術産業協会「電子情報産業の世界生産見通し」(2023年12月) より作成。

第17章　機械工業

表 17-39　民生用電気機器の生産

		1990	2000	2010	2020	2022	2023
台数（千台）	エアコンディショナ・1)	7 813	7 318	4 920	4 713	4 412	4 363
	電気冷蔵庫・・・・・・・・・	5 048	4 224	2 196	1 321	1 282	1 055
	換気扇・・・・・・・・・・・	10 325	8 142	5 403	5 757	5 907	5 593
	自然冷媒ヒートポンプ式給湯機・・・・	...	...	500	522	725	637
	電気洗濯機・・・・・・・・・	5 576	4 179	2 203	841	725	691
	電気掃除機・・・・・・・・・	6 851	5 771	1 997	1 928	2 380	1 986
	温水洗浄便座・・・・・・・・	...	2 204	2 443	2 889	3 038	2 725
生産額（億円）	エアコンディショナ・1)	10 996	9 251	8 631	10 590	11 411	11 018
	電気冷蔵庫・・・・・・・・・	4 577	4 351	2 727	2 235	2 438	2 546
	換気扇・・・・・・・・・・・	1 181	1 177	1 029	944	937	970
	自然冷媒ヒートポンプ式給湯機・・・・	...	...	679	1 024	1 693	1 413
	電気洗濯機・・・・・・・・・	1 903	1 708	1 079	735	1 142	1 211
	電気掃除機・・・・・・・・・	1 008	898	358	382	514	447
	温水洗浄便座・・・・・・・・	...	697	729	850	996	950
	計×・・・・・・・・・・・・・	27 246	23 844	17 980	19 043	21 418	20 577

経済産業省「生産動態統計」より作成。1) 台数は室外機ベース。7.1kWを超える大型のもの（2023年は724千台、4976億円）を含む。2010年以前はウインド・ウォール形を含む。×その他とも。2017年以降は電子レンジを除く。2021年以降は電気かみそりを除く。

表 17-40　民生用電気機器の輸出入額（単位　億円）

		1990	2000	2010	2020	2022	2023*
輸出	エアコンディショナ・1)	2)1 444	2)926	94	108	138	155
	電気冷蔵庫・・・・・・・・・・	168	35	64	165	274	189
	電気洗濯機・・・・・・・・・・	173	58	20	6	6	4
	真空掃除機・・・・・・・3)	131	24	9	10	17	8
	輸出額計×・・・・・・・・・	2 924	1 344	491	715	1 024	858
	（別掲）部分品・・・・・4)	791	1 247	2 459	2 130	2 763	2 610
輸入	エアコンディショナ・・・	59	160	1 073	1 382	1 603	1 536
	電気冷蔵庫・・・・・・・・	67	234	674	973	1 309	1 187
	電気洗濯機・・・・・・・・	16	109	665	801	1 010	1 004
	真空掃除機・・・・・・・3)	53	122	421	1 097	1 183	1 030
	電子レンジ・・・・・・・・	15	100	326	434	628	568
	空気清浄機・・・・・・・・	...	...	360	550	519	441
	輸入額計×・・・・・・・・・	611	1 751	5 366	8 470	10 441	9 657
	（別掲）部分品・・・・・4)	144	293	1 239	1 982	3 089	2 920

財務省「貿易統計」より作成。中古品を含む。1) パッケージ型を含む。2) 自動車用を含む。3) 電動装置自蔵出力1500W以下。4) 電熱用抵抗体を含む。*確々報。×その他とも。

表 17-41　その他の主な機械製品の生産（単位　千台、千個、*印は百万個）

	2022	2023		2022	2023
内燃機関······1)	3 642	2 998	白熱電球·······	331 526	292 302
一般用ボイラー··	7.5	7.8	蛍光ランプ·····	49 659	38 828
建設用クレーン··	2.7	3.3	LEDランプ ····	6 219	6 568
掘削機械······	232	239	電球形·····	5 624	5 943
プラスチック			直管·······	595	625
加工機械·····	15	12	白熱灯器具·····	1 132	990
印刷機械·····	18	17	蛍光灯器具·····	194	161
ポンプ·······2)	2 498	2 404	LED器具 ····12)	63 284	58 716
運搬用クレーン··	16	18	プリンター·····	2 722	1 803
コンベヤ······	328	304	レーザー		
歯車··········3)	177 476	168 128	プリンター···	830	385
動力耕うん機···4)	104	93	モニター·····	1 402	1 165
装輪式トラクター	156	118	電力量計·····	10 831	11 575
田植え機·······	21	18	ガス警報器·····	4 281	4 073
刈払機········5)	748	593	X線装置 ····13)	18.5	11.9
コンバイン·····6)	13	12	医用CT装置·····	4.8	3.9
食料品加工機械·7)	43	42	放射線測定器····	6	10
複写機·······8)	118	104	乾電池·········*	2 490	1 912
ミシン·······	148	100	アルカリマンガ		
家庭用·····	55	44	ン乾電池···*	1 024	682
工業用·····	93	57	リチウム電池·*	701	606
除湿機·······	193	174	鉛蓄電池·······*	28	28
製氷機·······	75	73	アルカリ蓄電池·*	385	390
自動販売機·····	188	147	リチウムイオン		
軸受··········*	2 651	2 424	蓄電池·······*	1 165	1 044
金型（千組）····	468	449	車載用·····*	906	856
ガスメーター····	4 082	3 879	完成自転車·····	750	715
水道メーター····	3 426	3 332	電動アシスト車	600	578
カメラ·······	75	77	車いす·········	105	99
カメラ用交換レンズ	1 858	1 584	産業車両·······	144	128
時計·······	198 978	148 309	フォークリフト		
完成品······	4 110	4 285	トラック····	127	105
ムーブメント·9)	194 868	144 024	ショベル		
交流発電機····10)	126	119	トラック····	12	13
交流電動機····10)	9 845	8 384	航空機14)（億円）··	949	533
小形電動機···10)11)	248 674	258 092	同機体部品・付属		
電動工具········	2 274	1 801	装置14)（億円）··	3 473	4 620

経済産業省「生産動態統計」より作成。1) 自動車用、二輪自動車用、鉄道車両用および航空機用を除く。2) 手動式および消防ポンプ、真空ポンプを除く。3) 粉末や金製品を除く。自己消費を除く。4) 歩行用トラクターを含む。5) 芝刈機を除く。6) 刈取脱穀結合機。7) 手動のものを除く。8) ジアゾ式等を除く。9) 自己消費を除く。10) 航空機用を除く。11) 70W未満。12) 自動車用を除く。13) 医科・歯科用。14) 生産額。

第17章　機械工業

第18章　化学工業

　化学工業は、化学薬品やプラスチックといった産業向け素材を提供するほか、医薬品や化粧品等の消費者向け製品も製造している。高度な技術力と大規模な生産設備が必要な装置産業で、日本メーカーは機械工業

表 18-1　化学工業の構成（個人経営事業所を除く）（2021年）

	事業所数[1]	従業者数[1] （千人）	製造品 出荷額等 （億円）	付加 価値額[2] （億円）
化学肥料	212	4.5	3 184	788
無機化学工業製品	975	36.2	30 075	9 036
圧縮ガス・液化ガス	299	5.5	5 089	1 563
有機化学工業製品	879	106.1	117 624	33 056
石油化学系基礎製品[3]	10	4.8	21 110	2 062
脂肪族系中間物[4]	76	14.5	19 052	6 581
合成染料・有機顔料[5]	134	15.0	14 116	4 284
プラスチック	290	37.2	37 644	11 576
合成ゴム	19	6.1	1 584	1 299
油脂加工製品等	1 024	40.9	29 847	12 287
石けん・合成洗剤	235	10.9	9 217	4 582
塗料	457	16.9	11 801	4 727
医薬品	807	102.7	87 866	42 723
医薬品原薬	116	10.5	4 014	1 814
医薬品製剤	533	81.2	77 613	37 034
化粧品・歯磨等	684	50.0	21 147	11 158
仕上用・皮膚用化粧品[6]	422	36.7	15 097	7 867
農薬	91	5.2	4 082	1 478
ゼラチン・接着剤	151	7.1	4 496	1 407
化学工業計×	5 623	390.9	317 082	119 652
石油精製	27	12.6	130 509	14 188
潤滑油・グリース	109	3.7	4 207	1 086
舗装材料	1 003	7.5	5 172	1 591
石油製品・石炭製品計×	1 281	27.9	144 329	18 216
計	6 904	418.8	461 411	137 868
（別掲）プラスチック製品[7]	13 719	449.3	130 299	48 997

総務省・経済産業省「経済構造実態調査」（2022年）より作成。本書では化学工業に石油・石炭製品製造業（ガソリン等）を含み、プラスチック製品製造業（プラスチック素材を加工してポリバケツ等を生産）を含まない。工業統計に関する注記は表15-1参照。1) 2022年6月1日現在。2) 従業者29人以下の事業所は粗付加価値額（在庫の増減を考慮しない）。3) 一貫生産される誘導品を含む。4) 脂肪族系溶剤を含む。5) 環式中間物を含む。6) 香水、オーデコロンを含む。7) 家具等を除く。×その他とも。

などからの高い要求に応えて、技術力を高めてきた。

　無機化学工業は、硫酸などのはん用品から、半導体用材料といった特定用途向けの少量品まで幅広い。原料には鉱石や塩のほか、金属精錬や石油精製で生じる副生成物も利用している。電解ソーダ産業では、塩水の電気分解でか性ソーダと塩素、微量の水素が常に一定の割合で生産されるため、両方のバランスをとる必要がある。日本では塩素需要に対してか性ソーダが過剰で、不足する塩素系素材を輸入し、余剰のか性ソーダをアルミナ生産向け需要のあるオーストラリアなどに輸出している。

　石油化学工業は、天然資源に乏しい日本では石油精製の副産物であるナフサを主原料に、エチレン等の基礎素材を生産する。さらに、これら

表 18-2　化学工業の推移 (2020年以降は個人経営事業所を除く)

	1990	2000	2010	2020	2021
化学工業					
事業所数‥‥‥‥‥1)	6 030	5 943	5 421	5 635	5 623
従業者数（千人）‥1)	402.6	367.5	346.5	379.3	390.9
製造品出荷額等(億円)	235 510	237 994	262 478	287 305	317 082
化学肥料‥‥‥‥	3 245	2 848	3 056	3 033	3 184
化学繊維‥‥‥‥	10 442	7 304	(4 014)	(3 204)	(2 854)
無機化学工業製品	13 973	14 444	18 209	25 749	30 075
有機化学工業製品	89 094	83 348	104 211	94 325	117 624
医薬品‥‥‥‥‥	51 547	64 258	73 563	88 668	87 866
付加価値額（億円）‥	112 891	115 095 2)	101 796	115 975	119 652
石油製品・石炭製品3)					
事業所数‥‥‥‥‥1)	1 253	1 312	1 115	1 336	1 281
従業者数（千人）‥1)	33.7	27.6	25.8	28.6	27.9
製造品出荷額等(億円)	83 183	94 568	150 087	111 772	144 329
付加価値額（億円）2)	7 481	7 144	11 750	15 610	18 216

総務省・経済産業省「経済構造実態調査」、同「経済センサス－活動調査」および経済産業省「工業統計調査」より作成。2008年より化学繊維が化学工業の分類から除外。このほか、工業統計に関する注記は表15-1を参照。1）2010年までは各年末現在、2020年以降は翌年6月1日現在。2）従業者4人以上の事業所。3）2010年に一部企業が製販合併して製造品出荷額等や付加価値額が増大した。【☞府県別統計524、525ページ】

有機化合物・無機化合物　有機化合物とは炭素の化合物（二酸化炭素や炭酸塩など少数のものを除く）を指し、無機化合物と分けられている。有機化学工業にはプラスチックや合成ゴムなどを製造する石油化学工業や発酵工業などがあり、無機化学工業にはソーダ工業や硫酸工業、無機薬品工業などがある。

を原料に有機薬品やプラスチックなどの製品を作っている。各工程を担う工場は主にパイプでつながれて密集し、コンビナートを形成している。コンビナートは、海外から原油を調達するため沿岸部にある。

　日本の石油化学工業は、石油危機後の1983年度に構造調整を行ったが、

図18-1　硫酸・か性ソーダの内需（2023年）

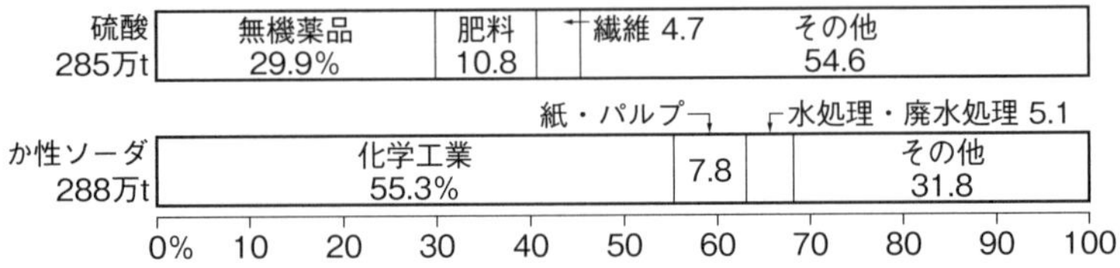

硫酸 285万t	無機薬品 29.9%	肥料 10.8	繊維 4.7	その他 54.6

紙・パルプ→　　　→水処理・廃水処理 5.1

か性ソーダ 288万t	化学工業 55.3%	7.8	その他 31.8

0%　10　20　30　40　50　60　70　80　90　100

硫酸協会ウェブサイトおよび日本ソーダ工業会ウェブサイトより作成。

表18-3　主要無機化学工業製品の生産（単位　千t）

	1990	2000	2010	2020	2022	2023
アンモニア‥‥‥1)	1 831	1 715	1 178	784	818	739
硝酸‥‥‥‥‥2)	697	654	500	297	266	195
硫酸‥‥‥‥‥1)	6 887	7 059	7 037	6 460	6 332	5 849
か性ソーダ‥‥3)	3 917	4 471	4 217	3 928	4 125	3 775
塩酸‥‥‥‥‥4)	2 283	2 494	2 272	1 556	1 614	1 563

経済産業省「生産動態統計」より作成。1) 100%換算。2) 98%換算。3) 液体（97%換算）と固形（実数値）の合計。4) 35%換算。【☞硫酸の長期統計は513ページ】

表18-4　その他の主な無機化学工業製品の生産（単位　千t）

	2022	2023		2022	2023
生石灰‥‥‥‥‥	6 235	6 012	酸化第二鉄‥‥‥	125	115
消石灰‥‥‥‥‥	1 295	1 201	酸化チタン‥‥‥3)	177	165
軽質炭酸カルシウム	206	206	カーボンブラック‥	563	548
塩素ガス‥‥‥‥	3 654	3 326	活性炭（粒状）‥‥4)	23	21
液体塩素‥‥‥‥	475	440	硫酸アルミニウム‥5)	527	496
次亜塩素酸			ポリ塩化		
ナトリウム溶液‥1)	850	830	アルミニウム‥‥6)	594	590
ふっ化水素酸‥‥‥2)	69	49	よう素‥‥‥‥‥	10	9
りん酸‥‥‥‥‥	66	54	けい酸ナトリウム‥	323	294
水酸化カリウム‥‥	115	86	過酸化水素‥‥‥7)	175	139
酸化亜鉛‥‥‥‥	54	49	化学石こう‥‥‥8)	4 137	3 690

経済産業省「生産動態統計」より作成。1) 12%換算。2) 50%換算。3) アナタース型とルチル型の合計。4) 破砕炭を含む。5) 14%固形換算。6) アルミナ10%換算。7) 100%重量換算。8) 2水塩換算。

バブル景気とともに生産を拡大し、バブル崩壊以降も中国を中心に輸出を拡大して成長してきた。しかし2000年代後半より輸出の低迷や内需の減少に見舞われ、2010年代に再び構造調整を行い設備を縮小した。これ

図 18-2　エチレン生産能力と需給

エチレン生産量と生産能力
900
600
300
万t 0
生産能力
生産量
1983
90
2000
10
23
エチレン需給
900
600
300
万t 0
生産
内需
輸出
輸入
1982
90
2000
10
22

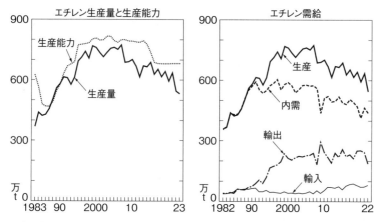

経済産業省「生産動態統計」および石油化学工業協会「石油化学工業の現状」より作成。生産能力は標準状態での月間生産能力の年計。需給の輸出入はエチレンや主要エチレン製品を原単位でエチレン換算したもの。需給の内需は生産＋輸入－輸出。

図 18-3　エチレン系製品の輸出先（エチレン換算、上図の輸出量内訳）

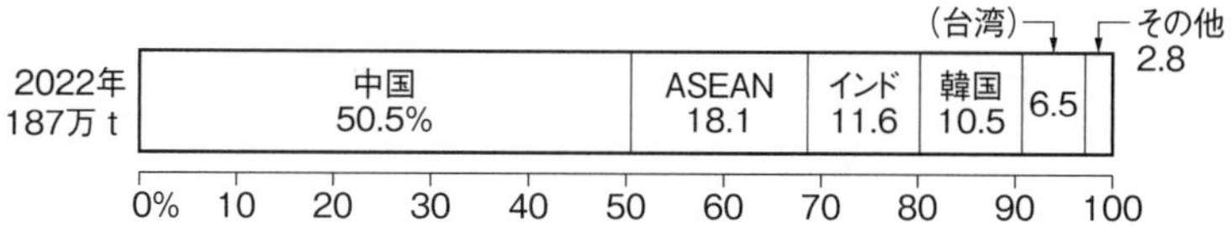

(台湾)
その他 2.8
2022年 187万 t
中国 50.5%
ASEAN 18.1
インド 11.6
韓国 10.5
6.5
0%
10
20
30
40
50
60
70
80
90
100

表 18-5　主な石油化学工業製品の生産（単位　千 t）

	1990	2000	2010	2020	2022	2023
エチレン・・・・・・・・	5 810	7 614	7 018	5 943	5 449	5 324
プロピレン・・・・・・	4 214	5 453	5 986	4 998	4 514	4 400
ブタン・ブチレン	2 243	2 977	3 035	2 596	2 397	2 275
ベンゼン・・・・・・・・	3 012	4 425	4 764	3 245	3 129	2 948
トルエン・・・・・・・・	1 111	1 489	1 393	1 451	1 424	1 220
キシレン・・・・・・・・	1) 2 652	4 681	5 935	5 195	4 890	4 487

経済産業省「生産動態統計」より作成。石油化学工業以外の生産を含む。1) 非石油系を含まず。

に対し、中国では石油に加えて国内で豊富な石炭を、アメリカでは安価なシェールガスを原料に、生産量が拡大している。2023年には、物価高による内需の落ち込みや中国の生産拡大に伴い、国内のエチレン生産能

図18-4　石油化学コンビナート所在地（2023年7月現在）

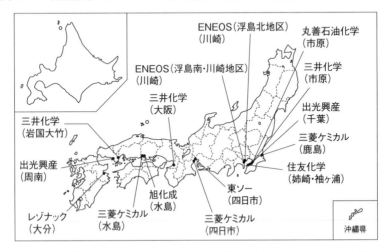

石油化学工業協会「石油化学工業の現状」（2023年）より作成。コンビナートの地名は原資料に従った。一部のコンビナートではエチレン生産を停止しており、ほかのコンビナートからエチレンを輸送するほか、近隣のコンビナート同士でエチレンプラントを共有することで石油化学製品の生産を継続している。

表18-6　その他の主な有機化学工業製品の生産（単位　千t、*印は千kL）

	2022	2023		2022	2023
ホルマリン・・・・・・・・	892	740	合成オクタノール・・	151	147
塩化メチル・・・・・・・・	223	138	合成ブタノール・・・・	421	413
酸化エチレン・・・・・・	665	552	メチルエチルケトン	211	229
エチレングリコール	351	264	ブタジエン・・・・・・・	745	701
アセトアルデヒド・・	91	94	パラキシレン・・・・・・	2 462	2 372
二塩化エチレン・・・・	3 341	3 257	クレオソート油・・・・	660	605
エタノール(95%換算)*	447	425	ナフタリン・・・・・・・	151	139
酸化プロピレン・・・・	334	328	スチレン(モノマー)	1 542	1 428
ポリプロピレングリコール	232	222	シクロヘキサン・・・・	165	87
イソプロピルアルコール	214	169	フェノール・・・・・・・・	556	451
合成アセトン・・・・・・	401	318	ビスフェノールA・・	386	234
アクリロニトリル・・	422	341	無水フタル酸・・・・・・	147	139
アクリル酸エステル	252	225	コールタール・・・・・・	1 225	1 124

経済産業省「生産動態統計」より作成。

力の稼働率は78％と低い水準であった。中国は、エチレン生産設備をさらに拡大する計画で、今後は日本からのエチレンの輸出が厳しくなる見込みである。日本国内での大幅な需要の増加も見込めず、日本メーカーは生産設備をさらに減らすことを検討している。

　化石燃料からクリーンなエネルギーへの転換を目指すGX（グリーン

表 18-7　プラスチックの生産と輸出入（単位　千 t）

	1990	2000	2010	2020	2022	2023
生産・・・・・・・・・・・・1)	12 630	14 736	12 320	9 639	9 511	8 791
はん用プラスチック	8 971	10 497	8 806	7 177	6 938	6 588
ポリエチレン・・・・	2 888	3 342	2 964	2 246	2 237	2 044
ポリスチレン・・・・	2 092	2 024	1 385	1 057	1 036	921
ポリプロピレン・・	1 942	2 721	2 709	2 247	2 120	2 075
塩化ビニール樹脂	2 049	2 410	1 749	1 627	1 545	1 548
輸出・・・・・・・・・・・	1 776	4 313	6 083	5 170	4 731	4 575
輸入・・・・・・・・・・・	582	1 185	1 999	2 742	3 104	2 934
国内消費・・・・・・・・	11 435	11 609	8 236	7 212	7 884	7 150
1人あたり消費（kg）	92.5	91.5	64.3	57.2	63.1	57.5

経済産業省「生産動態統計」および財務省「貿易統計」より作成。国内消費は生産＋輸入－輸出により算出。1人あたり消費は国勢調査人口や推計人口から編者算出。1) 個々のプラスチック原材料の合計で、調査項目の変更等により年次によっては接続しない。2023年の輸出入は確々報。【☞プラスチック生産の長期統計513ページ】

表 18-8　その他の主なプラスチックの生産（単位　千 t）

	2022	2023		2022	2023
フェノール樹脂・・	267	236	ABS樹脂 ・・・・・・1)	284	...
ユリア樹脂・・・・・・	44	43	ポリカーボネート2)	261	229
メラミン樹脂・・・・	70	65	PET ・・・・・・・・3)	359	275
不飽和ポリ			ポリブチレン		
エステル樹脂・・	110	100	テレフタレート	108	102
アルキド樹脂・・・・	56	55	メタクリル樹脂・4)	121	118
エポキシ樹脂・・・・	117	96	ふっ素樹脂・・・・・	38	37
ウレタンフォーム	170	173	PPS・・・・・・・・・5)	45	39

経済産業省「生産動態統計」より作成。上表の生産の内訳。1) 上表ポリスチレンの内訳。2) **エンジニアリングプラスチック**（エンプラ、強度や耐熱性などに優れた樹脂で、耐熱性や機械的強度などに優れる）の一つ。DVD等に利用。3) ポリエチレンテレフタレート。ペットボトルに利用。繊維用（ポリエステル）を含まず。4) アクリル樹脂。透明でメガネ等に利用。5) ポリフェニレンサルファイド。スーパーエンプラ（特に優れた性能を持つエンプラ）の一つで、強度や耐摩耗性などが高い。

トランスフォーメーション）への取り組みが進むなか、製造業では素材
から製造工程、廃棄やリサイクルまでの製品のライフサイクル全体での
温室効果ガス排出量を評価し、削減することが求められている。素材を

図18-5　プラスチック製品の用途別生産

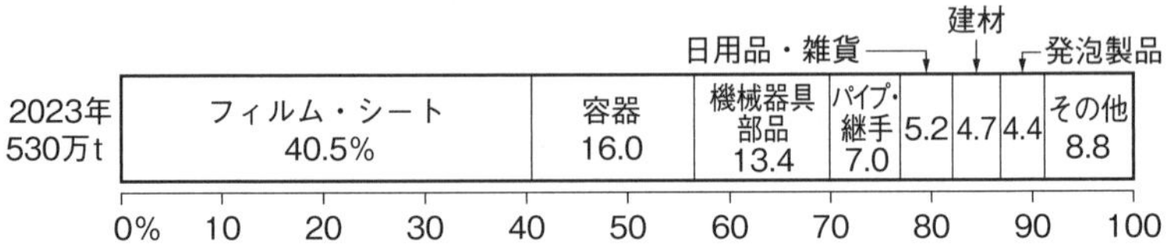

経済産業省「生産動態統計」より作成。成型加工機で直接加工された一次製品のみ。
ウレタンフォーム等を含まない。

表18-9　化粧品の販売額（単位　億円）

	1990	2000	2010	2020	2022	2023
香水・オーデコロン	210	85	48	44	65	90
頭髪用化粧品···[1]	4 134	4 472	4 113	3 726	3 716	3 641
皮膚用化粧品···[2]	5 010	5 577	6 382	7 770	5 685	5 678
仕上用化粧品···[3]	2 957	3 622	3 018	2 456	2 428	2 703
特殊用途化粧品·[4]	337	510	658	840	760	913
計··········	12 649	14 266	14 220	14 837	12 654	13 025

経済産業省「生産動態統計」より作成。1) シャンプーや整髪料、染毛料など。2) 洗顔ク
リームや乳液、化粧水など。3) ファンデーションやリップクリーム、マニキュアなど。4)
日焼けクリームやひげそり用化粧品など。

表18-10　その他の主な化学工業製品の生産（単位　千t）

	2022	2023		2022	2023
精製グリセリン···[1]	39	36	合成染料·········	14	11
石けん··········	131	139	塗料··········	1 479	1 470
合成洗剤········	1 205	1 135	合成樹脂塗料···	989	997
洗濯用·········	765	729	印刷インキ······	276	260
台所用·········	295	282	火薬及び爆薬····	27	26
柔軟仕上げ剤····	417	395	触媒··········	98	87
漂白剤·········	279	273	自動車用······[3]	9	10
クレンザー······	3	3	炭酸ガス·······[4]	949	881
界面活性剤······	1 220	1 074	酸素（百万m³）···	10 277	9 657
シャンプー······[2]	129	112	窒素（百万m³）···	14 720	14 595
ヘアリンス······[2]	55	46	うち液化（百万m³）	1 941	1 926

経済産業省「生産動態統計」より作成。1) 98.5％換算。2) 上表の頭髪用化粧品に含まれる。
3) 自動車排気ガス浄化用。4) 肥料、清涼飲料製造用等の自家使用分を除く。

提供する化学産業には、脱炭素を進めた製品の開発が要請されており、今後需要が増えると期待されている。化学産業は成長戦略としてGXに取り組んでおり、政府もGX債などを通じて支援している。

表 18-11 主要国のエチレン生産（単位 千t）

	1990	2000	2010	2020	2021	2022
アメリカ合衆国‥	17 063	25 107	23 971	34 440	33 946	35 398
西ヨーロッパ‥‥	14 106	19 443	20 281	18 876	18 729	15 835
中国‥‥‥‥‥‥	1 572	4 700	14 189	30 207	36 340	39 401
サウジアラビア 1)	2 080	5 700	10 973	16 140	16 079	16 283
韓国‥‥‥‥‥‥	1 065	5 537	7 393	8 738	10 349	10 556
日本‥‥‥‥‥‥	5 810	7 614	7 018	5 943	6 349	5 449
（台湾）‥‥‥‥	779	1 592	3 929	4 213	4 252	3 832

石油化学工業協会「石油化学工業の現状」より作成。1）2002年までは各年末現在の生産能力。

表 18-12 エチレンの生産能力（2022年末現在）（単位 千t）

アジア‥‥‥ 1)	90 642	アメリカ‥‥‥	43 783	東ヨーロッパ 2)	8 488
中国‥‥‥‥‥	45 804	カナダ‥‥‥‥	5 475	ロシア‥‥‥‥	4 877
韓国‥‥‥‥‥	12 572	**中東**‥‥‥‥‥	36 629	**南アメリカ**‥‥	5 395
インド‥‥‥‥	7 701	サウジアラビア	18 515	ブラジル‥‥‥	3 945
日本‥‥‥‥‥	6 499	イラン‥‥‥‥	8 056	**アフリカ**‥‥‥	4 079
タイ‥‥‥‥‥	5 411	アラブ首長国連邦	3 550	アルジェリア‥	1 931
（台湾）‥‥‥	4 105	**西ヨーロッパ**‥	22 474	**オセアニア** 3)	500
シンガポール‥	4 100	ドイツ‥‥‥‥	5 738		
北中アメリカ‥	51 508	オランダ‥‥‥	3 995	世界計‥‥‥	219 715

資料は上表に同じ。1年間で生産できる能力。1）旧ソ連構成国を除く。中東を除く。2）アジアの旧ソ連構成国を含む。3）オーストラリアのみ。

表 18-13 世界の化学肥料生産（2021年）（単位 千t）

窒素肥料 (N含有量)		りん酸肥料 (P_2O_5含有量)		カリ肥料 (K_2O含有量)	
中国‥‥‥‥‥	28 050	中国‥‥‥‥‥	15 877	カナダ‥‥‥‥	13 552
インド‥‥‥‥	13 870	モロッコ‥‥‥	5 444	ロシア‥‥‥‥	10 708
アメリカ合衆国	12 678	アメリカ合衆国	5 062	ベラルーシ‥‥	7 562
ロシア‥‥‥‥	11 403	インド‥‥‥‥	4 712	中国‥‥‥‥‥	4 985
インドネシア‥	4 219	ロシア‥‥‥‥	4 316	ドイツ‥‥‥‥	2 593
（参考）日本‥	564	（参考）日本‥	187	イスラエル‥‥	2 210
世界計×‥	**118 548**	世界計×‥	**48 270**	世界計×‥	**46 643**

FAOSTAT（2024年4月8日閲覧）より作成。日本のカリ肥料生産は無し。×その他とも。

〔医薬品〕　厚生労働省の薬事工業生産動態統計は、2019年より調査方法が大きく変更された。これに伴い、調査票の回収率が向上して生産額が大幅に押し上げられており、データの扱いには注意が必要である。

　日本の製薬企業は欧米企業と比べて規模が小さく、研究開発費も少ない中で、多くの新薬開発を行っている。年々創薬の難易度が上がって、研究費用が高騰しており、厳しい環境にある。製薬企業では、企業間の買収や事業再編、創薬ベンチャーによる開発など創薬の効率化に向けた動きが盛んになっている。また、国内企業では海外での売り上げ比率が上がっていることに伴い、生産拠点の海外進出が進んでいる。

　近年は、画期的な腫瘍用薬など欧米メーカーの高額なバイオ新薬が登場し、輸入額が増加傾向にある。新型コロナワクチンの輸入がそれに拍

表18-14　医薬品の生産額と輸出入額（単位　億円）

	2000	2010	2020	2021	2022	2023
生産	59 273	67 791	* 92 639	* 91 747 1)	…	…
医療用	51 278	61 489	* 84 781	* 84 255 1)	…	…
要指導・一般用	7 995	6 302	* 7 858	* 7 492	* 7 541	…
うち配置用家庭薬	541	280	* 25	* 25	* 22	
輸出	2 944	3 787	8 360	8 611	11 428	2)12 304
輸入	5 149	15 226	31 973	42 085	57 617	2)46 501
（参考）海外売上	9 228	22 167	43 909	49 453	59 680	…

厚生労働省「薬事工業生産動態統計」および財務省「貿易統計」より作成。生産には輸入原料から製造されたものを含む。本表の輸出入は貿易概況品分類により、ガーゼなど医療用品やワクチン等を含む。貿易額で日本は大幅な赤字であるが、国内製薬会社による海外生産の逆輸入分があることや、海外市場向けを海外生産でも対応していることに留意。参考に示した海外売上は、日本製薬工業協会「DATA BOOK 2024」（原資料は製薬協活動概況調査）による同協会会員企業（国内資本比率50%以上）で会計年度。有効回答会社数は年次によって異なる。*2019年以降は生産額が大きく増加しているが、厚生労働省によると、同年より調査方法が変更されて調査の回収率が向上したことによる。1) 厚生労働省で数値を精査しており、データの公表を停止している（2024年4月4日時点）。2) 確々報。

表18-15　医薬品薬効別生産額（2022年）（単位　億円）

その他の代謝性医薬品	13 965	循環器官用薬	9 058
糖尿病用剤	4 210	血圧降下剤	3 060
腫瘍用薬 1)	12 990	血液・体液用薬	6 278
中枢神経系用薬	9 995	消化器官用薬	5 774

厚生労働省「薬事工業生産動態統計年報」（2022年）より作成。1) 2021年。

車をかけたが、新型コロナの5類移行で、2023年は輸入額が減少した。

　特許期間が終了した先発医薬品は、同じ有効成分のものを別のメーカーが後発品（ジェネリック医薬品）として販売できる。政府は国の財政負担軽減の観点から、安価なジェネリック医薬品の普及推進をしており、2023年9月時点で数量シェアは79.9%に上る。しかし、2020年にジェネリック医薬品で健康被害が生じ、調査の結果10社以上のメーカーが製造過程で不適切な品質管理を行っていたことが判明した。行政処分によって生産を休止するメーカーが相次いで、先発品まで品不足となる事態となり、医薬品不足が拡大している。その影響は長引いており、2024年2月時点で、4000品目以上の薬剤の供給に影響が出ている。

表 18-16　製薬会社の医薬品売上高と研究開発費（2022年度）（単位　億円）

世界	医薬品売上高1)	研究開発費	日本	医薬品売上高1)	研究開発費
ファイザー（米）・・・・	130 167	15 028	武田薬品工業・・	40 275	6 333
アッヴィ（米）・・・・・	76 340	8 561	アステラス製薬	14 699	2 761
ジョンソン&ジョンソン(米)	69 119	19 203	第一三共・・・・・	12 785	3 416
メルク（米）・・・・・・・	68 386	17 815	中外製薬・・・・ 2)	10 392	1 496
ノバルティス(スイス)	66 466	13 145	エーザイ・・・・・	6 844	1 730

日本製薬工業協会「DATA BOOK 2024」より作成。原資料は各社有価証券報告書、決算短信、決算公告、SPEEDA（株式会社ユーザベース）、アニュアルレポート、フィナンシャルレポート。世界は各社のドル換算および現地通貨の数値をIMF為替年平均レート（1ドル＝131.50円）で編者換算。1) 医薬品事業売上高。2) ロシュ（スイス）の子会社。

表 18-17　医薬部外品の生産額（単位　億円）

	2000	2010	2018	2020*	2021*	2022*
薬用化粧品・・・・・・	2 170	2 832	4 318	5 729	5 863	6 044
毛髪用剤・・・・・・・・	1 134	1 569	1 460	2 073	1 996	2 244
薬用歯みがき剤・・	592	1 023	1 561	1 392	1 474	1 399
ビタミン含有保健剤	1 416	1 106	1 027	1 035	1 009	1 065
生理処理用品・・・・	—	—	—	700	670	693
浴用剤・・・・・・・・・	412	378	433	657	667	634
計×・・・・・・・・	6 481	8 092	9 997	13 967	13 711	14 072

厚生労働省「薬事工業生産動態統計年報」より作成。医薬部外品は、1999年にビタミン含有保健剤や健胃清涼剤など、2004年に手指消毒剤などが含まれるようになった。*2019年以降の生産額の大幅な増加の理由は表18-14に同じ。また、従来は本表に含まれなかった衛生材料のうち医薬部外品脱脂綿および生理処理用品を同年より含む。×その他とも。

第18章　化学工業

第19章　食料品工業

　食料品工業は製造品出荷額等が工業全体の12%（2021年）を占め、金属工業や化学工業に匹敵する規模を持つ。ただし、他の工業と異なり、大都市だけでなく原材料となる食品の産地のほか、全国各地で生産が盛んである。これは、各地域で嗜好や習慣が異なるほか、消費期限の問題から、比較的狭い地域で流通する商品が多いためである。このため、生産の中心は中規模事業所で、大企業はビールなど一部に限られる。

　食料品工業では、国内市場の成熟化によって厳しい競争を強いられて

図 19-1　事業所規模別でみた従業者数と製造品出荷額等の割合 （2021年）

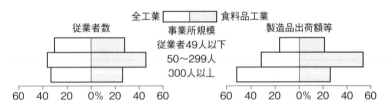

総務省・経済産業省「経済構造実態調査」（2022年）より作成。個人経営事業所を除く。従業者数は2022年6月1日現在。

表 19-1　食料品工業の推移 （2020年以降は個人経営事業所を除く）

	1990	2000	2010	2020	2021
事業所数・・・・・・・・1)	75 594	64 771	53 217	29 886	29 813
従業者数（千人）・・1)	1 277	1 284	1 265	1 206	1 212
製品出荷額等(億円)	334 230	351 146	339 171	390 460	395 053
畜産食料品・・・・・・	49 215	48 417	52 532	70 446	71 478
水産食料品・・・・・・	40 148	38 686	31 451	32 798	34 890
パン・菓子・・・・・・	41 295	41 027	46 118	53 504	50 954
酒類・・・・・・・・・・・・	43 340	41 865	35 225	31 379	31 993
付加価値額（億円）・	108 580	127 125	2) 116 320	130 937	129 185

総務省・経済産業省「経済構造実態調査」、同「経済センサス－活動調査」および経済産業省「工業統計調査」より作成。産業中分類の食料品製造業に飲料・たばこ・飼料製造業を加えたもの。1985年以降たばこ製造業を含む。2002年以降もやし製造業を除く。また、製造小売（自家製造と小売を兼ねた店舗）は小売業扱いで工業には含まれないことに留意。このほか工業統計に関する注記は表15-1を参照。1) 各年末現在。2020年以降は翌年6月1日現在。2) 従業者4人以上の事業所。【☞府県別統計524ページ】

おり、消費者の求める商品を次々と開発してきた。インスタント食品やレトルト食品は家事労働の低減に寄与したほか、特定保健用食品など健康志向に対応した食品は、国民の健康に一定の役割を果たしている。

表 19-2　食料品工業の主な業種（個人経営事業所を除く）（2021年）

	事業所数[1]	従業者数[1]（千人）	製造品出荷額等（億円）	付加価値額[2]（億円）
畜産食料品・・・・・・・・・・・・	2 664	166.0	71 478	17 912
部分肉・冷凍肉・・・・・・・・	895	45.0	20 908	3 571
肉加工品・・・・・・・・・・	522	36.8	11 298	3 640
処理牛乳・乳飲料・・・・・	233	17.5	12 308	3 063
乳製品・・・・・・・・・・・・・[3]	312	24.1	14 614	4 581
水産食料品・・・・・・・・・	4 910	131.4	34 890	10 071
海藻加工・・・・・・・・・・	692	15.8	3 442	1 174
水産練製品・・・・・・・・・	525	20.9	3 861	1 445
冷凍水産物・・・・・・・・・	602	16.9	6 697	1 505
冷凍水産食品・・・・・・・・	581	17.1	6 567	1 704
野菜・果実缶詰・・・・・・・[4]	719	21.6	4 556	1 434
野菜漬物・・・・・・・・・・・・	931	22.9	3 841	1 529
調味料・・・・・・・・・・・・・・	1 652	49.5	18 194	7 186
砂糖類・・・・・・・・・・・・・・	118	5.3	4 373	1 313
精米・精麦業・・・・・・・・・	443	8.3	8 415	1 604
小麦粉・・・・・・・・・・・・・・	81	3.8	4 398	812
パン・菓子・・・・・・・・・・	4 440	244.4	50 954	24 436
パン・・・・・・・・・・・・・	756	81.2	17 078	8 135
生菓子・・・・・・・・・・・	1 932	75.3	11 035	5 429
ビスケット類・干菓子・・	500	21.8	3 896	2 013
米菓・・・・・・・・・・・・・	388	16.9	3 147	1 592
動物油脂・植物油脂・・・・・	232	10.8	12 059	2 563
めん類・・・・・・・・・・・・・・	1 640	49.0	10 979	4 221
冷凍調理食品・・・・・・・・・	757	56.8	12 638	4 450
そう（惣）菜・・・・・・・・	806	67.1	10 928	4 261
すし・弁当・調理パン・・・	864	120.9	15 451	6 143
清涼飲料・・・・・・・・・・・・	707	32.3	23 889	8 892
酒類・・・・・・・・・・・・・・	1 808	34.9	31 993	10 832
ビール類・・・・・・・・・・	124	4.0	13 280	4 289
清酒・・・・・・・・・・・・・	1 109	16.7	3 684	1 519
蒸留酒・混成酒・・・・・・	406	11.5	14 248	4 890
たばこ・・・・・・・・・・・・・・	5	1.0	15 890	2 541
飼料・有機質肥料・・・・・・	1 198	18.0	17 549	3 215
食料品工業計×・・・・・・・	29 813	1 212.3	395 053	129 185

総務省・経済産業省「経済構造実態調査」（2022年）より作成。製造小売（表19-1脚注参照）を含まない。その他の注記は表15-1参照。1) 2022年6月1日現在。2) 従業者29人以下の事業所は粗付加価値額（在庫の増減等を加味しない）。3) 処理牛乳、乳飲料を除く。4) 野菜漬物以外の農産保存食品を含む。×その他とも。

　近年は、原料価格が高騰している。2022年から続く作物等の高騰や、円安による輸入価格の上昇に加えて、2023年は人件費や資源価格が上がったことで製造コストが膨らんで、多くの企業が価格転嫁を行った。

表 19-3　**主な加工食品の生産**（単位　千 t 、*印は千kL、#印は百万枚）

	2022	2023		2022	2023
畜産食料品			**農産加工品**		
ハム類‥‥‥‥‥‥‥	108	105	野菜・果実漬物‥‥‥	821	802
プレス類‥‥‥‥‥‥	21	21	果実缶・びん詰‥‥‥	45	36
ベーコン類‥‥‥‥‥	96	92	野菜缶・びん詰‥‥‥	40	37
ソーセージ類‥‥‥‥	310	308	ジャム類‥‥‥‥‥‥	31	28
食肉調理品‥‥‥‥‥	84	89	乾燥野菜‥‥‥‥‥3)	5	5
食肉缶・びん詰‥‥‥	6	5	トマトケチャップ‥‥	89	86
飲用牛乳‥‥‥‥‥*	3 563	3 466	小麦粉‥‥‥‥‥4)5)	4 943	…
牛乳‥‥‥‥‥‥*	3 178	3 085	プレミックス‥‥‥6)	353	341
加工乳‥‥‥‥‥*	386	382	米穀粉‥‥‥‥‥‥‥	92	97
乳飲料‥‥‥‥‥‥*	1 045	1 069	パン‥‥‥‥‥‥‥7)	1 189	1 183
乳酸菌飲料類‥‥‥*	540	538	食パン‥‥‥‥‥7)	545	537
はっ酵乳類‥‥‥‥*	1 212	1 235	菓子パン‥‥‥‥7)	396	394
粉乳‥‥‥‥‥‥‥‥	196	185	パン粉‥‥‥‥‥‥‥	158	159
練乳‥‥‥‥‥‥‥‥	35	34	めん類‥‥‥‥‥‥7)	1 490	1 490
バター‥‥‥‥‥‥‥	75	67	生めん類‥‥‥‥7)	758	780
チーズ‥‥‥‥‥‥‥	160	149	乾めん類‥‥‥‥7)	183	180
クリーム‥‥‥‥‥‥	120	117	即席めん類‥‥‥7)	390	368
アイスクリーム‥‥*	142	134	カップ麺‥‥‥7)	222	221
			スパゲッティ‥‥7)	147	143
水産食料品1)			植物油脂‥‥‥‥‥‥	1 631	1 560
ちくわ・かまぼこ‥‥	413	462	マーガリン‥‥‥‥8)	194	189
魚肉ソーセージ‥‥2)	59	…	みそ‥‥‥‥‥‥‥‥	468	458
素干し品‥‥‥‥‥‥	5	…	しょうゆ‥‥‥‥4)*	697	683
塩干し品‥‥‥‥‥‥	115	…	たれ類‥‥‥‥‥4)*	79	75
煮干し品‥‥‥‥‥‥	46	…	食酢‥‥‥‥‥‥9)*	426	…
塩蔵品‥‥‥‥‥‥‥	149	…	ドレッシング類‥‥‥	395	398
くん製品‥‥‥‥‥‥	7	…	マヨネーズ‥‥‥‥	217	213
節製品‥‥‥‥‥‥‥	64	…	米菓‥‥‥‥‥‥‥‥	213	204
かつお節‥‥‥‥‥	25	…	ビスケット‥‥‥‥‥	250	248
かつおけずり節‥‥	13	…	加工米飯‥‥‥‥‥‥	429	440
いか塩辛‥‥‥‥‥‥	12	…	調理缶・レトルト‥‥	420	435
水産物漬物‥‥‥‥‥	43	…	カレー‥‥‥‥‥‥	161	168
こんぶつくだ煮‥‥‥	24	…	包装もち‥‥‥‥‥‥	68	71
焼・味付のり‥‥‥#	6 040	…	植物油かす‥‥‥‥‥	3 628	3 406
水産缶・びん詰‥‥‥	92	86			

農林水産省「食品産業動態調査」(2023年度) および同「水産加工統計調査」(2022年) より作成。1) 陸上加工品。2) 魚肉ハムを含む。3) 熱風乾燥されたもの。4) 出荷量。5) 総務省・経済産業省「経済構造実態調査」による2021年の数値。個人経営の事業所を含まない値。6) ホットケーキミックスやお好み焼き粉など。7) 小麦粉使用量。8) ファットスプレッドを含む。9) 全国食酢協会中央会資料による。会計年度で推定値。

　加工食品の貿易額は、最近は清酒などの輸出が増えているものの、た
ばこやワインなどの輸入額が多く赤字である。食品製造業は中小企業が
多く、現在、輸出に取り組んでいる企業は、全体の1割程度に留まって
いる。単独企業での輸出への取り組みは難しく、近年は複数の企業が連
携して、輸出拡大に向けた活動を行っている。

表 19-4　主な加工食品等の輸出入額（単位　億円）

		2022	2023*		2022	2023*
輸出	菓子類‥‥‥‥‥	839	851	アルコール飲料‥	1 392	1 344
	緑茶‥‥‥‥‥‥	219	292	清酒‥‥‥‥‥	475	411
	調味料‥‥‥‥1)	667	734	たばこ‥‥‥‥	127	181
	ソース混合調味料	484	544	水産物調製品‥‥	794	761
	清涼飲料水等‥‥	482	537	ほたて貝調整品	168	210
輸入	食肉調製品‥‥‥	4 637	4 592	アルコール飲料‥	3 646	3 842
	鶏肉調製品‥‥‥	3 249	3 142	ぶどう酒‥‥‥	2 466	2 517
	ナチュラルチーズ	1 737	1 898	ウイスキー‥‥	611	695
	果実・缶びん詰·2)	1 581	1 743	オリーブ油‥‥	395	472
	果汁‥‥‥‥‥	715	876	パーム油‥‥‥	1 084	938
	野菜缶・びん詰·3)	1 610	1 753	たばこ‥‥‥‥	6 231	6 488
	冷凍野菜‥‥‥	2 823	3 048	ペットフード‥	1 282	1 289
	砂糖類‥‥‥‥	1 113	1 416	水産調製品‥‥	4 182	4 220
	菓子類‥‥‥‥	1 796	1 778	水産缶詰等‥‥	523	562
	香辛料‥‥‥‥	520	541	えび調製品‥‥	977	867

農林水産省「農林水産物輸出入概況」（2023年）より作成。原資料は財務省「貿易統計」。1)
砂糖類を除く。2) 調整品。3) 野菜ジュース等を含む。*確々報。

表 19-5　砂糖等の生産と輸入（砂糖年度）（単位　千 t ）

	1990	2000	2010	2020	2021	2022
国内産糖生産量‥	865	730	655	783	792	702
てん菜糖‥‥‥	644	569	490	630	639	562
甘しゃ糖‥‥‥	212	153	156	142	144	132
異性化糖需要量‥	725	741	806	750	760	767
輸入糖‥‥‥‥	1 693	1 483	1 431	1 025	984	1 065
加糖調製品輸入量	104	362	469	470	464	410

農林水産省「2023砂糖年度における砂糖及び異性化糖の需給見通し（第3回）」（2024年3月）
より作成。分蜜糖は精製糖、含蜜糖は製品ベース。砂糖年度は当該年の10月から翌年9月
まで。**異性化糖**はデンプンを分解、異性化してブドウ糖と果糖との混合液にしたもの。果
糖55％の固形ベースで換算。**加糖調製品**は砂糖にココアなどを混合したもので、輸入品の
関税が砂糖より安い。また、近年は高甘味度人工甘味料（甘味度200倍のアスパルテーム
や600倍のスクラロースなど）の輸入が増えており、輸入量は2022砂糖年度で668 t 。

〔酒類・たばこ〕　酒とたばこは、食料品など生活必需品とは異なる特殊な嗜好品であり、酒税およびたばこ税が課せられている。

　酒類の国内需要は、高齢化の進展や若者のアルコール離れなどで減少傾向が続いている。特にコロナ禍で業務用販売が大きく落ち込んだ。最近では、アルコール度数が高いストロング系チューハイについて、過剰摂取による健康被害が指摘されるようになり、販売を縮小するメーカーが増えている。ビール類では、ビール会社は麦芽比率を下げて税率を抑えた発泡酒や新ジャンルを発売しているが、政府は2023年10月にビール

表19-6　酒類の生産 (製成数量)(会計年度)(単位　千kL)

	1990	2000	2010	2020	2021	2022
清酒・・・・・・・・・1)	1 060	720	447	312	312	328
焼酎・・・・・・・・・・	592	757	912	688	673	663
うち単式蒸留 ・・2)	250	385	494	380	374	368
みりん・・・・・・・・	113	127	102	89	89	86
ビール・・・・・・・・	6 564	5 464	2 954	1 839	1 931	2 235
果実酒類・・・・・・3)	68	97	78	100	98	100
ウイスキー類・・・4)	202	136	85	139	130	150
発泡酒・・・・・・・・	—	1 715	948	391	402	396
その他の醸造酒・5)	…	…	718	338	281	250
スピリッツ・・・・6)	42	39	274	952	999	833
リキュール・・・・5)	112	327	1 714	2 568	2 369	2 261
計×・・・・・・・・・	8 765	9 424	8 278	7 446	7 304	7 324

国税庁「国税庁統計年報書」より作成。アルコール等の混和や用途変更などを差し引いた合計。1) 合成清酒を除く。2) 旧焼酎乙類。3) 甘味果実酒を含む。4) ブランデーを含む。5) ビール類飲料の新ジャンルを含む。6) 原料用アルコールスピリッツ。×その他とも。

表19-7　世界のビールとワインの生産 (単位　千t)

ビール1)	2020	2021	ワイン	2020	2021
中国・・・・・・・・・・	34 111	35 974	イタリア・・・・・・	5 192	5 089
アメリカ合衆国・	20 381	20 420	フランス・・・・・・	4 390	3 713
ブラジル・・・・・・	17 691	16 949	スペイン・・・・・・	4 070	3 701
メキシコ・・・・・・	11 868	13 470	アメリカ合衆国・	2 006	2 057
ドイツ・・・・・・・・	8 703	8 544	中国・・・・・・・・・・	2 000	1 814
(参考) 日本・・・・	2 500	2 450	(参考) 日本・・・・	80	49
世界計×・・・・・	178 217	185 280	世界計×・・・・・	27 073	26 871

FAOSTAT (2024年4月3日閲覧) より作成。1) ノンアルコールを含む。×その他とも。

と発泡酒等の税率差を縮小し、26年に同一にする方針である。日本酒は、全体の生産量は縮小しているが、国産ウイスキーとともに、国際的な評価が高まっており、輸出量が増加している。

たばこは、日本たばこ産業（JT）が製造を独占している。たばこ税率が上がったことや、2020年の改正健康増進法施行で喫煙を止める人が増えて、国内販売量が減少している。国産葉たばこを全量買い入れる義務があるJTは、2021年に葉たばこの廃作希望を募り、2022年の耕作面積は前年より34％減少した。近年、たばこのうち加熱式たばこの割合が増加しており、2022年度は販売量全体の36％を占めた。

表 19-8　たばこ需給（会計年度）

	1990	2000	2010	2020	2021	2022
葉たばこ（ t ）						
生産量‥‥‥‥	80 544	60 803	29 297	13 748	14 237	8 782
輸出量‥‥‥ 1)	8	322	6 924	4 647	1 843	7 473
輸入量‥‥‥ 1)	80 092	93 928	63 016	26 894	23 491	23 032
たばこ（億本）						
国内販売量‥‥ 2)	3 220	3 245	2 102	1 401	1 397	1 448
紙巻たばこ‥‥	3 220	3 245	2 102	988	937	926
国産‥‥‥‥	2 709	2 431	1 346	596	553	…
輸入‥‥‥‥	511	814	755	392	384	…
加熱式たばこ‥	―	―	―	413	460	522
（参考）リトルシ						
ガー‥‥‥‥ 3)	…	…	…	127	97	44

全国たばこ耕作組合中央会資料、日本たばこ協会資料および財務省資料より作成。加熱式たばこは1箱で紙巻きたばこ20本換算。加熱式シェアはたばこ国内販売量に占める加熱式の割合。1) 暦年。財務省「貿易統計」による。2) 紙巻きと加熱式の合計。3) 紙巻たばこに似た形態の葉巻（ドライシガー）で、税法上は葉巻たばこに分類される。

表 19-9　世界の葉たばこ生産（未加工のたばこ）（単位　千 t ）

	2021	2022		2021	2022
中国‥‥‥‥‥‥	2 128	2 188	ジンバブエ‥‥‥	162	167
インド‥‥‥‥‥	765	772	パキスタン‥‥‥	168	134
ブラジル‥‥‥‥	744	667	マラウイ‥‥‥‥	99	104
インドネシア‥‥	245	226	（参考）日本‥‥	14	9
アメリカ合衆国‥	208	203	世界計×‥‥‥	5 883	5 781

FAOSTAT（2024年4月3日閲覧）より作成。×その他とも。

第20章　その他の工業

　本章では、これまで述べてきた金属工業、機械工業、化学工業、食料品工業以外の工業について取り扱う。特に、繊維工業、窯業、紙・パルプ工業、ゴム工業については節を設けて詳しく解説する。

表 20-1　その他の主な工業 (個人経営事業所を除く) (2021年)

	事業所数[1)	従業者数[1) (千人)	製造品 出荷額等 (億円)	付加 価値額[2) (億円)
繊維工業・・・・・・・・・・・・・・・・	13 316	230.6	36 525	14 682
製糸、紡績、化学繊維・[3)	802	20.4	5 422	1 987
織物・・・・・・・・・・・・・・・・	1 460	17.1	2 568	1 032
外衣・シャツ・・・・・・・・[4)	3 890	71.6	7 293	3 327
窯業・土石製品・・・・・・・・・・	10 871	243.5	79 747	33 736
ガラス・同製品・・・・・・・・	938	44.7	15 082	6 455
板ガラス製造・・・・・・・・	11	4.2	2 085	989
板ガラス加工・・・・・・・・	269	12.8	3 307	1 241
セメント・同製品・・・・・	4 618	86.0	32 316	12 560
セメント・・・・・・・・・・・・	92	5.3	4 329	885
生コンクリート・・・・・・	2 677	38.3	13 955	5 388
コンクリート製品・・・	1 614	33.8	10 599	4 763
陶磁器・同関連製品・・・・・	1 338	37.5	9 242	4 483
パルプ・紙・紙加工品・・・・	5 960	180.7	72 144	22 125
紙・・・・・・・・・・・・・・・・・・	387	30.3	25 315	6 676
加工紙・・・・・・・・・・・・[5)	331	12.1	4 689	1 433
紙製品・・・・・・・・・・・・・・	909	18.0	3 775	1 525
紙製容器・・・・・・・・・・・・	3 167	83.1	24 863	7 909
段ボール箱・・・・・・・・・・	1 802	49.1	17 568	5 200
ゴム製品・・・・・・・・・・・・・・	2 378	113.8	33 755	14 870
タイヤ・チューブ・・・・・・	58	22.8	13 112	6 577
工業用ゴム製品等・・・・・[6)	1 780	75.5	17 580	7 062
プラスチック製品・・・・・・[7)	13 719	449.3	130 299	48 997
印刷・同関連業・・・・・・・・・・	13 536	252.6	48 555	22 342
木材・木製品 (家具を除く)	6 223	92.5	32 463	10 489
家具・装備品・・・・・・・・・・・	6 366	92.1	20 086	7 687
なめし革・同製品・毛皮・・・	1 261	18.1	2 804	1 117

総務省・経済産業省「経済構造実態調査」(2022年) より作成。工業統計に関する注記は表15-1参照。1) 2022年6月1日現在。2) 従業者29人以下の事業所は粗付加価値額 (在庫の増減等を加味しない)。3) ねん糸等を含む。4) 和式を除く。5) 段ボール製造業を含む。6) ゴムベルト、ゴムホースを含む。7) 家具など他の産業に含まれるものを除く。【☞府県別統計524、525ページ】

〔繊維工業〕 戦前、繊維工業は生糸や綿織物を主体に日本の産業の中核を担っていた。戦後、国内で重化学工業が発展し、国外では1960年代にアジア諸国が台頭したことによって、その地位が低下した。1990年代以降、日本企業は円高を理由に生産拠点を東南アジアや中国へと移し、国内生産が急速に縮小していった。さらに、現地メーカーが技術力を高めて急成長する。日本メーカーには、高級市場で存在感のある欧米アパレルと異なり、国際的に通用するブランドが少ない。主な製品は新興国メーカーが参入する中級品であり、価格競争を強いられて海外市場だけでなく国内市場も奪われていった。2022年の国内アパ

図 20-1　繊維製品の輸出入額

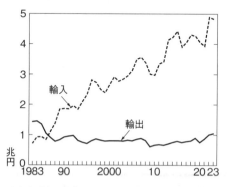

財務省「貿易統計」より作成。2023年は確々報。

表 20-2　繊維工業の推移（2020年以降は個人経営事業所を除く）

	1990	2000	2010	2020	2021
事業所数······ 1)	129 944	80 278	44 447	12 926	13 316
従業者数（千人）1)	1 245.4	662.4	352.9	227.3	230.6
製造品出荷額等（億円）	129 081	68 364	39 296	35 353	36 525
化学繊維製造···	…	…	4 014	3 204	2 854
紡績··········	8 945	2 630	870	569	674
織物··········	17 830	7 384	3 545	2 822	2 568
外衣・シャツ・2)	28 029	19 287	7 774	6 746	7 293
下着類·········	2 523	3 274	1 229	1 108	1 158
付加価値額（億円）	56 401	31 676	3) 15 311	13 970	14 682

総務省・経済産業省「経済構造実態調査」、同「経済センサス－活動調査」および経済産業省「工業統計調査」より作成。工業統計に関する注記は表15-1を参照。2008年より化学繊維、炭素繊維製造業を含む。1) 2010年までは各年末現在、2020年以降は翌年6月1日現在。2) 和式を除く。3) 従業者4人以上の事業所。【☞府県別統計524ページ】

参考　化学繊維のうち、再生繊維は木材パルプのセルロースを再生させたレーヨンなど。半合成繊維はセルロースなどを化学変化させたもの。合成繊維は石油化学工業などで繊維を合成したもの。産業分類上では、化学繊維には炭素繊維やガラス繊維、金属繊維といった無機繊維を含むが、繊維工業の各表ではこれらを含んでいない。

第 20 章　その他の工業

レル市場における衣類の輸入浸透率は数量ベースで98.5％であり（日本
繊維輸入組合資料）、ほとんどが輸入品で占められている。

　国内における衣服１枚当たりの価格は年々下がっており、市場規模が

表 20-3　天然繊維の国内供給（単位　千 t）

	1990	2000	2010	2020	2022	2023
綿花輸入量……	679.81	299.92	106.59	64.44	69.42*	50.94
羊毛輸入量……	137.57	44.76	14.13	7.12	7.75*	7.27
生糸生産量……	5.72	0.56	0.05	0.01	0.01	0.01
生糸輸入量……	2.12	2.30	0.73	0.15	0.22*	0.18

財務省「貿易統計」および大日本蚕糸会資料より作成。脂付き羊毛は60％で洗い上げ換算
した。生糸生産量は１俵＝60kgで編者換算。*確々報。

表 20-4　繊維の生産（糸ベース）（単位　千 t）

	1990	2000	2010	2020	2022	2023
天然繊維糸………	543	194	1) 55	27	33	27
綿糸………	426	159	45	21	27	21
毛糸………	105	34	9	6	6	6
絹糸………	8	1	2) 0	2) 0	2) 0	2) 0
化学繊維糸………	1 289	895	3) 506	4) 333	4) 353	4) 310
再生・半合成繊維糸	187	80	3) 31	4) 17	4) 2	4) 2
合成繊維糸………	1 103	815	475	316	352	308
計………………	1 832	1 089	561	4) 360	4) 386	337

経済産業省「生産動態統計」より作成。短繊維の紡績糸と長繊維の合計。1) 絹紡糸を除く。
2) 生糸のみ。表20-3による。3) 絹紡糸を含む。4) 再生・半合成繊維長繊維を除く。

表 20-5　織物の生産（単位　百万m²）

	1990	2000	2010	2020	2022	2023
天然繊維織物………	2 199	799	161	109	111	104
綿織物………	1 765	664	124	88	92	86
毛織物………	335	98	32	19	17	17
絹・絹紡織物……	84	33	4	1	1	1
化学繊維織物………	3 376	1 846	822	749	809	817
再生・半合成繊維織物	708	273	92	73	78	72
合成繊維織物………	2 668	1 573	730	676	731	745
計×……………	5 587	2 645	983	858	920	921

資料は上表に同じ。2013年以降は麻織物を除外。×その他とも。【☞長期統計513ページ】

縮小している。アパレル産業は、大量生産、大量供給を行い、多様な製
品を在庫として抱える非効率な産業構造が指摘され、サステナビリティ
の点から、適量生産、適量供給を目指していくことが求められている。

表 20-6　繊維製品の生産

	1990	2000	2010	2020	2022	2023
タオル（千t）……	61.9	36.9	11.7	9.0	7.8	7.5
敷物（百万m²）… 1)	103.6	92.6	57.5	46.4	43.6	41.6
不織布（千t）…… 2)	124.5	296.7	317.3	301.6	292.3	271.5
ニット生地（千t）‥	168.4	111.3	66.9	46.6	49.9	47.4
縫製品（百万点）						
外衣…………	623.8	313.7	87.6	49.6	42.9	41.7
ニット製………	271.0	146.5	44.3	18.5	20.3	19.3
織物製………	352.8	167.2	43.3	31.1	22.6	22.4
下着・寝着類… 3)	415.5	234.2	78.4	31.2	24.0	22.6
ニット製靴下……	1 530.4	757.9	250.6	126.1	89.1	92.5
製綿（千t）……	39.7	18.3	11.3	3.1	2.9	2.5
漁網・陸上網（千t）	25.7	11.9	7.7	7.9	7.1	7.5
綱（千t）……… 4)	39.7	23.7	14.2	11.8	11.2	11.6

経済産業省「生産動態統計」より作成。1) 2011年以降はタフテッドカーペットのみ。2) 1996年以降はそれ以前と接続せず。3) 補整着を含む。4) 2002年以降は合成繊維製のみ。

表 20-7　衣類の輸出入 (単位　千ダース)

		1990	2000	2010	2020	2022	2023*
輸出	衣類…………	…	398	151	223	289	286
	男子用洋服…	358	85	29	42	75	72
	ブラウス…	45	64	16	26	40	41
	女子用洋服‥ 1)	369	167	72	76	127	131
	下着類…	66	25	11	5	3	4
	メリヤス編み衣類2)						
	シャツ・下着類	3 654	820	713	484	445	376
	セーター類等 3)	148	260	76	114	161	171
輸入	衣類…………	31 069	94 236	95 316	93 659	100 119	96 970
	男子用衣類…	8 843	34 128	28 928	26 345	27 151	26 606
	女子用衣類‥ 1)	12 253	43 892	49 927	42 695	44 866	42 007
	下着類………	9 656	14 582	9 340	5 528	4 857	4 556
	メリヤス編み衣類2)						
	下着類………	25 922	87 958	117 053	96 959	101 228	96 537
	セーター類…	11 830	46 247	49 911	45 231	50 422	48 585

財務省「貿易統計」より作成。1) 乳幼児用を含む。2) クロセ編み衣類を含む。3) その他の外衣類を含む。*確々報。

第20章　その他の工業

239

図 20-2　繊維・織物生産の推移

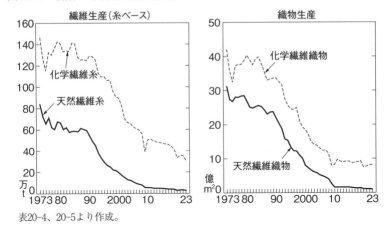

表20-4、20-5より作成。

表 20-8　世界の天然繊維生産（単位　千 t）

綿花[1] （2021年）		羊毛[2] （2022年）		生糸 （2021年）	
インド・・・・・・・	5 992	中国・・・・・・・・	214	中国・・・・・・・	46.7
中国・・・・・・・・	5 731	オーストラリア	197	インド・・・・・	33.8
アメリカ合衆国	3 815	ニュージーランド	76	ウズベキスタン	2.0
ブラジル・・・・	2 228	トルコ・・・・・・	51	ベトナム・・・・	1.1
パキスタン・・・	1 417	イギリス・・・・・	43	タイ・・・・・・・	0.5
トルコ・・・・・・	833	モロッコ・・・・・	37	ブラジル・・・・・	0.4
ウズベキスタン	781	イラン・・・・・・	33	北朝鮮・・・・・・	0.4
世界計×・・・	25 416	世界計×・・・	1 056	世界計×・・・	85.4

FAOSTAT（2024年 4 月 5 日閲覧）より作成。1）繰綿。2）元データは脂付羊毛（フリースウォッシュしたものを含む）で、60％で洗上換算した。×その他とも。

表 20-9　主要国の化学繊維生産（2022年）（単位　千 t）

	合成繊維				セル ロース	化学繊維 計[1]
	ポリ エステル	ナイロン	アクリル	計×		
中国・・・・・・・・・	53 430	4 100	566	61 549	[2] 3 853	66 978
（台湾）・・・・・・	887	[3] 155	…	…	…	1 062
韓国・・・・・・・・	937	[3] 37	[4] 45	1 020	…	737
日本・・・・・・・[5]	167	[3] 72	[4] 94	585	152	737

日本化学繊維協会「内外の化繊工業の動向」（2022年年間回顧）より作成。原資料掲載国・地域のみ。短繊維と長繊維の合計（表20-4は短繊維の紡績糸と長繊維の集計で一致しない）。1）ポリプロピレンなどを含む。2）レーヨンの数値。3）長繊維。4）短繊維。5）経済産業省「生産動態統計」より作成。×その他とも。

〔窯業〕　板ガラス産業は、窓ガラスなど建築向けのほか、自動車向けなどがある。大規模な窯が必要な装置産業で、国内では3社による寡占状態にある。世界的にも3社の存在感が大きいが、近年は中国勢が台頭

表20-10　窯業・土石製品製造業の推移（2020年以降は個人経営事業所を除く）

	1990	2000	2010	2020	2021
事業所数‥‥‥‥‥‥1)	31 276	26 768	19 947	10 753	10 871
従業者数（千人）‥‥1)	481.5	383.6	267.0	236.4	243.5
製造品出荷額等(億円)2)	108 577	89 787	71 779	76 418	79 747
ガラス・同製品‥‥3)	21 304	18 472	21 096	14 343	15 082
セメント・同製品‥	49 246	40 646	24 798	32 353	32 316
陶磁器・同関連製品	10 942	9 362	6 868	7 482	9 242
付加価値額（億円）‥	51 742	43 679	4) 31 003	32 992	33 736

総務省・経済産業省「経済構造実態調査」、同「経済センサス－活動調査」および経済産業省「工業統計調査」より作成。2008年より炭素繊維製造業を除く。工業統計に関する注記は表15-1を参照。1) 2010年までは各年末、2020年以降は翌年6月1日現在。2) 1993年以前は光ファイバーケーブル製造業を一部含む。3)1985年以降は人造宝石製造業を含まず。4) 従業者4人以上の事業所。【☞府県別統計525ページ】

表20-11　ガラス、主なガラス製品の生産

	1990	2000	2010	2020	2022	2023
板ガラス（千換算箱）	37 417	25 965	22 954	19 762	18 231	20 082
安全ガラス（千m²)1)	55 648	45 230	45 776	37 989	36 886	43 375
合わせガラス‥‥‥	15 314	12 123	15 140	14 924	14 661	17 817
自動車・鉄道用・	…	…	12 636	12 556	12 370	15 356
強化ガラス‥‥‥	40 334	33 107	30 636	23 064	22 226	25 558
複層ガラス（千m²)1)	2 113	8 968	14 124	13 519	13 412	14 294
ガラス繊維製品(千t)	608	674	493	348	395	365
ガラス短繊維製品2)	205	223	203	189	200	203
ガラス長繊維製品3)	403	451	290	159	195	163
ガラス製品（千t)						
ガラス基礎製品‥4)	766	878	53	15	13	11
無アルカリガラス基板（千m²)‥5)	…	6)12 277	43 388	28 374	21 915	18 631
ガラス製容器類‥‥	2 610	1 819	1 337	961	1 018	980
台所・食卓用品‥7)	142	92	53	19	22	21

経済産業省「生産動態統計」より作成。換算箱は厚さ2mm、面積9.29m²（100平方フィート）を基準とした単位で、重量では約45キログラムに相当。1) ガラスの厚さは問わない。2) グラスウール。住宅用断熱材等に利用。3) FRP（繊維強化プラスチック）等に利用。4) 電球やブラウン管などに利用。5) 液晶画面などに利用。6) 2002年。7) コップなど。

している。自動車向け板ガラスは、自動車生産の回復とともに増加傾向にある。一方、建築向けガラスは国内生産が縮小しているが、断熱や調光などの高機能で、付加価値の高い製品の開発が行われている。

セメントは、主原料の石灰石が国内で自給可能である。また、廃棄物を原料や燃料として活用しており、リサイクルの観点からも重要な産業である。2024年度からの建設現場での残業規制に伴う工期の遅れや、公共事業の減少などが、セメントの国内需要に影響を与えている。

表 20-12　ガラスの輸出入

	輸出			輸入		
	2020	2022	2023*	2020	2022	2023*
板ガラス（千m²）·	110 875	116 063	108 913	16 725	15 074	12 810
安全ガラス（t）··	8 082	6 024	5 710	67 173	55 553	54 014
強化ガラス·····	2 684	2 322	2 478	51 419	38 289	35 651
合わせガラス···	5 398	3 702	3 232	15 755	17 264	18 363
複層ガラス（t）··	96	48	73	1 388	2 255	2 557

財務省「貿易統計」より作成。*確々報。

表 20-13　セメントの生産（単位　千t）

	1990	2000	2010	2020	2022	2023
セメント···········	84 445	81 097	51 526	50 905	48 533	44 475
ポルトランドセメント	69 615	62 549	38 775	38 484	37 648	34 556
クリンカ···········	75 288	75 499	47 842	48 628	45 314	40 526

経済産業省「生産動態統計」より作成。ポルトランドセメントは通常のセメントを指す（白色セメントを含まない）。セメントにはこのほか、高炉セメントやフライアッシュ（火力発電所などで回収された微細な石炭灰）セメントなどがある。クリンカは、セメント原料の調合物を高温で半溶融状に焼成し、かたまり状に焼き固めたもの。これを粉砕すればセメントとなる。【☞セメント生産量の長期統計513ページ】

表 20-14　セメントの輸出入（単位　千t）

	輸出			輸入		
	2020	2022	2023*	2020	2022	2023*
セメント··········	4 946	5 505	3 789	79	74	70
クリンカ··········	6 008	4 403	2 670	1	1	1

財務省「貿易統計」より作成。クリンカについては上表を参照。*確々報。

陶磁器のうち衛生陶器は、少数の大規模事業者によって大量生産されている。一方、焼き物は小規模事業者が中心である。地域で集積して産地を形成しており、伝統的工芸品として地域の基盤産業となっているものが多い。釉薬など焼き物の原料に使用される鉱石には、レアメタルが含まれているものもあり、資源高の余波で材料の確保に苦しんでいる。

ファインセラミックスは、製品の組成を精密に制御して製造する焼き物で、さまざまな物性を持つ製品がある。ファインセラミックスの生産は年々増加傾向にあり、日本メーカーは世界でも高いシェアを占めている。

図 20-3　セメント工場所在地

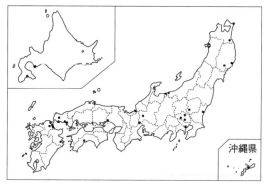

沖縄県

セメント協会「セメントハンドブック」（2023年度版）より編者作成。2023年4月1日現在。

表 20-15　主なセメント製品の生産（単位　千t）

	2000	2010	2020	2022	2023
遠心力鉄筋コンクリート製品[1]	6 019	3 131	1 990	1 992	1 753
護岸用コンクリートブロック	3 278	1 275	516	399	388
道路用コンクリート製品……	8 062	3 778	2 254	1 770	1 671
気泡コンクリート製品（千m³)[2]	2 789	1 433	1 338	1 263	1 252

経済産業省「生産動態統計」より作成。1）強固な杭や管など。2）建物の外壁等に利用。

表 20-16　世界のセメント生産（単位　百万t）

	2020	2021		2020	2021
中国…………	2 377	2 360	トルコ………	72	82
インド………	290	350	ブラジル……	61	66
ベトナム……	112	115	（参考）日本…	51	50
アメリカ合衆国[1]	90	93	世界計×……	4 210	4 360

USGS（アメリカ地質調査所）"Minerals Yearbook"（2024年4月3日閲覧）より作成。1）ポルトランドセメントとメーソンリーセメント。×その他とも。

表 20-17　陶磁器の生産 （単位　千 t ）

	1990	2000	2010	2020	2022	2023
タイル………	1 309.7	1) 54 049	1) 21 100	1) 14 669	1) 13 505	1) 12 218
衛生用品…… 2)	188.7	3) 7 877	3) 4 739	3) 4 123	3) 4 075	3) 3 698
電気用品…… 4)	111.2	73.4	46.0	34.6	32.2	32.3
台所・食卓用品	414.3	198.2	71.3	47.1	47.3	46.8
玩具・置物……	53.7	16.7	5.4	0.7	0.8	0.7

経済産業省「生産動態統計」より作成。1) 1993年以降は面積（千m²）の値。2) 便器や洗面器等のこと。3) 1993年以降は個数（千個）の値。4) ほとんどが碍子（がいし）。

表 20-18　その他の主な窯業製品の生産 （単位　千 t ）

	1990	2000	2010	2020	2022	2023
耐火れんが………	933	546	379	280	318	300
不定形耐火物……	860	806	724	583	631	602
炭素製品……… 1)	271	239	264	130	170	165
炭素繊維…… 2)	5	8	13	18	21	18
ほうろう鉄器製品‥	132	64	37	38	38	35

経済産業省「生産動態統計」より作成。1) 鉄鋼業の電炉等に使用される黒鉛電極など。2) 2007年産業分類の改定により、産業分類上は繊維工業に含まれる。炭素繊維は軽くて強く、プラスチック等との複合材料は航空機の材料など幅広く利用されている。

表 20-19　ファインセラミックスの販売額 （単位　億円）

	1990	2000	2010	2020	2022	2023
機能材…………	2 450	4 847	4 019	4 723	5 642	4 956
パッケージ……	1 014	1 816	1 285	1 462	1 975	1 666
基板（白基板）…	154	234	165	182	320	309
圧電機能素子…	663	1 570	1 106	1 444	1 061	1 065
ガスセンサ素子‥	141	658	1 220	1 206	1 555	1 318
生体用部材……	…	…	…	70	83	93
触媒担体……… 1)	172	233	482	444	414	376
構造材…………	816	1 236	1 068	1 844	2 444	2 436
耐熱材…………	227	299	201	328	361	379
工具材…………	253	263	232	291	485	419
耐摩耗・耐食材‥	290	524	426	598	864	966
計…………	3 438	6 315	5 570	7 011	8 500	7 769

経済産業省「生産動態統計」より作成。**パッケージ**は、精密な集積回路等を物理的、化学的浸食などから守りつつ、他の部品と電気的に接続させるもの。**基板（白基板）**は、高絶縁性などの優れた特性をもつセラミックスを、電子回路の基板として利用したもの。**圧電機能素子**は、電圧を加えると素子が振動し、素子を振動させる（歪ませる）と電圧が生じるもので、携帯電話のスピーカーなどに用いられる。1) セラミックフィルターを含む。

〔紙・パルプ〕 紙・パルプ産業の生産物には、人々に情報を伝える新聞紙や印刷用紙のほか、トイレットペーパーやティッシュペーパーなどの衛生用紙がある。また、段ボールや紙製容器は物流や包装に広く用いられるほか、絶縁紙など工業製品の材料としても使用されている。

紙の生産量は、デジタル化の進行とともに2007年以降減少傾向にある。特に2020年以降は、コロナ禍でオフィスでの紙の需要や広告等が減少して、生産量が減った。一方、板紙はネット通販の拡大による段ボール需要があり、生産量を維持している。2023年は、消費者の購買意欲が物価の上昇によって損なわれ、商品のパッケージなどに使われる包装用紙や、段ボールなどの需要も減り、紙・板紙の生産は落ち込んだ。

図 20-4　製紙工場所在地（2024年4月）

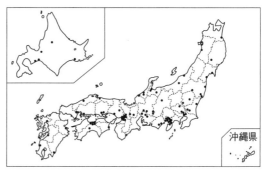

沖縄県

日本製紙連合会ウェブサイトより作成。日本製紙連合会会員名簿登録工場および関連会社工場。

表 20-20　紙・パルプ工業の推移（2020年以降は個人経営事業所を除く）

	1990	2000	2010	2020	2021
事業所数・・・・・・・・・・・ 1)	15 999	13 902	10 502	5 927	5 960
従業者数（千人）・・・・・ 1)	294.0	252.5	198.0	181.1	180.7
製造品出荷額等（億円）	88 732	79 858	71 430	71 245	72 144
紙・・・・・・・・・・・・・・・・・	34 773	31 425	27 444 4)	24 735	25 315
加工紙・・・・・・・・・・・・ 2)	9 178	7 460	5 491	4 320	4 689
紙製品・・・・・・・・・・・・	5 623	6 120	4 676	3 996	3 775
紙製容器・・・・・・・・・ 3)	28 092	24 726	23 507	24 246	24 863
段ボール箱・・・・・・・・	17 335	15 144	15 443	17 163	17 568
付加価値額（億円）・・・・・	31 169	30 088	22 891 4)	22 455	22 125

総務省・経済産業省「経済構造実態調査」、同「経済センサス－活動調査」および経済産業省「工業統計調査」より作成。工業統計に関する注記は表15-1を参照。1) 2010年までは各年末、2020年以降は翌年6月1日現在。2) 段ボール製造業を含む。3) 段ボール箱製造業を含む。2001年以前はソリッドファイバー・バルカナイズドファイバー製品を含む。4) 従業者4人以上の事業所。【☞府県別統計524ページ】

　紙の原料は古紙が67％を占め（2023年）、木材から生産されたパルプは33％である。植林によって二酸化炭素を吸収させながら持続的な原料調達を行うほか、木材から繊維を取り出す際の廃棄物を燃料に用いるなど、脱炭素社会に向けた取り組みが進んでいる。一方、製紙業は製造時の乾燥工程などで大量のエネルギーを必要とする。

表 20-21　パルプ生産量と原材料

	1990	2000	2010	2020	2021	2022
生産量（千 t）・・・	11 328	11 399	9 480	7 224	7 794	7 739
製紙パルプ・・・・	11 141	11 319	9 393	7 071	7 636	7 583
溶解パルプ・・ 1)	187	80	87	153	158	155
原材料（千m³） 2)	38 139	37 601	30 675	24 361	25 620	25 583
国産材・・・・・・・	18 012	11 433	9 536	8 158	8 227	7 936
輸入材・・・・・・・	20 127	26 169	21 139	16 203	17 392	17 647

日本製紙連合会「パルプ統計」および経済産業省「生産動態統計」より作成。1) 主にセルロース原料（再生・半合成繊維や食品添加剤など）に利用。2) 消費量。

表 20-22　紙と板紙の生産（単位　千 t）

		2000	2010	2020	2022	2023
紙	新聞巻取紙・・・・・・・・・	3 419	3 349	2 061	1 854	1 666
	印刷用紙・・・・・・・・・・	10 004	8 069	4 751	4 889	4 489
	情報用紙・・・・・・・・・・	1 737	1 478	1 127	1 108	1 062
	PPC用紙・・・・・・・ 1)	816	831	672	637	624
	包装用紙・・・・・・・・・・	1 049	904	759	842	764
	衛生用紙・・・・・・・・・・	1 735	1 792	1 833	1 872	1 823
	ティッシュペーパー	566	472	403	415	393
	トイレットペーパー	936	1 054	1 100	1 100	1 083
	紙×・・・・・・・・・・・・・	**19 037**	**16 387**	**11 212**	**11 273**	**10 430**
板紙	段ボール原紙・・・・・・・・	9 676	8 647	9 701	10 201	9 511
	紙器用板紙・・・・・・・・・	2 097	1 673	1 378	1 562	1 491
	板紙×・・・・・・・・・・・	**12 791**	**10 977**	**11 657**	**12 388**	**11 569**
紙・板紙計・・・・・・・・・		**31 828**	**27 363**	**22 869**	**23 661**	**21 999**
(参考)段ボール（百万m²）		13 459	13 062	12 357	12 759	12 383
紙おむつ（百万枚）		…	…	21 022	19 296	17 949
大人用・・・・・・・・・		…	…	8 659	9 320	9 077

経済産業省「生産動態統計」より作成。1) 普通紙コピー機などに使用。×その他とも。
【☞紙・板紙の長期統計513ページ】

　日本は古紙の回収率や利用率が高い。しかし、品質維持の点で古紙の利用には限界があり、余剰の古紙を輸出している。2021年1月より、中国は古紙の輸入を停止しており、近年の主な輸出先は東南アジアである。

表20-23　紙・板紙と古紙の需給（単位　千t）

		1990	2000	2010	2020	2022	2023
紙・板紙	出荷	28 095	31 721	27 422	23 086	23 719	22 042
	輸入	1 035	1 470	1 791	1 018	910	813
	輸出	904	1 432	1 461	1 879	2 127	1 732
	国内消費　1)	28 226	31 758	27 752	22 224	22 163	21 124
古紙	入荷　2)	14 634	18 238	17 385	15 721	16 071	15 032
	輸入	634	278	44	30	17	19
	輸出	22	372	4 374	3 188	1 833	2 224
古紙回収量　3)		14 021	18 332	21 715	18 879	17 886	17 237
古紙回収率（％）4)		49.7	57.7	78.2	84.9	79.5	81.6

古紙再生促進センター「古紙需給統計」より作成。1) 出荷量＋輸入量−輸出量。2) 古紙パルプ入荷量を含む。3) 古紙入荷量＋古紙パルプ入荷量−古紙輸入量＋古紙輸出量。4) 紙・板紙国内消費量に対する古紙回収量の割合。

表20-24　紙と板紙の古紙利用率（％）

	1990	2000	2010	2020	2022	2023
紙	25.2	32.1	40.5	37.4	34.1	34.9
板紙	85.8	89.5	92.8	94.2	93.7	93.6
紙・板紙計	51.5	57.0	62.5	67.2	66.3	66.8

経済産業省「生産動態統計」および古紙再生促進センターウェブサイトより作成。パルプやその他繊維材料と古紙消費量の合計に対する古紙の割合。古紙には古紙パルプを含む。

表20-25　世界の製紙パルプと紙・板紙の生産（単位　千t）

製紙パルプ	2021	2022	紙・板紙	2021	2022
アメリカ合衆国	48 565	46 657	中国	121 100	124 320
中国	23 625	26 730	アメリカ合衆国	67 475	65 257
ブラジル	22 568	25 032	日本	22 910	22 686
カナダ	14 300	13 620	ドイツ	23 127	21 612
スウェーデン	11 234	11 324	インド	16 863	16 798
（参考）日本	7 620	7 573	インドネシア	11 953	11 953
世界計×	196 740	198 571	世界計×	418 403	414 094

FAOSTAT（2024年4月4日閲覧）により作成。×その他とも。

第20章　その他の工業

〔ゴム工業〕　ゴムには、ゴムの木の樹液から作られる天然ゴムと、石油化学工業で作られる合成ゴムがある。天然ゴムはタイ、インドネシア、ベトナムの3か国で世界全体の生産量の61％を占め（表20-31）、地域的な偏在が大きい。日本は全量を輸入に頼っており、ほとんどがインドネシアとタイからである（図20-5）。一方、合成ゴムは石油化学工業で生産が行われており、国内で生産が行われている。合成ゴムは原料の配合を変えることで多様な特性を持つ素材を製造できるが、天然ゴムには弾力性や耐久性、内部発熱の低さといった優れた特性があり、ゴム製品は用途に応じてこれらを練り合わせて生産している。

表 20-26　ゴム製品製造業の推移（2020年以降は個人経営事業所を除く）

	1990	2000	2010	2020	2021
事業所数・・・・・・・・・・ 1)	8 756	6 763	4 873	2 378	2 378
従業者数（千人）・・・・ 1)	178.8	136.9	121.5	112.5	113.8
製造品出荷額等（億円）	36 925	31 382	30 471	30 008	33 755
タイヤ・チューブ・・・	10 487	8 978	11 748	11 294	13 112
工業用ゴム製品等 2)	18 995	17 968	15 300	15 825	17 580
付加価値額（億円）・・・・	16 517	14 625 3)	11 579	13 002	14 870

総務省・経済産業省「経済構造実態調査」、同「経済センサス－活動調査」および経済産業省「工業統計調査」より作成。ゴム素材からタイヤなどゴム製品を作る事業所の統計。合成ゴム製造は化学工業に分類。工業統計に関する注記は表15-1を参照。1) 2010年までは各年末現在。2020年以降は翌年6月1日現在。2) ゴムベルト、ゴムホースを含む。3)従業者4人以上の事業所。【☞府県別統計525ページ】

表 20-27　新ゴムの国内供給（単位　千 t）

	1990	2000	2010	2020	2022	2023
天然ゴム輸入・・ 1)	663	804	747	558	766	*611
生ゴム・・・・・・・・	648	795	731	554	763	*608
合成ゴム国内供給	1 502	1 746	1 768	1 340	1 541	1 289
国内生産・・・・・・	1 426	1 582	1 595	1 204	1 378	1 158
輸入・・・・・・・・・	76	164	172	136	163	*131
国内供給量計・・	2 165	2 550	2 515	1 897	2 308	1 900
（参考）再生ゴム 2)	45	25	22	21	22	…

日本ゴム工業会「ゴム工業の現況」、経済産業省「生産動態統計」および財務省「貿易統計」より作成。1) ラテックスの輸入量を60％で換算して生ゴムに加算している。2) 国内生産と輸入の計。*確々報。

　ゴム製品には、タイヤのほか工業用ゴム製品などがある。ゴム工業の中心はタイヤ製造業で、国内新ゴム消費の70%を占める（図20-6）。自動車産業の発展とともに成長し、世界市場ではアメリカや欧州勢とともに日本メーカーのシェアが高い。近年は、アジア勢が低価格品を軸に成長している中で、日本メーカーは高付加価値品に力を入れている。また、

図 20-5　天然ゴムの輸入先（2022年）

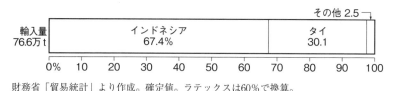

財務省「貿易統計」より作成。確定値。ラテックスは60％で換算。

表 20-28　新ゴムの国内消費と輸出（単位　千 t）

	1990	2000	2010	2020	2021	2022
ゴム国内消費····	1 810	1 840	1 767	1 276	1 485	1451
天然ゴム······	677	720	763	581	678	681
合成ゴム······	1 133	1 120	1 004	696	806	769
合成ゴム輸出····	299	523	753	716	776	683
(参考)再生ゴム 1)	44	24	22	20	22	22

日本ゴム工業会「ゴム工業の現況」および財務省「貿易統計」より作成。1）需要量で国内消費と輸出の合計。

表 20-29　ゴム製品の生産

	2000	2010	2020	2022	2023
自動車用タイヤ(千本)·	174 645	169 950	121 297	133 000	130 307
乗用車用··········	121 726	130 529	89 016	94 793	95 232
小型トラック用·····	30 892	22 169	19 162	21 974	20 589
トラック・バス用···	11 803	11 205	8 615	10 670	9 508
二輪自動車用······	7 936	4 771	3 394	4 218	3 766
特殊車両用·········	2 288	1 276	1 109	1 345	1 212
ゴムベルト（千 t）····	28.7	25.5	16.8	18.0	16.4
ゴムホース（千 t）····	30.0	36.2	29.0	32.7	33.9
工業用ゴム製品(千 t)·	193.7	181.0	149.3	155.4	161.7
(参考)再生ゴム(千 t)·	19.0	16.6	13.7	14.8	14.5

経済産業省「生産動態統計」より作成。重量は再生ゴムを除き新ゴム量ベース。

原料や燃料の価格が上昇し、値上げが進んでいる。タイヤのリサイクル率は98％（2022年、日本自動車タイヤ協会）と高く、その半数以上が、代替燃料として活用されている。最近は、燃料価格の高騰を背景に、廃タイヤの需要が高まっており、海外からの輸入が増えている。

図 20-6　**新ゴムの消費割合**（2022年）

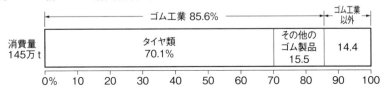

日本ゴム工業会「ゴム工業の現況」（2023年）より作成。天然ゴムと合成ゴムの合計。タイヤ類にはタイヤチューブを含む。ゴム工業以外は、紙加工、合成樹脂製造ブレンド、接着剤および繊維処理等に消費される分。

表 20-30　**タイヤの輸出入**（単位　千本）

	輸出			輸入		
	2020	2022	2023*	2020	2022	2023*
新生タイヤ‥‥‥‥	36 700	43 310	39 284	31 769	35 345	37 169
乗用車用‥‥‥‥	27 442	30 781	29 213	19 939	22 048	24 171
バス・トラック用‥	6 205	8 468	6 731	2 451	2 967	3 130
バイク用‥‥‥‥	2 162	2 876	2 456	2 664	3 034	2 802
自転車用‥‥‥‥	489	641	371	5 641	5 904	5 929
更生タイヤ‥‥‥‥	13	10	8	5	9	7
中古タイヤ‥‥‥‥	8 889	10 193	11 622	7	6	6
その他のタイヤ [1]	171	149	225	2 519	2 707	2 186

財務省「貿易統計」より作成。*確々報。1) ソリッドタイヤやクッションタイヤなど。

表 20-31　**世界の天然ゴムの生産**（単位　千 t）

	2021	2022		2021	2022
タイ‥‥‥‥‥‥	4 892	4 826	中国‥‥‥‥‥‥[1]	749	753
インドネシア‥‥	3 045	3 135	フィリピン‥‥‥	431	416
ベトナム‥‥‥‥	1 272	1 340	カンボジア‥‥‥	374	395
コートジボワール	1 100	1 286	マレーシア‥‥‥	470	377
インド‥‥‥‥[1]	757	843	世界計×‥‥‥‥	14 629	15 125

FAOSTAT（2024年4月2日閲覧）より作成。1) FAOに問い合わせて入手したデータ。× その他とも。

第21章 建設業

　建設業は、建築工事や土木工事を受注し、完成を請け負う産業である。建設投資は、日本の全建設活動の実績を出来高ベースで把握するもので、2015年度より建築補修（改装・改修）の投資額を組み込んで計上している。建設投資は、1992年度の84兆円をピークに減少基調に転じ、2010年度には42兆円とピークの半分程度となった。その後は東日本大震災からの復興や建築物の耐震化などで回復傾向を見せている。

　2023年度の建設投資見通しは、前年度比2.2％増の70兆3200億円と1998年度以来25年ぶりに70兆円を上回った。背景には、木材・建築資材の価格上昇がある。コロナ禍の影響に続いて、ロシアのウクライナ侵攻で、資源大国ロシアから木材チップや丸太の輸入が禁止となり、建築資材は深刻な供給不足となっている。

図 21-1　建設業許可業者数
（2023年3月末現在）

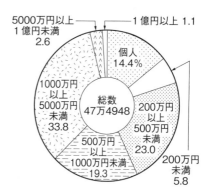

国土交通省「建設業許可業者数調査の結果について」より作成。資本金階層別。

表 21-1　建設業の地位

	2020	2021	2022	2023
国内総生産（億円）	5 398 082	5 525 714	5 597 100	5 918 812
建設業	309 900	307 941	291 724	…
〃割合（％）	5.7	5.6	5.2	…
就業者数（万人）	6 710	6 713	6 723	6 747
建設業	494	485	479	483
〃割合（％）	7.4	7.2	7.1	7.2

国内総生産は内閣府「国民経済計算」（2015年基準・2008SNA）、2023年は「2023年10〜12月期　2次速報値」より作成。暦年の名目値。就業者数は総務省「労働力調査」。基準人口の切り替えにより接続用に補正された時系列数値。

図 21-2　建設投資の推移（会計年度）

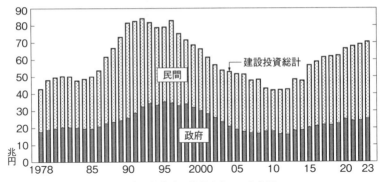

国土交通省「建設投資見通し」より作成。注記は表21-2を参照。

図 21-3　建設投資の構成（2023年度見通し）

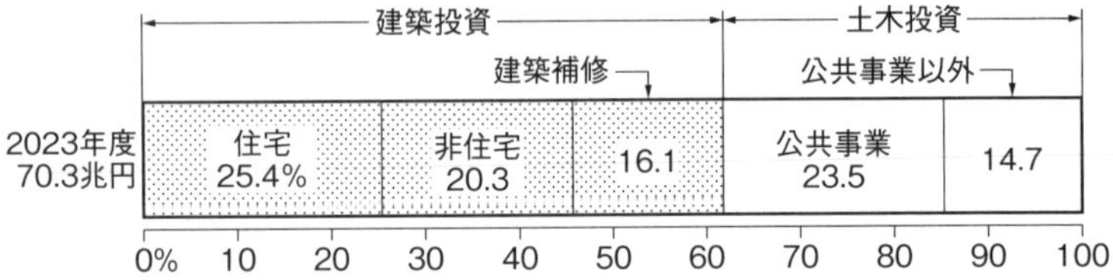

	建築投資			土木投資	
			建築補修→	公共事業以外→	
2023年度 70.3兆円	住宅 25.4%	非住宅 20.3	16.1	公共事業 23.5	14.7

0%　10　20　30　40　50　60　70　80　90　100

資料・注記は表21-2に同じ。

表 21-2　建設投資の概況（会計年度）（名目値）（単位　億円）

	2019	2020	2021（見込み）	2022（見込み）	2023（見通し）
建築投資·········	401 817	408 873	429 100	431 600	434 300
住宅···········	167 478	161 118	171 400	173 200	178 300
非住宅·········	155 383	147 247	149 900	150 000	142 600
建築補修······ 1)	78 956	100 508	107 800	108 400	113 400
土木投資·········	221 463	255 575	248 900	256 300	268 900
政府···········	167 303	187 834	177 500	181 400	189 600
公共事業·····	141 949	162 353	153 200	158 100	165 200
民間···········	54 160	67 741	71 400	74 900	79 300
建設投資総計···	**623 280**	**664 448**	**678 000**	**687 900**	**703 200**
政府投資·····	224 802	251 357	240 300	242 500	253 400
民間投資·····	398 478	413 091	437 700	445 400	449 800
非住宅建設 2)	170 465	174 622	181 600	186 800	182 100

国土交通省「建設投資見通し」(2023年度）より作成。建設投資とは、日本の全建設活動の実績を出来高ベースで把握した推計値である。1) 既存建築物の改装・改修（リフォーム・リニューアル）のことで、2015年度より建設投資に計上されるようになった。2) 民間投資による非住宅建設は、非住宅建築と土木の計。

表 21-3　建設工事受注高（単位　億円）

	2021	2022	2023	割合(%)	前年比(%)
元請受注高・・・・	701 903	752 267	732 197	65.9	-2.7
公共機関から・	217 049	213 447	224 869	20.2	5.4
民間等から・・・	484 854	538 820	507 327	45.7	-5.8
下請受注高・・・・	364 029	388 959	378 484	34.1	-2.7
受注高計・・・・	1 065 932	1 141 226	1 110 681	100.0	-2.7
（工事種類別）					
土木工事・・・・・・・	309 967	305 530	301 236	27.1	-1.4
建築工事・・・・・ 1)	655 945	723 923	696 495	62.7	-3.8
機械装置等工事・	100 020	111 773	112 950	10.2	1.1
（業種別）					
総合工事業・・・ 2)	641 130	687 911	649 645	58.5	-5.6
職別工事業・・・ 3)	159 457	174 793	173 546	15.6	-0.7
設備工事業・・・ 4)	265 345	278 522	287 490	25.9	3.2

国土交通省「建設工事受注動態統計調査報告」（2023年計）より作成。2020年12月に統計不正処理が発覚したことで、2021年4月以降は新推計方法に変更された。建設業者が受注したすべての工事の総受注高の推計（抽出集計）。1) 建築設備工事を含む。2) 土木施設、建築物の完成を直接請け負う事業所。3) 主に総合工事業者から下請受注し、左官、塗装、内装工事など工事の一部を行う。4) 電気工事、管工事、機械器具設置など。

表 21-4　公共機関からの受注工事（請負契約額）（2023年）（単位　億円）

目的別工事分類	国の機関 計	国の機関 国	地方の機関 計	地方の機関 都道府県	地方の機関 市区町村	合計
道路・・・・・・・・	29 700	14 380	29 734	16 876	11 656	59 434
教育・病院・・	3 008	686	25 422	5 530	18 093	28 431
治山・治水・・	8 851	7 801	14 948	12 973	1 894	23 800
上・工業水道	37	—	18 894	860	5 217	18 931
下水道・・・・・・	1 194	—	13 046	2 261	7 123	14 240
廃棄物処理・・	46	—	10 697	52	3 970	10 743
農林水産・・・・	2 188	1 882	6 682	5 283	1 218	8 871
庁舎・・・・・・・	1 868	1 515	6 963	1 985	4 522	8 831
住宅・宿舎・・	1 457	527	5 150	1 433	2 690	6 607
港湾・空港・・	3 473	3 213	2 936	2 175	547	6 409
公園・・・・・・・	535	90	5 187	1 400	3 564	5 722
計×・・・・・・	68 904	40 719	147 632	52 698	64 262	216 536
割合（%）・	31.8	18.8	68.2	24.3	29.7	100.0
（再掲）災害復旧	1 780	1 483	5 445	3 595	1 757	7 225
（〃）維持補修	10 456	5 054	24 845	9 990	10 387	35 300

資料は表21-3に同じ。1件500万円以上の工事が対象。国の機関の計には、独立行政法人、政府関連企業等を含む。地方の機関の計は、地方公営企業等を含む。×その他を含む。

〔着工建築物〕「建築着工統計調査」は、延べ床面積10平方メートル
を超えるすべての建築物の新築、増築、改築の着工状況を集計し、建築
物統計の基礎資料となっている。月次調査から得られる新設住宅着工戸
数や床面積、工事費予定額などは景気の先行指標として利用され、特に、
民間建築主の非居住建築物（工場、事務所、店舗など）は、企業の設備
投資の動向を示す統計として重要視されている。

　2023年の調査では、建築資材価格の上昇により、全建築物の工事費予

図 21-4　着工建築物の床面積と工事費予定額の推移

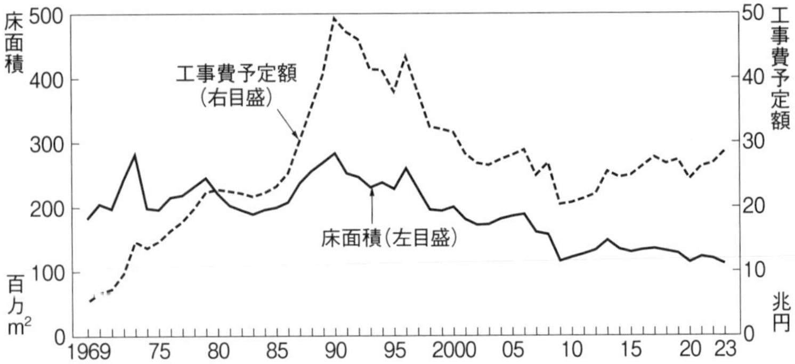

国土交通省「建築着工統計調査報告」より作成。表21-5の注記参照。被災者向け仮設
住宅は含まず。

表 21-5　建築主別・用途別・構造別の着工建築物

	床面積（千m^2）			工事費予定額（億円）		
	2022	2023	前年比（％）	2022	2023	前年比（％）
着工建築物計	119 466	111 214	-6.9	267 468	285 652	6.8
建築主別						
公共……1)	4 204	4 634	10.2	14 345	19 824	38.2
民間……	115 263	106 580	-7.5	253 123	265 828	5.0
個人……	39 831	35 328	-11.3	82 094	83 515	1.7
用途別						
居住用……	72 263	67 766	-6.2	153 263	160 842	4.9
非居住用…	47 203	43 448	-8.0	114 205	124 810	9.3
構造別						
木造……	49 537	45 620	-7.9	87 291	93 142	6.7
非木造…	69 930	65 594	-6.2	180 178	192 510	6.8

国土交通省「建築着工統計調査報告」（2023年計）より作成。床面積10m^{2}を超えるすべて
の建築物の着工状況をまとめたもの。増改築を含む。1) 国、都道府県、市町村の計。

定額が前年から6.8％増加し28兆5652億円となった。しかし、着工床面積は前年より6.9％の減少で、１億1121万平方メートルとなっている。建築主別では、公共による着工建築物の床面積が増加する一方で、民間は前年比7.5％減の１億658万平方メートルであった。新設住宅をみると、着工戸数では前年比4.6％減の81万9623戸で、持家、貸家、給与住宅、分譲住宅すべてで減少している。また、床面積も前年比7.0％減の6418万平方メートルとなっている。

表 21-6 着工建築物の用途別・使途別床面積の推移 (単位 千m²)

	1990	2000	2010	2020	2022	2023
居住用‥‥‥ 1)	155 865	127 076	76 934	69 508	72 263	67 766
非居住用‥‥‥	127 556	73 183	44 521	44 236	47 203	43 448
事務所‥‥‥	24 381	9 001	6 350	6 177	5 705	5 705
店舗‥‥‥	11 258	14 227	5 914	3 921	4 172	3 918
工場・作業場‥	29 116	13 582	6 470	5 856	8 747	7 257
倉庫‥‥‥	18 813	7 698	4 228	11 459	13 291	12 479
学校の校舎‥‥	6 745	4 533	4 453	2 212	2 476	2 000
病院・診療所‥	2 852	4 279	2 771	1 756	1 813	1 536
その他‥‥‥	34 390	19 863	14 335	12 854	11 000	10 552
計‥‥‥‥	283 421	200 259	121 455	113 744	119 466	111 214
民間非居住用‥ 2)	111 289	62 128	37 653	39 688	43 652	39 463

国土交通省「建築着工統計調査報告」より作成。1) 産業併用型などを含む。2) 再掲。

表 21-7 利用関係別の新設住宅着工戸数 (単位 千戸)

	1990	2000	2010	2020	2022	2023
持家‥‥‥‥	487	452	305	261	253	224
貸家‥‥‥‥	806	421	298	307	345	344
給与住宅‥‥‥	35	12	8	7	6	5
分譲住宅‥‥‥	380	345	202	240	255	246
マンション‥‥	239	218	91	108	108	108
一戸建‥‥‥	133	125	110	131	146	137
計‥‥‥‥	1 707	1 230	813	815	860	820
床面積(千m²)	137 490	119 879	72 910	66 454	69 010	64 178

国土交通省「建築着工統計調査報告」より作成。**持家**は建築主が自分で居住する目的で建築するもの。**貸家**は建築主が賃貸する目的で建築するもの。**分譲住宅**は建て売りまたは分譲の目的で建築するもので、建て方はほかに長屋建がある。**マンション**は分譲住宅のうち、建て方が共同建（一つの建築物内に２戸以上の住宅があり、広間、廊下、階段等の全部または一部を共用するもの）で、構造が鉄骨鉄筋コンクリート・鉄筋コンクリート・鉄骨造のもの。【☞長期統計516ページ、府県別統計520ページ】

第22章　サービス産業

　サービス産業は、運輸、商業、金融業、情報通信業など形のない財を提供する産業の総称で、第3次産業に該当する。モノの生産を行う製造業とは異なり、サービスは在庫として保管できず、生産調整が利かない。生産性を高めることがサービス産業の大きな課題であり、機械化・自動化などに取り組んで労働力の代替を進める業種も増えている。

　2020年、21年は、新型コロナウイルス感染症の流行拡大に伴う人々の外出自粛や行動制限を受けて、多くのサービス産業は苦境に陥った。2022年はコロナ禍が徐々に落ち着いてきたものの、光熱費や原材料の上昇、人手不足の深刻化などが進み、多くの業種にとって苦しい状況が続いた。2023年も人手不足などの状況は変わらず、必要な人材を確保するために、大企業だけでなく中小企業でも賃金の引き上げが広がっている。そして、この経費の上昇は、サービス価格に転嫁され始めている。

　第3次産業は国内総生産（GDP）の70%以上を占めており、多岐にわたるサービス産業の実態を把握することが重要となっている。しかし現在、サービス産業を毎月調査する基幹統計は無く、情勢の変化をとらえることが難しい。そのため日本政府は、2023年度からの5か年計画で、サービス産業の月次基幹統計の検討を開始している。

表 22-1　第3次産業の地位

	2020	2021	2022	2023
国内総生産（億円）·····	5 398 082	5 525 714	5 597 100	5 918 812
第3次産業···········	3 922 822	3 972 893	4 129 859	…
〃割合（%）·········	72.7	71.9	73.8	…
就業者数（万人）·····	6 710	6 713	6 723	6 747
第3次産業···········	4 826	4 866	4 881	4 883
〃割合（%）·········	71.9	72.5	72.6	72.4

国内総生産は内閣府「国民経済計算」（2015年基準・2008SNA）、2023年は「2023年10〜12月期　2次速報値」より作成。暦年の名目値。就業者数は総務省「労働力調査」。基準人口の切り替えにより接続用に補正された時系列数値。

図 22-1　経済センサスによる第3次産業の内訳 (2021年)

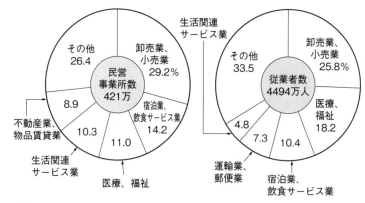

資料・注記は表22-2に同じ。2021年6月1日現在。確報。

表 22-2　第3次産業の民営事業所数と従業者数

	2021			(参考) 2016	
	事業所数 (千)	従業者数 (千人)	1事業所 あたり(人)	事業所数 (千)	従業者数 (千人)
電気・ガス業‥‥‥1)	9	202	22.1	5	188
情報通信業‥‥‥‥	77	1 987	26.0	64	1 642
運輸業、郵便業‥‥	128	3 265	25.5	130	3 197
卸売業、小売業‥‥	1 229	11 612	9.4	1 355	11 844
金融業、保険業‥‥	84	1 494	17.8	84	1 530
不動産業、物品賃貸業	374	1 618	4.3	353	1 462
専門・技術サービス業2)	252	2 119	8.4	223	1 843
宿泊業、飲食サービス業	599	4 679	7.8	696	5 362
生活関連サービス業3)	434	2 176	5.0	471	2 421
教育、学習支援業・	163	1 951	11.9	168	1 828
医療、福祉‥‥‥‥	463	8 162	17.6	429	7 375
複合サービス事業4)	32	436	13.6	34	484
サービス業‥‥‥‥5)	369	5 234	14.2	347	4 760
第3次産業計‥‥	**4 214**	**44 935**	10.7	**4 359**	**43 935**
割合（%）‥‥6)	*81.7*	*77.5*	—	*81.6*	*77.3*

総務省・経済産業省「経済センサス−活動調査」(事業所に関する集計)(2021年) より作成。調査は6月1日現在。日本における民営事業所が対象。2021年調査より、「国税庁法人番号公表サイト」を用いて、これまで把握が困難だった事業所を調査対象に組み込むことができるようになったため、時系列比較はできない。従業者は、調査日現在、当該事業所に所属して働いているすべての人をいい、別会社へ派遣されている人も含む。一方、別会社から派遣されている人は含まず。1) 熱供給・水道業を含む。2) 学術研究を含む。3) 娯楽業を含む。4) 郵便局、農業協同組合など。5) 他に分類されないサービス業。6) 全産業の合計に対する割合。事業内容等不詳は除く。

表 22-3 　第 3 次産業の企業数、売上金額、純付加価値額 (2021年調査)

	企業数 2021年 6月1日	売上(収入)金額(十億円)(2020年)	純付加価値額(十億円)(2020年)	純付加価値率(％)
電気・ガス業……1)	5 496	36 233	4 093	11.3
情報通信業…………	56 599	75 500	19 497	25.8
運輸業、郵便業……	66 831	62 199	12 537	20.2
卸売業、小売業……	741 239	480 168	47 564	9.9
金融業、保険業……2)	30 995	117 768	18 759	15.9
不動産業、物品賃貸業	328 329	59 532	12 218	20.5
専門・技術サービス業3)	214 724	48 029	20 296	42.3
宿泊業、飲食サービス業	426 575	20 783	6 112	29.4
生活関連サービス業・4)	334 668	30 461	4 906	16.1
教育、学習支援業……	109 004	17 390	8 020	46.1
医療、福祉…………	298 517	173 337	71 114	41.0
複合サービス事業…5)	5 445	8 924	3 680	41.2
サービス業………6)	263 005	48 460	17 133	35.4
第 3 次産業計……7)	2 881 427	1 178 785	245 929	20.9
(参考) 製造業……	339 738	387 061	64 806	16.7

総務省・経済産業省「経済センサス－活動調査」(企業に関する集計) (2021年) より作成。売上金額および純付加価値額は2020年1年間の数値で、必要な事項の数値が得られた企業のみ対象とする。純付加価値額は、粗付加価値額から減価償却費を差し引いたもの。1) 熱供給・水道業を含む。国際統計では第2次産業に含まれる。2) 売上 (収入) 金額は経常収益。3) 学術研究を含む。4) 娯楽業を含む。5) 郵便局、農業協同組合など。6) 他に分類されないサービス業。7) 編者算出。

表 22-4 　企業向けサービス価格指数 (2015年 = 100)

	ウエイト	2020	2021	2022	2023	前年比(％)
金融・保険……	48.3	102.8	103.2	105.7	106.7	0.9
金融………	34.7	102.8	102.2	103.3	104.7	1.4
保険………	13.6	102.7	105.6	111.9	112.0	0.1
不動産………	94.5	105.6	107.3	109.0	110.6	1.5
運輸・郵便…1)	158.0	105.6	107.0	110.9	111.8	0.8
情報通信……	228.3	102.5	102.7	102.4	104.1	1.7
情報サービス	129.1	105.3	105.5	105.0	107.4	2.3
リース・レンタル	79.2	100.4	100.2	103.9	107.7	3.7
広告………	49.2	97.3	104.0	107.0	107.7	0.7
諸サービス……	342.5	106.4	106.9	108.5	111.5	2.8
機械修理…2)	66.2	103.4	103.2	104.0	107.4	3.8
労働者派遣・3)	46.7	114.7	115.4	117.3	119.9	2.3
総平均……	1 000.0	104.2	105.1	107.0	109.1	2.0

日本銀行「企業向けサービス価格指数」より作成。企業間で取引されるサービス対象。1) 倉庫・運輸附帯サービスを含む。2) 自動車整備を含む。3) 職業紹介を含む。

表 22-5　第 3 次産業活動指数（2015年 = 100）

	ウエイト	2020	2021	2022	2023	前年比〃（％）
電気・ガス・水道業 1)	378.3	97.5	98.7	100.0	97.1	*-2.9*
情報通信業・・・・・・・	946.9	102.8	104.4	105.2	106.4	*1.1*
運輸業、郵便業・・・・	968.8	90.5	91.6	96.3	98.0	*1.8*
卸売業・・・・・・・・・・	1 350.5	91.3	92.0	86.9	85.0	*-2.2*
金融業、保険業・・・・	878.5	100.9	105.2	110.8	115.5	*4.2*
金融業・・・・・・・・・	512.6	112.8	119.5	125.1	129.6	*3.6*
保険業・・・・・・・・・	365.9	84.2	85.4	90.6	95.8	*5.7*
物品賃貸業・・・・・・ 2)	249.1	105.3	104.1	102.8	101.1	*-1.7*
事業者向け関連サービス	881.7	102.4	103.4	105.3	106.9	*1.5*
職業紹介・労働者派遣業	217.6	95.4	98.1	108.3	113.5	*4.8*
小売業・・・・・・・・・・	1 182.6	97.5	98.0	97.1	97.6	*0.5*
不動産業・・・・・・・・・	809.2	101.4	101.3	99.1	99.1	*0.0*
医療、福祉・・・・・・・	1 238.9	104.7	109.4	112.2	115.8	*3.2*
生活娯楽関連サービス	1 115.5	74.1	73.2	82.9	90.5	*9.2*
宿泊業・・・・・・・・・	90.3	59.5	60.6	87.1	112.7	*29.4*
飲食店,飲食サービス業	408.2	73.6	67.4	77.0	85.5	*11.0*
娯楽業・・・・・・・・・	234.3	70.2	74.4	85.0	92.7	*9.1*
第 3 次産業総合 3)	10 000.0	96.0	97.4	99.0	100.8	*1.8*
（広義）						
対個人サービス業・・	4 887.5	93.9	95.2	98.2	101.3	*3.2*
非選択的・・・・・・・・	2 611.7	100.1	102.6	103.9	105.7	*1.7*
し好的・・・・・・・・・	2 275.8	86.7	86.7	91.7	96.3	*5.0*
対事業所サービス業	5 112.5	98.0	99.5	99.8	100.3	*0.5*
製造業依存型・・・・	1 409.3	94.6	96.0	93.5	89.2	*-4.6*
非製造業依存型・・	3 703.2	99.3	100.8	102.2	104.6	*2.3*

経済産業省「第 3 次産業活動指数」より作成。1) 熱供給業を含む。2) 自動車賃貸業を含む。3) 公務を含まない。

図 22-2　主な生活娯楽関連サービスの第 3 次活動指数（2015年 = 100）

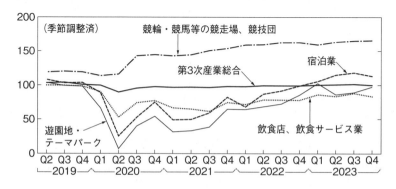

資料は表22-5に同じ。第 3 次産業総合と生活娯楽関連サービスに含まれる主な業種。

第
22
章

サービス産業

表 22-6　**サービス産業動向調査** (2022年平均確報)

	月間売上高 (億円)	事業従事者数[1] (万人)		
		総数	正社員・ 正職員	〃 割合[2] (％)
情報通信業・・・・・・・・・・・・・	50 882	202.1	150.2	74.3
通信業・・・・・・・・・・・・・・	15 335	20.1	13.3	66.4
放送業・・・・・・・・・・・・・・	2 959	8.0	5.0	62.5
情報サービス業　・・・・・・	23 991	134.8	103.9	77.1
インターネット附随サービス業	3 680	14.7	10.7	72.8
映像・音声・文字情報制作業	4 918	24.5	17.3	70.4
運輸業、郵便業・・・・・・・・	52 010	332.9	228.3	68.6
鉄道業・・・・・・・・・・・・・・	5 016	25.3	22.3	87.9
道路旅客運送業・・・・・・	2 304	46.2	33.3	72.1
道路貨物運送業・・・・・・	20 709	181.9	126.3	69.4
水運業・・・・・・・・・・・・・・	5 621	5.7	4.4	76.9
倉庫業・・・・・・・・・・・・・・	4 155	22.6	10.2	45.3
運輸に附帯するサービス業	11 599	45.4	26.9	59.3
不動産業、物品賃貸業・・・・	41 930	158.7	68.6	43.3
不動産取引業・・・・・・・・	12 504	33.7	18.5	54.9
不動産賃貸業・管理業・・	18 598	93.9	30.4	32.3
物品賃貸業・・・・・・・・・・	10 829	31.1	19.8	63.8
学術研究,専門・技術サービス業	28 562	177.2	111.8	63.1
専門サービス業	7 998	70.9	40.3	56.8
広告業・・・・・・・・・・・・・・	7 811	13.6	9.2	67.8
技術サービス業・・・・・・・	12 753	92.7	62.3	67.3
宿泊業、飲食サービス業・・	20 698	495.8	94.6	19.1
宿泊業・・・・・・・・・・・・・・	4 518	66.6	23.0	34.4
飲食店・・・・・・・・・・・・・・	13 806	371.5	57.3	15.4
持ち帰り・配達飲食サービス	2 375	57.7	14.3	24.8
生活関連サービス業、娯楽業	36 568	235.7	78.0	33.1
洗濯・理容・美容・浴場業・	4 489	111.1	35.8	32.3
その他の生活関連サービス業	5 163	37.4	15.3	41.0
娯楽業・・・・・・・・・・・・・・	26 916	87.2	26.8	30.8
教育、学習支援業・・・・・・ [3]	2 957	99.5	28.9	29.0
医療、福祉・・・・・・・・・・・・	49 732	849.1	477.5	56.2
医療業・・・・・・・・・・・・・・	35 393	432.3	266.9	61.7
保健衛生・・・・・・・・・・・・	561	12.5	6.4	51.1
社会保険・社会福祉・介護事業	13 778	404.3	204.2	50.5
サービス業(他に分類されないもの)	36 012	373.9	175.1	46.8
廃棄物処理業・・・・・・・・	4 670	34.0	23.0	67.6
自動車整備業・・・・・・・・	2 548	24.9	13.3	53.4
機械等修理業(別掲を除く)	3 821	24.7	16.9	68.5
職業紹介・労働者派遣業	6 915	41.6	21.3	51.1
その他の事業サービス業	17 704	242.9	97.9	40.3
サービス産業計・・・・・・ [4]	**319 351**	**2 924.9**	**1 413.0**	*48.3*

総務省「サービス産業動向調査」(2022年) より作成。管理、補助的経済活動を行う事業所を除く。各月売上高の平均。1) 臨時雇用者、別会社からの出向・派遣を含む。2) 正社員・正職員の割合。3) 学校教育を含まず。4) 当調査の対象サービス産業の計。

表 22-7　主なサービス関連産業 (2021年6月1日調査)

	民営事業所数	従業者数（千人）	年間売上高（億円）	個人相手先1)（％）
不動産業	315 666	1 180	395 960	49.4
物品賃貸業	25 003	235	154 418	9.1
学術・開発研究機関	3 018	108	32 790	1.6
法律事務所	10 604	47	5 296	47.5
公証人役場、司法書士事務所	10 584	30	2 503	72.1
行政書士事務所	6 717	13	623	29.2
税理士事務所	27 958	147	13 771	19.7
経営コンサルタント業	15 898	120	42 772	2.2
広告業	9 085	121	83 278	1.5
獣医業	9 098	53	5 293	96.3
土木建築サービス業	49 273	344	54 744	5.0
建築設計業	37 821	256	44 084	5.1
写真業	9 486	41	2 724	58.2
宿泊業	38 151	541	38 335	77.5
飲食店	430 360	2 909	130 272	94.1
持ち帰り飲食サービス業	8 598	54	2 727	92.7
配達飲食サービス業	29 993	350	18 489	28.8
理容業	83 306	158	4 428	98.2
美容業	149 460	354	16 532	97.1
旅行業	6 306	70	16 595	49.6
冠婚葬祭業	10 392	123	16 487	93.6
映画館	536	19	1 914	95.9
ゴルフ場	2 067	98	7 660	88.5
ゴルフ練習場	2 098	25	1 658	95.7
ボウリング場	489	16	903	96.6
フィットネスクラブ	5 903	75	5 040	87.8
公園、遊園地	1 720	61	6 251	67.9
パチンコホール	7 228	147	125 333	99.2
カラオケボックス業	3 822	39	1 424	93.3
図書館	873	13	568	51.1
博物館、美術館	1 709	17	1 335	31.7
動物園、植物園、水族館	263	10	860	64.7
学習塾	45 546	315	10 329	95.2
音楽教授業	15 710	27	864	92.3
書道教授業	6 835	10	161	94.8
そろばん教授業	4 512	9	135	96.9
外国語会話教授業	8 492	32	1 888	85.7
廃棄物処理業	19 062	264	47 439	10.7
自動車整備業	44 715	196	25 138	34.9
職業紹介・労働者派遣業	17 939	1 103	74 820	2.9
建物サービス業	24 274	895	60 458	4.0

総務省・経済産業省「経済センサス－活動調査」(サービス関連産業に関する集計)(2021年)より作成。管理・補助的経済活動を行う事業所を除く。年間売上高は2020年1年間の数値。
1) 年間売上高のうち、個人消費者から得た収入の割合。

第23章　卸売業・小売業

　卸売業は、メーカーから商品を仕入れて小売業者へ販売する事業で、小売業は、卸売業者やメーカーから商品を仕入れて消費者に販売する事業である。経済産業省「商業動態統計」によると、2023年の商業全体の商品販売額は前年比1.6％増の594兆500億円で、内訳は、卸売業が同比0.1％増の431兆170億円、小売業が5.6％増の163兆340億円となった（表23-3）。2023年の小売業販売額の上昇は、5月に新型コロナウイルス感染症の分類が5類に移行して、経済・社会活動が回復し、人々の外出機会が増えたことが要因である。ただし、物価の上昇も大きく影響しており、2022年に始まったロシアのウクライナ侵攻による原材料やエネルギー価格の高騰、急激に進む円安が背景にある。

　大規模店舗の主流である百貨店は、電子商取引（EC）との競合

図 23-1　商業販売額指数

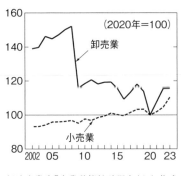

経済産業省「商業動態統計調査」より作成。

表 23-1　卸売業、小売業の概況

| | 経済センサス－活動調査 (2021年) | | | | 経済構造実態調査 (法人)(2022年) | |
	事業所数 (千) (6月1日)	法人	個人	年間商品販売額 (十億円) (2020年)	事業所数 (千) (6月1日)	年間商品販売額 (十億円) (2021年)
合計・・・・・	1 229	897	332	539 814	865	551 956
卸売業・	349	319	30	401 634	311	412 558
小売業・	880	578	302	138 180	554	139 398

総務省、経済産業省「経済センサス－活動調査」（卸売業、小売業に関する集計）（2021年）、「経済構造実態調査」（三次集計結果）（2022年）より作成。産業大分類「Ⅰ－卸売業、小売業」に格付けられた事業所が調査対象。年間商品販売額は、調査前年1年間の販売額で、必要な事項の数値が得られた事業所を対象として集計されている。経済構造実態調査（三次集計）は、法人企業の傘下事業所を集計対象とする。

が厳しく、店舗数が年々減少している。2023年1月末には東京都渋谷駅前の東急百貨店本店が閉店するなど、駅前の好立地を生かしてきた電鉄系百貨店は厳しい状況となっている。地方でも百貨店の閉店が相次ぎ、島根県では2024年1月をもって県内最後の百貨店が閉店、岐阜県でも7月に県内最後の百貨店が閉店する。大型スーパーでは、セブン＆アイ・ホールディングスがイトーヨーカドーの抜本的変革ロードマップを発表し、2025年度までに33店を閉店することを表明している。

　一方、店舗数を増やしているのは、訪日外国人旅行者が利用する消費税免税店である。コロナ後に訪日客は増加し、2023年は2506万人とコロナ禍前の2019年の8割程度に回復した。観光庁によると、2023年9月末現在で、免税店は5万6577店と過去最高を記録している。また、訪日外国人の旅行消費額は過去最高となっている。

表 23-2　経済センサスによる産業分類別の卸売業、小売業 (2021年調査)

	事業所数 （6月1日）	%	従業者数 （千人） （6月1日）	%	年間商品 販売額 （十億円） （2020年）	%
卸売業計‥‥‥‥	348 889	100.0	3 857	100.0	401 634	100.0
各種商品‥‥‥	1 694	0.5	41	1.1	20 344	5.1
繊維・衣服等‥	20 122	5.8	204	5.3	9 639	2.4
飲食料品‥‥‥	64 123	18.4	730	18.9	85 877	21.4
建築材料‥‥‥ 1)	82 708	23.7	756	19.6	107 151	26.7
機械器具‥‥‥	98 363	28.2	1 246	32.3	105 634	26.3
その他‥‥‥‥	81 695	23.4	876	22.7	72 716	18.1
小売業計‥‥‥‥	880 031	100.0	7 540	100.0	138 180	100.0
各種商品‥‥‥	2 870	0.3	288	3.8	8 000	5.8
百貨店,総合スーパー	1 097	0.1	246	3.3	7 527	5.4
織物・衣服‥‥ 2)	113 470	12.9	589	7.8	7 663	5.5
飲食料品‥‥‥	258 910	29.4	3 128	41.5	39 974	28.9
機械器具‥‥‥	133 055	15.1	885	11.7	27 408	19.8
その他‥‥‥‥	328 791	37.4	2 260	30.0	41 164	29.8
医薬品・化粧品	90 343	10.3	657	8.7	13 395	9.7
燃料‥‥‥‥	43 677	5.0	287	3.8	10 922	7.9
無店舗‥‥‥‥	42 696	4.9	390	5.2	13 952	10.1
自動販売機‥	2 852	0.3	34	0.5	1 191	0.9
計‥‥‥‥‥‥	1 228 920	—	11 397	—	539 814	—

総務省・経済産業省「経済センサス-活動調査」(卸売業、小売業に関する集計)(2021年)より作成。年間商品販売額は数値が得られた事業所のみを対象とする。1) 鉱物・金属材料等を含む。2) 身の回り品を含む。

表 23-3　**商業動態統計による年間商品販売額**（2023年）（単位　十億円）

	商品販売額	前年比(%)		商品販売額	前年比(%)
卸売業‥‥‥‥‥	431 017	0.1	家具・建具‥‥3)	4 513	4.3
各種商品‥‥‥1)	18 813	-15.8	医薬品・化粧品	34 567	8.5
繊維品‥‥‥‥2)	2 196	-1.5	その他‥‥‥‥	36 823	-2.5
衣服・身の回り品	4 214	2.1	小売業‥‥‥‥‥	163 034	5.6
農畜産物・水産物	40 755	8.2	各種商品‥‥‥1)	11 574	5.5
食料・飲料‥‥‥	63 343	10.8	織物・衣服‥‥4)	8 516	-2.2
建築材料‥‥‥‥	21 537	2.0	飲食料品‥‥‥	48 379	6.3
化学製品‥‥‥‥	26 390	-0.5	自動車‥‥‥‥	18 355	12.7
鉱物・金属材料	74 638	-5.1	機械器具‥‥‥	9 819	0.8
機械器具‥‥‥	103 229	-3.3	燃料‥‥‥‥‥	15 383	0.9
産業機械器具	18 194	-10.0	医薬品・化粧品	17 327	6.6
自動車‥‥‥	17 688	9.6	その他‥‥‥‥	22 048	8.6
電気機械器具	57 818	-5.5	無店舗‥‥‥‥	11 631	2.3
その他の機械器具	9 529	3.0	商業計‥‥‥‥	**594 050**	1.6

経済産業省「商業動態統計調査」より作成。「経済センサス－活動調査」の対象事業所を母集団名簿とした標本調査。商品販売額には、店頭販売のほか、インターネット等による通信販売や訪問販売での販売額を含む。店舗を持たずに通信販売を行う事業所は、無店舗小売業に分類される。1）各種の商品を扱っているため主たる業種の判別ができない事業所で、卸売業は従業者が常時100人以上、小売業は従業者が常時50人以上。2）衣服・身の回り品を除く。3）じゅう器を含む。4）身の回り品小売業を含む。

表 23-4　**キャッシュレス決済の動向**（単位　億円）

	クレジットカード	デビットカード	電子マネー	コード決済	クレジットカードからの利用	(参考)決済比率(%)
2018	666 877	13 387	54 790	1 650	82	24.1
2019	734 311	17 153	57 506	11 206	1 598	26.8
2020	744 576	21 577	60 342	42 003	10 300	29.7
2021	810 173	26 987	59 696	73 487	20 753	32.5
2022	937 926	32 190	60 841	107 986	28 704	36.0
2023	1 057 272	36 585	64 066	148 496	39 495	39.3

クレジットカードは、日本クレジット協会「日本のクレジット統計」のクレジットカードショッピング信用供与額（推計値）。デビットカードおよび電子マネーは、日本銀行「決済動向」による決済金額（調査提供先からの集計データ）。コード決済は、キャッシュレス推進協議会「コード決済利用動向調査」の店舗利用金額（調査提供先からの集計データ）。コード決済の一部は、バーコードやQRコードを介さない利用実績（オンライン、カード媒体等での利用分）も含む。コード決済とは、スマートフォンやタブレットでQRコードやバーコードを表示し、利用店舗の端末で読み取ることで決済を行うサービス。決済比率は、経済産業省による算出値（2024年3月29日発表）。

図 23-2　店舗の種類別の販売額推移

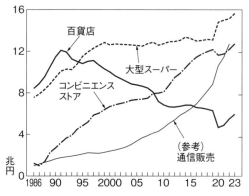

資料・注記は表23-5に同じ。ただし、1997年までのコンビニエンスストア売上高は一般社団法人日本フランチャイズチェーン協会資料で会計年度。通信販売（参考値）は、公益財団法人日本通信販売協会「通販市場売上高調査」より作成、会計年度。百貨店、大型スーパー、コンビニエンスストアの販売額には通信販売の売上高を含む。

表 23-5　百貨店、スーパー、コンビニエンスストアの販売額 (単位　億円)

	2020	2021	2022	2023	〃前年比(%)
百貨店・スーパー計	195 050	199 071	206 603	216 049	*4.6*
百貨店‥‥‥‥‥‥	46 938	49 030	55 070	59 557	*8.1*
衣料品‥‥‥‥‥	18 687	19 571	23 049	25 795	*11.9*
飲食料品‥‥‥‥	14 899	15 353	16 148	16 446	*1.8*
その他‥‥‥‥‥	13 352	14 107	15 873	17 317	*9.1*
スーパー‥‥‥‥‥	148 112	150 041	151 533	156 492	*3.3*
衣料品‥‥‥‥‥	8 939	8 251	8 193	8 298	*1.3*
飲食料品‥‥‥‥	116 268	119 405	120 635	124 889	*3.5*
その他‥‥‥‥‥	22 905	22 385	22 705	23 306	*2.6*
コンビニエンスストア・	116 423	117 601	121 996	127 321	*4.4*
商品販売額‥‥‥‥	110 291	111 536	115 482	120 767	*4.6*
ファストフード・[1]	43 081	43 005	44 416	46 706	*5.2*
加工食品‥‥‥‥	30 883	30 765	31 437	34 242	*8.9*
非食品‥‥‥‥‥	36 327	37 766	39 629	39 819	*0.5*
サービス売上高‥‥	6 132	6 065	6 515	6 553	*0.6*
（調査対象事業所数）					
百貨店‥‥‥‥‥	201	196	192	189	*-1.6*
大型スーパー‥‥	5 806	5 849	5 911	5 962	*0.9*
コンビニエンスストア	56 542	56 352	56 232	56 112	*-0.2*

経済産業省「商業動態統計調査」より作成。百貨店とスーパーは、従業者50人以上の事業所を対象とする。百貨店は売場面積が政令都市で3000m²以上、その他の地域で1500m²以上。スーパーは売場面積の50％以上についてセルフサービス方式を採用している商店で、売場面積が1500m²以上。コンビニエンスストアは500店舗以上（直営店やフランチャイズ店などの形態に関係なく）を有するチェーン企業本部の集計で、調査は1998年から開始。前年比は調査対象店舗の見直しに伴うギャップを調整するリンク係数で処理したものである。
1) 日配食品を含む。

表 23-6　家電大型専門店、ドラッグストア、ホームセンターの販売額 (単位　億円)

	2020	2021	2022	2023	前年比 (%)
家電大型専門店‥‥‥	47 928	46 867	46 844	46 324	-1.1
AV家電‥‥‥‥‥	7 175	6 680	6 068	5 634	-7.2
情報家電‥‥‥‥1)	11 118	10 528	10 338	9 867	-4.6
通信家電‥‥‥‥	2 945	3 283	3 671	4 017	9.4
カメラ類‥‥‥‥	1 158	1 106	1 180	1 287	9.0
生活家電‥‥‥‥	20 896	20 193	20 248	20 151	-0.5
その他‥‥‥‥2)	4 635	5 076	5 337	5 368	0.6
ドラッグストア‥‥‥	72 841	73 066	77 087	83 438	8.2
調剤医薬品‥‥‥	5 955	6 292	7 192	7 955	10.6
OTC医薬品‥‥‥3)	8 906	8 682	9 104	9 906	8.8
ヘルスケア用品‥4)	5 487	5 062	5 395	5 215	-3.3
健康食品‥‥‥‥	2 264	2 310	2 560	2 725	6.4
ビューティケア‥5)	9 036	9 057	9 619	10 526	9.4
トイレタリー‥‥	6 546	6 540	6 385	6 593	3.3
家庭用品など‥‥6)	11 472	11 400	11 319	12 127	7.1
食品‥‥‥‥‥‥	21 834	22 338	23 921	26 871	12.3
その他‥‥‥‥‥	1 342	1 384	1 591	1 521	-4.3
ホームセンター‥‥‥	34 964	33 905	33 420	33 411	-1.4
DIY用具・素材‥‥	7 871	7 837	7 702	7 598	-1.7
電気	2 422	2 311	2 268	2 200	-1.9
インテリア‥‥‥	2 436	2 259	2 098	2 007	-7.1
家庭用品・日用品‥	7 676	7 146	7 059	7 093	-1.2
園芸・エクステリア	5 260	5 373	5 361	5 293	-0.2
ペット・ペット用品7)	2 767	2 847	2 790	2 946	-2.0
カー用品・アウトドア	1 683	1 647	1 654	1 692	0.4
オフィス・カルチャー	1 483	1 444	1 386	1 415	-4.0
その他‥‥‥‥‥8)	3 366	3 041	3 101	3 168	2.0
(調査対象事業所数)					
家電大型専門店‥‥	2 566	2 633	2 670	2 673	0.1
ドラッグストア‥‥	17 000	17 622	18 429	19 021	3.2
ホームセンター‥‥	4 420	4 377	4 437	4 476	0.9

経済産業省「商業動態統計調査」より作成。この表での対象範囲は、家電大型専門店が電気機械器具小売業に属する事業所（売場面積500m²以上）を10店舗以上持つ企業。ドラッグストアは、ドラッグストアに属する事業所を50店舗以上有する企業、もしくはドラッグストアの年間販売額が100億円以上の企業。ホームセンターは、ホームセンターに属する事業所を10店舗以上有する企業、もしくはドラッグストアの年間販売額が200億円以上の企業。調査は2014年から開始。前年比は調査対象店舗の見直しに伴うギャップを調整するリンク係数で処理したもの。1) パソコン・パソコン周辺機器、ゲーム関連機器など。2) 温水洗浄便座、24時間風呂、モニタ付ドアホン、火災警報器など、ほかの分類に含まれないもの。3) 医師の処方箋によらない一般用の医薬品、漢方薬、生薬など。OTCとは "Over The Counter" の略。4) 介護・ベビー用品を含む。5) 化粧品・小物。6) 日用消耗品・ペット用品を含む。7) 生体（犬、猫、鳥、観賞魚、昆虫等）を含む。8) 衣料品、食品、飲料、酒類、薬品、灯油、タバコなど。

表 23-7　国内電子商取引（EC）の市場規模の推移〈単位　億円〉

	2019	2020	2021	2022
企業間（BtoB）‥‥‥	3 529 620	3 349 106	3 727 073	4 202 354
ＥＣ化率（％）‥‥‥‥1)	*31.7*	*33.5*	*35.6*	*37.5*
消費者向け（BtoC）‥	193 609	192 779	206 950	227 449
物販系分野‥‥‥‥‥‥	100 515	122 333	132 865	139 997
ＥＣ化率（％）‥‥‥‥2)	*6.76*	*8.08*	*8.78*	*9.13*
食品、飲料、酒類‥	18 233	22 086	25 199	27 505
生活家電、AV機器	18 239	23 489	24 584	25 528
書籍、映像ソフト‥	13 015	16 238	17 518	18 222
化粧品、医薬品‥‥	6 611	7 787	8 552	9 191
生活雑貨、家具‥‥	17 428	21 322	22 752	23 541
衣類・服装雑貨等‥	19 100	22 203	24 279	25 499
自転車、自動二輪車	2 396	2 784	3 016	3 183
その他‥‥‥‥‥‥	5 492	6 423	6 964	7 327
サービス系分野‥‥‥‥	71 672	45 832	46 424	61 477
旅行サービス‥‥‥	38 971	15 494	14 003	23 518
飲食サービス‥‥‥	7 290	5 975	4 938	6 601
チケット販売‥‥‥	5 583	1 922	3 210	5 581
金融サービス‥‥‥	5 911	6 689	7 122	7 557
理美容サービス‥‥	6 212	6 229	5 959	6 139
フードデリバリー‥	―	3 487	4 794	5 300
その他‥‥‥‥‥‥	7 706	6 036	6 398	6 782
デジタル系分野‥‥‥‥	21 422	24 614	27 661	25 974
電子出版‥‥‥‥‥	3 355	4 569	5 676	6 253
有料音楽配信‥‥‥	706	783	895	1 023
有料動画配信‥‥‥	2 404	3 200	3 791	4 359
オンラインゲーム‥	13 914	14 957	16 127	13 097
その他‥‥‥‥‥‥	1 043	1 105	1 171	1 242
個人間（CtoC）‥‥‥	17 407	19 586	22 121	23 630

第23章　卸売業・小売業

経済産業省「電子商取引に関する市場調査」(2022年度)より作成。この調査における電子商取引（EC）の定義は、コンピュータネットワークシステムを介して商取引（受発注）が行われ、かつ、その成約金額が捕捉されるもの。電子商取引化率（EC化率）とは、すべての商取引金額（商取引市場規模）に対する電子商取引市場規模の割合。1) 小売、その他のサービス業を含まず。2) 物販系分野のみを対象。

表 23-8　日本・アメリカ合衆国・中国3か国間の
　　　　　越境電子商取引（EC）市場規模〈2022年〉〈単位　億円〉

購入国	3か国間越境市場規模	対前年比（％）	購入先（from）		
			日本	アメリカ合衆国	中国
日本‥‥‥‥‥‥	3 954	*6.1*	―	3 561	392
アメリカ合衆国‥	22 111	*8.3*	13 056	―	9 055
中国‥‥‥‥‥‥	50 068	*6.2*	22 569	27 499	―

資料・注記は表23-7に同じ。

第24章　日本の貿易

　2022年の日本の貿易額は、輸出が98兆1736億円で前年から18.2％増となり、輸入は118兆5032億円で前年から39.6％増であった。コロナ禍で停滞した貿易活動が大幅に回復し、輸出入額ともにコロナ禍以前の2019年を大きく上回った。輸出は、自動車などの輸送用機械や半導体等製造装置など一般機械が増加をけん引した。輸入は、原油などの鉱物性燃料が大きく増加した。2022年は、ロシアによるウクライナ侵攻で、世界的に鉱物性燃料などの資源価格が高騰したほか、急速に円安が進み、輸入額全体を押し上げた。貿易収支（輸出額から輸入額を差し引いた収支）は、20兆3295億円の赤字で、統計

図 24-1　貿易額の推移

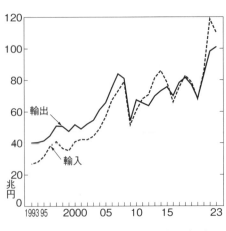

財務省「貿易統計」より作成。2023年は確々報。

表 24-1　貿易額、入出超額の推移

	億円			百万ドル		
	輸出	輸入	入出超	輸出	輸入	入出超
1990	414 569	338 552	76 017	286 947	234 799	52 149
2000	516 542	409 384	107 158	479 276	379 708	99 567
2010	673 996	607 650	66 347	769 774	694 059	75 715
2020	683 991	680 108	3 883	641 283	635 402	5 880
2021	830 914	848 750	-17 836	757 066	772 276	-15 210
2022	981 736	1 185 032	-203 295	746 672	898 600	-151 928
2023	1 008 738	1 101 956	-93 218	…	…	…

財務省「貿易統計」より作成。円表示の2022年までは確定値、2023年は2024年3月公表の確々報。ドル表示は国連"Comtrade Database"より作成。【☞長期統計514ページ】

の比較ができる1979年以降で最大の貿易赤字となった（表24-1）。

　2023年の貿易額（確々報）は、輸出が100兆8738億円で、前年から2.8％増加し、輸入は110兆1956億円で、前年から7.0％減少した。輸出は、自動車の輸出額が前年から32.7％増となるなど、総額では過去最大となっている。輸入は、資源価格の高騰が落ち着き、鉱物性燃料が前年から18.9％減少しているが、円安の影響を受けており、一昨年比でみると60.7％増となっている。貿易収支は9兆3218億円の赤字で、2022年からは減少したものの、依然として赤字額は大きい。

図 24-2　貿易数量指数と工業生産指数の対比（2020年＝100）

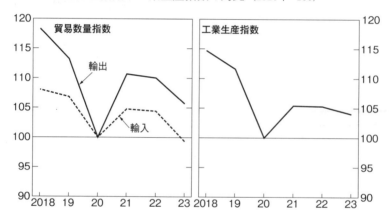

財務省および経済産業省資料より作成。貿易数量指数は貿易金額指数と貿易価格指数の比。

表 24-2　貿易指数（2020年＝100）

	輸出			輸入			交易条件指数[2]
	貿易金額指数	貿易価格指数[1]	貿易数量指数	貿易金額指数	貿易価格指数[1]	貿易数量指数	
2018	119.1	100.7	118.3	121.6	112.5	108.1	89.5
2019	112.5	99.3	113.2	115.6	108.2	106.9	91.8
2020	100.0	100.0	100.0	100.0	100.0	100.0	100.0
2021	121.5	109.7	110.7	124.8	119.1	104.8	92.1
2022	143.5	130.4	110.0	174.2	166.9	104.4	78.2
2023[3]	147.5	139.5	105.7	162.0	163.1	99.3	85.5

資料は前表に同じ。1）単価を示す指数で、一定の基準を満たす貿易品目の単価から算出したもの。2）輸出価格指数と輸入価格指数の比。3）確々報。

図 24-3　主要輸出入品の推移

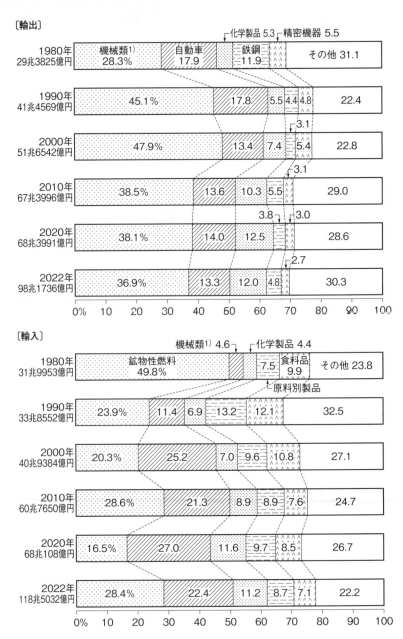

〔輸出〕

	機械類[1]	自動車	鉄鋼	化学製品 5.3	精密機器 5.5	その他
1980年 29兆3825億円	28.3%	17.9	11.9			31.1
1990年 41兆4569億円	45.1%	17.8	5.5	4.4	4.8	22.4
2000年 51兆6542億円	47.9%	13.4	7.4	5.4	3.1	22.8
2010年 67兆3996億円	38.5%	13.6	10.3	5.5	3.1	29.0
2020年 68兆3991億円	38.1%	14.0	12.5	3.8	3.0	28.6
2022年 98兆1736億円	36.9%	13.3	12.0	4.8	2.7	30.3

〔輸入〕

	鉱物性燃料	機械類[1] 4.6	化学製品 4.4	原料別製品	食料品	その他
1980年 31兆9953億円	49.8%	4.6		7.5	9.9	23.8
1990年 33兆8552億円	23.9%	11.4	6.9	13.2	12.1	32.5
2000年 40兆9384億円	20.3%	25.2	7.0	9.6	10.8	27.1
2010年 60兆7650億円	28.6%	21.3	8.9	8.9	7.6	24.7
2020年 68兆108億円	16.5%	27.0	11.6	9.7	8.5	26.7
2022年 118兆5032億円	28.4%	22.4	11.2	8.7	7.1	22.2

財務省「貿易統計」より作成。1) 一般機械と電気機器の合計。輸送用機器を含まず。

表 24-3　主要輸出品の輸出額の推移（単位　億円）

	2000	2010	2020	2022	2023 （確々報）
金属くず・鉱・・・・・・	844	4 207	5 268	8 765	9 441
石油製品・・・・・・・・・	1 378	10 664	6 395	21 240	15 884
有機化合物・・・・・・・・	11 927	18 728	15 556	22 086	20 422
無機化合物・・・・・・・・	2 221	3 772	7 043	13 217	12 032
医薬品・・・・・・・・・・	2 944	3 787	8 360	11 428	12 304
化粧品類・・・・・・・・・	1 292	2 479	9 141	10 695	8 892
プラスチック・・・・・・	10 575	23 360	24 198	31 545	29 537
タイヤ・チューブ・・・	3 582	6 187	4 437	7 257	7 943
織物類・・・・・・・・・・	7 468	6 100	5 909	7 727	7 855
鉄鋼・・・・・・・・・・・	16 003	36 754	25 737	47 386	45 017
銅・同合金・・・・・・・	2 611	6 943	8 421	13 367	13 725
金属製品・・・・・・・・・	6 940	9 818	10 407	13 569	13 434
内燃機関・・・・・・・・・1)	13 539	17 955	17 645	23 590	24 447
コンピュータ部品・・・	13 698	12 753	8 682	10 245	9 776
金属加工機械・・・・・・	8 769	9 060	7 771	11 634	11 485
建設・鉱山用機械・・・	3 744	8 753	8 965	16 910	19 646
ポンプ、遠心分離機・	7 068	11 606	11 732	15 472	15 481
荷役機械・・・・・・・・・	3 858	5 955	4 979	7 127	7 443
半導体等製造装置・・2)	・・・	16 709	25 172	40 652	35 350
半導体製造装置・・3)		8 497	13 811	26 482	24 074
重電機器・・・・・・・・・	6 335	7 604	9 923	13 850	14 896
電気回路用品・・・・・4)	14 364	17 480	17 410	23 221	21 242
映像機器・・・・・・・・3)5)	13 945	9 278	3 395	7 633	6 952
電池・・・・・・・・・・・	4 606	3 390	5 191	7 611	7 336
半導体等電子部品・・・	45 758	41 528	41 553	56 761	54 942
個別半導体・・・・・6)	8 595	10 279	8 808	10 706	9 938
集積回路・・・・・・・	29 338	27 368	29 054	39 751	40 007
電気計測機器・・・・・・	8 563	11 236	15 303	19 630	18 851
コンデンサー・・・・・・	5 442	4 463	6 538	8 763	8 056
自動車・・・・・・・・・3)	69 301	91 741	95 796	130 116	172 654
乗用車・・・・・・・・	61 230	78 980	86 334	113 813	155 440
自動車部品・・・・・・・	18 642	30 833	29 124	38 476	38 836
船舶・・・・・・・・・・7)	10 517	22 423	11 420	11 570	13 495
精密機器・・・・・・・・・	27 726	21 051	20 409	26 140	25 969
科学光学機器・・・・8)	26 257	20 135	19 680	25 107	24 969
写真・映画用材料・・・	4 289	4 105	4 997	6 696	6 532
金（非貨幣用）・・・・・	704	5 214	8 887	14 213	17 520
（参考）機械類・・・・9)	247 666	259 671	260 384	362 460	351 950

財務省「貿易統計」より作成。2023年は確々報。1) 航空機用を含まず。2) フラットパネルディスプレイ製造装置を含む。3) 部品を含まず。4) 配電・制御盤、電気回路の開閉用・保護用機器など。5) テレビ受像機（ディスプレイモジュールを含む）と録画再生機器。6) トランジスター、ダイオードなど。7) 娯楽・スポーツ用、浮き構造物などを含まず。8) 光ファイバーケーブル、メガネ、写真機用レンズ、計測機器類など。9) 一般機械と電気機器の合計。輸送用機器を含まず。

表 24-4　主要輸出品の輸出先（2022年）（%）

金属くず・鉱‥‥‥	中国33.7　韓国28.9　ベトナム9.5　アメリカ合衆国6.8
石油製品‥‥‥‥	オーストラリア18.0　韓国14.1　シンガポール12.7 アメリカ合衆国8.9　中国7.5　フィリピン6.8
有機化合物‥‥‥	中国28.3　韓国14.9　アメリカ合衆国9.9　(台湾)9.8
無機化合物‥‥‥	アメリカ合衆国21.6　インド14.2　中国11.6　タイ9.2
医薬品‥‥‥‥‥	アメリカ合衆国36.1　中国16.6　スイス12.7　韓国4.5
化粧品類‥‥‥‥	中国45.4　(香港)10.8　韓国10.8　シンガポール9.7
プラスチック‥‥	中国35.8　韓国10.7　(台湾)9.7　アメリカ合衆国8.4
タイヤ・チューブ	アメリカ合衆国29.1　オーストラリア10.2 インドネシア5.0　カナダ3.6　アラブ首長国連邦3.6
織物類‥‥‥‥‥	中国27.3　ベトナム14.5　アメリカ合衆国10.0　韓国5.9
鉄鋼‥‥‥‥‥‥	タイ14.1　韓国14.1　中国14.1　インドネシア6.6 アメリカ合衆国6.3　(台湾)5.3　メキシコ5.0
銅・同合金‥‥‥	中国31.5　(台湾)18.4　タイ13.7　インド9.0　韓国5.7
金属製品‥‥‥‥	中国22.4　アメリカ合衆国19.2　タイ8.9　韓国5.4
内燃機関‥‥‥‥ [1]	アメリカ合衆国39.4　中国11.6　タイ6.7　イギリス4.6
コンピュータ部品	アメリカ合衆国26.4　中国19.3　オランダ14.8　タイ7.2
金属加工機械‥‥	中国26.8　アメリカ合衆国23.1　韓国5.4　(台湾)5.1
建設・鉱山用機械	アメリカ合衆国43.6　オランダ8.6　オーストラリア4.9
ポンプ、遠心分離機	タイ21.3　アメリカ合衆国21.3　タイ7.3　韓国6.5
荷役機械‥‥‥‥	アメリカ合衆国24.7　中国9.2　インドネシア7.3
半導体等製造装置 [2]	中国31.5　(台湾)23.1　韓国16.2　アメリカ合衆国14.8 シンガポール4.4　アイルランド3.8　マレーシア1.4
半導体製造装置 [3]	中国31.0　(台湾)25.1　韓国16.7　アメリカ合衆国12.7
重電機器‥‥‥‥	中国25.2　アメリカ合衆国22.0　韓国6.0　(台湾)5.0
電気回路用品‥‥ [4]	中国29.9　アメリカ合衆国10.6　(香港)9.3　韓国8.7
映像機器‥‥‥ [3][5]	中国37.0　アメリカ合衆国21.9　オランダ8.3　(香港)6.7 タイ3.5　ドイツ3.1　(台湾)2.8　韓国1.9
電池‥‥‥‥‥‥	アメリカ合衆国40.3　中国11.0　シンガポール7.4
半導体等電子部品	中国24.3　(台湾)21.0　(香港)11.6　韓国9.1
個別半導体‥‥ [6]	中国29.3　(香港)16.9　アメリカ合衆国9.8　タイ6.6
集積回路‥‥	(台湾)26.0　中国24.4　(香港)11.7　韓国11.2
電気計測機器‥‥	中国24.7　アメリカ合衆国19.6　韓国8.1　(台湾)7.4
コンデンサー‥‥	中国27.0　(香港)18.4　(台湾)11.3　アメリカ合衆国10.4
自動車‥‥‥‥ [3]	アメリカ合衆国33.1　オーストラリア8.5　中国7.7 サウジアラビア3.3　カナダ3.2　アラブ首長国連邦3.0
乗用車‥‥‥	アメリカ合衆国36.9　中国8.8　オーストラリア7.6
自動車部品‥‥	アメリカ合衆国26.4　中国15.6　タイ8.5　インドネシア6.4
船舶‥‥‥‥‥ [7]	パナマ31.8　リベリア29.6　マーシャル13.5　シンガポール12.9
精密機器‥‥‥‥	中国24.1　アメリカ合衆国19.0　韓国10.5　(台湾)7.8 ドイツ6.1　(香港)4.7　オランダ3.8　ベトナム3.5
科学光学機器 [8]	中国24.6　アメリカ合衆国19.4　韓国11.0　(台湾)8.1 ドイツ6.3　オランダ3.8　ベトナム3.7　タイ3.0
写真・映画用材料	中国26.5　(台湾)21.5　アメリカ合衆国14.6　韓国13.9
金（非貨幣用）‥‥	(香港)38.9　シンガポール22.1　スイス7.5　イギリス6.7

資料・脚注は前表に同じ。金額円による百分比。前表の輸出品の主な輸出相手国。

表 24-5　主要輸入品の輸入額の推移（単位　億円）

	2000	2010	2020	2022	2023（確々報）
肉類 1)	9 213	9 663	14 311	19 254	18 225
魚介類 1)	16 501	12 602	13 686	19 453	18 289
穀物 1)	4 873	7 215	7 661	14 766	13 726
小麦 2)	1 111	1 460	1 628	3 298	2 711
とうもろこし 2)	2 033	3 464	3 517	7 644	6 890
果実	3 408	3 507	5 369	6 369	6 647
野菜	3 582	3 683	5 040	6 926	7 376
大豆	1 319	1 606	1 592	3 391	3 097
鉄鉱石	3 478	13 566	10 344	17 974	16 249
銅鉱	2 647	10 579	11 052	17 293	16 495
石炭	5 833	21 107	17 076	78 199	58 613
原油	48 189	94 059	46 464	134 527	113 636
石油製品	9 532	15 929	12 452	28 350	26 539
液化石油ガス（LPG）	5 292	7 797	4 305	10 385	8 821
液化天然ガス（LNG）	14 055	34 718	32 051	84 614	65 202
有機化合物	7 993	13 496	16 688	23 867	21 346
無機化合物	2 287	5 237	5 875	14 911	12 608
医薬品	5 149	15 226	31 973	57 617	46 501
プラスチック 3)	3 476	6 542	8 814	14 685	13 680
織物類	5 269	6 234	12 458	12 616	11 623
鉄鋼	3 943	7 618	7 060	14 798	13 153
白金族の金属	3 308	4 548	7 442	12 796	7 884
アルミニウム 4)	5 270	5 839	4 952	11 109	8 856
金属製品	3 884	7 614	11 358	15 869	15 898
コンピュータ 5)	18 826	15 480	24 062	27 094	24 841
重電機器	4 194	4 357	6 048	9 875	10 593
絶縁電線・ケーブル	…	4 627	7 491	10 983	12 356
音響・映像機器 6)	8 791	16 270	12 769	16 041	17 049
通信機 7)	5 733	12 529	28 503	37 793	39 459
半導体等電子部品 8)	21 399	21 360	25 058	49 032	46 805
集積回路	19 185	17 732	19 905	41 233	39 933
電気計測機器	3 828	4 159	6 382	8 778	10 055
自動車 5)	7 679	5 958	11 653	15 123	19 074
自動車部品	2 200	4 879	6 747	10 022	11 837
家具	4 054	4 875	7 480	9 981	9 621
衣類 9)	21 154	23 283	27 237	35 010	35 413
精密機器	11 432	14 622	19 764	25 926	28 340
科学光学機器 10)	9 579	12 816	17 117	22 088	23 804
プラスチック製品	2 583	4 566	7 174	9 266	8 916
（参考）機械類 11)	103 255	129 268	183 969	265 725	274 134

財務省「貿易統計」より作成。2023年は確々報。1）調整品を含む。2）飼料用を含む。3）プラスチック製品を含まず。4）合金を含む。5）部品を含まず。6）部品を含む。7）電話、ファクシミリなど。8）トランジスター、ダイオードなど。9）附属品を含む。10）光ファイバーケーブル、メガネ、写真機用レンズ、計測機器類など。11）一般機械と電気機器の合計。輸送用機器を含まず。

第24章　日本の貿易

表 24-6　主要輸入品の輸入先（2022年）（％）

肉類・・・・・・・・・・1)	アメリカ合衆国26.8　タイ14.5　オーストラリア12.4 カナダ9.5　ブラジル8.2　中国6.9　スペイン5.6
魚介類・・・・・・・・1)	中国17.6　チリ9.7　アメリカ合衆国8.6　ロシア8.0 ベトナム7.8　ノルウェー6.7　タイ6.3　インドネシア4.5
穀物・・・・・・・・・・1)	アメリカ合衆国47.7　ブラジル11.8　オーストラリア10.4
小麦・・・・・・・・2)	アメリカ合衆国41.5　カナダ36.8　オーストラリア21.6
とうもろこし・2)	アメリカ合衆国64.4　ブラジル22.8　アルゼンチン6.9
果実・・・・・・・・・・	アメリカ合衆国18.5　フィリピン18.1　中国15.0
野菜・・・・・・・・・・	中国49.6　アメリカ合衆国16.1　韓国4.5　タイ3.7
大豆・・・・・・・・・・	アメリカ合衆国71.4　ブラジル16.8　カナダ10.8
鉄鉱石・・・・・・・・	オーストラリア52.8　ブラジル32.4　カナダ7.3
銅鉱・・・・・・・・・・	チリ28.5　オーストラリア18.0　インドネシア16.7
石炭・・・・・・・・・・	オーストラリア67.4　インドネシア13.8　カナダ6.1 ロシア6.1　アメリカ合衆国4.4　コロンビア0.8
原油・・・・・・・・・・	サウジアラビア39.5　アラブ首長国連邦37.7 クウェート8.2　カタール7.2　エクアドル1.8　ロシア1.3
石油製品・・・・・・・	韓国23.1　アラブ首長国連邦17.3　カタール12.4 アメリカ合衆国8.2　クウェート5.7　サウジアラビア4.7
液化石油ガス(LPG)	アメリカ合衆国61.7　カナダ14.9　オーストラリア11.5
液化天然ガス(LNG)	オーストラリア43.0　マレーシア15.2　ロシア8.0 アメリカ合衆国6.8　パプアニューギニア5.8
有機化合物・・・・・・	中国25.4　アメリカ合衆国20.6　韓国8.6　ドイツ6.6
無機化合物・・・・・・	中国46.1　アメリカ合衆国10.3　韓国7.1　チリ5.1
医薬品・・・・・・・・・	アメリカ合衆国23.1　ベルギー11.9　ドイツ11.0
プラスチック・・・3)	中国18.8　アメリカ合衆国15.0　(台湾)13.6　韓国13.3
織物類・・・・・・・・・	中国58.3　ベトナム10.4　インドネシア5.0　タイ4.5
鉄鋼・・・・・・・・・・	韓国28.9　中国22.0　(台湾)9.7　カザフスタン6.3
白金族の金属・・・・	南アフリカ共和国69.9　ロシア10.1　アメリカ合衆国5.9
アルミニウム・・・4)	アラブ首長国連邦15.4　ロシア13.5　中国13.5
金属製品・・・・・・・	中国56.2　(台湾)6.7　韓国6.6　タイ6.5　ベトナム5.8
コンピュータ・・・5)	中国74.1　タイ4.4　シンガポール4.0　(台湾)3.7
重電機器・・・・・・・	中国57.4　タイ6.3　ベトナム5.8　アメリカ合衆国4.1
絶縁電線・ケーブル	中国28.1　ベトナム26.7　フィリピン16.8　インドネシア10.5
音響・映像機器・6)	中国59.4　タイ7.7　マレーシア7.6　ベトナム4.8
通信機・・・・・・・7)	中国72.0　ベトナム6.5　タイ4.7　マレーシア3.7
半導体等電子部品8)	(台湾)51.0　中国14.6　アメリカ合衆国7.7　韓国6.6
集積回路・・・・・	(台湾)59.1　中国8.3　アメリカ合衆国7.8　韓国7.2
電気計測機器・・・・	アメリカ合衆国25.4　中国23.6　ドイツ9.5　マレーシア6.6
自動車・・・・・・・5)	ドイツ33.0　アメリカ合衆国7.9　イタリア7.4　イギリス6.7 タイ6.1　オーストリア5.3　南アフリカ共和国4.6
自動車部品・・・・・	中国42.8　タイ10.7　ドイツ6.4　ベトナム5.8
家具・・・・・・・・・・	中国61.0　ベトナム14.0　(台湾)4.0　タイ2.9
衣類・・・・・・・・・9)	中国54.3　ベトナム15.6　バングラデシュ5.1
精密機器・・・・・・・	アメリカ合衆国19.1　中国18.8　スイス14.1
科学光学機器 10)	アメリカ合衆国22.4　中国19.3　アイルランド7.8
プラスチック製品	中国52.9　ベトナム10.4　タイ7.1　アメリカ合衆国5.6

資料・脚注は前表に同じ。金額円による百分比。前表の輸入品の主な輸入相手国。

〔地域別・国別貿易〕　日本の貿易相手先は、地域別で見るとアジアの割合が最も高く、輸出入ともに全体の約6割を占めている。日本から輸出された部品や素材は、アジアで製品化されて、その国で販売されるほか、第3国や日本へ輸出されるサプライチェーンが構築されている。そのため、企業の生産拠点が主にアジアに置かれていることが背景にある。一方、近年は中国など東アジア諸国で、部品や素材等を自国で生産する内製化が進展しており、各国のサプライチェーンにも変化が起きている。

2020年以降の新型コロナウイルスの感染拡大で、中国で主要な生産拠点が封鎖されるなど、各国で貿易が滞った。2022年のロシアによるウクライナ侵攻後は、資源高に加えて円安が進行し、中東やオーストラリアの鉱物性燃料のほか、アジアからの機械類が輸入額を押し上げている。

図 24-4　地域別輸出入先

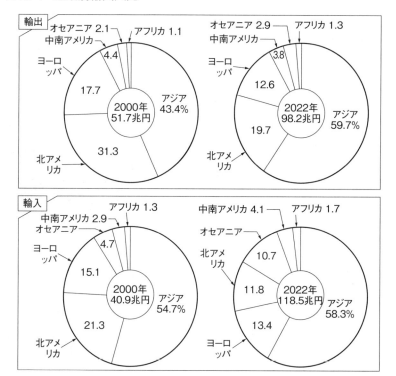

表24-7より作成。

図 24-5　対米・対中・対韓貿易の割合

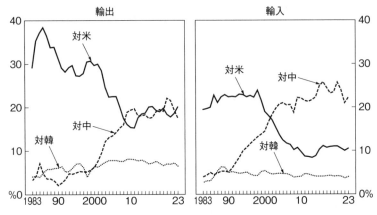

資料は下表に同じ。輸出入額の合計。2023年は確々報。

表 24-7　地域別貿易

	2000 輸出	2000 輸入	2022 輸出	2022 輸入	2023（確々報）輸出	2023（確々報）輸入
金額（億円）						
アジア‥‥‥‥ 1)	224 314	223 911	586 103	691 430	566 101	654 715
中東‥‥‥‥‥	11 771	53 284	32 040	157 424	41 121	134 859
中国‥‥‥‥‥	32 744	59 414	190 037	248 497	177 641	244 196
北アメリカ‥‥	161 624	87 277	193 870	139 446	217 969	135 903
アメリカ合衆国‥	153 559	77 789	182 550	117 589	202 603	115 465
中南アメリカ‥‥	22 653	11 833	37 369	48 535	43 522	47 240
ヨーロッパ‥‥ 2)	91 414	61 725	123 518	158 878	136 971	149 221
アフリカ‥‥‥	5 441	5 349	12 718	19 808	13 991	15 180
オセアニア‥‥‥	11 096	19 287	28 157	126 930	30 185	99 690
計×‥‥‥‥‥	**516 542**	**409 384**	**981 736**	**1 185 032**	**1 008 738**	**1 101 956**
構成比（%）						
アジア‥‥‥‥ 1)	43.4	54.7	59.7	58.3	56.1	59.4
中東‥‥‥‥‥	2.3	13.0	3.3	13.3	4.1	12.2
中国‥‥‥‥‥	6.3	14.5	19.4	21.0	17.6	22.2
北アメリカ‥‥	31.3	21.3	19.7	11.8	21.6	12.3
アメリカ合衆国‥	29.7	19.0	18.6	9.9	20.1	10.5
中南アメリカ‥‥	4.4	2.9	3.8	4.1	4.3	4.3
ヨーロッパ‥‥ 2)	17.7	15.1	12.6	13.4	13.6	13.5
アフリカ‥‥‥	1.1	1.3	1.3	1.7	1.4	1.4
オセアニア‥‥‥	2.1	4.7	2.9	10.7	3.0	9.0
計×‥‥‥‥‥	100.0	100.0	100.0	100.0	100.0	100.0

財務省「貿易統計」より作成。1) 旧ソ連構成国を除く。2) アジア地域の旧ソ連構成国を含む。×わずかに地域不明分を含む場合がある。

第24章 日本の貿易

図 24-6 **主な貿易相手国**（2022年）

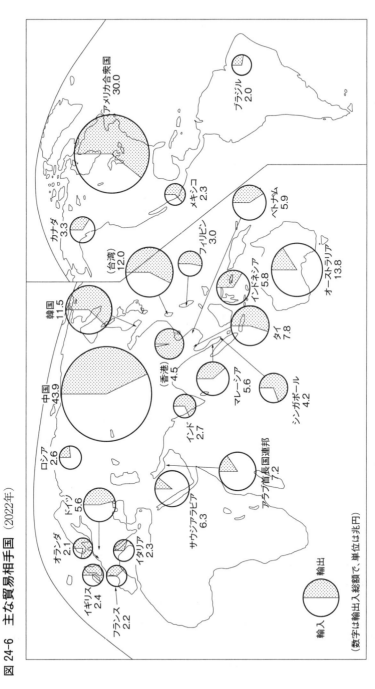

アメリカ合衆国 30.0
ブラジル 2.0
メキシコ 2.3
カナダ 3.3
フィリピン 3.0
ベトナム 5.9
(台湾) 12.0
インドネシア 5.8
オーストラリア 13.8
韓国 11.5
(香港) 4.5
タイ 7.8
中国 43.9
マレーシア 5.6
シンガポール 4.2
インド 2.7
ロシア 2.6
アラブ首長国連邦 7.2
ドイツ 5.6
サウジアラビア 6.3
オランダ 2.1
イタリア 2.3
イギリス 2.4
フランス 2.2

輸出
輸入

（数字は輸出入総額で、単位は兆円）

資料は表24-7に同じ。日本との輸出入合計が2兆円以上の相手国。

表 24-8　主要貿易相手国（Ⅰ）（単位　億円）

	輸出			輸入		
	2022	〃%	2023（確々報）	2022	〃%	2023（確々報）
中国・・・・・・・・・・・・	190 037	19.4	177 641	248 497	21.0	244 196
アメリカ合衆国・・・・	182 550	18.6	202 603	117 589	9.9	115 465
オーストラリア・・・・	21 727	2.2	23 559	116 225	9.8	90 916
（台湾）・・・・・・・・・・	68 575	7.0	60 160	51 094	4.3	49 958
韓国・・・・・・・・・・・・	71 062	7.2	65 825	44 167	3.7	43 602
タイ・・・・・・・・・・・・	42 680	4.3	41 147	35 034	3.0	36 089
アラブ首長国連邦・・	11 155	1.1	14 661	60 723	5.1	51 943
サウジアラビア・・・・	6 678	0.7	8 925	56 472	4.8	48 728
ベトナム・・・・・・・・・	24 510	2.5	24 171	34 794	2.9	36 255
インドネシア・・・・・・	19 791	2.0	20 251	37 720	3.2	34 116
マレーシア・・・・・・・・	21 663	2.2	19 579	34 312	2.9	28 226
ドイツ・・・・・・・・・・・	25 702	2.6	27 168	29 940	2.5	31 479
（香港）・・・・・・・・・・	43 575	4.4	45 786	1 347	0.1	2 137
シンガポール・・・・・	29 349	3.0	26 312	12 949	1.1	12 081
カナダ・・・・・・・・・・	11 320	1.2	15 366	21 752	1.8	20 326
フィリピン・・・・・・・・	15 975	1.6	14 235	14 280	1.2	14 556
インド・・・・・・・・・・	18 314	1.9	22 352	8 525	0.7	7 894
ロシア・・・・・・・・・・	6 040	0.6	3 956	19 718	1.7	10 368
イギリス・・・・・・・・・	14 498	1.5	16 892	9 037	0.8	9 976
メキシコ・・・・・・・・・	14 412	1.5	18 397	8 455	0.7	7 992
イタリア・・・・・・・・・	6 978	0.7	8 518	15 649	1.3	16 865
フランス・・・・・・・・・	8 399	0.9	9 815	13 398	1.1	14 898
オランダ・・・・・・・・・	16 272	1.7	18 871	4 518	0.4	4 726
ブラジル・・・・・・・・・	5 674	0.6	5 954	14 601	1.2	15 504
カタール・・・・・・・・・	1 640	0.2	1 972	17 802	1.5	12 892
ベルギー・・・・・・・・・	9 190	0.9	8 979	9 225	0.8	4 993
南アフリカ共和国・・	3 090	0.3	3 525	13 152	1.1	10 225
スイス・・・・・・・・・・	5 447	0.6	7 493	10 606	0.9	11 700
クウェート・・・・・・・・	2 082	0.2	2 733	13 231	1.1	12 820
チリ・・・・・・・・・・・・	3 010	0.3	2 861	9 972	0.8	10 821
スペイン・・・・・・・・・	3 523	0.4	4 569	9 086	0.8	7 043
アイルランド・・・・・	3 269	0.3	2 462	8 638	0.7	8 880
ニュージーランド・・	3 950	0.4	4 094	3 942	0.3	3 747
ポーランド・・・・・・・・	5 497	0.6	5 912	1 692	0.1	1 524
スウェーデン・・・・・	1 900	0.2	2 371	4 414	0.4	3 895
パプアニューギニア	262	0.0	307	6 034	0.5	4 486
パナマ・・・・・・・・・・	4 527	0.5	5 545	1 456	0.1	1 126
オマーン・・・・・・・・・	1 592	0.2	1 713	4 142	0.3	3 499
バングラデシュ・・・・	3 350	0.3	2 450	2 241	0.2	2 214
トルコ・・・・・・・・・・	4 225	0.4	5 602	1 346	0.1	1 558
チェコ・・・・・・・・・・	3 040	0.3	3 120	2 106	0.2	2 023
ペルー・・・・・・・・・・	972	0.1	1 116	3 979	0.3	3 542
オーストリア・・・・・	1 773	0.2	2 204	3 007	0.3	3 094

主要貿易相手国（Ⅱ）（単位　億円）

	輸出			輸入		
	2022	〃%	2023（確々報）	2022	〃%	2023（確々報）
デンマーク･･･････	752	0.1	832	3 124	0.3	3 089
イスラエル･･････	1 946	0.2	1 824	1 686	0.1	2 115
ハンガリー･･･････	1 982	0.2	2 384	1 558	0.1	1 801
フィンランド････	629	0.1	618	2 903	0.2	2 240
リベリア･･･････	3 485	0.4	3 932	19	0.0	0
ノルウェー･････	1 315	0.1	1 243	2 168	0.2	2 006
エクアドル･････	707	0.1	783	2 770	0.2	1 766
ブルネイ･･･････	78	0.0	79	3 389	0.3	2 633
プエルトリコ･････ 1)	1 202	0.1	1 292	2 032	0.2	2 011
カンボジア･･････	673	0.1	705	2 544	0.2	2 692
コロンビア･･････	1 790	0.2	1 363	1 307	0.1	1 170
アルゼンチン････	1 246	0.1	1 268	1 555	0.1	1 189
パキスタン･･････	2 077	0.2	1 469	407	0.0	337
ミャンマー･･････	585	0.1	534	1 883	0.2	2 168
バーレーン･････	605	0.1	894	1 744	0.1	1 076
ルーマニア･････	592	0.1	733	1 554	0.1	1 953
ナイジェリア････	324	0.0	418	1 670	0.1	708
カザフスタン････	891	0.1	1 182	1 101	0.1	943
マーシャル･･････	1 624	0.2	1 604	8	0.0	29
エジプト･･･････	1 014	0.1	955	489	0.0	322
ギリシャ･･･････	453	0.0	574	996	0.1	1 071
ポルトガル･････	836	0.1	953	560	0.0	836
ケニア･･･････	1 268	0.1	1 330	89	0.0	120
コスタリカ･････	609	0.1	682	600	0.1	752
アルジェリア････	273	0.0	109	852	0.1	669
ルクセンブルク･･･	865	0.1	808	110	0.0	103
モロッコ･･･････	310	0.0	379	604	0.1	420
ヨルダン･･･････	677	0.1	695	216	0.0	127
ボリビア･･･････	174	0.0	170	696	0.1	291
ウクライナ･････	357	0.0	601	471	0.0	129
セルビア･･･････	66	0.0	69	737	0.1	535
イラク･･･････	803	0.1	1 190	0	0.0	41
タンザニア･････	606	0.1	782	197	0.0	167
スロバキア･････	182	0.0	226	537	0.0	855
グアテマラ･････	437	0.0	609	254	0.0	252
モンゴル･･･････	641	0.1	1 083	47	0.0	45
スリランカ･････	262	0.0	236	383	0.0	347
（マカオ）･･････	609	0.1	661	27	0.0	18
総額×･･･････	981 736	100.0	1 008 738	1 185 032	100.0	1 101 956

財務省「貿易統計」より作成。2022年の貿易額（輸出と輸入の合計）の多い順。1) アメリカ合衆国領。×その他とも。

第24章　日本の貿易

日本が結ぶEPA（経済連携協定）

〔**TPP協定**〕TPP（環太平洋パートナーシップ）11協定は、自由な貿易
による経済発展のため、日本やアメリカ合衆国のほか、環太平洋地域の各
国間で交渉が進められた経済連携協定である。TPPでは、関税の撤廃・削
減やモノやサービス投資の規制緩和などが定められている。2015年に大筋
合意をしていたが、2017年にアメリカがトランプ前大統領の元で離脱を表
明し、その後2018年に日本、シンガポール、メキシコ、カナダ、オーストラ
リア、ニュージーランドなど11か国間で締結している。2023年7月には12
か国目となるイギリスの正式加入が決まり、TPP経済圏は当初の環太平洋
地域を越えて、ヨーロッパまで拡大することになった。離脱したアメリカ
の復帰の見通しは立っていないが、中国、台湾なども参加を申請しており、
参加国間の調整を課題としつつも、TPPは今後も拡大するとみられる。

〔**RCEP協定**〕RCEP（地域的な包括的経済連携）協定は、農林水産品や
工業製品の関税の減免、輸出入手続きの簡素化などにより、参加国同士の
貿易やサービスの動きを自由化する協定である。2022年1月にASEAN6
か国、日本、中国、オーストラリア、ニュージーランドの10か国で発効し
た。その後、2023年1月までに韓国、マレーシア、インドネシアで発効し、
同年6月にはフィリピンで発効している。当初はインドが参加を表明して
いたが、国内製造業への影響や貿易赤字の拡大を警戒し離脱している。日
本の最大の貿易相手国である中国の参加により、日本の対RCEPの貿易額
は中国の割合が非常に大きい（下表参照）。

　RCEPは、91％の品目で段階的に関税が撤廃されるが、TPPと比較する
と関税撤廃率が低く、特に当初は貿易自由化の効果は少ない。ただし、RCEP
は参加国全体の経済規模が大きく、世界のGDPの約3割を占めている。

日本の経済連携協定別の貿易額（単位　億円）

	2022	2023		2022	2023
TPP11協定	11 745	12 842	日オーストラリア	2 461	2 479
RCEP協定	40 858	48 176	日インド	2 857	2 444
中国	36 156	41 316	日マレーシア	3 003	2 252
韓国	3 184	3 736	日チリ	2 509	2 122
ベトナム	1 176	2 057	日ベトナム	2 273	2 108
インドネシア	―	458	日英	780	832
日EU	23 870	24 691	日スイス	712	818
日ASEAN	12 579	11 697	日メキシコ	547	621
日タイ	9 069	9 055	日シンガポール	427	306
日米	8 530	8 060	日ペルー	231	215
日インドネシア	5 048	4 088	日モンゴル	11	11
日フィリピン	3 295	3 274	日ブルネイ	8	3

財務省「貿易統計」より作成。2023年は確々報。

表24-9～36は財務省「貿易統計」より作成。機械類は一般機械と電気機器
の合計で輸送用機械を含まず。表24-3、-5の脚注を参照。×その他とも。

表 24-9 中国との貿易 （2022年）

中国への輸出	百万円	%	中国からの輸入	百万円	%
機械類‥‥‥‥	8 347 351	43.9	機械類‥‥‥‥	11 724 699	47.2
半導体等製造装置	1 279 188	6.7	通信機‥‥‥	2 722 413	11.0
集積回路‥‥‥	970 624	5.1	コンピュータ	2 009 006	8.1
電気回路用品	695 222	3.7	音響・映像機器	953 114	3.8
電気計測機器	484 403	2.5	家庭用電気機器	626 701	2.5
重電機器‥‥‥	348 925	1.8	重電機器‥‥‥	566 389	2.3
ポンプ、遠心分離機	329 587	1.7	加熱・冷却用機器	402 655	1.6
個別半導体‥‥	313 563	1.7	電気回路用品	379 642	1.5
金属加工機械	312 217	1.6	集積回路‥‥‥	344 073	1.4
映像機器‥‥‥	282 139	1.5	衣類‥‥‥‥‥	1 902 076	7.7
プラスチック‥	1 127 859	5.9	金属製品‥‥‥	891 930	3.6
自動車‥‥‥‥	999 493	5.3	織物類‥‥‥‥	735 249	3.0
鉄鋼‥‥‥‥‥	666 258	3.5	無機化合物‥‥	687 009	2.8
有機化合物‥‥	625 244	3.3	家具‥‥‥‥‥	608 973	2.5
科学光学機器‥	616 638	3.2	有機化合物‥‥	607 182	2.4
自動車部品‥‥	600 094	3.2	がん具‥‥‥‥	570 234	2.3
化粧品類‥‥‥	485 451	2.6	プラスチック製品	490 241	2.0
銅・同合金‥‥	421 717	2.2	自動車部品‥‥	428 609	1.7
金属製品‥‥‥	304 021	1.6	科学光学機器‥	426 476	1.7
金属くず・鉱‥	295 485	1.6	野菜‥‥‥‥‥	343 329	1.4
計×‥‥‥‥	**19 003 741**	100.0	計×‥‥‥‥	**24 849 748**	100.0

表 24-10 韓国との貿易 （2022年）

韓国への輸出	百万円	%	韓国からの輸入	百万円	%
機械類‥‥‥‥	2 497 163	35.1	機械類‥‥‥‥	1 111 880	25.2
半導体等製造装置	658 418	9.3	集積回路‥‥‥	296 605	6.7
集積回路‥‥‥	444 025	6.2	石油製品‥‥‥	653 616	14.8
電気回路用品	201 535	2.8	鉄鋼‥‥‥‥‥	428 248	9.7
鉄鋼‥‥‥‥‥	667 891	9.4	医薬品‥‥‥‥	216 526	4.9
プラスチック‥	337 735	4.8	有機化合物‥‥	204 390	4.6
有機化合物‥‥	328 029	4.6	プラスチック‥	194 806	4.4
石油製品‥‥‥	299 866	4.2	たばこ‥‥‥‥	128 389	2.9
科学光学機器‥	275 070	3.9	銀‥‥‥‥‥‥	110 761	2.5
金属くず・鉱‥	253 131	3.6	無機化合物‥‥	106 118	2.4
計×‥‥‥‥	**7 106 165**	100.0	計×‥‥‥‥	**4 416 703**	100.0

表 24-11　（台湾）との貿易（2022年）

（台湾）への輸出	百万円	%	（台湾）からの輸入	百万円	%
機械類‥‥‥‥	3 255 579	47.5	機械類‥‥‥‥	3 233 958	63.3
集積回路‥‥	1 034 683	15.1	集積回路‥‥	2 434 868	47.7
半導体等製造装置	941 009	13.7	通信機‥‥‥	111 587	2.2
電気計測機器	145 155	2.1	コンピュータ	101 367	2.0
プラスチック‥	306 228	4.5	プラスチック‥	199 050	3.9
自動車‥‥‥‥	291 288	4.2	鉄鋼‥‥‥‥‥	144 134	2.8
鉄鋼‥‥‥‥‥	250 106	3.6	金属製品‥‥‥	106 804	2.1
銅・同合金‥‥	245 580	3.6	科学光学機器‥	92 155	1.8
有機化合物‥‥	216 101	3.2	魚介類‥‥‥‥	67 036	1.3
科学光学機器‥	202 116	2.9	無機化合物‥‥	64 289	1.3
計×‥‥‥‥‥	**6 857 451**	100.0	計×‥‥‥‥‥	**5 109 421**	100.0

表 24-12　タイとの貿易（2022年）

タイへの輸出	百万円	%	タイからの輸入	百万円	%
機械類‥‥‥‥	1 557 020	36.5	機械類‥‥‥‥	1 305 843	37.3
集積回路‥‥	165 036	3.9	通信機‥‥‥	177 333	5.1
内燃機関‥‥	157 141	3.7	音響・映像機器	123 964	3.5
電気回路用品	121 421	2.8	集積回路‥‥	121 894	3.5
鉄鋼‥‥‥‥‥	669 206	15.7	コンピュータ	119 101	3.4
自動車部品‥‥	325 690	7.6	肉類‥‥‥‥‥	278 229	7.9
銅・同合金‥‥	183 543	4.3	プラスチック‥	139 099	4.0
プラスチック‥	136 954	3.2	科学光学機器‥	129 700	3.7
無機化合物‥‥	121 790	2.9	魚介類‥‥‥‥	121 992	3.5
金属製品‥‥‥	120 933	2.8	自動車部品‥‥	107 125	3.1
計×‥‥‥‥‥	**4 268 021**	100.0	計×‥‥‥‥‥	**3 503 441**	100.0

表 24-13　ベトナムとの貿易（2022年）

ベトナムへの輸出	百万円	%	ベトナムからの輸入	百万円	%
機械類‥‥‥‥	980 496	40.0	機械類‥‥‥‥	1 095 267	31.5
集積回路‥‥	293 476	12.0	絶縁電線・ケーブル	293 314	8.4
電気回路用品	114 452	4.7	通信機‥‥‥	246 246	7.1
鉄鋼‥‥‥‥‥	221 749	9.0	衣類‥‥‥‥‥	544 528	15.6
プラスチック‥	133 015	5.4	はきもの‥‥‥	170 478	4.9
織物類‥‥‥‥	111 918	4.6	魚介類‥‥‥‥	151 065	4.3
科学光学機器‥	91 706	3.7	家具‥‥‥‥‥	140 157	4.0
金属くず・鉱‥	83 636	3.4	織物類‥‥‥‥	131 386	3.8
自動車‥‥‥‥	70 120	2.9	ウッドチップ‥	111 053	3.2
銅・同合金‥‥	44 661	1.8	プラスチック製品	96 572	2.8
計×‥‥‥‥‥	**2 450 961**	100.0	計×‥‥‥‥‥	**3 479 418**	100.0

表 24-14　（香港）との貿易 （2022年）

（香港）への輸出	百万円	%	（香港）からの輸入	百万円	%
機械類‥‥‥‥	1 567 364	36.0	機械類‥‥‥‥	21 870	16.2
集積回路‥‥	463 509	10.6	集積回路‥‥	11 293	8.4
電気回路用品	215 982	5.0	コンピュータ部品	1 807	1.3
個別半導体‥	181 219	4.2	魚介類‥‥‥‥	16 250	12.1
コンデンサー	160 815	3.7	うなぎの稚魚	16 208	12.0
金（非貨幣用）‥	552 706	12.7	ダイヤモンド‥	3 112	2.3
貴石製品‥‥‥	115 619	2.7	科学光学機器‥	2 911	2.2
化粧品類‥‥‥	115 529	2.7	記録媒体‥‥‥	1 434	1.1
プラスチック‥	81 020	1.9	時計・同部品‥	1 229	0.9
科学光学機器‥	74 414	1.7	銀‥‥‥‥‥‥	1 205	0.9
計×‥‥‥‥	4 357 468	100.0	計×‥‥‥‥	134 669	100.0

表 24-15　マレーシアとの貿易 （2022年）

マレーシアへの輸出	百万円	%	マレーシアからの輸入	百万円	%
機械類‥‥‥‥	905 564	41.8	液化天然ガス‥	1 283 059	37.4
集積回路‥‥	158 524	7.3	機械類‥‥‥‥	882 166	25.7
個別半導体‥	59 801	2.8	集積回路‥‥	171 748	5.0
半導体等製造装置	56 705	2.6	通信機‥‥‥	140 161	4.1
自動車‥‥‥‥	204 637	9.4	音響・映像機器	122 531	3.6
石油製品‥‥‥	103 698	4.8	石油製品‥‥‥	126 890	3.7
鉄鋼‥‥‥‥‥	101 678	4.7	パーム油‥‥‥	90 971	2.7
自動車部品‥‥	92 087	4.3	プラスチック‥	75 020	2.2
プラスチック‥	88 719	4.1	合板‥‥‥‥‥	74 882	2.2
金（非貨幣用）‥	62 341	2.9	衣類‥‥‥‥‥	61 204	1.8
計×‥‥‥‥	2 166 289	100.0	計×‥‥‥‥	3 431 202	100.0

表 24-16　シンガポールとの貿易 （2022年）

シンガポールへの輸出	百万円	%	シンガポールからの輸入	百万円	%
機械類‥‥‥‥	944 624	32.2	機械類‥‥‥‥	496 163	38.3
半導体等製造装置	180 620	6.2	集積回路‥‥	130 049	10.0
集積回路‥‥	85 675	2.9	半導体等製造装置	125 775	9.7
電気計測機器	58 009	2.0	コンピュータ	108 092	8.3
電池‥‥‥‥	56 363	1.9	医薬品‥‥‥‥	113 872	8.8
金（非貨幣用）‥	313 994	10.7	科学光学機器‥	110 619	8.5
石油製品‥‥‥	269 338	9.2	石油製品‥‥‥	72 433	5.6
船舶‥‥‥‥‥	149 714	5.1	プラスチック‥	36 330	2.8
化粧品類‥‥‥	104 034	3.5	有機化合物‥‥	35 952	2.8
鉄鋼‥‥‥‥‥	75 900	2.6	調製石油添加剤	28 430	2.2
計×‥‥‥‥	2 934 928	100.0	計×‥‥‥‥	1 294 946	100.0

第24章　日本の貿易

表 24-17　インドネシアとの貿易 (2022年)

インドネシア への輸出	百万円	%	インドネシア からの輸入	百万円	%
機械類・・・・・・・	633 355	32.0	石炭・・・・・・・	1 077 257	28.6
内燃機関・・・・	93 472	4.7	機械類・・・・・・	345 905	9.2
建設・鉱山用機械	58 323	2.9	絶縁電線・ケーブル	115 651	3.1
荷役機械・・・・	51 940	2.6	液化天然ガス・・	336 011	8.9
鉄鋼・・・・・・・	313 464	15.8	銅鉱・・・・・・・	288 808	7.7
自動車部品・・・・	246 658	12.5	天然ゴム・・・・・	126 230	3.3
自動車・・・・・・	120 161	6.1	衣類・・・・・・・	108 004	2.9
無機化合物・・・・	67 982	3.4	合板・・・・・・・	104 227	2.8
プラスチック・・	65 119	3.3	魚介類・・・・・・	88 474	2.3
金属製品・・・・・	56 911	2.9	織物類・・・・・・	63 605	1.7
計×・・・・・・・	**1 979 147**	100.0	計×・・・・・・・	**3 772 007**	100.0

表 24-18　フィリピンとの貿易 (2022年)

フィリピン への輸出	百万円	%	フィリピン からの輸入	百万円	%
機械類・・・・・・・	611 209	38.3	機械類・・・・・・	672 709	47.1
電気回路用品	96 935	6.1	絶縁電線・ケーブル	184 143	12.9
集積回路	96 818	6.1	集積回路・・・・	85 911	6.0
コンピュータ部品	41 015	2.6	コンピュータ	41 508	2.9
石油製品・・・・・	143 392	9.0	音響・映像機器	40 246	2.8
自動車・・・・・・	111 799	7.0	通信機・・・・・・	39 343	2.8
鉄鋼・・・・・・・	88 474	5.5	重電機器・・・・	35 954	2.5
銅・同合金・・・・	63 817	4.0	木製建具・建築用木工品	128 876	9.0
プラスチック・・	53 844	3.4	バナナ (生鮮)・	90 713	6.4
自動車部品・・・・	38 376	2.4	プラスチック製品	28 164	2.0
計×・・・・・・・	**1 597 465**	100.0	計×・・・・・・・	**1 428 015**	100.0

表 24-19　インドとの貿易 (2022年)

インド への輸出	百万円	%	インド からの輸入	百万円	%
機械類・・・・・・・	575 715	31.4	機械類・・・・・・	146 418	17.2
電気回路用品	55 340	3.0	通信機・・・・・	54 750	6.4
金属加工機械	50 442	2.8	有機化合物・・・・	139 196	16.3
無機化合物・・・・	187 684	10.2	魚介類・・・・・・	62 509	7.3
鉄鋼・・・・・・・	167 077	9.1	えび・・・・・・	43 732	5.1
プラスチック・・	133 500	7.3	石油製品・・・・・	48 660	5.7
銅・同合金・・・・	120 194	6.6	鉄鋼・・・・・・・	48 105	5.6
自動車部品・・・・	89 101	4.9	アルミニウム・・	47 933	5.6
有機化合物・・・・	77 482	4.2	ダイヤモンド・・	42 357	5.0
金属製品・・・・・	42 520	2.3	衣類・・・・・・・	32 858	3.9
計×・・・・・・・	**1 831 444**	100.0	計×・・・・・・・	**852 470**	100.0

表24-20　サウジアラビアとの貿易（2022年）

サウジアラビアへの輸出	百万円	%	サウジアラビアからの輸入	百万円	%
自動車‥‥‥‥	426 405	63.9	原油‥‥‥‥‥	5 318 108	94.2
機械類‥‥‥‥	97 617	14.6	石油製品‥‥‥	131 940	2.3
ポンプ、遠心分離機	25 226	3.8	アルミニウム‥	58 609	1.0
建設・鉱山用機械	14 017	2.1	有機化合物‥‥	52 483	0.9
荷役機械‥‥	7 440	1.1	銅くず‥‥‥‥	23 736	0.4
重電機器‥‥	5 686	0.9	プラスチック‥	17 862	0.3
自動車部品‥‥	24 746	3.7	液化石油ガス‥	15 779	0.3
鉄鋼‥‥‥‥‥	24 496	3.7	銅鉱‥‥‥‥‥	5 538	0.1
タイヤ・チューブ	22 085	3.3	黄銅・青銅くず	3 210	0.1
織物類‥‥‥‥	18 750	2.8	肥料‥‥‥‥‥	1 329	0.0
計×‥‥‥‥	667 792	100.0	計×‥‥‥‥	5 647 163	100.0

表24-21　アラブ首長国連邦との貿易（2022年）

アラブ首長国連邦への輸出	百万円	%	アラブ首長国連邦からの輸入	百万円	%
自動車‥‥‥‥	392 783	35.2	原油‥‥‥‥‥	5 072 155	83.5
機械類‥‥‥‥	220 625	19.8	石油製品‥‥‥	489 374	8.1
内燃機関‥‥	64 059	5.7	液化天然ガス‥	254 753	4.2
建設・鉱山用機械	26 451	2.4	アルミニウム‥	171 180	2.8
ポンプ、遠心分離機	19 803	1.8	液化石油ガス‥	18 883	0.3
荷役機械‥‥	13 946	1.3	銅くず‥‥‥‥	9 436	0.2
鉄鋼‥‥‥‥‥	67 642	6.1	プラスチック‥	9 023	0.1
自動車部品‥‥	55 953	5.0	機械類‥‥‥‥	4 481	0.1
タイヤ・チューブ	26 120	2.3	加熱・冷却用機器	2 812	0.0
織物類‥‥‥‥	15 214	1.4	金（非貨幣用）・	988	0.0
計×‥‥‥‥	1 115 529	100.0	計×‥‥‥‥	6 072 322	100.0

表24-22　カタールとの貿易（2022年）

カタールへの輸出	百万円	%	カタールからの輸入	百万円	%
自動車‥‥‥‥	101 629	62.0	原油‥‥‥‥‥	971 043	54.5
機械類‥‥‥‥	22 916	14.0	液化天然ガス‥	402 463	22.6
ポンプ、遠心分離機	4 707	2.9	石油製品‥‥‥	352 008	19.8
加熱・冷却用機器	3 185	1.9	液化石油ガス‥	18 558	1.0
コンピュータ	2 609	1.6	アルミニウム‥	18 447	1.0
荷役機械‥‥	2 143	1.3	無機化合物‥‥	7 833	0.4
鉄鋼‥‥‥‥‥	17 391	10.6	プラスチック‥	5 789	0.3
自動車部品‥‥	4 858	3.0	肥料‥‥‥‥‥	2 728	0.2
タイヤ・チューブ	4 455	2.7	銅・同合金‥‥	28	0.0
織物類‥‥‥‥	1 619	1.0	有機化合物‥‥	14	0.0
計×‥‥‥‥	163 995	100.0	計×‥‥‥‥	1 780 248	100.0

第24章　日本の貿易

表 24-23　**アメリカ合衆国との貿易**（2022年）

アメリカ合衆国への輸出	百万円	%	アメリカ合衆国からの輸入	百万円	%
機械類‥‥‥‥‥	7 207 770	39.5	機械類‥‥‥‥‥	2 588 755	22.0
内燃機関‥‥‥	928 430	5.1	航空機用内燃機関	537 878	4.6
建設・鉱山用機械	737 700	4.0	集積回路‥‥‥	322 673	2.7
半導体等製造装置	603 003	3.3	半導体等製造装置	282 075	2.4
電気計測機器	383 951	2.1	電気計測機器	222 777	1.9
ポンプ、遠心分離機	329 155	1.8	医薬品‥‥‥‥	1 328 875	11.3
電池‥‥‥‥‥	306 651	1.7	液化石油ガス‥	641 097	5.5
重電機器‥‥‥	304 610	1.7	液化天然ガス‥	573 657	4.9
コンピュータ部品	269 978	1.5	肉類‥‥‥‥‥	516 175	4.4
金属加工機械	268 319	1.5	科学光学機器‥	495 119	4.2
電気回路用品	246 431	1.3	とうもろこし‥	492 456	4.2
自動車‥‥‥‥	4 312 137	23.6	有機化合物‥‥	491 941	4.2
自動車部品‥‥	1 015 353	5.6	石炭‥‥‥‥‥	347 003	3.0
科学光学機器‥	486 270	2.7	大豆‥‥‥‥‥	242 004	2.1
医薬品‥‥‥‥	412 439	2.3	石油製品‥‥‥	233 715	2.0
鉄鋼‥‥‥‥‥	296 275	1.6	プラスチック‥	220 924	1.9
無機化合物‥‥	284 941	1.6	航空機類‥‥‥	218 313	1.9
プラスチック‥	265 342	1.5	飼料‥‥‥‥‥	175 081	1.5
金属製品‥‥‥	260 330	1.4	魚介類‥‥‥‥	167 984	1.4
計×‥‥‥‥‥	**18 255 030**	100.0	計×‥‥‥‥‥	**11 758 919**	100.0

表 24-24　**カナダとの貿易**（2022年）

カナダへの輸出	百万円	%	カナダからの輸入	百万円	%
自動車‥‥‥‥	411 422	36.3	石炭‥‥‥‥‥	479 283	22.0
機械類‥‥‥‥	306 535	27.1	肉類‥‥‥‥‥	182 824	8.4
建設・鉱山用機械	52 278	4.6	液化石油ガス‥	155 164	7.1
内燃機関‥‥‥	35 814	3.2	銅鉱‥‥‥‥‥	148 744	6.8
重電機器‥‥‥	24 559	2.2	なたね‥‥‥‥	147 795	6.8
自動車部品‥‥	126 098	11.1	鉄鉱石‥‥‥‥	131 916	6.1
鉄鋼‥‥‥‥‥	29 780	2.6	木材‥‥‥‥‥	125 070	5.7
タイヤ・チューブ	26 367	2.3	小麦‥‥‥‥‥	121 233	5.6
金（非貨幣用）・	24 550	2.2	医薬品‥‥‥‥	105 265	4.8
金属製品‥‥‥	23 727	2.1	機械類‥‥‥‥	81 411	3.7
計×‥‥‥‥‥	**1 131 972**	100.0	計×‥‥‥‥‥	**2 175 196**	100.0

FTAとEPA　自由貿易協定（FTA：Free Trade Agreement）とは、特定の国・地域との間で、モノにかかる関税およびサービス貿易の障壁の撤廃を目的とした協定のこと。経済連携協定（EPA：Economic Partnership Agreement）は、FTAの内容に加え、投資規制の撤廃、紛争解決手続きの整備、人的交流の拡大、知的財産権の保護など、より幅広い経済関係の強化を目的とする協定。

表 24-25　メキシコとの貿易 （2022年）

メキシコ への輸出	百万円	%	メキシコ からの輸入	百万円	%
機械類･････	510 759	35.4	機械類･････	287 287	34.0
内燃機関･･	52 594	3.6	通信機････	53 623	6.3
電気回路用品	39 444	2.7	コンピュータ	36 170	4.3
自動車用電気機器	35 044	2.4	音響・映像機器	30 704	3.6
金属加工機械	30 343	2.1	肉類･･････	101 408	12.0
鉄鋼･･････	238 103	16.5	自動車････	55 055	6.5
自動車･････	196 112	13.6	原油･･････	52 231	6.2
自動車部品･･	181 977	12.6	科学光学機器･	48 800	5.8
石油製品･･	51 727	3.6	果実･･････	39 980	4.7
金属製品･･	38 407	2.7	自動車部品･･	37 023	4.4
計×･･････	**1 441 229**	100.0	計×･･････	**845 498**	100.0

表 24-26　ブラジルとの貿易 （2022年）

ブラジル への輸出	百万円	%	ブラジル からの輸入	百万円	%
機械類･････	218 375	38.5	鉄鉱石･････	582 751	39.9
内燃機関･･	28 951	5.1	とうもろこし･	174 162	11.9
電気計測機器	18 925	3.3	肉類･･････	157 891	10.8
ポンプ、遠心分離機	15 055	2.7	鶏肉･･････	140 597	9.6
荷役機械･･	14 164	2.5	有機化合物･･	86 640	5.9
自動車部品･･	117 709	20.7	コーヒー･･	63 020	4.3
有機化合物･･	49 715	8.8	大豆･･････	57 008	3.9
鉄鋼･･････	26 627	4.7	鉄鋼･･････	53 161	3.6
金属製品･･	16 404	2.9	飼料･･････	51 514	3.5
二輪自動車･･	13 593	2.4	アルミニウム･	48 086	3.3
計×･･････	**567 386**	100.0	計×･･････	**1 460 076**	100.0

表 24-27　チリとの貿易 （2022年）

チリ への輸出	百万円	%	チリ からの輸入	百万円	%
石油製品･････	111 222	36.9	銅鉱･･････	493 601	49.5
自動車･････	87 615	29.1	魚介類･････	189 082	19.0
機械類･････	29 682	9.9	うに･･････	16 000	1.6
建設・鉱山用機械	9 057	3.0	モリブデン鉱･･	79 533	8.0
荷役機械･･	6 356	2.1	無機化合物･･	76 554	7.7
内燃機関･･	3 205	1.1	ウッドチップ･･	24 535	2.5
タイヤ・チューブ	21 955	7.3	果実･･････	23 499	2.4
鉄鋼･･････	17 095	5.7	ぶどう酒･･	20 924	2.1
無機化合物･･	7 557	2.5	肉類･･････	19 746	2.0
動物性油脂･･	3 947	1.3	パルプ････	14 509	1.5
計×･･････	**301 030**	100.0	計×･･････	**997 208**	100.0

第24章　日本の貿易

表 24-28　**ドイツとの貿易**（2022年）

ドイツ への輸出	百万円	%	ドイツ からの輸入	百万円	%
機械類‥‥‥‥	1 092 469	42.5	機械類‥‥‥‥	783 310	26.2
電気計測機器	106 654	4.1	電気計測機器	83 502	2.8
ポンプ、遠心分離機	83 966	3.3	集積回路‥‥	75 681	2.5
コンピュータ	70 957	2.8	医薬品‥‥‥‥	632 283	21.1
電気回路用品	56 897	2.2	自動車‥‥‥‥	499 526	16.7
自動車‥‥‥‥	229 025	8.9	有機化合物‥‥	156 562	5.2
科学光学機器‥	157 906	6.1	科学光学機器‥	148 821	5.0
有機化合物‥‥	144 094	5.6	白金族の金属‥	69 522	2.3
遊戯用具‥‥‥	97 116	3.8	自動車部品‥‥	64 501	2.2
プラスチック‥	74 103	2.9	プラスチック‥	61 571	2.1
計×‥‥‥‥	**2 570 215**	100.0	計×‥‥‥‥	**2 993 988**	100.0

表 24-29　**イギリスとの貿易**（2022年）

イギリス への輸出	百万円	%	イギリス からの輸入	百万円	%
機械類‥‥‥‥	460 060	31.7	機械類‥‥‥‥	296 031	32.8
内燃機関‥‥	109 557	7.6	航空機用内燃機関	108 924	12.1
電池‥‥‥‥	44 279	3.1	電気計測機器	33 103	3.7
建設・鉱山用機械	39 019	2.7	ポンプ、遠心分離機	14 058	1.6
重電機器‥‥	31 027	2.1	医薬品‥‥‥‥	142 823	15.8
自動車‥‥‥‥	305 198	21.1	自動車‥‥‥‥	101 554	11.2
金（非貨幣用）‥	94 586	6.5	ウイスキー‥‥	42 907	4.7
自動車部品‥‥	46 686	3.2	科学光学機器‥	36 076	4.0
石油製品‥‥‥	45 769	3.2	ニッケル・同合金	17 744	2.0
医薬品‥‥‥‥	37 567	2.6	化粧品類‥‥‥	12 300	1.4
計×‥‥‥‥	**1 449 819**	100.0	計×‥‥‥‥	**903 674**	100.0

表 24-30　**フランスとの貿易**（2022年）

フランス への輸出	百万円	%	フランス からの輸入	百万円	%
機械類‥‥‥‥	334 114	39.8	機械類‥‥‥‥	197 828	14.8
内燃機関‥‥	53 118	6.3	医薬品‥‥‥‥	147 015	11.0
重電機器‥‥	35 805	4.3	ぶどう酒‥‥‥	142 262	10.6
電池‥‥‥‥	25 498	3.0	航空機類‥‥‥	109 897	8.2
半導体等製造装置	18 887	2.2	バッグ類‥‥‥	103 069	7.7
自動車‥‥‥‥	108 411	12.9	化粧品類‥‥‥	86 710	6.5
二輪自動車‥‥	56 959	6.8	有機化合物‥‥	35 351	2.6
医薬品‥‥‥‥	19 287	2.3	科学光学機器‥	21 900	1.6
写真・映画用材料	18 447	2.2	プラスチック‥	20 130	1.5
有機化合物‥‥	17 811	2.1	衣類‥‥‥‥‥	19 930	1.5
計×‥‥‥‥	**839 941**	100.0	計×‥‥‥‥	**1 339 801**	100.0

表 24-31　イタリアとの貿易 （2022年）

イタリア への輸出	百万円	%	イタリア からの輸入	百万円	%
機械類·······	215 709	30.9	医薬品·······	216 959	13.9
金属加工機械	30 591	4.4	機械類·······	174 604	11.2
内燃機関····	24 706	3.5	たばこ·······	163 938	10.5
自動車·······	114 398	16.4	バッグ類·····	155 856	10.0
鉄鋼·········	72 880	10.4	衣類·········	113 629	7.3
二輪自動車····	51 478	7.4	自動車·······	112 034	7.2
有機化合物····	30 808	4.4	有機化合物····	85 760	5.5
織物類·······	25 411	3.6	はきもの·····	50 478	3.2
科学光学機器··	22 330	3.2	ぶどう酒·····	29 654	1.9
医薬品·······	18 855	2.7	プラスチック··	22 023	1.4
計×········	697 821	100.0	計×········	1 564 859	100.0

表 24-32　オランダとの貿易 （2022年）

オランダ への輸出	百万円	%	オランダ からの輸入	百万円	%
機械類·······	885 533	54.4	機械類·······	176 173	39.0
コンピュータ部品	152 128	9.3	半導体等製造装置	93 596	20.7
建設・鉱山用機械	145 738	9.0	医薬品·······	49 418	10.9
映像機器····	63 210	3.9	肉類·········	23 240	5.1
コンデンサー	47 460	2.9	プラスチック··	18 430	4.1
科学光学機器··	95 685	5.9	チーズ·······	16 518	3.7
自動車·······	65 118	4.0	有機化合物····	15 465	3.4
自動車部品····	64 248	3.9	科学光学機器··	12 660	2.8
有機化合物····	52 429	3.2	石油製品·····	9 275	2.1
プラスチック··	50 183	3.1	飼料·········	8 649	1.9
計×········	1 627 204	100.0	計×········	451 788	100.0

表 24-33　スイスとの貿易 （2022年）

スイス への輸出	百万円	%	スイス からの輸入	百万円	%
医薬品·······	144 876	26.6	医薬品·······	400 547	37.8
金（非貨幣用）·	106 748	19.6	時計・同部品··	289 822	27.3
自動車·······	40 868	7.5	機械類·······	113 999	10.7
機械類·······	39 746	7.3	電気計測機器	17 927	1.7
建設・鉱山用機械	5 757	1.1	コック・弁類	15 988	1.5
白金族の金属··	23 774	4.4	科学光学機器··	76 473	7.2
有機化合物····	16 614	3.0	有機化合物····	34 001	3.2
プラスチック··	8 810	1.6	たばこ·······	15 847	1.5
化粧品類·····	6 997	1.3	白金族の金属··	10 923	1.0
科学光学機器··	6 526	1.2	万年筆・鉛筆··	9 762	0.9
計×········	544 741	100.0	計×········	1 060 597	100.0

第24章　日本の貿易

表 24-34　ロシアとの貿易（2022年）

ロシア への輸出	百万円	%	ロシア からの輸入	百万円	%
自動車‥‥‥‥	324 702	53.8	液化天然ガス‥	678 326	34.4
機械類‥‥‥‥	133 572	22.1	石炭‥‥‥‥‥	476 037	24.1
建設・鉱山用機械	31 538	5.2	原油‥‥‥‥‥	174 429	8.8
ポンプ、遠心分離機	16 579	2.7	魚介類‥‥‥‥	155 181	7.9
内燃機関‥‥‥	16 199	2.7	かに‥‥‥‥	48 523	2.5
荷役機械‥‥‥	13 372	2.2	アルミニウム‥	150 170	7.6
自動車部品‥‥‥	28 210	4.7	白金族の金属‥	129 562	6.6
石油製品‥‥‥‥	10 857	1.8	パラジウム‥	127 381	6.5
タイヤ・チューブ	10 357	1.7	鉄鋼‥‥‥‥‥	56 960	2.9
金属製品‥‥‥‥	8 470	1.4	木材‥‥‥‥‥	56 222	2.9
計×‥‥‥‥	**603 961**	*100.0*	計×‥‥‥‥	**1 971 805**	*100.0*

表 24-35　南アフリカ共和国との貿易（2022年）

南アフリカ共 和国への輸出	百万円	%	南アフリカ共 和国からの輸入	百万円	%
自動車‥‥‥‥	125 968	40.8	白金族の金属‥	895 092	68.1
機械類‥‥‥‥	76 893	24.9	ロジウム‥‥	417 111	31.7
建設・鉱山用機械	17 641	5.7	パラジウム‥	249 002	18.9
荷役機械‥‥‥	10 310	3.3	白金‥‥‥‥	159 255	12.1
内燃機関‥‥‥	6 293	2.0	自動車‥‥‥‥	69 779	5.3
電気計測機器	5 818	1.9	鉄鉱石‥‥‥‥	61 389	4.7
ポンプ、遠心分離機	5 422	1.8	石炭‥‥‥‥‥	45 850	3.5
自動車部品‥‥‥	29 557	9.6	鉄鋼‥‥‥‥‥	39 964	3.0
鉄鋼‥‥‥‥‥	18 236	5.9	とうもろこし‥	37 983	2.9
タイヤ・チューブ	9 374	3.0	ウッドチップ‥	29 647	2.3
計×‥‥‥‥	**308 997**	*100.0*	計×‥‥‥‥	**1 315 184**	*100.0*

表 24-36　オーストラリアとの貿易（2022年）

オーストラリア への輸出	百万円	%	オーストラリア からの輸入	百万円	%
自動車‥‥‥‥	1 105 349	50.9	石炭‥‥‥‥‥	5 268 865	45.3
石油製品‥‥‥	382 809	17.6	液化天然ガス‥	3 640 251	31.3
機械類‥‥‥‥	302 643	13.9	鉄鉱石‥‥‥‥	948 930	8.2
建設・鉱山用機械	83 384	3.8	銅鉱‥‥‥‥‥	310 893	2.7
荷役機械‥‥‥	42 532	2.0	肉類‥‥‥‥‥	238 435	2.1
内燃機関‥‥‥	20 058	0.9	牛肉‥‥‥‥	186 517	1.6
タイヤ・チューブ	74 093	3.4	アルミニウム‥	139 231	1.2
自動車部品‥‥‥	37 602	1.7	液化石油ガス‥	119 940	1.0
無機化合物‥‥‥	35 880	1.7	なたね‥‥‥‥	108 969	0.9
鉄鋼‥‥‥‥‥	22 964	1.1	小麦‥‥‥‥‥	71 294	0.6
計×‥‥‥‥	**2 172 670**	*100.0*	計×‥‥‥‥	**11 622 477**	*100.0*

〔**対中国貿易**〕 対中国貿易は、中国市場への輸出に加えて、サプライチェーンの発展により貿易額が拡大してきた。2022年は輸出が19兆37億円で前年比5.7%増、輸入は24兆8497億円で同21.9%増であった。2023年の貿易額（確々報）は、輸出が17兆7641億円と前年比6.5%減、輸入は24兆4196億円で同1.7%減である。2023年は中国景気が減速し、中国製造業の伸び悩みなどから対中輸出が減少した。対中輸出は2022年の輸出額で1位であったが、2023年は対米輸出を下回っている。

図 24-7　日本からみた日中間の主要貿易品に占める中国の割合
（2022年）（カッコ内の数字は中国の順位）

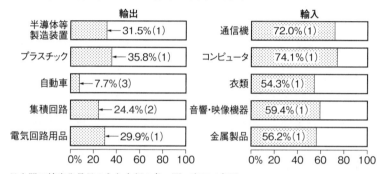

日中間の輸出入品目のうち金額の多い順。表24-9参照。

表 24-37　対中国貿易の推移（単位　百万円）

	中国への輸出	輸出総額比率（%）	中国からの輸入	輸入総額比率（%）	入出超
1990	1) 883 510	2.1	1 729 858	5.1	-846 349
1995	2 061 960	5.0	3 380 882	10.7	-1 318 922
2000	3 274 448	6.3	5 941 358	14.5	-2 666 910
2005	8 836 853	13.5	11 975 449	21.0	-3 138 596
2010	13 085 565	19.4	13 412 960	22.1	-327 395
2015	13 223 350	17.5	19 428 812	24.8	-6 205 461
2020	15 082 039	22.1	17 507 743	25.7	-2 425 704
2021	17 984 372	21.6	20 381 814	24.0	-2 397 442
2022	19 003 741	19.4	24 849 748	21.0	-5 846 007
2023²⁾	17 764 055	17.6	24 419 590	22.2	-6 655 536

財務省「貿易統計」より作成。1) 1990年の輸出額は前年の1兆1647億円から24.1%減少した。前年の天安門事件に伴う対外経済関係の悪化や、中国の輸入抑制策の強化に伴い前年12月に人民元の公定為替レートを21.2%切り下げた影響などが指摘される。なお、輸入額は前年から12.7%増加した。2) 確々報。

〔**対米貿易**〕　現行統計開始以来、対米貿易は貿易黒字が続いている。アメリカはTPPから離脱後、少数国間での貿易協定を推進しており、日米間では2020年に日米貿易協定が発効している。2023年の貿易額（確々報）は、輸出が20兆2603億円（前年比11.0％増）で、輸入は11兆5465億円（同1.8％減）となり、8兆7138億円（同34.1％増）の黒字となった。4年ぶりにアメリカは日本の輸出相手国首位になり、2022年の首位であった中国を上回った。

図 24-8　日本からみた日米間の主要貿易品に占める米国の割合
（2022年）（カッコ内の数字は米国の順位）

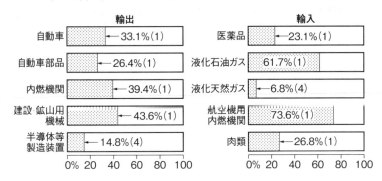

日米間の輸出入品目のうち金額の多い順。表24-23参照。

表 24-38　対アメリカ合衆国貿易の推移 （単位　百万円）

	アメリカ への輸出	輸出総額 比率(%)	アメリカ からの輸入	輸入総額 比率(%)	入出超
1990	13 056 598	*31.5*	7 585 904	*22.4*	5 470 693
1995	11 332 952	*27.3*	7 076 404	*22.4*	4 256 548
2000	15 355 867	*29.7*	7 778 861	*19.0*	7 577 006
2005	14 805 465	*22.5*	7 074 270	*12.4*	7 731 196
2010	10 373 980	*15.4*	5 911 421	*9.7*	4 462 558
2015	15 224 592	*20.1*	8 059 781	*10.3*	7 164 811
2020	12 610 824	*18.4*	7 453 557	*11.0*	5 157 268
2021	14 831 507	*17.8*	8 915 629	*10.5*	5 915 878
2022	18 255 030	*18.6*	11 758 919	*9.9*	6 496 110
2023[1]	20 260 267	*20.1*	11 546 510	*10.5*	8 713 757

財務省「貿易統計」より作成。1) 確々報。

〔**対ASEAN・アジアNIEs貿易**〕　2022年の日本とASEAN（東南アジア諸国連合）10か国との貿易は、輸出が15兆5439億円で前年から24.7％増となり、輸入は17兆7155億円で、同41.9％増であった（表24-39）。アジアNIEs 4 か国・地域との貿易は、輸出が21兆2560億円で前年から19.1％増となり、輸入が10兆9557億円で同32.1％増となっている（表24-40）。日本とアジア各国・地域との貿易は、製造業を中心にサプライチェーンの生産拠点として相互依存関係が確立し、日本からアジア各国・地域に向けて部品や資材などを輸出し、各生産拠点で製造された製品の輸入を行ってきた。近年は、台湾や韓国など生産の内製化を進める国もあり、サプライチェーンが再編されてきている。

ASEANに加盟する国の中では、4 か国がTPPに加盟している。また、2023年 6 月時点ではRCEP協定の参加15か国のうち、ASEAN諸国からは10か国が参加しており、各国・地域間の通商関係の深化が期待される。

表 24-39　対ASEAN貿易の推移（単位　百万円）

	ASEANへの輸出	輸出総額比率(%)	ASEANからの輸入	輸入総額比率(%)
1990	4 754 382	*11.5*	4 206 885	*12.4*
1995	7 237 025	*17.4*	4 450 756	*14.1*
2000	7 381 211	*14.3*	6 423 810	*15.7*
2005	8 340 323	*12.7*	8 013 275	*14.1*
2010	9 881 694	*14.7*	8 844 436	*14.6*
2015	11 494 931	*15.2*	11 843 281	*15.1*
2021	12 460 972	*15.0*	12 483 260	*14.7*
2022	15 543 863	*15.8*	17 715 489	*14.9*
2023[1]	14 717 538	*14.6*	16 904 764	*15.3*

財務省「貿易統計」より作成。ASEANは、1990年がタイ、シンガポール、マレーシア、フィリピン、インドネシア、ブルネイ（1984年加盟）の 6 か国、2000年からベトナム（1995年加盟）、ラオス、ミャンマー（ともに1997年加盟）、カンボジア（1999年加盟）を加えた10か国。1）確々報。

表 24-40　対アジアNIEs貿易の推移（単位　百万円）

	アジアNIEsへの輸出	輸出総額比率(%)	アジアNIEsからの輸入	輸入総額比率(%)
1990	8 186 636	*19.7*	3 747 644	*11.1*
1995	10 394 585	*25.0*	3 870 601	*12.3*
2000	12 356 404	*23.9*	5 008 202	*12.2*
2005	15 958 212	*24.3*	5 601 993	*9.8*
2010	15 968 308	*23.7*	5 377 165	*8.8*
2015	16 437 726	*21.7*	7 245 234	*9.2*
2021	17 848 702	*21.5*	8 293 370	*9.8*
2022	21 256 012	*21.7*	10 955 738	*9.2*
2023[1]	19 808 300	*19.6*	10 777 754	*9.8*

資料、脚注は前表に同じ。アジアNIEsは韓国、（台湾）、（香港）、シンガポールの 4 つの国や地域。1）確々報。

第24章 日本の貿易

〔**対EU貿易**〕　日本とEUは2019年にEPA（経済連携協定）を発効し、全品目のうち約99％の関税が撤廃されている。2022年の対EU貿易は、輸出が9兆3585億円（前年比22.0％増）で、輸入は11兆4457億円（同21.1％増）となり、2兆872億円（同16.9％増）の貿易赤字になっている。2023年は、自動車の輸出が大幅に増加し、輸出は10兆3743億円（前年比10.9％増）で、輸入は11兆3007億円（同1.3％減）となり、貿易赤字は9264億円（同55.6％減）に縮小した。

表 24-41　**対EU貿易の推移**（単位　百万円）

	EU への輸出	輸出総額 比率(%)	EU からの輸入	輸入総額 比率(%)	入出超
1990	7 733 880	18.7	5 070 705	15.0	2 663 175
1995	6 600 063	15.9	4 579 682	14.5	2 020 381
2000	8 431 938	16.3	5 042 937	12.3	3 389 001
2005	9 651 836	14.7	6 470 155	11.4	3 181 681
2010	7 615 809	11.3	5 821 018	9.6	1 794 791
2015	7 985 122	10.6	8 624 960	11.0	-639 837
2021	7 668 123	9.2	9 453 236	11.1	-1 785 113
2022	9 358 490	9.5	11 445 664	9.7	-2 087 174
2023[1)	10 374 256	10.3	11 300 695	10.3	-926 440

財務省「貿易統計」より作成。1990年はEC12か国（1990年11月分から旧東独を含む）、2000年はEU15か国、2005年は25か国、2010年は27か国、2015年は28か国。2021年以降はイギリスを除く27か国。1) 確々報。

表 24-42　**対EU貿易の主要貿易品目**（2022年）

EU への輸出	百万円	%	EU からの輸入	百万円	%
機械類‥‥‥‥	3 790 433	40.5	医薬品‥‥‥‥	2 993 772	26.2
建設・鉱山用機械	273 879	2.9	機械類‥‥‥‥	1 946 093	17.0
半導体等製造装置	270 837	2.9	電気計測機器	175 895	1.5
電気計測機器	266 744	2.9	自動車‥‥‥‥	962 677	8.4
内燃機関‥‥	261 830	2.8	科学光学機器‥	441 424	3.9
自動車‥‥‥‥	1 209 859	12.9	有機化合物‥‥	421 451	3.7
自動車部品‥‥	437 053	4.7	バッグ類‥‥‥	297 703	2.6
科学光学機器‥	403 531	4.3	肉類‥‥‥‥‥	234 868	2.1
有機化合物‥‥	335 010	3.6	木材‥‥‥‥‥	195 545	1.7
鉄鋼‥‥‥‥‥	252 676	2.7	衣類‥‥‥‥‥	178 767	1.6
計×‥‥‥‥	**9 358 490**	100.0	計×‥‥‥‥	**11 445 664**	100.0

資料は上表に同じ。×その他とも。

〔港別貿易〕　2022年の港別の輸出入額は、コロナ禍からの回復に伴う物流の急増を受けて、輸出入額上位の港の多くが2021年を上回った。港別で見ると、自動車の輸出入が大半を占める三河は、前年比9.9％増となっている。石油の輸入額の割合が高い千葉は、円安と資源高の影響により、同66.3％増であった。

　2023年は、2022年を下回る輸出入額上位の港が多くみられた。国内で最も貿易額が大きい成田国際空港は、半導体製造装置の輸出が減少するなど、総額では前年比6.1％減となっている。一方、名古屋は自動車の輸出が大幅に増加し、総額では同5.2％増となった。

表 24-43　**主要港別貿易額**（単位　億円）

	2021		2022			
	輸出	輸入	輸出	輸入	計	〃 %
成田国際空港	128 215	161 145	158 430	201 457	359 887	*16.6*
東京……	64 938	122 281	74 694	154 000	228 694	*10.6*
名古屋……	124 805	52 892	140 124	73 810	213 933	*9.9*
横浜……	72 255	49 870	82 415	67 352	149 767	*6.9*
神戸……	58 960	35 862	71 880	48 753	120 633	*5.6*
関西国際空港	57 362	41 858	64 476	50 399	114 874	*5.3*
大阪……	46 981	50 967	50 034	63 124	113 158	*5.2*
千葉……	7 753	34 133	11 565	58 104	69 669	*3.2*
博多……	32 300	10 987	39 143	13 800	52 943	*2.4*
川崎……	10 034	24 897	12 498	39 244	51 742	*2.4*
水島……	8 612	14 569	13 019	24 298	37 317	*1.7*
清水……	20 298	10 850	22 495	14 488	36 983	*1.7*
四日市……	8 575	15 175	10 540	25 152	35 692	*1.6*
三河……	23 379	7 591	25 310	8 713	34 024	*1.6*
堺……	7 507	13 658	9 826	23 022	32 848	*1.5*
大分……	8 115	14 586	8 577	23 439	32 016	*1.5*
木更津……	3 035	11 545	3 665	21 564	25 228	*1.2*
鹿島……	5 359	12 306	6 333	17 280	23 613	*1.1*
中部国際空港	11 909	8 110	13 200	10 151	23 351	*1.1*
門司……	9 446	8 395	10 695	11 518	22 213	*1.0*
広島……	13 368	3 498	16 304	4 203	20 508	*0.9*
鹿児島……	1 206	9 871	1 167	18 993	20 160	*0.9*
日立……	7 901	4 755	12 049	7 791	19 840	*0.9*
福山……	5 415	5 760	6 950	8 020	14 970	*0.7*
計×……	830 914	848 750	981 736	1 185 032	2 166 768	*100.0*

財務省「貿易統計」より作成。×その他とも。

図 24-9　主な港の貿易額（2022年）

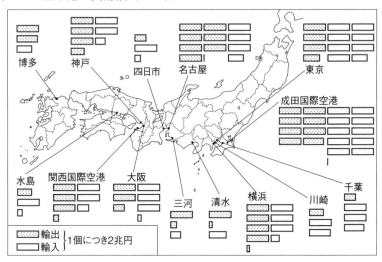

資料は表24-43に同じ。

表 24-44　港別の主要貿易品目（Ⅰ）（2022年）

	百万円	%		百万円	%
成田国際空港輸出			**成田国際空港輸入**		
半導体等製造装置	1 486 925	9.4	通信機‥‥‥‥‥	3 604 454	17.9
金（非貨幣用）	1 295 459	8.2	集積回路‥‥‥‥	2 631 166	13.1
科学光学機器‥‥‥	890 171	5.6	コンピュータ‥‥‥	2 414 529	12.0
集積回路‥‥‥‥‥	654 262	4.1	白金族の金属‥‥‥	1 376 434	6.8
電気計測機器‥‥‥	531 529	3.4	科学光学機器‥‥‥	1 260 524	6.3
電気回路用品‥‥‥	483 240	3.1	半導体等製造装置	1 111 633	5.5
医薬品‥‥‥‥‥‥	389 003	2.5	電気計測機器‥‥‥	447 554	2.2
写真・映画用材料‥	304 172	1.9	音響・映像機器‥‥	402 658	2.0
計×‥‥‥‥‥	**15 843 021**	100.0	計×‥‥‥‥‥	**20 145 726**	100.0
東京港輸出			**東京港輸入**		
半導体等製造装置	511 619	6.8	衣類‥‥‥‥‥‥	1 154 433	7.5
プラスチック‥‥‥	371 244	5.0	コンピュータ‥‥‥	836 903	5.4
コンピュータ部品	334 248	4.5	肉類‥‥‥‥‥‥	684 895	4.4
自動車部品‥‥‥‥	309 928	4.1	集積回路‥‥‥‥	650 497	4.2
電気回路用品‥‥‥	260 880	3.5	魚介類‥‥‥‥‥	646 318	4.2
内燃機関‥‥‥‥‥	260 249	3.5	音響・映像機器‥‥	481 867	3.1
化粧品類‥‥‥‥‥	218 403	2.9	科学光学機器‥‥‥	471 932	3.1
ポンプ、遠心分離機	193 908	2.6	たばこ‥‥‥‥‥	378 697	2.5
計×‥‥‥‥‥	**7 469 375**	100.0	計×‥‥‥‥‥	**15 400 042**	100.0

財務省「貿易統計」より作成。税関官署別の集計。石油製品には液化石油ガスを含まず。
表24-3、-5の脚注も参照のこと。×その他の品目とも。

港別の主要貿易品目（Ⅱ）（2022年）

	百万円	%		百万円	%
名古屋港輸出			**名古屋港輸入**		
自動車·········	3 386 598	24.2	液化天然ガス····	722 957	9.8
自動車部品·····	2 144 769	15.3	原油·········	634 692	8.6
内燃機関·····	529 787	3.8	衣類·········	401 743	5.4
金属加工機械····	524 774	3.7	アルミニウム····	396 780	5.4
電気計測機器····	514 985	3.7	絶縁電線・ケーブル	345 365	4.7
ポンプ、遠心分離機	465 192	3.3	プラスチック····	244 405	3.3
計×·········	**14 012 370**	100.0	計×·········	**7 380 966**	100.0
横浜港輸出			**横浜港輸入**		
自動車·········	1 412 087	17.1	原油·········	766 034	11.4
自動車部品·····	435 834	5.3	アルミニウム····	273 909	4.1
内燃機関········	337 930	4.1	有機化合物·····	239 231	3.6
プラスチック····	334 522	4.1	液化天然ガス····	213 073	3.2
金属加工機械····	249 937	3.0	金属製品·····	158 085	2.3
建設・鉱山用機械	231 878	2.8	衣類·········	153 390	2.3
計×·········	**8 241 529**	100.0	計×·········	**6 735 210**	100.0
神戸港輸出			**神戸港輸入**		
建設・鉱山用機械	506 167	7.0	無機化合物·····	358 703	7.4
プラスチック····	468 326	6.5	衣類·········	344 915	7.1
無機化合物·····	380 827	5.3	たばこ········	230 420	4.7
織物類·········	309 641	4.3	石炭·········	224 228	4.6
化粧品類········	250 154	3.5	有機化合物·····	214 015	4.4
有機化合物·····	233 225	3.2	医薬品········	136 095	2.8
計×·········	**7 187 977**	100.0	計×·········	**4 875 305**	100.0
関西国際空港輸出			**関西国際空港輸入**		
集積回路········	1 178 660	18.3	医薬品········	1 394 924	27.7
電気回路用品····	419 481	6.5	通信機········	530 860	10.5
半導体等製造装置	391 976	6.1	集積回路·······	436 503	8.7
科学光学機器····	322 412	5.0	科学光学機器····	213 318	4.2
医薬品········	305 487	4.7	半導体等製造装置	154 184	3.1
個別半導体·····	272 774	4.2	有機化合物·····	142 470	2.8
計×·········	**6 447 560**	100.0	計×·········	**5 039 880**	100.0
大阪港輸出			**大阪港輸入**		
集積回路········	563 026	11.3	衣類·········	739 386	11.7
コンデンサー····	419 613	8.4	肉類·········	373 328	5.9
プラスチック····	254 190	5.1	織物類·········	284 431	4.5
電気回路用品····	219 006	4.4	鉄鋼·········	235 754	3.7
建設・鉱山用機械	206 295	4.1	金属製品·····	221 185	3.5
銅・同合金·····	156 884	3.1	家庭用電気機器···	202 830	3.2
計×·········	**5 003 410**	100.0	計×·········	**6 312 431**	100.0

資料・脚注は（Ⅰ）に同じ。

港別の主要貿易品目（Ⅲ）（2022年）

	百万円	%		百万円	%
千葉港輸出			**千葉港輸入**		
石油製品‥‥‥‥	560 464	48.5	原油‥‥‥‥‥‥	2 912 297	50.1
鉄鋼‥‥‥‥‥‥	167 556	14.5	液化天然ガス‥‥	781 819	13.5
有機化合物‥‥‥	140 430	12.1	石油製品‥‥‥‥	617 781	10.6
プラスチック‥‥	60 214	5.2	自動車‥‥‥‥‥	266 089	4.6
鉱物性タール・粗製薬品	59 455	5.1	鉄鋼‥‥‥‥‥‥	194 907	3.4
金属くず・鉱‥‥	49 689	4.3	有機化合物‥‥‥	171 070	2.9
計×‥‥‥‥‥‥	**1 156 535**	100.0	計×‥‥‥‥‥‥	**5 810 398**	100.0
博多港輸出			**博多港輸入**		
集積回路‥‥‥‥	1 128 631	28.8	魚介類‥‥‥‥‥	99 795	7.2
自動車‥‥‥‥‥	941 448	24.1	家具‥‥‥‥‥‥	83 685	6.1
半導体等製造装置	196 903	5.0	絶縁電線・ケーブル	64 475	4.7
タイヤ・チューブ	163 824	4.2	衣類‥‥‥‥‥‥	60 706	4.4
プラスチック‥‥	123 268	3.1	肉類‥‥‥‥‥‥	52 959	3.8
二輪自動車‥‥‥	119 469	3.1	織物類‥‥‥‥‥	43 649	3.2
計×‥‥‥‥‥‥	**3 914 337**	100.0	計×‥‥‥‥‥‥	**1 379 996**	100.0
川崎港輸出			**川崎港輸入**		
自動車‥‥‥‥‥	497 071	39.8	液化天然ガス‥‥	1 344 506	34.3
有機化合物‥‥‥	123 079	9.8	原油‥‥‥‥‥‥	859 814	21.9
鉄鋼‥‥‥‥‥‥	98 980	7.9	肉類‥‥‥‥‥‥	454 401	11.6
石油製品‥‥‥‥	95 576	7.6	石油製品‥‥‥‥	232 145	5.9
金属くず・鉱‥‥	61 943	5.0	石炭‥‥‥‥‥‥	173 906	4.4
プラスチック‥‥	25 431	2.0	液化石油ガス‥‥	153 152	3.9
計×‥‥‥‥‥‥	**1 249 846**	100.0	計×‥‥‥‥‥‥	**3 924 386**	100.0
水島港輸出			**水島港輸入**		
鉄鋼‥‥‥‥‥‥	384 522	29.5	原油‥‥‥‥‥‥	1 040 357	42.8
石油製品‥‥‥‥	325 282	25.0	石炭‥‥‥‥‥‥	276 758	11.4
有機化合物‥‥‥	165 762	12.7	鉄鉱石‥‥‥‥‥	224 496	9.2
銅・同合金‥‥‥	130 469	10.0	石油製品‥‥‥‥	204 797	8.4
自動車‥‥‥‥‥	84 527	6.5	有機化合物‥‥‥	88 300	3.6
プラスチック‥‥	68 552	5.3	液化天然ガス‥‥	74 072	3.0
計×‥‥‥‥‥‥	**1 301 898**	100.0	計×‥‥‥‥‥‥	**2 429 801**	100.0
清水港輸出			**清水港輸入**		
内燃機関‥‥‥‥	337 697	15.0	魚介類‥‥‥‥‥	223 430	15.4
二輪自動車‥‥‥	193 138	8.6	まぐろ‥‥‥‥‥	174 437	12.0
自動車部品‥‥‥	175 476	7.8	液化天然ガス‥‥	141 118	9.7
科学光学機器‥‥	166 663	7.4	遊戯用具‥‥‥‥	64 040	4.4
加熱・冷却用機器	84 186	3.7	パルプ‥‥‥‥‥	63 680	4.4
電気回路用品‥‥	78 475	3.5	有機化合物‥‥‥	61 593	4.3
計×‥‥‥‥‥‥	**2 249 511**	100.0	計×‥‥‥‥‥‥	**1 448 837**	100.0

資料・脚注は（Ⅰ）に同じ。

第25章　世界の貿易

　2022年の世界の貿易額は、輸出額は前年比11.5％増で、輸入額は同13.6％増であった。コロナ禍前の2019年比で見ると、輸出額は31.1％増、輸入額は32.7％増で、大幅に増加している（表25-1、2参照）。ただし、物価高や金利上昇などが主な要因で、数量ベースで見ると2022年は前年比3.0％増となっている。また、2023年は同0.8％増と減速が見込まれている（WTO（世界貿易機関）による2023年10月の推定）。

　世界の貿易量は、2000年代後半までは大幅に伸びていた。2000年から2008年までの年平均伸び率は5.5％で、サプライチェーンの中核であった中国は、同20.9％と特に大きい。しかし、リーマンショック後の2010年代以降、貿易量は伸び悩み、2010年から2022年までは世界全体が年平均2.6％、中国は同5.1％の伸びにとどまる。貿易の鈍化は、アメリカの

第
25
章

世界の貿易

表 25-1　**主要国の輸出貿易額の推移**（単位　百万ドル）

	2019	2020	2021	2022	〃 %
中国‥‥‥‥‥	2 499 457	2 589 952	3 358 163	3 593 523	*14.4*
アメリカ合衆国‥	1 643 161	1 424 935	1 754 300	2 064 278	*8.3*
ドイツ‥‥‥‥	1 489 412	1 382 533	1 636 742	1 657 577	*6.7*
オランダ‥‥‥	708 596	674 602	840 032	966 708	*3.9*
日本‥‥‥‥‥	705 564	641 319	756 032	746 920	*3.0*
韓国‥‥‥‥‥	542 233	512 498	644 400	683 585	*2.7*
イタリア‥‥‥	537 718	499 792	615 635	657 039	*2.6*
ベルギー‥‥‥	446 910	421 842	548 869	635 245	*2.5*
フランス‥‥‥	570 951	488 637	585 021	617 855	*2.5*
（香港）‥‥‥	534 887	548 773	669 903	609 925	*2.4*
世界計×‥‥‥	**19 017 108**	**17 653 275**	**22 365 766**	**24 925 766**	*100.0*
EU‥‥‥ 1)	5 825 391	5 475 081	6 647 186	7 152 741	*28.7*
USMCA‥ 2)	2 552 581	2 232 868	2 756 680	3 241 528	*13.0*
ASEAN‥‥	1 423 179	1 385 880	1 724 102	1 959 526	*7.9*

WTO Stat "International Trade Statistics"（2024年4月8日閲覧）より作成。輸出額の上位10か国。本表は原則一般貿易方式（保税倉庫からの外国商品の移動に伴う貿易を含む）。輸出額はf.o.b.（本船渡し）価格、輸入額はc.i.f.（保険料・運賃込み）価格。1）欧州連合。イギリスを除く27か国（23ページ参照）。2）米国・メキシコ・カナダ協定。北米自由貿易協定を改訂して2020年7月に発効。×その他とも。

シェール革命に伴う石油関連の輸入量の減少のほか、中国の内製化の進展等による先進国からの輸出の伸び悩みによる影響が指摘されている。特に、中国では輸入品に占める加工貿易の割合が低下している。

　2018年に本格化した米中貿易摩擦は、内閣府の分析によると、2018年から2022年の米中と世界各国の貿易に大きな影響を与えていない。ただし、アメリカは2022年10月から最先端半導体やその製造装置の対中輸出を禁止した。技術を有する日本やオランダも同調して2023年に規制を始め、問題が米中間に留まらなくなっている。そのほか、経済安全保障の観点から、半導体などの供給網を友好国に移転するフレンドショアリングなど囲い込みが進んでいる。ロシアのウクライナ侵攻に伴う輸出規制がロシアとの分断を生む一方、ロシアは中立国の中国やインドと貿易を拡大している。UNCTADによると、2022年第1四半期から2023年第3四半期までで、地政学的に近い国同士の貿易は6.2％増加している一方、極めて遠い国同士では5.1％減少しており、貿易の分断が起きている。

　2023年から2024年にかけて、中東情勢の緊迫化により、スエズ運河を迂回する商船が続出した。パナマ運河でも、記録的な干ばつで通行制限が行われており、輸送の遅延や輸送費の増大が起きている。

表 25-2　主要国の輸入貿易額の推移（単位　百万ドル）

	2019	2020	2021	2022	〃 %
アメリカ合衆国·	2 567 445	2 406 932	2 935 314	3 375 819	13.2
中国· · · · · · · · · ·	2 078 386	2 065 964	2 686 747	2 716 151	10.6
ドイツ· · · · · · · ·	1 233 978	1 171 782	1 421 512	1 570 752	6.1
オランダ· · · · · · ·	635 678	595 122	757 380	898 310	3.5
日本· · · · · · · · · ·	720 957	635 460	768 976	897 242	3.5
イギリス· · · · · · ·	696 208	638 251	694 635	823 936	3.2
フランス· · · · · · ·	654 658	581 297	715 082	818 260	3.2
韓国· · · · · · · · · ·	503 343	467 633	615 093	731 370	2.8
インド· · · · · · ·	486 059	373 202	573 092	720 441	2.8
イタリア· · · · · · ·	475 006	426 867	567 421	689 256	2.7
世界計×· · · · ·	19 341 026	17 878 572	22 602 820	25 670 095	100.0
EU· · · · · · · 1)	5 544 411	5 156 001	6 508 477	7 470 059	29.1
USMCA · · 2)	3 497 555	3 220 788	3 961 753	4 584 080	17.9
ASEAN · · ·	1 388 343	1 269 695	1 622 120	1 879 183	7.3

資料・脚注は前表に同じ。輸入額の上位10か国。

図 25-1　世界と主要国（地域）の貿易量の推移（2010年平均＝100）

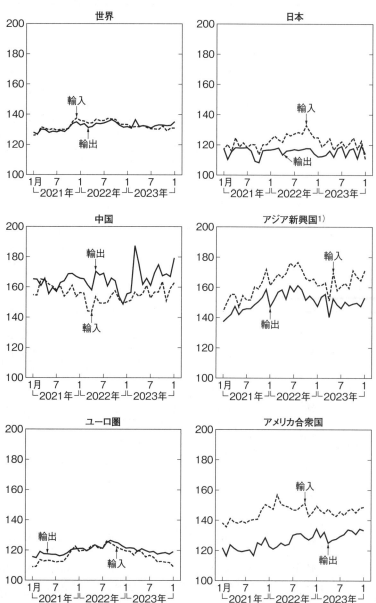

第25章　世界の貿易

オランダ経済政策分析局（CPB）「世界貿易モニター」より作成。1）構成国（地域）は
インド、インドネシア、韓国、シンガポール、タイ、（台湾）、パキスタン、フィリピン、
ベトナム、（香港）、マレーシア。

表 25-3　**各国の貿易額の推移**（Ⅰ）（単位　百万ドル）

		2018	2019	2020	2021	2022
日本	輸出・・・	738 143	705 564	641 319	756 032	746 920
	輸入・・・	748 488	720 957	635 460	768 976	897 242
	入出超・	-10 345	-15 393	5 859	-12 944	-150 322
中国	輸出・・・	2 486 695	2 499 457	2 589 952	3 358 163	3 593 523
	輸入・・・	2 135 748	2 078 386	2 065 964	2 686 747	2 716 151
	入出超・	350 947	421 071	523 988	671 416	877 372
韓国	輸出・・・	604 860	542 233	512 498	644 400	683 585
	輸入・・・	535 202	503 343	467 633	615 093	731 370
	入出超・	69 658	38 890	44 865	29 307	-47 785
(香港)	輸出・・・	568 456	534 887	548 773	669 903	609 925
	輸入・・・	626 616	577 834	569 769	712 358	667 554
	入出超・	-58 160	-42 947	-20 996	-42 455	-57 629
インド	輸出・・・	324 778	324 340	276 410	395 426	453 400
	輸入・・・	514 464	486 059	373 202	573 092	720 441
	入出超・	-189 686	-161 719	-96 792	-177 666	-267 041
シンガ ポール	輸出・・・	412 955	390 763	362 534	457 357	515 802
	輸入・・・	370 881	359 266	329 830	406 226	475 578
	入出超・	42 074	31 497	32 704	51 131	40 224
アラブ首 長国連邦	輸出	387 964	389 428	335 297	425 160	532 797
	輸入・・・	244 688	288 447	246 961	347 529	420 510
	入出超・	143 276	100 981	88 336	77 631	112 287
(台湾)	輸出・・・	335 909	330 622	347 193	447 693	477 778
	輸入・・・	286 333	287 164	288 053	382 101	435 835
	入出超・	49 576	43 458	59 140	65 592	41 943
ベトナム	輸出・・・	243 699	264 268	282 629	335 978	371 288
	輸入・・・	236 862	253 393	262 701	332 455	359 148
	入出超・	6 837	10 875	19 928	3 523	12 140
マレー シア	輸出・・・	247 455	238 195	234 766	299 425	352 475
	輸入・・・	217 602	204 998	190 860	238 240	294 317
	入出超・	29 853	33 197	43 906	61 185	58 158
トルコ	輸出・・・	177 169	180 833	169 638	225 214	254 192
	輸入・・・	231 152	210 345	219 517	271 426	363 711
	入出超・	-53 983	-29 512	-49 879	-46 212	-109 519
サウジ アラビア	輸出・・・	294 373	261 603	173 854	276 179	411 184
	輸入・・・	137 065	153 163	137 998	152 849	189 877
	入出超・	157 308	108 440	35 856	123 330	221 307
タイ	輸出・・・	252 957	246 269	231 634	272 006	287 068
	輸入・・・	248 201	236 260	206 156	266 882	303 191
	入出超・	4 756	10 009	25 478	5 124	-16 123
インド ネシア	輸出・・・	180 124	167 683	163 306	231 506	291 979
	輸入・・・	188 708	171 276	141 622	196 190	237 447
	入出超・	-8 584	-3 593	21 684	35 316	54 532

各国の貿易額の推移 （Ⅱ）（単位　百万ドル）

		2018	2019	2020	2021	2022
フィリピン	輸出…	67 488	70 334	63 879	74 618	78 930
	輸入…	115 119	112 909	90 751	124 367	145 867
	入出超·	-47 631	-42 575	-26 872	-49 749	-66 937
南アフリカ共和国	輸出…	93 970	90 016	85 834	123 572	122 901
	輸入…	113 971	107 539	84 063	113 988	136 208
	入出超·	-20 001	-17 523	1 771	9 584	-13 307
エジプト	輸出…	27 624	29 000	27 078	40 798	48 845
	輸入…	72 000	70 991	59 949	73 400	85 844
	入出超·	-44 376	-41 991	-32 871	-32 602	-36 999
ドイツ	輸出…	1 560 539	1 489 412	1 382 533	1 636 742	1 657 577
	輸入…	1 284 353	1 233 978	1 171 782	1 421 512	1 570 752
	入出超·	276 186	255 434	210 751	215 230	86 825
オランダ	輸出…	726 697	708 596	674 602	840 032	966 708
	輸入…	645 502	635 678	595 122	757 380	898 310
	入出超·	81 195	72 918	79 480	82 652	68 398
フランス	輸出…	582 222	570 951	488 637	585 021	617 855
	輸入…	676 441	654 658	581 297	715 082	818 260
	入出超·	-94 219	-83 707	-92 660	-130 061	-200 405
イギリス	輸出…	486 439	460 026	399 529	470 508	530 222
	輸入…	672 450	696 208	638 251	694 635	823 936
	入出超·	-186 011	-236 182	-238 722	-224 127	-293 714
イタリア	輸出…	549 526	537 718	499 792	615 635	657 039
	輸入…	503 240	475 006	426 867	567 421	689 256
	入出超·	46 286	62 712	72 925	48 214	-32 217
ベルギー	輸出…	468 213	446 910	421 842	548 869	635 245
	輸入…	455 188	428 878	397 957	527 128	623 686
	入出超·	13 025	18 032	23 885	21 741	11 559
スペイン	輸出…	346 754	334 018	308 317	379 969	418 364
	輸入…	390 562	372 750	326 192	419 700	493 354
	入出超·	-43 808	-38 732	-17 875	-39 731	-74 990
ロシア	輸出…	443 914	419 721	333 530	494 350	588 328
	輸入…	248 856	253 876	240 088	304 013	280 353
	入出超·	195 058	165 845	93 442	190 337	307 975
スイス	輸出…	310 749	313 934	319 318	380 194	401 731
	輸入…	279 528	277 830	291 981	324 069	356 473
	入出超·	31 221	36 104	27 337	56 125	45 258
ポーランド	輸出…	263 569	266 595	273 835	340 634	360 542
	輸入…	268 959	265 282	261 626	342 118	381 187
	入出超·	-5 390	1 313	12 209	-1 484	-20 645
チェコ	輸出…	202 238	199 128	191 911	226 564	241 931
	輸入…	184 659	179 039	171 100	211 972	236 276
	入出超·	17 579	20 089	20 811	14 592	5 655

各国の貿易額の推移（Ⅲ）（単位　百万ドル）

		2018	2019	2020	2021	2022
オースト リア	輸出···	184 815	178 670	169 418	202 806	211 392
	輸入···	193 722	184 758	172 449	219 520	231 941
	入出超·	-8 907	-6 088	-3 031	-16 714	-20 549
スウェ ーデン	輸出···	165 968	160 576	155 496	189 524	197 841
	輸入···	170 605	158 971	149 985	187 108	202 162
	入出超·	-4 637	1 605	5 511	2 416	-4 321
アイル ランド	輸出···	164 794	169 625	180 104	190 658	213 688
	輸入···	107 669	101 104	99 823	120 315	146 048
	入出超·	57 125	68 521	80 281	70 343	67 640
ノル ウェー	輸出···	121 791	102 799	84 459	160 106	249 805
	輸入···	86 600	85 319	80 447	97 764	105 545
	入出超·	35 191	17 480	4 012	62 342	144 260
ハン ガリー	輸出···	124 705	123 796	120 654	141 830	151 540
	輸入···	120 741	120 590	116 020	142 917	164 294
	入出超·	3 964	3 206	4 634	-1 087	-12 754
アメリカ 合衆国	輸出···	1 663 982	1 643 161	1 424 935	1 754 300	2 064 278
	輸入···	2 614 221	2 567 445	2 406 932	2 935 314	3 375 819
	入出超·	-950 239	-924 284	-981 997	-1 181 014	-1 311 541
メキシコ	輸出···	450 713	460 604	417 171	494 765	578 193
	輸入···	476 835	467 118	393 278	522 455	626 324
	入出超·	-26 122	-6 514	23 893	-27 690	-48 131
カナダ	輸出···	452 313	448 817	390 763	507 615	599 056
	輸入···	469 106	462 993	420 578	503 985	581 937
	入出超·	-16 793	-14 176	-29 815	3 630	17 119
ブラジル	輸出···	231 890	221 127	209 180	280 815	334 136
	輸入···	192 840	193 162	166 336	234 690	292 245
	入出超·	39 050	27 965	42 844	46 125	41 891
チリ	輸出···	74 839	68 794	74 023	94 775	98 549
	輸入···	74 612	69 855	59 207	92 397	104 529
	入出超·	227	-1 061	14 816	2 378	-5 980
アルゼン チン	輸出···	61 781	65 116	54 884	77 935	88 445
	輸入···	65 482	49 124	42 354	63 185	81 522
	入出超·	-3 701	15 992	12 530	14 750	6 923
オースト ラリア	輸出···	257 098	271 005	250 823	344 864	412 562
	輸入···	235 386	221 564	211 824	261 165	309 189
	入出超·	21 712	49 441	38 999	83 699	103 373
ニュージ ーランド	輸出···	39 673	39 517	38 377	44 777	45 102
	輸入···	43 793	42 363	37 152	49 855	54 219
	入出超·	-4 120	-2 846	1 225	-5 078	-9 117

WTO Stat "International Trade Statistics"（2024年4月8日閲覧）より作成。一般貿易方式（保税倉庫からの外国商品の移動に伴う貿易を含む）による貿易額。輸出はf.o.b.（本船渡し）価格、輸入はc.i.f.（保険料・運賃込）価格。

図 25-2　世界の輸出貿易に占める主要国の割合

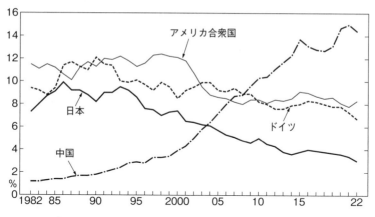

アメリカ合衆国
日本
ドイツ
中国
16
14
12
10
8
6
4
2
%
0
1982
85
90
95
2000
05
10
15
22

WTO Stat（2024年４月８日閲覧）より作成。

図 25-3　各国の１人あたり貿易額と貿易依存度（2022年）

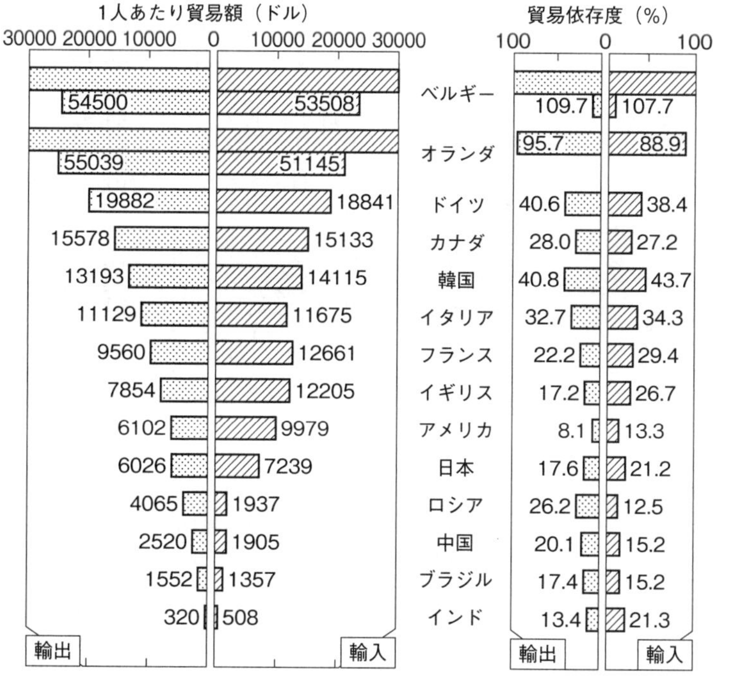

1人あたり貿易額（ドル）
貿易依存度（%）
30000 20000 10000 0 10000 20000 30000
100 0 100
ベルギー 54500 53508 109.7 107.7
オランダ 55039 51145 95.7 88.9
ドイツ 19882 18841 40.6 38.4
カナダ 15578 15133 28.0 27.2
韓国 13193 14115 40.8 43.7
イタリア 11129 11675 32.7 34.3
フランス 9560 12661 22.2 29.4
イギリス 7854 12205 17.2 26.7
アメリカ 6102 9979 8.1 13.3
日本 6026 7239 17.6 21.2
ロシア 4065 1937 26.2 12.5
中国 2520 1905 20.1 15.2
ブラジル 1552 1357 17.4 15.2
インド 320 508 13.4 21.3
輸出
輸入

表25-3の資料より編者算出。貿易依存度はGDPに対する輸出入額の割合。１人あたり貿易額の多い順ではなく、主要国のみを取り上げた。

表 25-4　主要国の相手先別貿易（Ⅰ）（2022年）

		輸出			輸入	
		百万ドル	%		百万ドル	%
日本	中国‥‥‥‥	144 618	19.4	中国‥‥‥‥	188 660	21.0
	アメリカ合衆国	139 433	18.7	アメリカ合衆国	90 641	10.1
	韓国‥‥‥‥	54 224	7.3	オーストラリア	87 576	9.8
	（台湾）‥‥‥	52 256	7.0	アラブ首長国連邦	45 331	5.1
	（香港）‥‥‥	33 227	4.4	サウジアラビア	42 177	4.7
	計×‥‥‥‥	**746 720**	100.0	計×‥‥‥‥	**897 017**	100.0
	EU‥‥‥‥	71 259	9.5	EU‥‥‥‥	86 711	9.7
中国	アメリカ合衆国	582 539	16.2	（台湾）‥‥‥	240 239	8.8
	（香港）‥‥‥	302 338	8.4	韓国‥‥‥‥	200 163	7.4
	日本‥‥‥‥	173 096	4.8	日本‥‥‥‥	184 831	6.8
	韓国‥‥‥‥	164 078	4.6	アメリカ合衆国	178 966	6.6
	ベトナム‥‥‥	147 635	4.1	オーストラリア	140 707	5.2
	インド‥‥‥	118 769	3.3	ロシア‥‥‥	112 225	4.1
	計×‥‥‥‥	**3 604 481**	100.0	計×‥‥‥‥	**2 715 370**	100.0
	EU‥‥‥‥	562 080	15.6	EU‥‥‥‥	285 712	10.5
韓国	中国‥‥‥‥	155 789	22.8	中国‥‥‥‥	154 576	21.1
	アメリカ合衆国	110 178	16.1	アメリカ合衆国	82 135	11.2
	ベトナム‥‥‥	60 964	8.9	日本‥‥‥‥	54 712	7.5
	日本‥‥‥‥	30 606	4.5	オーストラリア	44 929	6.1
	（香港）‥‥‥	27 651	4.0	サウジアラビア	41 640	5.7
	計×‥‥‥‥	**683 584**	100.0	計×‥‥‥‥	**731 370**	100.0
	EU‥‥‥‥	68 164	10.0	EU‥‥‥‥	68 193	9.3
（香港）	中国‥‥‥‥	350 978	57.4	中国‥‥‥‥	268 270	40.1
	アメリカ合衆国	38 202	6.2	（台湾）‥‥‥	75 827	11.3
	インド‥‥‥	22 530	3.7	シンガポール‥	51 399	7.7
	（台湾）‥‥‥	20 138	3.3	韓国‥‥‥‥	37 402	5.6
	ベトナム‥‥‥	14 446	2.4	日本‥‥‥‥	35 363	5.3
	計×‥‥‥‥	**611 366**	100.0	計×‥‥‥‥	**668 945**	100.0
	EU‥‥‥‥	40 056	6.6	EU‥‥‥‥	27 035	4.0
インド	アメリカ合衆国	80 327	17.7	中国‥‥‥‥	102 297	14.0
	アラブ首長国連邦	31 351	6.9	アラブ首長国連邦	53 802	7.4
	オランダ‥‥‥	18 464	4.1	アメリカ合衆国	51 707	7.1
	中国‥‥‥‥	15 145	3.3	サウジアラビア	46 227	6.3
	バングラデシュ	13 989	3.1	ロシア‥‥‥	40 054	5.5
	計×‥‥‥‥	**453 197**	100.0	計×‥‥‥‥	**731 908**	100.0
	EU‥‥‥‥	73 561	16.2	EU‥‥‥‥	54 620	7.5

IMF Data, "Direction of Trade Statistics"（2024年4月8日 閲覧）より作成。二国間の輸出入の数値の開きは、主に第三国経由の貿易があるためである。輸出はf.o.b.（本船渡し）価格、輸入はc.i.f.（保険料・運賃込）価格。EUは27か国。×その他とも。

主要国の相手先別貿易（Ⅱ）（2022年）

		輸出			輸入	
		百万ドル	%		百万ドル	%
シンガポール	中国‥‥‥‥	64 113	12.4	中国‥‥‥‥	62 934	13.2
	（香港）‥‥‥	58 056	11.3	マレーシア‥‥	59 377	12.5
	マレーシア‥‥	51 550	10.0	（台湾）‥‥‥	57 572	12.1
	アメリカ合衆国	45 591	8.8	アメリカ合衆国	51 721	10.9
	インドネシア・	37 310	7.2	韓国‥‥‥‥	30 652	6.4
	計×‥‥‥‥	**516 016**	100.0	計×‥‥‥‥	**475 832**	100.0
	EU‥‥‥	39 877	7.7	EU‥‥‥	43 018	9.0
マレーシア	シンガポール・	52 744	15.0	中国‥‥‥‥	62 955	21.3
	中国‥‥‥‥	47 844	13.6	シンガポール・	30 884	10.5
	アメリカ合衆国	37 982	10.8	（台湾）‥‥‥	24 034	8.1
	日本‥‥‥‥	22 298	6.3	アメリカ合衆国	22 893	7.8
	（香港）‥‥‥	21 676	6.2	日本‥‥‥‥	18 969	6.4
	計×‥‥‥‥	**352 338**	100.0	計×‥‥‥‥	**295 276**	100.0
	EU‥‥‥	29 329	8.3	EU‥‥‥	20 562	7.0
タイ	アメリカ合衆国	47 034	16.6	中国‥‥‥‥	70 951	23.5
	中国‥‥‥‥	34 052	12.0	日本‥‥‥‥	34 542	11.5
	日本‥‥‥‥	24 402	8.6	アメリカ合衆国	17 775	5.9
	ベトナム‥‥‥	13 122	4.6	アラブ首長国連邦	17 046	5.7
	マレーシア‥‥	12 533	4.4	マレーシア‥‥	14 413	4.8
	計×‥‥‥‥	**283 863**	100.0	計×‥‥‥‥	**301 411**	100.0
	EU‥‥‥	22 195	7.8	EU‥‥‥	18 072	6.0
インドネシア	中国‥‥‥‥	65 924	20.1	中国‥‥‥‥	67 724	26.7
	アメリカ合衆国	28 240	8.6	シンガポール・	19 409	7.6
	日本‥‥‥‥	24 845	7.6	日本‥‥‥‥	17 177	6.8
	インド‥‥‥	23 379	7.1	マレーシア‥‥	12 476	4.9
	マレーシア‥‥	15 452	4.7	韓国‥‥‥‥	11 718	4.6
	計×‥‥‥‥	**327 456**	100.0	計×‥‥‥‥	**253 932**	100.0
	EU‥‥‥	21 532	6.6	EU‥‥‥	11 668	4.6
ドイツ	アメリカ合衆国	163 669	9.8	オランダ‥‥‥	225 756	14.3
	フランス‥‥‥	124 286	7.4	中国‥‥‥‥	137 102	8.7
	オランダ‥‥‥	118 032	7.0	ベルギー‥‥‥	98 260	6.2
	中国‥‥‥‥	112 576	6.7	ポーランド‥‥	96 930	6.1
	ポーランド‥‥	97 436	5.8	イタリア‥‥‥	79 151	5.0
	オーストリア・	94 833	5.7	フランス‥‥‥	78 457	5.0
	イタリア‥‥‥	93 800	5.6	アメリカ合衆国	73 627	4.7
	計×‥‥‥‥	**1 675 543**	100.0	計×‥‥‥‥	**1 582 546**	100.0
	EU‥‥‥	922 872	55.1	EU‥‥‥	964 045	60.9

資料・脚注は表（Ⅰ）に同じ。

第25章

世界の貿易

主要国の相手先別貿易 (Ⅲ)（2022年）

		輸出			輸入	
		百万 ドル	%		百万 ドル	%
オランダ	ドイツ‥‥‥‥	252 964	26.3	中国‥‥‥‥‥	145 869	16.3
	ベルギー‥‥‥	112 975	11.7	ドイツ‥‥‥‥	116 985	13.0
	フランス‥‥‥	84 492	8.8	ベルギー‥‥‥	72 964	8.1
	イギリス‥‥‥	51 722	5.4	アメリカ合衆国	71 557	8.0
	イタリア‥‥‥	41 283	4.3	イギリス‥‥‥	44 234	4.9
	計×‥‥‥‥	**962 446**	100.0	計×‥‥‥‥	**897 112**	100.0
	EU‥‥‥	674 605	70.1	EU‥‥‥	346 860	38.7
フランス	ドイツ‥‥‥‥	84 757	13.7	ドイツ‥‥‥‥	120 769	14.7
	イタリア‥‥‥	57 390	9.3	ベルギー‥‥‥	95 050	11.5
	アメリカ合衆国	49 122	7.9	オランダ‥‥‥	67 162	8.2
	ベルギー‥‥‥	48 878	7.9	スペイン‥‥‥	63 573	7.7
	スペイン‥‥‥	47 340	7.6	イタリア‥‥‥	60 486	7.3
	イギリス‥‥‥	35 267	5.7	アメリカ合衆国	56 005	6.8
	計×‥‥‥‥	**620 147**	100.0	計×‥‥‥‥	**823 119**	100.0
	EU‥‥‥	344 640	55.6	EU‥‥‥	505 236	61.4
イタリア	ドイツ‥‥‥‥	81 599	12.4	ドイツ‥‥‥‥	94 622	13.6
	アメリカ合衆国	68 316	10.4	中国‥‥‥‥‥	60 834	8.8
	フランス‥‥‥	66 425	10.1	フランス‥‥‥	50 688	7.3
	スペイン‥‥‥	34 082	5.2	オランダ‥‥‥	38 843	5.6
	スイス‥‥‥‥	32 675	5.0	スペイン‥‥‥	32 735	4.7
	計×‥‥‥‥	**658 457**	100.0	計×‥‥‥‥	**693 735**	100.0
	EU‥‥‥	345 667	52.5	EU‥‥‥	353 578	51.0
イギリス	アメリカ合衆国	72 897	14.0	中国‥‥‥‥‥	87 376	11.0
	オランダ‥‥‥	46 445	8.9	ドイツ‥‥‥‥	84 311	10.6
	ドイツ‥‥‥‥	41 942	8.0	アメリカ合衆国	76 524	9.6
	アイルランド・	37 329	7.2	オランダ‥‥‥	69 065	8.7
	中国‥‥‥‥‥	34 870	6.7	ノルウェー‥‥	55 157	7.0
	フランス‥‥‥	31 953	6.1	フランス‥‥‥	42 233	5.3
	計×‥‥‥‥	**521 197**	100.0	計×‥‥‥‥	**793 266**	100.0
	EU‥‥‥	242 416	46.5	EU‥‥‥	379 712	47.9
ロシア	中国‥‥‥‥‥	69 420	11.9	中国‥‥‥‥‥	57 699	27.9
	オランダ‥‥‥	43 566	7.5	ドイツ‥‥‥‥	18 018	8.7
	トルコ‥‥‥‥	35 939	6.1	アメリカ合衆国	12 433	6.0
	ドイツ‥‥‥‥	30 521	5.2	ベラルーシ‥‥	11 051	5.3
	イタリア‥‥‥	27 018	4.6	イタリア‥‥‥	8 002	3.9
	計×‥‥‥‥	**584 456**	100.0	計×‥‥‥‥	**206 926**	100.0
	EU‥‥‥	225 145	38.5	EU‥‥‥	61 919	29.9

資料・脚注は表（Ⅰ）に同じ。

主要国の相手先別貿易（IV）（2022年）

		輸出			輸入	
		百万ドル	%		百万ドル	%
アメリカ合衆国	カナダ‥‥‥	356 453	17.3	中国‥‥‥‥	536 307	16.5
	メキシコ‥‥	324 310	15.7	メキシコ‥‥	454 775	14.0
	中国‥‥‥‥	154 012	7.5	カナダ‥‥‥	436 562	13.5
	日本‥‥‥‥	80 180	3.9	日本‥‥‥‥	148 064	4.6
	イギリス‥‥	76 208	3.7	ドイツ‥‥‥	146 630	4.5
	オランダ‥‥	73 207	3.5	ベトナム‥‥	127 481	3.9
	ドイツ‥‥‥	72 553	3.5	韓国‥‥‥‥	115 394	3.6
	計×‥‥‥‥	**2 065 157**	100.0	計×‥‥‥‥	**3 242 530**	100.0
	EU‥‥‥	351 884	17.0	EU‥‥‥	553 538	17.1
メキシコ	アメリカ合衆国	472 584	81.8	アメリカ合衆国	280 928	43.8
	カナダ‥‥‥	15 586	2.7	中国‥‥‥‥	125 818	19.6
	中国‥‥‥‥	10 917	1.9	韓国‥‥‥‥	23 838	3.7
	ドイツ‥‥‥	8 339	1.4	ドイツ‥‥‥	19 562	3.1
	韓国‥‥‥‥	7 376	1.3	日本‥‥‥‥	19 395	3.0
	計×‥‥‥‥	**577 730**	100.0	計×‥‥‥‥	**640 840**	100.0
	EU‥‥‥	22 832	4.0	EU‥‥‥	62 378	9.7
カナダ	アメリカ合衆国	459 929	77.0	アメリカ合衆国	295 265	49.1
	中国‥‥‥‥	21 909	3.7	中国‥‥‥‥	81 437	13.5
	イギリス‥‥	14 010	2.3	メキシコ‥‥	33 002	5.5
	日本‥‥‥‥	13 824	2.3	ドイツ‥‥‥	18 257	3.0
	メキシコ‥‥	6 929	1.2	日本‥‥‥‥	13 928	2.3
	計×‥‥‥‥	**596 958**	100.0	計×‥‥‥‥	**601 422**	100.0
	EU‥‥‥	27 602	4.6	EU‥‥‥	64 768	10.8
ブラジル	中国‥‥‥‥	89 719	26.8	中国‥‥‥‥	64 389	22.3
	アメリカ合衆国	38 148	11.4	アメリカ合衆国	54 808	19.0
	アルゼンチン・	15 349	4.6	アルゼンチン・	13 886	4.8
	オランダ‥‥	11 988	3.6	ドイツ‥‥‥	13 575	4.7
	スペイン‥‥	9 761	2.9	インド‥‥‥	9 396	3.3
	計×‥‥‥‥	**334 463**	100.0	計×‥‥‥‥	**289 064**	100.0
	EU‥‥‥	50 916	15.2	EU‥‥‥	46 927	16.2
オーストラリア	中国‥‥‥‥	121 151	29.4	中国‥‥‥‥	81 926	26.7
	日本‥‥‥‥	79 392	19.2	アメリカ合衆国	31 295	10.2
	韓国‥‥‥‥	35 707	8.7	韓国‥‥‥‥	19 751	6.4
	（台湾）‥‥	19 969	4.8	日本‥‥‥‥	18 049	5.9
	インド‥‥‥	19 916	4.8	シンガポール・	14 349	4.7
	計×‥‥‥‥	**412 540**	100.0	計×‥‥‥‥	**306 555**	100.0
	EU‥‥‥	18 041	4.4	EU‥‥‥	42 835	14.0

第25章　世界の貿易

資料・脚注は表（I）に同じ。

図 25-4　各国の輸出額に占める対EU、対米、対中国の割合 （2022年）

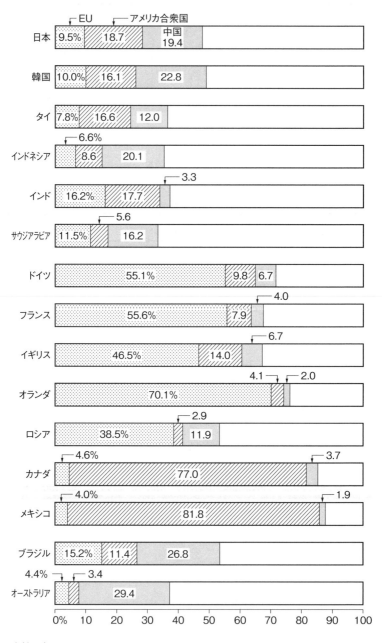

資料は表25-4に同じ。

〔**主な国の商品別貿易**〕 表25-5〜27は国連 "Comtrade Database" より作成。商品の分類は標準国際貿易分類（SITC）Rev.4を採用。この商品分類は、財務省や世界税関機構（WCO）が定めた品目番号とは異なる。輸出額はf.o.b（本船渡し）価格、輸入額はc.i.f（保険料・運賃込み）価格。ただし、「fob」の注記がある輸入はf.o.b価格。繊維品には衣類を含まない。有機化合物は石油化学工業などでつくられる薬品類の総称。天然ガスには液化天然ガスを含まない。機械類は一般機械と電気機械の合計で、自動車や航空機などの輸送用機械および精密機械を含まないので注意が必要。自動車は部品、二輪自動車およびその他の道路走行車両を含む。2022年の集積回路は非公表の国があり、その場合は集積回路を含む電子部品類を掲載。×その他とも。

表 25-5　**日本**　（単位　億ドル）

輸出	2021	2022	輸入	2021	2022
機械類‥‥‥‥	2 717	2 582	機械類‥‥‥‥	1 861	1 922
半導体等製造装置	305	309	通信機器‥‥	384	399
電子部品類‥	445	294	電子部品類‥	304	330
通信機器‥‥	89	215	原油‥‥‥‥	631	1 009
自動車‥‥‥‥	1 357	1 336	液化天然ガス‥	390	643
乗用車‥‥‥	855	866	石炭‥‥‥‥	263	599
精密機器‥‥‥	394	377	医薬品‥‥‥	381	399
鉄鋼‥‥‥‥	348	360	衣類‥‥‥‥	265	271
自動車部品‥‥	330	295	精密機器‥‥‥	253	266
プラスチック‥	271	240	自動車‥‥‥‥	229	220
計×‥‥‥‥	**7 571**	**7 467**	計×‥‥‥‥	**7 723**	**8 986**

表 25-6　**中国**　（単位　億ドル）

輸出	2021	2022	輸入	2021	2022
機械類‥‥‥‥	14 351	14 716	機械類‥‥‥‥	8 992	8 085
通信機器‥‥	3 131	3 654	電子部品類‥	4 661	3 326
コンピュータ	2 042	1 879	通信機器‥‥	815	1 664
電子部品類‥	2 030	1 462	原油‥‥‥‥	2 585	3 655
衣類‥‥‥‥	1 729	1 824	鉄鉱石‥‥‥	1 817	1 281
自動車‥‥‥‥	1 405	1 622	精密機器‥‥‥	1 029	1 158
金属製品‥‥‥	1 403	1 570	自動車‥‥‥‥	863	808
繊維品‥‥‥‥	1 445	1 481	金（非貨幣用）	473	767
精密機器‥‥‥	947	1 056	プラスチック‥	765	694
鉄鋼‥‥‥‥	819	1 009	大豆‥‥‥‥	531	612
計×‥‥‥‥	**33 160**	**35 936**	計×‥‥‥‥	**26 794**	**27 160**

表 25-7　（台湾）（単位　億ドル）

輸出	2021	2022	輸入	2021	2022
機械類‥‥‥‥	2 665	3 006	機械類‥‥‥‥	1 765	1 979
集積回路‥‥	1 558	1 836	集積回路‥‥	812	871
通信機器‥‥	199	205	半導体等製造装置	255	380
コンピュータ	120	152	原油‥‥‥‥	199	311
プラスチック‥	224	190	液化天然ガス‥	110	200
石油製品‥‥‥	102	175	精密機器‥‥‥	164	185
精密機器‥‥‥	199	164	石炭‥‥‥‥‥	83	164
金属製品‥‥‥	154	162	自動車‥‥‥‥	106	108
自動車‥‥‥‥	136	157	鉄鋼‥‥‥‥‥	120	102
計×‥‥‥‥	**4 477**	**4 778**	計×‥‥‥‥	**3 826**	**4 366**

表 25-8　**韓国**　（単位　億ドル）

輸出	2021	2022	輸入	2021	2022
機械類‥‥‥‥	2 657	2 527	機械類‥‥‥‥	1 823	1 953
通信機器‥‥	341	806	電子部品類‥‥	567	467
電子部品類‥	1 143	551	通信機器‥‥	197	387
自動車‥‥‥‥	661	743	半導体等製造装置	222	201
乗用車‥‥‥	443	517	原油‥‥‥‥	670	1 060
石油製品‥‥‥	393	643	液化天然ガス‥	255	500
プラスチック‥	388	367	石炭‥‥‥‥‥	147	283
精密機器‥‥‥	199	349	石油製品‥‥‥	250	276
鉄鋼‥‥‥‥‥	309	325	精密機器‥‥‥	215	243
有機化合物‥‥	233	245	自動車‥‥‥‥	200	216
計×‥‥‥‥	**6 444**	**6 836**	計×‥‥‥‥	**6 151**	**7 314**

表 25-9　**シンガポール**　（単位　億ドル）

輸出	2021	2022	輸入	2021	2022
機械類‥‥‥‥	2 320	2 523	機械類‥‥‥‥	1 963	2 185
電子部品類‥‥	1 237	1 122	電子部品類‥‥	1 005	968
通信機器‥‥	170	396	通信機器‥‥	148	331
半導体等製造装置	177	212	半導体等製造装置	80	109
コンピュータ	95	106	コンピュータ	87	99
石油製品‥‥‥	449	653	石油製品‥‥‥	470	634
精密機器‥‥‥	206	216	原油‥‥‥‥‥	226	340
金（非貨幣用）‥	154	159	金（非貨幣用）‥	145	178
プラスチック‥	146	142	精密機器‥‥‥	150	164
有機化合物‥‥	134	134	有機化合物‥‥	94	112
計×‥‥‥‥	**4 571**	**5 150**	計×‥‥‥‥	**4 063**	**4 754**

郵便はがき

１００8784

319

（受取人）

東京都千代田区

有楽町１−13−１

第一生命本館

公益財団法人　**矢野恒太記念会**　行

||||·|·|·|··|·|·|·||·||·|·||·|·||·|·||·|·|·|·||·|·||·|·|·||·||

（郵便番号　　　　　　　　　　）

住所

・・

（ふりがな）

氏　名

男・女　　　　　歳　　　電話

＊ご記入の個人情報は、本作りの参考にさせていただきます。それ以外の目的には使
用致しません。新刊・バックナンバー案内は、当財団ホームページをご覧下さい。

ご購入ありがとうございました。
お答えいただける項目をご記入下さい。

日本国勢図会 2024/25

職　業	①学生（小学校／中学校／高等学校／大学／大学院／予備校／専門学校）②会社員　③会社役員　④教員（小学校／中学校／高等学校／大学／学習塾・科担当）⑤公務員　⑥主婦　⑦自営業（　　）⑧無職　⑨その他（　　　　　　　　）

購入頻度	①毎年　②（　　）年に一度　③今回初めて購入

初めてご購入された方	①書店の店頭　②インターネット　③人にすすめられて④書評・紹介記事（掲載元　　　　　　　　　　　）⑤広告（掲載元　　　　　　　　　　　　　）⑥その他

購読新聞	①朝日新聞　②読売新聞　③毎日新聞④日本経済新聞　⑤その他（　　　　　　　　新聞）

ご購入の目的	①授業教材　②受験勉強　③レポート作成④講演会資料　⑤教養書として　⑥読みものとして⑦市場調査　⑧その他（　　　　　　　　　　）

お買い上げ書店名	都道府県	市区町村	書店
	インターネット		書店

希望する統計データ	（具体的にお書き下さい）

その他か本書についてのご意見・ご感想をお聞かせ下さい。

日図'24

表 25-10　マレーシア　（単位　億ドル）

輸出	2021	2022	輸入	2021	2022
機械類………	1 220	1 484	機械類………	924	1 094
通信機器……	100	117	集積回路……	334	102
集積回路……	549	114	石油製品……	211	323
石油製品……	220	350	原油………	35	122
パーム油……	142	170	プラスチック…	80	82
液化天然ガス…	88	155	石炭………	44	74
精密機器……	112	128	鉄鋼………	69	73
有機化合物……	90	97	自動車………	58	73
プラスチック…	82	81	精密機器……	64	70
原油………	52	80	有機化合物……	55	63
計×………	2 992	3 522	計×………	2 382	2 939

表 25-11　タイ　（単位　億ドル）

輸出	2021	2022	輸入	2021	2022
機械類………	846	894	機械類………	800	846
コンピュータ	142	127	電子部品類…	177	212
通信機器……	86	122	通信機器……	103	104
電子部品類…	111	121	原油………	254	391
自動車………	313	311	鉄鋼………	158	154
乗用車……	106	111	金（非貨幣用）…	84	113
プラスチック…	127	122	自動車………	99	110
石油製品……	88	101	金属製品……	92	96
野菜・果実…	99	97	液化天然ガス…	38	91
ゴム製品……	88	91	プラスチック…	75	76
計×………	2 667	2 838	計×………	2 682	3 057

表 25-12　インドネシア　（単位　億ドル）

輸出	2021	2022	輸入	2021	2022
石炭………	316	547	機械類………	485	582
鉄鋼………	214	284	通信機器……	85	88
パーム油……	267	278	石油製品……	150	242
機械類………	182	216	鉄鋼………	124	151
有機化合物……	95	111	原油………	70	115
自転車………	85	108	プラスチック…	88	96
衣類………	94	101	自動車………	65	95
銅鉱………	54	93	繊維品……	71	75
はきもの……	62	77	有機化合物……	71	75
液化天然ガス…	46	67	液化石油ガス…	41	48
計×………	2 315	2 920	計×………	1 962	2 374

第25章　世界の貿易

表 25-13　ベトナム　（単位　億ドル）

輸出	2021	2022	輸入	2021	2022
機械類………	1 556	1 696	機械類………	1 424	1 484
通信機器……	849	910	電子部品類…	524	537
電子部品類…	194	206	通信機器……	328	380
衣類…………	306	353	繊維品………	186	189
はきもの……	182	246	プラスチック…	161	168
家具…………	130	129	鉄鋼…………	129	133
繊維品………	116	110	石油製品……	54	108
魚介類………	88	108	金属製品……	80	87
鉄鋼…………	129	93	自動車………	74	81
金属製品……	58	69	原油…………	50	73
計×………	3 358	3 709	計×………	3 308	3 588

表 25-14　インド　（単位　億ドル）

輸出	2021	2022	輸入	2021	2022
石油製品……	548	969	原油…………	1 064	1 735
機械類………	446	555	機械類………	1 057	1 229
ダイヤモンド…	247	239	通信機器……	196	254
医薬品………	211	216	石炭…………	266	506
有機化合物…	200	208	金（非貨幣用）…	558	366
自動車………	177	198	有機化合物…	264	290
繊維品………	222	193	ダイヤモンド…	262	271
鉄鋼…………	236	184	植物性油脂…	173	215
衣類…………	162	176	プラスチック…	174	208
貴金属製品…	106	124	石油製品……	133	207
計×………	3 948	4 527	計×………	5 704	7 326

表 25-15　南アフリカ共和国　（単位　億ドル）

輸出	2021	2022	輸入fob	2021	2022
白金族………	231	167	機械類………	202	232
石炭…………	61	134	通信機器……	39	41
自動車………	106	111	石油製品……	86	191
機械類………	84	86	自動車………	60	79
鉄鋼…………	64	67	原油…………	54	44
鉄鉱石………	99	65	医薬品………	32	27
野菜・果実…	53	54	プラスチック…	23	26
金（非貨幣用）…	73	53	衣類…………	21	22
石油製品……	21	31	鉄鋼…………	21	21
マンガン鉱…	28	29	精密機器……	19	21
計×………	1 213	1 216	計×………	934	1 119

表 25-16　ドイツ （単位　億ドル）

輸出	2021	2022	輸入	2021	2022
機械類 ·······	4 568	4 444	機械類 ·······	3 508	3 735
自動車 ·······	2 377	2 523	自動車 ·······	1 296	1 348
乗用車 ·····	1 403	1 573	乗用車 ·····	677	694
医薬品 ·······	1 206	1 284	医薬品 ·······	836	854
自動車部品 ····	660	633	天然ガス ·····	460	715
精密機器 ·····	692	579	有機化合物 ····	392	658
金属製品 ·····	520	527	原油 ·········	403	632
鉄鋼 ·········	342	394	衣類 ·········	466	505
有機化合物 ····	315	351	金属製品 ·····	390	435
航空機 ·······	277	294	鉄鋼 ·········	370	418
計 × ········	**16 356**	**16 861**	計 × ········	**14 247**	**15 889**

表 25-17　フランス （単位　億ドル）

輸出	2021	2022	輸入	2021	2022
機械類 ·······	1 094	1 131	機械類 ·······	1 510	1 538
自動車 ·······	489	475	自動車 ·······	736	705
乗用車 ·····	209	209	乗用車 ·····	404	374
医薬品 ·······	401	386	石油製品 ·····	264	383
航空機 ·······	308	325	医薬品 ·······	369	352
化粧品類 ·····	187	196	原油 ·········	198	347
アルコール飲料	198	196	液化天然ガス ··	65	338
鉄鋼 ·········	164	179	衣類 ·········	270	294
プラスチック ··	177	176	天然ガス ·····	121	248
精密機器 ·····	160	156	金属製品 ·····	208	228
計 × ········	**5 854**	**6 183**	計 × ········	**7 159**	**8 194**

表 25-18　イギリス （単位　億ドル）

輸出	2021	2022	輸入	2021	2022
機械類 ·······	975	1 049	機械類 ·······	1 416	1 652
金（非貨幣用）·	418	736	通信機器 ····	216	271
自動車 ·······	390	390	自動車 ·······	607	719
乗用車 ·····	302	294	乗用車 ·····	341	442
医薬品 ·······	277	295	金（非貨幣用）·	554	426
原油 ·········	197	251	原油 ·········	239	395
石油製品 ·····	122	210	医薬品 ·······	276	336
精密機器 ·····	178	172	石油製品 ·····	142	316
航空機 ·······	128	123	天然ガス ·····	207	301
有機化合物 ····	97	114	液化天然ガス ··	55	288
計 × ········	**4 705**	**5 351**	計 × ········	**6 882**	**8 216**

第25章

世界の貿易

表 25-19　**イタリア**　（単位　億ドル）

輸出	2021	2022	輸入	2021	2022
機械類………	1 483	1 483	機械類………	1 014	1 105
医薬品………	384	492	天然ガス……	238	528
自動車………	434	433	原油………	299	449
乗用車……	164	163	自動車………	442	445
鉄鋼………	266	294	乗用車……	259	256
衣類………	278	294	医薬品………	343	393
石油製品……	163	267	鉄鋼………	268	310
金属製品……	233	240	プラスチック…	222	239
プラスチック…	187	193	衣類………	183	211
自動車部品…	154	152	有機化合物…	169	202
計×………	**6 159**	**6 594**	計×………	**5 682**	**6 952**

表 25-20　**オランダ**　（単位　億ドル）

輸出	2021	2022	輸入	2021	2022
機械類………	1 639	1 549	機械類………	1 536	1 488
通信機器…	249	262	通信機器…	274	308
半導体等製造装置	201	214	原油………	355	587
石油製品……	591	917	石油製品……	349	462
医薬品………	379	302	自動車………	306	298
自動車………	256	267	医薬品………	263	252
有機化合物…	243	261	精密機器……	222	231
精密機器……	262	260	有機化合物…	195	226
プラスチック…	252	258	衣類………	181	192
野菜・果実…	237	224	液化天然ガス…	43	190
計×………	**6 969**	**7 683**	計×………	**6 234**	**7 108**

表 25-21　**ベルギー**　（単位　億ドル）

輸出	2021	2022	輸入	2021	2022
医薬品………	755	780	機械類………	520	545
天然ガス……	108	492	医薬品………	497	529
機械類………	379	384	天然ガス……	163	512
自動車………	377	371	自動車………	396	401
乗用車……	230	229	乗用車……	240	250
石油製品……	197	368	石油製品……	147	246
プラスチック…	200	203	原油………	175	236
有機化合物…	166	175	有機化合物…	299	226
鉄鋼………	147	167	ダイヤモンド…	114	127
ダイヤモンド…	124	132	プラスチック…	105	115
計×………	**3 860**	**4 638**	計×………	**3 939**	**4 643**

表 25-22　ロシア　（単位　億ドル）

輸出	2020	2021	輸入	2020	2021
原油･･･････････	726	1 110	機械類･･･････	745	923
石油製品･････	477	717	通信機器････	122	148
鉄鋼･･･････････	168	293	コンピュータ	63	78
石炭･･･････････	134	196	自動車･･････	180	262
金（非貨幣用）･	185	174	医薬品･･････	115	145
機械類･･･････	125	168	自動車部品･･･	92	127
化学肥料･････	70	125	金属製品･････	82	99
白金族･･･････	78	85	プラスチック･･	67	94
アルミニウム･･	52	83	衣類･･････････	77	91
計×･･･････	3 371	4 923	計×･･･････	2 317	2 935

2022年はデータ未発表。天然ガスの輸出は特殊取扱品に含められ不詳。

表 25-23　アメリカ合衆国　（単位　億ドル）

輸出	2021	2022	輸入	2021	2022
機械類･･･････	4 005	4 336	機械類･･･････	8 432	9 528
電子部品類･･	607	555	通信機器････	1 418	1 638
通信機器････	422	492	コンピュータ	1 182	1 238
石油製品･････	919	1 463	自動車･･････	2 777	3 221
自動車･･･････	1 181	1 301	原油･･････	1 384	2 047
原油･･･････	694	1 170	医薬品･･････	1 585	1 756
医薬品･･･････	818	878	衣類･･････	1 063	1 161
精密機器･････	732	796	精密機器･････	887	960
プラスチック･･	585	657	金属製品･････	751	882
有機化合物･･･	436	527	石油製品･････	673	882
計×･･･････	17 531	20 621	計×･･･････	29 330	33 729

原資料での2022年の航空機輸出額は88億ドルだが、米商務省資料では1031億ドル。

表 25-24　カナダ　（単位　億ドル）

輸出	2021	2022	輸入 fob	2021	2022
原油･･･････････	819	1 204	機械類･･･････	1 186	1 356
機械類･･･････	460	530	通信機器････	159	177
自動車･･･････	437	489	自動車･･････	670	785
乗用車･････	291	294	乗用車･････	286	326
石油製品･････	134	206	石油製品･････	143	215
天然ガス･････	106	189	医薬品･･････	195	210
金（非貨幣用）･	156	157	金属製品･････	148	173
化学肥料･････	66	137	自動車部品･･･	143	171
自動車部品････	111	130	原油･･････	118	165
プラスチック･･	120	121	鉄鋼･･････	135	157
計×･･･････	5 015	5 966	計×･･･････	4 914	5 696

表 25-25 **メキシコ** （単位 億ドル）

輸出	2021	2022	輸入fob	2021	2022
機械類‥‥‥‥	1 711	2 130	機械類‥‥‥‥	1 763	2 069
コンピュータ	333	430	電子部品類‥‥	253	287
自動車‥‥‥‥	1 117	1 230	通信機器‥‥‥	213	252
乗用車‥‥‥	399	469	自動車‥‥‥‥	373	461
貨物車‥‥‥	307	328	石油製品‥‥‥	260	432
自動車部品‥‥	307	381	自動車部品‥‥	260	296
原油‥‥‥‥‥	241	316	プラスチック‥	207	226
野菜・果実‥‥	188	200	金属製品‥‥‥	160	182
精密機器‥‥‥	175	193	鉄鋼‥‥‥‥‥	140	175
計×‥‥‥‥	**4 945**	**5 777**	計×‥‥‥‥	**5 057**	**6 046**

表 25-26 **ブラジル** （単位 億ドル）

輸出	2021	2022	輸入	2021	2022
大豆‥‥‥‥‥	386	467	機械類‥‥‥‥	616	705
原油‥‥‥‥‥	306	427	電子部品類‥‥	83	106
鉄鉱石‥‥‥‥	447	289	化学肥料‥‥‥	166	267
肉類‥‥‥‥‥	195	254	石油製品‥‥‥	149	261
鉄鋼‥‥‥‥‥	145	174	有機化合物‥‥	136	188
機械類‥‥‥‥	147	174	自動車‥‥‥‥	150	171
石油製品‥‥‥	77	137	医薬品‥‥‥‥	124	114
とうもろこし‥	42	123	原油‥‥‥‥‥	41	101
自動車‥‥‥‥	86	117	プラスチック‥	90	95
計×‥‥‥‥	**2 808**	**3 345**	計×‥‥‥‥	**2 347**	**2 923**

表 25-27 **オーストラリア** （単位 億ドル）

輸出	2021	2022	輸入	2021	2022
石炭‥‥‥‥‥	466	982	機械類‥‥‥‥	681	746
鉄鉱石‥‥‥‥	1 158	860	通信機器‥‥‥	112	121
液化天然ガス‥	372	630	コンピュータ	84	88
金（非貨幣用）‥	175	163	石油製品‥‥‥	208	393
肉類‥‥‥‥‥	112	116	自動車‥‥‥‥	335	363
原油‥‥‥‥‥	76	101	医薬品‥‥‥‥	114	137
小麦‥‥‥‥‥	71	100	金属製品‥‥‥	86	100
機械類‥‥‥‥	82	85	衣類‥‥‥‥‥	87	94
アルミナ‥‥‥	57	61	精密機器‥‥‥	79	84
なたね‥‥‥‥	22	51	原油‥‥‥‥‥	56	74
計×‥‥‥‥	**3 420**	**4 103**	計×‥‥‥‥	**2 616**	**3 093**

図 25-5 開発途上国の輸出品目割合（2022年）

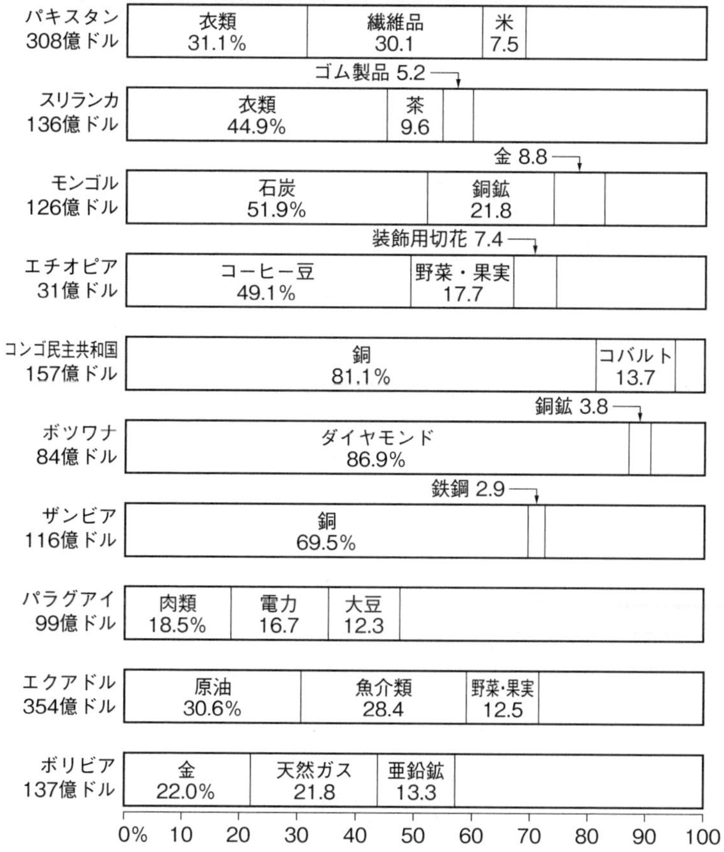
パキスタン
308億ドル
衣類
31.1%
繊維品
30.1
米
7.5
ゴム製品 5.2
スリランカ
136億ドル
衣類
44.9%
茶
9.6
金 8.8
モンゴル
126億ドル
石炭
51.9%
銅鉱
21.8
装飾用切花 7.4
エチオピア
31億ドル
コーヒー豆
49.1%
野菜・果実
17.7
コンゴ民主共和国
157億ドル
銅
81.1%
コバルト
13.7
銅鉱 3.8
ボツワナ
84億ドル
ダイヤモンド
86.9%
鉄鋼 2.9
ザンビア
116億ドル
銅
69.5%
パラグアイ
99億ドル
肉類
18.5%
電力
16.7
大豆
12.3
エクアドル
354億ドル
原油
30.6%
魚介類
28.4
野菜・果実
12.5
ボリビア
137億ドル
金
22.0%
天然ガス
21.8
亜鉛鉱
13.3
0%
10
20
30
40
50
60
70
80
90
100

国連“Comtrade Database”より作成。金は非貨幣用のもの。

特殊取扱品と貿易統計

貿易統計に「特殊取扱品」という品目がある。これは、SITCなど貿易統計における商品分類にある項目の１つで、狭義には再輸出品など、広義には郵便小包や貨幣、非貨幣用の金などが含まれる。しかし、近年は一部の国で特定の品目の輸出額や数量を非公表にして、特殊取扱品に含めることが増えている。国連統計では、ロシアの天然ガスやアメリカ合衆国の航空機などが特殊取扱品に含まれており、個々の数値が不詳である。これらは、各国政府などが公表する統計では数値が明らかな場合もあり、本書ではこれらを注記に掲載している。

表 25-28　主要国のサービス貿易額の推移（単位　百万ドル）

輸出：受取額 輸入：支払額		2018	2019	2020	2021	2022
日本	輸出…	194 250	209 453	163 791	170 886	169 466
	輸入…	203 432	219 430	198 035	209 402	211 503
	入出超・	-9 182	-9 977	-34 245	-38 517	-42 037
中国	輸出…	233 567	244 359	228 883	339 393	368 953
	輸入…	525 735	505 508	381 414	440 605	461 256
	入出超・	-292 168	-261 149	-152 530	-101 212	-92 303
シンガ ポール	輸出…	211 315	223 707	216 589	282 608	336 563
	輸入…	203 247	208 736	210 475	247 043	295 001
	入出超・	8 068	14 971	6 114	35 564	41 562
インド	輸出…	204 956	214 762	203 145	240 655	309 371
	輸入…	124 182	130 535	116 037	137 974	176 844
	入出超・	80 774	84 226	87 108	102 681	132 527
韓国	輸出…	103 678	103 839	89 596	119 949	131 637
	輸入…	133 047	130 684	104 266	125 235	138 890
	入出超・	-29 369	-26 845	-14 670	-5 287	-7 253
ドイツ	輸出…	356 846	366 606	333 723	407 743	430 139
	輸入…	375 402	381 674	326 107	405 440	468 143
	入出超・	-18 555	-15 067	7 616	2 302	-38 004
イギリス	輸出…	434 301	431 906	398 556	473 879	506 585
	輸入…	285 377	286 307	218 608	253 986	321 618
	入出超・	148 924	145 600	179 948	219 893	184 967
アイル ランド	輸出…	222 074	247 650	293 721	353 891	357 029
	輸入…	240 643	331 684	374 205	346 707	356 479
	入出超・	-18 569	-84 034	-80 485	7 184	550
フランス	輸出…	302 378	295 634	245 950	303 452	343 419
	輸入…	273 846	267 032	227 118	262 453	288 781
	入出超・	28 533	28 602	18 832	40 999	54 638
オランダ	輸出…	201 175	202 345	187 394	201 765	214 224
	輸入…	189 427	180 398	166 327	172 511	182 838
	入出超・	11 747	21 947	21 066	29 254	31 386
ロシア	輸出…	64 646	61 965	47 960	55 550	48 623
	輸入…	94 728	98 482	64 748	75 933	70 853
	入出超・	-30 082	-36 517	-16 788	-20 383	-22 230
アメリカ 合衆国	輸出…	865 545	891 181	726 295	801 140	928 533
	輸入…	565 397	593 316	466 302	559 210	696 709
	入出超・	300 148	297 865	259 993	241 930	231 824
ブラジル	輸出…	34 044	33 033	27 514	31 482	40 291
	輸入…	73 372	71 514	52 171	58 439	79 909
	入出超・	-39 328	-38 481	-24 657	-26 957	-39 618

IMF（国際通貨基金）Data, "Balance of Payments Statistics"（2024年 4 月 9 日閲覧）より作成。

表 25-29　主要国のサービス貿易の内訳（Ⅰ）（単位　百万ドル）

	2021			2022		
	輸出 （受取）	輸入 （支払）	輸出 －輸入	輸出 （受取）	輸入 （支払）	輸出 －輸入
日本						
輸送·········	25 310	32 259	-6 949	29 269	36 470	-7 201
旅行·········	4 859	2 831	2 028	8 931	4 426	4 505
維持修理·····	1 170	5 721	-4 552	1 304	5 784	-4 480
建設·········	8 340	5 518	2 822	7 186	5 515	1 671
保険・年金···	2 184	11 595	-9 411	2 120	12 978	-10 858
金融·········	13 584	10 057	3 527	11 912	9 437	2 476
知的財産権等使用料	48 310	29 653	18 657	46 598	27 798	18 801
情報通信····1)	10 495	25 960	-15 465	10 340	22 476	-12 136
その他業務サービス	49 035	75 680	-26 645	44 950	78 097	-33 147
個人向けサービス2)	1 919	2 170	-250	1 910	1 375	535
公的サービス等	3 924	2 132	1 792	3 431	2 290	1 141
計×·······	**170 886**	**209 402**	**-38 517**	**169 466**	**211 503**	**-42 037**
中国						
輸送·········	128 607	146 652	-18 045	146 519	168 878	-22 359
旅行·········	11 330	109 389	-98 059	9 583	114 795	-105 213
維持修理·····	7 874	3 822	4 052	8 292	4 346	3 946
建設·········	15 415	9 737	5 678	14 279	7 577	6 702
保険・年金···	5 004	19 346	-14 343	4 527	19 835	-15 308
金融·········	4 579	4 424	155	4 971	3 889	1 082
知的財産権等使用料	11 756	46 895	-35 139	13 305	44 474	-31 169
情報通信····1)	50 718	40 007	10 710	55 692	37 874	17 818
その他業務サービス	86 931	53 028	33 903	94 415	52 508	41 907
個人向けサービス2)	1 440	3 282	-1 843	1 367	2 614	-1 248
公的サービス等	1 553	3 310	-1 757	1 695	3 633	-1 939
計×·······	**339 393**	**440 605**	**-101 212**	**368 953**	**461 256**	**-92 303**
インド						
輸送·········	29 341	30 467	-1 126	37 533	43 528	-5 995
旅行·········	8 650	14 280	-5 630	21 360	25 881	-4 521
維持修理·····	253	1 150	-897	196	1 669	-1 473
建設·········	2 801	2 913	-112	3 323	2 856	466
保険・年金···	3 060	2 214	846	3 358	2 320	1 037
金融·········	5 115	5 518	-403	7 337	5 909	1 427
知的財産権等使用料	870	8 632	-7 761	1 168	10 428	-9 260
情報通信····1)	119 524	14 390	105 135	144 798	17 176	127 622
その他業務サービス	55 456	50 660	4 796	74 925	57 259	17 667
個人向けサービス2)	2 921	4 130	-1 208	3 831	5 285	-1 454
公的サービス等	802	939	-137	698	979	-280
計×·······	**240 655**	**137 974**	**102 681**	**309 371**	**176 844**	**132 527**

主要国のサービス貿易の内訳（Ⅱ）（単位　百万ドル）

	2021 輸出（受取）	2021 輸入（支払）	2021 輸出－輸入	2022 輸出（受取）	2022 輸入（支払）	2022 輸出－輸入
韓国						
輸送‥‥‥‥	42 382	29 507	12 875	48 375	35 278	13 097
旅行‥‥‥‥	10 804	17 829	-7 026	12 462	20 831	-8 369
維持修理‥‥	541	1 492	-951	577	2 232	-1 655
建設‥‥‥‥	6 159	1 890	4 270	7 415	2 575	4 840
保険・年金‥	931	1 293	-362	375	397	-22
金融‥‥‥‥	4 375	2 697	1 678	3 649	2 954	695
知的財産権等使用料	8 071	11 116	-3 046	7 947	11 689	-3 742
情報通信‥‥[1]	14 669	11 827	2 842	12 837	11 798	1 039
その他業務サービス	27 105	36 678	-9 573	32 329	39 358	-7 029
個人向けサービス[2]	1 518	736	783	1 995	1 332	662
公的サービス等	771	1 425	-654	647	1 211	-564
計×‥‥‥‥	**119 949**	**125 235**	**-5 287**	**131 637**	**138 890**	**-7 253**
ドイツ						
輸送‥‥‥‥	93 594	101 474	-7 880	112 140	124 034	-11 894
旅行‥‥‥‥	22 137	50 564	-28 427	31 559	88 516	-56 958
維持修理‥‥	12 111	12 407	-296	12 402	13 130	-728
建設‥‥‥‥	2 623	2 827	-203	2 695	3 043	-348
保険・年金‥	16 031	10 089	5 942	15 023	9 830	5 193
金融‥‥‥‥	35 609	25 814	9 795	33 754	24 388	9 366
知的財産権等使用料	59 164	21 645	37 519	52 189	20 900	31 289
情報通信‥‥[1]	42 155	53 350	-11 195	41 978	55 122	-13 143
その他業務サービス	101 511	113 163	-11 652	104 175	114 831	-10 656
個人向けサービス[2]	3 389	5 806	-2 417	3 274	5 661	-2 386
公的サービス等	5 347	1 722	3 625	5 566	1 752	3 814
計×‥‥‥‥	**407 743**	**405 440**	**2 302**	**430 139**	**468 143**	**-38 004**
イギリス						
輸送‥‥‥‥	25 942	19 928	6 014	35 012	35 751	-739
旅行‥‥‥‥	37 671	32 730	4 941	64 902	90 454	-25 552
維持修理‥‥	4 288	1 727	2 562	4 399	2 871	1 528
建設‥‥‥‥	3 454	5 571	-2 117	3 793	4 853	-1 060
保険・年金‥	26 881	8 607	18 274	28 976	7 501	21 475
金融‥‥‥‥	101 410	19 964	81 447	91 144	19 104	72 040
知的財産権等使用料	25 017	17 293	7 724	28 143	18 023	10 120
情報通信‥‥[1]	44 126	15 902	28 224	43 804	15 518	28 286
その他業務サービス	189 947	112 483	77 465	190 180	110 945	79 235
個人向けサービス[2]	6 250	11 260	-5 010	6 988	9 036	-2 049
公的サービス等	3 787	4 452	-665	3 918	4 710	-791
計×‥‥‥‥	**473 879**	**253 986**	**219 893**	**506 585**	**321 618**	**184 967**

主要国のサービス貿易の内訳（Ⅲ）（単位　百万ドル）

	2021			2022		
	輸出 （受取）	輸入 （支払）	輸出 －輸入	輸出 （受取）	輸入 （支払）	輸出 －輸入
フランス						
輸送‥‥‥‥	69 302	52 657	16 645	86 792	64 032	22 759
旅行‥‥‥‥	40 582	35 898	4 684	59 185	40 875	18 310
維持修理‥‥‥	10 938	7 652	3 286	13 169	8 979	4 190
建設‥‥‥‥	1 528	2 288	-760	1 313	2 608	-1 295
保険・年金‥‥	12 154	15 540	-3 386	9 850	13 326	-3 476
金融‥‥‥‥	18 245	7 789	10 456	19 788	8 874	10 913
知的財産権等使用料	15 480	13 704	1 776	14 126	13 408	719
情報通信‥‥‥ 1)	24 214	30 239	-6 025	25 558	32 047	-6 490
その他業務サービス	92 733	82 215	10 518	95 260	88 619	6 641
個人向けサービス2)	3 868	3 377	491	3 644	3 608	35
公的サービス等	869	19	850	1 023	18	1 005
計×‥‥‥	**303 452**	**262 453**	**40 999**	**343 419**	**288 781**	**54 638**
アメリカ合衆国						
輸送‥‥‥‥	66 055	106 727	-40 672	90 955	157 639	-66 684
旅行‥‥‥‥	71 412	56 698	14 714	136 870	115 311	21 559
維持修理‥‥‥	12 601	4 869	7 732	14 469	5 662	8 807
建設‥‥‥‥	2 892	1 181	1 711	1 654	995	659
保険・年金‥‥	22 261	58 660	-36 399	22 669	59 515	-36 846
金融‥‥‥‥	172 019	51 363	120 656	167 727	57 716	110 011
知的財産権等使用料	128 352	46 065	82 287	127 392	53 241	74 151
情報通信‥‥‥ 1)	58 602	49 756	8 846	66 228	53 637	12 591
その他業務サービス	220 160	130 290	89 870	245 212	138 064	107 148
個人向けサービス2)	23 834	28 454	-4 620	26 828	29 609	-2 781
公的サービス等	22 952	25 147	-2 195	28 529	25 320	3 209
計×‥‥‥	**801 140**	**559 210**	**241 930**	**928 533**	**696 709**	**231 824**

資料は表25-28に同じ。1) 原資料では、通信・コンピュータ・情報サービス。2) 原資料では個人・文化・娯楽サービス。×その他とも。

輸送は旅客や貨物の輸送および輸送に付随するサービスの取引を計上したもの。**旅行**は旅行者が滞在先で取得した財貨やサービスの取引を計上したもの。**維持修理**は各種の修理、点検、アフターサービスなどを計上したもの。**建設**は自国外で行った建設・据え付け工事にかかる取引を計上したもの。**保険・年金**は様々な形態の保険や年金を提供するサービスを計上したもの。**金融**は、金融仲介およびこれに付随するサービスの取引を計上したもの。**知的財産権等使用料**は、研究開発やマーケティングによって生じた財産権の使用料のほか、著作物の複製・頒布権料、上映・放映権料などを計上したもの。**通信・コンピュータ・情報サービス**は、ITや情報に関連した取引を計上したもの。**その他業務サービス**は上記以外の幅広い事業者向けサービスの取引を計上したもので、特許権など産業財産権の売買なども含まれる。**個人・文化・娯楽サービス**は、個人向けサービスや文化・娯楽に関連したサービスの取引を計上したもの。**公的サービス等**は、在外公館や駐留軍の経費のほか、政府や国際機関が行うサービス取引のうち他の項目に該当しないものを計上。

第 26 章　国際収支・国際協力

〔**国際収支**〕　国際収支は、国の1年間における国内居住者と外国人（非居住者）の間で行われたすべての経済取引を記録した統計で、財貨・サービスの取引や所得の受払、経常移転を表す「経常収支」、対価の受領を伴わない「資本移転等収支」、金融資産にかかる債権・債務の移動を伴う「金融収支」の大項目で構成される（表26-1注記参照）。

表 26-1　国際収支総括表（単位　億円）

	2020	2021	2022	2023
経常収支‥‥‥‥‥‥	159 917	214 667	114 486	213 810
貿易・サービス収支	-8 773	-24 834	-210 665	-94 167
貿易収支‥‥‥1)	27 779	17 623	-155 107	-65 009
サービス収支‥‥	-36 552	-42 457	-55 558	-29 158
第一次所得収支‥‥	194 387	263 092	350 477	349 240
第二次所得収支‥‥	-25 697	-23 591	-25 326	-41 263
資本移転等収支‥‥‥	-2 072	-4 232	-1 144	-4 001
金融収支‥‥‥‥‥‥	141 251	167 680	64 253	233 037
直接投資‥‥‥‥‥	93 898	191 731	168 228	228 423
証券投資‥‥‥‥‥	43 916	-219 175	-191 993	278 262
金融派生商品‥‥‥	7 999	21 685	50 850	65 026
その他投資‥‥‥‥	-16 541	104 539	107 739	-381 117
外貨準備‥‥‥‥‥	11 980	68 899	-70 571	42 444
誤差脱漏‥‥‥‥‥‥	-16 594	-42 755	-49 089	23 228

財務省「国際収支状況」より作成。2014年1月取引分から国際収支統計は「IMF国際収支マニュアル第6版」に準拠する。符号表示は、金融収支のプラスは純資産の増加、マイナスは純資産の減少を示す。1) 貿易統計の輸出がF.O.B.（輸出国での船積み価格）、輸入がC.I.F.（船積み価格に仕向地までの運賃、保険料を含む）であるのに対し、国際収支統計は輸出入ともにF.O.B.であることなどから、両者間で差が生じる。

国際収支はフロー統計で、国の1年間の国際取引の受け取りと支払い勘定の記録
【**経常収支**】財（モノ）やサービスの取引
　貿易・サービス収支：貿易収支はモノの輸出入の収支、サービス収支は旅行、運輸、通信、文化的活動、特許権使用料などのサービス取引の収支
　第一次所得収支（旧名は所得収支）：海外での資産から生じる収支
　第二次所得収支（旧名は経常移転収支）：対価を伴わない資産の提供に係る収支（政府・民間による無償資金援助、海外で働く人の本国への送金など）
【**資本移転等収支**】対価を伴わない固定資産の提供（債務免除など）
【**金融収支**】債権・債務の移動を伴う金融取引上の収支で、日本企業が海外で工場を建てるなどの直接投資、外国の証券を買うなどの証券投資、外貨準備など

　2023年の経常収支は、前年より黒字幅が大きく拡大し、86.8％増の21兆3810億円の黒字となった（表26-2参照）。貿易収支は 6 兆5009億円の赤字で、2022年の15兆5107億円の赤字と比べて、赤字幅が縮小している。その内訳は、輸入額が前年比6.6％減の106兆8555億円、輸出額が前年比1.5％増の100兆3546億円である。原油や石炭価格の高騰がピークを越え

表 26-2　経常収支（単位　億円）

	2020	2021	2022	2023
貿易・サービス収支‥	-8 773	-24 834	-210 665	-94 167
貿易収支‥‥‥‥‥‥	27 779	17 623	-155 107	-65 009
輸出‥‥‥‥‥‥‥	672 629	823 526	988 582	1 003 546
輸入‥‥‥‥‥‥‥	644 851	805 903	1 143 688	1 068 555
サービス収支‥‥‥‥	-36 552	-42 457	-55 558	-29 158
輸送‥‥‥‥‥‥‥	-7 120	-7 655	-9 268	-6 432
旅行‥‥‥‥‥‥‥	5 552	2 227	5 384	36 313
その他サービス‥‥	-34 984	-37 030	-51 675	-59 040
委託加工‥‥‥‥	-4 251	-4 466	-4 401	-4 646
維持修理‥‥‥‥	-6 251	-4 997	-5 966	-8 301
建設‥‥‥‥‥‥	2 099	3 052	2 258	508
保険・年金‥‥‥	-8 793	-10 332	-14 357	-23 577
金融サービス‥‥	5 372	3 862	3 245	6 437
知的財産権等 使用料‥‥‥‥	15 791	20 464	23 628	31 509
通信・コンピュータ・情報‥‥	-13 178	-16 949	-14 993	-16 149
その他業務‥‥‥	-28 557	-29 361	-43 465	-45 928
個人・文化・娯楽	451	-272	717	-375
公的サービス等	2 333	1 969	1 659	1 483
第一次所得収支‥‥‥‥	194 387	263 092	350 477	349 240
雇用者報酬‥‥‥‥‥	-231	-246	-254	-289
投資収益‥‥‥‥‥‥	195 204	263 960	351 131	349 561
直接投資収益‥‥‥	97 596	166 208	228 632	209 233
配当金等‥‥‥‥	51 581	67 791	119 694	102 613
再投資収益‥‥‥	45 151	97 779	107 747	105 687
利子所得等‥‥‥	863	639	1 191	933
証券投資収益‥‥‥	90 573	84 720	103 601	121 335
配当金‥‥‥‥‥	1 973	3 337	13 729	3 083
債券利子‥‥‥‥	88 599	81 384	89 872	118 252
その他投資収益‥‥	7 035	13 031	18 897	18 993
その他第一次 所得‥‥‥‥‥‥	-585	-622	-400	-32
第二次所得収支‥‥‥‥	-25 697	-23 591	-25 326	-41 263
計‥‥‥‥‥‥‥‥	**159 917**	**214 667**	**114 486**	**213 810**

資料・注記は表26-1に同じ。【☞長期統計514ページ】

て、鉱物性資源の輸入額が減少したことに加えて、半導体不足が緩和され、自動車の輸出が好調だったことが大きい。

　モノ以外の取引を示すサービス収支は2兆9158億円の赤字で、前年より赤字幅が縮小した。旅行収支は、コロナ収束後に訪日外客数が増加して、3兆6313億円の黒字となっている。また、知的財産権等使用料（映像などの著作権資料を含む）も増加している。一方、通信・コンピュー

図 26-1　経常収支の推移

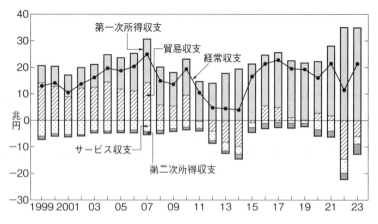

資料・注記は表26-1に同じ。

図 26-2　サービス収支の推移

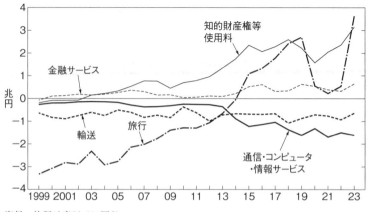

資料・注記は表26-1に同じ。

タ・情報サービス（デジタル関連）やその他の業務（研究開発、専門・経営コンサルティングなど）などは赤字が増えている。

　現在、経常収支の黒字を支えているのは、輸出貿易ではなく、海外での資産から生じる第一次所得収支である。円安を背景に海外投資の利子や海外子会社から受け取る配当金などが増えて、2022年には35兆円を超え、2023年は34兆9240億円となっている。

図 26-3　金融収支の推移

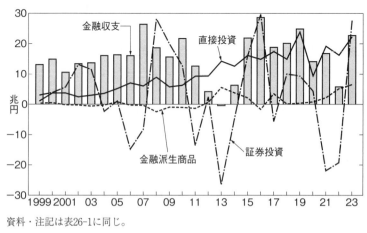

資料・注記は表26-1に同じ。

表 26-3　金融収支（単位　億円）

	2020	2021	2022	2023
直接投資・・・・・・・・・・・	93 898	191 731	168 228	228 423
株式資本・・・・・・・・・	85 699	72 634	51 200	80 845
収益の再投資・・・・・	45 151	97 779	107 747	105 687
負債性資本・・・・・・・	-36 953	21 318	9 281	41 891
証券投資・・・・・・・・・・・	43 916	-219 175	-191 993	278 262
株式・・・・・・・・・・・・	29 712	-93 671	-9 571	-78 797
投資ファンド持分・・	15 093	51 387	42 769	22 473
中長期債・・・・・・・・・	201 190	-161 187	-124 026	239 718
短期債・・・・・・・・・・	-202 080	-15 704	-101 164	94 868
金融派生商品・・・・・・・	7 999	21 685	50 850	65 026
その他投資・・・・・・・・・	-16 541	104 539	107 739	-381 117
外貨準備・・・・・・・・・・	11 980	68 899	-70 571	42 444
計・・・・・・・・・・	141 251	167 680	64 253	233 037

資料・注記は表26-1に同じ。【☞長期統計514ページ】

表 26-4 地域別・国別の対外・対内直接投資 （単位 億円）

日本の相手先	対外直接投資（資産）		対内直接投資（負債）	
	2022	2023	2022	2023
アジア・・・・・・・・・・・・・	48 878	46 649	17 570	16 436
中国・・・・・・・・・・・・	7 245	5 373	878	1 789
シンガポール・・・・・・	9 299	11 196	8 652	8 385
ベトナム・・・・・・・・・	4 190	5 911	17	15
インド・・・・・・・・・・・	5 389	7 094	2	0
北アメリカ・・・・・・・・・	87 572	98 014	18 420	6 085
アメリカ合衆国・・・・	84 699	92 695	12 286	5 564
中南米・・・・・・・・・・・・	19 386	18 064	7 403	1 864
（ケイマン諸島）・・・・	7 414	2 745	6 636	920
オセアニア・・・・・・・・・	16 986	24 372	1 258	-1 557
ヨーロッパ・・・・・・・・・・	55 989	66 199	18 194	6 040
ドイツ・・・・・・・・・・	7 645	6 269	908	183
イギリス・・・・・・・・・	5 608	18 316	11 255	3 591
フランス・・・・・・・・・	1 744	2 812	2 099	3 907
中東・・・・・・・・・・・・	273	630	20	29
アフリカ・・・・・・・・・・・	1 980	3 316	-30	-77
合計・・・・・・・・・・・・	**231 064**	**257 243**	**62 836**	**28 820**
ASEAN（再掲）・・・	31 044	31 920	9 846	8 387
EU（再掲）・・・・・・・・	40 602	40 712	3 021	2 372

財務省「国際収支状況（対外・対内直接投資）」（国際収支マニュアル第6版準拠）より作成。ネット、フロー。対外直接投資は資産、対内直接投資は負債となる。国際収支マニュアル第5版では、資金の流出入に着目して流入をプラス（＋）、流出をマイナス（－）としていたが、第6版では資産・負債の増減に着目して資産・負債の増加をプラス（＋）、減少をマイナス（－）としている。そのため、対外直接投資のマイナス（－）は資産の減少、対内直接投資のマイナス（－）は負債の減少を示す。

表 26-5 対外・対内証券投資 （単位 億円）

	対外証券投資（資産）		対内証券投資（負債）	
	2022	2023	2022	2023
株式・投資ファンド持分	26 684	-22 456	-6 513	33 868
中長期債・・・・・・・・・・・・	-234 075	188 988	-110 049	-50 730
短期債・・・・・・・・・・・・	-20 341	9 859	80 824	-85 009
合計・・・・・・・・・・・・	**-227 732**	**176 391**	**-35 739**	**-101 871**

財務省「国際収支状況（対外・対内証券投資）」（国際収支マニュアル第6版準拠）より作成。ネット、フロー。対外証券投資は居住者による非居住者発行証券への投資で、対内証券投資は非居住者による居住者発行証券への投資。資産・負債の増減に着目し、対外証券投資のプラス（＋）は資産の増加（取得超：資金の流出）、マイナス（－）は資産の減少（処分超：資金の流入）を意味し、対内証券投資のプラス（＋）は負債の増加（取得超：資金の流入）、マイナス（－）は負債の減少（処分超：資金の流出）を意味する。

表 26-6　地域別・国別の経常収支 (2022年) (単位　億円)

日本の相手先	経常収支計	貿易・サービス収支		第一次所得収支	第二次所得収支
		貿易	サービス		
アジア‥‥‥‥‥‥	98 885	15 571	-7 260	95 446	-4 873
中国‥‥‥‥‥‥	-24 617	-54 086	2 479	27 913	-923
(香港)‥‥‥‥‥	50 667	46 219	-396	4 379	466
(台湾)‥‥‥‥‥	22 775	22 852	-3 513	3 449	-13
韓国‥‥‥‥‥‥	22 777	19 568	-932	4 422	-281
シンガポール‥‥	48 525	42 164	-16 770	22 383	748
タイ‥‥‥‥‥‥	5 929	-11 392	5 230	12 751	-660
インドネシア‥‥	-17 331	-24 401	1 966	6 573	-1 468
マレーシア‥‥‥	-12 664	-16 691	1 309	2 681	37
フィリピン‥‥‥	-2 698	-2 940	-355	1 614	-1 018
ベトナム‥‥‥‥	-9 746	-14 589	1 012	4 442	-611
インド‥‥‥‥‥	15 082	10 646	533	4 205	-301
北アメリカ‥‥‥	167 472	86 633	-20 113	103 176	-2 224
アメリカ合衆国‥	171 471	95 675	-21 123	98 862	-1 943
カナダ‥‥‥‥‥	-3 897	-8 940	1 010	4 314	-281
中南アメリカ‥‥	5 574	-18 700	-12 174	46 066	-9 618
メキシコ‥‥‥‥	8 053	4 996	1 237	1 845	-26
ブラジル‥‥‥‥	-1 981	-7 499	156	5 684	-322
(ケイマン諸島)‥1)	22 234	-4 464	-242	28 497	-1 557
オセアニア‥‥‥	-73 113	-107 260	-398	34 570	-25
オーストラリア‥	-68 645	-102 154	-65	33 592	-18
ヨーロッパ‥‥‥	49 621	10 078	-14 518	55 836	-1 775
ドイツ‥‥‥‥‥	10 702	12 012	-3 066	2 459	-702
イギリス‥‥‥‥	34 669	20 127	2 197	12 889	-543
フランス‥‥‥‥	-1 796	-5 691	55	3 926	-86
オランダ‥‥‥‥	34 856	21 053	-2 572	16 530	-155
イタリア‥‥‥‥	-4 762	-6 620	-638	2 535	-38
ベルギー‥‥‥‥	3 174	77	160	2 682	256
ルクセンブルク‥	3 726	571	170	2 591	393
スイス‥‥‥‥‥	-7 804	-5 734	1 670	-3 511	-229
スウェーデン‥‥	-2 868	-2 327	-1 437	900	-3
スペイン‥‥‥‥	-3 546	-5 853	-182	2 554	-64
ロシア‥‥‥‥‥	-12 818	-13 383	-229	1 310	-517
中東‥‥‥‥‥‥	-135 558	-138 142	467	2 341	-224
サウジアラビア‥	-48 292	-49 056	463	304	-3
アラブ首長国連邦	-54 987	-55 702	-148	958	-95
イラン‥‥‥‥‥	142	128	9	-1	6
アフリカ‥‥‥‥	-5 973	-5 600	-1 472	1 531	-433
南アフリカ共和国	-8 117	-8 988	220	1 028	-378
計×‥‥‥‥‥‥	107 144	-157 436	-55 288	344 621	-24 753

財務省「国際収支状況 (地域別国際収支)」より作成。1) イギリス領。法人税などの税率が無税もしくは著しく低い税しか課さないタックス・ヘイブン。×その他を含む。

第26章 国際収支・国際協力

表 26-7　地域別・国別の金融収支（単位　億円）

日本の相手先	2019	2020	2021	2022
アジア・・・・・・・・・・	-34 841	-75 503	-53 886	-12 972
中国・・・・・・・・・	-137 056	-151 795	-136 256	-6 182
（香港）・・・・・・・・	-4 771	-4 605	-33 339	-28 145
（台湾）・・・・・・・・	-4 320	542	-307	-4 567
韓国・・・・・・・・・	952	3 340	2 185	302
シンガポール・・・・・	75 518	62 594	67 831	-29 731
タイ・・・・・・・・・	4 853	184	5 556	10 612
インドネシア・・・・・	12 599	1 067	1 877	1 360
マレーシア・・・・・・	3 167	3 201	3 695	1 137
フィリピン・・・・・・・	3 092	189	1 168	2 525
ベトナム・・・・・・・	2 352	1 146	3 877	4 721
インド・・・・・・・・	6 968	2 698	26 039	29 170
北アメリカ・・・・・・・	263 973	222 126	334 913	322 847
アメリカ合衆国・・・・	261 142	193 586	340 841	320 659
カナダ・・・・・・・・	2 831	28 539	-5 928	2 188
中南アメリカ・・・・・・	107 894	-11 339	-64 360	-70 546
メキシコ・・・・・・・	821	915	666	-896
ブラジル・・・・・・・	866	229	2 293	3 800
（ケイマン諸島）・・・・	65 064	-55 827	-79 548	-90 793
オセアニア・・・・・・・	45 810	99 174	34 379	60 841
オーストラリア・・・・	44 258	91 408	27 530	55 388
ニュージーランド・・	2 623	6 577	7 569	5 283
ヨーロッパ・・・・・・・	-238 238	-365 077	-352 026	-375 651
ドイツ・・・・・・・・	-1 290	-3 727	-38 518	-38 710
イギリス・・・・・・・	-951 642	-970 212	-1 067 823	-1 127 161
フランス・・・・・・・	-153 770	-264 386	-220 175	-94 836
オランダ・・・・・・・	-2 154	27 620	20 687	11 601
イタリア・・・・・・・	7 548	23 856	15	-2 369
ベルギー・・・・・・・	294 769	320 886	365 864	356 859
ルクセンブルク・・・・	418 287	426 097	398 469	407 630
スイス・・・・・・・・	63 763	44 188	39 850	24 171
スウェーデン・・・・・	-4 531	-731	871	2 390
スペイン・・・・・・・	11 237	7 377	-1 950	-700
ロシア・・・・・・・・	315	2 610	58 813	10 668
中東・・・・・・・・・・	39 019	21 826	53 421	41 540
サウジアラビア・・・・	7 354	7 132	5 361	6 833
アラブ首長国連邦・・	925	2 543	7 059	17 749
イラン・・・・・・・・	-243	277	31	-29
アフリカ・・・・・・・・	-1 336	-6 670	886	2 732
南アフリカ共和国	-964	-6 643	357	688
計×・・・・・・・・・・	248 624	141 251	167 864	57 686

資料・注記は表26-6に同じ。前表とも改訂前の数値であるため、表26-1、2とは年次によって数値が異なる。ケイマン諸島はイギリス領。×その他を含む。

〔**対外資産負債残高**〕　対外資産負債残高は、ある時点において居住者が保有する海外金融資産（対外資産）と、非居住者が保有する日本の金融資産（対外負債）の残高を表している。対外純資産（純負債）とは、対外資産から対外負債を差し引いたもので、プラスの場合は債権国、マイナスの場合は債務国となる。日本は、世界最大の債権国である。

2022年末現在の日本の対外純資産残高は、円安により外貨建て資産の円建て評価額が増加したことを反映して、前年末時点より0.2%増の418兆6285億円となった（表26-10）。近年は、企業が国内製造・輸出拡大か

表 26-8　**対外資産負債残高**（各年末現在）（単位　十億円）

	2019	2020	2021	2022
資産残高・・・・・・・・・・・	1 090 549	1 149 589	1 257 141	1 338 236
直接投資・・・・・・・・・	204 168	209 598	234 224	274 749
株式資本・・・・・・・	143 696	151 514	167 130	187 606
収益の再投資・・・・	42 351	39 971	48 308	65 631
負債性資本・・・・・・	18 121	18 113	18 785	21 512
証券投資・・・・・・・・・	494 979	525 594	579 954	531 290
株式・投資ファンド	207 866	215 194	254 190	243 903
債券・・・・・・・・・・	287 113	310 400	325 764	287 387
金融派生商品・・・・・・	34 301	44 698	35 543	76 766
その他投資・・・・・・・・	212 579	225 486	245 669	293 292
外貨準備・・・・・・・・・	144 521	144 214	161 751	162 140
貨幣用金・・・・・・・	4 090	4 807	5 699	6 514
特別引出権(SDR)	2 093	2 088	7 177	7 834
IMFリザーブポジション	1 223	1 565	1 226	1 430
その他外貨準備・・	137 116	135 753	147 649	146 363
負債残高・・・・・・・・・・・	733 534	789 597	839 232	919 608
直接投資・・・・・・・・・	34 330	40 188	40 692	46 168
株式資本・・・・・・・	18 339	18 734	21 468	23 692
収益の再投資・・・・	7 812	7 720	7 305	7 893
負債性資本・・・・・・	8 180	13 734	11 919	14 584
証券投資・・・・・・・・・	396 243	426 043	471 250	458 225
株式・投資ファンド	209 923	219 682	243 989	226 339
債券・・・・・・・・・・	186 320	206 361	227 261	231 886
金融派生商品・・・・・・	33 305	42 350	35 108	77 403
その他投資・・・・・・・・	269 656	281 017	292 182	337 812
対外純資産残高・・・・・・	357 015	359 992	417 908	418 629
公的部門・・・・・・・・1)	-17 894	-31 213	-30 464	-42 049
民間部門・・・・・・・・	374 909	391 205	448 372	460 678

日本銀行「国際収支統計（6版基準）」、財務省「本邦対外資産負債残高」より作成。国際収支マニュアル第6版に準拠。符号の表示は国際収支に同じ。1）中央銀行および一般政府の計。【☞長期統計514ページ】

ら海外進出に軸足を移しており、直接投資の割合が増加している。直接投資の純残高は228兆5809億円（資産274兆7489億円、負債46兆1680億円）で、株式配当金からの収益増加に加えて、収益の再投資額が増えており、海外での得た収益を日本円に戻さずに、引き続き海外で投資を継続する傾向が強くなっている。

図 26-4　対外資産負債残高の推移 （各年末）

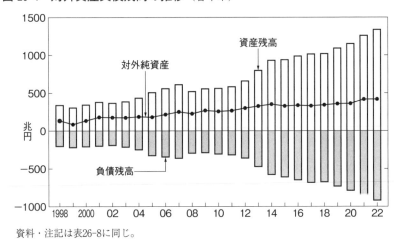

資料・注記は表26-8に同じ。

表 26-9　証券投資残高 （2022年末）（単位　兆円）

日本の相手先	証券投資（資産）	株式等	債券	証券投資（負債）	株式等	債券
アジア‥‥‥‥	16.8	8.7	8.1	51.2	15.6	35.6
中国‥‥‥‥	3.3	1.2	2.1	18.9	0.9	18.0
北米‥‥‥‥‥	234.8	95.8	139.0	176.4	124.3	52.0
アメリカ合衆国	224.8	92.6	132.1	166.9	118.3	48.5
中南米‥‥‥‥	120.1	93.8	26.3	13.0	1.8	11.2
（ケイマン諸島）	112.9	90.1	22.8	9.9	1.5	8.4
オセアニア‥‥	18.5	2.7	15.7	7.5	4.1	3.4
ヨーロッパ‥‥	131.4	41.4	89.9	187.4	75.3	112.1
イギリス‥‥	18.4	4.5	13.8	41.5	30.4	11.1
中東‥‥‥‥‥	2.1	0.8	1.2	8.2	4.7	3.5
アフリカ‥‥‥	0.7	0.5	0.2	0.3	0.0	0.2
計×‥‥‥‥	531.3	243.9	287.4	458.2	226.3	231.9

財務省「本邦対外資産負債残高」（証券投資残高）（国際収支マニュアル第6版準拠）より作成。証券投資の「資産」には非居住者発行証券の取引を、「負債」には居住者発行証券の取引を計上する。株式等は、株式・投資ファンド持分。×その他を含む。

表 26-10　主要国・地域の対外純資産（各年末）（単位　兆円）

	2018	2019	2020	2021	2022
日本・・・・・・・・・	341.6	364.5	357.0	411.2	418.6
ドイツ・・・・・・・・	260.3	299.8	323.5	315.7	389.1
中国・・・・・・・・・	236.1	231.8	222.8	226.5	335.8
（香港）・・・・・・・	143.5	170.6	223.1	242.7	233.6
ロシア・・・・・・・・	41.1	38.9	52.3	55.2	102.2
カナダ・・・・・・・・	42.9	84.1	109.7	152.3	81.9
イタリア・・・・・・	-8.8	-3.6	3.9	17.1	10.4
イギリス・・・・・・	-20.1	-79.9	-88.9	-113.7	-43.0
フランス・・・・・・	-34.0	-69.1	-77.4	-110.8	-97.9
アメリカ合衆国	-1 077.0	-1 199.4	-1 460.4	-2 067.3	-2 137.9

財務省「本邦対外資産負債残高」参考資料より作成。各年末の為替レートによる円換算。

表 26-11　主な国・地域の外貨準備高（各年末）（単位　億ドル）

	2005	2010	2015	2020	2022	2023
中国・・・・・・・・・	8 225	28 679	33 479	32 419	31 927	33 047
日本・・・・・・・・・	8 469	10 962	12 332	13 947	12 276	12 946
スイス・・・・・・・	384	2 253	5 686	10 219	8 646	7 965
インド・・・・・・・	1 325	2 762	3 352	5 502	5 226	5 757
（台湾）・・・・・・・	2 540	3 827	4 267	5 306	5 556	5 712
ロシア・・・・・・・	1 765	4 450	3 220	4 607	4 493	4 461
サウジアラビア	1 553	4 453	6 165	4 537	4 599	4 370
アメリカ合衆国	672	1 355	1 192	1 470	2 449	2 464
イギリス・・・・・・	545	845	1 380	1 617	1 588	1 578
世界計×・・・・・	44 390	97 150	113 413	131 755	129 595	133 771

IMF Data "International Financial Statistics"（2024年4月8日閲覧）より作成。日本は財務省「外貨準備等の状況」による。イギリスとアメリカ以外は外貨準備高の多い国・地域順。×その他とも。【☞長期統計514ページ】

外貨準備　外貨準備とは、通貨当局（日本は財務省と日本銀行）の管理下にあって、直ちに利用できる公的な対外資産である。輸入代金の決済のほか、対外債務の返済が困難な時や、為替相場の急激な変動を抑制する時の外国為替市場介入に用いられる。日本では2022年、急激な円安の進行を食い止めるために、日銀が円買い・ドル売りの介入を行った。2023年末の外貨準備高は前年比5.5％増加し、1兆2946億ドルとなっている。

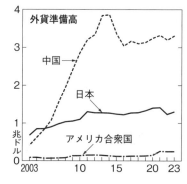

外貨準備高

中国

日本

アメリカ合衆国

兆ドル

第26章　国際収支・国際協力

〔国際協力・ODA〕　国際協力とは、安定や発展を目指す開発途上国・地域に対して、国境を越えて支援を提供することである。国や公的機関が行う政府開発援助（ODA）は、二国間援助と国際機関向けへの出資・拠出で構成されており、返済義務のない贈与および政府貸付等がある。

2023年6月、ODAの指針を定めた「開発協力大綱」が8年ぶりに閣議決定された。援助相手国からの要請を待たずに、日本側から提案する

表26-12　政府開発援助（ODA）事業予算の内訳（会計年度）（単位　億円）

	2020	2021	2022	2023	2024	対前年増減額
贈与‥‥‥‥‥‥	8 604	9 053	8 623	8 528	8 615	87
二国間‥‥‥‥	4 890	4 860	4 777	4 878	4 799	-79
国際機関‥‥ 1)	3 714	4 192	3 846	3 650	3 815	165
借款‥‥‥‥‥‥	14 096	15 071	14 268	19 005	22 824	3 819
計（事業規模）	22 700	24 124	22 890	27 533	31 439	3 905
純額‥‥‥‥ 2)	15 687	17 357	15 736	20 415	23 995	3 580

外務省「開発協力白書」（2023年版）、「ODA事業予算」（政府全体）より作成。当初予算。ODA事業予算の財源には、一般会計以外に出資・拠出国債、財政投融資等がある。1）国際機関への出資・拠出。2）計より回収金を差し引いたもの。

表26-13　ODA実績（卒業国向け援助を除く）（単位　百万ドル）

	2021			2022		
	総額	純額	贈与相当額	総額	純額	贈与相当額
二国間‥‥‥‥‥	17 808	11 622	13 718	19 641	14 125	14 878
贈与‥‥‥‥‥	5 682	5 682	—	5 620	5 620	—
技術協力‥‥	2 423	2 423	—	2 362	2 362	—
政府貸付等‥‥	12 126	5 940	8 036	14 020	8 505	9 257
国際機関向け‥ 1)	4 145	4 145	3 918	2 622	2 622	2 622
ODA計‥‥‥‥	21 953	15 767	17 636	22 263	16 747	17 500
対GNI比（％）‥	—	0.30	0.34	—	0.37	0.39

外務省「開発協力白書」(2023年版)より作成。総額ベースは当該年に実施した贈与と貸付等の計、純額ベースは総額から貸付等の回収額を差し引いたもの、贈与相当額ベースは贈与に相当する貸付等の額を計上したもの。換算率は、2021年＝109.7653円／ドル、2022年＝131.4283円／ドル（OECD-DAC指定レート）。1）国際機関向け拠出・出資等。

贈与相当額計上方式（GE方式）は、2018年実績より、開発援助委員会（DAC）が導入。有償資金協力がどれだけ緩やかな条件で供与されているかに着目し、有償資金で供与される総額のうち、贈与に相当する額をODAの実績額として計上する。卒業国は贈与相当額の算出が不可能なため、除かれていることに注意。

「オファー型」の援助体制を強化する方針である。多くの途上国が中国から返済不可能な貸し付けを受けていることを念頭に、日本は各国を対等なパートナーとして、債務状況に十分配慮する旨も盛り込んだ。

外務省の「開発協力白書」（2023年版）によると、2022年のODA実績

表 26-14　二国間ODA地域別実績（2022年）（単位　百万ドル）

	贈与	無償資金協力	政府貸付等	貸付実行額	計（純額）	計（総額）
アジア・・・・・・・・	1 043	342	5 484	9 955	6 526	10 997
南西アジア・・・	345	106	5 020	6 322	5 364	6 667
東アジア・・・・・	576	193	483	3 467	1 060	4 043
中東・北アフリカ	442	52	1 271	1 913	1 713	2 355
サハラ以南アフリカ	1 015	355	551	662	1 566	1 677
中南米・・・・・・・・	203	60	492	714	695	917
ヨーロッパ・・・・・	171	29	594	649	765	819
オセアニア・・・・・	126	90	109	124	235	250
複数地域援助等 1)	2 628	39	4	4	2 632	2 632
計・・・・・・・・・・	5 628	967	8 504	14 020	14 132	19 649

外務省「開発協力白書」（2023年版）より作成。卒業国向け援助を含むため、表26-13の数値とは異なる。各地域の開発途上国への援助額。政府貸付等は、貸付実行額から回収額を差し引いたもの。1) 地域分類が不可能なものを含む。

表 26-15　二国間ODA援助相手国（2022年）（単位　百万ドル）

	贈与	無償資金協力	政府貸付等	貸付実行額	計（純額）	計（総額）
インド・・・・・・・	65.49	3.11	2 905.15	3 801.63	2 970.64	3 867.12
バングラデシュ	82.91	23.18	2 200.11	2 291.73	2 283.02	2 374.65
フィリピン・・・	98.63	7.83	980.78	1 369.49	1 079.41	1 468.13
イラク・・・・・・・	22.92	0.35	574.18	753.65	597.09	776.56
ウクライナ・・・・	133.10	21.09	577.77	593.63	710.87	726.74
タイ・・・・・・・・・	32.07	5.46	307.59	585.55	339.66	617.62
インドネシア・	80.58	26.68	−519.12	510.57	−438.53	591.15
カンボジア・・・	103.48	69.91	382.27	394.14	485.75	497.62
エジプト・・・・・	24.68	3.55	270.54	430.62	295.22	455.29
トルコ・・・・・・・	3.22	0.50	317.89	431.68	321.12	434.91
ベトナム・・・・・	75.77	33.92	−244.46	311.03	−168.69	386.80
ミャンマー・・・	53.38	14.17	267.14	267.14	320.52	320.52
ケニア・・・・・・・	62.58	9.36	123.13	181.45	185.72	244.03
ドミニカ共和国	7.80	0.33	190.59	193.85	198.39	201.66
アフガニスタン	156.67	5.07	―	―	156.67	156.67
ネパール・・・・・	36.74	19.59	110.00	117.92	146.74	154.65

資料・注記は表26-14を参照。総額の多い順に掲載している。

は前年比0.8％減の174億9994万ドルであった（GE方式、表26-13参照）。ドルベースでの減少は円安の影響が大きく、円ベースでみると前年比18.8％増の2兆3000億円となっている。ODA全体の85.0％を占める二国間ODAをみると、経済成長を続けるインドが最大の援助相手国で、贈与では技術協力に重点が置かれている。インドは「グローバルサウス」と呼ばれる新興国の中心的存在で、日本は、インドの産業競争力の強化や経済・社会インフラ整備の支援を積極的に行う姿勢である。

図 26-5　**主要援助国のODA実績の推移**（支出純額ベース）

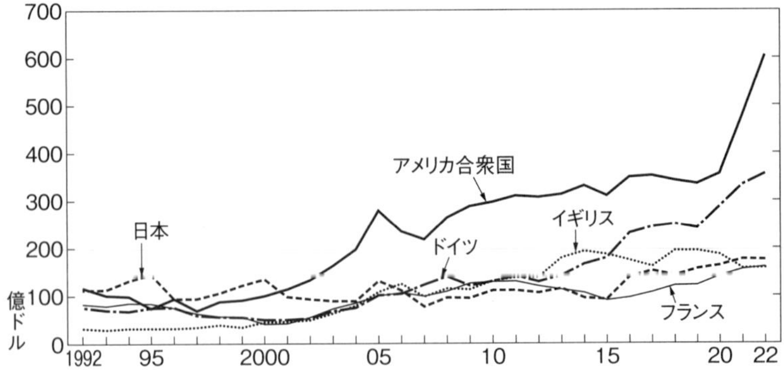

OECD資料より作成（2024年3月31日閲覧）。2015年以降は贈与相当額ベース。

表 26-16　**DAC加盟国のODA実績**（単位　百万ドル）

	2018	2019	2020	2021	2022	対GNI比（％）
アメリカ合衆国・	34 152	33 492	35 576	47 805	60 522	0.23
ドイツ・・・・・・・・	24 977	24 198	28 708	33 272	35 640	0.85
日本・・・・・・・・・・	14 164	15 588	16 260	17 636	17 500	0.39
フランス・・・・・・	12 136	12 211	14 125	15 506	16 014	0.56
イギリス・・・・・・	19 397	19 367	18 568	15 712	15 762	0.51
カナダ・・・・・・・・	4 679	4 725	5 052	6 303	7 836	0.37
イタリア・・・・・・	5 190	4 411	4 248	6 085	6 646	0.33
オランダ・・・・・・	5 659	5 292	5 359	5 288	6 470	0.67
スウェーデン・・・	6 001	5 205	6 349	5 934	5 458	0.89
ノルウェー・・・・	4 258	4 298	4 196	4 673	5 161	0.86
DAC加盟国計×	153 595	151 827	162 323	186 084	210 660	0.37

資料・注記は図26-5に同じ。卒業国向け援助を除く。贈与相当額方式。DAC（開発援助委員会）はOECDの下部組織で、途上国の経済開発援助を目的とする。×その他を含む。

第27章　物価・地価

〔物価〕　戦後一貫して上昇した消費者物価指数は、1999年以降緩やかに下落するようになった。慢性的なデフレ脱却を目指して、日本銀行は2013年に物価目標を2％に定め、大規模な金融緩和政策を継続したが、賃金の上昇を伴った物価の上昇は実現しなかった。2020年には新型コロナ禍で世界経済が大きく停滞し、翌年に消費や設備投資が回復しても生産や国際物流の復旧は遅れた。日本では2021年の初頭から企業物価指数が、2021年の半ば以降は消費者物価指数が前年同月比で上昇するようになった。さらに、2022年2月にロシアがウクライナへ侵攻すると、原油や穀物の供給不安が世界的に高まった。資源や食料の国際価格の高騰は、その多くを輸入に頼る日本に波及した。企業の海外生産増加に伴い、輸入が増え、輸入品の価格が日本経済に与える影響は大きくなっている。

欧米ではインフレを警戒

図 27-1　最近の物価の推移

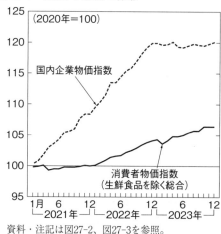

資料・注記は図27-2、図27-3を参照。

図 27-2　消費者物価指数の構成　（2020年基準）

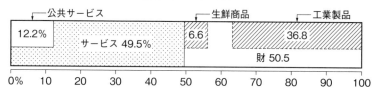

総務省「消費者物価指数」より作成。消費者物価指数は、家計の消費構造を一定のものに固定し、これに要する費用が物価の変動によってどう変化するかを指数値で示したもの。有価証券の購入、土地・住宅の購入などの支出は指数の対象に含めない。

した中央銀行が政策金利を引き上げた一方、日本銀行は金融緩和を続けたため、１ドル150円を超える急激な円安となった。2022年７月の輸入物価指数は前年同月比で49.5％上昇したが、その要因の半分近くを円安が占め、エネルギー価格の上昇は幅広い分野に影響した。その後円安と資源高の落着きを受けて、輸入価格指数の上昇率は低下した。企業物価指数は輸入物価上昇を受けて、2022年の前年比が1981年以来最高の9.7％の上昇となった。特に「電力・都市ガス・水道」や「鉱産物」が全体を押し上げた。

図 27-3　企業物価指数の構成（2020年基準）

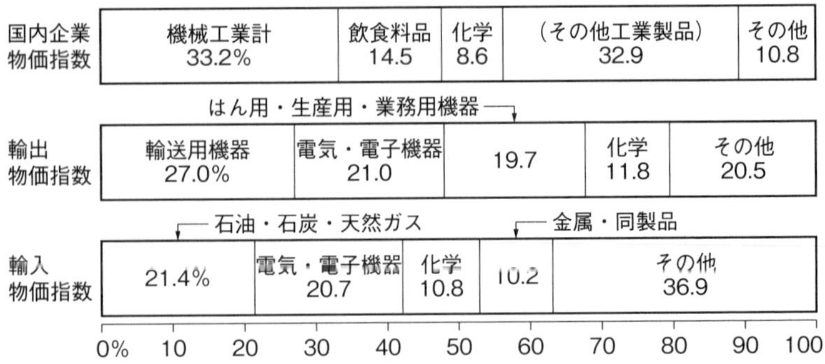

国内企業物価指数
機械工業計 33.2%
飲食料品 14.5
化学 8.6
（その他工業製品） 32.9
その他 10.8
はん用・生産用・業務用機器
輸出物価指数
輸送用機器 27.0%
電気・電子機器 21.0
19.7
化学 11.8
その他 20.5
石油・石炭・天然ガス
金属・同製品
輸入物価指数
21.4%
電気・電子機器 20.7
化学 10.8
10.2
その他 36.9
0%
10
20
30
40
50
60
70
80
90
100

日本銀行「企業物価指数」より作成。企業間で取引される商品の価格を継続的に調査し、価格の変動を指数化したもの。国内企業物価指数、輸出物価指数、輸入物価指数の３つを基本分類指数と呼び、これに参考指数を合わせたものが企業物価指数。

図 27-4　企業物価指数の推移（2020年＝100）

220
200
180
160
140
120
100
80
60
輸出物価指数
（円ベース）
国内企業物価指数
輸入物価指数
（円ベース）
1973
80
85
90
95
2000
05
10
15
20
23

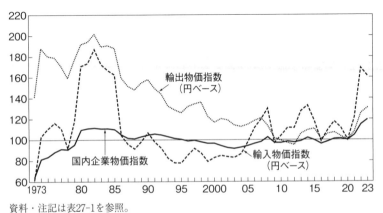

資料・注記は表27-1を参照。

輸入品の価格上昇は、消費者物価指数にも大きく影響し、天候の変動による影響が大きい生鮮食品を除いた指数が2022年通年で2.3%上昇した。加工食品などの「値上げラッシュ」と光熱費、ガソリン価格の上昇により、家計は生活費の増加に直面した。この物価上昇ではエネルギーと食料など財の値上がりが顕著で、賃金との関連が深いサービス価格の上昇の寄与はほとんどなく、実質賃金の低下によって低所得層を中心に

表 27-1　企業物価指数（2020年＝100）

	ウエイト	2020	2021	2022	2023	前年比(％)
国内企業物価指数 1)	1 000.0	100.0	104.6	114.9	119.7	4.2
工業製品………	892.3	100.0	104.7	113.7	118.7	4.3
飲食料品……	144.6	100.0	101.9	107.7	115.1	6.8
化学製品……	86.1	100.0	105.9	117.0	116.5	-0.4
石油・石炭製品	52.8	100.0	128.6	151.6	151.9	0.2
プラスチック製品	41.0	100.0	100.0	107.7	112.5	4.4
鉄鋼………	50.6	100.0	114.8	145.6	154.4	6.0
金属製品……	43.7	100.0	101.5	112.6	123.4	9.6
生産用機器…	45.8	100.0	100.1	104.3	108.8	4.4
電気機器……	50.0	100.0	100.0	103.4	108.6	5.0
情報通信機器	18.2	100.0	98.9	102.8	106.1	3.3
輸送用機器…	150.9	100.0	100.0	103.9	107.2	3.2
農林水産物…	40.3	100.0	100.1	99.0	107.0	8.1
電力・都市ガス・水道	58.4	100.0	100.2	136.5	137.8	0.9
輸出物価指数… 2)	—	100.0	108.3	125.9	130.9	4.0
輸入物価指数… 2)	—	100.0	121.6	169.1	161.2	-4.7

日本銀行「企業物価指数」（2020年基準）より作成（2024年4月8日閲覧）。前年比は編者算出。1) 国内市場向けの国内生産品を対象とし、主として生産者出荷段階、一部を卸売出荷段階で調査。2) 通関段階における船積み・荷降ろし時点の価格を調査。円ベース。

表 27-2　企業向けサービス価格指数（2015年＝100）

	ウエイト	2020	2021	2022	2023	前年比(％)
総平均…………	1 000.0	104.2	105.1	107.0	109.1	2.0
国際運輸を除く	989.5	104.3	105.0	106.4	108.7	2.2
金融・保険……	48.3	102.8	103.2	105.7	106.7	0.9
不動産…………	94.5	105.6	107.3	109.0	110.6	1.5
運輸・郵便……	158.0	105.6	107.0	110.9	111.8	0.8
情報通信………	228.3	102.5	102.7	102.4	104.1	1.7
リース・レンタル	79.2	100.4	100.2	103.9	107.7	3.7
広告…………	49.2	97.3	104.0	107.0	107.7	0.7
諸サービス……	342.5	106.4	106.9	108.5	111.5	2.8

日本銀行「企業向けサービス価格指数」（2015年基準）より作成（2024年4月8日閲覧）。

第27章　物価・地価

国民生活への影響は大きかった。

　2023年には輸入物価の上昇がピークを越えて、企業物価指数の上昇率は大きく低下した。その一方で、2023年10月の企業向けサービス価格は前年同月比で2.3％上昇と3年9カ月ぶりの高い伸びを示し、物価のけん引役は財からサービスに移った。働き手不足を背景に、サービス価格に上昇圧力がかかっている。日銀が金融政策の判断材料にする消費者物価指数の構成比は、財とサービスがほぼ半々である（図27-2参照）。う

図 27-5　消費者物価指数の推移（2020年＝100）

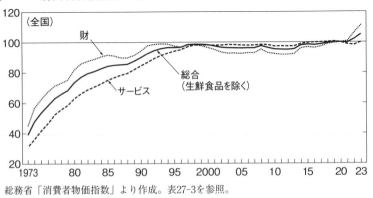

総務省「消費者物価指数」より作成。表27-3を参照。

図 27-6　主な費目別の消費者物価指数の推移（2020年＝100）

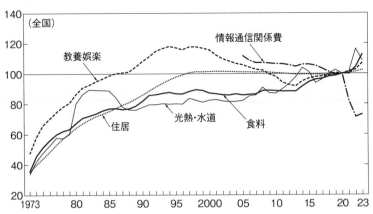

資料は図27-5に同じ。表27-3を参照。10大費目指数のうち、食料、住居、光熱・水道、教養娯楽を使用。

ちサービスの前年同月比は、2023年末にかけて、消費増税の影響があった時期を除き30年ぶりに半年連続で２％台を記録した。長期にわたるデフレの経験などから、賃金・物価が上がりにくい慣行が根強かったが、賃金が安定的に上昇するには、給与所得の上昇分が転嫁され、消費者物価が上がる好循環が必要である。日銀が目指す２％の安定的な物価上昇を達成するうえでは、一段のサービス価格の上昇が必要である。

表 27-3　消費者物価指数（全国）（2020年＝100）

	ウエイト	2020	2021	2022	2023	前年比（％）
総合・・・・・・・・・・	10 000	100.0	99.8	102.3	105.6	3.2
生鮮食品を除く・	9 604	100.0	99.8	102.1	105.2	3.1
持家の帰属家賃を除く	8 420	100.0	99.7	102.7	106.6	3.8
生鮮食品とエネルギーを除く ・・・	8 892	100.0	99.5	100.5	104.5	4.0
10大費目指数						
食料・・・・・・・・・・	2 626	100.0	100.0	104.5	112.9	8.1
住居・・・・・・・・・・	2 149	100.0	100.6	101.3	102.4	1.1
光熱・水道・・・・・	693	100.0	101.3	116.3	108.5	-6.7
家具・家事用品・	387	100.0	101.7	105.5	113.8	7.9
被服・はき物・・・	353	100.0	100.4	102.0	105.7	3.6
保健医療・・・・・・	477	100.0	99.6	99.3	101.2	1.9
交通・通信・・・・・	1 493	100.0	95.0	93.5	95.8	2.5
教育・・・・・・・・・・	304	100.0	100.0	100.9	102.1	1.2
教養娯楽・・・・・・	911	100.0	101.6	102.7	107.1	4.3
諸雑費・・・・・・・・	607	100.0	101.1	102.2	103.7	1.4
（別掲）						
エネルギー・・・ 1)	712	100.0	103.9	121.7	114.4	-6.0
教育関係費・・・・	378	100.0	100.1	101.0	102.1	1.0
教養娯楽関係費・	968	100.0	101.5	102.7	106.8	4.0
情報通信関係費・	500	100.0	81.8	71.4	73.2	2.5
財・サービス分類						
財・・・・・・・・・・・・	5 046	100.0	100.8	106.3	111.1	4.6
サービス・・・・・・・	4 954	100.0	98.7	98.2	100.0	1.8
公共サービス・	1 219	100.0	100.5	100.0	100.5	0.4
一般サービス・	3 735	100.0	98.2	97.6	99.8	2.3
（別掲）						
耐久消費財・・・・	673	100.0	99.7	103.4	107.9	4.4
半耐久消費財・・・	696	100.0	100.2	102.0	106.8	4.7
非耐久消費財・・・	3 677	100.0	101.1	107.6	112.5	4.6
公共料金・・・・・・	1 793	100.0	100.6	105.5	102.7	-2.6

総務省「消費者物価指数」（2023年平均）より作成。1）電気代、都市ガス代、プロパンガス、灯油およびガソリン。

第27章　物価・地価

〔地価・不動産価格〕　2024年の公示地価は、全国平均で住宅地、商業地の地価がともに 3 年連続で上昇し、上昇率が拡大した。住宅地は、都市中心部や、利便性、住環境の良い地域などで住宅需要が堅調である。商業地は、都市部を中心に人流が回復し、店舗やオフィス需要が増えている。また、インバウンドを含めた観光客の増加で、観光地、繁華街で地価の大幅な回復がみられた。地域別にみると、都道府県の 6 割で住宅地、商業地が前年比プラスになった。三大都市圏では、ともに 3 年連続で上昇したほか、札幌、仙台、広島、福岡の地方 4 市は11年連続で上昇している。地方では、大手半導体メーカーが進出する地域で大幅な上昇がみられる一方、人口減少などが進む地域では下落傾向になっている。

表 27-4　圏域別の地価変動率（%）

	住宅地			商業地		
	2022	2023	2024	2022	2023	2024
三大都市圏········	0.5	1.7	2.8	0.7	2.9	5.2
東京圏·········	0.6	2.1	3.4	0.7	3.0	5.6
大阪圏·········	0.1	0.7	1.5	0.0	2.3	5.1
名古屋圏········	1.0	2.3	2.8	1.7	3.4	4.3
地方圏··········	0.5	1.2	1.2	0.2	1.0	1.5
地方 4 市·······1)	5.8	8.6	7.0	5.7	8.1	9.2
全国············	0.5	1.4	2.0	0.4	1.8	3.1

国土交通省「地価公示」(2024年) より作成。各年 1 月 1 日時点。前年に対する地価変動率。地価の内容は、国土交通省土地鑑定委員会が都市計画区域等で標準地を選定して、毎年 1 月 1 日時点の 1 m²あたりの正常価格（市場に即した適正な価格）を公表するもの。1) 札幌市、仙台市、広島市、福岡市の地方 4 市。

表 27-5　三大都市圏のオフィス平均賃料（1 坪単価）（単位　円）

	2017	2018	2019	2020	2021	2022	2023
東京···1)	19 173	20 887	22 206	21 999	20 596	20 059	19 748
大阪···2)	11 267	11 423	11 794	11 925	11 796	11 872	11 976
名古屋·3)	10 926	11 152	11 568	11 819	12 008	12 109	12 327

三鬼商事 オフィスマーケットデータ（2024年 2 月版）より作成。各年12月現在。貸事務所を主とするビルが対象。1) 千代田、中央、港、新宿、渋谷区内の基準階面積100坪以上のビル。2) 梅田、南森町、淀屋橋・本町、船場、心斎橋・難波、新大阪地区内の延床面積1000坪以上のビル。3) 名古屋駅、伏見、栄、丸の内地区の延床面積500坪以上のビル。

図 27-7　三大都市圏のオフィス空室率推移

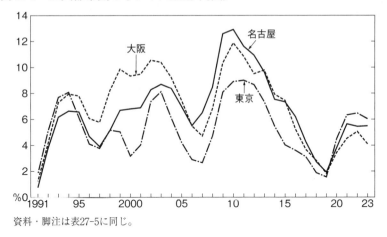

大阪
名古屋
東京
%0 1991　95　2000　05　10　15　20　23

資料・脚注は表27-5に同じ。

表 27-6　新築マンション平均価格推移 （単位　万円）

	2018	2019	2020	2021	2022	2023	前年比（%）
首都圏・・・・・	5 871	5 980	6 083	6 260	6 288	8 101	*28.8*
東京23区・	7 142	7 286	7 712	8 293	8 236	11 483	*39.4*
東京都下・	5 235	5 487	5 460	5 061	5 233	5 427	*3.7*
近畿圏・・・・・	3 844	3 866	4 181	4 562	4 635	4 666	*0.7*
大阪府・・・	3 742	3 820	4 250	4 757	4 683	4 435	*-5.3*
全国・・・・・・・	4 759	4 787	4 971	5 115	5 121	5 911	*15.4*

不動産経済研究所「全国 新築分譲マンション市場動向」（2023年版）より作成。首都圏のみファミリータイプのもので、投資用物件を除く。他の地域は投資用物件を含む。

表 27-7　中古マンション平均価格推移 （70m²換算）（単位　万円）

	2018	2019	2020	2021	2022	2023	前年比（%）
首都圏・・・・・	3 638	3 709	3 734	4 166	4 716	4 802	*1.8*
東京都・・・	4 884	5 003	5 167	5 739	6 301	6 423	*1.9*
東京23区	5 385	5 566	5 766	6 333	6 842	7 055	*3.1*
近畿圏・・・・・	2 188	2 330	2 454	2 607	2 816	2 892	*2.7*
大阪府・・・	2 389	2 537	2 641	2 820	3 047	3 085	*1.2*
中部圏・・・・・	1 817	1 938	1 949	2 078	2 214	2 277	*2.8*
愛知県・・・	1 960	2 106	2 080	2 200	2 347	2 417	*3.0*

東京カンテイ「三大都市圏・主要都市別 中古マンション70m²価格年別推移」（2023年版）より作成。

第27章　物価・地価

第28章　財政

　日本の財政は、歳出の３割以上を国債の発行に依存する状態が長期間続いている。一般会計歳出について、主要経費別の推移をみると、2024年度予算の社会保障費の規模は、高齢化を受けて1990年度の３倍を超えている。税収や税外収入を国債発行で補ってきたため、普通国債の発行残高は1000兆円を超えており、国債費は増え続けている。2027年度まで増額される防衛費の財源についても、増税の開始時期は明示されず、国債増発の可能性が残る。また今後は金利の上昇により利払費が大幅に増加するおそれがある。一方、公共事業費や文教及び科学振興費などの水準に大きな変化はない（図28-2）。歳出に占める社会保障費や国債費の割合が増加の一途をたどる一方で、政策の自由度が低下しており（財政

図 28-1　一般会計歳出と税収および国債発行額の推移（会計年度）

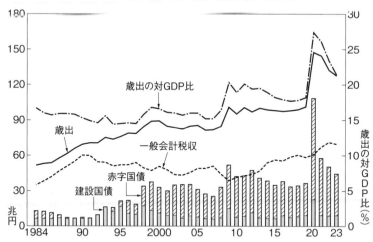

財務省「財政統計」および「日本の財政関係資料」、内閣府「国民経済計算」などより作成。国債発行額は実績ベースで、2023年度は補正後の値。歳出と、一般会計税収は決算額で、2023年度は補正後。GDPは名目で、2022年度までは実績値、2023年度は実績見込み。【☞一般会計歳出の長期統計515ページ】
上図の説明　日本の財政は税収不足を補うための国債発行が続いている。2020年度にはコロナ対策に伴う財政出動により、歳出と国債発行額が大幅に増加し、歳出の対GDP比は27.4％となった。

の硬直化）、インフラや教育といった将来への投資に予算を振り分ける余地が狭まっている。社会・経済の活力を下支えする財源を確保するため、支出の中身の見極めがますます重要になっている。

表28-1　一般会計、特別会計の純計（決算）（会計年度）（単位　十億円）

		2020	2021	2022	2023 (当初予算)	2024 (当初予算)
歳入	一般会計	184 579	169 403	153 729	2) 114 381	112 572
	特別会計	417 561	455 554	447 892	444 598	…
	純計　1)	353 277	322 651	305 266	253 495	…
歳出	一般会計	147 597	144 650	132 386	2) 114 381	112 572
	特別会計	404 519	441 081	432 354	441 909	436 036
	純計　2)	305 846	285 348	269 810	253 643	…

財務省資料より作成。1）重複額（各会計間の繰入関係や財政融資資金の運用による利子の支払、受取等）および国債整理基金特別会計における公債金収入額や借換償還額を差し引いたもの。2）物価高対策、所得向上などを目的に補正予算が2023年11月に成立し、予算総額は127兆5804億円となった。

表28-2　一般会計歳出の所管別内訳（決算）（会計年度）（単位　十億円）

	2020	2021	2022	2023 (当初予算)	2024 (当初予算)	前年度比 (%)
皇室費	9	8	14	7	10	51.2
国会	121	130	128	128	130	1.4
裁判所	312	320	317	322	331	2.7
会計検査院	15	16	16	16	16	2.9
内閣	140	146	126	106	112	4.7
内閣府	3 535	6 434	4 656	4 898	5 067	3.4
デジタル庁	—	65	129	495	496	0.3
総務省	32 631	27 254	23 049	16 863	18 211	8.0
法務省	821	794	825	725	741	2.1
外務省	887	840	1 024	743	726	-2.4
財務省	26 929	30 968	25 700 1)	35 476 1)	30 278 2)	-5.7
文部科学省	7 169	7 126	7 085	5 294	5 338	0.8
厚生労働省	40 375	44 730	40 045	33 141	33 819	2.0
農林水産省	3 273	3 221	3 403	2 094	2 093	-0.0
経済産業省	17 114	7 624	11 079	881	870	-1.3
国土交通省	8 269	8 470	8 783	6 078	6 097	0.3
環境省	490	472	444	326	321	-1.6
防衛省	5 508	6 033	5 563	6 788	7 917	16.6
計	147 597	144 650	132 386	114 381	112 572	-1.6

資料は前表と同じ。1）予備費（原油・物価高騰対策のほか2023年度は新型コロナ・ウクライナ、24年度は賃上げ促進環境整備、能登半島地震対応）を含む。2）予備費を除く割合。

　2024年度予算の一般会計総額は112.6兆円で、2年連続で110兆円を上回った。12年ぶりに前年より減少したが、昨年計上された防衛力強化資金繰入がないほか、新型コロナ感染症対応により3年連続で5兆円積ん

表28-3　一般会計歳出の主要経費別内訳（会計年度）（単位　億円）

	2023 （当初予算）	2024 （当初予算）	2024 （％）	増減	増減率 （％）
社会保障関係費·····	368 687	377 193	33.5	8 506	2.3
年金給付費········	130 857	134 020	11.9	3 163	2.4
医療給付費········	121 517	122 366	10.9	849	0.7
介護給付費········	36 809	37 188	3.3	379	1.0
少子化対策費······	31 412	33 823	3.0	2 411	7.7
生活扶助等社会福祉費	43 093	44 912	4.0	1 819	4.2
保健衛生対策費····	4 552	4 444	0.4	-108	-2.4
雇用労災対策費····	447	440	0.0	-7	-1.5
文教及び科学振興費··	54 158	54 716	4.9	558	1.0
義務教育費国庫負担金	15 216	15 627	1.4	412	2.7
科学技術振興費····	13 942	14 092	1.3	150	1.1
文教施設費········	743	732	0.1	-10	-1.4
教育振興助成費····	23 054	23 086	2.1	32	0.1
育英事業費········	1 204	1 178	0.1	-26	-2.2
国債費·············	252 503	270 090	24.0	17 587	7.0
恩給関係費·········	970	771	0.1	198	20.5
地方交付税交付金····	161 823	166 543	14.8	4 720	2.9
地方特例交付金·····	2 169	11 320	1.0	9 151	421.9
防衛関係費·········	1) 101 686	79 172	7.0	-22 514	-22.1
公共事業関係費·····	60 801	60 828	5.4	26	0.0
治山治水対策·····	9 544	9 548	0.8	4	0.0
道路整備·········	16 711	16 715	1.5	4	0.0
港湾空港鉄道等整備	3 976	4 037	0.4	62	1.5
住宅都市環境整備··	7 307	7 303	0.6	-4	0.0
公園水道廃棄物					
処理等施設整備	1 784	1 968	0.2	184	10.3
農林水産基盤整備··	6 078	6 080	0.5	1	0.0
社会資本総合整備··	14 006	13 771	1.2	-235	-1.7
推進費等·········	619	623	0.1	4	0.6
災害復旧等事業費··	776	782	0.1	5	0.7
経済協力費·········	5 114	5 041	0.4	-73	-1.4
中小企業対策費·····	1 704	1 693	0.2	-11	-0.6
エネルギー対策費····	8 540	8 329	0.7	-210	-2.5
食料安定供給関係費··	12 654	12 618	1.1	-36	-0.3
その他の事項経費···	58 004	57 402	5.1	-602	-1.0
原油・物価高騰対策予備費	2) 40 000	3) 10 000	0.9	-30 000	-75.0
ウクライナ対応予備費	10 000	—		-10 000	-100.0
予備費·············	5 000	10 000	0.9	5 000	100.0
合計·············	**1 143 812**	**1 125 717**	100.0	**-18 095**	-1.6

財務省資料より作成。1) 防衛力強化資金繰り入れ3兆3806億円を含む。2) 新型コロナ対策予備費を含む。3) 賃上げ促進環境整備対応および能登半島地震対応予備費を含む。

でいた予備費を除くと、予算規模は拡大している（表28-3）。

　歳出の内訳をみると、防衛費は事前計画に基づき実質的に昨年度より増える。社会保障費は、医療や介護、年金に加え、少子化対策に集中的に取り組む3年間の初年度にあたり、過去最大の37.7兆円となる。国債

図28-2　一般会計歳出の主要経費別推移（会計年度）

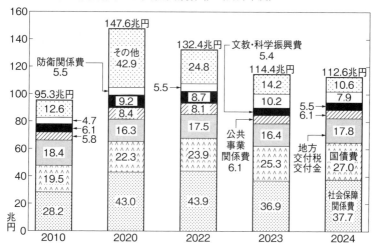

財務省「財政統計」などより作成。決算。2023年度以降は当初予算。地方交付税交付金には地方特例交付金を含む。防衛関係費は防衛力強化資金繰入を含む。

図28-3　一般会計歳入の主要科目別推移（会計年度）

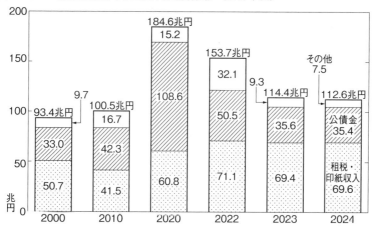

資料は上図に同じ。決算。2023年度以降は当初予算。

費も27.0兆円と過去最大を更新する。社会保障費と国債費の合計は歳出の57.5％を占める。歳入は所得税などの定額減税が減収要因だが、好調な企業業績で法人税等の収入が増加すると見込んで、税収は過去最高額の69.6兆円とされた。新規国債発行額は35.4兆円で、当初予算段階では３年連続減少であるが、コロナ禍以前の2020年度を上回る。

表28-4　一般会計歳入の内訳（決算）（会計年度）（単位　十億円）

	2019	2020	2021	2022	2023 （当初予算）	2024 （当初予算）
租税・印紙収入・	58 442	60 822	67 038	71 137	69 440	69 608
官業益金・官業収入	51	46	61	60	51	55
政府資産整理収入	226	293	319	369	671	229
雑収入‥‥‥‥‥	7 139	7 068	7 349	6 930	8 597	7 230
公債金‥‥‥‥‥	36 582	108 554	57 655	50 479	35 623	35 449
前年度剰余金受入	6 723	7 796	36 981	24 754	—	—
計‥‥‥‥‥‥	109 162	184 579	169 403	153 729	114 381	112 572

財務省「令和6年度予算及び財政投融資計画の説明」および財務省資料より作成。

図 28-1　普通国債残高と利払費、金利の推移（会計年度）

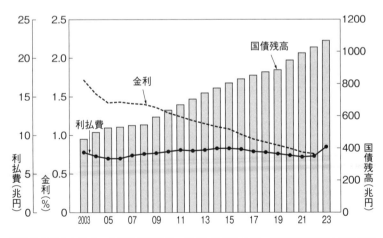

財務省資料より作成。金利は普通国債の利率加重平均の値。普通国債残高は年度末時点の額面ベース。2022年度までは実績、2023年度は当初予算ベース。利払費は2021年度までは決算、2022年度は補正後予算、2023年度は当初予算による。
【☞普通国債残高の長期統計515ページ】

国債残高とは、償還されずに残っている国債の総額のことで、2024年度末には1105.4兆円に達する見込みとなっている。

図 28-5　国債発行額と国債依存度の推移 （決算）（会計年度）

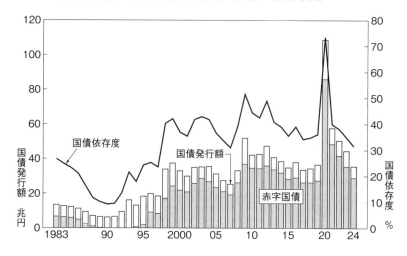

財務省資料より作成。実績ベース。国債発行額は、収入金ベース。2022年度までは実績、2023年度は補正後、2024年度は当初予算。国債依存度は、（4条債＋特例債）／一般会計歳出額。2022年度までは実績。2023年度は補正後。特別税の創設等によって償還財源が別途確保されている、いわゆる「つなぎ公債」は除いて算出。

国債依存度とは、一般会計に占める新規の公債（国債）発行割合のことである。日本の国債依存度の推移をみると、1990年以降、税収減や景気対策のための国債発行が増加して、国債依存度は急速に高まり2009年には50％を超えた。その後景気回復による税収増と歳出総額の抑制によって、概ね30％台で推移していたが、新型コロナウイルスの感染拡大により歳出が大幅に増加し、2020年度の国債依存度は73.5％まで跳ね上がった。2024年度予算案では、新規国債発行額は当初予算比で減少し、国債依存度は31.5％に低下する見込みである（一般会計総額112兆5717億円のうち、新規国債発行額は35兆4490億円）。【☞国債発行額、国債依存度の長期統計515ページ】

表 28-5　一般会計公債の推移 （実績ベース）（会計年度）（単位　十億円）

	2019	2020	2021	2022	2023	2024
国債発行額‥‥	36 582	108 554	57 655	50 479	44 498	35 449
うち特例債‥	27 438	85 958	48 487	41 752	35 430	28 870
国債依存度(%)	*36.1*	*73.5*	*39.9*	*38.1*	*34.9*	*31.5*
国債残高‥‥‥	886 695	946 647	991 411	1 027 097	1 075 713	1 105 365
対GDP比(%)	*159.2*	*175.6*	*179.1*	*181.3*	*180.0*	*179.6*
国債費‥‥‥‥	23 508	23 352	23 759	24 339	25 250	27 009
対一般会計比(%)	*23.2*	*22.7*	*22.3*	*22.6*	*22.1*	*24.0*

財務省「国債発行額の推移（実績ベース）」および財務省予算・決算資料より作成。国債発行額、国債依存度、国債残高、名目GDPは2022年度までは実績、2023年度は補正後見込み、2024年度は当初予算。国債費、対一般会計比は当初予算ベース。

図の説明　国税と地方税の国民所得に対する割合を租税負担率といい、租税負担率に社会保障負担を加えたものが国民負担率である。わが国の国民負担率はアメリカより高く、概してヨーロッパ各国より低い。国民負担率に財政赤字分を加えたものが潜在的国民負担率で、2024年度のわが国の潜在的国民負担率は50.9％の見通しとなっている（図28-7）。

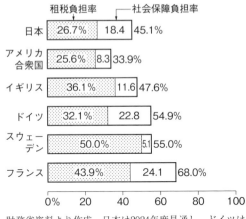

図 28-6　国民負担率の国際比較（2021年）

財務省資料より作成。日本は2024年度見通し、ドイツは暫定値、他は実績。【☞国民負担率の長期統計515ページ】

表 28-6　国民の租税負担（会計年度）（単位　十億円）

	2010	2015	2020	2021	2022	2023
国税········	43 707	59 969	64 933	71 881	73 405	74 429
地方税·····	34 316	39 099	40 826	42 409	44 020	43 976
計········	**78 024**	**99 068**	**105 759**	**114 290**	**117 425**	**118 405**
1人あたり(円)	609 403	779 534	838 283	910 583	…	…
租税負担率(%)	*21.4*	*25.2*	*28.2*	*28.9*	*28.6*	*28.1*

財務省「財政金融統計月報」(854号) より作成。国税は、特別会計分及び日本専売公社納付金を含む。2021年度以前は決算額、2022年度は補正後予算額、2023年度は予算額。地方税は2021年度以前は決算額、2022年度は実績見込額、2023年度は見込額である。地方分与税、地方交付税および地方譲与税を含まない。租税負担率は国民所得に対する割合。
【☞租税負担率の長期統計515ページ】

プライマリーバランス（基礎的財政収支）　税収・税外収入（公債金を除く）と、国債費を除く歳出との収支のことを表し、公共事業や社会保障などの政策のために使われる経費について、借金（国債発行）に頼ることなくまかなえているかを示す指標である。

　2024年度の一般会計政府予算によるプライマリーバランスは、8.8兆円のマイナスの見込みとなっている。当初予算ベースで13兆円のマイナスだった2022年度から3年度続けて改善がみられる。政府は2025年の黒字化を目標としてきたが、内閣府は高い経済成長率を仮定した場合でも2025年度は1.1兆円の赤字となり、黒字化は2026年度になるとの試算を2024年1月の経済諮問会議に提出した。

図 28-7　国民負担率の推移

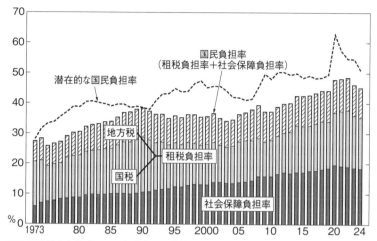

財務省資料より作成。2022年度までは実績、2023年度は実績見込み、2024年度は見通し。1994年度以降は08SNA、1980〜93年は93SNA、1979年度以前は68SNAに基づく計数。租税負担の計数は租税収入ベースで、SNAベースとは異なる。国税は特別会計および日本専売公社納付金を含む。地方法人特別税は国税に含める。2009年度以降の社会保障負担の計数は、2008年度以前の実績値との整合性を図るための調整を行っている。

潜在的な国民負担率　租税負担と社会保障負担に、将来世代の潜在的な負担として財政赤字を加えた額が、国民所得に占める割合。

表 28-7　国税の税目別収入 （2023年度当初予算）

	十億円	%		十億円	%
直接税······ 1)	42 769	57.5	（間接税等続き）		
所得税·····	21 048	28.3	航空機燃料税	34	0.0
源泉分····	17 515	23.5	石油石炭税··	647	0.9
申告分····	3 533	4.7	電源開発促進税	324	0.4
法人税·····	14 602	19.6	自動車重量税	378	0.5
相続税·····	2 776	3.7	国際観光旅客税	20	0.0
間接税等···· 2)	31 660	42.5	関税·······	1 122	1.5
消費税·····	23 384	31.4	とん税·····	10	0.0
酒税·····	1 180	1.6	印紙収入····	976	1.3
たばこ税····	935	1.3	地方揮発油税	214	0.3
揮発油税····	1 999	2.7			
石油ガス税··	5	0.0	計······ 3)	**74 429**	*100.0*

資料は前表と同じ。1) 地方法人税1兆8919億円、特別法人事業税2兆93億円、復興特別所得税4420億円を含む。2) その他の間接税等4319億円を含む。3) 特別会計の特定財源分を含むため、表28-4の租税・印紙収入の数値とは相違する。

〔特別会計〕　特別会計は、特定の事業や資金運用の状況を明確化するために、一般会計とは別に設けられている会計を指す。2024年度予算では、国債整理基金、財政投融資、エネルギー対策、年金、食料安定供給など13の特別会計が設けられており、歳出総額は436.0兆円である。一般会計や特別会計の他の勘定間でのやりとりや、国債の借換費を除いた純計は207.9兆円となっている。さらに純計から、国債の償還や利子の支払いに必要な国債償還費等（89.7兆円）や、年金や健康保険給付費などの社会保障給付費（78.4兆円）、地方交付税交付金等（22.2兆円）、財政投融資資金への繰入れ（10.0兆円）、東日本大震災の復興経費（0.6兆円）などを差し引いた額は7.1兆円となり、その約3割は保険事業、約3割はエネルギー対策に充てられる。

表 28-8　**特別会計歳出**（当初予算）（会計年度）（単位　十億円）

	2020	2021	2022	2023	2024
交付税及び譲与税配付金	51 587	51 805	49 955	49 544	51 867
地震再保険 ・・・・・・・・・・	124	107	110	109	113
国債整理基金 ・・・・・・・・・	193 024	246 789	245 791	239 474	225 139
外国為替資金 ・・・・・・・・・	985	1 079	1 147	2 419	1 317
財政投融資 ・・・・・・・・・・	25 082	72 624	48 594	24 937	26 641
財政融資資金勘定 ・・・・	24 339	71 933	47 855	23 902	25 897
投資勘定 ・・・・・・・・・・	727	673	716	1 017	736
エネルギー対策 ・・・・・・・	14 338	14 054	13 776	14 059	15 996
原子力損害賠償支援勘定	11 762	11 505	11 217	10 938	12 599
労働保険 ・・・・・・・・・・・	6 761	7 609	7 858	8 657	8 642
雇用勘定 ・・・・・・・・・・	2 918	3 820	3 594	3 508	3 272
年金 ・・・・・・・・・・・・・・	95 269	96 512	96 912	99 506	103 218
基礎年金勘定 ・・・・・・・	26 457	27 087	27 668	28 855	30 345
国民年金勘定 ・・・・・・・	3 744	3 829	3 812	3 926	4 244
厚生年金勘定 ・・・・・・・	48 890	49 498	49 338	50 409	51 577
健康勘定 ・・・・・・・・・・	12 517	12 421	12 400	12 515	12 801
子ども・子育て支援勘定	3 239	3 245	3 274	3 345	3 757
食料安定供給 ・・・・・・・・	1 268	1 216	1 341	1 528	1 516
国有林野事業債務管理 ・・	365	362	355	344	340
特許 ・・・・・・・・・・・・・・	165	156	154	145	152
自動車安全 ・・・・・・・・・・	718	453	448	456	460
東日本大震災復興 ・・・・・	2 074	932	841	730	633
計 ・・・・・・・・・・・・・・	391 759	493 699	467 282	441 909	436 036

財務省「令和6年度予算及び財政投融資計画の説明」および同資料より作成。

Page 353

表 28-9 特別会計歳出の内訳 (2023年度当初予算)（単位　十億円）

	歳出総額	一般会計繰入	他会計・他勘定へ繰入	借換債償還	歳出純計額（A）	Aから国債償還費等を除いた額
交付税及び譲与税配付金	49 544	—	29 670	—	19 874	3
地震再保険	109	—	—	—	109	109
国債整理基金	239 474	—	86	157 551	81 836	0
外国為替資金	2 419	1 200	490	—	729	729
財政投融資	24 937	637	11 718	—	12 583	455
エネルギー対策	14 059	4	12 412	—	1 643	1 643
労働保険	8 657	0	4 074	—	4 582	1 790
年金	99 506	0	25 927	—	73 578	987
食料安定供給	1 528	10	358	—	1 160	1 160
国有林野事業債務管理	344	—	344	—	—	—
特許	145	0	—	—	145	145
自動車安全	456	0	35	—	421	421
東日本大震災復興	730	0	78	—	652	652
計	441 909	1 853	85 191	157 551	197 314	8 094

財務省「特別会計ガイドブック」(2023年版) より作成。

表 28-10 特別会計歳入の内訳 (2023年度当初予算)（単位　十億円）

	歳入総額1)	一般会計より受入	他特会・他勘定より受入	特定財源直入分	保険料及び再保険料収入	借入金等
交付税及び譲与税配付金	51 177	16 451	212	15	—	28 312
地震再保険	109	—	—	—	80	—
国債整理基金	239 474	25 249	56 091	113	—	157 551
外国為替資金	2 988	—	—	—	—	—
財政投融資	24 988	—	0	—	—	12 000
エネルギー対策	14 059	811	12	—	—	12 977
労働保険	8 952	35	4 068	—	4 019	—
年金	99 506	15 096	24 486	—	46 177	1 441
食料安定供給	1 531	316	106	—	8	362
国有林野事業債務管理	344	29	—	—	—	315
特許	218	2	—	—	—	—
自動車安全	522	34	1	—	—	119
東日本大震災復興	730	30	0	442	—	100
計	444 598	58 052	84 977	570	50 284	213 177

資料は前表と同じ。1) 特定財源直入分、その他を含んだ総額。

第28章　財政

〔**財政投融資**〕 財政投融資とは、税金を財源とせず、国債の一種である財投債の発行で調達した資金によって行われる、国の投融資活動を指す。民間では実施が難しい社会資本整備などについて、後で資金を回収することを前提に、財政融資、産業投資、政府保証といった手法を用いて実施される。財政融資は、財投債により調達された資金などを活用し、特別会計や地方公共団体、政府関係機関、独立行政法人等に対して、長期・固定・低利で資金を融資するものである。産業投資は、国が保有するNTT株やJT株の配当や、国際協力銀行からの国庫納付金をもとに行

表 28-11　**財政投融資の原資** （当初計画）（会計年度）（単位　億円）

	2022	2023	2024	前年度比 (%)
財政融資・・・・・・・・・・・・・・	164 488	127 099	102 868	-19.1
財政融資資金・・・・・・・・	164 488	127 099	102 868	-19.1
産業投資・・・・・・・・・・・・	3 262	4 298	4 747	10.4
財政投融資特別 　会計投資勘定・・・・・・	3 262	4 298	4 747	10.4
政府保証・・・・・・・・・・・・	21 105	31 290	25 761	-17.7
政府保証国内債・・・・・	6 525	17 825	16 031	-10.1
政府保証外債・・・・・・・	14 180	13 065	9 330	-28.6
政府保証外貨借入金・・	400	400	400	0.0
計・・・・・・・・・・・・・・・	188 855	162 687	133 376	-18.0

財務省「令和6年度予算及び財政投融資計画の説明」および同説明資料より作成。

表 28-12　**財政投融資の対象別金額** （当初計画）（会計年度）（単位　億円）

	2022	2023	2024	前年度比 (%)
特別会計・・・・・・・・・・・・	1 757	1 276	446	-65.0
政府関係機関・・・・・・・・・	72 836	95 445	69 551	-27.1
独立行政法人等・・・・・・・・	78 053	31 797	28 871	-9.2
地方公共団体・・・・・・・・・	26 264	24 238	23 258	-4.0
特殊会社等・・・・・・・・・・	9 945	9 931	11 250	13.3
合計・・・・・・・・・・・・・	188 855	162 687	133 376	-18.0

資料は前表と同じ。

う投資で、産業の開発と貿易の振興を目的として実施される。政府保証
は、政府関係機関や独立行政法人などが金融市場で発行する債券や借入
金に対して、政府が保証することで、事業に必要な資金を調達しやすく
するものである。

　2024年度の財政投融資計画は13.3兆円となっている。産業投資の規模
は過去最大で、賃上げ、スタートアップ、GX、サプライチェーン強靭
化など、成長力強化に向けた重点分野への投資および、国際環境変化に
対応するための日本企業の海外展開支援、天然資源確保などの海外投融
資などに重点的に資金を供給するとしている。

表 28-13　財政投融資の規模の推移（会計年度）（単位　億円）

	2020	2021	2022	2023	2024
財政投融資（A）	1) 265 423	1) 152 727	2) 144 981	3) 162 687	3) 133 376
一般会計歳出‥	1 475 974	1 446 495	1 323 855	1 143 812	1 125 717
国内総生産（B）	5 390 091	5 536 423	5 664 897	5 975 000	6 153 000
A／B（％）‥ 4)	4.9	2.8	2.6	2.7	2.2

財務省「財政金融統計月報・財政投融資特集」および同「令和6年度予算及び財政投融資計画
の説明」、内閣府「国民経済計算年次推計」、同「経済見通し」(2024年度) より作成。一般会
計歳出は、2020年度〜2022年度は決算、2023年度以降は当初予算。国内総生産は2022年度ま
では実績、2023・24年度は見通し。1) 実績。2) 実績見込み。3) 当初計画。4) 編者算出。

表 28-14　財政投融資の使途別分類の推移（会計年度）（単位　億円）

	2021	2022	2023	2024	前年度比（％）
中小零細企業‥‥‥	145 207	35 667	49 715	29 647	-40.4
農林水産業‥‥‥‥	7 593	6 988	7 962	7 722	-3.0
教育‥‥‥‥‥‥‥	48 594	56 706	8 047	8 234	2.3
福祉・医療‥‥‥‥	20 422	10 440	4 362	4 422	1.4
環境‥‥‥‥‥‥‥	571	927	1 007	932	-7.4
産業・イノベーション	12 134	10 086	10 521	11 341	7.8
住宅‥‥‥‥‥‥‥	7 920	8 148	7 681	8 084	5.2
社会資本‥‥‥‥‥	30 647	26 341	29 211	27 431	-6.1
海外投融資等‥‥‥	20 293	24 718	35 430	29 933	-15.5
その他‥‥‥‥‥‥	115 675	8 836	8 751	5 630	-35.7
計‥‥‥‥‥‥‥	409 056	188 855	162 687	133 376	-18.0

財務省「令和6年度予算及び財政投融資計画の説明」より作成。当初計画。

第28章　財政

〔**地方財政**〕　地方財政は、都道府県と市区町村の財政活動のことで、学校教育や社会福祉、警察、消防など、生活に身近な行政サービスを提供している。地方財政の状況は、財源の調達能力の地域格差などもあり、

図 28-8　地方財政の歳入・歳出の構成（2024年度）

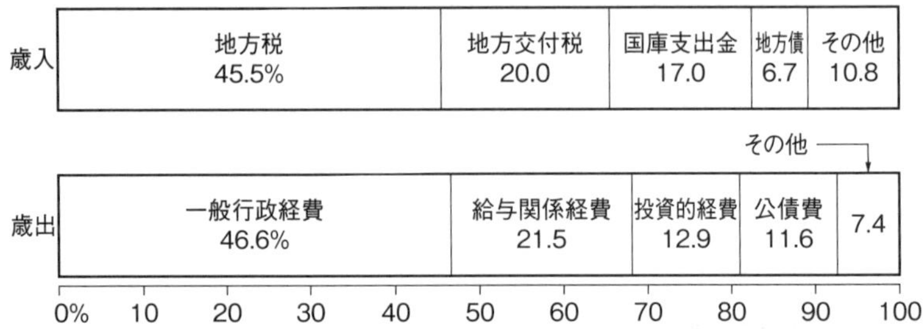

歳入	地方税 45.5%	地方交付税 20.0	国庫支出金 17.0	地方債 6.7	その他 10.8

歳出	一般行政経費 46.6%	給与関係経費 21.5	投資的経費 12.9	公債費 11.6	その他 7.4

（0% 〜 100%）

総務省「地方財政計画の概要」（2024年度）より作成。

表 28-15　地方財政計画（会計年度）（単位　億円）

	2022	2023	2024	前年度比（%）
給与関係経費	199 702	199 107	202 343	1.6
退職手当以外	185 341	187 778	191 578	2.0
退職手当	14 361	11 329	10 765	-5.0
一般行政経費	415 851	422 129	438 080	3.8
補助	235 499	240 633	252 253	4.8
単独	149 164	150 070	154 212	2.8
国民健康保険・後期高齢者医療制度関係事業費	14 988	14 726	14 915	1.3
デジタル田園都市国家構想事業費	12 000	12 500	12 500	0.0
地方創生推進費	10 000	10 000	10 000	0.0
地域デジタル社会推進費	2 000	2 500	2 500	0.0
地域社会再生事業費	4 200	4 200	4 200	0.0
公債費	115 365	113 269	109 273	-3.5
維持補修費	14 948	15 237	15 344	0.7
投資的経費	121 213	120 968	121 227	0.2
直轄・補助	58 074	57 829	57 588	-0.4
単独	63 139	63 139	63 639	0.8
うち緊急防災・減災事業費	5 000	5 000	5 000	0.0
公共施設等適正管理推進事業費	5 800	4 800	4 800	0.0
緊急自然災害防止対策事業費	4 000	4 000	4 000	0.0
公営企業繰出金	24 349	23 974	23 202	-3.2
不交付団体水準超経費	18 500	28 900	29 800	3.1
歳出総額	**909 928**	**923 584**	**939 269**	1.7

「地方財政計画の概要」（2024年度）より作成。通常収支分と東日本大震災分の合計。

地方公共団体それぞれで異なる。そのため、国は国民の租税負担の公平化や行政水準を一定に維持することを目的に、地方交付税などの交付によって、地域ごとの財政力格差の調整や財源保障を行っている。地方財政を総体的にとらえた「地方財政計画」は、全国の地方公共団体の歳入・歳出の見込み総額を示しており、国と地方の財政運営の指針となる。地方交付税の総額は、地方財政計画の歳入と歳出の差額を補てんする中で決定され、財政力指数（表28-18脚注参照）の低い自治体には交付税の比重が大きくなるよう、調整される。2024年度の地方財政計画では、地方交付税の総額は18.8兆円で、定額減税による減収、こども、子育て政策の強化などのための地方財源確保に充てられる。

表 28-16　地方財政歳入計画（会計年度）

	2022	2023	2024	前年度比（%）
地方税・・・・・・・・・・・・・・・	413 073	429 397	427 409	-0.5
地方譲与税・・・・・・・・・・・	25 978	26 001	27 293	5.0
地方特例交付金等・・・・・・	2 267	2 169	11 320	421.9
地方交付税・・・・・・・・・・・	181 607	184 546	187 575	1.6
うち震災復興特別交付税・・	1 069	935	904	-3.3
国庫支出金・・・・・・・・・・・	150 648	151 717	159 697	5.3
地方債・・・・・・・・・・・・・・・	76 086	68 172	63 105	-7.4
臨時財政対策債・・・・・・・	17 805	9 946	4 544	-54.3
財源対策債・・・・・・・・・・	7 600	7 600	7 600	0.0
使用料・手数料・・・・・・・・・	15 729	15 646	15 625	-0.1
雑収入・・・・・・・・・・・・・・・	44 540	45 936	47 245	2.8
歳入総額・・・・・・・・・・・・・	**909 928**	**923 584**	**939 269**	1.7

資料は前表と同じ。通常収支分と東日本大震災分の合計。

表 28-17　地方財政計画の伸び率等の推移
（対前年度比）（会計年度）（%）

	2000	2010	2015	2020	2023	2024
地方財政計画	0.5	-0.5	2.3	1.3	1.6	1.7
地方一般歳出	-0.9	0.2	2.3	2.3	0.8	2.6
地方税・・・・・・	-0.7	-10.2	7.1	1.9	4.0	-0.3
地方交付税・・	2.6	6.8	-0.8	2.5	1.7	1.7

資料は前表と同じ。2012年度以降は通常収支分が対象。

第28章　財政

表 28-18　**都道府県の財政構造**（決算）（2022年度）

	財政力指数	経常収支比率 (%)	実質公債費比率 (%)		財政力指数	経常収支比率 (%)	実質公債費比率 (%)
北海道·	0.44422	98.1	18.9	滋賀···	0.53361	90.3	10.9
青森···	0.34201	94.5	13.1	京都···	0.56087	95.4	16.5
岩手···	0.35368	94.2	12.8	大阪···	0.74187	102.2	11.5
宮城···	0.59081	96.4	10.6	兵庫···	0.61217	98.7	15.2
秋田···	0.30940	90.4	15.3	奈良···	0.40953	89.5	9.5
山形···	0.35964	94.4	12.3	和歌山·	0.31774	93.0	8.4
福島···	0.51343	96.0	6.7	鳥取···	0.27043	87.4	8.9
茨城···	0.62125	91.9	9.3	島根···	0.25373	90.1	6.4
栃木···	0.61003	93.3	9.5	岡山···	0.50803	95.1	11.0
群馬···	0.59896	92.9	9.4	広島···	0.58235	92.9	13.7
埼玉···	0.73883	96.2	10.7	山口···	0.42898	87.9	8.5
千葉···	0.74500	95.1	7.8	徳島···	0.31200	90.9	11.8
東京···	1.06397	79.5	1.2	香川···	0.45137	94.0	9.9
神奈川·	0.84500	98.5	9.4	愛媛···	0.42197	87.6	11.1
新潟···	0.45127	93.2	18.2	高知···	0.26114	95.5	11.1
富山···	0.45346	93.8	13.8	福岡···	0.62027	96.2	11.2
石川···	0.48495	92.3	12.5	佐賀···	0.34091	93.5	8.9
福井···	0.40106	94.9	11.8	長崎···	0.33263	94.3	10.3
山梨···	0.37341	89.4	11.5	熊本···	0.39703	90.5	7.8
長野···	0.50303	92.4	9.7	大分···	0.37136	92.1	9.1
岐阜···	0.52697	92.4	7.2	宮崎···	0.34084	91.0	11.4
静岡···	0.67663	95.4	13.0	鹿児島·	0.33868	97.8	11.4
愛知···	0.86737	95.7	13.2	沖縄···	0.35962	94.8	7.3
三重···	0.56594	94.3	12.1	全国·	0.49378	92.6	10.1

総務省「全都道府県の主要財政指標」より作成。財政力指数および実質公債費比率は2020～22年度の平均値。全国は財政力指数が単純平均、経常収支比率、実質公債費比率は加重平均。財政力指数、経常収支比率の平均を求めるにあたり東京都特別区を含まず。

財政力指数　基準財政収入額（自治体が標準的に収入しうるものとして算定された税収入の額）を、基準財政需要額（一定水準の行政を実施するのに必要な一般財源額）で除して得た数値のこと。この指数が高いほど、自主財源の割合が高く、財政力が強いとされる。

経常収支比率　その使途について制限がなく、地方税、普通交付税などのように毎年経常的に入ってくる財源（これを一般財源という。対して、国庫支出金や地方債などのように一定の使途のみに使用できる財源を特定財源という）のうち、人件費や公債費のように、毎年度経常的に支出される経費に充当されたものが占める割合のこと。この比率が高いほど財政の弾力性が失われつつあるとされる。

実質公債費比率　地方債の発行が許可制から協議制に移行したことに伴い、起債にあたり自治体財政の健全度を判断するために導入された指標。毎年度経常的に入ってくる財源のうち、公債費や公営企業債に対する繰出金などの公債費に準ずるものを含めた実質的な公債費負担額が占める割合のこと。この比率が18％以上の自治体は起債に許可が必要となり、25％以上の自治体は起債が制限される。

第29章　金融

〔金融〕　2024年3月の金融政策決定会合で、日銀は大規模な金融緩和政策の解除を決定した。日銀当座預金のうち政策金利残高に適用してきた−0.1％のマイナス金利を解除するほか、長短金利操作（イールドカーブコントロール）と、ETF（上場投資信託）などのリスク資産の新規買い入れを終了する。資源高による世界的な物価上昇と円安の影響で、2013年以降の緩和政策で目標とされてきた「２％の物価上昇」が実現していることに加え、2024年の春闘で多くの企業が賃上げに踏み切ったことから「物価と賃金の好循環」が達成されたとの判断が背景にある。長らく緩和の拡大を続けてきた日本の金融政策は大きな転換点を迎えた。

　1990年代のバブル崩壊以降、日本経済はデフレが続き、長期にわたって金融緩和政策がとられてきた。2013年から開始された「量的・質的緩和政策」では、それ以前の「量的緩和政策」や「包括的緩和政策」で導

図 29-1　金融政策と長期金利、政策金利の推移（会計年度）

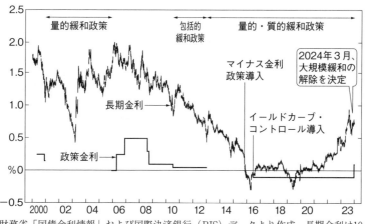

財務省「国債金利情報」および国際決済銀行（BIS）データより作成。長期金利は10年国債の流通利回りで、実勢価格に基づく半年複利ベースの最終利回り。政策金利は、無担保コールレート（翌日物）誘導目標の上限値（〜2013年4月3日）と日銀当座預金の政策金利残高適用金利（2016年2月16日〜）で、データのない期間は市場調節の操作目標がマネタリーベースなど金利以外。

第
29
章

金融

入されてきた政策を拡大する形で、大胆な金融緩和政策が実施された。前年比２％の消費者物価上昇率を達成するというインフレ率目標を定め、マネタリーベース（図29-4）を２年で２倍にするという操作目標のもと、長期国債のほか上場投資信託（ETF）や不動産投資信託（REIT）といったリスク資産の買入れ額拡大を行った。これにより、日銀の保有資産は長期国債を中心に大幅に増加した（図29-3）。2016年２月にはマイナス金利が導入され、同年９月には、短期の政策金利を－0.1％、長期金利の誘導目標をゼロ％程度とするイールドカーブ・コントロールが導入された。その後、コロナ禍において各国で金融緩和が実施されたが、欧米では急激にインフレが進み、ECB（欧州中央銀行）やFRB（連邦準備制度理事会）は緩和の出口戦略として早々に金利を引き上げた。一方で

図 29-2　消費者物価指数の推移

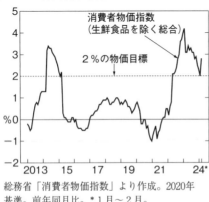

総務省「消費者物価指数」より作成。2020年基準。前年同月比。＊１月～２月。

図 29-3　日銀の保有資産の推移（各年末現在）

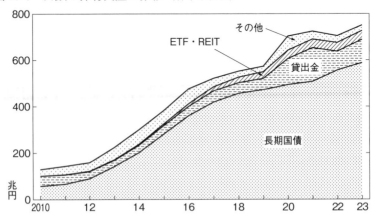

日本銀行「日本銀行勘定」（2024年３月25日閲覧）より作成。

日銀は緩和政策を継続したため、金利差を背景に急激に円安が進行し、物価を押し上げた。日銀は賃金の上昇を伴う物価安定に向けて、緩和政策は維持しつつも2022年12月から長期金利の変動幅の上限を段階的に緩めてきた。2024年3月、日銀は輸入物価上昇によるインフレが落ち着いたことや、人件費の価格転嫁が進む構図が整いつつあるとみて、2013年以来の大規模な金融緩和政策を解除した。

大規模緩和は解除されたが、日銀は長期国債の買い入れを継続するとしており、当面は緩和的な金融環境が維持されるとみられる。また、緩和政策により日銀の保有資産が膨らんでいる。償還されて残高が減る国債と異なりETFなどは売却されない限り保有が継続されるため、今後の取り扱いに注目が集まっている。

表 29-1　通貨流通高
（2023年末現在）

	兆円	％
日本銀行券*	124.6	96.3
一万円‥‥‥	116.0	89.7
五千円‥‥‥	3.7	2.9
二千円‥‥‥	0.2	0.1
千円‥‥‥‥	4.5	3.5
貨幣*‥‥‥‥	4.8	3.7
五百円‥‥‥	2.3	1.8
百円‥‥‥‥	1.1	0.8
五十円‥‥‥	0.2	0.2
十円‥‥‥‥	0.2	0.1
五円‥‥‥‥	0.1	0.0
一円‥‥‥‥	0.0	0.0
計‥‥‥‥	129.4	100.0

日銀「通貨流通高」より作成。
*その他、記念貨を含む。

図 29-4　マネタリーベースの推移（各年末時点）

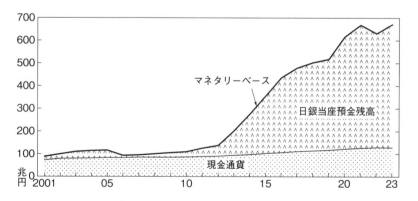

日銀「マネタリーベース統計」（2024年3月12日閲覧）より作成。**マネタリーベース**とは、市中に出回る流通現金（日本銀行券発行高＋貨幣流通高）と日銀当座預金の合計額で、日本銀行が金融部門を含めた経済全体に供給する通貨量をさす。

第29章

金融

表 29-2　**マネーストック**（各年平均残高）（単位　兆円）

	2018	2019	2020	2021	2022	2023
M2・・・・・・・・・	1 002.5	1 026.2	1 092.6	1 162.7	1 201.2	1 231.2
M3・・・・・・・・・	1 332.5	1 359.4	1 432.4	1 511.7	1 555.8	1 586.4
M1・・・・・・・・	755.6	795.7	882.3	969.0	1 023.4	1 066.6
現金通貨・・・	99.7	102.3	106.5	111.1	114.4	115.7
預金通貨・・・	655.9	693.4	775.8	857.9	908.9	951.0
準通貨・・・・・	546.7	534.9	521.7	508.4	496.5	488.7
CD（譲渡性預金）	30.2	28.9	28.5	34.3	35.9	31.0
広義流動性・・・・・	1 773.0	1 802.5	1 876.0	1 980.1	2 055.1	2 107.8

日本銀行「マネーストック統計」（2024年3月12日閲覧）より作成。【☞長期統計516ページ】
マネーストックとは、一般法人、個人、地方公共団体などの通貨保有主体（非居住者および中央政府、日本銀行、預金取扱機関、証券会社などは含まない）が保有する通貨量の残高である。通貨には、現金通貨や預金通貨のほか、定期預金などの準通貨、CD（譲渡性預金）、投資信託や社債、国債などの金融商品が含まれる。
マネーストック統計は、対象とする金融商品および通貨発行主体の範囲によって、M1、M2、M3、広義流動性の4つの指標が公表されている。**M1**は、最も容易に決済手段として用いることができる現金通貨（金融機関保有分を除く）と預金通貨で構成される。**M3**は、M1に全預金取扱機関の準通貨とCDを加えた残高である。**M2**は、対象となる金融商品はM3と同じだが、預金の預入先が国内銀行などに限定される。**広義流動性**は、M3に、流動性は低いが預金に振り替わり得ると考えられる金銭の信託、投資信託、金融債、銀行発行普通社債、金融機関発行CP、国債、外債を加えたものである。

表 29-3　**マネタリーサーベイ**（各年末現在）（単位　兆円）

	2019	2020	2021	2022	2023
資産					
対外資産（純額）・・・・・・・・・	79.7	92.8	95.4	92.2	89.4
国内信用・・・・・・・・・・・・・・	1 597.7	1 700.4	1 742.6	1 742.4	1 814.4
政府向け信用（純額）・・・・	579.4	605.6	607.3	606.5	635.3
その他金融機関向け信用・	316.3	350.0	374.2	350.2	363.8
地方公共団体向け信用・・・	78.3	82.4	85.9	83.5	82.5
その他部門向け信用・・・・	623.7	662.4	675.1	702.3	732.8
負債					
通貨（M1）・・・・・・・・・・・・	829.5	943.9	1 006.9	1 050.8	1 092.1
現金通貨・・・・・・・・・・・・	107.0	112.4	116.2	119.0	118.9
預金通貨・・・・・・・・・・・・	722.5	831.6	890.8	931.8	973.1
準通貨（定期性預金）＋CD・	555.3	547.1	533.3	524.7	511.8
その他負債（純額）・・・・・・・	292.7	302.1	297.7	259.1	300.0

日本銀行「マネタリーサーベイ」（2024年3月14日閲覧）より作成。**マネタリーサーベイ**とは、IMFが採用している国際基準に基づき、日本銀行と全預金取扱機関（ゆうちょ銀行、信用組合、農業協同組合、労働金庫などを含む）の諸勘定を統合・調整（金融機関預金など金融機関相互間の重複勘定を相殺）した貸借対照表である。

表 29-4　国内銀行の預金者別預金残高（各年末現在）（単位　兆円）

	2019	2020	2021	2022	2023
一般公金預金‥‥‥‥‥	761.2	836.7	869.9	898.1	928.8
一般法人‥‥‥‥‥	253.3	296.4	306.0	312.3	330.0
個人‥‥‥‥‥‥‥	487.4	517.9	540.5	557.6	570.3
公金‥‥‥‥‥‥ 1)	20.5	22.5	23.4	28.3	28.5
（一般公金預金の種類別）					
要求払預金‥‥‥ 2)	519.2	595.9	635.0	661.7	692.0
定期性預金‥‥‥‥	221.8	219.2	213.8	215.3	215.0
非居住者円預金‥‥	2.4	2.5	2.6	2.4	3.0
外貨預金‥‥‥‥‥	17.8	19.1	18.5	18.7	18.9
金融機関預金‥‥‥‥	34.5	35.9	33.9	34.0	36.5
政府関係預り金‥‥‥	0.1	0.1	0.1	0.1	0.1
計‥‥‥‥‥‥‥	795.8	872.7	903.8	932.2	965.4

日本銀行「預金・貸出関連統計（預金・現金・貸出金）」より作成。銀行勘定。整理回収機構やゆうちょ銀行などを除く。1) 地方公共団体、地方公営企業からの預金。2) 当座預金、普通預金、貯蓄預金、通知預金、別段預金、納税準備預金の合計。

表 29-5　国内銀行の業種別貸出金残高（各年末現在）（単位　兆円）

	2018	2019	2020	2021	2022	2023
製造業‥‥‥‥‥‥‥	56.5	58.3	67.4	61.9	65.2	67.0
不動産業‥‥‥‥‥‥	82.2	85.1	88.1	91.2	95.7	102.0
個人による貸家業‥‥	27.7	28.1	28.0	27.8	27.6	27.8
金融業、保険業‥‥‥‥	44.5	43.0	41.7	45.2	51.8	58.6
非預金信用機関‥‥ 1)	21.1	21.4	21.5	21.9	24.0	25.8
卸売業‥‥‥‥‥‥‥	26.7	26.2	27.3	28.0	29.3	28.9
運輸業、郵便業‥‥‥‥	17.2	17.0	19.1	19.2	19.2	20.0
電気・ガス等‥‥‥‥ 2)	13.4	14.5	15.4	16.4	18.2	18.9
物品賃貸業‥‥‥‥‥	14.3	15.4	17.7	16.4	17.3	18.8
小売業‥‥‥‥‥‥‥	15.8	15.9	16.9	17.0	17.2	17.2
法人計×‥‥‥‥‥‥	325.3	331.3	354.8	356.0	374.9	393.3
地方公共団体‥‥‥‥	28.1	28.4	29.4	30.0	29.7	29.4
個人‥‥‥‥‥‥‥‥	138.1	141.2	144.5	149.2	153.4	158.5
住宅・消費‥‥‥‥ 3)	129.0	132.4	136.4	141.4	145.7	150.6
国内銀行貸出計×‥‥‥	504.4	513.7	541.0	547.9	572.3	596.0
うち中小企業‥‥‥‥ 4)	353.3	361.6	376.9	385.4	402.2	419.4
信用金庫‥‥‥‥‥‥	71.8	72.5	78.2	78.9	79.7	80.6
その他金融機関‥‥‥‥	58.0	59.6	74.2	73.9	76.4	74.8

日本銀行「預金・貸出関連統計（貸出先別貸出金）」より作成。銀行勘定、信託勘定、海外店勘定（国内向け）の合計。ゆうちょ銀行を除く。割引手形、手形貸付、証書貸付、当座貸越。1) 貸金業、クレジットカード業等。2) 熱供給、水道業を含む。3) 割賦返済分。4) 中小企業の定義は中小企業基本法に同じ。便宜上、個人を含む。×その他とも。

表 29-6　個人向け貸出金（単位　億円）

		2000	2010	2020	2022	2023
住宅資金	国内銀行 　新規貸出‥‥‥‥ 　貸出残高‥‥‥1)	125 549 708 338	133 138 1 030 770	145 929 1 320 209	154 579 1 410 000	159 594 1 455 176
	信用金庫 　新規貸出‥‥‥‥ 　貸出残高‥‥‥1)	15 866 123 528	15 371 149 159	15 439 172 485	15 708 176 102	15 920 177 993
サービス財・消費購入	国内銀行 　新規貸出‥‥‥‥ 　貸出残高‥‥‥1) 　うちカードローン等2)	19 482 110 906 46 644	8 249 72 223 32 061	13 157 94 437 50 399	13 223 94 235 47 638	15 131 100 139 48 818
	信用金庫 　新規貸出‥‥‥‥ 　貸出残高‥‥‥1) 　うちカードローン等2)	5 365 29 035 10 124	3 702 16 732 5 576	4 618 21 078 5 311	5 164 21 150 4 943	5 715 21 963 5 024

資料は前表に同じ。個人（事業目的を除く）に対する、割賦返済方式の住宅資金および消費財・サービス購入資金の貸出。使途を指定しない一般消費資金を含む。1）各年末現在。2）カードローン（当座貸越方式）、応急ローン、キャッシング。

表 29-7　全国銀行の不良債権（金融再生法開示債権）の状況
（各年3月末）（単位　億円）

	2019	2020	2021	2022	2023
金融再生法開示債権	67 270	68 480	79 220	88 920	87 800
破産更生等債権	11 930	12 240	12 530	11 860	11 590
危険債権‥‥‥‥	41 700	39 820	46 200	57 060	54 970
要管理債権‥‥‥	13 650	16 420	20 490	20 000	21 240
正常債権‥‥‥‥‥	6 057 410	6 227 630	6 421 370	6 635 480	7 042 270
総与信‥‥‥‥‥‥	6 124 690	6 296 110	6 500 610	6 724 400	7 130 070
不良債権比率(%)1)	*1.1*	*1.1*	*1.2*	*1.3*	*1.2*
不良債権処分損‥2)	2 579	6 782	11 826	11 501	4 782
個別貸倒引当金残高3)	15 460	14 630	17 030	24 110	20 570

金融庁資料より作成。都銀・旧長信銀・信託及び地域銀行を集計したもの。金融機関は、貸出金等の総与信を破産更生等債権、危険債権、要管理債権、および正常債権の4つに分類し、このうち正常債権以外を金融再生法開示債権として開示している。**破産更生等債権**は、破産や会社更生などにより経営破綻に陥っている債務者に対する債権。**危険債権**は、経営が悪化し元本の回収および利息の受取ができない可能性の高い債権。**要管理債権**は、3か月以上延滞債権および貸出条件緩和債権。1）金融再生法開示債権÷総与信。2）不良債権の処理に伴う損失。3）個別の債務者に対する貸付金などについて、回収不能または回収不能の可能性がある場合、回収不能額もしくは見込額を計上するもの。

図 29-5　家計の金融資産構成の比較（2023年3月末）

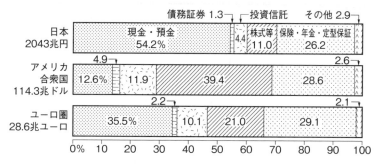

日本銀行「資金循環の日米欧比較」より作成。

表 29-8　家計の金融資産残高（各年末現在）（単位　兆円）

	2019	2020	2021	2022	2023*
現金・預金・・・・・・・・・・・	1 007.6	1 056.9	1 093.3	1 116.3	1 127.5
現金・・・・・・・・・・・・	96.5	102.2	107.3	109.8	109.0
流動性預金・・・・・・・・	485.1	540.4	587.0	622.9	651.7
定期性預金・・・・・・・・	418.4	406.2	391.7	377.1	360.1
外貨預金・・・・・・・・・	7.5	8.2	7.3	6.4	6.7
債務証券・・・・・・・・・・・	25.9	26.7	25.9	25.6	28.3
国債・財投債・・・・・・	13.5	13.4	12.7	12.7	13.5
地方債・・・・・・・・・・	0.3	0.2	0.1	0.1	0.1
政府関係機関債・・・・	1.5	1.6	1.6	1.5	1.5
事業債・・・・・・・・・・	6.5	6.7	6.5	6.3	8.0
信託受益権・・・・・・・・	4.0	4.8	4.9	5.0	5.3
株式等・投資信託受益証券	267.7	259.8	321.3	300.3	381.9
株式等・・・・・・・・・・・	194.3	183.1	229.7	213.5	275.8
上場株式・・・・・・・・	116.0	117.7	134.1	124.0	158.4
非上場株式・・・・・・	73.1	60.2	89.8	84.0	112.0
投資信託受益証券・・・	73.4	76.7	91.6	86.7	106.2
保険・年金・定型保証・	527.5	532.0	536.1	532.8	537.5
生命保険受給権・・・・	221.1	222.3	225.5	226.8	230.3
年金保険受給権・・・・	101.0	101.1	101.3	100.3	100.2
年金受給権・・・・・・・・ 1)	150.4	154.1	155.2	152.5	154.5
金融派生商品・・・・・・・ 2)	1.0	1.2	1.2	1.8	2.0
預け金・・・・・・・・・・・	16.9	17.2	17.3	18.0	18.2
対外証券投資・・・・・・ 3)	23.2	22.4	25.6	22.7	26.7
計×・・・・・・・・・・・・・	1 885.4	1 930.4	2 037.0	2 037.5	2 141.5

日本銀行「資金循環統計」より作成。家計は、消費・生産活動を行う小集団で、雇用主、被用者、個人企業などが含まれる。1) 私的年金。2) 雇用者ストックオプションを含む。3) 居住者による、非居住者が発行した株式、債券、外国籍投信への投資。*速報値。×その他とも。

表 29-9　キャッシュレス決済の現状

| | キャッシュレス決済比率（％）[1]（2021年） | 1人あたり保有数（2021年）（単位　枚） | | |
		クレジットカード[2]	デビットカード[2][3]	電子マネー[2]
韓国‥‥‥‥	[4]　95.3	2.3	3.2	0.7
中国‥‥‥‥	[4]　83.8	0.6	6.0	…
アメリカ合衆国	53.2	3.2	1.0	…
日本‥‥‥‥	32.5	2.4	3.7	4.2

キャッシュレス推進協議会「キャッシュレス・ロードマップ2023」より作成。原資料は世界銀行およびBIS資料。1) 非現金手段による年間支払額より算出。2) カードに複数の機能がある場合は、重複して計上。国・地域により一部カードの計数が欠損している。3) ディレイデビットカードを含む。4) 他の国と原資料が異なり参考値。

表 29-10　コード決済の利用状況 （単位　億円）

	2019	2020	2021	2022	2023
店舗利用金額‥‥‥‥‥	11 206	42 003	73 487	107 986	148 496
クレジットカードから[1]	1 598	10 300	20 753	28 704	39 495
店舗利用件数（百万件）	816	2 718	4 895	7 040	9 361
送金金額‥‥‥‥‥‥	474	1 649	3 521	6 530	10 237
送金件数（百万件）‥‥	13	44	97	182	293
チャージ残高‥‥‥‥[2]	1 123	2 474	3 380	5 060	5 921
ユーザー数（千人）‥[2][3]	18 546	36 363	48 733	60 629	75 573

キャッシュレス推進協議会「コード決済利用動向調査」（2024年3月25日公表）より作成。バーコードやQRコードによる決済。1) クレジットカード及びブランドデビットカード紐付け利用分、チャージ分。2) 各年12月末時点。3) 各サービスの月間アクティブユーザー数の合計。

表 29-11　電子マネーの利用状況

	2010	2015	2020	2021	2022	2023
決済回数（百万件）‥‥	1 915	4 678	5 923	5 740	5 882	6 156
決済金額（億円）‥‥‥	16 363	46 443	60 342	59 696	60 841	64 066
1件あたり（円）‥‥	854	993	1 019	1 040	1 034	1 041
発行枚数（万枚）‥‥[1]	14 647	29 453	44 786	47 007	50 021	53 308
うち携帯電話‥‥‥‥	1 672	2 887	4 440	4 970	5 697	6 568
端末台数（万台）‥[1][2]	84	177	522	600	707	826
残高（億円）‥‥‥‥[3]	1 196	2 311	3 656	3 846	4 249	4 958

日本銀行「決済動向」（2024年1月）より作成。プリペイド方式のうちIC型電子マネーが対象で、SuicaやICOCAなど交通系（乗車や乗車券購入への利用を除く）、小売流通企業発行のWAON、nanaco、専業の楽天Edyから提供されたデータを集計したもの。1) 各年末時点。2) 2020年に集計方法を見直し。3) 9月末時点。

〔証券〕　2024年2月、日経平均株価は1989年末以来の史上最高値を更新した。企業業績の堅調な推移や、生成AIブームによる国内半導体関連銘柄の株価上昇などが背景にある。加えて、中国の景気減速に対する懸念のほか、企業変革への期待や日本経済が長らく続いたデフレから脱却する兆しがあることも、海外投資家が資金を日本市場に振り向ける要因となり、株価を引き上げたとみられる。日銀の金融緩和政策解除決定後も、当面緩和的な金融環境が続くとの見方から円安・株高は続いており、今後の利上げのペースなど金融政策の方向性が注目される。

　個人投資家向けの少額投資非課税制度（NISA）の新制度が2024年1月から開始された。従来のNISAやつみたてNISAと比較すると、年間の投資上限額と非課税保有限度額が大幅に拡大されたほか、非課税期間が無期限となるなど、資産形成においてメリットの大きい改正となった。

表 29-12　東京証券取引所（内国株式）の概況（各年末現在）（単位　十億円）

	2010	2015	2020	2021	2022	2023
上場会社数(社)	2 280	3 502	3 752	3 816	3 863	3 927
新規上場(社)	26	110	109	158	128	131
時価総額‥‥‥	310 452	589 789	693 690	753 020	705 434	867 406
売買代金‥‥‥	359 170	745 955	742 247	831 467	872 531	1 012 105
一日平均‥‥	1 466	3 057	3 055	3 394	3 576	4 114

日本取引所グループ資料より作成。2013年7月に旧大阪証券取引所の現物市場を東京証券取引所に統合。2021年までの数値は、東証第一部、第二部、マザーズ、JASDAQスタンダード、JASDAQグロース、TOKYO PRO Marketの合計。2022年からは、プライム、スタンダード、グロース、TOKYO PRO Marketの合計。

表 29-13　プライム市場の株式時価総額（2023年末現在）（単位　億円）

トヨタ自動車‥‥‥‥	422 639	日本電信電話‥‥‥‥	105 735
ソニーグループ‥‥‥	169 131	ＫＤＤＩ‥‥‥‥‥	103 299
キーエンス‥‥‥‥‥	151 080	リクルートホールディングス	101 130
三菱UFJフィナンシャル・グループ	149 471	三菱商事‥‥‥‥‥	97 181
信越化学工業‥‥‥‥	119 767	任天堂‥‥‥‥‥‥	95 570
東京エレクトロン‥‥	119 110	オリエンタルランド‥	95 486
ファーストリテイリング	111 345	プライム市場計×‥	8 330 075

資料は前表に同じ。プライム市場上場企業のうち、時価総額が大きいもの。株式時価総額は、当日の終値に上場株式数を掛けて算出するもの。×その他とも。

日本の家計の金融資産における現金・預金の割合は54.2%（2023年、図29-5）と欧米と比べると高い水準にあるが、個人の投資への関心は高まっており、今後は株式や投資信託の割合の増加が期待される。

表 29-14　東証業種別株価指数の推移（各年末現在）

	2020	2021	2022	2023
水産・農林業	438.10	450.28	491.26	538.47
鉱業	171.24	290.68	408.01	556.32
建設業	1 055.41	1 132.05	1 137.49	1 523.78
食料品	1 659.54	1 689.25	1 759.66	2 126.74
繊維製品	541.89	580.50	599.05	649.07
パルプ・紙	501.91	495.15	438.81	514.63
化学	2 263.05	2 273.45	1 982.78	2 442.43
医薬品	3 324.29	2 978.30	3 393.21	3 356.35
石油・石炭製品	829.61	994.06	1 058.92	1 382.27
ゴム製品	2 433.22	3 408.24	3 279.20	4 251.39
ガラス・土石製品	1 048.75	1 187.04	1 036.51	1 252.31
鉄鋼	326.17	437.07	493.74	745.68
非鉄金属	941.45	958.96	1 035.70	1 124.13
金属製品	1 205.58	1 328.50	1 095.24	1 305.26
機械	2 170.31	2 312.42	2 029.55	2 692.52
電気機器	3 284.79	4 107.27	3 096.69	4 184.20
輸送用機器	2 787.66	3 460.70	2 992.21	4 127.73
精密機器	9 812.42	11 234.20	9 003.49	10 858.31
その他製品	3 780.54	3 529.99	3 511.54	4 474.18
電気・ガス業	361.62	323.75	358.58	478.71
陸運業	1 911.96	1 751.35	1 876.06	2 102.27
海運業	319.99	986.16	1 101.14	1 619.76
空運業	174.21	187.37	223.42	237.67
倉庫・運輸関連業	1 628.50	1 845.44	2 061.24	2 592.01
情報・通信業	4 833.95	4 668.44	4 670.27	5 316.33
卸売業	1 551.93	1 950.36	2 282.44	3 164.40
小売業	1 367.72	1 292.54	1 406.00	1 628.65
銀行業	119.38	145.43	193.63	250.39
証券、商品先物取引業	338.72	380.37	349.06	475.67
保険業	926.44	1 128.26	1 431.34	1 686.65
その他金融業	631.54	736.49	681.63	887.81
不動産業	1 303.03	1 378.50	1 402.56	1 706.29
サービス業	2 657.10	3 056.84	2 440.35	2 824.56
TOPIX（東証株価指数）	1 804.68	1 992.33	1 891.71	2 366.39

日本取引所グループ資料より作成。証券コード協議会が定める33業種に基づきTOPIXの算出対象を各業種別に分類した指数。化学、医薬品、卸売、小売、銀行、証券、保険、その他金融の8業種の基準日は、1992年1月6日（基準値1000）。それ以外は、1968年1月4日（基準値100）。TOPIXは1968年1月4日の時価総額を基準（100）に、構成銘柄の時価総額を指数化したもの。日経平均株価は主要経済データ（11ページ）を参照。

図 29-6　投資部門別株式保有比率の推移

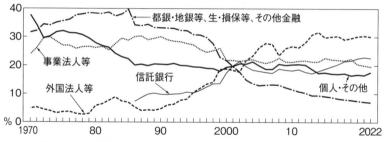

日本取引所グループ「株式分布状況調査」(2022年度) より作成。全国 4 証券取引所上場企業の、発行済み株式時価総額に占める各部門の保有残高（時価）の比率。1985年度以前の信託銀行は、都銀・地銀等に含まれる。2004年度〜2021年度まではJASDAQ上場銘柄を含む。

図 29-7　株式の所有単元別分布

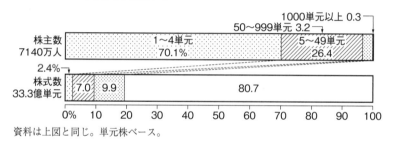

資料は上図と同じ。単元株ベース。

表 29-15　公社債発行額の推移 （会計年度）（単位　億円）

	2000	2010	2020	2021	2022
公募公共債····	1 128 516	1 771 535	2 361 231	2 278 924	2 230 328
国債········	1 053 917	1 604 108	2 214 160	2 154 093	2 130 286
地方債·····	22 690	74 821	69 913	72 399	55 270
政府保証債··	51 410	41 973	14 193	11 292	9 481
財投機関債等	500	50 633	62 965	41 140	35 291
公募民間債····	82 622	101 308	156 362	148 728	128 981
普通社債····	76 371	99 333	156 133	148 598	128 947
転換社債····	2 830	775	229	130	34
金融債········	210 427	37 773	10 162	9 890	10 027
円建て外債····	26 183	19 190	4 666	7 917	11 106
計×········	1 483 557	1 929 806	2 532 420	2 445 459	2 380 441

日本証券業協会「公社債発行額・償還額等」より作成。×その他とも。

表 29-16　投資信託の純資産総額（各年末現在）（単位　十億円）

	2019	2020	2021	2022	2023
公募投信・・・・・・・・・・・・	133 350	150 227	175 737	168 724	208 907
証券投信・・・・・・・・・・・	123 172	139 431	164 500	157 199	196 907
株式投信・・・・・・・・・	109 908	125 162	150 028	142 749	181 345
ETF（上場投資信託）	43 345	54 808	62 434	59 165	74 939
公社債投信・・・・・・・	13 265	14 269	14 472	14 451	15 561
不動産投資法人・・・・*1)	10 111	10 712	11 101	11 385	11 859
インフラ投資法人・・*2)	67	84	136	139	141
私募投信・・・・・・・・・・・3)	100 981	107 619	113 368	110 334	116 866
証券投信・・・・・・・・・・・	98 934	105 233	110 656	107 340	113 364
株式投信・・・・・・・・・	94 776	100 351	105 587	103 748	109 944
公社債投信・・・・・・・	4 158	4 882	5 069	3 592	3 420
不動産投資法人・・・・*1)	2 046	2 386	2 706	2 963	3 482
計×・・・・・・・・・・・・・・	234 331	257 846	289 105	279 057	325 773

投資信託協会資料より作成。＊各年11月末現在。1) 投資を目的とする法人を設立することで組成される投資信託（投資法人）のうち、オフィスビルなどの不動産を投資対象とするもの。上場しているものをJ-REIT。2) 再生可能エネルギー発電所や空港などのインフラに投資する投資法人。3) 機関投資家などを対象とする投資信託。×その他とも。

表 29-17　NISA（少額投資非課税制度）の状況（単位　億円）

	2015	2020	2021	2022	2023 （速報）
口座数（万口座）＊	987.6	1 523.2	1 765.4	1 800.7	2 136.0
一般NISA＊・・・	987.6	1 220.1	1 247.1	1 075.4	1 161.9
つみたてNISA*1)	—	303.1	518.3	725.3	974.1
買付額・・・・・・・・・2)	34 675.1	31 936.5	41 696.1	44 691.4	・・・
一般NISA・・・・・	34 675.1	28 047.9	33 269.7	31 465.0	・・・
上場株式・・・・	11 949.0	14 009.4	14 485.0	13 413.2	・・・
投資信託・・・・	21 857.2	12 809.3	17 331.3	16 165.3	・・・
ETF・・・・・・・	609.5	980.6	1 292.9	1 752.0	・・・
REIT・・・・・・・	259.5	248.6	160.6	134.5	・・・
つみたてNISA1)	—	3 888.6	8 426.4	13 226.3	・・・
投資信託・・・・	—	3 888.0	8 425.2	13 224.5	・・・
ETF・・・・・・・	—	0.7	1.2	1.8	・・・
累計買付額＊・・3)	64 444.8	213 769.6	255 465.7	300 157.1	354 252.6
ジュニアNISA・・4)					
口座数（万口座）＊	—	45.4	72.0	101.0	127.2
累計買付額＊・・5)	—	2 550.0	4 665.5	8 035.4	12 607.6

金融庁「NISA口座の開設・利用状況調査」より作成。一般NISA口座は利用枠が未設定の口座数を含む。＊各年末現在。1) 2018年より制度開始。投資対象は条件を満たした株式投資信託とETFに限定される。2) 各年中の買付額。3) 2014年～各年末までの買付額の計。4) 2016年より制度開始。2023年末で投資期間終了。5) 2016年～各年末までの買付額の計。

〔為替〕 BIS（国際決済銀行）が3年ごとに実施する調査によると、2022年4月中の日本の外国為替市場における平均取引高（1営業日あたり）は4325億ドルで、前回調査から15.2％の増加となった。取引種類別では、スポット（約定日から2営業日以内に資金の受渡が行われる取引）が前回調査比52.4％と大きく増加した。また、通貨ごとの国際決済シェアでは、中国人民元の比率が増加傾向にある。2023年12月の中国人民元の決済シェアは4.1％で、日本円（3.8％）を抜き、米ドル、ユーロ、英ポンドに次ぐ世界第4位となっている。

2022年以降、日米の金利差拡大などを背景に円安が進行した。日銀は2024年3月に大規模金融緩和政策の解除を発表したものの、当面は日本の緩和的な金融環境と低金利の状況は変わらないとの見方から、円安が継続している。3月下旬には一時1ドル＝151円を超えて34年ぶりの円安を更新しており、為替介入の可能性も示唆されている。

表 29-18　主要通貨の国際決済シェア（各年12月）（%）

	2018	2019	2020	2021	2022	2023
米ドル（USD）···	41.6	42.2	38.7	40.5	41.9	47.5
ユーロ（EUR）···	33.0	31.7	36.7	36.7	36.3	22.4
英ポンド（GBP）··	6.8	7.0	6.5	5.9	6.1	6.9
中国人民元（CNY）	2.1	1.9	1.9	2.7	2.2	4.1
日本円（JPY）····	3.4	3.5	3.6	2.6	2.9	3.8
カナダドル（CAD）	1.8	2.0	1.8	1.6	1.8	2.5

国際銀行間通信協会（SWIFT）資料より作成。国際決済に占める各通貨の割合。

図 29-8　円の対ドルレートと実質実効為替レートの推移

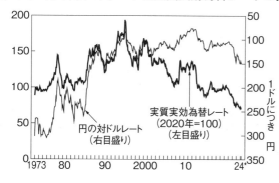

日銀データより作成。ドル円レートは東京市場（スポット）の月中平均。実質実効為替レートは、ドル円など特定の通貨間でなく、相対的な通貨の実力を測るため、貿易ウエイトや物価変動をもとに算出された対外的な購買力の指数。＊1～2月。

表 29-19　主要市場の外国為替取引高（1営業日平均）（単位　十億ドル）

	2007	2010	2013	2016	2019	2022
イギリス・・・・・・・・・	1 483	1 854	2 726	2 406	3 576	3 755
アメリカ合衆国・・・	745	904	1 263	1 272	1 370	1 912
シンガポール・・・・・	242	266	383	517	640	929
（香港）・・・・・・・・・・	181	238	275	437	632	694
日本・・・・・・・・・・・	250	312	374	399	376	433
計×・・・・・・・・・・	4 281	5 045	6 686	6 514	8 280	9 843
日本の割合（％）	5.8	6.2	5.6	6.1	4.5	4.4

国際決済銀行（BIS）"Triennial Central Bank Survey of Foreign Exchange and Over-the-counter（OTC）Derivatives Markets in 2022" より作成。3年ごとの調査。各年4月の1営業日あたり平均取引高で、国内分の二重計上を調整した値。各国の係数は今後修正される可能性があることに留意。×その他とも。

表 29-20　日本の外国為替市場における取引額（単位　億ドル）

	2010	2013	2016	2019	2022	19/22増減率（％）
スポット・・・・・・	1 015	1 566	1 099	976	1 487	52.4
フォワード・・・・	316	352	627	611	624	2.1
為替スワップ・・	1 683	1 696	2 057	1 953	2 049	4.9
通貨スワップ・・	22	64	58	60	44	26.5
通貨オプション	87	64	149	154	121	-21.5
計・・・・・・・・・	3 123	3 742	3 990	3 755	4 325	15.2

日本銀行「外国為替およびデリバティブに関する中央銀行サーベイ」より作成。日本の外国為替市場の1営業日あたりの平均取引高で、3年に1度の調査。原資料は、表29-19と同じで、上表日本の数値の内訳。対象は、本邦銀行等12行庫、外資系銀行16行、本邦証券会社2社、外資系証券会社7社。

表 29-21　主要通貨ペア別取引量の推移（単位　十億ドル）

	2010	2013	2016	2019	2022	％
米ドル/ユーロ・・・・・・・	1 098.6	1 291.8	1 171.8	1 581.5	1 704.8	22.7
米ドル/日本円・・・・・・・	567.0	979.9	900.8	871.2	1 013.4	13.5
米ドル/英ポンド・・・・・	359.9	472.6	469.7	630.0	713.5	9.5
米ドル/中国人民元・・・	31.3	112.7	192.2	270.2	494.4	6.6
米ドル/カナダドル・・・	181.8	199.9	218.3	287.1	410.1	5.5
米ドル/豪ドル・・・・・・・	248.4	364.3	262.0	358.6	380.8	5.1
ユーロ/英ポンド・・・・・	108.9	101.8	99.8	130.2	153.5	2.0
ユーロ/日本円・・・・・・・	110.5	148.1	79.2	113.5	102.7	1.4
日本円/豪ドル・・・・・・・	24.0	45.6	31.3	35.0	36.8	0.5
計×・・・・・・・・・・・・・	3 972.8	5 356.6	5 066.4	6 581.0	7 506.0	100.0

資料は表29-19に同じ。各年4月の1営業日あたりの平均取引量で、国内・海外分の二重計上を調整した値。×その他とも。

〔**保険**〕 生命保険のうち、2022年度末の個人保険の保有契約件数は１億9458万件で、15年連続の増加となった。一方、保有契約高は死亡保障を抑えて医療保障を充実させる傾向などを反映し、前年比1.5％減の794兆5195億円であった。保有契約件数の内訳を見ると、医療保険が全体の22.8％で最も多く、次いで終身保険、定期保険、がん保険と続く（図29-9）。個人保険の新規契約数（転換分を含む）は1833万件で、前年比2.9％の減少となった。

損害保険の2022年度の正味収入保険料は、火災保険の増収などにより前年比3.6％増の９兆1195億円となった。支払保険金も台風の影響や交通量回復に伴う自動車保険の支払増加などにより、前年度比14.3％増の５兆3830億円となっている。

表 29-22　**生命保険契約の推移**（会計年度）（単位　十億円）

		2000	2010	2020	2021	2022
保有契約	**契約金額** 個人保険‥‥ 個人年金保険 団体保険‥‥ 　計‥‥‥‥	1 311 993 74 096 415 986 **1 802 075**	879 596 95 710 371 519 **1 346 826**	815 763 101 796 404 837 **1 322 397**	806 878 101 113 408 831 **1 316 823**	794 520 100 017 412 235 **1 306 771**
	契約件数(千件) 個人保険‥‥‥ 個人年金保険	112 718 13 717	121 912 18 988	190 250 20 789	193 019 20 394	194 583 20 058
新規契約	**契約金額** 個人保険‥‥ 個人年金保険 団体保険‥‥ 　計‥‥‥‥	133 559 3 606 7 055 **144 220**	62 993 6 894 2 483 **72 370**	44 129 3 976 4 458 **52 563**	46 481 5 262 4 524 **56 266**	50 231 5 827 5 602 **61 660**
	契約件数(千件) 個人保険‥‥‥ 個人年金保険	12 430 886	15 861 1 443	17 025 679	18 872 879	18 326 1 003

生命保険協会「生命保険事業概況」（2022年度）、「生命保険の動向」（2023年版）より作成。日本国内で営業している民間生命保険会社の生命保険事業。2010年度以降はかんぽ生命を含む。保有契約は会計年度末時点。新規契約は転換後の契約分を含む。

保有契約金額　生命保険会社が顧客に対して保障する金額の総合計額。
新規契約金額　保険会社が事業年度において新たに契約した保障金額の総合計額。

図 29-9　個人保険の保有契約件数の内訳（2022年度末現在）

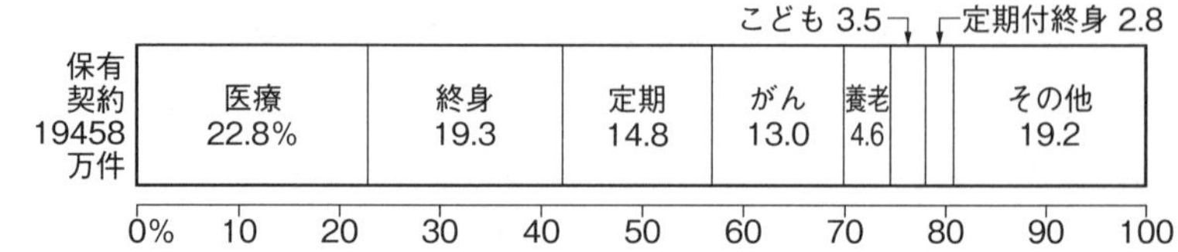

こども 3.5┐　┌定期付終身 2.8

| 保有契約 19458 万件 | 医療 22.8% | 終身 19.3 | 定期 14.8 | がん 13.0 | 養老 4.6 | | その他 19.2 |

0%　10　20　30　40　50　60　70　80　90　100

資料は前表に同じ。本来その他保険等に含まれる医療保険、がん保険、こども保険を個別に計上している。

表 29-23　生命保険の年換算保険料（会計年度）（単位　十億円）

	新契約＋転換純増			年度末保有契約		
	2020	2021	2022	2020	2021	2022
第一分野（除く年金）	851	974	1 212	14 832	14 798	14 667
終身保険（定額）・	152	203	250	4 117	4 227	4 258
利率変動型終身保険	188	185	337	1 725	1 837	1 999
養老保険（定額）・	96	117	159	2 374	2 190	2 006
定期保険・・・・・・・・	228	233	237	4 460	4 249	4 082
第三分野[1] ・・・・・・	483	542	545	7 034	7 119	7 201
医療保険・・・・・・・	231	256	243	3 380	3 423	3 453
がん保険・・・・・・・	70	80	91	1 345	1 344	1 347
年金・・・・・・・・・・・	261	325	404	6 099	5 982	5 880
個人年金（定額）・	197	220	205	4 742	4 702	4 622
計・・・・・・・・・・・	1 594	1 841	2 161	27 965	27 900	27 748

資料は前表に同じ。1) 生命保険（第一分野）と損害保険（第二分野）の中間に位置する保険のことで、医療保険、がん保険、介護保険、就業不能保険などさまざま種類がある。

年換算保険料　年払いや一括払いなど商品による支払い方法の違いを調整し、生保会社が保険契約から1年間に得る保険料。契約高は死亡保障額が小さい医療保険や介護保険などの伸びが反映されにくいため、これを補完する指標として用いられるようになった。

表 29-24　生命保険の保険金等支払状況（会計年度）（単位　億円）

	2018	2019	2020	2021	2022
保険金・・・・・・・・・・・	102 898	95 989	93 445	92 204	96 913
死亡保険金・・・・・・	30 860	32 008	33 259	35 174	39 123
満期保険金・・・・・・	28 175	26 830	27 013	25 794	27 966
年金・・・・・・・・・・・	46 037	48 984	46 007	45 529	45 416
給付金・・・・・・・・・・・	38 981	40 067	39 892	42 593	53 008
入院給付金・・・・・・	7 159	7 330	7 022	7 622	14 120
手術給付金・・・・・・	4 450	4 684	4 402	4 445	4 568
計・・・・・・・・・・・	187 916	185 041	179 345	180 327	195 337

生命保険協会「生命保険事業概況」(2022年度) より作成。

表 29-25　損害保険の種目別保険料の推移 （会計年度）（単位　億円）

		2000	2010	2020	2021	2022
元受正味保険料	任意保険					
	火災・・・・・・・・・	15 836	13 159	17 772	17 727	19 287
	自動車・・・・・・・・	36 500	34 314	42 756	43 072	43 013
	傷害・・・・・・・・・	18 313	10 403	8 936	8 769	8 949
	新種1) ・・・・・・・・	7 586	8 966	15 973	16 554	17 157
	海上・運送・・・・	2 505	2 573	2 740	3 091	3 583
	小計・・・・・・・・	80 739	69 414	88 177	89 213	91 988
	強制保険					
	自動車賠償責任保険	9 878	8 063	8 096	7 495	7 605
	計・・・・・・・・・・	**90 617**	**77 478**	**96 273**	**96 709**	**99 593**
正味収入保険料	任意保険					
	火災・・・・・・・・・	10 537	10 073	14 693	15 071	16 930
	自動車・・・・・・・・	36 501	34 564	41 881	42 288	42 402
	傷害・・・・・・・・・	6 766	6 477	6 205	6 315	6 643
	新種1) ・・・・・・・・	6 923	8 189	13 331	13 931	14 572
	海上・運送・・・・	2 315	2 324	2 426	2 729	3 128
	小計・・・・・・・・	63 043	61 627	78 537	80 334	83 675
	強制保険					
	自動車賠償責任保険	5 698	8 083	8 390	7 729	7 519
	計・・・・・・・・・・	**68 741**	**69 710**	**86 927**	**88 063**	**91 195**

日本損害保険協会資料より作成。1) 賠償責任保険、動産総合保険、労働者災害補償責任保険、航空保険、盗難保険、建設工事保険、ペット保険など。**元受正味保険料**は保険契約者との直接の保険契約に係る収入を表すもので、元受保険料－諸返戻金（満期返戻金は除く）で算出。**正味収入保険料**は元受正味保険料に再保険に係る収支を加味し、収入積立保険料を控除したもの。

表 29-26　損害保険の保険金・満期金支払額 （会計年度）（単位　億円）

	2018	2019	2020	2021	2022
正味支払保険金・・・・・・・・	53 242	50 268	45 637	47 112	53 830
火災・・・・・・・・・・・・・・	12 408	9 360	8 075	9 491	12 454
自動車・・・・・・・・・・・・・	22 415	22 411	20 243	20 619	22 936
傷害・・・・・・・・・・・・・・	3 204	3 192	2 859	2 839	3 537
新種・・・・・・・・・・・・・・	6 410	6 953	6 896	7 120	8 233
海上・運送・・・・・・・・・・	1 600	1 608	1 385	1 415	1 491
自賠責・・・・・・・・・・・・・	7 204	6 744	6 177	5 627	5 177
満期金・・・・・・・・・・・・ 1)	6 754	6 614	6 633	6 272	5 926

日本損害保険協会資料より作成。1) 満期返戻金＋契約者配当金。

正味支払保険金　支払った保険金から再保険により回収した再保険金を控除したもの。

表 29-27　地震保険契約の推移 （会計年度）

	2005	2010	2015	2020	2021	2022
世帯加入率（％）1)	20.1	23.7	29.5	33.9	34.6	35.0
付帯率（％）‥‥2)	40.3	48.1	60.2	68.3	69.0	69.4
保有契約件数(万件)	1 025	1 275	1 694	2 036	2 080	2 122

日本損害保険協会資料より作成。1) 年度末の契約件数を住民基本台帳に基づく世帯数で除した数値。2015年以降は、12月末の数値。2) 年度中に契約された火災保険契約に地震保険契約が付帯されている割合。

地震保険　火災保険では補償されない地震・噴火や津波を原因とした損害を補償する地震災害専用の保険。対象は居住用の建物と家財で、主に火災保険に付帯する方式で契約する。

図 29-10　**保険会社の総資産の内訳** （2022年度末）

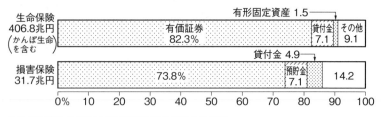

生命保険協会および日本損害保険協会資料より作成。

表 29-28　**少額短期保険の推移** （会計年度末現在）

	2018	2019	2020	2021	2022
会社数（社）‥‥‥‥‥	101	103	110	115	120
募集人資格 取得者数（千人）‥‥	220	237	261	283	301
保有契約件数（万件）‥‥	831	883	957	1 054	1 087
収入保険料（億円）‥‥1)	1 032	1 074	1 178	1 277	1 346

日本少額短期保険協会資料より作成。1) 会計年度。以下内訳は2022年度決算概況。
契約件数の内訳　家財80％、ペット6％、生保系5％、その他9％
保険料収入の内訳　家財65％、ペット13％、生保系13％、その他9％

少額短期保険　少額の保険料でペット保険をはじめとした日常のさまざまなトラブルに備える保険であり、通称ミニ保険と呼ばれている。以前は無認可共済として販売されていたが、少額短期保険として保険業法が適用された。2022年度末の保有契約件数は前年度比3％増の1087万件となった。また保険会社に比べ参入障壁が低いため、異業種などの新規参入も多く、少額短期保険を扱う会社数は2015年度末の84社から2022年度末には120社に増えている。

第30章　運輸・観光

　日本国内における電車、バス、タクシー、トラック、海運、航空などの交通体系は、人々の生活や経済活動を支える不可欠なサービスである。しかし近年、人口減少、少子高齢化の加速、訪日外国人の増加、自然災害の発生、労働力不足などの課題に直面しており、2020年以降は新型コロナウイルス感染症拡大の影響を受けて、これまで通りの交通サービスを維持することが困難な環境が増えてきた。

　人口減少で輸送需要が大きく減少した地方では、採算が成り立つ交通網が維持できず、さらにコロナ禍や自然災害の影響もあって、鉄道や路線バスの廃止、また経営の移管が行われている。鉄道では、2023年4月にJR北海道留萌本線の一部が廃止された。また、2017年の九州北部豪雨により甚大な被害を受けたJR九州日田彦山線は、鉄道の復旧を断念し、2023年8月にBRT（バス・ラピッド・トランジット）として再開している。2024年4月にはJR北海道根室本線の一部が廃止された。バスは、都市部でも運転手不足が発生し、路線の廃止や縮小が相次いでい

表 30-1　運輸業、郵便業の概況

	2020	2021	2022	2023
国内総生産（億円）・・・	5 398 082	5 525 714	5 597 100	5 918 812
運輸業、郵便業・・・・	227 891	230 217	263 725	…
割合（％）・・・・・・・・	4.2	4.2	4.7	…
就業者数（万人）・・・・ 1)	6 710	6 713	6 723	6 747
運輸業、郵便業・・ 1)2)	349	352	351	349
鉄道業・・・・・・・・・	25	26	26	22
道路旅客運送業・・	46	42	41	41
道路貨物運送業・・	194	199	201	201
水運業・・・・・・・・・	7	6	5	6
航空運輸業・・・・・・	5	6	6	6
倉庫業・・・・・・・・・	26	25	27	28
郵便業・・・・・・・・・	10	12	12	12
割合（％）・・・・・・・・	5.2	5.2	5.2	5.2

国内総生産は内閣府「国民経済計算」（2015年基準・2008SNA）、2023年は「2023年10〜12月期　2次速報値」より作成。暦年の名目値。就業者数は総務省「労働力調査」。1）基準人口の切り替えにより補正された時系列数値。2）運輸に附帯するサービス業を含む。

る。地方では住民の高齢化に伴って通勤・通学需要が減少し、多くの定期路線バスが廃止され、交通不便地域が増加している。

　2023年10月、すべての地域公共交通を連携・協働して再構築（リ・デ

図 30-1　国内の輸送機関別輸送量の推移（会計年度）

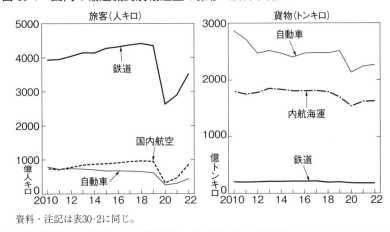

資料・注記は表30-2に同じ。

表 30-2　国内の輸送機関別輸送量（会計年度）

旅客	輸送人員（百万人）			輸送人キロ（百万人キロ）		
	2020	2021	2022	2020	2021	2022
鉄道‥‥‥	17 670	18 805	21 054	263 211	289 891	352 853
自動車‥ 1)	4 000	4 270	4 783	25 593	30 189	44 185
旅客船‥‥	45	49	…	1 523	1 847	…
航空‥‥ 2)	34	50	91	31 543	46 658	86 382

貨物	輸送トン数（百万トン）			輸送トンキロ（百万トンキロ）		
	2020	2021	2022	2020	2021	2022
鉄道‥‥‥	39	39	38	18 340	18 042	17 984
自動車‥ 1)	3 787	3 888	3 826	213 419	224 095	226 886
内航海運‥	306	325	321	153 824	161 795	162 663
航空‥‥ 2)3)	0.4	0.5	0.5	464	528	599

国土交通省「鉄道輸送統計調査」、「自動車輸送統計調査」、「内航船舶輸送統計調査」、「数字で見る海事」、「航空輸送統計調査」より作成。自動車は、2010年10月および2020年4月調査よりそれぞれ調査方法・集計方法が変更された。本書では編集時点で、最新公表のデータを掲載している。1）貨物自家用自動車のうち軽自動車および旅客自家用自動車を調査対象に含まず。2）定期輸送のみ。3）超過手荷物や郵便物を含まない。

輸送人キロ：輸送した旅客の人員数に、それぞれの旅客の輸送距離を乗じたもの。
輸送トンキロ：輸送した貨物の重さ（トン）に、それぞれの貨物の輸送距離を乗じたもの。

ザイン）を行う「改正地域交通法」が施行された。交通分野における
DX（デジタルトランスフォーメーション：MaaS、AIオンデマンド交通、
キャッシュレス決済、自動運転など）やGX（グリーントランスフォー
メーション）を推進し、さまざまな移動手法・サービスを組み合わせて、
円滑で利便性の高い移動サービスの向上を図る。また、交通インフラの
ユニバーサルデザイン化やバリアフリー化を進め、視覚・聴覚情報の提
供や車いすスペースの設置、電車駅ホームの転落防止対策などに取り組
むことが盛り込まれた。

図 30-2　輸送機関別輸送量とエネルギー消費の割合（2021年度）

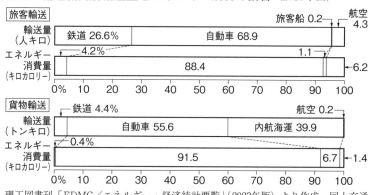

理工図書刊「EDMC／エネルギー・経済統計要覧」（2023年版）より作成。国土交通
省は2020年度調査より自動車に関して調査方法等の見直しを行っているが、本グラフ
では輸送全体のエネルギー消費を見るため、旅客部門で自家用乗用車等を含む数値で
算出されている。

表 30-3　出入国者数と国際貨物輸送量

	2000	2010	2019	2020	2021	2022
旅客数（千人）						
出国者数‥‥	23 085	26 225	51 230	7 911	1 085	6 548
入国者数‥‥[1]	23 046	26 201	51 409	8 045	904	6 978
貨物重量（千 t ）						
海上貿易量‥[2]	889 737	915 449	897 581	815 654	856 168	849 728
国際航空輸送[3]	1 188	1 323	1 444	1 282	1 768	1 551

法務省「出入国管理統計年報」、国土交通省「数字で見る海事」、「航空輸送統計年報」（2022
年）より作成。1）一時上陸客、通過観光客を含み、永住の目的で入国した者を除く。2）
輸出入計。3）超過手荷物および郵便物を含まず。

〔鉄道〕　コロナ禍による人々の移動の自粛やテレワークの普及で、2020、21年度の旅客の鉄道輸送量は大きく減少した。コロナ禍が収まってきた2022年度は、人ベースで前年度より12.0％増の211億人、人キロベースで前年度より21.7％増の3529億人キロとなり、コロナ前の2019年と比べて8割程度にまで戻っている。貨物輸送は、トラック輸送業界の深刻な人手不足のもと、2024年4月からはトラック運転手に対する時間

図30-3　鉄道の旅客・貨物輸送量の推移

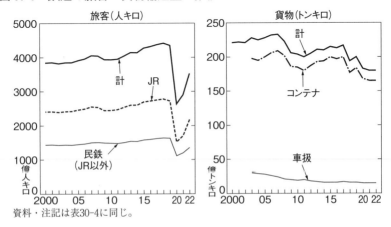

資料・注記は表30-4に同じ。

表30-4　鉄道の営業キロ数と輸送量 （2022年度）

旅客	旅客営業キロ1)（km）	旅客輸送人数（百万人）			旅客輸送人キロ（百万人キロ）
		定期	定期外	合計	
全国計‥‥‥‥	27 597.1	11 986	9 067	21 054	352 853
JR‥‥‥‥‥	19 744.7	4 764	3 121	7 885	217 509
新幹線‥‥‥	3 066.7	45	251	295	77 060
民鉄（JR以外）	7 852.4	7 223	5 946	13 169	135 344
大手‥‥‥‥	2 922.1	4 982	3 766	8 748	104 650
中小‥‥‥‥	4 438.9	1 071	1 174	2 245	16 495
公営‥‥‥‥	491.4	1 170	1 006	2 176	14 198

貨物	貨物営業キロ1)（km）	貨物輸送トン数（百万トン）	貨物トンキロ（百万トンキロ）		
			コンテナ	車扱2)	計
全国計‥‥‥‥	8 481.1	38	16 483	1 501	17 984

国土交通省「鉄道輸送統計調査」より作成。1）2023年3月末現在。2）**車扱**は貨車を1車単位で貸し切って輸送する方法で、石油・化学薬品・セメント・石炭などで使用される。

外労働の規制が強化され、一度に大量の荷物を運べる貨物鉄道が見直されている。しかし2022年度では、トンキロベースの輸送量が前年度比0.3％の減少となっており、利用は増えていない。

　新幹線は基幹的な高速輸送体系であり、地域間の移動時間を短縮し、導入地域の経済活性化に大きな効果を与えている。2022年9月、長崎と武雄温泉（佐賀）を結ぶ西九州新幹線が開業し、2024年3月には金沢（石川）から敦賀（福井）を結ぶ北陸新幹線が開業した。一方、リニア中央新幹線に関しては、JR東海が東京－名古屋間（約40分）が2027年開業を断念した。東京から大阪までの全線開通は、2024年3月末時点、2037年の予定となっている。

表 30-5　**新幹線の路線別旅客輸送量**（会計年度）（単位　百万人キロ）

	2018	2019	2020	2021	2022	営業キロ(km)(2022)
北海道線‥‥	14	253	79	89	168	148.8
東北線‥‥‥	15 536	15 490	5 356	6 898	10 980	713.7
上越線‥‥‥	4 913	4 825	1 775	2 393	3 695	303.6
東海道線‥‥	52 167	54 027	18 344	25 336	42 586	552.6
北陸線‥‥‥	3 888	3 495	1 326	1 720	2 874	345.5
山陽線‥‥‥	18 960	19 325	7 212	9 119	15 240	644.0
九州線‥‥‥	1 919	1 917	844	978	1 517	358.5
計‥‥‥‥	**97 398**	**99 332**	**34 936**	**46 533**	**77 060**	**3 066.7**

国土交通省「鉄道輸送統計調査」より作成。

表 30-6　**大手民鉄の輸送人員**（会計年度）（単位　百万人）

	2022	2023	輸送密度(万人)		2022	2023	輸送密度(万人)
東京メトロ	1 904	2 172	24.8	京急‥‥	360	404	16.9
東急‥‥	897	989	23.8	名鉄‥‥	315	341	3.8
東武‥‥	735	798	6.2	京成‥‥	225	251	6.1
小田急‥	581	649	22.2	京阪‥‥	219	244	10.3
阪急‥‥	511	572	15.1	阪神‥‥	194	219	11.4
西武‥‥	508	559	11.3	南海‥‥	183	204	5.7
京王‥‥	501	554	20.7	相鉄‥‥	184	199	15.1
近鉄‥‥	456	501	4.9	西鉄‥‥	84	93	3.5

日本民営鉄道協会「大手民鉄の素顔」(2023年版）より作成。2023年の輸送人員の多い順に掲載。輸送密度は、旅客営業キロ1kmあたりの1日平均旅客輸送人員のこと。

〔**自動車**〕　日本の道路の実延長は123万キロメートルで、そのうち0.7％が高速道路である。一般道では、安全性を高めるため、幅の広い歩道の整備や無電柱化、バリアフリー対応型信号機の設置などが進められている。2024年2月現在、全国で1213ある「道の駅」は、ドライバーの休憩施設であると同時に、道路情報や観光情報などの発信の場でもある。また震災時には、一時避難場所や緊急車両基地として利用される。

　自動車による輸送は、自家用と営業用に分けられるが、国土交通省は、「自動車輸送統計調査」において2010年10月分調査以降、貨物自家用車のうち軽自動車、および旅客自家用自動車を調査対象から除外し、主に

表 30-7　**道路の整備状況**（2022年3月末時点）（単位　km）

	実延長	改良済の道路[1]		自動車交通不能[3]	舗装道[4]	
		延長	％[2]		延長	％[2]
高速自動車国道・	9 168	9 168	*100.0*	—	9 168	*100.0*
一般国道・・・・・・	56 144	52 345	*93.2*	139	52 529	*93.6*
都道府県道・・・・・	129 881	92 476	*71.2*	1 639	86 672	*66.7*
市町村道・・・・・・・	1 035 195	622 445	*60.1*	136 886	205 102	*19.8*
合計・・・・・・・・	**1 230 388**	**776 434**	*63.1*	**138 664**	**353 471**	*28.7*

国土交通省「道路統計年報」（2023年）より作成。1) 定められた基準に基づいてつくられた道路で車道幅5.5メートル以上のもの。ただし、市町村道は車道幅5.5メートル未満の数値を含む。2) 実延長に対する割合。3) 幅員・曲線半径・勾配などの状況により、最大積載量4トンの普通貨物自動車が通行できない区間。4) 簡易舗装道を除く。

表 30-8　**自動車の輸送量**（会計年度）

	2010	2015	2020	2021	2022
旅客（億人キロ）・[1]	790	670	256	302	442
バス・・・・・・・・[2]	712	605	225	270	401
乗用車・・・・・・[3]	77	65	30	32	41
（参考）自家用・・・・	7 992	8 085	7 438	7 203	7 763
貨物（億トンキロ）	2 865	2 402	2 134	2 241	2 269
営業用・・・・・・・	2 567	2 119	1 870	1 964	1 991
自家用・・・・・・[4]	299	283	264	277	277
（参考）自家用軽自動車	16	17	15	14	15

国土交通省「自動車輸送統計調査」より作成。2010年10月および2020年4月調査よりそれぞれ調査方法・集計方法が変更された（表30-2注記参照）。参考として表示している項目は調査対象に含まず、データは別掲で推計値。1) 営業用のみ。2) 定員11人以上。3) 定員10人以下。4) 軽自動車を含まず。

営業用の自動車を対象とする方式に変更した。変更後の調査結果によると、2022年度の自動車輸送量は、旅客が442億人キロ、貨物が2269億トンキロとなっている（表30-2、表30-8参照）。

バスやタクシー事業は、コロナ禍で利用者数が大きく減少したため、

図 30-4　営業用自動車の旅客輸送量

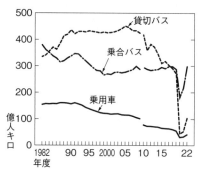

国土交通省「自動車輸送統計調査」より作成。会計年度。2010年度データより調査方法および集計方法が変更されたため、数値は接続しない。バス（乗合・貸切）は定員11人以上。乗用車は定員10人以下。

図 30-5　貨物輸送量の品目別割合

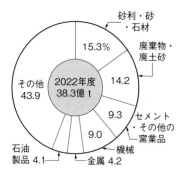

資料・注記は図30-4に同じ。営業用、自家用の合計。2010年度以降、自家用の貨物自動車の軽自動車は調査対象外となっている。営業用の軽自動車は含む。

表 30-9　宅配便等の輸送量 （会計年度）（単位　万個）

	宅配便計	トラック輸送	航空等利用運送	メール便（万冊）	郵便荷物*	旧国鉄
1980	1) 10 682	1) 10 682	—		18 392	4 152
1990	110 050	110 050	—		35 143	2) 688
2000	257 379	254 027	3 352	…	31 048	—
2010	321 983	319 329	2 654	524 264	(296 840)	—
2020	483 647	478 494	5 153	423 870	(439 010)	—
2021	495 323	488 206	7 117	428 714	(433 487)	—
2022	500 588	492 508	8 080	403 223	(409 322)	—

国土交通省「宅配便取扱実績について」（2022年度）、日本郵政グループ「郵便物・荷物の引受物数」より作成。宅配便は重量30kg以下の一口一個の貨物。メール便とは重量1kg（ゆうメールは3kg）以下の一口一冊の貨物で、1997年より開始。航空等利用運送とは、トラック輸送と鉄道、海上、航空輸送を組み合わせて利用する運送。*2007年10月の郵政民営化により、郵便小包は名称が「荷物」に変わった。2007年度以降は、ゆうパックは宅配便に、ゆうメールはメール便に含まれる（2007年度以降は数値をカッコ内で示している）。2016年10月以降のゆうパックはゆうパケットを含む。1) 1981年度。2) 1986年度（1987年度以降はJRが手荷物小荷物の扱いを廃止）。

第30章

運輸・観光

事業者の経営状況が悪化している。また、運転手不足が問題となっており、人口減少が著しい地方では、路線バスの維持やタクシーの確保が困難となっている。交通空白地や供給不足を作らないため、多くの地方自治体はコミュニティバス（市町村等が主体的に運行）やデマンド交通（乗合タクシーなど）、自家用有償旅客運送（ライドシェア）の導入を始めた。トラック運送事業では、ドライバーの長時間拘束や不規則な就業形態が問題となっており、2024年度からは運転手の時間外労働の上限が定められた。その結果、勤務時間の削減で、輸送を行うために必要な労働力が確保できない状況が懸念されている。

表 30-10　**自動車保有台数**（各年 3 月末現在）（単位　千台）

	1990	2000	2010	2020	2022	2023
乗用車‥‥‥‥‥	32 938	51 222	57 903	61 809	61 867	61 953
貨物車‥‥‥‥‥	20 944	18 425	15 533	14 367	14 428	14 517
乗合車‥‥‥‥‥	242	236	228	231	216	212
特種(殊)用途車‥	1 155	1 707	1 512	1 766	1 793	1 808
二輪車‥‥‥‥‥	2 715	2 993	3 517	3 677	3 871	3 961
計‥‥‥‥‥	57 994	74 583	78 693	81 850	82 175	82 451

国土交通省「自動車保有車両数統計」より作成。軽自動車、三輪車、被けん引車を含む。特種用途自動車とは、消防車、護送車、医療防疫車、霊柩車、冷蔵冷凍車、タンク車、散水車、架線修理車、クレーン車など主たる使用目的が特種である自動車。特殊自動車とは、ショベル・ローダ、フォーク・リフト、ホイール・クレーンなど特殊な装置を有するもの。【☞長期統計516ページ、府県別統計（暦年）520ページ】

表 30-11　**電気自動車等保有台数**（年度末時点）（単位　千台）

	2017	2018	2019	2020	2021	2022
電気自動車（EV）	112	126	138	146	161	229
乗用車‥‥‥ 1)	91	106	117	124	138	162
軽自動車‥‥‥	19	19	19	20	21	64
その他‥‥‥‥	2	2	2	2	2	2
PHV‥‥‥‥ 2)3)	103	122	136	151	174	208
FCV‥‥‥‥ 3)4)	2	3	4	5	7	7
計‥‥‥‥‥	217	251	278	302	343	444
（別掲）HEV‥ 5)	8 211	9 469	10 688	11 876	13 026	…

次世代自動車振興センター資料より作成。推定値。1) 軽自動車を含まず。2) プラグインハイブリッド車（PHEVとも表記）。ガソリンと電気の動力を備え、外部電源を利用可能。3) 乗用車のみ。4) 燃料電池自動車。5) ハイブリッド自動車。

表 30-12　各国の自動車保有台数（単位　万台）

	2015	2020	乗用車	営業用車	千人あたり（台）(2020)	2015-20年平均増減率（％）
中国	16 284	31 803	27 341	4 463	223.2	14.3
アメリカ合衆国	26 419	28 904	11 626	17 278	860.4	1.8
日本	7 740	7 670	6 219	1 451	612.4	-0.2
ロシア	5 136	5 667	4 926	741	389.2	2.0
ドイツ	4 843	5 228	4 825	403	627.3	1.5
ブラジル	4 274	4 572	3 786	786	214.5	1.4
インド	2 886	4 569	3 434	1 135	32.7	9.6
フランス	4 348	4 542	3 846	696	704.4	0.9
メキシコ	3 735	4 509	3 399	1 110	357.8	3.8
イタリア	4 224	4 500	3 972	528	756.3	1.3
イギリス	3 822	4 240	3 645	595	632.3	2.1
スペイン	2 746	2 971	2 517	454	627.2	1.6
ポーランド	2 425	2 924	2 511	412	760.8	3.8
カナダ	2 321	2 679	2 542	137	707.7	2.9
韓国	2 099	2 373	1 922	451	457.7	2.5
インドネシア	1 665	2 111	1 580	532	77.7	4.9
世界計×	128 703	159 028	118 068	40 960	209.2	4.3

OICA（国際自動車工業連合会）資料により作成（2024年4月4日閲覧）。路上を走行する車の登録台数。乗用車は座席10席未満のもので、タクシーやハイヤーなどを含む。二輪車は含まず。営業用車はトラック、バス、小型営業車など。ただし、一部の国でバス・大型トラックを除く。×その他とも。

表 30-13　各国の電気自動車の保有台数（2022年）

	BEV[1]（％）	PHEV[2]（％）	計	乗用車	EV率（％）計	乗用車
中国	12 420	3 223	15 643	14 100	22.6	4.9
アメリカ合衆国	2 100	860	2 960	2 960	1.3	1.3
ドイツ	1 056	891	1 947	1 890	8.1	4.0
フランス	695	371	1 066	990	5.3	2.7
イギリス	592	403	995	950	5.3	2.8
ノルウェー	612	201	813	790	37.7	27.0
オランダ	356	190	546	530	23.1	5.6
スウェーデン	214	241	454	440	18.2	8.8
日本	249	200	449	410	1.0	0.6
韓国	386	57	443	357	5.7	1.7
世界計×	19 930	8 039	27 969	25 900	6.2	2.1

IEA（国際エネルギー機関）“Global EV Outlook 2023”より作成。1）バッテリー式。ガソリンを使わず電気のみを使用。2）プラグインハイブリッド車。

第30章 運輸・観光

〔海運〕　外航海運は、日本が貿易を行う上で欠かせない輸送手段であり、長年にわたって大量・長距離輸送を担っている。航空輸送と比べて重量・距離あたりの輸送コストが安く、また、単位あたりの環境負荷も小さいことから、地球温暖化対策が大きな課題となる中で環境にやさしい輸送手段である。温室効果ガスを航行中に排出しない船（ゼロエミッション船）の導入が国際的に促進されており、日本商船隊（日本の外航海運会社が保有する外航商船群）でも、国際競争力を高めるため、ゼロエミッション船の導入を進めている。

　日本の港湾は安全性や効率性が高く、国際コンテナ港湾としての評価が高い。しかし近年、貨物船が大型化するなかで、寄港地が中国の上海

図 30-6　世界の商船船腹量（総トン数）の割合（2023年1月1日現在）

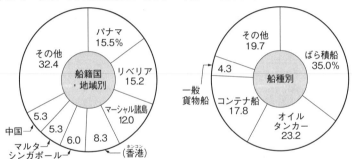

UNCTAD（国連貿易開発会議）"UNCTADstat"より作成。100総トン以上の船が調査対象。漁船やヨット、軍艦などを含まず。総トン数は、船の大きさ（容量）を表す指標で、2023年の世界計は15億3686万総トン。

表 30-14　世界の海上輸送量（単位　百万 t）

	1990	2000	2010	2020	2021	2022
石油‥‥‥‥‥‥	1 548	2 331	2 821	2 818	2 869	3 006
原油‥‥‥‥‥	1 133	1 745	1 917	1 852	1 854	1 957
石油製品‥‥‥	415	586	904	966	1 015	1 049
鉄鉱石‥‥‥‥‥	356	447	990	1 505	1 520	1 477
石炭‥‥‥‥‥‥	331	509	927	1 179	1 226	1 220
穀物‥‥‥‥‥‥	195	230	319	520	530	517
その他‥‥‥‥‥	1 855	2 876	4 107	5 564	5 837	5 700
計‥‥‥‥‥‥	**4 285**	**6 393**	**9 164**	**11 586**	**11 982**	**11 920**

日本海事広報協会「日本の海運　SHIPPING NOW 2023-2024」、国土交通省「数字で見る海事」より作成。

港や寧波－舟山港、シンガポール港、韓国の釜山港などに集中し、日本
への寄港数が減少している。海上貨物輸送ネットワークの拠点としての
地位を高めていくためには、港湾のさらなる整備が重要となっている。

内航海運は、国内貨物輸送（トンキロベース）において、自動車に次
いで輸送量が多い。トラック運転手
不足が問題となる中で、フェリーや
RORO船（貨物を積んだトラックや
荷台ごと輸送する船舶）などを活用
することが求められている。政府は、
内航海運と鉄道の輸送量・分担率を、
2030年度までに10倍程度に増やすこ
とを目標にしている。

内航船は、離島を本土と結ぶ重要
な役割を持つ。人口減やコロナ禍で
経営状況が厳しい航路が多いが、離
島での生活に不可欠で、政府は離島
航路維持のため補助を行っている。

図 30-7　日本が実質所有する
　　　　　船舶数の船籍国別割合

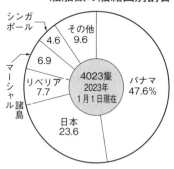

UNCTAD（国連貿易開発会議）
"UNCTADstat" より作成。日本の
外航海運会社が実質的に所有して
いる船舶数の船籍別の割合。1000
総トン以上の船舶を対象とする。

図 30-8　日本の海上輸送量の品目構成（2022年）

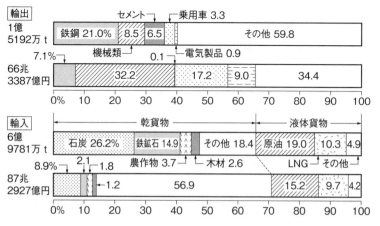

国土交通省「数字で見る海事」（2023年）より作成。木材にはパルプ、チップを含む。
農作物は米、小麦、大麦、裸麦、トウモロコシ、大豆の合計。

表 30-15　日本商船隊の輸送量（単位　千 t）

	2021			2022（暫定値）		
	日本籍船	外国用船	計	日本籍船	外国用船	計
輸出‥‥‥	2 371	73 526	75 897	3 707	68 171	71 877
定期船‥	353	17 708	18 061	677	23 112	23 789
輸入‥‥‥	103 220	335 062	438 283	103 009	387 787	490 797
油送船‥	52 306	89 146	141 452	38 691	111 461	150 152
三国間‥ 1)	46 917	321 946	368 863	54 380	312 372	366 752
合計‥‥	**152 508**	**730 534**	**883 042**	**161 096**	**768 330**	**929 426**

国土交通省「数字で見る海事」より作成。日本商船隊とは、日本の外航海運会社が運航する2000総トン以上の外航商船群を指し、日本籍船と外国用船（外国の船舶を借り上げて輸送を行うもの）で構成される。定期船（コンテナ船を含む）と油送船（化学薬品船、LPG船等を含む）のほかに、不定期船がある。1）自国以外の海外2か国間以上での輸送に従事。

表 30-16　日本籍船船腹量の推移

	乾貨物船		タンカー		合計（その他を含む）		油送船割合1)（％）
	隻	総トン数（千トン）	隻	総トン数（千トン）	隻	総トン数（千トン）	
1990	3 986	14 121	1 992	9 502	7 668	25 186	*37.7*
2000	2 779	5 924	1 540	7 332	5 880	14 874	*49.3*
2010	1 941	6 493	1 140	6 166	4 255	13 864	*44.5*
2020	1 918	16 727	1 059	8 959	4 069	26 915	*33.3*
2022	1 863	17 884	1 046	7 601	3 973	26 734	*28.4*

日本船主協会「海運統計要覧」(2023年）より作成。100総トン以上の鋼船で、漁船、官庁船、その他特殊船を含まず。各年央の数値。タンカーは油送船、化学薬品船、液化ガス船の合計。1）船腹量全体に占める油送船の比率。【☞長期統計516ページ】

表 30-17　港湾入港船舶の隻数と総トン数

	2010		2020		2022	
	隻数（千隻）	総トン数（万トン）	隻数（千隻）	総トン数（万トン）	隻数（千隻）	総トン数（万トン）
外航‥‥‥‥	112	187 983	89	178 390	83	173 453
商船‥‥‥	111	186 801	89	177 943	82	172 929
自動車航送船	1	1 181	0	447	1	524
内航‥‥‥‥	2 650	172 419	2 082	165 670	2 047	170 563
商船‥‥‥	1 742	83 708	1 363	84 950	1 344	87 198
自動車航送船	908	88 711	719	80 720	704	83 364
計‥‥‥‥ 1)	**4 231**	**369 921**	**3 115**	**351 322**	**3 062**	**351 259**

国土交通省「港湾統計年報」より作成。日本の港に入港した総トン数5トン以上の船舶を対象。1）漁船や避難船などを含む。

〔航空〕　国土交通省の「航空輸送統計年報」によると、2022年度の国内定期航空輸送（日本の航空会社のみ）の旅客数は9066万人で前年度比82.4％増となり、コロナ禍前と比較して9割程度にまで回復した。国内路線では、羽田－新千歳の輸送が763万人と最も多く、ほかには羽田－福岡、羽田－那覇などで利用者が多い。航空輸送は、国内の離島住民の日常生活や観光の推進を支える役目も果たしており、2023年版の「交通政策白書」によると、現在、日本には65路線の離島航空路があり、15路線が国庫補助を受けて存続している。航空貨物は、希少性の高い商品の迅速な輸送に適しており、海運の物流網が混乱したコロナ禍の際には、医薬品などの貿易に多く利用された。

　日本は、国際航空ネットワークを拡充するため、空港自由化（オープ

表 30-18　国内航空会社による航空輸送状況（会計年度）

	2018	2019	2020	2021	2022
旅客数（万人） 　国内線･･････ 1)	10 390.3	10 187.3	3 376.8	4 969.5	9 066.2
国際線･･････	2 339.6	2 143.4	79.8	176.1	951.4
貨物（万トン）2) 　国内線･･････ 1)	82.3	78.1	42.8	48.0	55.0
国際線･･････	144.7	145.9	135.9	176.4	147.1

国土交通省「航空輸送統計年報」より作成。1) 定期輸送のみ。2) 超過手荷物や郵便物を含まず。

表 30-19　主な国内定期航空路線の旅客輸送量（2022年度）

	旅客数（万人）	座席利用率（％）		旅客数（万人）	座席利用率（％）
羽田－新千歳･･･	762.6	69.3	羽田－長崎･････	134.5	64.4
羽田－福岡････	752.0	69.4	中部－新千歳･･･	129.8	75.5
羽田－那覇････	584.0	77.1	関西－新千歳･･･	123.9	76.4
羽田－大阪････	445.2	68.7	羽田－松山････	122.2	66.1
羽田－鹿児島･･	206.8	65.3	中部－那覇････	120.5	68.0
成田－新千歳･･･	182.3	71.4	関西－那覇････	115.5	70.7
福岡－那覇････	181.0	64.0	羽田－宮崎････	113.1	58.1
羽田－熊本････	160.3	61.1	大阪－新千歳･･･	107.8	81.1
羽田－広島････	148.0	56.1	羽田－関西････	107.6	67.9
成田－福岡････	139.8	78.8	大阪－那覇････	107.3	71.7

資料は表30-18に同じ。旅客数の多い順に掲載。

ンスカイ）を推進している。オープンスカイとは、航空会社の新規参入や増便、運賃などの規制を二か国間で相互に撤廃し、人とモノの流通を促進するもので、2010年にアメリカ合衆国と合意を結んで以降、インバウンド観光客を増やす有効な手段として、各国との自由化を積極的に進めている。2010年には韓国と、2011年にはシンガポール、マレーシアなど東南アジア諸国と、2023年にはルクセンブルクとの間で協議が合意した。日本の国際旅客便の1週間あたり便数をみると、2019年は5516便であり、2010年より倍増した。2020、21年はコロナ禍の影響で500便を下回ったが、2022年には1920便と回復傾向にある。

LCCはサービスを抑え、運行間隔を詰めてコストを削減し、低価格で航空サービスを提供する航空会社のことで、旅行客数の増加をけん引している。

国際便は、コロナ禍の影響で便数が激減したことに加えて、2022年以降、ロシアのウクライナ侵攻でロシア領空の飛行禁止措置が実施され、輸送時間やコストの増加が生じている。

図 30-9　国際旅客便の便数

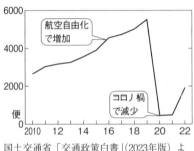

国土交通省「交通政策白書」(2023年版）より作成。日本の空港における国際旅客便の便数。各年夏季スケジュールの第1週目の計画便数。2022年のみ冬季のもの。往復で1便とカウント。

表 30-20　日本を発着する航空輸送状況 (会計年度)

	2018	2019	2020	2021	2022
旅客数（万人）					
国内線乗客数‥	11 183.3	10 966.8	3 610.2	5 106.6	9 279.6
国際線乗客数‥	4 887.9	4 522.9	72.1	122.5	1 260.5
貨物（万トン）					
国内線－積‥‥	79.9	76.8	47.2	49.5	55.6
〃 　－卸‥‥	80.7	77.2	47.0	49.2	55.4
国際線－積‥‥	194.5	171.9	154.2	191.4	165.5
〃 　－卸‥‥	199.0	198.0	172.8	211.5	183.6

国土交通省「空港管理状況調書」より作成。ヘリポートを除く。国内の各空港で乗降客数や貨物取扱量を把握する統計で、国内航空会社だけでなく、外国の航空会社の便も含む。貨物は、積込みと荷下ろしの量。

表 30-21 主要航空貨物の貿易額 （単位　億円）

輸出	2022	2023	輸入	2022	2023
機械機器‥‥‥‥	179 456	163 699	機械機器‥‥‥‥	180 793	178 752
半導体等電子部品	54 505	52 672	半導体等電子部品	45 734	43 972
科学光学機器[1]	16 045	14 914	科学光学機器[1]	17 340	18 442
電気計測機器‥	10 198	9 171	事務用機器‥‥	18 992	14 787
事務用機器‥‥	4 850	4 606	航空機用内燃機関	7 053	9 758
映像機器‥‥[2]	5 677	4 494	電気計測機器‥	6 731	7 321
航空機‥‥‥‥‥	998	1 519	音響・映像機器	6 133	6 154
化学製品‥‥‥‥	33 734	29 999	航空機‥‥‥‥‥	3 758	5 094
医薬品‥‥‥‥‥	9 070	9 595	時計‥‥‥‥‥‥	3 548	4 288
金属および同製品	10 954	10 298	化学製品‥‥‥‥	64 189	52 754
窯業製品‥‥‥‥	3 960	4 003	医薬品‥‥‥‥‥	52 449	41 087
織物・衣類‥‥‥	3 470	3 756	非鉄金属‥‥‥‥	13 653	8 725
食料品‥‥‥‥‥	1 738	1 690	食料品‥‥‥‥‥	5 371	4 894
計×‥‥‥‥‥	**316 453**	**302 775**	計×‥‥‥‥‥	**305 559**	**288 748**

財務省「貿易統計」より作成。2023年は確々報。1) カメラ・レンズ・計測機器など。2) テレビ・VTR・テレビカメラなど。×その他とも。

表 30-22 世界の民間航空輸送量 （定期輸送）

	2017	2018	2019	2020	2021
旅客（億人キロ）‥‥	77 185	82 809	86 640	29 623	36 260
貨物（億トンキロ）‥	2 272	2 338	2 284	1 928	2 316

国際民間航空機関（ICAO）"ANNUAL REPORT OF THE COUNCIL 2021" より作成。

表 30-23 各国の民間航空輸送量 （定期輸送）

航空会社の所属国	旅客（百万人キロ）			貨物（百万トンキロ）		
	2020	2021	増減率（％）	2020	2021	増減率（％）
アメリカ合衆国‥	608 724	1 107 096	*81.9*	40 793	46 005	*12.8*
中国‥‥‥‥‥‥	629 669	652 334	*3.6*	19 264	20 961	*8.8*
ロシア‥‥‥‥‥	131 906	204 942	*55.4*	4 315	5 888	*36.5*
トルコ‥‥‥‥‥	73 686	119 308	*61.9*	6 870	9 338	*35.9*
アラブ首長国連邦	111 408	106 901	*-4.0*	12 172	15 301	*25.7*
アイルランド‥‥	75 429	95 000	*25.9*	132	86	*-34.8*
インド‥‥‥‥‥	85 619	88 510	*3.4*	875	908	*3.8*
フランス‥‥‥‥	69 374	85 545	*23.3*	2 468	4 107	*66.4*
メキシコ‥‥‥‥	50 926	78 477	*54.1*	733	963	*31.4*
ブラジル‥‥‥‥	58 124	73 352	*26.2*	1 210	1 294	*6.9*
世界計×‥‥‥	**2 962 287**	**3 626 024**	*22.4*	**192 824**	**231 635**	*20.1*

資料・注記は表30-22に同じ。国内線と国際線の合計。貨物には郵便物を含まず。2021年の旅客輸送量の多い順に掲載。×その他とも。

〔郵便〕　郵便の集配など生活に欠かせないサービスは、全国の人が均一の料金で同じサービスを受けられること（ユニバーサルサービス）が必要である。郵便事業は、2007年10月の民営化後も、ユニバーサルサービスの提供義務が課されて全国一律のサービスを維持している。一方、近年は荷物の急増や人手不足により、従来サービスの継続が困難となっており、2024年4月からは速達やゆうパックの一部で配達日数が長くなると発表された。また、SNSなどの普及により郵便物数は2001年度をピークに減少を続けており、2024年秋頃を目途に、通常はがきが63円から85円へ、定型封書が94円から110円へ値上げされる。

表 30-24　**郵便局数と郵便ポスト数**（会計年度末現在）

	2010	2015	2019	2020	2021	2022
郵便局数‥‥‥‥	24 529	24 452	24 341	24 311	24 284	24 251
直営郵便局‥ 1)	20 096	20 097	20 074	20 070	20 050	24 056
簡易郵便局‥‥	4 041	4 029	3 815	3 742	3 676	3 589
一時閉鎖中‥‥	392	326	452	499	558	606
郵便ポスト（本）	186 753	181 692	179 129	178 211	176 683	175 145

日本郵政グループ資料より作成。郵便局は、2007年10月の郵政民営化により、普通郵便局、特定郵便局の分類はなくなり、直営郵便局と簡易郵便局とに分けられた。民営化以降、簡易郵便局などの一時閉鎖が相次ぎ、2022年度末現在の一時閉鎖中の郵便局のうち、直営は86局、簡易は520局。1) 分室（2022年度は7局）を含む。

表 30-25　**郵便物数**（会計年度）（単位　百万通、百万個）

	2010	2015	2019	2020	2021	2022
国内郵便物‥‥‥	19 758	17 981	16 309	15 221	14 833	14 423
年賀‥‥‥‥‥	2 812	2 351	1 726	1 557	1 368	1 171
国内荷物‥‥‥‥	2 968	4 052	4 543	4 390	4 335	4 093
ゆうパック‥‥	343	580	974	1 091	989	980
ゆうメール‥‥	2 622	3 473	3 569	3 299	3 346	3 113
国際（差立）‥‥ 1)	54	49	41	23	25	22
通常‥‥‥‥‥	44	25	25	13	13	12
小包‥‥‥‥‥	1.4	4.8	2.8	2.5	2.8	2.1
EMS‥‥‥‥ 2)	8.9	19.2	13.5	7.2	8.6	8.0
計‥‥‥‥‥‥	22 780	22 082	20 893	19 634	19 193	18 538

日本郵政グループ資料より作成。2007年10月より郵政事業は民営化された。1) 差立とは、郵便物を発送すること。2) Express Mail Service（国際スピード郵便）。

〔観光〕 2023年に国内旅行をした日本人は、前年比19.0％増の延べ4億9733万人で、コロナ前の2019年と比べると15.3％の減少であった（表30-26）。旅行消費額をみると、物価高も影響し、前年比で27.5％の増加、2019年比では0.2％の減少となり、宿泊費用は2019年を上回った。2023

表 30-26　日本人延べ旅行者数と旅行消費額

	2020	2021	2022	2023（速報）	2019年比（％）	前年比（％）
延べ旅行者数(万人)						
国内旅行‥‥‥‥	29 341	26 821	41 785	49 733	-15.3	19.0
宿泊旅行‥‥‥	16 070	14 177	23 247	28 105	-9.8	20.9
日帰り旅行‥	13 271	12 644	18 539	21 628	-21.5	16.7
海外旅行‥‥‥ 1)	3 420	…	…	…	…	…
旅行消費額（億円）						
国内旅行‥‥‥‥	99 741	91 783	171 609	218 802	-0.2	27.5
宿泊旅行‥‥‥	77 718	69 849	137 253	177 660	3.6	29.4
日帰り旅行‥	22 023	21 935	34 356	41 142	-13.8	19.8
海外旅行‥‥‥ 1)	9 717	…	…	…	…	…

観光庁「旅行・観光消費動向調査」より作成。抽出調査。1) 2020年は1～3月のみのデータ。以降、新型コロナ感染症の影響により回答数が少ないことから、データ集計無し。

表 30-27　宿泊施設の宿泊者数と客室稼働率

	2019	2020	2021	2022	2023（速報）
延べ宿泊者数（千人泊）	595 921	331 654	317 774	450 458	592 752
うち外国人宿泊者‥‥	115 656	20 345	4 317	16 503	114 336
客室稼働率（％）‥‥‥	62.7	34.3	34.3	46.6	57.4

観光庁「宿泊旅行統計調査」より作成。

表 30-28　旅券（パスポート）の発行冊数 (単位　千冊)

	2010	2019	2020	2021	2022	2023（暫定値）
国内発行旅券‥‥‥ 1)	4 213	4 392	1 248	528	1 239	3 425
一般旅券‥‥‥‥	4 185	4 365	1 235	514	1 219	3 402
公用旅券‥‥‥ 2)	28	26	13	14	20	24
在外公館発行旅券3)	101	122	91	100	128	104
計‥‥‥‥‥‥‥	4 315	4 514	1 339	628	1 367	3 529

外務省「旅券統計」より作成。1) 在外公館での旅券発行件数は含まず。2) 公用旅券とは国の用務のため外国に渡航する者等へ発給される旅券。3) 海外にある日本大使館や総領事館より発行されるもの。

年の訪日外客数は2506万6100人で、2019年と比べて78.6％にまで回復している。平均宿泊数は10.2泊で、2019年の8.8泊から延び、円安の影響もあって旅行消費額は2019年を上回っている（表30-29）。

　観光業は地域の発展にとって重要な産業であり、宿泊業や飲食業、運輸業などへの波及効果が大きい。観光庁は、「広域周遊観光促進」として地方への誘客を図っており、訪日外国人についても各地域を周遊できるよう環境整備を促進している。一方で、一部の地域に観光客が集中するオーバーツーリズムによって、過度の混雑やマナー違反による地域住民への悪影響や、旅行客の満足度低下が懸念されている。政府は、観光インフラの整備に加えて、入域制限や交通機関の弾力的な運賃設定を認めるなど、需要の管理を含めた対策を急いでいる。

図 30-10　訪日外客数と出国日本人数

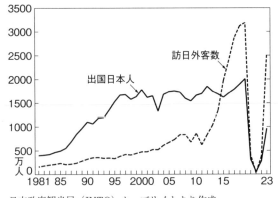

日本政府観光局（JNTO）ウェブサイトより作成。

表 30-29　訪日外客数と旅行消費額

	2019	2020	2021	2022	2023
訪日外客数（千人）・	31 882	4 116	246	3 832	25 066
韓国・・・・・・・・・・・・	5 585	488	19	1 013	6 958
（台湾）・・・・・・・・・	4 891	694	5	331	4 202
中国・・・・・・・・・・・・	9 594	1 069	42	189	2 425
（香港）・・・・・・・・・	2 291	346	1	269	2 114
アメリカ合衆国・・	1 724	219	20	324	2 046
タイ・・・・・・・・・・・・	1 319	220	3	198	996
フィリピン・・・・・・	613	109	6	127	622
旅行消費額（億円）1)	48 135	7 446	1 208	8 987	53 065

日本政府観光局（JNTO）ウェブサイト（法務省「出入国管理統計」に基づく）、観光庁「訪日外国人消費動向調査」より作成。1）新型コロナ感染症の影響で調査が中止となった期間があったことから、2020、2021年の数値は試算値。

第31章　情報通信

〔電話・インターネット〕　2022年度の電気通信業の売上高は、14兆8300億円であった。うち、データ伝送は9兆2602億円で、全体の62.4％を占めている（表31-1）。電気通信事業者数は、2022年度末で2万4272者となり、前年度末から5.0％増加した。

　固定系通信のうち、固定電話は通信手段の発達に伴うコミュニケーション手段の多様化で、年々契約数が減少してきた。2024年1月には、

表 31-1　電気通信業のサービス別売上高（2022年度）

	億円	%		億円	%
音声伝送‥‥‥‥‥	43 711	29.5	専用‥‥‥‥‥‥	2 084	1.4
固定音声伝送‥‥	13 850	9.3	公衆無線LAN‥‥	364	0.2
移動音声伝送‥‥	29 861	20.1	IDC‥‥‥‥‥ 1)	1 070	0.7
データ伝送‥‥‥‥	92 602	62.4	その他の電気通信‥	8 469	5.7
固定データ伝送‥	27 565	18.6			
移動データ伝送‥	65 038	43.9	電気通信業計‥‥	**148 300**	100.0

総務省「情報通信業基本調査」（2023年）より作成。2022年より、総務省の単独調査。10436企業の事業所母集団から、層化無作為（母集団を複数の層に分け、各層から無作為に対象を抽出）に抽出された1519企業が対象。1）インターネットデータセンター。

表 31-2　固定電話契約数の推移（会計年度末現在）（単位　万件）

	1990	2000	2010	2020	2022	2023 1)
固定電話‥‥‥‥	5 456	6 196	5 747	5 284	5 080	5 029
加入電話‥‥‥‥	5 453	5 226	3 454	1 486	1 277	1 229
ISDN‥‥‥‥‥	3	970	503	231	192	182
IP電話‥‥‥‥‥	—	—	2 580	4 467	4 569	4 572
0ABJ-IP電話‥‥	—	—	1 790	3 568	3 612	3 618
050-IP電話‥‥	—	—	790	899	957	954
公衆電話‥‥‥‥	83	71	25	15	12	…

総務省「電気通信サービスの契約数及びシェアに関する四半期データ」および同情報通信統計データベースより作成。IP電話のうち通話品質が加入電話と同等などの基準を満たすものは、東京03など0ABJの電話番号が付与される。近年は加入電話からIP電話への代替が進んでおり、固定電話は加入電話とISDN、0ABJ-IP電話の合算になっている。1）2023年9月末現在。

NTT東西で全ての固定電話網が廃止され、IP網へ移行している。一方、固定系ブロードバンドサービスは普及が進み、全国の光ファイバー整備率は99.8％（2023年3月末時点）であった。OECDによると、日本の固

表 31-3　移動系通信の契約数（会計年度末現在）（単位　万件）

	1990	2000	2010	2020	2022	2023[6]
移動系通信・・・・・・	87	6 678	12 410	19 510	21 084	21 567
携帯電話・・・・ 1)	87	6 094	11 954	19 433	21 063	21 552
5 G・・・・・・・	—	—	—	1 423	6 981	8 054
LTE・・・・・・	—	—	3	15 433	12 735	12 292
PHS・・・・・・・ 2)	—	584	375	66	6	・・・
BWA・・・・・・ 3)	—	—	81	7 571	8 428	8 602
通信モジュール 4)	・・・	・・・	・・・	3 518	4 688	5 057
MVNO・・・・・・・ 5)	—	—	・・・	2 610	3 016	3 193
携帯電話・PHS	—	—	・・・	2 406	2 854	3 034
BWA・・・・・・ 3)	—	—	・・・	204	162	159

資料は表31-2に同じ。1) 2015年以降はショップの在庫等を除く。2) 2021年1月末サービス終了（自販機との通信など法人向けサービスは2023年3月末に終了）。3) WiMAXなど。4) 移動系通信の内数。機械同士の通信などに利用するもので、LTEやBWAなど通信の種類を問わない。電波の占有免許を持つ携帯キャリア等が、最終利用者に提供した契約数。5) 格安スマホなどの事業者で、携帯キャリア等から電波を借りて事業を行うもの。携帯キャリア等自身が他社の回線を利用してMVNOとして契約したものを除く。6) 2023年9月末現在。

表 31-4　国内、国際電話の利用状況（会計年度）

		2000	2010	2020	2021	2022
国内電話	通信回数（億回）・・・・・	1 447.5	1 106.5	678.7	666.6	645.0
	固定系発信・・・・・・・・	973.2	1) 497.8	1) 262.1	1) 254.2	1) 241.2
	移動系発信・・・・・・・・	474.2	608.7	416.5	412.4	403.8
	通信時間（百万時間）・	7 027	4 123	3 032	2 975	2 821
	固定系発信・・・・・・・・	5 573	1) 1 705	1) 778	1) 734	1) 685
	移動系発信・・・・・・・・	1 453	2 418	2 254	2 241	2 136
国際電話	通信回数（億回）・・・・	8.2	10.9	3.7	5.0	7.7
	発信・・・・・・・・・・・・	4.5	6.1	0.5	0.4	0.4
	着信・・・・・・・・・・・・	3.7	4.7	3.2	4.6	7.3
	通信時間（百万時間）・	63.4	87.9	13.1	11.6	10.8
	発信・・・・・・・・・・・・	36.3	58.0	4.3	2.9	2.7
	着信・・・・・・・・・・・・	27.0	29.9	8.8	8.7	8.1

総務省「通信量からみた我が国の音声通信利用状況」より作成。1) IP電話を含む。

定系ブロードバンドに占める光ファイバーの割合は85.8％（2023年6月
時点）で、加盟国中2位と高い水準にある。移動系通信の契約数は、2
億1567万件（2023年9月末時点）で、2011年に契約数が日本の人口を上
回った以降も伸びている。そのほか、WiMAXなどBWAの契約数は
8602万件で、前年度比2.1％増であった。

通信インフラの高度化やデジタルサービスの普及が進展し、トラヒッ
ク（ネットワーク上のデータ流通量）は増大し続けている。総ダウンロ
ードトラヒックは、固定系ブロードバンドでは、前年同月比18.1％増
（2023年11月時点）で、移動通信では同19.6％増（同年9月時点）であ
った。2020年に利用を開始
した5Gは、全国の人口カ
バー率が96.6％（2023年3
月末時点）で、多くの地域
で通信可能である。ただし、
5Gに割り当てられた周波
数帯のうち、ミリ波とよば
れる高周波帯では、ほとん
どの地域で通信ができな
い。ミリ波は割り当てられ
た帯域が広いが、小さな基

図 31-1　情報通信機器保有世帯割合

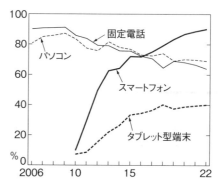

総務省「通信利用動向調査」（2022年）より作成。
各年末（2016年以降は9月末）現在。

表 31-5　ブロードバンドサービス契約数（会計年度末現在）（単位　万件）

	2005	2010	2015	2020	2022	2023[3)
固定系ブロードバンド	2 329	3 410	3 791	4 325	4 615	4 645
FTTH（光ファイバー）	545	2 022	2 797	3 564	3 952	3 995
DSL（主にADSL）	1 452	820	320	107	36	28
CATV（ケーブルテレビ）	331	567	673	653	627	622
固定系高速‥‥ 1)	…	2 179	3 140	4 018	4 409	4 451
移動系高速‥‥ 2)						
LTEと5G‥‥	—	3	8 747	16 856	19 716	20 346
BWA（WiMAXなど）	…	81	3 514	7 571	8 428	8 602

資料は表31-3に同じ。1) FTTHとCATV（下り30Mbps以上）。2) 1端末でLTEとBWA
を両方契約しているものは、それぞれに含む。3) 2023年9月末現在。

地局を多数設置する必要があり、整備が進んでいない。今後、5Gの利用が進んでモバイルトラヒックがさらに増大することが見込まれ、これに対処するため、ミリ波利用拡大に向けた環境整備が求められている。

表31-6　インターネット利用動向

	2000 年末	2005 年末	2010 年末	2015 年末	2020 8月末	2022 8月末
人口普及率（％）·	37.1	70.8	78.2	83.0	83.4	84.9
利用者数（万人）·	4 708	8 529	9 462	10 046	…	…

総務省「通信利用動向調査」より作成。調査対象は6歳以上。ただし2000年末は15～79歳。インターネット接続機器はパソコン、携帯電話、ゲーム機等（機器の保有は問わない）。無回答を除く。利用者数は2017年調査より公表していない。

表31-7　日本のインターネットサービス利用割合（2023年）（％）

国内総利用者率[1] （パソコンを含む）				国内利用時間シェア[2]			
Yahoo Japan	68	Amazon · · ·	54	YouTube · ·	37	X（Twitter）[3]	4
Google· · · · ·	68	X（Twitter）[3]	19	LINE· · · · · ·	11	Rakuten · ·	1
LINE· · · · · ·	65	Instagram · ·	47	Yahoo Japan	8	Amazon · · ·	1
YouTube · ·	59	PayPay · · ·	41	Google· · · · ·	6	SmartNews	1
Rakuten · ·	57	MSN[4]· · · · ·	31	Instagram · ·	4	MSN · · · · [4]	1

ニールセン デジタル "Nielsen Digital Content Rating" より作成。2023年1月～9月の月間利用者率や利用時間シェアの平均。PCは2歳以上、スマートフォンは18歳以上。ブランドレベルで集計。1）モバイルキャリア系サービスを除く。利用者率は2歳以上人口をベースに算出。2）利用時間はYouTubeはビデオのみ、他のサービスはテキストコンテンツのみを対象に算出。3）2023年7月に「X」に名称変更。4）Outlook、Bing、Skypeを含む。

表31-8　年代別主なソーシャルメディア等利用率（2022年度）（％）

	10代	20代	30代	40代	50代	60代	全体
LINE· · · · · · · · · · ·	93.6	98.6	98.0	95.0	93.8	86.0	94.0
Instagram · · · · · · ·	70.0	73.3	63.7	48.6	40.7	21.3	50.1
X（Twitter）· · · · [1]	54.3	78.8	55.5	44.5	31.6	21.0	45.3
Facebook · · · · · · ·	11.4	27.6	46.5	38.2	26.7	20.2	29.9
TikTok · · · · · · · · ·	66.4	47.9	27.3	21.3	20.2	11.8	28.4
YouTube · · · · · · · ·	96.4	98.2	94.7	89.0	85.3	66.2	87.1
ニコニコ動画· · · · ·	27.9	28.1	17.1	9.1	10.4	7.7	14.9

総務省情報通信政策研究所「情報通信メディアの利用時間と情報行動に関する調査」（2022年度）より作成。調査対象は13歳～69歳。1）2023年7月に「X」に名称変更。

図 31-2　インターネットの通信量

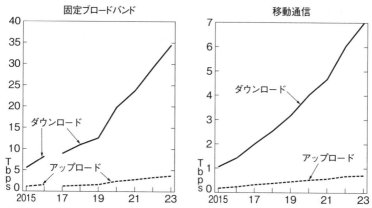

総務省「我が国のインターネットにおけるトラヒックの集計結果」および同「我が国の移動通信トラヒックの現状」より作成。固定ブロードバンドは2016年までプロバイダ5社、17年以降は9社のトラヒック量とシェアから推定。各年11月現在。移動通信は音声や公衆無線LANの通信量を除く。各年12月（2023年は9月）の月間平均。

表 31-9　主要国のインターネット利用者率 (2022年) (%)

日本	84.9	タイ	88.0	アメリカ合衆国	97.1
インド	48.1	シンガポール	96.0	カナダ	94.0
韓国	97.2	ナイジェリア	35.5	イギリス	95.3
中国	75.6	メキシコ	78.6	フランス	85.3
（台湾）	86.3	ロシア	90.4	ドイツ	91.6

ITUウェブサイト（2024年4月10日閲覧）より作成。各国で調査対象が異なる場合がある。世界全体は2022年で66.3％。

表 31-10　100人当たりブロードバンド契約数 (2023年6月) (単位　件)

	日本	韓国	アメリカ合衆国	フランス	ドイツ
固定系	37.1	46.2	39.2	46.9	45.4
FTTH(光ファイバー)	31.8	41.1	8.9	28.9	4.6
DSL（主にADSL）	0.2	0.7	4.0	12.5	29.4
CATV(ケーブルテレビ)	5.0	4.4	23.8 1)	4.6	10.3
移動系	199.5	121.9	183.1	103.0	95.3
データと音声通話 2)	107.4	116.3	…	97.5	91.6
データ通信のみ 3)	92.1	5.6	…	5.4	3.7
5G	59.8	59.5	…	15.7	17.2

OECD "Broadband Portal" より作成。1) VDSL2と固定4G回線を含む。2) 携帯電話（スマートフォン）等。3) WiMAX等。

〔情報サービス業、コンテンツ産業〕　情報サービス業には、ソフトウェアの制作を行うソフトウェア業と、データの処理や加工、提供などを行う情報処理・提供サービス業がある。コロナ禍をきっかけにテレワークなどの導入が進み、民間企業のソフトウェア投資の割合は増加傾向にある。総務省によると、民間企業設備投資のうち情報化投資（電子計算機、電気通信機器、ソフトウェア）の割合は17.8％（2021年）で、そのうち6割をソフトウェア（受託開発、パッケージソフト）が占めている。国内企業のDX（デジタルトランスフォーメーション）推進によって、ソフトウェア投資は今後も拡大していくとみられる。

コンテンツ配信やクラウドコンピューティングサービスなどのインターネット附随サービス業も、需要が拡大している。特にクラウドサービスは急速に市場が成長している。世界市場シェアは、ア

表 31-11　情報サービス業、インターネット附随サービス業 （2021年） （単位　億円）

	企業数 （社）	売上 （収入） 金額
情報サービス業・・・・・・・・・	33 402	334 375
ソフトウェア業・・・・・・・・・	28 608	311 110
情報処理・提供サービス業	4 794	23 265
情報処理サービス業・・	2 620	12 987
情報提供サービス業・・	905	6 139
インターネット附随サービス業	7 896	94 681
計・・・・・・・・・・・・・・・・・・	**41 308**	**429 086**

総務省・経済産業省「経済構造実態調査」（企業等に関する集計）（2022年）より作成。法人企業のみで、個人経営の企業を含まない。企業数は2022年6月1日現在。企業単位で1つの産業（主業）に分類したものの集計で、売上（収入）金額は分類以外の副業を含む。売上高の少ない企業は推計で、各分類の合計は必ずしも一致しない。

表 31-12　インターネット附随サービス業の売上高 （2022年度） （単位　億円）

ウェブ情報検索サービス・ショッピングサイト・オークションサイト運営	2 356 5 775	電子認証	40
		情報ネットワーク・セキュリティサービス	3 957
電子掲示板・SNS運営[1]	1 747	課金・決済代行・・・・・・・・	2 158
ウェブコンテンツ配信・・・	2 869	サーバ管理受託・・・・・・・・	291
		その他・・・・・・・・・・・・・・・	17 825
クラウドコンピューティングサービス・	5 748	計・・・・・・・・・・・・・・・・・	**42 764**

総務省「情報通信業基本調査」（2023年）より作成。2022年調査より調査方法や項目が変更されている。2022年度1年間の実績で、当該業種売上高（企業売上高のうち当該業種に係る売上高）。1）ブログサービスを含む。

メリカのIT大手（Microsoft、Amazon、IBM、Salesforce、Google）が全体のおよそ半分を占めていて、寡占状態となっている。日本でも多くの企業や自治体で利用が進んでいるが、個人情報などのデータを外資系クラウドに置くことに対する不安の声もある。政府は経済安全保障の観点から、国内のクラウド事業者の育成を急いでいる。

2022年のコンテンツ産業の市場規模は13兆2698億円で前年に引き続き増加し、コロナ禍以前の水準に回復した。CDやDVD、紙の書籍などの

表 31-13　コンテンツ産業の市場規模の推移（メディア別）（単位　億円）

	2010	2015	2020	2021	2022
パッケージ・・・・・・・・・	53 022	43 429	32 887	31 872	29 900
動画ソフト・・・・・・・・・	4 814	3 469	2 051	1 886	1 423
音声・音楽ソフト・・・	4 298	3 595	2 765	2 650	2 572
ゲームソフト・・・・・・・	3 442	1 949	1 906	1 691	1 675
静止画・テキスト・・・	40 467	34 416	26 165	25 644	24 230
書籍・・・・・・・・・・・・ 1)	8 213	7 420	6 661	6 804	6 497
雑誌・・・・・・・・・・・・ 1)	13 269	10 244	6 799	6 500	5 935
新聞・・・・・・・・・・・・ 2)	16 346	14 450	11 166	10 898	10 393
ネットワーク・・・・・・・・・	14 489	24 724	43 522	49 541	52 218
動画配信・・・・・・・・・・	600	1 397	3 708	4 229	4 530
音楽・音声配信・・・・・	200	744	1 263	1 445	1 651
ゲームソフト・・・・・・・ 3)	...	131	322	346	301
オンラインゲーム・・・	1 064	10 475	15 703	16 368	14 909
静止画・テキスト配信 4)	83	1 774	4 814	5 507	6 026
フィーチャーフォン向け配信	6 465	1 009	146	75	...
インターネット広告 5)6)	6 077	9 194	17 567	21 571	24 801
劇場・専用スペース・・・	15 046	16 108	8 936	10 924	16 244
動画・・・・・・・・・・・・・・	3 766	3 885	1 951	3 144	3 837
映画興行収入・・・・・	2 207	2 171	1 433	1 619	2 131
音楽・音声・・・・・・・・・	6 322	7 885	2 799	3 289	6 792
コンサート入場料・	1 600	3 405	589	1 547	3 946
アーケードゲーム・・ 7)	4 958	4 338	4 187	4 492	5 615
放送・・・・・・・・・・・・・・・	36 396	36 369	33 139	34 603	34 336
テレビ・関連サービス	35 000	34 970	31 986	33 435	33 156
ラジオ・関連サービス	1 396	1 399	1 153	1 168	1 180
計・・・・・・・・・・・・	**118 953**	**120 630**	**118 484**	**126 940**	**132 698**
うちデジタルコンテンツ8)	67 747	79 605	90 004	96 976	101 545

デジタルコンテンツ協会「デジタルコンテンツ白書」（2023年）より作成。1) 雑誌販売+雑誌広告。2) 新聞販売+新聞広告。3) ダウンロード販売。4) 電子書籍および電子雑誌。電子書籍は、PC、電子書籍リーダーやマルチデバイスで閲覧可能な電子書籍配信サービス等を含む。5) 広告制作費と物販系ECプラットフォーム広告費を除く。6) モバイル広告を含む。7)オペレーション売上。8)消費者に対しデジタル形式で提供されるコンテンツ。

パッケージメディアの多くが前年比で減少した一方、動画・音楽配信、電子書籍などのネットワークメディアは増加した。音楽・音声配信と電子書籍、動画配信の売上が増加したことに加え、インターネット広告が前年比15％増と順調に成長し市場拡大に貢献した。インターネット広告は、コネクテッドTVの普及などを背景に動画広告の伸びが大きいほか、SNSや投稿型動画共有サイト上で展開されるソーシャルメディア広告も成長している。ネットワークメディアの市場規模は5兆円を突破しており、今後も拡大するとみられる。また、コンテンツ産業のうち実際に舞台やコンサートなどを見る「劇場・専用スペース」は、コロナ禍の規制が緩和され経済活動が再開したことを背景に急速に回復し、前年比49％の増加となった。今後は仮想空間でのバーチャルライブなど新たな技術を活用したオンライン上の体験型コンテンツも広がっていくとみられ、市場の多様化と更なる成長が期待されている。

表 31-14　**メディア・ソフトの市場規模**（単位　億円）

| | 2010 | 2020 | 2021 | うち通信系[1] | | |
				2010	2020	2021
映画ソフト	7 060	7 045	7 814	520	3 584	4 238
ビデオソフト	3 410	4 096	4 211	1 024	2 602	2 657
地上テレビ番組	28 492	25 904	26 951	381	1 574	1 672
衛星・CATV番組	8 353	8 295	8 556	292	898	932
ゲームソフト	7 565	17 199	17 790	3 141	14 696	15 427
ネットオリジナル	1 573	5 305	8 413	1 573	5 305	8 413
映像系計	56 454	67 844	73 736	6 931	28 659	33 340
音楽ソフト	6 427	6 194	5 944	3 476	4 310	4 085
ラジオ番組	1 932	1 739	1 751	16	84	119
ネットオリジナル	16	84	322	16	84	322
音声系計	8 375	8 017	8 017	3 508	4 477	4 526
新聞記事	17 247	13 190	12 658	819	1 908	1 637
コミック	5 277	5 170	4 629	726	2 326	1 854
雑誌ソフト	13 147	7 102	6 819	169	426	478
書籍ソフト	7 130	8 410	8 047	511	2 902	2 389
データベース情報	2 930	2 913	3 084	2 095	2 106	2 230
ネットオリジナル	2 371	5 629	7 729	2 371	5 629	7 729
テキスト系計	48 101	42 414	42 966	6 692	15 296	16 317
合計	112 931	118 275	124 719	17 131	48 433	54 184

総務省情報通信政策研究所「メディア・ソフトの制作および流通の実態に関する調査研究」より作成。1) インターネットなど通信ネットワークで流通するもの。

表31-15 音楽ソフト生産・配信の推移

		2000	2010	2020	2022	2023
数量（千）	音楽ソフト・・・・・・・・・	433 140	256 354	146 335	146 532	159 081
	レコード・・・・・・・・・・	1 914	105	1 095	2 133	2 691
	CD・・・・・・・・・・・・・・	414 052	206 539	103 932	100 915	108 786
	カセットテープ・・・・・	17 174	2 866	291	49	119
	音楽ビデオ・・・・・・・・	…	46 475	40 669	43 067	47 113
	有料音楽配信（ダウンロード）1)	…	439 259	90 811	48 945	40 476
金額（億円）	音楽ソフト・・・・・・・・・	5 398	2 836	1 944	2 023	2 207
	レコード・・・・・・・・・・	21	2	21	43	63
	CD・・・・・・・・・・・・・・	5 239	2 220	1 269	1 298	1 391
	カセットテープ・・・・・	139	23	2	1	2
	音楽ビデオ・・・・・・・・	…	586	645	675	745
	有料音楽配信・・・・・・・・	…	860	783	1 050	1 165
	ダウンロード・・・・・ 2)	…	605	179	114	102
	ストリーミング・・・・	…	3) 7	589	928	1 056
	サブスクリプション（音楽）	…	…	507	756	850
	〃（音楽ビデオ）・・	…	…	19	46	54
	広告収入（音楽）・・	…	…	24	60	90
	〃（音楽ビデオ）・・	…	…	39	66	62
	総合計・・・・・・・・・・・・	5 398	3 696	2 727	3 074	3 372

日本レコード協会ウェブサイトより作成。1) ダウンロード回数。2) シングルトラック、アルバム、音楽ビデオの合計。3) サブスクリプションのみで広告収入は含まず。

表31-16 モバイルコンテンツ関連市場 （単位　億円）

	2010	2015	2020	2021	2022
モバイルコンテンツ市場・・・・ 1)	6 465	15 632	26 295	28 224	27 861
ゲーム・ソーシャルゲーム等2)	2 211	9 877	15 288	15 973	14 542
電子書籍・・・・・・・・・・・・・・・ 3)	516	1 684	3 946	4 395	4 749
動画・エンターテイメント 3)	589	1 528	3 430	4 147	4 697
音楽コンテンツ・・・・・・・・・ 3)	1 598	1 059	1 467	1 651	1 852
モバイルコマース市場・・・・・・・	10 085	28 596	44 863	49 817	57 359
物販系・・・・・・・・・・・・・・・・	4 392	14 632	27 849	31 377	33 970
サービス系・・・・・・・・・・・・ 4)	4 109	10 970	9 519	9 568	13 923
トランザクション系・・・・・・ 5)	1 584	2 994	7 495	8 872	9 466
計・・・・・・・・・・・・・・・・・・	16 550	44 228	71 158	78 041	85 220

モバイル・コンテンツ・フォーラム「モバイルコンテンツ関連市場規模」より作成。1) 2021年まではフィーチャーフォンとスマートフォン市場、2022年はスマートフォン市場のみ。2) オンラインゲーム、SNS等での課金コンテンツ。3) スマートフォン等で利用可能なコンテンツ。4) 興行、旅行券等。5) オークション手数料等。2021年よりコード決済手数料が対象に追加されたことに伴い、2021年の市場規模が訂正されている。

表 31-17　家庭用ゲームの出荷額 (単位　億円)

| | 2020 | 2021 | 2022 | 国内メーカー1) | | |
				2020	2021	2022
ハードウェア‥‥‥‥‥	15 753	20 585	18 941	13 237	16 523	14 302
国内出荷‥‥‥‥‥‥	1 924	1 861	2 218	1 910	1 823	2 125
海外出荷‥‥‥‥‥‥	13 830	18 723	16 724	11 326	14 699	12 177
ソフトウェア‥‥‥‥‥	13 240	12 370	14 069	2 086	1 785	1 312
国内出荷‥‥‥‥‥‥	1 527	1 278	1 322	1 462	1 204	1 266
海外出荷‥‥‥‥‥‥	11 713	11 092	12 747	625	581	46
計‥‥‥‥‥‥‥‥	28 994	32 955	33 010	15 323	18 308	15 613

コンピューターエンターテイメント協会(CESA)「CESAゲーム白書」(2023年版)より作成。メーカー出荷ベース。ソフトウェアはパッケージ版のみ（国内ダウンロード販売額は2022年で301億円）。1) ハードウェア出荷額にはXbox Series X|SおよびXbox Oneハードウェアの海外法人による出荷額を含まない。ソフトウェア出荷額は海外法人による出荷額を含まない。

表 31-18　主要国のゲーム市場規模 (単位　億円)

	2018	2019	2020	2021	2022	ハードウェア	ソフトウェア
アメリカ合衆国‥	10 192	8 273	9 410	10 142	12 077	8 454	3 623
日本‥‥‥‥‥‥	3 506	3 330	3 759	3 719	3 774	2 099	1 675
イギリス‥‥‥‥	2 157	1 542	2 190	2 682	2 212	1 289	924
ドイツ‥‥‥‥‥	2 024	1 762	1 829	1 880	1 615	795	820
フランス‥‥‥‥	2 055	1 633	1 640	1 640	1 293	701	591
カナダ‥‥‥‥‥	841	689	858	934	1 020	682	338
イタリア‥‥‥‥	870	1 024	778	1 026	919	445	475
(参考)中国‥‥‥	798	852	2 754	1 470	910	‥‥	‥‥
韓国‥‥‥	663	710	1 243	924	796	‥‥	‥‥

資料は上表に同じ。IDG CONSULTING調査による。家庭用ゲーム機およびゲームソフト、パソコン用ゲームソフトで、ダウンロード販売を除く。2021年よりパソコン用ゲームソフトを含まない。IMF年平均レートで編者換算。日本はCESAによる推計値で、家庭用ゲームの小売店等でのパッケージ販売ベース。

表 31-19　世界のモバイルゲームコンテンツ市場規模 (2022年) (単位　億円)

日本‥‥‥‥‥	12 129	(香港)‥‥‥‥	1 439	アメリカ合衆国	22 171
韓国‥‥‥‥‥	6 665	イギリス‥‥‥	2 098	カナダ‥‥‥‥	364
中国‥‥‥‥‥	24 960	ドイツ‥‥‥‥	2 814	オーストラリア	364
(台湾)‥‥‥‥	2 648	フランス‥‥‥	1 495	世界計×‥‥	89 146

角川アスキー総合研究所「ファミ通モバイルゲーム白書」(2023年) より作成。Airnow Data社のデータを角川アスキー総合研究所が算出した推計値。×その他とも。

表 31-20　映像・音声・文字情報制作業 (2021年)

	企業数[1]	売上(収入)金額(億円)		企業数[1]	売上(収入)金額(億円)
映像情報制作・配給	5 398	21 165	広告制作‥‥‥‥	2 033	5 863
音声情報制作‥‥‥	751	3 119	制作附帯サービス‥	1 941	3 635
新聞‥‥‥‥‥‥	747	15 747			
出版‥‥‥‥‥‥	3 971	23 045	計‥‥‥‥‥‥	14 841	72 574

資料・注記は表31-11に同じ。個人経営の企業を除く。1) 2022年6月1日現在。

表 31-21　映画産業の概況

	1990	2000	2010	2020	2022	2023
映画館スクリーン数	1 836	2 524	3 412	3 616	3 634	3 653
公開本数‥‥‥‥	704	644	716	1 017	1 143	1 232
邦画‥‥‥‥‥	239	282	408	506	634	676
洋画‥‥‥‥‥	465	362	308	511	509	556
興行収入(億円)‥	1 719	1 709	2 207	1 433	2 131	2 215
邦画‥‥‥‥‥	…	543	1 182	1 093	1 466	1 482
洋画‥‥‥‥‥	…	1 165	1 025	340	665	733
入場者数(万人)‥	14 600	13 539	17 436	10 614	15 201	15 554
平均料金(円)‥‥	1 177	1 262	1 266	1 350	1 402	1 424

日本映画製作者連盟ウェブサイトより作成。

表 31-22　主なメディアの1日あたり利用時間 (2022年度) (単位　分)

	年代別	10代	20代	30代	40代	50代	60代	全体
平日	テレビ‥‥‥‥‥	46.0	72.9	104.4	124.1	160.7	244.2	135.5
	テレビ (録画)‥‥	6.9	14.8	14.6	17.2	18.6	30.5	18.2
	インターネット‥‥	195.0	264.8	202.9	176.1	143.5	103.2	175.2
	ソーシャルメディア*	64.2	87.3	48.2	38.6	26.6	17.4	43.3
	投稿動画視聴・1)*	91.1	99.9	57.1	38.9	28.7	25.4	51.0
	新聞‥‥‥‥‥‥	0.9	0.4	1.2	4.1	7.8	17.7	6.0
	ラジオ‥‥‥‥‥	0.8	2.1	4.1	5.5	14.0	16.7	8.1
休日	テレビ‥‥‥‥‥	69.3	89.6	152.5	191.0	220.5	291.4	182.9
	テレビ (録画)‥‥	17.4	25.1	25.9	29.7	33.0	42.2	30.2
	インターネット‥‥	285.0	330.3	199.9	157.5	134.9	105.4	187.3
	ソーシャルメディア*	100.3	115.7	62.8	38.9	32.6	19.0	54.8
	投稿動画視聴・1)*	138.6	158.4	77.7	57.0	35.8	33.5	74.1
	新聞‥‥‥‥‥‥	1.0	0.5	0.8	4.6	7.6	15.0	5.6
	ラジオ‥‥‥‥‥	2.8	1.0	6.9	4.8	5.6	10.1	5.5

資料は表31-8に同じ。調査対象は13〜69歳。並行利用がある。*ネット利用項目別利用時間で、項目別の合計はネット利用時間と一致しない。1) 動画投稿・共有サービスの視聴。

〔放送〕放送業は、不特定多数に向けて一方的に情報を送信するため、社会的な影響が大きい。放送法では、表現の自由を保障しつつも、報道は事実を曲げないことなどを求めている。

　日本の放送事業には、受信料収入によって公共放送を行うNHKと、広告収入や有料放送の料金収入をもとに経営を行う民間放送事業者がある。放送サービスには、地上テレビ・ラジオ放送のほか、人工衛星を利用した衛星放送（BS放送、CS放送）、これらの番組の同時放送や独自放送を行うケーブルテレビがある。近年は、インターネットで見逃し配信サービスが始まり、パソコンやスマートフォンなどのアプリから番組を視聴できるようになった。2022年からはリアルタイム配信（地上波の同時配信）も開始されている。また、インターネットと接続されたコネクテッドTVの普及も進んでおり、テレビで動画配信サービスを視聴する

表 31-23　放送業のサービス別売上高（2022年度）（単位　億円）

民間放送・・・・・・・・・・・	23 344	有線テレビ放送・・・・・・	6 386
地上テレビ放送・・・・	18 718	計・・・・・・・・・・・・・・	**29 730**
地上ラジオ放送・・・・	1 441	（別掲）	
衛星放送・・・・・・・・・1)	2 422	NHK・・・・・・・・・・・・2)	6 973
その他・・・・・・・・・・・	763	テレビ番組制作・・・・・	3 457

総務省「情報通信業基本調査」（2023年）及びNHK決算資料より作成。1）BS、東経110度CS、その他CS。2）経常事業収入。

表 31-24　放送受信契約数（会計年度末現在）（単位　千件）

	1990	2000	2010	2020	2022	2023
NHK受信契約数	33 543	37 274	39 751	44 773	44 477	1)44 223
うち衛星契約・	2 358	10 621	15 672	22 742	22 680	1)22 638
WOWOW ・・・・	200	2 565	2 512	2 791	2 560	2 467
スカパー！・・・2)	—	2 220	3 725	3 102	2 875	2 740
ケーブルテレビ3)	6 768	18 705	34 865	32 172	32 615	・・・
自主放送を行う施設3)	1 019	10 476	26 933	31 171	31 617	・・・

日本放送協会「放送受信契約数統計要覧」、衛星放送協会資料、スカパーJSTAT公表資料、および総務省「ケーブルテレビの現状」より作成。1）2024年2月末現在。2）視聴料の支払いが生じているICカード単位の加入件数。CS放送のプラットフォームは2000年度末以降はスカパー！のみ。本データは光ファイバーを利用した放送サービスを含む。3）2005年度以降、IPマルチキャスト方式を含む。2011年度以降は引込端子数501以上の施設。

人が増えるなど、放送事業を取り巻く環境は変化している。2023年のテレビメディア広告費は1兆7347億円で、前年比4％減となった。一方、テレビメディアデジタル広告費は見逃し配信などで視聴できる番組が増えたことを背景に「テレビメディア関連動画広告」が前年比27％増の443億円と大きく成長した。

表 31-25　NHK総合テレビの1日あたり放送時間（会計年度）（単位　時間. 分）

	1990	2000	2010	2020	2021	2022
報道・・・・・・・・・・・	9.24	10.32	12.14	10.51	10.55	10.44
教育・・・・・・・・・・・	2.07	2.42	2.35	2.23	2.56	2.29
教養・・・・・・・・・・・	4.31	7.05	5.18	6.04	5.40	5.45
娯楽・・・・・・・・・・・	4.00	3.40	3.50	4.30	4.16	4.50
計・・・・・・・・・・・	**20.02**	**24.00**	**23.56**	**23.48**	**23.47**	**23.49**

日本放送協会「NHK年鑑」より作成。東京での放送で、2010年以降はデジタル放送。

表 31-26　放送コンテンツの輸出額（2021年度）（単位　億円）

ジャンル別	輸出額	うち番組販売権	主要地域別	輸出額	うち番組販売権
アニメ・・・・・・・・・・	567.2	291.6	アジア・・・・・・・・・・	334.4	215.0
ドラマ・・・・・・・・・・	36.1	32.8	北アメリカ・・・・・・・	183.0	80.6
バラエティ・・・・・・・	30.6	16.8	ヨーロッパ・・・・・・・	58.5	17.3
計×・・・・・・・・・・	**659.8**	**366.6**	中南アメリカ・・・・・	11.5	6.3

総務省「放送コンテンツの海外展開に関する現状分析」（2021年度）より作成。国際交流基金事業による提供を含む。番組販売権は番組放送権やインターネット配信権、ビデオ・DVD化権。×その他とも。

表 31-27　国内動画市場規模（単位　億円）

	2005	2010	2015	2020	2022	2023
動画配信市場規模・・・・1)	306	762	1 410	3 710	4 530	・・・
動画広告市場規模・・・・・	・・・	・・・	535	2 954	5 581	6 253
スマートフォン向け・	・・・	・・・	297	2 635	4 601	5 048
コネクテッドTV向け2)	・・・	・・・	・・・	・・・	540	740
パソコン向け・・・・・・	・・・	・・・	238	319	440	465

動画配信市場規模はデジタルコンテンツ協会「動画配信市場調査レポート」（2023年版）より作成。動画広告市場規模はサイバーエージェント公表資料より作成。1) 有料での動画配信で、インターネットサイトが提供する各種サービスの中に含まれる動画配信サービス（AmazonPrime等）は除く。2) インターネットに接続されたテレビ。

〔新聞〕日本の新聞業界は、大手新聞社による全国紙や、複数の県を
またいで販売されるブロック紙、各県で発行される県紙など多様で、特
定の地域で高いシェアを占める地方紙も少なくない。その他、スポーツ
紙や各業界の専門紙などがある。新聞販売は、96％が戸別配達で（2023
年）、地域の新聞販売所の配達網によって支えられているが、インター
ネットの普及により、新聞を購読する人は減っている。2023年の新聞発行部数は2859万部で、前年から7％減少した。1世帯当たりの発行部数は、2000年に

表 31-28　**新聞販売所の概況**

	2010	2020	2023
販売所数（店）・・・	19 261	14 839	13 373
従業者数（人）・・・	391 832	261 247	220 457
うち少年・・・・ 1)	6 382	793	466
戸別配達率（％）・	94.9	95.5	96.0

日本新聞協会「データブック　日本の新聞」より作成。
各年10月現在。1) 18歳未満。

表 31-29　**新聞発行部数と広告面比率**（単位　千部）

	1990	2000	2010	2020	2022	2023
一般紙・・・・・・・・・	46 060	47 402	44 907	32 455	28 695	26 674
スポーツ紙・・・・・・	5 848	6 307	4 415	2 637	2 152	1 916
朝刊・夕刊セット	20 616	18 187	13 877	7 253	5 928	4 456
朝刊のみ・・・・・・・・	29 268	33 703	34 259	27 064	24 400	23 682
夕刊のみ・・・・・・・・	2 023	1 819	1 185	775	518	453
総数・・・・・・・・・	51 908	53 709	49 322	35 092	30 847	28 590
1世帯あたり(部)	1.26	1.13	0.92	0.61	0.53	0.49
広告面比率（％）・	44.0	40.1	33.5	30.6	29.7	・・・

日本新聞協会「データブック　日本の新聞」(2023年) および同調査より作成。各年10月現
在。世帯数は住民基本台帳により、2014年以降は1月1日現在、2013年までは3月31日現
在。広告面比率は、新聞の総段数に対する広告面段数の割合で、暦年の数値。

表 31-30　**新聞社の売上高**（会計年度）（単位　億円）

	1990	2000	2010	2020	2021	2022
販売収入・・・・・・・・	10 464	12 839	11 841	8 620	8 232	6 625
広告収入・・・・・・・・	9 969	9 012	4 505	2 546	2 670	2 577
その他収入・・・・・・	3 096	3 372	3 029	3 661	3 793	4 069
計・・・・・・・・・・・	23 529	25 223	19 375	14 827	14 695	13 271

資料は上表に同じ。新聞協会加盟新聞社の推計合計。2001年以前は暦年。2022年度調査よ
り集計方法が変更となったため、2021年度以前との単純比較ができないことに注意。

は1.13だったが、2008年に1を下回ってから減少が続き、2023年には0.49となっている。日本新聞協会によると、協会加盟新聞社（86社）の2023年の総売上高は1兆3271億円で、減少が続いている。新聞社は電子版など有料課金や広告費で運営されるサービスを拡大し、収益の確保を目指している。

電通「2023年　日本の広告費」によると、2023年の新聞広告費は3512億円で前年比5％減となった。前年の冬季オリンピックからの反動や物価上昇の影響を受けたとみられる。業種別で新聞広告費をみると、「交通・レジャー」が前年比15％増となった一方、通信販売系の商材に関する広告出稿が各業種で減少した。また、新聞デジタル広告費についても208億円（前年比6％減）と前年を下回った。大型スポーツイベントの影響でPV（ページビュー）数は増加したが、広告単価の伸び悩みや、新聞デジタル以外の動画広告に予算がシフトしたことが影響した。

表 31-31　新聞・通信社のデジタルメディア提供状況（2023年4月現在）

自社の総合ニュースサービス		収益モデル		会員制度（重複を含む）3)	
ペイウォール型・1)2)	56	有料課金・広告併用	46	有料会員・・・・・	71
有料電子版・サービス1)	29	広告単独・・・・・・・・	36	購読者会員・・・	48
無料ニュースサイト	31	有料課金単独・・・・・	26	無料会員・・・・・	43

資料は表31-29に同じ。調査回答のあった81社118サービスの内訳。ペイウォール型は一部記事が無料で、そのほか会員限定記事がある。有料電子版はサービス購入者のみが利用可能（本紙購読者は利用可能なものもある）。1) 本紙購読者限定を含む。2) 有料電子サービス会員限定を含む。3) 複数の会員制度がある場合はそれぞれにカウント。会員制度なしのサービスは33。

表 31-32　主要国の新聞発行部数（2022年）（単位　千部）

日本・・・・・・	30 847	トルコ・・・・・	3 353	ドイツ・・・・・・	14 735
インド・・・・	131 277	パキスタン・	5 677	フランス・・・・・	4 011
インドネシア	4 592	フィリピン・	2 789	ロシア1)・・・・・	5 465
韓国・・・・・・	5 323	ベトナム1)・	3 811	アメリカ合衆国	24 041
タイ・・・・・・	6 638	(香港)・・・・	2 987	カナダ・・・・・	2 883
(台湾)・・・・	2 720	エジプト・・・	4 303	メキシコ・・・・	6 066
中国・・・・・・	141 633	イギリス・・・	5 766	ブラジル・・・・	6 347

資料は表31-29に同じ。世界ニュース発行者協会（WAN-IFRA）が外部委託した部数調査に基づく。電子版は含まない。日本は表31-29参照。1) 2021年。

〔**出版**〕出版業には、出版社が出版物を書店に預け、売れ残りが返品される特殊な流通の仕組みがある。この物流は、出版取次と呼ばれる卸業者が担っており、同一基準の運賃コストで出版社と書店の間の流通を行っている。近年は書店数の減少が続き、取次業者の流通網の維持が困難になっているほか、取次を介さずネット書店と直接取引を行う出版社も増加している。業界を支えてきた構造に変化が訪れる中、出版社や書店、取次、商社などが共同で新会社を設立する動きがある。それぞれのインフラやデータ、AIなどの新たな技術の活用で、物流管理の効率化や書店の利益率向上を目指しており、出版流通の改革が期待される。

2023年の出版市場(紙＋電子の推定販売額)は1兆5963億円(前年比2％減)で前年に引き続き減少となった。紙の出版物の販売額は前年比6％減少した

表 31-33　**出版業の概況**（単位　億円）

企業数（社）(2022年6月1日)‥‥‥	3 971
売上（収入）金額 (2021年)‥‥‥‥	23 045

資料、注記は表31-11に同じ。個人経営を除く。

表 31-34　**販売ルート別出版物販売額**（会計年度）（単位　億円）

	1990	2000	2010	2020	2021	2022
書店‥‥‥‥‥‥‥	15 719	16 433	14 668	8 519	8 343	8 157
コンビニ‥‥‥‥‥	2 334	4 911	2 860	1 231	1 173	933
インターネット‥ 1)	…	…	1 285	2 636	2 808	2 872
その他取次経由‥	1 961	1 548	1 052	425	372	350
出版社直販‥‥‥ 2)	…	…	2 383	1 810	1 779	1 709
計‥‥‥‥‥‥‥	20 014	22 892	22 247	14 621	14 474	14 021

日本出版販売株式会社ストアソリューション課「出版物販売額の実態」(2023年)より作成。紙媒体の書籍や雑誌など。2001年度、2006年度に算出方法を変更しており数値が接続しない。1) インターネット書店で2007年からの集計。2) 2006年からの集計。

表 31-35　**書店数と1書店あたり販売額、坪数の推移**（会計年度）

	2017	2018	2019	2020	2021	2022
店舗数‥‥‥‥‥‥	10 226	9 692	9 242	8 789	8 642	8 169
1書店あたり販売額(万円)	10 023	9 755	9 279	10 206	9 654	9 985
1書店あたり坪数(坪)	83.7	85.1	85.2	86.3	86.4	88.6

資料は表31-34に同じ。店舗数は新刊書籍、雑誌売場のある書店。坪数は書店の新刊書籍、雑誌売場のみ。

一方、電子出版は 7 ％増加した。出版市場に占める電子出版の割合は年々増加し、2023年には34％となった。特に、電子コミックの存在感は大きく、スマホ等向け「縦スクロールコミック」の影響で、電子コミック市場は今後更に成長していくとみられる。一方、電子書籍と電子雑誌は前年比マイナスで、コミック以外の電子出版の市場拡大が課題となっている。

表 31-36　書籍・雑誌の出版状況 (取次ルート)

		1990	2000	2010	2020	2022	2023
書籍	出版点数（点）‥	…	67 522	74 714	68 608	66 885	64 905
	推定販売部数(万冊)	91 131	77 364	70 233	53 164	49 759	46 405
	推定販売額(億円)	8 660	9 706	8 213	6 661	6 497	6 194
	返品率（％）‥ 1)	*34.0*	*39.4*	*39.0*	*33.0*	*32.6*	*33.4*
雑誌	発行銘柄数（点）	2 802	3 433	3 453	2 626	2 482	2 389
	推定販売部数(万冊)	358 892	340 542	217 222	95 427	77 132	67 087
	月刊誌‥‥‥‥	202 435	210 401	146 094	71 170	57 475	50 527
	週刊誌‥‥‥‥	156 457	130 141	71 128	24 257	19 657	16 560
	推定販売額(億円)	12 638	14 261	10 535	5 576	4 795	4 418
	返品率（％）‥ 1)	*20.7*	*28.9*	*35.5*	*40.0*	*41.2*	*42.5*
推定販売額計(億円)		**21 299**	**23 966**	**18 748**	**12 237**	**11 292**	**10 612**

全国出版協会・出版科学研究所「季刊 出版指標」(2024年冬号) および同「出版指標年報」(2023年版) より作成。取次ルートを経由した一般出版物で、直販ルート（一部の雑誌を除く）の出版物や検定教科書等を含まない。表31-34とは調査が異なる。1) 金額ベース。

表 31-37　紙の出版と電子出版の市場規模 (単位　億円)

	2018	2019	2020	2021	2022	2023
紙媒体‥‥‥‥‥	12 921	12 360	12 237	12 080	11 292	10 612
書籍‥‥‥‥‥	6 991	6 723	6 661	6 804	6 497	6 194
雑誌‥‥‥‥‥	5 930	5 637	5 576	5 276	4 795	4 418
電子出版‥‥‥‥	2 479	3 072	3 931	4 662	5 013	5 351
電子コミック‥	2 002	2 593	3 420	4 114	4 479	4 830
電子書籍‥‥‥	321	349	401	449	446	440
電子雑誌‥‥‥	156	130	110	99	88	81
計‥‥‥‥‥‥	**15 400**	**15 432**	**16 168**	**16 742**	**16 305**	**15 963**

資料は表31-36に同じ。紙媒体の数値は表31-36と同じで取次ルートのみ。電子出版市場規模は読者が支払った金額を推計したもので、広告収入は含まない。電子コミック誌は、電子雑誌ではなく電子コミックに含む。

〔広告〕2023年の日本の広告費は、7兆3167億円で前年に引き続き過去最高を更新した。新型コロナの5類移行により経済活動が活発化したことで、「交通・レジャー」や「飲料・嗜好品」などの広告費が伸びた。媒体別では、インターネット広告費が3兆3330億円と過去最高となった。コネクテッドTVの利用拡大による動画広告需要の高まりや、企業の販売促進活動におけるデジタル活用が背景にある。総広告費に占めるインターネット広告費は46％に達している。また、プロモーションメディア広告費のうち、各種イベントの再開や、商業施設などにおける企画の増加によって「イベント・展示・映像ほか」が前年比28％の増加となった。

図 31-3　**広告費の推移**（下表より作成）

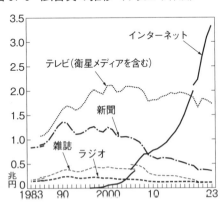

表 31-38　**媒体別広告費**（単位　億円）

	2000	2010	2020	2022	2023
マスコミ4媒体	39 973	28 533	22 536	23 985	23 161
新聞	12 474	6 396	3 688	3 697	3 512
雑誌 1)	4 369	2 733	1 223	1 140	1 163
ラジオ	2 071	1 299	1 066	1 129	1 139
テレビ	21 059	18 105	16 559	18 019	17 347
インターネット 2)	590	7 747	22 290	30 912	33 330
インターネット広告媒体費	590	6 077	17 567	24 801	26 870
うちテレビメディア関連動画広告3)	…	…	170	350	443
物販系ECプラットフォーム			1 321	1 908	2 101
制作費	…	1 670	3 402	4 203	4 359
プロモーションメディア 4)	20 539	22 147	16 768	16 124	16 676
イベント・展示・映像ほか	…	…	3 473	2 988	3 845
計	61 102	58 427	61 594	71 021	73 167

電通「日本の広告費」より作成。1) 2005年より専門誌や地方誌を含む。2) 2004年まで広告媒体費（掲載費）のみ。2005年以降は広告媒体費と広告制作費。2019年以降は物販系ECプラットフォーム（インターネットモール等に出店する物販事業者が、そのモール等に投下した広告費）を含む。3) 番組の見逃し配信などインターネット動画配信における広告費。4) 2005年よりフリーペーパー等、2019年以降イベントを追加。

第32章　科学技術

　日本の2022年度の科学技術研究費は、20兆7040億円で、前年度から4.9％増加して過去最高となった。自然科学分野は、5.1％増の19兆2823億円で、研究費全体の93.1％を占めている。2021年時点での研究開発費

図32-1　主要国の研究開発費と自然科学系の注目度の高い論文数

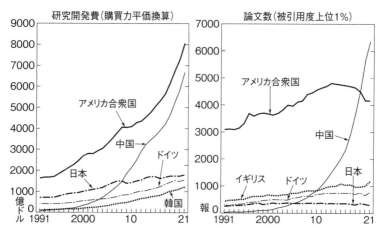

左図の研究開発費はOECD STAT（2024年4月2日閲覧）より作成。右図の論文数は、文部科学省　科学技術・学術政策研究所「科学技術指標」（2023年）より作成。22分野ごとに2022年末現在で被引用度の高い上位1％の論文を集計。国別集計で国際共著論文（欧米や日本で増加）は共著者の研究機関数で按分。論文数の拡大は、研究活動の量的拡大に加えて、分析されたジャーナルの増加も影響している。

表32-1　研究費と研究者数（会計年度）（単位　億円）

	1990	2000	2010	2020	2021	2022
研究費総額‥‥‥‥	130 783	162 893	171 100	192 365	197 408	207 040
企業‥‥‥‥‥‥	92 672	108 602	120 100	138 608	142 244	151 306
非営利・公的機関	15 142	22 207	16 659	16 997	17 324	17 312
大学等‥‥‥‥‥	22 970	32 084	34 340	36 760	37 839	38 421
研究費対GDP比（％）	*2.90*	*3.03*	*3.39*	*3.57*	*3.57*	*3.65*
研究者数（千人）1)	603.5	750.7	842.9	890.5	908.3	910.4

総務省「科学技術研究調査報告」（2023年）より作成。人文科学を含む。1996年度よりソフトウェア業を、2001年度より卸売業、金融・保険業等を含む。1) 会計年度末現在。2000年度以前は文部科学省「科学技術要覧」による翌年4月1日現在の数値。

は中国、アメリカに次いで多いが、主要国と比べると伸び悩んでいた。特に中国とアメリカは研究開発費が突出しており、被引用度の高い論文（注目度が高く、重要な論文とされる）数も多い。日本の被引用度の高い論文数は減少傾向にあり、研究開発の遅れが懸念されている。大学や

表 32-2　特定目的別研究費（2022年度）

	億円	%		億円	%
ライフサイエンス・	33 827	16.3	エネルギー・・・・・・・	10 333	5.0
情報通信・・・・・・・・・	30 138	14.6	宇宙開発・・・・・・・・・	2 978	1.4
ナノテクノロジー・材料	15 048	7.3	海洋開発・・・・・・・・・	1 131	0.5
環境・・・・・・・・・・・・	14 240	6.9	研究費総額×・・・・	**207 040**	100.0

資料は表32-1に同じ。×その他とも。

表 32-3　企業の産業別研究費（社内使用研究費）（2022年度）

	億円	%		億円	%
製造業・・・・・・・・・・	128 083	84.7	生産用機械・・・	6 868	4.5
機械工業・・・・・・・	87 987	58.2	化学工業・・・・・ 2)	9 555	6.3
輸送用機械・・・・・	40 118	26.5	医薬品・・・・・・	14 304	9.5
自動車・・・・・	39 194	25.9	金属工業・・・・・・・・	3 750	2.5
電子部品等・ 1)	12 311	8.1	食料品工業・・・・・	2 478	1.6
情報通信機械・	8 290	5.5	学術研究等・・ 3)	9 579	6.3
業務用機械・・・	7 810	5.2	情報通信業・・・・・・	6 512	4.3
電気機械・・・・	9 320	6.2	全産業計×・・・・	**151 306**	100.0

資料は表32-1に同じ。1) 電子部品・デバイス・電子回路。2) 石油・石炭製品製造業を含まず。3) 学術研究、専門・技術サービス業。×その他とも。

表 32-4　研究費の多い企業（2022年）（単位　百万ユーロ）

世界の企業	研究費	対売上高(%)	日本企業	研究費	対売上高(%)
アルファベット（米）・1)	37 034	14.0	トヨタ自動車	8 776	3.3
メタ（米）・・・・・・・・・ 2)	31 520	28.8	ホンダ・・・・・	6 221	5.2
マイクロソフト（米）・・	25 497	12.8	NTT・・・・・・	5 721	6.2
アップル（米）・・・・・・・	24 612	6.7	ソニー・・・・・	5 340	6.5
ファーウェイ（中）・・・・	20 925	24.3	武田薬品工業	4 476	15.7
フォルクスワーゲン（独）	18 908	6.8	日産自動車・・	3 691	4.9

EU "EU Industrial R&D Investment Scoreboard"（2023年）より作成。アマゾン（米）は決算書で技術投資とコンテンツ投資を合算しており、研究費は不明。EUはアマゾンの研究費をアルファベットより大きいと推定している。1) グーグルの持ち株会社。2) 2021年10月に、フェイスブックから社名変更。

研究機関等の研究費の充実のほか、若手研究者の育成、研究開発環境の整備が求められている。

　特許は、技術の独占的権利を認める代わりに技術の公開を原則としている。近年、軍事転用可能な重要な技術の流出など、安全保障上の懸念が指摘され、2024年5月より特許出願非公開制度が開始された。安全保

表 32-5　産業財産権の出願・登録状況（単位　件）

	1990	2000	2010	2020	2021	2022
特許出願数	367 590	436 865	344 598	288 472	289 200	289 530
〃 登録数	59 401	125 880	222 693	179 383	184 372	201 420
うち外国人	9 031	13 611	35 456	39 061	42 519	46 303
国際特許出願数 1)	1 742	9 447	31 524	49 314	49 040	48 719
実用新案出願数 2)	138 294	9 587	8 679	6 018	5 239	4 513
〃 登録数 2)	43 300	12 613	8 572	5 518	5 499	4 615
うち外国人	367	1 731	1 816	1 597	1 588	1 589
意匠出願数	44 290	38 496	31 756	31 798	32 525	31 711
〃 登録数	33 773	40 037	27 438	26 417	27 490	29 540
うち外国人	905	2 098	2 980	7 635	8 095	9 343
商標出願数	171 726	145 668	113 519	181 072	184 631	170 275
〃 登録数	117 219	94 369	97 780	135 313	174 098	183 804
うち外国人	9 867	14 907	18 442	32 196	48 821	52 585

特許庁「特許行政年次報告書」より作成。**国際出願**は、1つの特許出願願書で特許協力条約加盟国すべてに同時に出願したのと同じ効果を持つもので（2003年以前は出願国を指定）、各国に対して実際に手続をするまでに出願日から原則30ヶ月の猶予期間を得られる。1）日本国特許庁での受理件数。2）旧実用新案と新実用新案の合計。

表 32-6　日本人の主要国・地域別特許出願数（単位　件）

	2005	2010	2015	2020	2021	2022
アメリカ合衆国	71 994	84 017	86 359	78 308	75 364	75 341
中国	30 976	33 882	40 078	47 862	47 010	45 259
欧州特許庁 1)	21 470	21 824	21 418	21 906	21 591	21 577
韓国	16 468	14 346	15 283	14 026	14 165	13 861
ドイツ	3 449	2 970	6 425	7 247	6 128	6 339
インド	1 555	4 215	4 857	4 826	4 617	4 583
タイ	2 150	430	2 947	1 444	2 921	2 697

WIPO "IP Statistics Data Center" より作成。2023年12月更新データ。各国の特許庁に日本国籍を有する人が出願した件数。各国特許庁への直接出願のほか、国際出願件数を含む。1）ヨーロッパ各国は、欧州特許庁のほかに各国特許庁へ直接出願する分がある。

障上重要な特定技術分野に該当する技術は、外国より先に国内で出願することが求められ、内閣府で保全審査が行われる。保全指定されたものは非公開となり、出願人には損失分が国から補償される。こうした技術の非公開化は、国民の安全を守ると期待される一方、他国で同一の特許が成立する可能性や、他の企業による技術開発の重複、さらには経済活動への影響が懸念される。なお、特定技術分野を外国で特許出願できるのは、保全審査後に保全指定されなかった技術に限られる。

　国際特許出願は、複数の国で同時に特許出願したものと同じ効力を持つ。日本の出願件数は4万8878件（2023年）で世界第3位である。分野別では電気機器、音響・映像技術、半導体分野などが2位に入った。

表32-7　**国際特許出願件数**（単位　件）

国籍別	2022	2023	企業別	2022	2023
中国	70 016	69 625	ファーウェイ（中）	7 689	6 494
アメリカ合衆国	58 828	55 337	サムスン電子（韓）	4 387	3 924
日本	50 351	48 878	クアルコム（米）	3 855	3 410
韓国	22 022	22 286	三菱電機（日）	2 320	2 152
ドイツ	17 467	16 917	BOE（中）	1 884	1 988
フランス	7 761	7 910	LGエレクトロニクス（韓）	1 793	1 887
計×	**277 633**	**271 947**	エリクソン　1)	2 158	1 863

WIPOデータベース（2024年3月更新データ）および同プレスリリース（2024年3月7日）より作成。1）スウェーデン。×その他とも。

日本語に特化した国産AI（人工知能）の開発

　世界中でAIの開発が進展し、2022年から2023年にかけてアメリカのオープンAI「ChatGPT」が爆発的に広まった。日本でもChat GPTの業務利用や、新たなサービス開発が行われるなど、AIへの関心が高まっている。
　Chat GPTのような対話型生成AIは、自然な受け答えをするためにLLM（大規模言語モデル）が使われている。開発が先行する欧米の対話型生成AIは、英語学習が優勢で、日本語などの精度は比較的低く、日本社会での活用や開発には課題があった。こうした中、2024年3月に東京大学発のスタートアップ企業で、国内最大規模の日本語に特化した対話型生成AIが開発された。国内開発の進展や開発環境の充実が期待される一方、AIの開発や利用に伴う著作権侵害が懸念され、文化庁などで議論が進んでいる。

第32章 科学技術

表 32-8　各国の主要分野別の国際特許出願件数（2023年）（単位　件）

	日本	韓国	中国	ドイツ	フランス	アメリカ合衆国
電気機器・・・・・・ 1)	5 531	2 355	5 998	1 998	569	2 098
音響・映像技術・・	2 236	1 064	3 670	296	162	1 413
電気通信・・・・・	1 065	713	2 132	139	88	1 303
デジタル通信・・・・	3 164	2 336	10 677	394	195	5 409
コンピュータ技術	3 317	2 263	10 242	872	411	7 207
半導体・・・・・・・・	2 736	753	3 474	373	123	1 505
光学機器・・・・・・	1 974	458	1 982	443	144	1 346
計測系・・・・・・・	2 680	755	2 674	1 053	393	2 144
医療技術・・・・・	2 197	1 354	2 632	784	449	5 992
有機化学、農薬 2)	772	530	1 359	389	486	1 558
バイオ技術・・・・・	851	672	1 918	351	243	3 721
医薬品・・・・・・・	715	858	2 445	405	296	4 763
ハンドリング機械	1 293	388	940	571	174	947
輸送・・・・・・・・・	2 081	392	2 025	1 841	844	1 364

WIPO "IP Statistics Data Center"（2024年3月更新データ）より作成。1) 電気エネルギーを含む。2) 原資料では有機ファイン化学。

表 32-9　技術貿易額（企業分）（会計年度）（単位　億円）

	2000	2010	2020	2021	2022	うち親子会社
技術輸出額(受取額)	10 579	24 366	31 010	36 206	49 959	31 796
機械工業・・・・・	8 433	17 724	20 958	23 693	27 695	23 792
自動車工業 1)	5 890	12 821	16 396	18 388	23 040	20 119
化学工業・・・・ 2)	1 305	3 687	6 905	7 913	10 182	4 664
医薬品・・・・・・	…	3 128	6 341	7 110	9 292	3 891
技術輸入額(支払額)	4 433	5 301	5 598	6 201	7 137	2 771
化学工業・・・・ 2)	652	706	2 031	2 581	2 987	483
機械工業・・・・・	2 976	3 299	1 673	1 196	1 495	274

資料や調査範囲は表32-1に同じ。2022年度の国別割合は輸出がアメリカ合衆国31.6%、中国11.8%など。輸入はアメリカ63.4%、イギリス8.6%など。1) 2000年度以前は他の輸送用機械を含む。2) 石油・石炭製品製造業を含まず。

表 32-10　主要国の知的財産使用料収支（2022年）（単位　百万ドル）

	日本	韓国	中国	アメリカ合衆国	ドイツ	イギリス
受取額・・・・・・・・	46 598	7 947	13 305	127 392	52 189	28 143
支払額・・・・・・・・	27 798	11 689	44 474	53 241	19 844	18 023
収支・・・・・・・・ 1)	18 801	-3 742	-31 169	74 151	32 345	10 120

IMFデーターベース（2024年4月2日閲覧）より作成。1) 受取額−支払額で編者算出。

第33章　国民の生活

〔家計〕　2023年の二人以上勤労者世帯の実収入は1か月あたり60万8182円となり、前年から1.5％減少した（物価上昇分を加味すると、実質5.1％の減少）。実収入のうち勤め先収入は55万4801円で、前年から1.6％減少した。特に、世帯主の臨時収入・賞与が4.3％減少している。一方、社会保障給付は3万6912円で、8.4％増加した。

　同年の二人以上勤労者世帯の可処分所得（実収入から社会保険料等を差し引いた手取り額）は、1か月あたり49万4668円となり、前年から1.2％減少した（実質4.8％減）。消費支出は同31万8755円で、前年から0.6％減少している（実質4.2％減）。平均消費性向（可処分所得から消費

図 33-1　勤労者世帯の家計収支（2023年）

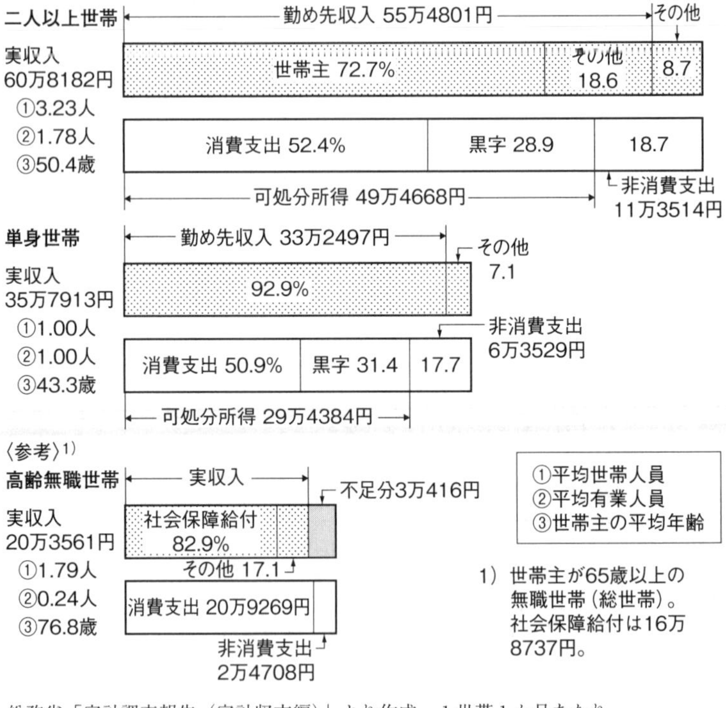

二人以上世帯
実収入
60万8182円
①3.23人
②1.78人
③50.4歳

勤め先収入 55万4801円　その他
世帯主 72.7%　その他 18.6　8.7

消費支出 52.4%　黒字 28.9　18.7
可処分所得 49万4668円　非消費支出 11万3514円

単身世帯
実収入
35万7913円
①1.00人
②1.00人
③43.3歳

勤め先収入 33万2497円　その他 7.1
92.9%
非消費支出 6万3529円

消費支出 50.9%　黒字 31.4　17.7
可処分所得 29万4384円

〈参考〉1)
高齢無職世帯
実収入
20万3561円
①1.79人
②0.24人
③76.8歳

実収入　不足分3万416円
社会保障給付 82.9%
その他 17.1

消費支出 20万9269円
非消費支出 2万4708円

①平均世帯人員
②平均有業人員
③世帯主の平均年齢

1)　世帯主が65歳以上の無職世帯（総世帯）。社会保障給付は16万8737円。

総務省「家計調査報告（家計収支編）」より作成。1世帯1か月あたり。

に回した割合）は64.4％で、前年から0.4ポイント上昇しているものの、コロナ禍以前よりも低くなっている。

　消費支出のうち、教育費は7.1％減で、特に授業料等や学習塾を含む補習教育が17.6％減少した。マスクなどの保健医療用品は8.7％減少しており、2023年5月に新型コロナウイルス感染症がより危険度の低い5類感染症に移行した影響がみられる。一方、旅行などの教養娯楽は4.7％

図 33-2　二人以上勤労者世帯の可処分所得と消費支出の増減率

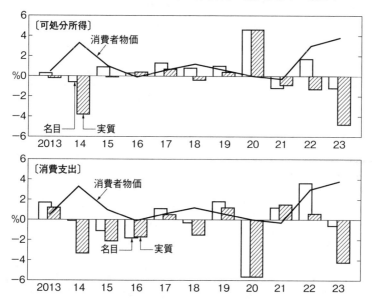

資料は図33-1に同じ。農林漁家世帯を含む。対前年増減率。消費者物価は帰属家賃を除く総合。2018年と2019年の増減率は家計簿改正の影響を調整した変動調整値。

図 33-3　家計調査の世帯区分

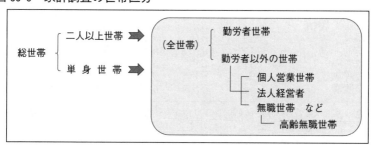

増で、うち宿泊料が24.7％増、パック旅行費が49.7％増と前年から大幅に増加した。各地域で実施された全国旅行支援の効果もあり、コロナ禍の自粛が緩和されて、旅行しやすい環境が戻ってきている。また、在宅勤務から職場に通勤する人々が増えるなど、人流の回復で交通が15.2％増となった。

　光熱費は、2022年のロシアのウクライナ侵攻に伴う資源価格高騰と急速な円安で増加し、引き続き家計を圧迫した。2023年は、政府の補助金により前年から電気代は4.0％減、ガス代は0.8％減であるが、一昨年比でみると同18.6％増、同9.8％増で、負担を解消するに至っていない。

表 33-1　二人以上世帯の消費支出の内訳（1世帯1か月あたり）

用途分類	全世帯		勤労者世帯1)		無職世帯	
	2022	2023	2022	2023	2022	2023
消費支出（円）‥	290 865	293 997	320 627	318 755	241 081	255 030
食料‥‥‥‥‥	77 474	81 738	80 502	84 552	70 980	75 995
外食‥‥‥ 2)	10 881	12 653	14 145	16 128	5 395	6 914
住居‥‥‥‥‥	18 645	18 006	20 115	18 971	16 761	16 833
光熱・水道‥‥	24 522	23 855	24 421	23 566	24 081	23 808
家事用品‥‥ 3)	12 121	12 190	13 000	12 855	10 569	11 168
被服・履物‥‥	9 106	9 297	11 293	11 344	5 162	5 439
保健医療‥‥‥	14 705	14 645	13 708	13 515	15 815	16 025
交通・通信‥‥	41 396	42 693	50 688	51 199	28 593	32 043
教育‥‥‥‥‥	11 436	10 446	18 126	16 838	567	492
教養娯楽‥‥‥	26 642	28 630	29 737	31 149	21 725	24 257
交際費‥‥‥‥	16 732	17 058	14 810	14 675	19 035	20 528
割合（％）‥‥‥	100.0	100.0	100.0	100.0	100.0	100.0
食料‥‥‥‥‥	26.6	27.8	25.1	26.5	29.4	29.8
外食‥‥‥ 2)	3.7	4.3	4.4	5.1	2.2	2.7
住居‥‥‥‥‥	6.4	6.1	6.3	6.0	7.0	6.6
光熱・水道‥‥	8.4	8.1	7.6	7.4	10.0	9.3
家事用品‥‥ 3)	4.2	4.1	4.1	4.0	4.4	4.4
被服・履物‥‥	3.1	3.2	3.5	3.6	2.1	2.1
保健医療‥‥‥	5.1	5.0	4.3	4.2	6.6	6.3
交通・通信‥‥	14.2	14.5	15.8	16.1	11.9	12.6
教育‥‥‥‥‥	3.9	3.6	5.7	5.3	0.2	0.2
教養娯楽‥‥‥	9.2	9.7	9.3	9.8	9.0	9.5
交際費‥‥‥‥	5.8	5.8	4.6	4.6	7.9	8.0

総務省「家計調査報告（家計収支編）」より作成。外国人世帯、料理飲食店、下宿屋などを除く。計にはその他の内訳を含む。1) 世帯主が企業や官公庁で働くサラリーマン世帯。2) 出前や宅配、学校給食を含む。3) 家具を含む。

図 33-4　１世帯あたり１か月間の消費支出の内訳（全世帯）

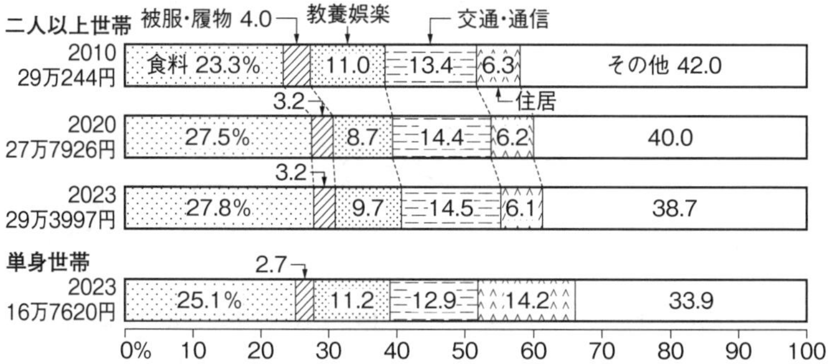

資料は表33-1に同じ。二人以上世帯は1990年まで農林漁家世帯を含まない。

表 33-2　単身世帯の消費支出の内訳（１世帯１か月あたり）

用途分類	全世帯		勤労者世帯		高齢無職世帯1)	
	2022	2023	2022	2023	2022	2023
消費支出（円）‥	161 753	167 620	178 434	182 114	143 139	145 430
食料‥‥‥‥‥	39 069	42 049	40 301	43 617	37 485	40 103
外食‥‥‥ 2)	7 840	9 690	11 492	14 269	4 001	4 230
住居‥‥‥‥‥	23 300	23 799	32 314	31 527	12 746	12 564
光熱・水道‥‥	13 098	13 045	11 138	11 489	14 704	14 436
家事用品‥‥ 3)	5 487	5 760	5 267	5 163	5 956	5 923
被服・履物‥‥	5 047	4 447	6 714	5 173	3 150	3 241
保健医療‥‥‥	7 384	7 367	6 847	6 580	8 128	7 981
交通・通信‥‥	19 303	21 654	22 766	26 266	14 625	15 086
教育‥‥‥‥‥	0	2	0	4	0	0
教養娯楽‥‥‥	17 993	18 794	21 046	21 458	14 473	15 277
交際費‥‥‥‥	13 831	13 731	11 362	12 433	17 893	15 990
割合（％）‥‥‥	100.0	100.0	100.0	100.0	100.0	100.0
食料‥‥‥‥‥	24.2	25.1	22.6	24.0	26.2	27.6
外食‥‥‥ 2)	4.8	5.8	6.4	7.8	2.8	2.9
住居‥‥‥‥‥	14.4	14.2	18.1	17.3	8.9	8.6
光熱・水道‥‥	8.1	7.8	6.2	6.3	10.3	9.9
家事用品‥‥ 3)	3.4	3.4	3.0	2.8	4.2	4.1
被服・履物‥‥	3.1	2.7	3.8	2.8	2.2	2.2
保健医療‥‥‥	4.6	4.4	3.8	3.6	5.7	5.5
交通・通信‥‥	11.9	12.9	12.8	14.4	10.2	10.4
教育‥‥‥‥‥	0.0	0.0	0.0	0.0	0.0	0.0
教養娯楽‥‥‥	11.1	11.2	11.8	11.8	10.1	10.5
交際費‥‥‥‥	8.6	8.2	6.4	6.8	12.5	11.0

資料は表33-1に同じ。学生、外国人世帯を除く。消費支出計にはその他の内訳を含む。1) 65歳以上の無職単身世帯。2) 出前、宅配を含む。3) 家具を含む。

図 33-5　**世帯消費動向指数**（2020年＝100）（二人以上の世帯）（年平均）

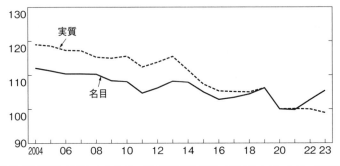

総務省「消費動向指数」より作成。**世帯消費動向指数**（CTIミクロ）とは、世帯の消費支出の平均額の推移を示す指数であり、家計調査、家計消費状況調査および家計消費単身モニター調査の結果を合成した支出金額より作成したもの。本図は基本系列（世帯人員や世帯員の年齢などの変化を加味していない）から作成。

表 33-3　**勤労者世帯の非消費支出の内訳**（1世帯1か月あたり）

	二人以上世帯			単身世帯		
	2021	2022	2023	2021	2022	2023
実収入（円）････	605 316	617 654	608 182	356 376	369 295	357 913
可処分所得（円）	492 681	500 914	494 668	292 157	302 358	294 384
非消費支出(円)1)	112 634	116 740	113 514	64 219	66 937	63 529
直接税･･･････	47 242	49 445	46 545	25 287	26 354	24 535
勤労所得税･	19 718	21 227	19 684	10 763	11 450	9 718
個人住民税･	20 231	20 397	19 553	12 101	11 922	11 837
その他･･･ 2)	7 294	7 820	7 308	2 423	2 982	2 979
社会保険料･･･	65 331	67 175	66 896	38 906	40 571	38 857
公的年金保険料	39 165	39 938	39 090	24 432	25 398	23 247
健康保険料･	21 272	22 058	21 810	12 334	12 828	12 890
介護保険料･	3 701	3 785	3 821	1 467	1 508	1 433
実収入割合（％）	100.0	100.0	100.0	100.0	100.0	100.0
可処分所得････	81.4	81.1	81.3	82.0	81.9	82.3
非消費支出･･ 1)	18.6	18.9	18.7	18.0	18.1	17.7
直接税･･･････	7.8	8.0	7.7	7.1	7.1	6.9
勤労所得税･	3.3	3.4	3.2	3.0	3.1	2.7
個人住民税･	3.3	3.3	3.2	3.4	3.2	3.3
その他･･･ 2)	1.2	1.3	1.2	0.7	0.8	0.8
社会保険料･･･	10.8	10.9	11.0	10.9	11.0	10.9
公的年金保険料	6.5	6.5	6.4	6.9	6.9	6.5
健康保険料･	3.5	3.6	3.6	3.5	3.5	3.6
介護保険料･	0.6	0.6	0.6	0.4	0.4	0.4

資料は表33-1に同じ。外国人世帯、料理飲食店、下宿屋などを除く。1) 罰金や示談金などほかに含まれない非消費支出を含む。2) 贈与税、相続税など。

図 33-6　年間収入階級別の消費支出割合（2023年）

（二人以上勤労者世帯）（年間収入五分位階級別）

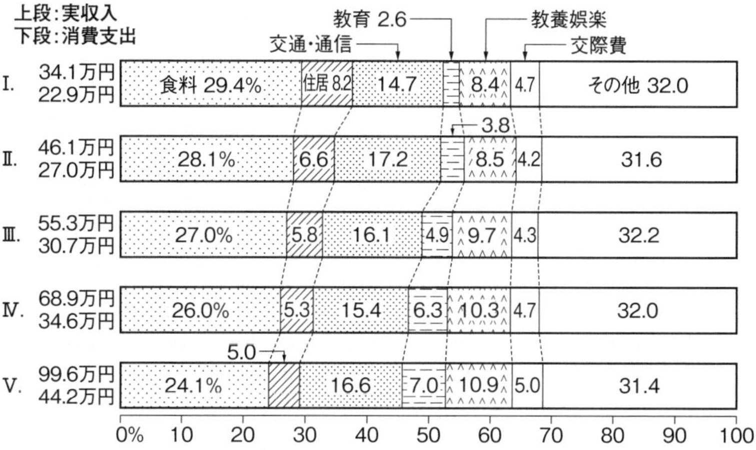

資料は表33-1に同じ。1世帯1か月あたりの消費支出の割合。五分位階級は、年間の実収入の低い世帯から高い世帯へ順に並べて単純に五等分したもの（Ⅰ～Ⅴ）。

表 33-4　都市階級別・地方別の収入と支出（二人以上勤労者世帯）（2023年）

	実収入 実数（円）	実収入 格差（全国=100）	可処分所得（円）	消費支出（円）	平均消費性向（％）5)
全国	608 182	100.0	494 668	318 755	64.4
大都市 1)	647 762	106.5	523 920	341 326	65.1
中都市 2)	610 533	100.4	496 597	323 252	65.1
小都市A 3)	584 753	96.1	476 201	305 886	64.2
小都市Bと町村 4)	564 966	92.9	463 991	287 216	61.9
北海道	563 270	92.6	464 782	302 629	65.1
東北	562 522	92.5	463 505	305 147	65.8
関東	671 092	110.3	539 474	338 527	62.8
北陸	631 017	103.8	517 051	323 605	62.6
東海	577 455	94.9	471 200	302 055	64.1
近畿	588 018	96.7	477 819	318 143	66.6
中国	560 244	92.1	459 858	305 228	66.4
四国	569 183	93.6	469 863	307 296	65.4
九州	545 012	89.6	450 341	301 549	67.0
沖縄	449 231	73.9	383 506	245 554	64.0

資料は表33-1に同じ。1世帯1か月あたり。1) 政令指定都市と東京都区部。2) 大都市を除く人口15万人以上の市。3) 人口5万人以上15万人未満の市。4) 人口5万人未満の市と町村。5) 可処分所得に対する消費支出割合。

表 33-5　**貯蓄・負債状況**（二人以上世帯 1 世帯あたり）
（2022年平均）（単位　万円）

	全世帯	勤労者世帯	持家世帯		負債保有世帯	
			全世帯	勤労者世帯	全世帯	勤労者世帯
集計世帯数・・・・・・	5 686	3 193	4 742	2 487	2 139	1 691
持家率（％）・・・・・	*85.2*	*80.2*	*100.0*	*100.0*	*91.2*	*91.0*
年間収入・・・・・・・・	641	768	647	795	778	809
世帯人員（人）・・・・	2.91	3.23	2.91	3.29	3.34	3.47
有業人員（人）・・・・	1.34	1.79	1.32	1.83	1.75	1.85
世帯主年齢（歳）・・	59.7	50.2	61.3	51.4	51.4	48.0
貯蓄現在高・・・・・・・	1 901	1 508	2 043	1 612	1 264	1 157
通貨性預貯金・・・	634	556	672	586	454	437
定期性預貯金・・・	578	384	631	418	272	225
生命保険など・・・	362	321	392	354	331	305
有価証券・・・・・・・	294	194	317	203	166	145
金融機関外・・・・・	33	52	31	51	41	45
負債現在高・・・・・ 1)	576	879	658	1 067	1 528	1 650
住宅・土地・・・ 2)	526	813	607	996	1 395	1 526

総務省「家計調査（貯蓄・負債編）」より作成。1) 月賦・年賦およびその他の負債を含む。
2) 住宅・土地のための負債。

表 33-6　**二人以上世帯の貯蓄現在高および負債残高の推移**（単位　万円）

	2005	2010	2015	2020	2021	2022
全世帯						
年間収入・・・・・・・・	645	616	616	634	633	641
貯蓄現在高・・・・・・	1 728	1 657	1 805	1 791	1 880	1 901
負債現在高・・・・ 1)	501	489	499	572	567	576
住宅・土地・・ 2)	434	431	446	518	513	526
貯蓄年収比（％）・	*267.9*	*269.0*	*293.0*	*282.5*	*297.0*	*296.6*
負債年収比（〃）・	*77.7*	*79.4*	*81.0*	*90.2*	*89.6*	*89.9*
住宅・土地（〃）・	*67.3*	*70.0*	*72.4*	*81.7*	*81.0*	*82.1*
勤労者世帯						
年間収入・・・・・・・・	719	697	709	740	749	768
貯蓄現在高・・・・・・	1 292	1 244	1 309	1 378	1 454	1 508
負債現在高・・・・ 1)	616	679	755	851	856	879
住宅・土地・・ 2)	561	629	698	791	791	813
貯蓄年収比（％）・	*179.7*	*178.5*	*184.6*	*186.2*	*194.1*	*196.4*
負債年収比（〃）・	*85.7*	*97.4*	*106.5*	*115.0*	*114.3*	*114.5*
住宅・土地（〃）・	*78.0*	*90.2*	*98.4*	*106.9*	*105.6*	*105.9*

資料・注記は表33-5に同じ。1 世帯あたり年平均の貯蓄・負債状況。

図 33-7 年間収入階級別による貯蓄現在高の種類別割合 （2022年平均）

（二人以上勤労者世帯）（年間収入五分位階級別）

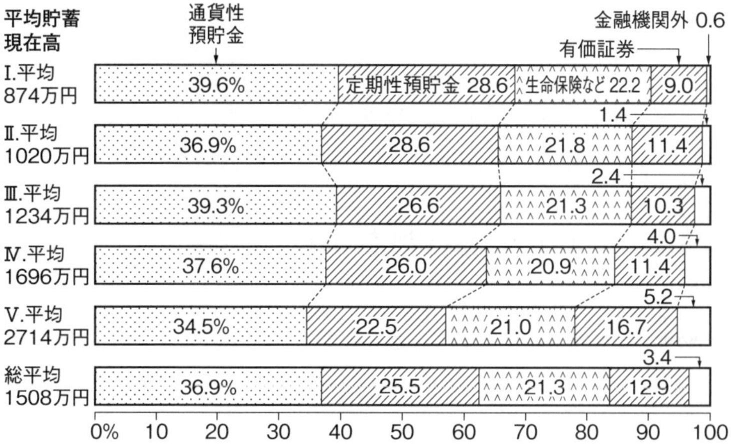

資料・注記は表33-7に同じ。五分位階級は、年間収入の低い世帯から高い世帯へ順に
並べて単純に五等分したもの（Ⅰ～Ⅴ）。

表 33-7 住宅の所有関係別貯蓄・負債現在高

（二人以上勤労者世帯）（2022年平均）（単位　万円）

	平均	持家		借家		
		総数	うち住宅ローン返済世帯	民営	公営	給与住宅
貯蓄現在高‥‥‥	1 508	1 612	1 132	943	871	1 970
金融機関‥‥ 1)	1 456	1 561	1 091	897	855	1 831
通貨性預貯金	556	586	443	380	328	802
定期性預貯金	384	418	221	209	259	438
生命保険など	321	354	298	167	152	303
有価証券‥‥	194	203	128	140	116	288
株式‥‥‥	91	98	68	52	36	161
投資信託‥	81	82	50	72	66	112
金融機関外‥‥	52	51	42	46	16	139
負債現在高‥‥ 2)	879	1 067	1 818	120	22	178
住宅・土地‥ 3)	813	996	1 718	77	1	123
貯蓄年収比（％）	*196.4*	*202.8*	*136.6*	*146.9*	*155.0*	*234.0*
負債年収比（％）	*114.5*	*134.2*	*219.3*	*18.7*	*3.9*	*21.1*

総務省「家計調査（貯蓄・負債編）」（2022年版）より作成。1世帯あたり。二人以上勤労者世帯の平均持家率は80.2％。1) 預貯金のほか、生命保険（掛捨を除く）、積立型損害保険に対する払込総額、有価証券の保有額の合計。2) 金融機関からの借入金のほか、消費者金融や質屋などからの借り入れを含む。3) 住宅・土地のための負債で、家賃は含まない。

〔**食生活**〕　2023年家計調査によると、二人以上世帯の1か月あたりの食料費は8万1738円で、前年から5.5％増であった。ロシアによるウクライナ侵攻や円安などの影響で原材料費等が高騰して、食材費を押し上げており、実質ベースでは2.4％減となる。食料費のなかでは外食費の上昇が大きく、2023年は1万2653円と前年から16.3％増となった。コロナ禍以前の水準に近づいており、外食需要の回復がみられるが、食材に

図33-8　二人以上世帯の主な食料費の推移（全世帯）

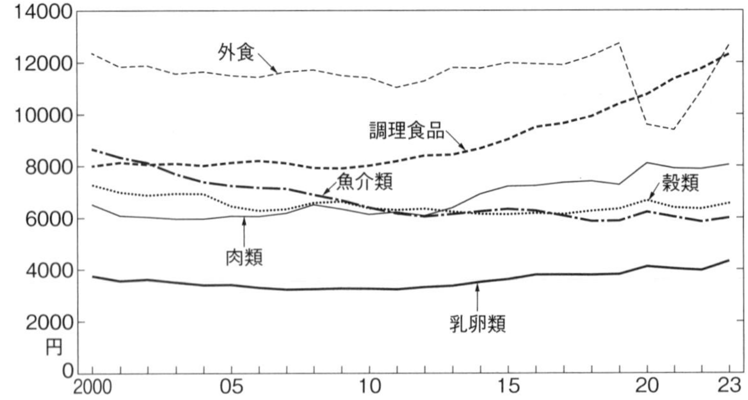

資料は表33-8に同じ。1世帯1か月あたり。2000年から農林漁家世帯を含む。外食には学校給食を含む。

表33-8　二人以上世帯の年間食料品購入数量（全世帯）（単位　100g）

	1990	2000	2010	2020	2021	2022	2023
米（kg）···	125.8	99.2	83.0	64.5	60.8	57.4	56.7
生鮮魚介···	473.0	441.9	339.8	239.1	229.6	195.2	184.7
塩干魚介··1)	141.6	111.8	94.1	72.4	66.2	61.5	58.3
牛肉·······	108.2	101.3	69.2	71.9	67.4	62.0	58.5
豚肉·······	172.9	162.2	185.0	229.9	225.5	223.0	220.4
鶏肉·······	129.7	117.0	137.5	187.7	183.0	181.2	179.5
牛乳（L）··	112.9	108.4	85.4	78.2	74.2	73.3	70.1
バター·····	4.9	5.3	5.0	6.5	6.4	6.0	5.7
チーズ····	17.1	22.8	25.9	40.5	40.7	38.0	34.4
卵·········	385.5	343.1	311.9	340.0	328.6	319.3	297.8

総務省「家計調査報告（家計収支編）」より作成。料理・飲食店、旅館、下宿屋、4人以上の住込み雇用者がいる世帯、外国人世帯などを除く。2000年から農林漁家を含む。1) かつお節や塩辛などの加工品を除く。

加えてサービス価格上昇などの影響もあり、実質では10.3％増であった。食材支出は、魚介類が2.6％増（実質8.2％減）、乳卵類が8.9％増（同6.1％減）、肉類が2.1％増（同4.3％減）と、幅広い品目で金額は増えているものの消費が落ち込んでおり、消費者の買い控えがみられる。

図 33-9　**食料費の内訳**（2023年）（1世帯1か月あたり）

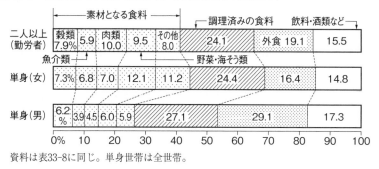

資料は表33-8に同じ。単身世帯は全世帯。

表 33-9　**食料供給量**（1人1日あたり）（会計年度）（単位　g）

	1980	1990	2000	2010	2020	2021	2022（概算）
穀類・・・・・・・	309.3	283.5	269.9	255.9	230.0	231.6	230.3
米・・・・・・	216.2	191.9	177.0	163.0	139.1	140.9	139.3
小麦・・・・・・	88.3	86.9	89.2	89.5	87.0	86.6	86.7
大麦・・・・・	1.4	0.5	0.8	0.5	0.5	0.6	0.6
その他・・・・	3.4	4.2	3.0	2.9	3.5	3.6	3.6
いも類・でん粉	79.1	100.1	105.5	96.5	93.8	94.1	100.7
豆類・・・・・・	23.3	25.2	24.8	23.1	24.5	23.7	24.6
野菜・・・・・・	309.4	297.0	280.6	241.5	244.2	241.4	241.4
果実・・・・・・	106.3	106.3	113.8	100.2	93.5	88.7	90.9
肉類・・・・・・・	61.6	71.2	78.8	79.6	91.8	93.2	93.3
鶏卵・・・・・・	39.2	44.1	46.5	45.3	47.0	47.2	46.4
牛乳・乳製品	179.0	228.0	258.2	236.7	256.6	258.6	257.3
魚介類・・・・・	95.3	102.8	101.8	80.6	64.7	62.3	60.3
海そう類・・・・	3.7	3.9	3.8	2.7	2.5	2.2	2.1
砂糖類・・・・・	63.9	59.7	55.4	51.9	45.5	46.2	47.3
油脂類・・・・・	34.5	38.9	41.5	36.9	39.4	38.2	36.9
みそ・・・・・・	16.5	13.4	11.9	9.9	9.9	9.7	9.7
しょうゆ・・・・	30.1	26.3	22.6	17.7	14.3	14.4	14.2
その他の食料	7.2	10.9	12.4	12.4	12.6	12.4	12.5

農林水産省「食料需給表」より作成。生産量に輸出入分の増減や在庫変動を含めた供給可能量から動物飼料や種子・加工用などに使われる量を差し引き、歩留り（可食部分の割合）を乗じて算出した純食料の供給量。

表 33-10　食品群別カロリー供給構成の推移（会計年度）（％）

	1980	1990	2000	2010	2020	2021	2022（概算）
穀類・・・・・・・・・・	43.4	38.6	36.8	37.7	34.8	35.1	35.0
いも類・でん粉・・	5.9	7.7	8.3	8.4	8.1	8.2	8.7
豆類・・・・・・・・ 1)	5.7	5.7	5.4	5.3	5.6	5.4	5.5
野菜・果実・・・・・	5.2	5.5	5.6	5.4	5.8	5.9	5.9
動物性食品・・・・ 2)	17.3	19.3	20.5	20.4	21.6	21.7	21.5
（うち魚介類）・・・	(5.2)	(5.4)	(5.1)	(4.5)	(3.7)	(3.6)	(3.4)
砂糖類・・・・・・・・	9.6	8.7	8.0	8.1	7.8	8.0	8.2
油脂類・・・・・・・・	12.5	13.6	14.5	13.9	15.4	14.9	14.5
その他の食料・・・・	0.5	0.9	0.8	0.7	0.9	0.8	0.9
総数・・・・・・・・	100.0	100.0	100.0	100.0	100.0	100.0	100.0
1人1日あたりkcal	2 563	2 640	2 643	2 447	2 270	2 266	2 260

農林水産省「食料需給表」より作成。酒類を除く。食料需給表における食料の量は、消費者に到達する食料の量を表すもので、個人が実際に消費する数量とは異なることに注意。1）みそ・しょうゆを含む。2）動物性油脂を除く。

図 33-10　主な国の食品群別カロリー供給構成（2021年）

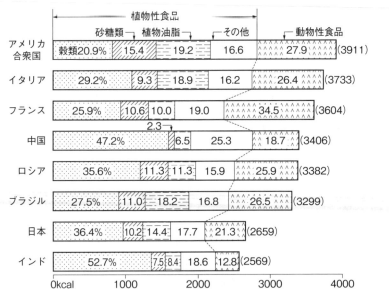

FAOSTATより作成（2024年3月29日ダウンロード）。1人1日あたり。酒類を含む。家畜の飼料や種子、非食料製造（せっけんなど）分を除いた人間の消費に向けられた量で、実際の消費量とは異なる。その他にはいも類、豆類、野菜、果物、酒類などが含まれる。（　）内の数値は1人1日あたりの総カロリー量。

〔住宅〕 2018年の「住宅・土地統計調査」（5年に一度の調査）によると、全国の総住宅戸数は6241万戸で前回調査より178万戸増加した。居住世帯のある住宅は5362万戸で、そのうち持ち家は3280万戸である。持ち家は新築が30.2％、新築住宅の購入が22.5％、建て替えが17.2％で、中古住宅の購入は14.7％であった。

住宅ストックは年々増え続けており、住宅総数が世帯総数を大きく上回っている。住宅ストックが充足する一方で、空き家が増加しているほか、耐震性に乏しい古い住宅の建替えや改修が課題である。旧耐震基準の1980年以前に建築されたマンションは約104万戸あるのに対して、マ

第 33 章 国民の生活

表 33-11 総住宅数および世帯数 （各年10月1日現在）

| | 総住宅数[1] | | 総世帯数[2] | | 世帯人員[2] | | 1世帯あたり住宅数（戸） |
	実数（千戸）	増減率（％）	実数（千世帯）	増減率（％）	実数（千人）	増減率（％）	
1993	45 879	9.2	41 159	8.9	124 607	1.6	1.11
1998	50 246	9.5	44 360	7.8	126 331	1.4	1.13
2003	53 891	7.3	47 255	6.5	127 458	0.9	1.14
2008	57 586	6.9	49 973	5.8	127 519	0.0	1.15
2013	60 629	5.3	52 453	5.0	127 129	-0.3	1.16
2018	62 407	2.9	54 001	3.0	126 308	-0.6	1.16

総務省「住宅・土地統計調査」より作成。5年ごとの調査。増減率は前回調査との比較。1) 居住世帯なしの住宅を含む。2) 単身の下宿人・間借り人、寄宿舎などの住宅以外の建物に住む単身者や世帯および世帯人員を含む。

表 33-12 居住世帯の有無別・住宅の種類別住宅数 （単位 千戸）

| | 居住世帯あり | | | | 居住世帯なし | | |
	総数	専用住宅	農林漁業併用住宅	その他の併用住宅	総数[1]	空き家[2]	建築中[3]
1993	40 773	38 457	168	2 149	5 106	4 476	201
1998	43 922	41 744	124	2 054	6 324	5 764	166
2003	46 863	45 258 [4]	…	1 605	7 028	6 593	109
2008	49 598	48 281 [4]	…	1 317	7 988	7 568	93
2013	52 102	50 982 [4]	…	1 121	8 526	8 196	88
2018	53 616	52 642 [4]	…	974	8 791	8 489	86

資料は表33-11に同じ。各年10月1日現在。併用住宅とは業務に使用される設備と居住部分が結合している住宅のこと。1) ほかに、一時現在者のみの住宅がある。2) 別荘などの二次的住宅を含む。3) 棟上げ後の建築中の住宅。4) その他の併用住宅に含まれる。

ンションの建替えは約２万3000戸に留まっている（2023年３月時点、国土交通省集計）。高経年マンションが今後増加すると見込まれるなかで、政府は建替えなどを円滑に進めるため、区分所有者の決議などに関わる区分所有法の改正を目指している。

　近年、首都圏などの都市部では住宅価格が高騰しており、新規の住宅取得者の負担になっている。政府は少子化対策や省エネ性能の高い住宅の流通のため、2023年に子育てエコホーム支援事業を開始している。子

図 33-11　建て方別・構造別の住宅割合

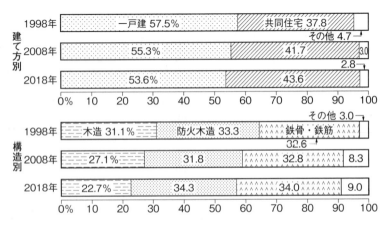

資料は表33-11に同じ。各年10月１日現在。５年ごとの調査。居住世帯あり住宅数に占める割合。鉄骨・鉄筋はコンクリート造のもの。

表 33-13　所有関係別住宅数と質的水準 （専用住宅）（各年10月１日現在）

	持ち家				借家		
	総数（千戸）	居住室数（室）	居住室の畳数（畳）	延べ面積（m²）	総数（千戸）	居住室数（室）	居住室の畳数（畳）
1993	24 376	6.08	40.60	118.45	15 691	2.90	16.83
1998	26 468	6.00	40.84	119.97	16 730	2.83	17.09
2003	28 666	5.91	41.45	121.67	17 166	2.84	17.74
2008	30 316	5.79	41.34	121.03	17 770	2.74	17.70
2013	32 166	5.68	41.24	120.93	18 519	2.67	17.83
2018	31 960	5.49	41.44	119.07	18 976	2.57	18.08

資料は表33-11に同じ。５年に１度の調査。総数以外は１住宅あたりのデータ。持ち家と借家の計と居住世帯あり住宅の総数が合わないのは、所有関係が不詳の住宅があるため。

育て世帯や若者夫婦世帯には、住宅の省エネ化に関する費用が補助される。また、2024年度に住宅ローン減税制度が改正され、減税対象の借入限度額が減額されたが、子育て世帯や若者夫婦世帯は従来の限度額が維持されている。省エネ性能に応じて限度額に差をつけており、子育て世帯や若者夫婦世帯が良質な住宅を取得することを促進している。

第33章
国民の生活

図33-12 **住宅ローン返済世帯の返済額の推移** (二人以上勤労者世帯)

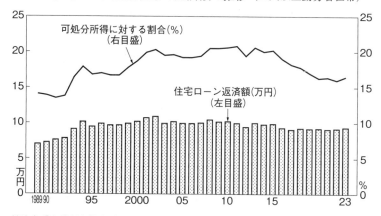

総務省「家計調査報告（家計収支編）」より作成。住宅ローン返済世帯の1世帯1か月あたりの土地家屋借金返済額。

表33-14 **住宅ローン返済世帯の家計** (2023年、1か月あたり)（単位 円)

	平均	世帯主の年間収入五分位階級別[1]				
		I	II	III	IV	V
世帯人員（人）‥	3.56	3.30	3.61	3.58	3.63	3.57
世帯主の年齢（歳）	46.6	46.3	44.6	46.0	47.1	48.5
年間収入（万円）	819	413	567	700	863	1 265
可処分所得‥‥‥	564 950	356 810	425 955	509 249	584 556	801 994
消費支出‥‥‥	334 266	232 761	258 247	299 309	347 066	459 822
黒字‥‥‥‥‥	230 684	124 050	167 707	209 939	237 490	342 172
土地家屋借金返済[2]	93 453	74 403	79 495	87 492	93 731	118 294
対可処分所得(%)	*16.5*	*20.9*	*18.7*	*17.2*	*16.0*	*14.7*
平均消費性向[3](%)	*59.2*	*65.2*	*60.6*	*58.8*	*59.4*	*57.3*

資料は図33-12に同じ。二人以上勤労者世帯。1) 年間収入の低い世帯から高い世帯へ順に並べて単純に五等分したもの。2) 住宅ローン返済。3) 可処分所得（手取り収入）に占める消費支出の割合。

〔耐久消費財〕　内閣府の消費動向調査によると、二人以上世帯での2023年のスマートフォンの世帯普及率は92.6％（前年比0.7ポイント増）で、高齢者にも広がっている。ルームエアコンは91.5％（同0.3ポイント減）で、100世帯あたり保有台数は288.8台であった。乗用車の世帯普及率は80.5％（同0.1ポイント減）で、100世帯あたり保有台数は130.2台である。

図 33-13　**耐久消費財普及率の推移**（二人以上の世帯）

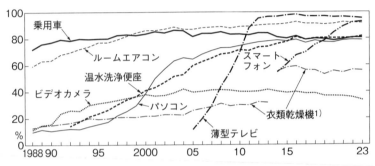

資料は表33-15に同じ。保有世帯の割合。1）2014年調査から定義が変更。以前の数値と接続しない。

表 33-15　**耐久消費財の普及率・保有台数**（2023年）（保有世帯の割合　％）

	普及率（％）				保有台数(台)
	全体	持ち家一戸建	持ち家マンション等	民営賃貸住宅	全体
温水洗浄便座・・・・	*81.7*	*87.4*	*89.4*	*55.5*	116.6
衣類乾燥機・・・・・・	*55.9*	*57.6*	*66.1*	*40.9*	70.5
食器洗い機・・・・・・	*37.1*	*43.1*	*38.3*	*10.3*	37.7
ルームエアコン・・	*91.5*	*92.5*	*94.4*	*85.4*	288.8
空気清浄機・・・・・・	*45.1*	*44.3*	*52.0*	*43.4*	65.5
薄型カラーテレビ	*95.1*	*95.8*	*95.5*	*92.0*	204.9
ブルーレイ・・・・・・	*50.3*	*50.7*	*57.2*	*43.6*	64.3
ビデオカメラ・・・・	*33.5*	*35.6*	*35.7*	*22.2*	36.5
デジタルカメラ・・	*53.1*	*55.1*	*58.4*	*39.4*	71.2
パソコン・・・・・・・・	*78.7*	*79.5*	*84.9*	*71.2*	129.1
スマートフォン・・	*92.6*	*91.6*	*95.1*	*95.7*	226.5
乗用車・・・・・・・・・	*80.5*	*87.0*	*69.4*	*63.7*	130.2

内閣府「消費動向調査」より作成。3月末現在。二人以上の世帯。約5000世帯の抽出調査のため、調査世帯の変更によってデータにばらつきが生じることがある。保有台数は100世帯あたりの台数。

〔生活時間と余暇活動〕　2021年に行われた総務省の「社会生活基本調査」は、調査時点がコロナ禍だったことを反映した結果となった。カラオケの行為者率は13.5％とコロナ禍前の2016年調査と比べて17.2ポイント減、遊園地、動植物園、水族館などの見物は19.0％で同14.8ポイント減であった。一方、スマートフォン・家庭用ゲームは42.9％で同7.1ポイント増で、巣ごもり生活になじみやすいゲームをする人が増えた。

第
33
章

国民の生活

表33-16　1日の生活時間（2021年）（単位　時間.分）

	平日			日曜日		
	行動者率（％）	行動者の平均	全体の平均	行動者率（％）	行動者の平均	全体の平均
睡眠・・・・・・・・・・	99.9	7.43	7.42	99.9	8.33	8.32
身の回りの用事・	88.5	1.34	1.23	84.0	1.43	1.27
食事・・・・・・・・・・	97.2	1.39	1.36	97.6	1.51	1.48
通勤・通学・・・・・	48.7	1.19	0.38	12.5	1.10	0.09
仕事・・・・・・・・・・	50.7	8.17	4.12	17.7	7.00	1.14
学業・・・・・・・・・・	12.3	6.36	0.49	5.2	3.34	0.11
家事・・・・・・・・・・	47.0	3.04	1.26	49.2	3.02	1.30
介護・看護・・・・・	2.4	2.08	0.03	2.1	2.11	0.03
育児・・・・・・・・・・	6.8	3.10	0.13	7.1	3.54	0.17
買い物・・・・・・・・・	28.8	1.10	0.20	40.8	1.41	0.41
移動（通勤・通学を除く）	22.4	1.20	0.18	29.4	1.45	0.31
テレビ・ラジオ・新聞・雑誌	55.8	3.33	1.59	60.2	4.26	2.40
休養・くつろぎ・	69.5	2.33	1.46	71.2	3.32	2.31
学習・訓練・・・ 1)	9.4	2.11	0.12	8.5	2.39	0.14
趣味・娯楽・・・・・	22.9	2.51	0.39	31.3	3.57	1.14
スポーツ・・・・・・・	11.5	1.36	0.11	12.3	2.14	0.17
ボランティア活動 2)	1.4	1.54	0.02	2.4	2.26	0.04
交際・付き合い・	5.7	2.14	0.08	8.7	3.06	0.16
受診・療養・・・・・	5.9	2.17	0.08	1.6	2.55	0.03
その他・不明・・・	10.9	2.08	0.14	14.3	2.22	0.20
行動分類						
1次活動・・・ 3)	100.0	10.42	10.42	100.0	11.47	11.47
2次活動・・・ 4)	91.0	8.27	7.42	77.7	5.15	4.04
3次活動・・・ 5)	94.4	5.57	5.37	96.8	8.25	8.09

総務省「社会生活基本調査」（2021年）より作成。1976年から5年ごとの調査。全国の10歳以上で1日単位の平均。全体の平均は、その行動を行っていない人も含めた平均時間。行動者の平均は該当の行動を少しでも行った人の平均時間で、行動者率は全体に占める行動者数の割合。1）学業以外。自己啓発を含む。2）社会参加活動を含む。3）睡眠や食事など生理的に必要な活動。4）仕事や家事など社会生活を営む上で義務的な性格の強い活動。5）1次活動、2次活動以外で各人が自由に使える時間における活動。

表 33-17　**余暇市場の推移**（単位　十億円）

	2018	2019	2020	2021	2022
余暇市場・・・・・・・・・・	71 914	72 307	55 204	55 760	62 823
対国内総支出（％）・・・	*12.9*	*13.0*	*10.2*	*10.1*	*11.2*
対民間最終消費支出(％)	*23.6*	*23.8*	*18.9*	*18.8*	*20.2*

日本生産性本部「レジャー白書」より作成。国内総支出および民間最終消費支出は、内閣府「国民経済計算」による名目値（2024年4月1日閲覧）を使用。

表 33-18　**余暇活動の種類別行動者率**（10歳以上）（％）

	2001	2006	2011	2016	2021
外国語学習・・・・・・・・・・・	*10.7*	*10.3*	*10.8*	*12.9*	*14.1*
商業実務・ビジネス関係学習[1]	*19.3*	*15.7*	*15.3*	*16.2*	*20.1*
芸術・文化・・・・・・・・・・	*9.5*	*11.2*	*10.0*	*11.7*	*11.2*
野球（キャッチボールを含む）	*10.8*	*8.6*	*7.1*	*7.2*	*6.3*
サッカー・フットサル・・・・	*5.8*	*6.0*	*5.6*	*6.0*	*4.7*
テニス・・・・・・・・・・・・	*6.2*	*5.6*	*4.2*	*5.0*	*3.4*
ゴルフ（練習を含む）・・・・・	*11.1*	*8.9*	*8.1*	*7.9*	*6.9*
水泳・・・・・・・・・・・・・	*19.8*	*13.8*	*10.5*	*11.0*	*5.7*
スポーツ観覧・・・・・・・・[2]	*19.4*	*21.1*	*18.6*	*21.5*	*14.5*
映画鑑賞・・・・・・・・・・[3]	*35.8*	*37.3*	*35.1*	*39.6*	*29.8*
パチンコ・・・・・・・・・・・	*15.3*	*11.8*	*10.0*	*8.5*	*6.3*
カラオケ・・・・・・・・・・・	*39.1*	*31.8*	*29.0*	*30.7*	*13.5*
ゲーム（テレビ・パソコンでの)[4]	*29.1*	*33.0*	*33.3*	*35.8*	*42.9*
遊園地、動植物園、水族館など	*…*	*34.5*	*31.5*	*33.8*	*19.0*
行楽（日帰り）・・・・・・・・・	*65.6*	*60.0*	*58.3*	*59.3*	*40.5*
国内観光旅行（1泊以上)[5]	*54.5*	*49.6*	*45.4*	*48.9*	*25.0*
海外観光旅行（1泊以上)[5]	*10.0*	*8.5*	*7.3*	*7.2*	*0.4*

総務省「社会生活基本調査（生活行動に関する結果）」より作成。行動者とは過去1年間に該当種類の活動を行った者。1）パソコンなどの情報処理関連学習を含む総数。2）テレビ・スマートフォンなどは除く。3）映画館以外での鑑賞（テレビ・DVDなど）は除く。4）家庭で行うもの。スマートフォンを含む。5）帰省や業務出張などは除く。

表 33-19　**犬と猫の推定飼育頭数**（単位　千頭）

	2018	2019	2020	2021	2022	2023
犬・・・・・・・・・・・	7 616	7 579	7 341	7 106	7 053	6 844
うち新規飼育・	360	350	416	397	426	397
猫・・・・・・・・・・・	8 849	8 764	8 628	8 946	8 837	9 069
うち新規飼育・	351	394	460	489	432	369

ペットフード協会「全国犬猫飼育実態調査」より作成。各年10月現在。20〜79歳に対する調査で、世帯飼育率と飼育世帯の平均飼育頭数から推定したもの。

〔宗教〕 日本には多種多様な宗教文化が混在し、特に神道と仏教は神仏習合の考え方により、古くから日常生活に深く結びついてきた。

多くの人々は年中行事や冠婚葬祭など人生の節目において、神社や寺院、教会等に関わりを持って生活している。日本人は自分自身を無宗教と認識する人が多いといわれているが、2023年度の文化庁の調査では、日本の宗教団体の信者総数は重複を含めて約1億6299万人となっている。

図 33-14 宗教団体と教師の系統別割合 （2022年末現在）

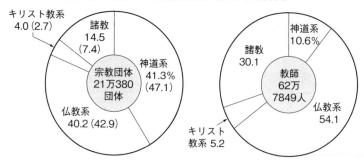

資料・注記は下表参照。宗教団体のうち（　）内のパーセントは宗教団体のうち非法人を除く宗教法人17万8946法人における割合。教師は宗教団体が決める教師資格を有している者で、それぞれ基準が異なる。外国人教師を含む。

表 33-20 全国の宗教団体数と信者数 （2022年末現在）

	宗教団体[1] （非法人） を含む	宗教法人[2]					信者[3] （万人）
		神社	寺院	教会	布教所	計	
神道系……	86 847	80 530	14	3 304	137	84 206	8 396
仏教系……	84 513	20	75 306	898	91	76 701	7 076
キリスト教系…	8 498	—	—	4 019	5	4 773	126
諸教…… [4]	30 522	58	50	12 798	41	13 266	700
総数……	210 380	80 608	75 370	21 019	274	178 946	16 299

文化庁「宗教統計調査」より作成。原則として宗教法人を対象とした統計調査であるため、非法人のみで存在する宗教団体は範囲に含まれていない。1) 宗教法人が包括する非法人宗教団体、および宗教法人を包括する非法人宗教団体などを含む。2) それぞれの名称によって分類されている。布教所は、講義所、伝道所などの名称も含む。計にはその他を含む。3) 各宗教団体が、それぞれ氏子、檀徒、教徒、信者、会員などと称するすべてを含む。定義や資格などはそれぞれの宗教団体が独自に定めている。信者の総数が日本の総人口を超えることからみて、重複してカウントされていると推測される。4) いずれの系統にも属さないと見なされるもの。

第34章　教育

　日本は教育支出の対GDP比が4.1％（2020年、表34-15）で、OECD加盟国の平均を下回る。そのうち高等教育（大学等）は平均にやや近いが、その中で私費負担の割合が比較的高く、政府支出の割合が低い。

　初等中等教育では、2019年度より通信環境の整備や児童生徒向け1人1台端末の整備による教育のICT化（GIGAスクール構想）が進んだ。一方、近年は教員の産休・育休や病休者の増加、特別支援学級の増加などで教員不足が深刻で、教育現場の疲弊や授業等への影響が懸念される。

表 34-1　学校数、在学者数、教員数 （2023年5月1日現在）

	学校数（校）	私立	在学者数（千人）	私立	教員数（本務者）（千人）	私立
幼稚園‥‥‥‥‥	8 837	6 044	841.8	739.4	85.4	71.5
幼保連携型認定こども園‥	6 982	6 034	843.3	744 9	142.3	126.6
小学校‥‥‥‥	18 980	244	6 049.7	80.1	424.3	5.6
中学校‥‥‥‥	9 944	781	3 177.5	247.6	247.5	16.0
義務教育学校‥‥	207	1	76.0	0.2	7.4	0.0
高等学校‥‥‥	4 791	1 321	2 918.5	1 013.2	223.2	62.4
中等教育学校‥‥	57	18	33.8	7.3	2.8	0.7
特別支援学校‥‥	1 178	15	151.4	0.9	87.9	0.3
専修学校‥‥‥	3 020	2 831	608.0	585.9	39.3	36.6
各種学校‥‥‥	1 015	1 010	108.2	107.8	8.5	8.5
高等専門学校‥‥	58	4	56.6	1.7	4.0	0.1
短期大学‥‥‥	303	288	86.7	81.5	6.5	6.1
大学‥‥‥‥‥	810	622	2 945.6	2 179.5	191.9	113.3
うち大学院‥‥‥	661	485	266.0	93.5	…	…

文部科学省「学校基本調査」（2023年度）より作成。

表 34-2　日本語指導が必要な児童生徒 （2021年5月1日現在）（単位　人）

	小学校	中学校	高等学校	義務教育学校	中等教育学校	特別支援学校	計
外国籍‥‥	31 189	11 280	4 292	339	66	453	47 619
日本国籍‥	7 550	2 376	516	77	86	83	10 688

文部科学省「日本語指導が必要な児童生徒の受入状況等に関する調査」より作成。

コロナ禍以降、不登校の児童生徒が急速に増えている。長期的に生活環境が変化したことや、交友関係を築くことが難しかったことが要因と考えられるが、法整備により不登校児童生徒に学校以外の多様な学びの場を保障するようになって、不登校に対する保護者などの理解が進んだことも大きい。一方、不登校の小中学生29万9千人（2022年）の38.2%にあたる11万4千人が、学校や学校以外の施設での相談や指導を受けておらず、必要な情報が届いていない可能性がある。最近は、家族の介護

表 34-3　主な初等中等教育機関の在学者数（単位　千人）

	1990	2000	2010	2020	2022	2023
幼稚園‥‥‥‥‥	2 008.0	1 773.7	1 605.9	1 078.5	923.3	841.8
学校数（校）‥‥	15 076	14 451	13 392	9 698	9 111	8 837
幼保連携型						
認定こども園‥	—	—	—	759.0	821.4	843.3
学校数（校）‥‥	—	—	—	5 847	6 657	6 982
小学校‥‥‥‥‥	9 373.3	7 366.1	6 993.4	6 300.7	6 151.3	6 049.7
学校数（校）‥‥	24 827	24 106	22 000	19 525	19 161	18 980
中学校‥‥‥‥‥	5 369.2	4 103.7	3 558.2	3 211.2	3 205.2	3 177.5
学校数（校）‥‥	11 275	11 209	10 815	10 142	10 012	9 944
義務教育学校‥‥‥	—	—	—	49.7	67.8	76.0
学校数（校）‥‥‥	—	—	—	126	178	207
高等学校‥‥‥‥‥	5 623.3	4 165.4	3 368.7	3 092.1	2 956.9	2 918.5
学校数（校）‥‥‥	5 506	5 478	5 116	4 874	4 824	4 791
中等教育学校‥‥‥	—	1.7	23.8	32.4	33.4	33.8
学校数（校）‥‥‥	—	4	48	56	57	57
特別支援学校‥‥ 1)	93.5	90.1	121.8	144.8	148.6	151.4
学校数（校）‥ 1)	947	992	1 039	1 149	1 171	1 178
（別掲）						
高等学校通信教育	167.0	181.9	187.5	206.9	238.3	265.0

資料は表34-1と同じ。各年5月1日現在。1) 2006年以前は盲・聾・養護学校の計。

表 34-4　高等学校の中途退学者（会計年度）（単位　人）

	2020	2021	2022	進路変更	経済的理由	中途退学率（%）(2022)
中途退学者数‥‥	34 965	38 928	43 401	19 055	617	1.4

文部科学省「児童生徒の問題行動・不登校等生徒指導上の諸課題に関する調査結果」(2022年度) より作成。中等教育学校後期課程を含む。

や家事などを行うヤングケアラー（442ページ）も問題となっている。

　高等教育機関への進学率は上昇し続けているが、少子化のなかで入学者の定員割れが続く大学もある。近年、社会の変化の中で社会人に求められる知識やスキルが変化しており、社会人の学び直し（リカレント教育）への取り組みが求められている。日本は社会人の大学生や大学院生等が主要国の中で少ない。2020年現在、大学や大学院、専門学校等で学

表 34-5　不登校者（会計年度）（単位　人）

	2020	2021	2022	出席日数10日未満	不登校割合（%）(2022)	長期欠席者計(2022)
小学校‥‥‥	63 350	81 498	105 112	8 029	1.70	196 676
中学校‥‥‥	132 777	163 442	193 936	23 938	5.98	263 972
高等学校‥‥	43 051	50 985	60 575	1 840	2.04	122 771

資料は表34-4に同じ。小学校には義務教育学校前期課程、中学校には義務教育学校後期課程および中等教育学校前期課程、高等学校には中等教育学校後期課程を含む。本表は30日以上登校しなかったもの。長期欠席者は不登校に加えて、病気や経済的理由、新型コロナ感染回避などによるものを含む。不登校者は近年大幅に増加している。

表 34-6　いじめの認知件数（2022年度）

	認知した学校数（校）	認知率1)（%）	認知件数（件）	1校あたり	うち警察相談・通報件数(件)	割合2)（%）
小学校‥‥‥	17 420	90.1	551 944	28.5	565	0.1
中学校‥‥‥	8 723	85.1	111 404	10.9	1 101	1.0
高等学校‥‥	3 207	57.2	15 568	2.8	322	2.1
特別支援学校	492	42.1	3 032	2.6	26	0.9
計‥‥‥‥	**29 842**	82.1	**681 948**	18.8	**2 014**	0.3

資料や各学校の調査対象は表34-5に同じ。1) 全学校数に占める割合。2) 認知した件数に対する割合。

表 34-7　暴力行為の発生状況（2022年度）

	発生学校数（校）	割合1)（%）	発生件数（件）	千人あたり	加害児童生徒数（人）	2回以上行った者
小学校‥‥‥	6 948	35.9	61 455	9.9	45 539	7 974
中学校‥‥‥	4 893	47.8	29 699	9.2	27 916	3 484
高等学校‥‥	1 778	35.5	4 272	1.3	4 954	163
計‥‥‥‥	**13 619**	39.4	**95 426**	7.5	**78 409**	**11 621**

資料や各学校の調査対象は表34-5に同じ。1)暴力行為発生学校数の全学校数に対する割合。

ぶ社会人受講者数は約41万人である。内閣府は、日本のリカレント教育をOECD諸国と比較して、柔軟性が低く労働市場のニーズに合致しておらず、賃金へのリターンといった効果に乏しいと分析している。

図 34-1　在学者数と進学率の推移

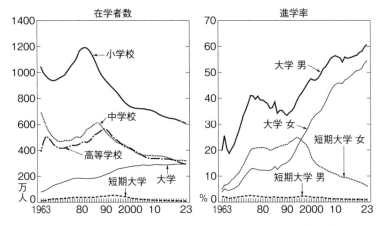

資料は表34-1に同じ。進学率は過年度高卒者等を含み、大学は学部、短期大学は本科。

表 34-8　子ども 1 人あたり年間学習費 (2021年度) (単位　千円)

	小学校		中学校		高等学校(全日制)	
	公立	私立	公立	私立	公立	私立
学校教育費‥‥‥‥	66.0	961.0	132.3	1 061.4	309.3	750.4
学校納付金‥‥‥	10.8	748.4	26.2	762.7	109.2	480.5
入学金‥‥‥ 1)	0.2	66.0	0.5	122.4	16.1	71.8
授業料‥‥‥‥	—	536.2	—	476.2	52.1	288.4
施設整備費等 2)	—	91.3	—	96.9	—	60.3
通学費‥‥‥‥‥	1.1	47.2	7.2	84.2	52.3	81.1
制服‥‥‥‥‥‥	2.7	35.9	21.3	50.7	26.1	36.1
学校給食費‥‥‥‥	39.0	45.1	37.7	7.2	—	—
学校外活動費‥‥‥	247.6	660.8	368.8	367.8	203.7	304.1
補助学習費‥‥‥	120.5	377.7	303.1	262.3	171.4	246.6
学習塾費‥‥‥	81.2	273.6	250.2	175.4	120.4	171.1
芸術文化活動‥‥	32.0	92.4	19.6	33.6	9.5	16.5
スポーツ‥‥‥ 3)	56.8	87.7	30.2	28.8	6.8	13.0
学習費総額‥‥‥‥	352.6	1 666.9	538.8	1 436.4	513.0	1 054.4

文部科学省「子供の学習費調査」(2021年度) より作成。保護者が支出した金額。1) 入学時に納付した施設整備費等や、入学検定料を含む。2) 入学時に納付したものを除く。3) レクリエーション活動を含む。

表 34-9 最終学歴が高等教育機関の人の割合（2022年）（％）

日本‥‥‥‥ 1)	56.1	イギリス‥‥‥	51.3	アメリカ合衆国	50.0
インド‥‥‥‥	12.9	イタリア‥‥‥	20.3	カナダ‥‥‥‥	62.7
韓国‥‥‥‥	52.8	スペイン‥‥‥	41.1	メキシコ‥‥‥	20.6
中国‥‥‥‥ 2)	18.5	ドイツ‥‥‥‥	32.5	ブラジル‥‥‥	21.0
トルコ‥‥‥‥	25.0	フランス‥‥‥	41.6	オーストラリア	51.5

OECD "Education at a Glance"（2023年）より作成。25〜64歳で、最終学歴が短期高等教育、学士、修士、博士の割合。1) 異なる区分を含む。2) 2020年。

表 34-10 高等教育機関の在学者数と女性割合（単位 千人）

	1990	2000	2010	2020	2022	2023
大学‥‥‥‥	2 133.4	2 740.0	2 887.4	2 915.6	2 930.8	2 945.6
男‥‥‥	1 549.2	1 747.7	1 701.8	1 621.3	1 626.8	1 631.2
女‥‥‥	584.2	992.3	1 185.6	1 294.3	1 304.0	1 314.4
女性割合（％）	27.4	36.2	41.1	44.4	44.5	44.6
学校数（校）‥	507	649	778	795	807	810
短期大学‥‥‥	479.4	327.7	155.3	107.6	94.7	86.7
男‥‥‥	40.9	34.0	17.5	13.0	11.9	11.2
女‥‥‥	438.4	293.7	137.8	94.6	82.8	75.5
女性割合（％）	91.5	89.6	88.7	88.0	87.4	87.1
学校数（校）‥	593	572	395	323	309	303
高等専門学校‥‥	52.9	56.7	59.5	57.0	56.8	56.6
男‥‥‥	48.3	46.1	50.2	45.3	44.5	43.9
女‥‥‥	4.7	10.6	9.4	11.7	12.3	12.7
女性割合（％）	8.8	18.7	15.7	20.5	21.6	22.5
学校数（校）‥	62	62	58	57	57	58

文部科学省「学校基本調査」より作成。各年5月1日現在。通信教育を除く。それぞれ大学院、専攻科、別科、その他の学生を含む。

表 34-11 外国人留学生（各年5月1日現在）（単位 人）

	2000	2010	2019	2020	2021	2022
中国‥‥‥‥‥	32 297	86 173	124 436	121 845	114 255	103 882
ベトナム‥‥‥	717	3 597	73 389	62 233	49 469	37 405
ネパール‥‥‥	…	1 829	26 308	24 002	18 825	24 257
韓国‥‥‥‥	12 851	20 202	18 338	15 785	14 247	13 701
インドネシア‥‥	1 348	2 190	6 756	6 199	5 792	5 763
（台湾）‥‥‥	4 189	5 297	9 584	7 088	4 887	5 015
スリランカ‥‥	…	777	7 240	5 238	3 762	3 857
計×‥‥‥‥	64 011	141 774	312 214	279 597	242 444	231 146
うち大学院‥‥	23 585	39 097	53 089	53 056	52 759	53 122

文部科学省「外国人留学生在籍状況調査結果」より作成。大学等の高等教育機関や専修学校（専門課程）、準備教育機関。2011年より日本語教育機関を含む。×その他とも。

表 34-12 大学院在学者数 (各年5月1日現在)(単位 人)

	2000	2010	2020	2022	2023
修士課程‥‥‥‥	142 830	173 831	160 297	166 148	168 706
男‥‥‥‥‥‥	104 945	122 432	109 364	113 420	115 292
女‥‥‥‥‥‥	37 885	51 399	50 933	52 728	53 414
博士課程‥‥‥‥	62 481	74 432	75 345	75 256	75 841
男‥‥‥‥‥‥	46 150	50 242	49 757	49 489	49 627
女‥‥‥‥‥‥	16 331	24 190	25 588	25 767	26 214
専門職学位課程‥	—	23 191	18 887	20 378	21 430
(うち法科大学院)	—	(12 879)	(4 247)	(4 374)	(4 690)
男‥‥‥‥‥‥	—	16 647	12 426	13 293	13 836
女‥‥‥‥‥‥	—	6 544	6 461	7 085	7 594
大学院計‥‥‥‥	205 311	271 454	254 529	261 782	265 977
女性割合(％)‥	26.4	30.3	32.6	32.7	32.8
うち社会人大学院生					
修士課程‥‥‥‥	15 077	20 199	18 837	17 961	18 045
博士課程‥‥‥‥	9 820	25 716	34 074	32 999	32 448
専門職学位課程‥	—	9 430	9 904	10 170	10 900
計‥‥‥‥	24 897	55 345	62 815	61 130	61 393
社会人割合(％)	12.1	20.4	24.7	23.4	23.1

資料は表34-10に同じ。表34-10大学の内数。なお、文部科学省資料によると、大学や大学院、専門学校等で学ぶ社会人受講者は全体で約41万人(2020年)、うち正規課程は28万人。

第34章 教育

表 34-13 大学通信教育の在学者数 (2023年5月1日現在)(単位 人)

	大学	正規の課程	大学院	正規の課程	修士	博士	専門職学位
通信教育‥‥	223 792	184 499	8 155	4 602	7 058	247	850
男‥‥‥‥	100 689	84 418	4 918	2 770	4 089	136	693
女‥‥‥‥	123 103	100 081	3 237	1 832	2 969	111	157

資料は表34-10に同じ。正規の過程のほか、聴講生などを含む。

表 34-14 大学・大学院への25歳、30歳以上入学者割合 (2021年)(％)

		日本	韓国	アメリカ合衆国	イギリス	ドイツ	フランス
学士(25歳以上)		0.4	9.9	24.8	*19.6	38.1	9.5
修士(30歳以上)	1)	11.2	49.4	42.4	*35.9	19.5	10.3
博士(30歳以上)		41.1	61.0	56.4	*43.6	*59.2	36.1

OECD STAT (2024年4月5日閲覧)および文部科学省「学校基本調査」より作成。日本は通信課程への入学者を含んでいない。これを含むと、2018年で25歳以上の学士課程が2.5％、30歳以上の修士課程が13.2％、30歳以上の博士課程が43.8％となる(文部科学省資料)。*原資料ではわずかに年齢不明があり、これを除いて算出。1) 専門職学位を含む。

表 34-15　主要国の教育支出の対GDP比（2020年）（%）

	初等中等教育	私費負担	高等教育	私費負担	全教育支出	私費負担
日本・・・・・・・・	2.68	0.19	1.38	0.89	4.06	1.08
韓国・・・・・・・・	3.52	0.19	1.56	0.88	5.07	1.07
イギリス・・・・・・	4.25	0.55	2.06	1.48	6.31	2.03
ドイツ・・・・・・・	3.26	0.35	1.34	0.21	4.60	0.56
フランス・・・・・・	3.86	0.33	1.61	0.41	5.47	0.74
アメリカ合衆国	3.57	0.28	2.52	1.57	6.09	1.85
OECD平均・・・・	3.60	0.31	1.50	0.50	5.10	0.81

OECD "Education at Glance"（2023年）より作成。日本は教育費の対GDP比が低いが、特に政府支出が少なく、高等教育における私費負担は大きい。

表 34-16　日本からの海外留学者数（単位　人）

	2000	2010	2015	2019	2020	2021
海外機関等把握分	76 464	58 060	54 676	61 989	42 709	・・・
アメリカ合衆国	46 497	21 290	19 060	17 554	11 785	・・・
中国・・・・・・・・	13 806	16 808	14 085	15 913	7 346	・・・
（台湾）・・・・・・・	・・・	2 302	6 319	11 064	5 116	・・・
国内大学等把握分	・・・	42 320	84 456	107 346	1 487	10 999
アメリカ合衆国	・・・	10 133	18 676	18 138	240	3 603
韓国・・・・・・・・	・・・	3 153	4 657	7 235	265	1 209
カナダ・・・・・・・	・・・	4 840	8 189	9 324	189	1 189

海外機関等把握分は文部科学省資料により、文部科学省がOECDやユネスコ等の統計を元に海外機関が把握した日本人の海外留学者数（主に長期留学）を集計したもの。留学期間１年未満や、在学を必要としない交換留学プログラムの学生で計上されていない者がいる。2013年より、高等教育機関に在籍する者を集計。**国内大学等把握分**は日本学生支援機構「日本人学生留学状況調査」により、交換留学など国内大学等と外国の大学等との学生交流に関する協定の者や、国内大学等が把握した分。各年５月１日現在。

ヤングケアラー　ヤングケアラーは、本来は大人が担うと想定される家事や家族の世話を、日常的に行う子どもを指す。一般的なお手伝いと異なり、負担や責任が子どもに重くのしかかり、学業や友人関係、就職活動に影響するケースがみられる。しかし、本人や保護者が当たり前と思っている場合や、家庭内のデリケートな問題を含むために相談しづらい場合が多く、表面化しにくい。

　厚生労働省・文部科学省による2020、21年調査によると、世話をしている家族が「いる」と回答した人の割合は、小学６年生が6.5％、中学２年生が5.7％、全日制高校２年生が4.1％、大学３年生が6.2％であった。ほぼ毎日世話をしている子どもが多く、世話をしている中学２年生の9.1％、全日制高校２年生の11.4％が、自分のみで世話をしていると回答している。

表 34-17 社会教育施設（3 年に一度の調査）

	施設数（施設）(各年10月1日現在)			利用者数（千人）(会計年度)		
	2015	2018	2021	2014	2017	2020
公民館‥‥‥‥ 1)	14 841	14 281	13 798	193 464	183 513	110 203
図書館‥‥‥‥ 2)	3 331	3 360	3 394	181 364	177 899	142 490
博物館‥‥‥‥ 1)3)	5 690	5 738	5 771	279 996	303 069	139 704
青少年教育施設‥	941	891	840	20 058	19 729	7 553
女性教育施設‥‥	367	358	358	9 716	11 310	4 302
社会体育施設‥‥	47 536	46 981	45 658	501 557	526 725	280 631
民間体育施設‥‥	14 987	16 397	29 821	123 630	107 939	179 328
劇場、音楽堂等 4)	1 851	1 827	1 832	…	…	…
生涯学習センター	449	478	496	26 218	27 290	11 698

文部科学省「社会教育調査」より作成。1) 類似施設を含む。2) 同種施設を含む。利用者数は図書の帯出者数。3) 利用者数は入館者数。4) 利用者数は公演の入場者数。

表 34-18 社会教育施設等での学級・講座の受講者数（単位 千人）

	2017	2020		2017	2020
教育委員会‥‥‥1)	5 679	1 932	女性教育施設‥‥	345	149
首長部局‥‥‥‥1)	8 680	3 155	劇場、音楽堂等‥	1 086	600
公民館‥‥‥‥‥2)	9 518	3 897	生涯学習センター	740	267
博物館‥‥‥‥‥2)	5 242	1 662			
青少年教育施設‥	951	223	計‥‥‥‥‥‥	32 241	11 886

資料は上表に同じ。会計年度。本表の受講者数は、上表の利用者数には含まれていない。コロナ禍の影響で2020年度は受講者数が減少している。**教育委員会**は、政治的中立性や安定性の確保などのため、首長（都道府県知事や市区町村長）から独立した合議制の執行機関で、教育や文化、スポーツ、生涯学習等の幅広い施策を担う。**首長部局**は教育委員会と異なり首長に属するもの。1) 都道府県・市町村。2) 類似施設を含む。

参考 大学公開講座の受講者数は2019年度で1176千人で、2016年度の1339千人から減少している（文部科学省資料、一部推測値を含む）。

表 34-19 学習塾、教養・技能教授業（2021年）（個人経営を除く）

	企業等数1)	売上（収入）金額（億円）		企業等数1)	売上（収入）金額（億円）
学習塾‥‥‥‥	5 952	11 373	そろばん‥‥‥	138	43
教養・技能教授	11 136	11 748	外国語会話‥‥‥	1 250	1 930
音楽‥‥‥‥	904	750	スポーツ・健康	4 332	3 548
書道‥‥‥‥	159	44	(参考)学校教育‥	9 882	138 680
生花・茶道	92	57	うち高等教育機関	817	104 948

総務省「経済構造実態調査」（2022年）より作成。企業に対する調査。公務を除く。1) 2022年6月1日現在。

第34章 教育

第35章　社会保障・社会福祉

〔社会保障〕　社会保障制度は、国民の生活や健康を支える仕組みである。医療保険や年金などの社会保険、生活に困難を抱える人々を支える社会福祉、生活保護などの公的扶助、保健医療・公衆衛生からなる。

　社会保障にかかる費用は、高齢化に伴い、急速に増加している。国立社会保障・人口問題研究所によると、2021年度の社会保障給付費は138.7兆円で、集計開始以来最高額であった。社会保障給付費の財源は、

表 35-1　**社会保障給付費**（会計年度）（単位　億円）

	1990	2000	2010	2020	2021
医療・・・・・・・・・・・	186 254	266 062	336 453	427 193	474 205
年金・・・・・・・・・・・	237 772	405 367	522 286	556 336	558 151
福祉その他・・・・・・	50 212	112 646	194 921	338 621	355 076
介護対策・・・・・・	…	32 806	75 082	114 163	112 117
計・・・・・・・・・・・	**474 238**	**784 075**	**1 053 660**	**1 322 149**	**1 387 433**
対GDP比（％）	*10.5*	*14.6*	*20.9*	*24.6*	*25.2*
1人あたり（千円）	383.7	617.7	822.8	1 048.1	1 105.5

国立社会保障・人口問題研究所「社会保障費用統計」（2021年度）より作成。

表 35-2　**政策分野別社会支出**（2021年度）

	億円	対GDP比（％）		億円	対GDP比（％）
高齢・・・・・・・・	487 809	*8.9*	労働市場・・ [2]	32 186	*0.6*
遺族・・・・・・・・	63 344	*1.2*	失業・・・・・・・・	13 015	*0.2*
障害、傷病 [1]	66 818	*1.2*	住宅・・・・・・・・	6 349	*0.1*
保健・・・・・・・・	605 208	*11.0*	計×・・・・・・	**1 429 802**	*26.0*
家族・・・・・・・・	135 363	*2.5*			

資料は表35-1に同じ。社会支出は表35-1に示した社会保障給付のほか、施設整備費等を含む。1）業務災害を含む。2）職業訓練などの積極的労働市場政策。×その他とも。

表 35-3　**主要国の社会支出の対GDP比**（2021年度）（％）

日本・・・・・・・・・	26.0	イギリス・・・・ [1]	22.5	フランス・・・・ [1]	35.6
アメリカ合衆国[1]	29.7	ドイツ・・・・・・ [2]	28.2	スウェーデン [2]	25.5

資料は表35-1に同じ。1）2020年度。2）2019年度。

被保険者と事業主からの保険料、税金などの公費、資産収入などである。保険料や税金などの負担は、15〜64歳の現役世代に偏っており、少子高齢化によって、今後さらに偏りが大きくなるとみられる。政府は、社会保障制度を持続可能なものにするため、改革を実施している。2023年12月に発表された「全世代型社会保障構築を目指す改革の道筋」には、年齢に関わらず、所得に応じて負担を増やすための案が複数盛り込まれた。

図 35-1　部門別社会保障給付費の推移（会計年度）

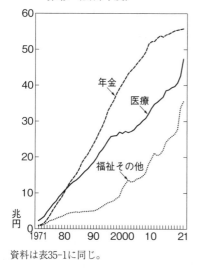

資料は表35-1に同じ。

図 35-2　所得再分配による所得階級別世帯分布（2021年）

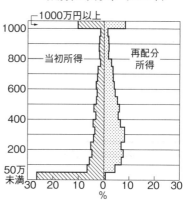

厚生労働省「所得再分配調査報告書」（2021年）より作成。税と社会保障による所得の再分配の動向。50万円ごとの所得階級別割合。

第35章　社会保障・社会福祉

表 35-4　社会保障の財源（会計年度）（単位　億円）

	1990	2000	2010	2020	2021	％
社会保険料‥‥	395 154	549 637	584 822	735 410	755 227	46.2
被保険者拠出	184 966	266 560	303 291	387 032	397 852	24.3
事業主拠出‥	210 188	283 077	281 530	348 378	357 375	21.9
公費負担‥‥‥	161 908	251 644	407 983	588 631	661 080	40.4
国庫負担‥‥	134 936	198 006	295 287	409 129	478 337	29.3
他の公費負担	26 972	53 638	112 697	179 502	182 743	11.2
資産収入‥‥‥	83 580	64 976	8 388	439 400	144 605	8.8
その他‥‥‥‥	12 443	25 155	95 594	83 823	73 477	4.5
計‥‥‥‥‥	653 086	891 411	1 096 787	1 847 264	1 634 389	100.0

資料は表35-1に同じ。資産収入は公的年金制度等における運用実績により変動する。

〔医療保険〕　日本では全国民が医療保険に加入し、少ない自己負担で医療を受けることができる。窓口での負担割合は、70歳未満が3割（未就学児は2割）、70〜74歳が2割（現役並み所得者は3割）である。

図 35-3　国民医療費（会計年度）

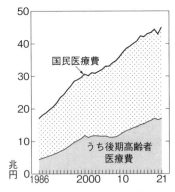

資料は下表に同じ。462ページ参照。

75歳以上は後期高齢者医療制度に加入し、窓口負担1割（一定以上所得者は2割、現役並み所得者は3割）で医療を受けられる。財源の約4割は現役世代による負担で、負担抑制のため、制度の見直しが進んでいる。2024年度からは、現役世代の負担増に合わせて保険料を増やす仕組みの導入などが決まり、一部の後期高齢者の保険料が引き上げられた。

表 35-5　医療保障適用人口（2021年度末現在）（単位　千人）

	被用者	被扶養者	計	総人口比（％）
被用者保険・・・・・・・・・・・ 1)	46 319	31 148	77 467	61.94
全国健康保険協会管掌　健康保険・・・・・・・・ 2)	25 072	15 193	40 265	32.19
組合管掌健康保険・・・ 3)	16 411	11 971	28 382	22.69
共済組合・・・・・・・・・・・ 4)	4 767	3 923	8 690	6.95
国民健康保険・・・・・・・・・・・	28 051	—	28 051	22.43
市町村国民健康保険・・・	25 369	—	25 369	20.28
国民健康保険組合・・・ 5)	2 683	—	2 683	2.14
後期高齢者医療制度・・・ 6)	18 434	—	18 434	14.74
医療保険適用者計・・・・	92 803	31 148	123 952	99.10
生活保護法適用者・・・・・・	—	—	2 036	1.63

厚生労働省「医療保険に関する基礎資料」（2021年度）より作成。日本ではすべての人が医療保障の適用を受ける（国民皆保険）。総人口比は2022年4月1日現在の人口推計による総人口に対する割合。統計の不突合により、医療保険と生活保護法の適用者合計が人口と一致しない。1) 内訳に示したもののほか、船員保険や、臨時雇用・短期雇用者が被保険者のものがある。2) 通称、協会けんぽ。以前は国（社会保険庁）が保険者で、政府管掌健康保険と呼ばれていた。3) 大企業単独や、同業同種で共同設立するものもある。4) 国家公務員共済組合連合会、地方職員共済組合、日本私立学校振興・共済事業。5) 医師、薬剤師や建設業など特定の従事者で組織される国民健康保険の組合。6) 75歳以上が対象。

〔公的年金〕　公的年金は、社会保険の一つで、あらかじめ保険料を納めることで、老後や万一の場合に給付を受けられる制度である。公的年金には、20歳以上60歳未満の全国民が加入する。給付の種類には、老後に受け取れる老齢年金、病気やけがによって生活や仕事に支障がある場合に受け取れる障害年金、年金の被保険者が亡くなった際に、その者によって生計を維持されていた遺族が受け取れる遺族年金などがある。

　現在の日本の年金制度は、いわゆる「2階建て」の公的年金に、私的年金を加えた「3階建て」の構造になっている（図35-4）。1階部分の国民年金には全員が加入する。2階部分の厚生年金保険には、会社員や公務員等が加入する。3階部分の私的年金は、公的年金とは別に保険料

図 35-4　年金制度の仕組み

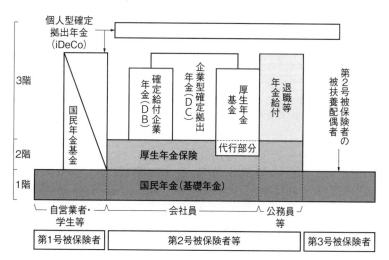

厚生労働省資料より作成。日本の年金制度は、いわゆる「3階建て」になっている。1階部分は**国民年金**で、現役世代全員が加入し、将来老齢基礎年金を受ける。加えて、会社員や公務員などは、2階部分の**厚生年金**や共済（2015年10月に厚生年金に統一）に加入し、追加の給付を受ける。また、希望者は3階部分の**私的年金**に加入し、さらに上乗せの給付を受けられる。**確定給付企業年金（DB）**は、事業主が運用し、あらかじめ給付額が定められている年金制度。**確定拠出年金（DC）**は、加入者自らが運用し、拠出額とその運用収益との合計額を基に給付額が決まる制度。企業型と個人型（iDeCo）がある。**厚生年金基金**は、企業が厚生年金の給付の一部を代行するとともに、実情に応じた上乗せ給付を行う制度。2014年4月以降は新規設立が廃止された。**国民年金基金**は、国民年金第1号の被保険者が任意加入できる制度。**退職等年金給付**は、2015年9月まで公務員の年金の3階部分であった職域加算に代わって導入された制度。

を納める代わりに、公的年金に上乗せして給付を受けられる仕組みである。公的年金の被保険者の種類には、国民年金のみに加入する第 1 号被保険者、国民年金と厚生年金保険に加入する第 2 号被保険者、第 2 号被保険者に扶養される配偶者である第 3 号被保険者がある（表35-6）。

表 35-6　公的年金の被保険者（加入者）（会計年度末現在）（単位　千人）

	国民年金第 1 号	国民年金第 2 号等1)	厚生年金第 1 号	厚生年金第 2 ～ 4 号	国民年金第 3 号	加入者総数	総人口比（%）
2010	19 382	38 829	34 411	4 418	10 046	68 258	*53.4*
2020	14 495	45 134	40 472	4 662	7 930	67 558	*53.7*
2021	14 312	45 354	40 645	4 709	7 627	67 293	*53.8*
2022	14 047	46 179	41 569	4 610	7 212	67 438	*54.1*

厚生労働省「厚生年金保険・国民年金事業年報」より作成。総人口比は、翌年度 4 月 1 日現在の推計人口に対する割合。日本に住む20歳以上60歳未満の者は、全員**国民年金**に加入し、将来老齢基礎年金を受ける。**国民年金第 1 号**は自営業者や学生など。**国民年金第 2 号**は会社員や公務員など、厚生年金や共済（2015年10月に厚生年金に統一）の加入者。これらは国民年金の上乗せ部分となる。なお、厚生年金第 1 号は民間企業の会社員など、第 2 ～ 4 号は国家、地方公務員や私立学校の教職員。**国民年金第 3 号**は第 2 号被保険者に扶養される20歳以上60歳未満の配偶者。1) 国民年金第 2 号のほか、65歳以上で老齢又は退職を支給事由とする年金給付の受給権者を含む。

表 35-7　公的年金受給者数と受給者の年金総額（会計年度末現在）

		国民年金	厚生年金保険		福祉年金	計1)	実受給権者
			第 1 号	第 2 ～ 4 号			
受給者（千人）	2010	28 343	29 433	4 101	5	61 882	37 962
	2020	35 961	35 815	4 876	0	76 652	40 507
	2021	36 142	35 878	4 957	0	76 977	40 226
	2022	36 164	35 981	4 940	0	77 086	39 755
年金額（億円）	2010	185 352	258 761	67 199	21	511 332	*(14.0)*
	2020	243 212	255 715	61 151	0	560 078	*(14.9)*
	2021	244 997	254 996	60 681	0	560 674	*(14.2)*
	2022	244 936	253 087	59 188	0	557 211	*(13.6)*

資料および注記は表35-6に同じ。年金額は、各年度末現在の受給者で決定済の年金額（年額）合計。一部支給停止分を含む。福祉年金は国民年金制度が発足した1961年当時ですでに高齢で、拠出年金を受けるための受給資格期間を満たせない人を救済するための制度。年金額計のカッコ内は、国民所得に占める年金総額の割合。1) 受給者計は重複を含む。

　老齢年金は、65歳以上になると受け取ることができるが、給付額は保険料の納付額に応じて異なる。2022年度の平均年金月額は、国民年金のみの受給者が5.6万円、国民年金と厚生年金保険の受給者が14.5万円であった。老齢年金は繰上げ・繰下げ受給が可能で、65歳より後に受給を開始することで、年金月額を増額することができる。

　年金の給付水準は、物価や人口構造の変化、平均寿命の延びなどによって変わる。老後の所得確保の手段として、３階部分の私的年金制度の整備が進んでいる。個人型確定拠出年金（iDeCo）は、2023年に加入者数が300万人を超えたほか、加入可能年齢の引き上げも検討されている。

表 35-8　公的年金受給者の平均年金月額　（会計年度末現在）（単位　円）

	厚生年金保険 （第１号）[1]		国民年金[2]	
	2021	2022	2021	2022
老齢年金・・・・・・・・・・・・・・・	145 665	144 982	56 479	56 428
基礎または定額あり・[3]	150 548	149 216	—	—
基礎および定額なし・・・	68 618	69 612	—	—
通算老齢年金・25年未満・	63 308	63 538	19 398	19 495
障害年金・・・・・・・・・・・・・・	102 368	101 456	71 868	71 499
遺族年金・・・・・・・・・・・・・・	82 371	81 540	84 349	84 352

資料は表35-6に同じ。1) 新法老齢厚生年金のうち、旧法の老齢年金に相当するものは「老齢年金」に、それ以外のものは「通算老齢年金・25年未満」に計上。2) 新法基礎年金について、老齢基礎年金の受給資格期間を原則として25年以上有するものは「老齢年金」に、それ以外のものは「通算老齢年金・25年未満」に計上。なお、公的年金を受け取るのに必要な受給資格期間は、2017年に25年から10年に短縮された。3) 老齢基礎年金または特別支給の老齢厚生年金の定額部分を受給している者。

（参考）私的年金加入者数（単位　千人）

確定給付企業年金（DB）・[1]	9 289	国民年金第２号加入者	2 753
確定拠出年金（DC）		国民年金第３号加入者	141
企業型・・・・・・・・・・・・・・[2]	8 054	国民年金任意加入者・[4]	8
個人型（iDeCo）・・・・・・[3]	3 248	厚生年金基金・・・・・・・・・・[5]	122
国民年金第１号加入者	345	国民年金基金・・・・・・・・・・[6]	335

厚生労働省資料および国民年金基金連合会資料より作成。1) 2021年度。事業年度末日が2021年度中のもの。運用方法が生命保険一般勘定に限定され、積立不足の生じない設計となっている受託保証型を除く。2) 2023年3月末現在。運営管理機関連絡協議会「確定拠出年金統計資料」による。3) 2024年2月末現在。4) 海外に居住している者や、納付期間が短く年金を満額受給できない者などで、国民年金に任意加入している者。5) 2022年度。厚生年金基金より提出された決算書に基づく。6) 2022年度末現在。

〔高齢者福祉〕　高齢者を支える制度には、医療保険や年金などのほか、2000年から始まった介護保険制度がある。介護保険には40歳以上が加入し、64歳までは第2号被保険者、65歳からは第1号被保険者となる。第2号被保険者は特定の疾病において、第1号被保険者は原因を問わず、要支援・要介護認定を受けた場合に、自己負担1割（一定所得以上の場合は2割または3割）で介護サービスを受けられる。介護サービスには、

表35-9　介護保険の要介護認定とサービス受給者 （2021年度）（単位　千人）

	要介護 要支援 認定者数	居宅介護 サービス 受給者数[1]	地域 密着型 サービス 受給者数[1]	施設介護 サービス 受給者数	介護老人 福祉施設	介護老人 保健施設
要支援1・	974.3	326.4	5.3	0.0	0.0	0.0
要支援2・	951.7	493.1	8.0	0.0	—	0.0
要介護1・	1 429.4	1 077.0	262.2	50.1	5.8	43.3
要介護2・	1 162.1	926.0	228.1	85.6	17.3	66.5
要介護3・	917.9	567.2	176.2	236.2	147.5	84.6
要介護4・	874.3	410.2	127.2	340.3	226.0	96.4
要介護5・	586.0	245.4	80.4	246.3	166.7	57.1
総数・・・	6 895.7	4 045.4	887.5	958.5	563.4	347.9

厚生労働省「介護保険事業状況報告」(2021年度) より作成。認定者数は2021年度末現在で、65歳未満を含む。65歳以上認定者は6766千人で、65歳以上介護保険被保険者全体（35887千人）の18.9％。受給者数は、2021年3月から翌年2月サービス分の1か月平均。
居宅介護サービスは、訪問介護や通所介護、短期入所介護など、要介護・要支援者が基本的に居宅で受けるサービスで、都道府県が指定・監督を行う。**地域密着型サービス**は、市町村が指定・監督を行う比較的小規模のもので、訪問介護などのほか、入所定員が29人以下の特別養護老人ホーム（地域密着型介護老人福祉施設）を含む。**施設介護サービス**は、介護保険施設（表35-12参照）でのサービス受給者。1) 介護予防サービスを含む。

表35-10　介護保険給付費 （単位　億円）

	2000[1]	2010[2]	2015	2020	2021	″ 費用額
居宅サービス・・・	10 956	35 456	46 874	47 872	49 604	55 280
地域密着型サービス	—	6 240	10 105	16 459	16 925	19 001
施設サービス・・・	21 336	26 700	28 483	31 629	31 938	35 745
計×・・・・・・・・	32 427	72 536	90 976	102 311	104 317	112 838

資料は表35-9に同じ。各年3月から翌年2月まで。給付額は費用額から自己負担分を除いたもの。**介護保険**の財源は、40歳以上の人からの保険料（事業主負担を含む）が50％、国や地方自治体による公費負担が50％。1）4月サービス分から翌年2月までで、ほかの年次より集計期間が1か月短い。2)東日本大震災の影響で、福島県内の5町1村を含まず。×高額介護サービス費、高額医療合算介護サービス費、特定入所者介護サービス費を含む。

都道府県や政令市・中核市が指定・監督を行うものと、市町村が指定・監督を行う地域密着型サービスがある（表35-9参照）。

　介護ニーズは年々高まり、人手不足が深刻となっている。職員の処遇改善のほか、外国人材の受け入れや、ICT（情報通信技術）による生産性の向上など、サービスを維持するための取り組みが進められている。

表 35-11　居宅介護サービスの利用者数 (2021年9月中) (単位　千人)

	介護	介護予防		介護	介護予防
訪問介護・・・・・・・	1 180.4	—	短期入所生活介護2)	290.2	7.7
訪問入浴介護・・・	70.2	0.4	短期入所療養介護1)	39.5	0.8
訪問看護			特定施設入居者		
ステーション	944.5	100.4	生活介護・・・ 3)	220.7	33.0
通所介護・・・・・・・	1 251.1	—	福祉用具貸与・・・	2 204.0	678.8
通所リハビリ・ 1)	405.7	165.7	居宅介護支援・・・	2 794.4	1 169.5

厚生労働省「介護サービス施設・事業所調査」(2021年) より作成。2022年は、多くのサービスの利用者数が公表されておらず、本表では21年のデータを掲載。1)介護老人保健施設、介護医療院、医療施設の合計。2) 空床利用型を含まない。3) 2021年9月末現在。
(参考) 地域密着型介護サービスでの介護利用者数は、通所介護（地域密着型）が446.4千人、同（認知症対応型）52.6千人、小規模多機能型居宅介護102.2千人、認知症対応型共同生活介護208.4千人など。

表 35-12　介護保険施設の概況 (2022年10月1日現在)

	施設数（施設）	定員（千人）	在所者数1)（千人）	平均1)要介護度	常勤換算従事者数1)（千人）
介護老人福祉施設・ 2)	8 494	592.8	561.4	3.95	385.0
介護老人保健施設・ 3)	4 273	370.7	325.2	3.16	225.7
介護医療院・・・・・・ 4)	730	43.8	40.4	4.20	27.6
介護療養型医療施設5)	300	9.0	6.6	4.33	7.1

厚生労働省「介護サービス施設・事業所調査」(2022年) より作成。施設数、定員数は全数調査。**介護保険施設**は介護保険法による都道府県知事の認可を受けた施設。1) 2022年9月末日の状況。2) 定員30人以上の特別養護老人ホーム。3) 老健施設。リハビリ等で在宅復帰を目指す。4) 医療の必要な要介護者の長期療養・生活施設。5) 長期療養を必要とする患者を入院させる医療施設。定員は介護指定病床数。2023年度末に廃止された。
(参考) 地域密着型介護サービスに含まれる地域密着型介護老人福祉施設（入所定員30人未満の特別養護老人ホーム）は、9月末日現在の在所者数が63.1千人。
(参考) 介護保険施設に含まれない老人福祉施設では、2022年10月1日現在の在所者数が、養護老人ホームで53.0千人、軽費老人ホーム87.0千人（うちケアハウス74.9千人）。有料老人ホーム（サービス付き高齢者向け住宅以外）は546.2千人、有料老人ホームのうちサービス付き高齢者向け住宅は在所者数が公表されていないが、定員数が210.9千人（厚生労働省「社会福祉施設等調査」(2022年) による）。

〔児童福祉〕　少子化と人口減少が進む中、子どもや子育て世帯への支援は、最も重要な政策の一つとされている。これまで、幼児教育・保育の無償化、低所得世帯を対象とした高等教育の無償化、育休制度の拡充など、さまざまな取り組みが実施されたが、未だに少子化は止まらない。

2023年12月に、新たな少子化対策である「こども未来戦略」が発表された。戦略の中では、「若い世代の所得向上」「社会の構造・意識改革」「全ての子どもや子育て世帯への切れ目ない支援」の３つを軸に、子育て政策を強化することが示されている。2024年度からの３年間は、児童手当の拡充、多子世帯を対象とする大学授業料の無償化など、「加速化プラン」と称した政策が集中して行われる。さらに、少子化対策に充てる費用を国民から徴収する「支援金」の導入も決まっている。

表 35-13　児童手当の概況（会計年度）

	受給者[1] （千人）		支給対象児童[1] （千人）		支給額 （億円）	
	2021	2022	2021	2022	2021	2022
一般受給資格者・	9 602	8 921	15 872	14 733	19 905	19 135
児童手当・・・・・	8 575	8 354	14 247	13 855	18 945	18 477
特例給付・・・・・	1 027	566	1 625	878	960	658
施設等受給資格者[2]	6	6	35	34	42	41
計・・・・・・・・	9 608	8 927	15 907	14 767	19 946	19 176

こども家庭庁「児童手当事業年報」（2022年度）より作成。**児童手当**は、子どもを育てる人が受けられる給付。子ども１人あたりの給付月額は、３歳未満は１万５千円、３歳～小学校修了前は１万円（第３子以降は１万５千円）、中学生は１万円。受給には所得制限が設けられ（前年の所得額と扶養親族等の数で設定される）、一定所得以上の場合は支給額が一律で月額５千円になり、さらに一定所得以上の場合は支給されない。なお、2023年に児童手当の拡充が決定し、2024年10月からは所得制限が撤廃されるほか、支給要件が変更になる（454ページの解説参照）。1）各年度２月末現在。2）児童養護施設や里親など。

表 35-14　児童扶養手当受給者数（会計年度末現在）（単位　千人）

	2021	2022		2021	2022
母子世帯・・・・・・・・	782	750	父子世帯・・・・・・・・	42	39
離婚・・・・・・・・・・	670	640	離婚・・・・・・・・・・	37	34
未婚の母子世帯・	100	98	総数×・・・・・・・・	855	818

厚生労働省「福祉行政報告例」（2022年度）より作成。ひとり親世帯等の児童について手当を支給するもの。2010年８月より父子家庭も支給対象となった。×その他とも。

図 35-5　**育児休業取得率の推移**（各年10月 1 日現在）

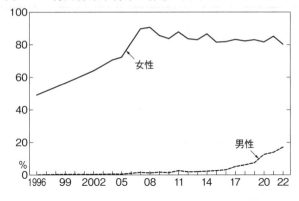

厚生労働省「雇用均等基本調査」より作成。前々年10月から前年 9 月までの 1 年間で、本人または配偶者が出産した者のうち、育休開始者の割合。2007年より前は隔年または 3 年毎の調査。2011年は岩手県、宮城県、福島県を除いた割合。

表 35-15　**保育所等の概況**（各年 4 月 1 日時点）

	2005	2010	2015	2020	2022	2023
保育所等数(か所)	22 570	23 069	28 783	37 652	39 244	39 589
うち保育所 ・・・・			23 533	23 759	23 899	23 806
定員（千人）・・・・	2 053	2 158	2 507	2 967	3 044	3 051
うち保育所 ・・・・			2 263	2 219	2 199	2 169
利用児童数(千人)	1 994	2 080	2 374	2 737	2 730	2 717
うち保育所 ・・・・			2 159	2 039	1 961	1 918
利用率（％）・・・ 1)	*28.9*	*32.2*	*37.9*	*47.7*	*50.9*	*52.4*
待機児童数(千人)	23.3	26.3	23.2	12.4	2.9	2.7

こども家庭庁「保育所等関連状況取りまとめ」より作成。2010年以前は保育所のみ。保育所等は、保育所のほか幼保連携型認定こども園、幼稚園型認定こども園等や特定地域型保育事業。これらは、2015年度より子ども・子育て支援新制度が本格施行され、新たに位置づけられた。1）未就学児数に対する保育所等（2010年以前は保育所）利用児童の割合。

表 35-16　**放課後児童クラブ利用者数**

	2005	2010	2015	2020	2022	2023
クラブ数(か所)・	15 184	19 946	22 608	26 625	26 683	25 807
支援の単位数・ 1)	—	—	26 528	34 577	36 209	37 034
登録児童数(千人)	655	814	1 025	1 311	1 392	1 457
待機児童数(千人)	11.4	8.0	16.9	16.0	15.2	16.3

こども家庭庁「放課後児童健全育成事業（放課後児童クラブ）の実施状況」(2023年) より作成。各年 5 月 1 日（2020年のみ 7 月 1 日）現在。本表における待機児童数は、放課後児童クラブを利用できなかった児童数。2023年のクラブ数減少は、それまで支援の単位数をクラブ数として報告していた自治体が是正を図ったことが大きな要因とされる。1）支援の単位とは、2015年度から導入された、クラブ活動を行う児童集団の規模を示す基準。1 単位につき児童数がおおむね40人以下、支援員が 2 人以上と規定されている。

第35章　社会保障・社会福祉

表 35-17　児童養護施設等在所者数 (2022年10月1日現在) (単位　千人)

児童養護施設‥‥‥‥‥	23.5	児童心理治療施設‥‥‥‥	1.4
障害児入所施設(福祉型)‥	6.0	児童自立支援施設‥‥‥‥	1.1
〃　　(医療型)‥	7.8	乳児院‥‥‥‥‥‥‥‥‥	2.6
児童発達支援センター(福祉型)	40.5	母子生活支援施設‥‥‥‥	7.3
〃　　(医療型)	1.6		

厚生労働省「社会福祉施設等調査」(2022年) より作成。2022年9月末日の在所者が対象。18歳以上を含む。母子生活支援施設の在所者数は世帯人員数。

表 35-18　児童相談所における相談の種類別対応件数 (単位　千件)

	養護相談[1]	障害相談	育成相談[2]	非行相談	保健相談	総数×
2010[3]	101.3	181.1	51.0	17.3	2.6	373.5
2020	281.0	162.4	38.9	10.6	1.3	527.3
2021	283.0	203.6	41.5	10.7	1.4	572.0

厚生労働省「福祉行政報告例」より作成。同調査では、児童福祉関係の一部の統計で、自治体による報告が記入要領通りでなかった可能性があり、編集時点で厚生労働省が調査している。会計年度。1) 虐待や養育困難に関する相談など。2) 不登校や性格、しつけに関する相談など。3) 東日本大震災の影響により福島県を除く。×その他の相談を含む。

表 35-19　児童虐待相談対応件数とその対応 (会計年度) (単位　千件)

	身体的虐待	ネグレクト	心理的虐待	総数×	一時保護[1]	施設入所等[2]
2010[3]	21.6	18.4	15.1	56.4	12.7	4.4
2020	50.0	31.4	121.3	205.0	27.4	4.3
2021	49.2	31.4	124.7	207.7	27.3	4.4

資料・注記は表35-18に同じ。一時保護と施設入所等は集計が異なり、施設入所は一時保護の内数ではない。1) 所内一時保護と委託一時保護の計。2) 児童福祉施設への入所・通所と里親委託の計。3) 東日本大震災の影響により福島県を除く。×性的虐待を含む。

児童手当の拡充が決定

　1972年に始まった児童手当制度 (表35-13参照) は、支給額や支給対象などの要件が度々改正されてきた。2023年12月に発表された「こども未来戦略」では、少子化対策の一つとして、児童手当の大幅な拡充が決まった。既存の制度からの変更点は、所得制限が撤廃され、子どもを育てる人全員が支給対象になること、中学生までであった支給期間が高校生までに延長されること、第3子以降の支給額が1万5000円 (中学生は1万円) から一律3万円に増額されることなどである。2024年10月分から実施される。

〔**障害者福祉**〕 障害者への支援には、所持することでさまざまなサービスを受けられる障害者手帳の交付、障害年金の給付、障害者総合支援法に基づく障害福祉サービスの提供などがある。障害福祉サービスには、介護、訓練、就労支援などの種類があり、利用者数は年々増加している。

2016年度からは、障害者差別解消法が施行された。障害者差別解消法では、会社や店などの事業者が、障害者に対して、サービスの提供拒否

表 35-20　**障害者数** (推計値) (単位　千人)

	在宅	65歳以上	〃 %	施設入所	計	人口千あたり(人)
身体障害者・児・	4 287	3 112	72.6	73	4 360	34
知的障害者・児・	962	149	15.5	132	1 094	9
精神障害者・・・・・	1) 5 861	2 056	35.1	2) 288	6 148	49

内閣府「障害者白書」(2023年版) より作成。原資料は厚生労働省で、身体障害、知的障害の在宅者は2016年、施設入所者は2018年 (ただし高齢者関係施設入所者を含まず)。精神障害は2020年で、医療機関を利用したものであり、日常生活や社会生活上の相当な制限を継続的には有しない者が含まれている可能性があるほか、2020年から推計方法が変更された影響で、昨年版に比べて大幅に増加している。1) 外来患者。2) 入院患者。

表 35-21　**障害者手帳交付数** (2022年度末現在) (単位　千人)

身体障害者手帳・・・・・・・・	4 842	肢体不自由・・・・・・・・・・・	2 396
視覚障害・・・・・・・・・・・・・	321	内部障害・・・・・・・・・・・・・	1 625
聴覚・平衡機能障害・・・・	442	療育手帳・・・・・・・・・・・・・	1 250
音声・言語・咀嚼機能障害	59	精神障害者保健福祉手帳1)	1 345

厚生労働省「福祉行政報告例」(2022年度) および同「衛生行政報告例」(2022年度) より作成。それぞれの手帳の交付台帳登載数。1) 有効期限切れを除く。

表 35-22　**民間企業における障害者の雇用状況** (単位　千人)

	2005	2010	2015	2020	2022	2023
身体障害者・・・・・	229	272	321	356	358	360
知的障害者・・・・・	40	61	98	134	146	152
精神障害者・・・・・	…	10	35	88	110	130
障害者計・・・・・	**269**	**343**	**453**	**578**	**614**	**642**
実雇用率(%)* ・	*1.49*	*1.68*	*1.88*	*2.15*	*2.25*	*2.33*

厚生労働省「障害者雇用状況の集計結果」より作成。各年6月1日現在。障害者雇用促進法で障害者の雇用義務がある企業が対象。2005年は精神障害者を含まない。障害の程度や労働時間でカウント数が異なる。民間企業の法定雇用率は、2012年までが1.8%、2013〜17年が2.0%、2018〜20年が2.2%、2021〜23年が2.3%。*就労困難な職種を除く割合。

などの「不当な差別的取扱い」をすることを禁じている。2021年の改正によって、2024年度からは、障害者の要望に応じて障壁を取り除く「合理的配慮」の提供が義務付けられた。

表35-23　障害福祉サービス等の利用者数（2022年9月中）（単位　千人）

居宅介護	288.8	宿泊型自立訓練	2.9
重度訪問介護	25.5	就労移行支援3)	39.2
うち移動介護	7.0	就労継続支援（A型）3)5)	104.0
同行援護1)	29.5	就労継続支援（B型）3)6)	414.9
行動援護2)	16.1	就労定着支援	15.7
重度障害者等包括支援	0.0	計画相談支援7)	274.6
短期入所	49.3	地域相談支援(地域移行支援)8)	0.8
療養介護	18.4	地域相談支援(地域定着支援)9)	3.8
生活介護3)	274.2	児童発達支援	204.3
自立生活援助	1.3	居宅訪問型児童発達支援	0.3
共同生活援助4)	157.8	放課後等デイサービス	507.5
自立訓練（機能訓練）3)	1.1	保育所等訪問支援	14.7
自立訓練（生活訓練）3)	14.2	障害児相談支援	104.7

厚生労働省「社会福祉施設等調査」（2022年）より作成。事業所の利用実人員。1) 視覚障害者の外出時に同行し、情報提供や介護を行うもの。2) 自己判断能力が制限されている人が行動する際に、危険を回避するための支援を行うもの。3) 障害者支援施設の昼間実施サービスを除く。4) 9月末日の利用実人員。5) 一般企業等での就労が困難な人と雇用契約を結び、就労の機会を提供するもの。6) 一般企業等での就労および雇用契約に基づく就労が困難な人に対し、就労の機会を提供するもの。7) 障害福祉サービス等の利用計画の作成や、継続利用のための支援を行うもの。8) 施設等に入所する障害者に対し、地域生活へ移行するための支援を行うもの。9) 単身で生活する障害者と常時連絡を取り、緊急時には必要な支援を行うもの。

表35-24　特別支援教育を受ける児童生徒数（2022年5月1日現在）

	幼稚園*1)	小学校*2)	中学校*3)	高等学校*4)	計
特別支援学校在籍者数(人)	1 203	49 580	32 497	65 355	148 635
特別支援学級5)在籍者数(人)	—	252 580	100 858	—	353 438
計	1 203	302 160	133 355	65 355	502 073
総数にしめる割合(%) 6)	0.07	4.84	4.07	2.15	3.51
通級による指導を受けている児童生徒数(人) 7)	—	154 559	27 649	1 671	183 879

文部科学省「特別支援教育資料」（2022年度）より作成。*特別支援学校は幼稚部、小学部、中学部、高等部。1) 幼保連携型認定こども園を含む。2) 義務教育学校前期課程を含む。3) 義務教育学校後期課程および中等教育学校前期課程を含む。4) 中等教育学校後期課程を含む。5) 小・中学校等で、障害のある児童生徒のために設置される少人数の学級。6) 各児童生徒総数にしめる割合。7) 通級による指導は、大部分の授業を通常学級で受け、一部、障害に応じた特別指導を受ける指導形態。2021年度末現在。

〔公的扶助〕 公的扶助とは、生活に困窮する国民に対して、最低限の生活を保障し、自立を助ける制度である。主な公的扶助に生活保護制度がある。生活保護制度では、資産や能力、他の制度などを活用してもなお、厚生労働大臣が定める基準に収入が満たない場合に、基準と収入の差額が保護費として支給される。生活保護には、日常生活に必要な費用が支給される生活扶助、家賃などが支給される住宅扶助、原則自己負担なしで医療を受けられる医療扶助など、さまざまな種類がある。厚生労働省によると、2022年度の生活保護被保護世帯数は164.3万世帯（1か月平均）で、3年連続で増加した。

2015年度からは、生活困窮者自立支援制度が始まった。地域の窓口で相談を受け付け、支援プランを作成して困りごとの解決を支援する。

表 35-25　生活保護被保護実世帯数 （会計年度）（単位　千世帯）

	2000	2010	2020	2021	2022
高齢者世帯‥‥‥‥‥	341.2	603.5	904.0	908.8	908.6
母子世帯‥‥‥‥‥	63.1	108.8	75.6	71.1	67.4
障害者・傷病者世帯‥‥‥	290.6	465.5	404.8	404.8	406.6
その他の世帯‥‥‥‥	55.2	227.4	245.1	249.0	253.1
計×‥‥‥‥‥‥‥	**751.3**	**1 410.0**	**1 637.0**	**1 641.5**	**1 643.5**
被保護実人員（千人）‥‥	1 072.2	1 952.1	2 052.1	2 038.6	2 024.6
保護率(人口千あたり　人)	8.4	15.2	16.3	16.2	16.2

厚生労働省「被保護者調査」より作成。月次調査の会計年度での1か月平均。×保護停止中（2022年度の1か月平均で7.9千世帯、被保護実人員10.3千人）を含む。

表 35-26　生活困窮者自立支援制度 （会計年度）（単位　千件、千人）

	2017	2018	2019	2020	2021	2022
新規相談受付件数‥‥	229.7	237.7	248.4	786.2	555.8	353.1
就労支援対象者数‥‥	31.9	34.0	35.4	76.1	79.4	57.7
就労者数‥‥‥‥‥	25.3	25.0	25.2	20.7	23.1	21.3
増収者数‥‥‥‥‥	6.4	9.0	8.7	11.9	18.1	13.8
就労、増収率（%）‥ [1]	70.1	63.0	61.0	26.8	34.7	43.3

厚生労働省資料より作成。生活困窮者自立支援制度は2015年度より開始。同制度により、自立相談支援、住居確保給付金の支給、就労準備支援、家計改善支援、就労訓練、生活困窮世帯の子どもの学習・生活支援、一時生活支援が行われる。2020年度はコロナ禍で相談件数が増加した。1）就労支援対象者のうち、支援プランが作成され、就労や増収に至った人の割合。

第35章 社会保障・社会福祉

第36章　保健・衛生

　2021年度の国民医療費は45兆359億円で、過去最高を更新した。コロナ禍での受診控えの影響で医療費が減少した2020年度に比べ、4.8%の増加となった。国民1人あたりの平均医療費は35.9万円で、65歳以上の平均は75.4万円、75歳以上は92.3万円であった。また、2022年度の概算医療費（労災や全額自費等の費用を含まないもの）は46.0兆円となった。

　医療費が増大する中、現役世代への負担の偏りが問題になっている。偏りを是正するため、2022年10月から、一部の後期高齢者（75歳以上）の窓口負担割合が、1割から2割に引き上げられた。2024年度から25年度にかけては、後期高齢者の保険料の上限が段階的に引き上げられる。

　医療費に直接影響する、医療機関等への診療報酬の2024年度の改定率

表36-1　各国の死亡率

	死亡率[1]		乳児死亡率[2]		5歳未満児死亡率[3]	
	2010	2021	2010	2021	2010	2021
インド・・・・・・・・・	7.4	9.4	45.2	25.5	58.1	31.2
中国・・・・・・・・・・	6.5	7.4	13.0	5.7	15.9	6.9
日本・・・・・・・・・・	9.5	11.7	2.3	1.7	3.2	2.4
イギリス・・・・・・・	9.0	9.7	4.4	3.6	5.1	4.1
アメリカ合衆国・・	8.0	9.7	6.2	5.4	7.2	6.3
ブラジル・・・・・・・	6.2	8.3	16.5	12.8	18.7	14.4

国連"World Population Prospects 2022"より作成。ただし、日本の死亡率と乳児死亡率は厚生労働省「人口動態統計」による。1) 人口千あたりの死亡数。2) 出生千あたりの満1歳未満での死亡数。3) 出生千あたりの満5歳未満での死亡数。

表36-2　乳児死亡

	1990	2000	2010	2020	2021	2022
乳児死亡数（人）・・	5 616	3 830	2 450	1 512	1 399	1 356
出生千あたり（人）	4.6	3.2	2.3	1.8	1.7	1.8
死亡総数に占める乳児の割合（%）	0.68	0.40	0.20	0.11	0.10	0.09

厚生労働省「人口動態統計」より作成。生後1年未満の死亡。【☞長期統計509ページ】

は、人件費などの本体がプラス0.88％、薬価等がマイナス1.00％で、全
体でマイナス0.12％程度になることが決定した。医療従事者の賃上げを
促す一方で、議論されていた国民負担の軽減効果は少ない。

　2024年12月２日に、現行の健康保険証が廃止されることが決まった。
政府は、医療のデジタル化を進めるため、マイナンバーカードと健康保
険証が一体となった「マイナ保険証」への移行を促している。マイナ保
険証によって医療機関や薬局が患者のデータを共有することで、業務の
効率化や、薬の重複処方の防止などにつながるとしている。

表 36-3　主要傷病別総患者数（単位　千人）

	2011[1]	2014	2017	2020	男	女
悪性新生物（がん）‥	3 042	3 450	3 724	3 656	1 806	1 851
胃‥‥‥‥‥‥‥‥‥	347	367	376	281	187	95
結腸および直腸‥‥	426	526	569	488	278	210
肺・気管（支）‥‥	238	267	292	328	195	134
糖尿病‥‥‥‥‥‥	4 468	5 278	5 649	5 791	3 385	2 406
脂質異常症‥‥‥‥	…	…	3 650	4 010	1 249	2 762
統合失調症‥‥‥‥ [2]	885	974	1 002	880	420	460
気分（感情）障害‥ [3]	1 266	1 481	1 679	1 721	667	1 054
神経症性障害‥‥‥ [4]	857	1 037	1 188	1 243	464	779
白内障‥‥‥‥‥‥	2 278	2 093	2 382	1 714	629	1 086
高血圧性疾患‥‥‥	12 823	14 484	14 898	15 111	6 882	8 230
心疾患‥‥‥‥‥‥ [5]	2 791	3 046	3 173	3 055	1 763	1 292
脳血管疾患‥‥‥‥	2 012	1 988	1 950	1 742	941	801
急性上気道感染症‥	1 168	1 236	1 286	848	388	460
ぜん息‥‥‥‥‥‥	1 730	1 968	1 993	1 796	826	970
う蝕‥‥‥‥‥‥‥	2 547	2 355	2 605	2 890	1 256	1 634
歯肉炎及び歯周疾患‥	4 368	5 373	7 086	8 604	3 388	5 215
胃炎及び十二指腸炎‥	858	1 207	1 125	1 054	409	645
炎症性多発性関節障害	880	932	1 000	1 146	464	681
脊柱障害‥‥‥‥‥	3 276	3 544	3 647	3 831	1 622	2 209
骨の密度および構造の障害	761	920	1 150	1 380	91	1 289

厚生労働省「患者調査」より作成。３年ごとの調査。調査期日は各年10月のうち病院ごと
に指定された１日。傷病はWHO（世界保健機関）の「国際疾病、傷害および死因統計分
類（ICD-10）」の分類による。総患者数とは、調査日現在において継続的に医療を受けて
いる者の推計数で、調査日に医療施設で受療していない者も含む。2020年に、推計に用い
る診療間隔の上限が30日から98日に変更された。2011～17年の総患者数は、新推計を遡及
適用した場合の参考値。1）宮城県の石巻医療圏、気仙沼医療圏および福島県を除いた数
値。2）統合失調症型障害および妄想性障害を含む。3）躁うつ病を含む。4）ストレス関
連障害および身体表現性障害を含む。5）高血圧性のものを除く。

図 36-1　都道府県別の人口10万あたり一般病床数（2022年）

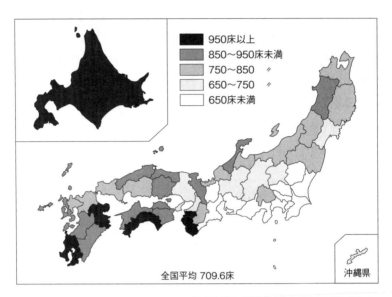

```
■ 950床以上
▨ 850〜950床未満
▧ 750〜850　〃
▢ 650〜750　〃
□ 650床未満
```

沖縄県

全国平均 709.6床

資料は表36-4に同じ。2022年10月1日現在。一般病床とは、精神病床、感染症病床、結核病床、療養病床以外の病床のことである。人口10万あたりの一般病床数が全国で最も多いのは高知県の1130.6床、最も少ないのは神奈川県の511.6床。

表 36-4　医療施設（活動中の施設）（2022年10月1日現在）

医療施設数	施設数	人口10万あたり	病床数	千床	人口10万あたり（床）
病院・・・・・・・・・・	8 156	6.5	病院・・・・・・・・	1 493.0	1 194.9
一般病院・・・・・	7 100	5.7	一般病床・・・・	886.7	709.6
地域医療支援1)	685	0.5	精神病床・・・・	321.8	257.6
療養病床2)有り	3 458	2.8	療養病床・・ 2)	278.7	223.0
感染症病床3)有り	376	0.3	結核病床・・・・	3.9	3.1
精神科病院・・・4)	1 056	0.8	感染症病床 3)	1.9	1.5
一般診療所・・・・・	105 182	84.2	一般診療所・・・・	80.4	64.4
療養病床2)有り	586	0.5	療養病床・・ 2)	5.7	4.6
歯科診療所・・・・・	67 755	54.2	歯科診療所・・・・	0.1	0.0
総数・・・・・・・・	**181 093**	144.9	総数・・・・・・・・	**1 573.5**	1 259.3

厚生労働省「医療施設調査・病院報告の概況」（2022年）より作成。病院は患者20人以上の入院施設を有する医療施設。診療所は患者19人以下。1）地域医療支援病院。かかりつけ医等の支援を行う能力を備えた病院で、紹介患者に対する医療提供等を担う。2）長期にわたり療養を必要とする患者を入院させるための病床。精神病床や感染症病床などを除く。3）結核病床を除く。4）精神病床のみを有する病院。【☞府県別統計521ページ】

表 36-5　医療関係者数（各年末現在）

	実数（人）			人口10万あたり（人）		
	2010	2020	2022	2010	2020	2022
医師・・・・・・・・・・・	295 049	339 623	343 275	230.4	269.2	274.7
うち医療施設の従事者	280 431	323 700	327 444	219.0	256.6	262.1
歯科医師・・・・・・・・	101 576	107 443	105 267	79.3	85.2	84.2
薬剤師・・・・・・・・・	276 517	321 982	323 690	215.9	255.2	259.1
保健師・・・・・・・・・	45 028	55 595	60 299	35.2	44.1	48.3
助産師・・・・・・・・・	29 672	37 940	38 063	23.2	30.1	30.5
看護師・・・・・・・・・	952 723	1 280 911	1 311 687	744.0	1 015.4	1 049.8
准看護師・・・・・・・・	368 148	284 589	254 329	287.5	225.6	203.5
歯科衛生士・・・・・・	103 180	142 760	145 183	80.6	113.2	116.2
歯科技工士・・・・・・	35 413	34 826	32 942	27.7	27.6	26.4

厚生労働省「医師・歯科医師・薬剤師統計」（2022年）、同「衛生行政報告例」より作成。調査は2年ごとに行われる。医師・歯科医師・薬剤師は届出数、その他は就業者数。

表 36-6　主要国の医師数・病床数（2021年）（人口1万あたり）

		医師数（人）		病床数（床）				医師数（人）		病床数（床）
アフガニスタン	1)	2.5		3.6		オーストリア・・・		54.6	1)	70.6
アラブ首長国連邦	1)	28.8	3)	19.8		スイス・・・・・・・・・		44.4		44.4
イラン・・・・・・・・	2)	15.1	3)	18.6		スウェーデン・・・	1)	70.6	1)	20.5
インド・・・・・・・・・	1)	7.3		16.0		スペイン・・・・・・・	1)	45.8		29.4
インドネシア・・・		7.0		13.6		ドイツ・・・・・・・・・		45.2	1)	78.0
韓国・・・・・・・・・	1)	25.1		127.5		フランス・・・・・・・	1)	33.2	1)	60.0
サウジアラビア・		27.9		21.5		ポーランド・・・・・	1)	37.1	1)	61.1
シンガポール・・・	3)	24.3		26.5		ロシア・・・・・・・・・	1)	38.3		70.3
中国・・・・・・・・・	1)	23.9	1)	50.1		アメリカ合衆国・	1)	35.6	1)	27.4
日本・・・・・・・・・	4)	26.5	4)	125.9		カナダ・・・・・・・・		24.6	1)	25.6
アルジェリア・・・	2)	17.3	5)	16.3		アルゼンチン・・・	1)	39.0		33.4
エジプト・・・・・・・	3)	7.1	1)	11.3		キューバ・・・・・・・	2)	84.3		42.2
エチオピア・・・・・	1)	1.0	6)	3.3		ブラジル・・・・・・・		21.4		24.6
ケニア・・・・・・・・・		2.3	3)	13.3		ペルー・・・・・・・・		16.5		16.0
南アフリカ共和国		8.1	7)	22.8		メキシコ・・・・・・・	1)	24.4		10.2
イギリス・・・・・・		31.7		23.5		オーストラリア・	1)	41.0	6)	38.4
イタリア・・・・・・		41.3	1)	31.8		ニュージーランド		35.2		26.6

WHO（世界保健機関）"Global Health Observatory（GHO）data"（2024年4月2日閲覧）より作成。ただし、日本は表36-4、表36-5の資料による。医師の定義や調査方法は国により異なる。日本の人口あたり医師数は、医療施設の従事者32万7444人と介護老人保健施設の従事者3298人の合計と、2022年10月1日現在の推計人口を用いて編者算出。1）2020年。2）2018年。3）2019年。4）2022年。5）2017年。6）2016年。7）2010年。

第36章　保健・衛生

図 36-2　国民医療費の年齢別割合 (2021年度)

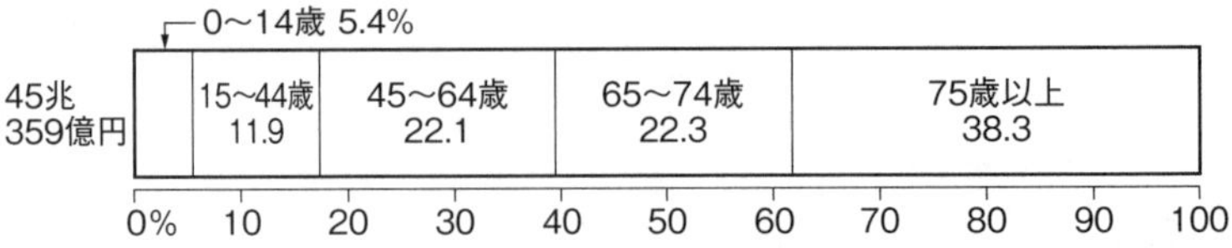

資料は表36-7に同じ。**国民医療費**とは、国民が1年間に医療機関などで病気やけがの治療に使った費用の合計で、自己負担分や医療保険等給付分、後期高齢者医療給付分などを合わせたもの。保険診療の対象となるものに限る。

表 36-7　国民医療費の推移 (会計年度)

	1990	2000	2010	2020	2021
国民医療費（億円）···1)	206 074	301 418	374 202	429 665	450 359
公費負担医療給付分2)	11 001	18 514	26 447	31 222	33 136
医療保険等給付分···	112 543	140 214	178 950	193 653	205 706
医療保険······	109 217	137 073	176 132	190 562	202 569
被用者保険·····	66 440	77 603	84 348	102 934	111 508
国民健康保険···	42 778	59 470	91 784	87 628	91 060
その他········	3 326	3 141	2 818	3 091	3 137
後期高齢者医療給付分3)	57 646	102 399	116 876	152 868	157 246
患者等負担分······	24 884	40 291	50 103	51 922	54 270
国民1人あたり（千円）	166.7	237.5	292.2	340.6	358.8
対GDP比（％）·······	4.56	5.61	7.41	7.99	8.18

厚生労働省「国民医療費」より作成。446ページの図35-3も参照のこと。2000年4月の介護保険制度施行により、それまで国民医療費に含まれていた費用の一部が介護保険費用に移行しており、本表でも同年度より含んでいない。1) 2010年度は軽減特例措置分を含む。2) 生活保護などによる公費負担。3) 2007年度までは老人保健給付分。

表 36-8　診療種類別国民医療費 (会計年度)（単位　億円）

	1990	2000	2010	2020	2021
医科診療·········	1)179 764	1)237 960	272 228	307 813	324 025
うち入院··········	85 553	113 019	140 908	163 353	168 551
歯科診療·········	20 354	25 569	26 020	30 022	31 479
薬局調剤·········	5 290	27 605	61 412	76 480	78 794
入院時食事・生活·	···	10 003	8 297	7 494	7 407
訪問看護·········	···	282	740	3 254	3 929
療養費等········2)	···	···	5 505	4 602	4 725
計·············	3)206 074	301 418	374 202	429 665	450 359

資料・注記は表36-7に同じ。1) 療養費等を含む。2) 健康保険等の給付対象となる柔道整復師・はり師等による治療費、移送費、補装具等の費用。3) 老人保健施設療養費666億円を含む（介護認定を受けた人が入所対象で、2000年度以降は国民医療費に含まない）。

図 36-3　都道府県別の１人あたり国民医療費 (2021年度)

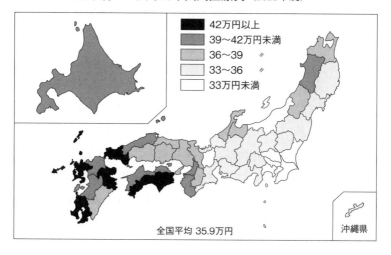

	42万円以上
	39～42万円未満
	36～39
	33～36
	33万円未満

全国平均 35.9万円

沖縄県

厚生労働省「国民医療費」(2021年度) より作成。国民医療費 (図36-2の注記を参照) を患者の住所地に基づいて推計したもの。2021年度の１人あたり国民医療費が最も多いのは高知県の47.1万円、最も少ないのは埼玉県の31.8万円であった。

表 36-9　あん摩、はり等施術所数 (各年末現在)(単位　か所)

	2000	2010[2]	2018	2020	2022
あん摩・・・・・・・・・・・[1]	21 272	19 983	19 389	18 342	18 155
はり、きゅう・・・・・・	14 216	21 065	30 450	32 103	33 986
あん摩[1)、はり、きゅう	32 024	36 251	38 170	38 309	38 589
その他の施術所・・・・	2 884	2 693	2 679	2 661	2 660
柔道整復・・・・・・・・・	24 500	37 997	50 077	50 364	50 919

厚生労働省「衛生行政報告例」より作成。2年ごとの調査。1) あん摩、マッサージ、指圧。2) 東日本大震災の影響により宮城県を含まない。

新型コロナウイルス感染症が「５類」に移行

　2023年５月８日、新型コロナウイルス感染症の感染症法上の位置付けが、従来の「新型インフルエンザ等感染症 (２類相当)」から、季節性インフルエンザなどと同じ「５類感染症」に引き下げられた。重症度の低下などが理由とされている。「５類」に移行したことで、感染対策が個人の判断に委ねられた。また、医療費が一部自己負担となるほか、患者の外出制限がなくなるなど、感染後の対応にもさまざまな変更が生じた。

〔死因別死亡〕 厚生労働省「人口動態統計」によると、2022年の日本人の死亡者数は157万人で、前年から13万人増え、過去最多となった。増加数を年齢別にみると、80歳以上が11万人で、約85％を占めている。

死因別では、がんによる死亡者数が38.6万人で最も多く、全体の約25％を占める。がんは、1981年から42年連続で死因の第１位となっている。死因の第２位は心疾患、第３位は老衰であった。老衰による死亡者数は、高齢化に伴い、2010年ごろから急激に増加している。2022年は前年より約2.8万人増加し、女性の死因では第２位となった。

若年層の死因をみると、自殺が多く、10代から30代では死因の第１位、40代では第２位であった。自殺による死亡者数は2.1万人で、前年より961人増加した。人口動態統計による自殺者数は、1998年ごろから2000年代までがピークで、2010年代は一貫して減少していたが、2020年からは３年連続で増加している。

新型コロナウイルス感染症による2022年の死亡者数は4.8万人で、前年から3.1万人増加した。

図 36-4　死因別死亡率の推移

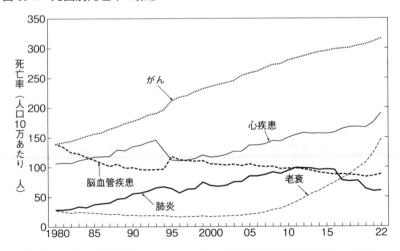

厚生労働省「人口動態統計」（2022年）より作成。死因年次推移分類表による。1995年の心疾患の低下と脳血管疾患の上昇、および2017年の肺炎の減少は、死因分類の改正による影響が考えられる。また、心疾患は1994年から減少しているが、1995年に実施された死亡診断書改正の事前周知による影響が指摘される。

表36-10 主要死因別死亡数および死亡率

	死亡数（人）			死亡率（人口10万対）		
	2020	2021	2022	2020	2021	2022
敗血症‥‥‥‥‥	9 801	9 989	11 346	7.9	8.1	9.3
悪性新生物（がん）	378 385	381 505	385 797	306.6	310.7	316.1
糖尿病‥‥‥‥‥	13 902	14 356	15 927	11.3	11.7	13.1
血管性等の認知症[1)	20 815	22 343	24 360	16.9	18.2	20.0
パーキンソン病‥	11 214	12 057	13 394	9.1	9.8	11.0
アルツハイマー病	20 852	22 960	24 860	16.9	18.7	20.4
高血圧性疾患‥‥‥	10 003	10 223	11 665	8.1	8.3	9.6
心疾患‥‥‥‥‥ 2)	205 596	214 710	232 964	166.6	174.9	190.9
脳血管疾患‥‥‥‥	102 978	104 595	107 481	83.5	85.2	88.1
大動脈瘤および解離	18 795	19 351	19 987	15.2	15.8	16.4
肺炎‥‥‥‥‥‥	78 450	73 194	74 013	63.6	59.6	60.7
慢性閉塞性肺疾患	16 125	16 384	16 676	13.1	13.3	13.7
誤嚥性肺炎‥‥‥‥	42 746	49 488	56 069	34.6	40.3	45.9
間質性肺疾患‥‥‥	19 220	20 774	22 905	15.6	16.9	18.8
肝疾患‥‥‥‥‥	17 688	18 017	18 896	14.3	14.7	15.5
腎不全‥‥‥‥‥	26 948	28 688	30 739	21.8	23.4	25.2
老衰‥‥‥‥‥‥	132 440	152 027	179 529	107.3	123.8	147.1
不慮の事故‥‥‥‥	38 133	38 355	43 420	30.9	31.2	35.6
自殺‥‥‥‥‥‥	20 243	20 291	21 252	16.4	16.5	17.4
計×‥‥‥‥‥	1 372 755	1 439 856	1 569 050	1 112.5	1 172.7	1 285.8

厚生労働省「人口動態統計」(2022年) より作成。死因分類については表36-11脚注を参照。
1) 血管性および詳細不明の認知症。2) 高血圧性のものを除く。×その他の死因を含む。

表36-11 がん死亡者数 （単位 人）

	1990	2000	2010	2020	2021	2022
肺・気管（支）・	36 486	53 724	69 813	75 585	76 212	76 663
大腸‥‥‥‥‥ 1)	24 632	35 948	44 238	51 788	52 418	53 088
胃‥‥‥‥‥‥	47 471	50 650	50 136	42 319	41 624	40 711
すい臓‥‥‥‥‥	13 318	19 094	28 017	37 677	38 579	39 468
肝臓‥‥‥‥‥ 2)	24 233	33 981	32 765	24 839	24 102	23 620
胆のう・胆道‥‥	11 871	15 153	17 585	17 773	18 172	17 756
乳房‥‥‥‥‥	5 882	9 248	12 545	14 779	14 908	16 021
悪性リンパ腫‥‥	…	7 918	10 172	13 998	13 994	14 231
前立腺‥‥‥‥‥	3 460	7 514	10 722	12 759	13 217	13 439
食道‥‥‥‥‥	7 274	10 256	11 867	10 981	10 958	10 918
計×‥‥‥‥‥	217 413	295 484	353 499	378 385	381 505	385 797

厚生労働省「人口動態統計」(2022年) より作成。死因分類は、1979年～94年は「ICD（国際疾病、傷害および死因統計分類）-9」、1995年～2005年は「ICD-10（1990年版）」、2006年～16年は同2003年版、2017年以降は同2013年版が適用されている。1) 結腸と直腸S状結腸移行部および直腸。2) 肝および肝内胆管。×その他のがんを含む。

表 36-12　主要死因の男女別死亡数および死亡率（2022年）

	男		女		死亡率 （人口10万あたり）	
	人	%	人	%	男	女
全死因・・・・・・・・・・・	799 420	*100.0*	769 630	*100.0*	1 347.8	1 227.2
悪性新生物（がん）	223 291	*27.9*	162 506	*21.1*	376.5	259.1
心疾患・・・・・・・・ 1)	113 016	*14.1*	119 948	*15.6*	190.5	191.3
老衰・・・・・・・・・・	49 964	*6.3*	129 565	*16.8*	84.2	206.6
脳血管疾患・・・・・	53 188	*6.7*	54 293	*7.1*	89.7	86.6
肺炎・・・・・・・・・・	42 851	*5.4*	31 162	*4.0*	72.2	49.7

厚生労働省「人口動態統計」（2022年）より作成。男女を合わせた死因の上位5位までを掲載。男女別順位は、男性は①がん②心疾患③脳血管疾患④老衰⑤肺炎、女性は①がん②老衰③心疾患④脳血管疾患⑤肺炎となっている。1) 高血圧性のものを除く。

表 36-13　年齢5歳階級別死因（2022年）

	1位	死亡率*	2位	死亡率*	3位	死亡率*
0歳	先天異常1)	62.7	呼吸障害等2)	26.2	不慮の事故	7.8
1～4歳	先天異常1)	3.4	不慮の事故	1.7	がん	1.4
5～9歳	がん	1.8	先天異常1)	0.6	不慮の事故	0.6
10～14歳	自殺	2.3	がん	1.6	不慮の事故	0.6
15～19歳	自殺	12.2	不慮の事故	3.6	がん	2.3
20～24歳	自殺	21.3	不慮の事故	4.5	がん	2.5
25～29歳	自殺	19.4	がん	4.1	不慮の事故	3.6
30～34歳	自殺	18.4	がん	7.9	心疾患3)	3.5
35～39歳	自殺	19.5	がん	14.1	心疾患3)	5.6
40～44歳	がん	25.4	自殺	20.5	心疾患3)	9.7
45～49歳	がん	47.2	自殺	21.5	心疾患3)	18.1
50～54歳	がん	82.4	心疾患3)	30.7	自殺	23.4
55～59歳	がん	141.0	心疾患3)	47.6	脳血管疾患	26.0
60～64歳	がん	242.2	心疾患3)	74.9	脳血管疾患	38.6
65～69歳	がん	404.3	心疾患3)	112.8	脳血管疾患	58.2
70～74歳	がん	635.1	心疾患3)	190.0	脳血管疾患	99.4
75～79歳	がん	877.3	心疾患3)	313.0	脳血管疾患	171.0
80～84歳	がん	1 218.7	心疾患3)	612.8	脳血管疾患	311.4
85～89歳	がん	1 669.4	心疾患3)	1 276.8	老衰	911.6
90～94歳	老衰	2 931.5	心疾患3)	2 566.6	がん	2 026.0
95～99歳	老衰	8 273.4	心疾患3)	4 870.2	がん	2 274.5
100歳以上	老衰	20 931.0	心疾患3)	6 811.5	脳血管疾患	2 283.9
総数	がん	316.1	心疾患3)	190.9	老衰	147.1

厚生労働省「人口動態統計」（2022年）より作成。1) 先天奇形、変形および染色体異常。2) 周産期に特異的な呼吸障害および心血管障害。3) 高血圧性のものを除く。* 人口10万あたり（0歳は出生10万あたり）の数。

〔**平均寿命**〕 2022年の日本人の平均寿命は男性81.05年、女性87.09年
で、男女ともに2年連続で前年を下回った。2021年に引き続き、新型コ
ロナウイルス感染症による死亡率の上昇などが影響した。平均寿命は、
長期的には延び続けており、1960年には男性65.32年、女性70.19年であ
ったが、50年後の2010年には男性79.55年、女性86.30年に延びた。これ
までで最も長かったのは2020年で、男性81.56年、女性87.71年であった。

近年は「健康寿命」
が注目されている。健
康寿命とは、健康上の
問題によって日常生活
が制限されずに過ごせ
る期間を示す。厚生労
働省によると、2019年
の日本の健康寿命は男
性72.68年、女性75.38
年で、平均寿命に比べ
て男性は8.73年、女性
は12.07年短い。健康
寿命の延伸は、個人の
生活の質を向上させ、
社会保障費の軽減にも
つながるため、超高齢
化社会に向けた目標の
一つとされている。

表36-14 平均余命（2022年）（単位 年）

年齢	男	2021〜22年の増減	女	2021〜22年の増減
0	81.05	-0.42	87.09	-0.49
5	76.25	-0.42	82.28	-0.48
10	71.28	-0.42	77.30	-0.48
15	66.31	-0.42	72.33	-0.48
20	61.39	-0.42	67.39	-0.48
25	56.53	-0.42	62.48	-0.47
30	51.66	-0.43	57.56	-0.47
35	46.80	-0.43	52.65	-0.47
40	41.97	-0.43	47.77	-0.46
45	37.20	-0.42	42.93	-0.46
50	32.51	-0.42	38.16	-0.45
55	27.97	-0.43	33.46	-0.45
60	23.59	-0.43	28.84	-0.45
65	19.44	-0.41	24.30	-0.43
70	15.56	-0.41	19.89	-0.42
75	12.04	-0.38	15.67	-0.41
80	8.89	-0.33	11.74	-0.38
85	6.20	-0.29	8.28	-0.32
90	4.14	-0.24	5.47	-0.27
95	2.68	-0.22	3.41	-0.25
100	1.69	-0.22	2.16	-0.25

厚生労働省「簡易生命表」（2022年）より作成。

第36章 保健・衛生

平均余命 ある年齢の人々が、平均してあと何年生きられるかを示す。
平均寿命 0歳における平均余命を示す。
完全生命表と簡易生命表 平均寿命を算出する生命表には、完全生命表と簡易
生命表がある。完全生命表は、国勢調査人口と人口動態統計（確定数）による
出生・死亡数を基に5年ごとに作成される。簡易生命表は、人口推計による人
口と人口動態統計月報年計（概数）による出生・死亡数を基に毎年作成される。

図 36-5　平均寿命の推移

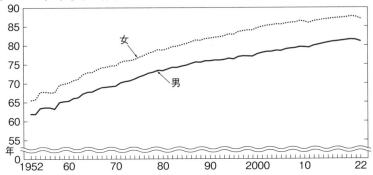

資料は表36-14に同じ。5の倍数の年は完全生命表、それ以外の年は簡易生命表による。
1971年以前は沖縄を除く。【☞長期統計510ページ】【☞府県別統計521ページ】

表 36-15　特定の年齢まで生きる人の割合（%）

	男			女		
	40歳	65歳	90歳	40歳	65歳	90歳
1960	89.7	64.8	2.3	92.2	75.2	6.0
1980	96.1	79.4	7.1	97.6	88.5	16.0
2000	97.5	84.7	17.3	98.6	92.6	38.8
2020	98.4	89.7	28.1	99.0	94.6	52.6
2021	98.4	89.8	27.5	99.0	94.6	52.0
2022	98.4	89.6	25.5	98.9	94.4	49.8

資料は表36-14に同じ。生命表上の特定年齢まで生存する者の割合。2020年までは完全生
命表、2021年および22年は簡易生命表による。1960年は沖縄を除く。

表 36-16　平均寿命の国際比較（単位　年）

	男	女		男	女
インド（2016〜20）・	68.6	71.4	イギリス（2018〜20）	79.04	82.86
インドネシア（2022）	69.93	73.83	イタリア（2022）・・・	80.482	84.781
韓国（2021）・・・・・・・	80.6	86.6	スペイン（2021）・・・	80.27	85.83
シンガポール（2022）	80.7	85.2	ドイツ（2019〜21）・	78.54	83.38
中国（2020）・・・・・・・	75.37	80.88	フランス（2022）・・・	79.35	85.23
トルコ（2017〜19）・	75.94	81.30	ロシア（2020）・・・・・	66.49	76.43
日本（2022）・・・・・・・	81.05	87.09	アメリカ合衆国（2021）	73.5	79.3
エジプト（2022）・・・	69.7	74.1	カナダ（2018〜20）・	79.82	84.11
コンゴ民主共和国（2018）	56.5	59.7	ブラジル（2021）・・・	73.56	80.52
南アフリカ共和国（2020）	62.5	68.5	オーストラリア（2019〜21）	81.30	85.41

厚生労働省「簡易生命表」（2022年）より作成。原資料は各国政府または国連のもの。カッ
コ内は各国の資料の作成基礎期間。

〔健康〕　日本では1980年ごろから、政府による健康づくり運動が進められている。2024年度開始の「健康日本21（第三次）」では、健康寿命（467ページ本文参照）の延伸などを目的として、食生活や運動などに関する具体的な目標が定められている。喫煙率は、2019年度の16.7％（男女平均）から、2032年度には12.0％に下げることが目標とされている。

　2024年２月には、厚生労働省が「健康に配慮した飲酒に関するガイドライン」を公表した。酒に含まれる純アルコール量に着目し、適切な量の飲酒を心がけるよう呼びかけている。

図 36-6　肥満率の推移

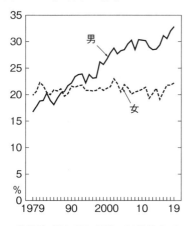

資料は表36-17に同じ。20歳以上でBMI25以上の人の割合。

図 36-7　喫煙率の推移

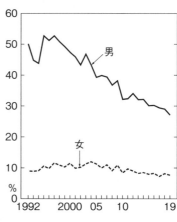

資料は表36-17に同じ。習慣的に喫煙している人の割合。

表 36-17　身長、体重、BMIの年齢階級別平均（2019年）（20歳以上）

	身長（cm）		体重（kg）		BMI	
	男	女	男	女	男	女
20〜29歳‥‥‥‥	171.5	157.5	67.6	52.0	22.9	21.0
30〜39歳‥‥‥‥	171.5	158.2	70.0	54.3	23.7	21.7
40〜49歳‥‥‥‥	171.5	158.1	72.8	55.6	24.7	22.3
50〜59歳‥‥‥‥	169.9	156.9	71.0	55.2	24.6	22.4
60〜69歳‥‥‥‥	167.4	154.0	67.3	54.7	24.0	23.1
70歳以上‥‥‥‥	163.1	149.4	62.4	51.1	23.4	22.9
20歳以上平均‥‥	167.7	154.3	67.4	53.6	23.9	22.5

厚生労働省「国民健康・栄養調査」（2019年）より作成。女性の平均体重は妊婦を除いて集計。2020、21年は新型コロナウイルスの影響により調査が中止された。

第36章 保健・衛生

470

第37章　環境問題

　世界気象機関（WMO）によると、2023年の世界の平均気温は、産業革命前の基準に比べてプラス1.45℃で、観測史上最高であった。温室効果ガスの濃度が増え続けていることに加え、太平洋赤道域東部の海面水温が上昇するエルニーニョ現象が発生したことが影響したとみられる。地球温暖化に伴う気候変動によって、地球環境や人々の生活をおびやかす危機が発生している。2023年は日本を含む各地で記録的な高温となった。2023年8月にはハワイ、2024年2月にはチリで大規模な森林火災が発生し、それぞれ多数の死者が出た。アフリカや南米などでは、慢性的な干ばつが続いており、食料不足や貧困、不衛生の原因となっている。

　2015年にパリで開催された国連気候変動枠組条約締約国会議（COP21）で、全ての国に対して温室効果ガス排出量の削減を求める「パリ協定」が採択された。パリ協定で設定された、気温の上昇を産業革命前に比べて1.5℃以内に抑えるという努力目標に向けて、各国は取り組みを進めている。2050年などの期限付きでカーボンニュートラルを実現することを表明している国や地域は、150以上にのぼる。カーボンニュ

図 37-1　世界の温室効果ガス排出量の推移（CO_2換算）

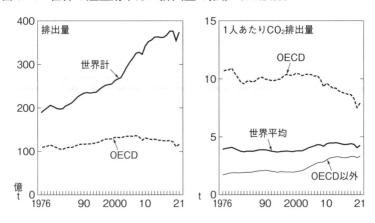

資料および注記は表37-1を参照。

ートラルとは、温室効果ガスの排出量を抑えるとともに、植林などによって吸収し、実質的な排出量をゼロにすることである。温室効果ガスの排出量を抑えるため、走行時に二酸化炭素を排出しない電気自動車（EV）や、太陽光や風力などの再生可能エネルギーの普及が進んでいるほか、排出した二酸化炭素を地下に貯留するCCS、それらを有効利用するCCUSといった技術も開発されている。しかし、2023年の時点で気温の上昇は目標の1.5℃に迫っており、さらなる努力が必要である。

　2023年11月から12月にかけてドバイで開催されたCOP28では、化石

図 37-2　世界の温室効果ガス排出量の割合 （CO$_2$換算）

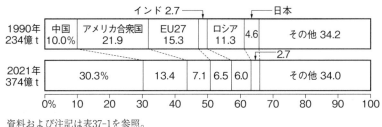

	中国	アメリカ合衆国	EU27	インド 2.7	ロシア	日本 4.6	その他
1990年 234億t	10.0%	21.9	15.3		11.3		34.2

					2.7		
2021年 374億t	30.3%	13.4	7.1	6.5	6.0		その他 34.0

0%　10　20　30　40　50　60　70　80　90　100

資料および注記は表37-1を参照。

表 37-1　主な国の温室効果ガス排出量 （CO$_2$換算）（単位　百万 t ）

	1990	2020	2021	燃料燃焼によるCO$_2$排出量	1人あたり（ t ）	GDPあたり[1]（kg）
中国‥‥‥‥‥‥	2 333	10 672	11 314	10 649	7.54	0.67
アメリカ合衆国	5 115	4 726	5 018	4 549	13.76	0.22
EU（27か国）‥‥	3 570	2 477	2 664	2 579	5.76	0.18
インド‥‥‥‥‥	626	2 224	2 427	2 279	1.62	0.81
ロシア‥‥‥‥‥	2 643	2 092	2 228	1 678	11.70	1.12
日本‥‥‥‥‥‥	1 064	1 004	1 012	998	7.95	0.22
世界計×‥‥‥‥	23 362	35 444	37 401	33 572	4.26	0.39
（再掲）						
OECD‥‥‥‥‥	11 665	11 070	11 642	10 848	7.91	0.21
OECD以外‥‥‥	11 059	23 432	24 763	21 739	3.34	0.62

国際エネルギー機関（IEA）“Greenhouse Gas Emissions from Energy Highlights”（2023年）より作成。データは毎年見直される。EUとOECDは、2023年現在の加盟国の合計で遡って算出された値。温室効果ガス排出量には、燃料の燃焼によるCO$_2$以外の温室効果ガスや、温室効果ガスの漏えいを含む。1)2015年価格1米ドルあたり。×その他の国のほか、国際航空や国際船舶からの排出量を含む。

燃料から脱却していくこと、再生可能エネルギーの発電容量を 3 倍に増やすこと、気候変動の影響を特に強く受ける途上国を金銭的に支援することなどが合意された。一方、当初期待された「化石燃料の段階的廃止」での合意には至らなかった。産油国であるサウジアラビアなどが反対したことが背景にある。世界全体で脱炭素化を目指すには、化石燃料の生産国や、化石燃料への依存度が高い国との協力も課題となっている。

　日本では、2050 年までにカーボンニュートラルを実現することに加えて、温室効果ガスの排出量を 2030 年までに 46％削減（2013 年比）するという目標を掲げている。目標達成に向けて、政府は、化石燃料中心の社会からクリーンエネルギー中心の社会への変革を進める GX（グリーントランスフォーメーション）に力を入れている。2024 年 2 月からは、脱炭素技術を開発する企業を支援するための国債である「GX 経済移行債」が発行されている。

表 37-2　日本の温室効果ガス排出量 （会計年度）（単位　百万 t -CO_2換算）

	1990	2013	2020	2021	2022
二酸化炭素（CO_2）…………	1 163	1 317	1 042	1 063	1 031
エネルギー起源…………	1 068	1 235	967	987	958
産業部門（工場等）……	503	464	354	373	351
運輸部門（自動車等）…	208	224	183	185	192
業務その他部門……… 1)	131	237	184	189	176
家庭部門………………	129	208	167	156	158
エネルギー転換部門… 2)	96	106	82	87	84
非エネルギー起源……… 3)	95.1	82.1	74.3	75.7	73.1
メタン（CH_4）……………	49.8	32.6	30.7	30.7	30.3
一酸化二窒素（N_2O）………	28.7	19.5	17.5	17.3	17.1
代替フロン等 4 ガス………	33.2	37.2	55.1	56.0	56.7
ハイドロフルオロカーボン類4)	13.4	30.3	49.3	50.6	51.2
パーフルオロカーボン類・ 5)	6.0	3.0	3.2	2.9	3.0
六ふっ化硫黄（SF_6）……	13.8	2.3	2.2	2.2	2.1
三ふっ化窒素（NF_3）……	0.03	1.5	0.29	0.33	0.34
総排出量………………	1 274	1 407	1 145	1 167	1 135

国立環境研究所「日本の温室効果ガス排出量データ」（2022 年度暫定データ）より作成。データは毎年見直される。各温室効果ガスの地球温暖化への影響を、地球温暖化係数（GWP）を用いて、CO_2＝ 1 とした量に換算したもの。部門別のCO_2排出量は、電気・熱配分後のデータ。1) 商業、サービス、事業所等。2) 発電所、製油所等。電気熱配分誤差を除いた値。3) 工業プロセスや製品の使用、廃棄物の焼却等。4) HFCs。5) PFCs。

表 37-3 大気汚染物質の環境基準達成率 (会計年度) (%)

	二酸化窒素（NO₂）		浮遊粒子状物質[1]		PM2.5[2]	
	一般局	自排局	一般局	自排局	一般局	自排局
2005	99.9	91.3	96.4	93.7	…	…
2010	100.0	97.8	93.0	93.0	32.4	8.3
2015	100.0	99.8	99.6	99.7	74.5	58.4
2020	100.0	100.0	99.9	100.0	98.3	98.3
2021	100.0	100.0	100.0	100.0	100.0	100.0

環境省「大気汚染状況」より作成。一般局（一般環境大気測定局）は、一般環境の大気汚染状況を監視する測定局。自排局（自動車排出ガス測定局）は、自動車走行による影響が考えられる交差点や道路付近の大気汚染状況を監視する測定局。環境基準達成率は、有効測定局数に対する環境基準達成局の割合。1) SPM。粒径が10μm以下の粒子状物質。2) 微小粒子状物質。粒径が2.5μm以下の非常に小さなもの。

図 37-3 公共用水域の環境基準達成率の推移 (会計年度)

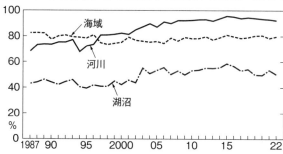

環境省「公共用水域水質測定結果」より作成。河川はBOD（生物化学的酸素要求量）、湖沼と海域はCOD（化学的酸素要求量）における環境基準の達成率。

表 37-4 農用地土壌汚染対策事業の進捗状況 (2022年度末現在)

	基準値以上の検出地域	対策地域[1]指定地域	事業完了	事業実施中	県単独事業完了地域	未指定地域
地域数（地域）	134	73	73	11	81	22
カドミウム‥	97	64	64	11	53	17
銅‥‥‥‥‥	37	12	12	1	25	1
ヒ素‥‥‥‥	14	7	7	—	7	5
面積（ha）‥‥	7 592	6 609	6 442	82	714	269
カドミウム‥	6 709	6 119	5 955	79	394	196
銅‥‥‥‥‥	1 405	1 225	1 219	6	171	9
ヒ素‥‥‥‥	391	164	164	—	162	65

環境省「農用地土壌汚染防止法の施行状況」(2022年度) より作成。重複汚染があるため、地域数および面積は各有害物質の合計と一致しない。また、一部のみが当てはまる場合もカウントするため、地域数には重複がある。1) 対策計画策定中の地域を含む。

第37章

環境問題

図 37-4　公害病の現存被認定者数（2022年12月末現在）

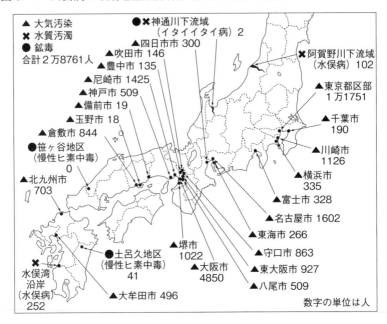

環境省「環境白書」(2023年版) より作成。公害健康被害補償法の被認定患者数で、地方自治体による認定数を含んでいない。同法の改正により1988年3月をもって第一種地域（大気汚染）の指定が解除され、それ以降新たな患者の認定はされていない。特異的疾患の被認定患者総数は、水俣病が3000人（熊本県1791人、鹿児島県493人、新潟県716人、2022年11月末まで）、イタイイタイ病が201人（2022年12月末まで）、慢性ヒ素中毒症が土呂久地区で211人、笹ヶ谷地区で21人（2022年12月末まで）。

表 37-5　公害苦情受付件数の推移（会計年度）（単位　件）

	2018	2019	2020	2021	2022	〃 (%)
典型7公害…[1]	47 656	46 555	56 123	51 395	50 723	70.9
大気汚染……	14 481	14 317	17 099	14 384	13 694	19.1
水質汚濁……	5 841	5 505	5 631	5 353	4 893	6.8
土壌汚染……	168	186	194	192	200	0.3
騒音………	15 665	15 434	19 769	18 755	19 391	27.1
低周波音…	216	249	313	294	287	0.4
振動………	1 931	1 743	2 174	2 301	2 411	3.4
悪臭………	9 543	9 349	11 236	10 387	10 118	14.1
その他の公害…	19 147	23 903	25 434	22 344	20 867	29.1
廃棄物投棄…	8 602	10 421	11 978	9 867	9 018	12.6
計………	66 803	70 458	81 557	73 739	71 590	100.0

公害等調整委員会「公害苦情調査」(2022年度) より作成。1) 地盤沈下を含む。

表 37-6 **国の環境保全予算**（会計年度）（単位　億円）

	2020	2021	2022	2023	2024
地球環境の保全・・・・・・・・・	5 841	5 403	5 647	6 017	11 656
生物多様性の保全・・・・・・ 1)	1 768	1 545	1 591	1 606	1 609
循環型社会の形成・・・・・・・・	1 120	674	722	706	656
水・土壌・地盤環境の保全 2)	1 106	1 175	1 352	1 506	1 661
大気環境の保全・・・・・・・・・	1 750	1 737	1 565	1 433	1 479
包括的な化学物質対策・・・・	50	57	51	52	55
放射性物質・・・・・・・・・・ 3)	6 758	3 945	3 746	3 543	2 811
各種施策の基盤となる施策等	1 508	1 504	1 557	1 536	1 501
環境保全経費・・・・・・・・・	**19 902**	**16 040**	**16 230**	**16 399**	**21 427**
一般会計・・・・・・・・・・・	7 811	7 469	7 850	8 073	8 311
特別会計・・・・・・・・・・・	12 091	8 571	8 380	8 326	13 116

財務省「予算及び財政投融資計画の説明」（付表）より作成。当初予算額。一般会計と特別会計の計で、特別会計にはエネルギー対策や東日本大震災復興などを含む。1) 生物多様性の持続可能な利用を含む。2) 海洋環境の保全を含む。3) 放射性物質による環境汚染の防止。

表 37-7 **日本における絶滅のおそれのある野生生物数**（2020年）

分類群	絶滅	野生絶滅	絶滅危惧	準絶滅危惧	情報1)不足	絶滅のお2)それのある地域個体群
動物・・・・・・・・・・・・	49	1	1 446	943	349	63
ほ乳類・・・・・・・・	7	—	34	17	5	26
鳥類・・・・・・・・・・	15	—	98	22	17	2
は虫類・・・・・・・・・	—	—	37	17	3	5
両生類・・・・・・・・・	—	—	47	19	1	—
汽水・淡水魚類・・・・	3	1	169	35	37	15
昆虫類・・・・・・・・	4	—	367	351	153	2
貝類・・・・・・・・ 3)	19	—	629	440	89	13
その他無脊椎動物4)	1	—	65	42	44	—
植物等・・・・・・・・・・	61	13	2 270	421	195	—
維管束植物・・ 5)	28	11	1 790	297	37	—
蘚苔類・・・・・・ 6)	—	—	240	21	21	—
藻類・・・・・・・・	4	1	116	41	40	—
地衣類・・・・・・ 7)	4	1	63	41	46	—
菌類・・・・・・・・・	25	1	61	21	51	—
合計・・・・・・・・・	**110**	**14**	**3 716**	**1 364**	**544**	**63**

環境省「レッドリスト2020」より作成。今回は13分類群のうち11分類群の合計74種についてカテゴリーを再検討した結果、絶滅危惧種が40種増加し、3716種となった（ほ乳類のシベリアイタチなど）。1) 絶滅危惧のカテゴリーに移行しうる属性を有しているが、評価するだけの情報が不足している種。2) 地域的に孤立している個体群で、絶滅のおそれが高いもの。3) 汽水域の貝類も対象。4) くも類、甲殻類など。5) シダ植物と種子植物。6) コケ類。7) 菌類の仲間で、必ず藻類と共生しているもの。

第37章　環境問題

〔廃棄物・リサイクル〕　日本では、高度経済成長期やバブル期に廃棄物の量が急増し、環境汚染が拡大したことで、廃棄物処理やリサイクルに関する法整備が進められた。2000年には循環型社会形成推進基本法が制定され、リデュース（発生抑制）、リユース（再使用）、リサイクル（再生利用）の「3R」を基本とする、循環型社会の構築が始まった。

　物質の流れを把握するため、環境省によって「物質フロー図」（図37-6）が作成されている。物質フロー図には、入口、出口、循環の3つ

表 37-8　一般廃棄物処理の概況（会計年度）（単位　千 t）

	2000	2010	2019	2020	2021
ごみ総排出量・・・・・・	54 834	45 359	42 737	41 669	40 953
計画収集量・・・・・・	46 695	38 827	37 020	36 160	35 658
直接搬入量・・・・・・	5 373	3 803	3 808	3 866	3 702
集団回収量・・・・・・	2 765	2 729	1 909	1 643	1 593
1日1人あたり（g）	1 185	976	918	901	890
ごみ総処理量・・・・・・	52 090	42 791	40 949	40 085	39 421
直接焼却量・・・・・・	40 304	33 799	32 947	31 872	31 491
直接最終処分量・・	3 084	662	398	367	340
資源化等の中間処理量	6 479	6 161	5 721	5 923	5 700
粗大ごみ処理施設	3 166	2 002	1 848	1 974	1 837
ごみ堆肥化施設 1)	68	165	183	181	184
ごみ飼料化施設 2)	—	5	10	9	10
メタン化施設・・ 2)	—	22	89	95	103
ごみ燃料化施設	210	676	569	535	516
その他の資源化施設	2 788	3 198	2 953	3 071	2 995
その他の施設・・	247	93	68	57	54
直接資源化量・・・・	2 224	2 170	1 884	1 923	1 891
中間処理後再生利用量	2 871	4 547	4 605	4 760	4 673
リサイクル率（％）3)	*14.3*	*20.8*	*19.6*	*20.0*	*19.9*
最終処分量・・・・・・・・	10 514	4 837	3 798	3 638	3 424
ごみ焼却施設					
施設数（施設）・・・	1 715	1 221	1 070	1 056	1 028
処理能力（t／日）	201 557	185 372	177 001	176 202	175 737
最終処分場					
残余容量（千m³）	164 937	114 458	99 577	99 836	98 448
残余年数（年）・・ 4)	12.8	19.3	21.4	22.4	23.5

環境省「日本の廃棄物処理」より作成。災害廃棄物は除く。1) 高速堆肥化施設のみ。高速以外の堆肥化施設での処理は「その他の資源化施設」に含まれる。2)「その他の資源化施設」に含まれる。3)（直接資源化量＋中間処理後再生利用量＋集団回収量）÷（ごみ総処理量＋集団回収量）×100。4) 埋立てごみの比重を 1 m³＝0.8163 t にて算出。

の側面があり、どれだけの資源が投入され、消費・廃棄され、再生利用されているかが示される。また、2003年に策定され、約5年ごとに見直されている循環型社会形成推進基本計画では、それぞれの側面に関する指標である、資源生産性、最終処分量、循環利用率の3項目について、達成すべき目標が設定されている（表37-10）。2018年に見直された第四次計画では、2025年度における目標値が定められ、2020年度時点で最終処分量は目標に達しているものの、他の指標は未達成となっている。

　一般廃棄物の排出量は、1990年代から2000年代半ばごろまでは5000万トンを超えていたが、徐々に減少し、2021年度は約4100万トンであった（環境省による）。最終処分量は、2000年度には1000万トンを超えていた

図 37-5　産業廃棄物の業種別・種類別排出量 (2021年度)

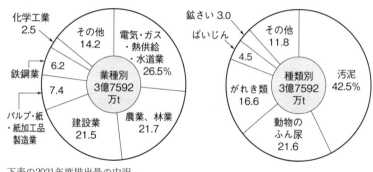

下表の2021年度排出量の内訳。

表 37-9　産業廃棄物処理の概況 (会計年度) (単位　千 t)

	2000	2010	2019	2020	2021
排出量‥‥‥‥‥	406 037	385 988	385 955	373 818	375 917
再生利用量‥‥	184 237	204 733	203 569	199 022	203 722
減量化量‥‥‥	176 933	167 000	173 228	165 708	163 370
最終処分量‥‥	44 868	14 255	9 157	9 089	8 825
最終処分場[1]					
残余容量(千m³)	176 089	194 528	153 971	157 067	171 085
残余年数(年)[2]	3.9	13.6	16.8	17.3	19.7

環境省「産業廃棄物の排出及び処理状況等」および同「産業廃棄物処理施設の設置、産業廃棄物処理業の許可等に関する状況」より作成。排出量および残余年数は推計値。1) 年度末現在。2) 残余容量÷最終処分量。1 t＝1 m³の換算比で計算。

第37章

環境問題

が、減量化やリサイクルが進んだことで急激に減少し、2010年度には半分以下の484万トン、2021年度には342万トンとなった。

　近年は、３Rに加えて、リニューアブル（再生可能な資源に変えること）も注目されている。化石資源由来の素材から、バイオマスプラスチックや紙など、天然由来の素材への移行が促進されている。

図 37-6　物質フロー（2020年度）（単位　百万ｔ）

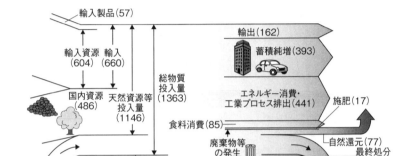

環境省「環境白書」(2023年版)より作成。含水等とは、汚泥や家畜のふん尿などの廃棄物に含まれる水のほか、経済活動に伴う土砂等に付随して投入される水分など。

表 37-10　資源生産性、循環利用率、最終処分量の推移（会計年度）

	1990	2000	2010	2020	2025 （目標）
資源生産性（万円／ｔ）・・・・	…	25.3	37.9	46.0	49.0
循環利用率（％）					
入口側・・・・・・・・・・・・・・・・	7.4	10.0	15.4	15.9	18.0
出口側・・・・・・・・・・・・・・・・	29.9	35.8	43.4	41.6	47.0
最終処分量（百万ｔ）・・・・・・	108.6	56.0	19.2	12.8	13.0

環境省「第四次循環型社会形成推進基本計画」より作成。資源生産性とは１トンあたりの天然資源等投入量（国産・輸入天然資源および輸入製品の量）から生じる実質国内総生産（GDP）で、より少ない資源でどれだけ大きな豊かさを生み出しているかを総合的に表す指標。入口側の循環利用率は、社会に投入される資源のうち、どれだけ循環利用された資源が投入されているかを表す指標。出口側の循環利用率は、廃棄物等として発生した量のうち、どれだけ循環利用されたかを表す指標。最終処分量は廃棄物の埋め立て量。

第38章　災害と事故

〔災害〕　日本の国土は地形が険しく河川が急で、洪水や土砂災害が発生しやすい。台風などで大雨の被害を受けやすく、日本海側は世界有数の豪雪地帯である。また、世界の活火山の約1割がある世界有数の火山国で、地震が非常に多いうえに、四方を海に囲まれて地震に伴う津波被害が深刻なものになりやすい。2024年元旦には、石川県の能登地方を中心に大きな地震が発生し、最大震度7を観測した（481ページ解説参照）。

表38-1　2023〜24年の主な自然災害（2024年1月まで）

	死者・行方不明者（人）	負傷者（人）	住家被害（棟）		
			全壊	半壊	床上浸水
2022〜23年冬の大雪・・・ 1)2)	60	900	3	2	—
2023年6月大雨と台風2号3)	8	49	21	536	2 398
2023年6月大雨・・・・・・・ 4)	14	19	63	907	1 250
2023〜24年冬の大雪・・・ 1)5)	21	338	3	3	—
2024年1月能登半島地震 6)	245	1 301	8 605	18 980	6

消防庁資料（2024年3月29日閲覧）より作成。1) 除雪作業中以外の交通事故や転倒は含まない。2) 2022年11月〜23年4月。3) 和歌山、愛知など。4) 6月29日からの大雨。福岡、佐賀など。5) 2023年11月〜24年2月まで。6) 2024年4月9日現在。

表38-2　自然災害による被害状況

	2017	2018	2019	2020	2021	2022
死者・行方不明者(人)	129	452	159	128	150	159
負傷者　（人）・・・・・	1 509	4 573	1 350	993	2 055	2 242
住家被害（棟）						
全壊・・・・・・・・	366	7 441	3 705	1 640	286	316
半壊・・・・・・・・	2 294	14 852	34 479	4 600	4 605	8 252
床上浸水・・・・・・	5 632	8 566	8 776	1 956	1 586	4 680
耕地被害（千ha） 1)	17.2	14.2	13.2	8.4	8.5	16.6
り災世帯数(世帯)2)	7 338	29 926	48 343	9 087	5 774	13 754
り災者数（人）・2)	14 892	62 548	86 419	19 321	10 909	22 847
被害総額（億円）・	5 994	11 719	12 417	7 081	4 145	5 044

消防庁「消防白書」各年版より作成。暴風、豪雨、洪水、高潮、地震、津波、火山噴火、その他異常な自然現象などによる被害。1) 冠水を含む。2) 住家の全壊、半壊、床上浸水により日常生活を営めないもの。各都道府県で把握したもののみ。

〔**交通事故**〕　交通事故死亡者は、1992年をピークに減少傾向が続いている。2023年の死者数は2618人と昨年を68人上回ったが、コロナ禍に伴う交通量の減少が回復したことが影響した。死者数の減少傾向は10代で著しいが、高齢者では比較的ゆるやかで、死者数に占める75歳以上の割合は2023年で38％である。警察庁では、高齢者の運転免許更新時の適性検査の強化や、自主返納しやすい環境づくりに努めている。

図 38-1　**交通事故件数と死者数**

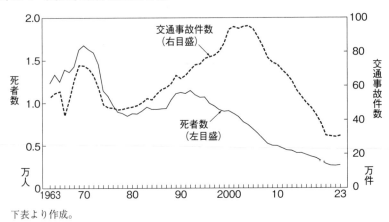

下表より作成。

表 38-3　**道路交通事故**（単位　人）

	1990	2000	2010	2020	2022	2023
交通事故件数（件）	643 097	931 950	725 924	309 178	300 839	307 930
うち死亡事故 ・・・	10 651	8 713	4 808	2 784	2 550	2 618
死者数（24時間以内）[1]	11 227	9 073	4 948	2 839	2 610	2 678
30日以内死者数 ・[2]	…	10 410	5 828	3 416	3 216	3 263
負傷者数・・・・・・・・	790 295	1 155 707	896 297	369 476	356 601	365 595
うち重傷者 ・・・・・	79 126	80 105	51 536	27 775	26 027	27 636
人口10万人あたり[3]						
死者数・・・・・・	9.1	7.1	3.9	2.3	2.1	2.2
負傷者数・・・・・	639.3	910.5	699.9	292.9	285.4	294.0

警察庁資料より作成。表36-10における交通事故死者数は、交通事故を原死因とする死者数で、本表とは定義が異なる。1）交通事故発生から24時間以内に死亡した者。2）交通事故発生から30日以内に死亡した者。3）人口10万あたりは、総務省統計局「国勢調査」または同「人口推計」による各年10月1日現在人口を用いて編者算出。

表 38-4　**状態別交通事故死者数**（単位　人）

	1990	2000	2010	2020	2022	2023
自動車乗車中····	4 501	3 953	1 637	882	870	837
二輪車乗車中····	2 492	1 575	881	526	435	508
自転車乗車中····	1 161	984	668	419	339	346
歩行中··········	3 042	2 540	1 744	1 002	955	973
計×··········	**11 227**	**9 066**	**4 948**	**2 839**	**2 610**	**2 678**
うち19歳以下 ···	2 285	899	310	149	113	107
65歳以上 ···	2 673	3 166	2 489	1 596	1 471	1 466
（参考）75歳以上	1 367	1 698	1 564	1 072	1 015	1 006

警察庁資料より作成。死者数について、遡及訂正が一部反映されていないため、2000年の数値が表38-3と一致しない。×その他とも。

表 38-5　**運転免許保有者数**（単位　千人）

	1970年末			2022年末		
	男	女	計	男	女	計
16～19歳········	1 670	269	1 939	468	349	817
20～24 〃 ········	3 995	1 195	5 190	2 510	2 150	4 659
25～34 〃 ········	6 566	1 777	8 344	5 851	5 185	11 036
35～44 〃 ········	5 397	1 207	6 604	7 333	6 713	14 046
45～54 〃 ········	2 675	294	2 970	9 184	8 493	17 677
55～64 〃 ········	1 168	22	1 190	7 396	6 747	14 143
65歳以上········	213	1	214	11 589	7 873	19 462
うち75歳以上 ···	…	…	…	4 452	2 213	6 665
計··········	**21 684**	**4 766**	**26 449**	**44 331**	**37 510**	**81 841**
高齢者割合（％）	*1.0*	*0.0*	*0.8*	*26.1*	*21.0*	*23.8*

警察庁「運転免許統計」（2022年）より作成。高齢者割合は65歳以上。2022年に申請された取消件数（自主返納）は、448千件（65歳以上が95.6％、75歳以上が60.9％を占める）。

2024年元旦に発生した能登半島地震

　2024年1月1日、石川県能登地方でマグニチュード7.6の地震が発生し、志賀町と輪島市で震度7の揺れを観測した。地震に伴い津波が発生し、広範囲で海岸の隆起も起きている。人的被害は死者数が245人、負傷者1301人である。住家被害は11万棟を超え、うち全壊は8605棟であった。能登地方は、海岸線近くまで山が迫る険しい地形が多く、各地で道路網が寸断された。多くの集落が孤立したことで、被害の全容把握や援助物資の輸送に時間を要することになった。インフラの復旧も遅れており、上水道は石川県内の6220戸で断水中である（以上、2024年4月9日時点）。

第 38 章　災害と事故

〔火災〕　2022年の出火件数は3万6314件で、前年より3.1％増加した。コロナ禍で2020年に大きく減少した後、経済や社会活動の回復に伴って増加しており、2023年も増加傾向にある（1〜9月で前年比4.3％増）。

表38-6　火災被害の状況

	1990	2000	2010	2020	2021	2022
出火件数（件）･･･	56 505	62 454	46 620	34 691	35 222	36 314
建物火災･････	34 768	34 028	27 137	19 365	19 549	20 167
林野火災･････	2 858	2 805	1 392	1 239	1 227	1 239
車両火災･････	6 173	8 303	5 042	3 466	3 512	3 409
焼損面積						
建物火災（千m²）[1]	1 674	1 594	1 187	1 015	992	1 065
林野火災（a）･･	133 325	145 451	75 549	44 885	78 947	60 517
損害額（百万円）･	148 458	150 426	101 762	103 739	104 213	101 743
建物損害額･･･[2]	142 088	139 988	94 195	97 378	97 987	95 318
林野損害額･･･	467	708	71	201	176	345
車両損害額･･･	3 291	4 032	3 533	2 134	2 607	2 426
り災世帯数（世帯）	32 853	30 999	23 865	17 931	17 844	18 415
死者（人）･････[3]	1 828	2 034	1 738	1 326	1 417	1 452
負傷者（人）････	7 097	8 281	7 305	5 583	5 433	5 750

消防庁「消防白書」(2023年版）より作成。1995年より爆発のみの火災を含む。1）床面積。2）収容物の損害額を含む。3）火災により48時間以内に死亡したもの。

表38-7　出火原因別火災損害状況（2022年）

	出火件数（件）	建物焼損床面積（千m²）	林野焼損面積（a）	り災世帯数（世帯）	損害額（百万円）
たばこ･･･････	3 209	45.3	4 649	2 197	4 020
たき火･･･････	3 105	26.2	6 498	155	761
こんろ･･･････	2 771	37.9	17	2 501	2 903
放火･････････	2 242	25.2	388	873	2 091
電気機器･････	1 960	27.6	2	1 002	3 652
計×･･･････	36 314	1 064.9	60 517	18 415	101 743

消防庁「消防白書」(2023年版）より作成。×その他とも。

表38-8　消防職員数と消防団員数の推移（単位　千人）

	1990	2000	2010	2020	2022	2023
消防職員･･････	133.6	153.4	158.8	166.6	167.5	167.9
消防団員･･････	996.7	951.1	863.7	818.5	783.6	762.7

消防庁「消防白書」(2023年版）より作成。各年4月1日現在。

第39章　犯罪・司法

〔犯罪〕　警察庁によると、2023年の刑法犯の認知件数は70.3万件で、前年より17％増加した。刑法犯の認知件数は、2003年以降一貫して減少し、2021年に戦後最少となったが、2022、23年は2年連続で増加した。乗り物盗などの窃盗犯のほか、詐欺の認知件数が特に大きく増えた。

　　特殊詐欺（表39-6参照）は、認知件数、検挙件数、被害額がいずれも

表 39-1　刑法犯の状況

	2000	2010	2020	2022	2023	前年比（％）
認知件数（千件）·	2 443.5	1 604.0	614.2	601.3	703.4	17.0
凶悪犯······ 1)	10.6	7.6	4.4	4.4	5.8	29.6
殺人·······	1.4	1.1	0.9	0.9	0.9	6.9
強盗·······	5.2	4.1	1.4	1.1	1.4	18.6
粗暴犯······ 2)	64.4	63.8	51.8	52.7	58.5	11.0
傷害·······	30.2	26.6	19.0	19.5	22.2	13.6
窃盗犯·······	2 131.2	1 229.1	417.6	407.9	483.7	18.6
知能犯······ 3)	55.2	44.5	34.1	41.3	50.0	21.1
風俗犯······ 4)	9.8	10.9	7.7	8.1	11.8	44.8
その他·······	172.3	248.0	98.9	86.8	93.6	7.8
発生率······· 5)	1 925	1 253	487	481	566	17.5
検挙件数（千件）·	576.8	497.4	279.2	250.4	269.6	7.7
検挙率（％）····	23.6	31.0	45.5	41.6	38.3	—
検挙人員（千人）·	309.6	322.6	182.6	169.4	183.3	8.2
凶悪犯·······	7.5	5.0	4.3	4.0	4.9	22.2
殺人·······	1.4	1.0	0.9	0.8	0.8	2.9
強盗·······	3.8	2.6	1.7	1.3	1.6	21.1
粗暴犯·······	50.4	49.5	48.1	45.7	49.8	9.1
傷害·······	29.4	22.0	18.8	17.5	19.9	13.5
窃盗犯·······	162.6	175.2	88.5	79.2	85.5	8.0
知能犯·······	11.3	14.1	10.5	12.5	12.0	-4.5
風俗犯·······	6.1	6.0	5.2	5.4	6.8	25.9
その他·······	71.7	72.7	26.0	22.5	24.2	7.4

警察庁「犯罪統計資料」および法務省「犯罪白書」(2023年版）より作成。交通関係の業務上（重）過失致死傷罪、自動車運転過失致死傷罪、危険運転致死傷罪を含まない。1）殺人、強盗、放火、不同意性交等（2017年の刑法改正で強姦から強制性交等に、2023年の改正で強制性交等から不同意性交等に変更）。2）暴行、傷害、脅迫、恐喝、凶器準備集合。3）詐欺、横領、偽造、汚職、背任など。4）賭博、わいせつ。2023年は新設の性的姿態撮影等処罰法を含む。5）人口10万あたりの犯罪認知件数。2023年は編者算出。

第39章　犯罪・司法

前年より増加した。被害者の年齢は、全体でみると80代女性の割合が最も高いが、検挙件数が前年の1.9倍に増えた架空料金請求詐欺では、幅広い年代で被害が発生した。架空料金請求詐欺は、未払いの料金など架空の事実を口実に金銭をだまし取るもので、4割以上がパソコンやスマートフォンの画面のポップアップ表示を利用した犯行であった。

　インターネットを利用した犯罪による被害は、依然として深刻な状態にある。金融機関を装ったフィッシングメールなどを通じた、インターネットバンキングの不正送金は、2023年の被害額が前年の5.7倍に増え、過去最高額を大幅に更新した。また、SNSを利用した投資詐欺や、SNS

図 39-1　刑法犯の認知件数および検挙率の推移

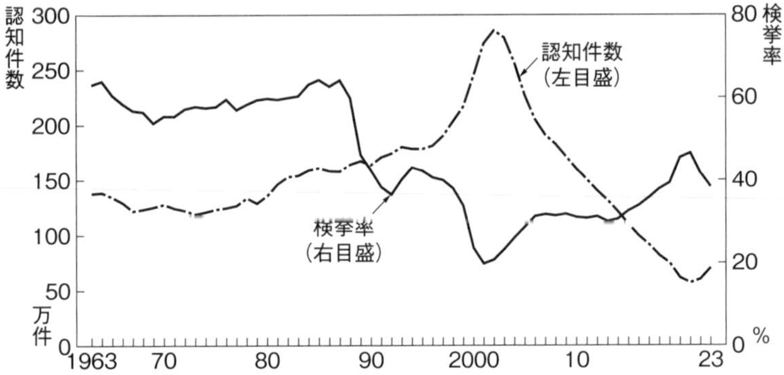

資料は表39-1に同じ。交通関係の犯罪を含まない。

表 39-2　少年（14〜19歳）犯罪の検挙人員の推移 （単位　人）

	2000	2010	2020	2022	2023	前年比（％）
凶悪犯‥‥‥‥	2 120	783	522	495	606	22.4
殺人‥‥‥‥	105	43	50	49	43	-12.2
強盗‥‥‥‥	1 638	565	323	235	329	40.0
粗暴犯‥‥‥‥	19 691	7 729	3 060	2 844	3 570	25.5
傷害‥‥‥‥	10 687	4 895	1 748	1 552	2 058	32.6
窃盗犯‥‥‥‥	77 903	52 435	9 222	7 503	9 855	31.3
知能犯‥‥‥‥	584	978	731	750	796	6.1
風俗犯‥‥‥‥	429	437	400	477	636	33.3
刑法犯総数×	132 336	85 846	17 466	14 887	18 949	27.3

資料は表39-1に同じ。各犯罪については表39-1の注記を参照。犯行時および処理時の年齢がともに14〜19歳のもの。×その他の刑法犯を含む。

でのやり取りを通じて相手に恋愛感情を抱かせ、金銭等をだまし取るロマンス詐欺も問題になっている。詐欺は、海外に犯行拠点がある場合も多いため、警察庁は国際連携の強化に努めている。

　2023年7月、改正刑法が施行され、性犯罪に関するさまざまな規定が変更された。強制性交等が不同意性交等に、強制わいせつが不同意わい

せつに名称変更され、同意のない性的行為が犯罪に該当することが明確化された。暴行や脅迫のみならず、心身の障害や立場の違いなどによって、相手が同意しないことが困難な状況で行為におよんだ場合も、処罰の対象となった。不同意性交等と不同意わいせつは、いずれも3年連続で認知件数が増加している。近年の性犯罪への対策強化で、被害の認識が高まったことが影響したとみられる。

図 39-2　刑法犯の人口千あたり検挙人員

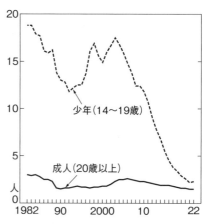

警察庁資料より作成。成人・少年それぞれの人口比。少年は表39-2の注記を参照。

表 39-3　特別法犯の状況

	検挙件数（件）			検挙人員（人）		
	2021	2022	2023	2021	2022	2023
迷惑防止条例‥‥	8 765	9 800	9 771	6 702	7 526	7 355
覚せい剤取締法‥	11 299	8 532	8 160	7 631	5 944	5 727
大麻取締法‥‥‥	6 733	6 493	7 708	5 339	5 184	6 243
軽犯罪法‥‥‥‥	8 431	7 888	7 665	8 455	7 820	7 605
入管法‥‥‥‥‥	4 831	4 201	6 029	3 528	3 129	4 228
廃棄物処理法‥‥	6 183	5 621	5 237	6 651	6 007	5 662
銃刀法‥‥‥‥‥	5 252	5 164	5 064	4 521	4 552	4 283
特別法犯総数×	71 005	67 477	70 046	58 156	55 639	57 016

警察庁「犯罪統計資料」より作成。自動車の運転により人を死傷させる行為等の処罰に関する法律および交通法令違反を除く。×その他の特別法犯を含む。

表 39-4　銃器使用犯罪の状況

	2019	2020	2021	2022	2023
発砲事件数（件）‥‥‥	13	17	10	9	9
暴力団等‥‥‥‥‥‥	10	14	8	6	3
死傷者数（人）‥‥‥	12	9	5	6	10
けん銃押収丁数（丁）‥	401	355	295	321	349
暴力団から‥‥‥‥‥	77	54	31	34	29

警察庁「令和5年における組織犯罪の情勢」より作成。

表 39-5　サイバー犯罪の罪名別検挙件数（単位　件）

	2000	2010	2020	2022	2023
不正アクセス禁止法‥ 1)	67	1 601	609	522	521
コンピュータ・ 　電磁的記録対象犯罪2)	44	133	563	948	1 000
詐欺‥‥‥‥‥‥‥‥‥	306	1 566	1 297	3 304	2 854
児童買春・ 　児童ポルノ禁止法‥	121	1 193	2 015	2 113	1 915
犯罪収益移転防止法‥ 3)	…	…	…	584	1 089
総数×‥‥‥‥‥‥‥	913	6 933	9 876	12 369	12 479

法務省「犯罪白書」（2023年版）および警察庁資料より作成。1) 2012年の改正でフィッシングサイトの開設等が新たに規定された。2) データの書き換えや不正操作など。3) マネーロンダリング（資金洗浄）などを防止するもの。×その他とも。

表 39-6　特殊詐欺の種類別検挙件数（単位　件）

	2019	2020	2021	2022	2023 1)
オレオレ詐欺‥‥‥‥	3 274	1 890	1 460	1 771	2 131
預貯金詐欺‥‥‥‥ 2)		1 715	2 128	1 425	1 722
架空料金請求詐欺‥‥	1 381	490	251	177	334
還付金詐欺‥‥‥‥‥	376	450	747	1 061	1 061
融資保証金詐欺‥‥‥ 3)	91	198	30	37	23
キャッシュカード詐欺盗4)	1 617	2 591	1 961	2 133	1 895
総数×‥‥‥‥‥‥‥	6 817	7 424	6 600	6 640	7 219

警察庁「特殊詐欺認知・検挙状況等について」より作成。特殊詐欺とは、被害者に電話をかけるなどして対面することなく信頼させ、指定した預貯金口座への振込みなどにより、現金等をだまし取る犯罪の総称。1) 暫定値。2) キャッシュカード等をだまし取るもの。従来オレオレ詐欺に含まれていたが、2020年から新たな手口として分類された。3) 融資を申し込んできた人に対し、保証金等の名目で金銭等をだまし取るもの。4) キャッシュカード等を準備させ、隙を見て盗み取るもの。×その他を含む。

表 39-7　暴力団犯罪の検挙件数と検挙人員

	検挙件数（件）			検挙人員（人）		
	2022	2023	暴力団[1] 割合(%)	2022	2023	暴力団[1] 割合(%)
刑法犯･･･････････	11 306	9 909	*3.7*	6 155	6 068	*3.3*
殺人･･･････････	40	49	*5.6*	79	56	*6.9*
強盗･･･････････	87	120	*9.7*	146	237	*14.8*
暴行･･･････････	616	571	*2.3*	602	527	*2.1*
傷害･･･････････	1 012	1 003	*5.6*	1 142	1 186	*6.0*
恐喝･･･････････	352	352	*30.6*	453	460	*33.7*
窃盗･･･････････	5 482	4 621	*2.9*	847	889	*1.0*
詐欺･･･････････	1 986	1 600	*9.6*	1 424	1 332	*13.6*
特別法犯･･･････････	5 528	5 024	*7.2*	3 748	3 542	*6.2*
風営適正化法･･	91	97	*11.0*	111	105	*10.2*
売春防止法････	9	19	*4.3*	5	15	*3.9*
銃刀法･･･････	114	104	*2.1*	79	80	*1.9*
麻薬等取締法･･	189	236	*15.3*	78	102	*11.4*
大麻取締法････	1 042	1 065	*13.8*	619	705	*11.3*
覚せい剤取締法	3 224	2 769	*33.9*	2 141	1 912	*33.4*
総数･･･････････	**16 834**	**14 933**	*4.4*	**9 903**	**9 610**	*4.0*

警察庁「犯罪統計資料」（2023年）より作成。交通関係の犯罪を除く。1）各犯罪全体に占める暴力団の割合。

表 39-8　外国人による犯罪の検挙件数と検挙人員

	検挙件数（件）			検挙人員（人）		
	2020	2021	2022	2020	2021	2022
来日外国人････ [1]	17 865	15 893	14 662	11 756	10 677	9 548
刑法犯･･･････	9 512	9 105	8 548	5 634	5 573	5 014
特別法犯･･････	8 353	6 788	6 114	6 122	5 104	4 534
その他の外国人･･	6 571	6 335	5 799	5 105	4 997	4 880
刑法犯･･･････	5 024	4 945	4 399	3 895	3 831	3 688
特別法犯･･････	1 547	1 390	1 400	1 210	1 166	1 192
総数･･･････････	**24 436**	**22 228**	**20 461**	**16 861**	**15 674**	**14 428**
刑法犯･･･････	14 536	14 050	12 947	9 529	9 404	8 702
特別法犯･･･	9 900	8 178	7 514	7 332	6 270	5 726

法務省「犯罪白書」(2023年版）より作成。交通犯罪を除く。刑法犯と特別法犯については表39-1、39-3を参照のこと。1）日本にいる外国人から定着居住者（永住権を有する者など）、在日米軍関係者および在留資格不明の者を除いたもの。

2022年の来日外国人の刑法犯検挙件数8548件を罪名別にみると、最も多いのは窃盗の5048件で、刑法犯全体の59.1%を占めている。同様に特別法犯6114件のうち、最も多いのは入管法違反の3970件で全体の64.9%を占めている。なお、2023年の来日外国人犯罪の検挙件数は1万8088件、検挙人員は1万1534人である（警察庁「犯罪統計資料」による）。

〔司法〕　警察等の捜査機関によって犯罪が認知され、捜査に基づいて検察が被疑者を起訴した場合、裁判所で刑事裁判が実施される。裁判の結果、有罪が確定した場合には、判決内容に応じて刑が執行される。懲役や禁錮などの刑が確定した者は、刑務所などの刑事施設に送られる。最高裁判所「裁判所データブック」によると、裁判所で取り扱う刑事事件の数は年々減少している。2022年に新たに取り扱った刑事事件の被告

表 39-9　全裁判所の新受事件数の推移

	1980	1990	2000	2010	2020	2021	2022
民事・行政（万件）1)	147.0	171.5	305.2	217.9	135.0	137.4	136.9
刑事（万人）‥‥2)	269.7	169.4	163.8	115.8	85.2	84.5	81.3
家事（万件）‥‥3)	35.0	34.3	56.1	81.5	110.5	115.1	114.8
少年（万人）‥‥4)	58.8	48.3	28.6	16.5	5.3	4.7	4.6
計‥‥‥‥‥	510.4	423.5	553.7	431.8	336.1	341.7	337.5

最高裁判所「裁判所データブック2023」より作成。当該年次に全国の裁判所において受け付けられた事件数。ただし、刑事および少年は被告人および少年の人員。全国の裁判所数は、最高裁1、高等裁14、地方裁253、家庭裁330、簡易裁438である（支部、出張所を含む）。1) 再審を含まない。2) 医療観察事件を含む。3) 2001年4月以降は人事訴訟事件を、2013年以降は家事調停事件を含む。4) 家庭裁判所で受理した成人の刑事事件を含む。

表 39-10　裁判確定人員の推移（単位　人）

	2000	2010	2020	2021	2022
有罪‥‥‥‥‥	986 305	472 729	220 688	212 919	200 181
死刑‥‥‥‥	6	9	2	4	―
無期懲役‥‥	59	49	19	18	10
有期懲役‥‥	73 184	64 865	44 232	43 556	38 910
一部執行猶予	…	…	1 298	1 015	723
全部執行猶予	45 117	37 242	27 163	26 905	24 069
有期禁錮‥‥	2 887	3 351	2 738	2 670	2 630
罰金‥‥‥‥	906 947	401 382	172 326	165 276	157 394
拘留‥‥‥‥	81	6	5	5	6
科料‥‥‥‥	3 141	3 067	1 366	1 390	1 231
無罪‥‥‥‥	46	86	76	94	60
その他‥‥‥1)	563	411	293	302	331
総数‥‥‥‥	986 914	473 226	221 057	213 315	200 572

法務省「犯罪白書」（2023年版）より作成。近年の大幅な人員の減少は、道路交通法違反の略式手続に係る罰金確定者の減少によるところが大きい。1) 免訴、公訴棄却、管轄違いおよび刑の免除。

人数は81.3万人で、前年より3.2万人減少した。法務省「犯罪白書」によると、2022年に裁判が確定した人員は20.1万人であった。無罪は60人で、裁判確定人員全体の0.03％であった。

　20歳未満の少年が犯罪行為や触法行為などをした場合は、警察や検察などによって家庭裁判所に送られ、少年裁判が実施される。家庭裁判所によって、保護処分ではなく刑罰を科すべきと判断された場合には、検察に逆送され、刑事裁判の対象となる。2022年4月に施行された改正少年法によって、18歳および19歳の少年は「特定少年」に位置付けられた。特定少年には少年法が適用されるが、逆送され起訴された場合には、事件の報道や量刑などに関して、原則として成人と同様に取り扱われる。2024年2月には、特定少年に対して初めての死刑判決が確定した。

　刑事事件のほか、裁判所で取り扱う事件には、個人や企業間の紛争に関する民事事件や、離婚や相続の手続き等を行う家事事件などがある。

表 39-11　刑務所・拘置所等の収容人員 （2022年末現在）（単位　人）

	死刑確定者	懲役		禁錮	総数×	（別掲）少年院
		無期	有期			
男・・・・・	98	1 595	30 983	108	37 848	1 210
女・・・・・	8	93	3 060	3	3 693	140
計・・・	106	1 688	34 043	111	41 541	1 350

法務省「矯正統計調査」および同「少年矯正統計調査」より作成。×その他とも。

表 39-12　裁判官数・検察官数・弁護士数の推移 （単位　人）

	裁判官数[1]	女性の割合（％）	検察官数[2]	女性の割合（％）	弁護士数[3]	女性の割合（％）
2000	2 213	…	1 375	9.2	17 126	8.9
2010	2 805	20.3	1 806	19.0	28 789	16.2
2020	2 798	27.0	1 977	25.4	42 164	19.0
2022	2 784	28.2	1 980	26.4	44 101	19.6
2023	2 770	28.7	1 983	27.2	44 916	19.8

日本弁護士連合会「弁護士白書」（2023年版）より作成。1）各年4月現在。ただし、2020年からは前年12月現在。簡裁判事を除く。2）各年3月末現在（2022年は5月末現在）。副検事を除く。3）各年3月末現在（2022年は5月末現在）。正会員数。

第39章　犯罪・司法

第40章　国防と自衛隊

　2023年の安全保障環境は、2022年2月に始まったロシアによるウクライナ侵攻が継続し、2023年10月からはイスラム組織「ハマス」とイスラエルの戦闘が激化するなど、非常に不安定な状況である。日本周辺では、中国が軍事力拡大を続け、北朝鮮は核・ミサイル開発を加速している。2023年中の北朝鮮ミサイル発射は計18回（25発）で、新型固体燃料式の大陸間弾道ミサイル（ICBM）級も含まれている。また、軍事偵察衛星の打ち上げを目的としたミサイル発射もあり、11月には衛星を地球の周回軌道に進入させることに成功して12月に運用開始を発表した。

　日本は、台湾統一に強い意欲を示す中国の海洋進出や、北朝鮮の核・ミサイル開発などを警戒し、九州南端から連なる南西諸島における自衛

図40-1　日本周辺における主な兵力の状況（概数）

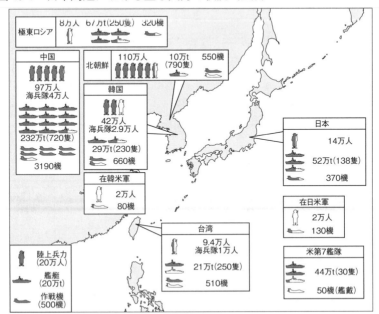

防衛省「防衛白書」（2023年版）より作成。原資料は米国防省公表資料など。在日・在韓米軍の陸上兵力は海兵隊を含む。作戦機は海軍と海兵隊機を含む。米第7艦隊は日本およびグアムに前方展開している兵力。日本は2022年度末。

隊配備を進めている（南西シフト）。2016年には陸上自衛隊駐屯地が与
那国島（沖縄県）に開設され、2019年には宮古島（同）と奄美大島（鹿
児島県）に、そして2023年には石垣島（沖縄県）に開設された。また、
有事の際に海上保安庁を防衛大臣の指揮下に組み込むという手順を定め
た「統制要領」が、2023年4月に策定された。非武装である海上保安庁

図 40-2　令和 6 年度（2024年度）の防衛関係費（当初予算）

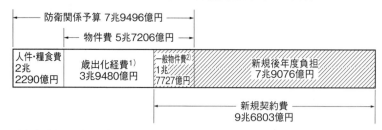

防衛省「令和 6 年度（2024年度）予算の概要」より作成。SACO関係経費や米軍再編
関係経費のうち地元負担軽減分（表40-1）などを含む。防衛力整備は艦船や航空機の
調達など複数年を要するものが多い。そのため、調達費用等を複数年度にわたって支
払うよう契約し、後年度に支払う分を後年度負担と呼ぶ。1）2023年度以前に契約さ
れた後年度負担の2024年度支払分。2）当年度の契約に基づき支払われた分。

表 40-1　使途別の防衛関係予算（当初）の推移（会計年度）（単位　億円）

	2020	2021	2022	2023	2024
人件・糧食費‥‥‥‥‥	21 426	21 919	21 740	21 969	22 290
物件費‥‥‥‥‥‥‥‥	31 708	31 504	32 265	46 250	57 206
装備品等購入費等‥‥1)	8 543	9 187	8 165	13 622	17 262
研究開発費‥‥‥‥‥	1 273	1 133	1 644	2 201	2 605
施設整備費等‥‥‥‥	1 512	2 029	1 932	2 465	3 044
維持費等‥‥‥‥‥2)	12 610	11 609	12 788	18 731	24 491
基地対策経費等‥‥3)	4 584	4 618	4 718	4 872	4 994
SACO関係経費・4)(A)	138	144	137	115	116
米軍再編関係経費5)(A)	1 799	2 044	2 080	2 103	2 130
防衛関係予算計‥‥‥‥	53 133	53 422	54 005	68 219	79 496
対GDP比（％）‥6)	*0.932*	*0.955*	*0.957*	*1.193*	*1.292*
（A）等を除く防衛関係予算	50 688	51 235	51 788	66 001	77 249

防衛省「防衛白書」、「令和 6 年度予算案の概要」、財務省「令和 6 年度防衛関係予算のポ
イント」より作成。1) 新しい装備品（戦車、護衛艦、戦闘機など）の購入費。2) 隊員の
教育訓練、艦船・航空機等などの油、装備費の修理費。3) 基地地元への支援と在日米軍
駐留経費負担など。4) SACOは沖縄における施設・区域に関する特別行動委員会。5) 地
元負担軽減分のみ。6) 2024年度は「経済見通し」のGDPを用い編者算出。

（28ページ）は、住民の避難や救援など後方支援を行うこととなる。

2022年末に策定された「防衛力整備計画」（2023～2027年度）は、防衛に欠かせない主要装備品の整備数量などを示して、5年間の防衛費を総額43兆円程度と計上している。2年目となる2024年度（令和6年度）の防衛関係予算は、前年度比16.5％増の7兆9496億円で、内訳は、自衛隊

図 40-3　防衛関係費予算（当初）の推移（会計年度）

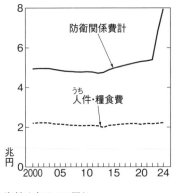

資料は表40-1に同じ。

図 40-4　主な国の軍事支出の対GDP比の推移

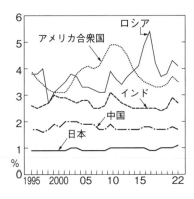

資料は表40-2に同じ。

表 40-2　主な国の軍事支出（名目値）

	軍事支出（億ドル）			国民1人あたり支出額（ドル）(2022)	GDPに対する割合(%)(2022)
	2020	2021	2022		
アメリカ合衆国·	7 784	8 062	8 769	…	3.45
中国········· 1)	2 580	2 859	2 920	202	1.60
ロシア·········	617	659 2)	864 2)	592 2)	4.06
インド·········	729	763	814	58	2.43
サウジアラビア1)	646	632	750	2 093	7.42
イギリス······	583	675	685	999	2.23
ドイツ·········	533	565	558	665	1.39
フランス·······	527	566	536	818	1.94
韓国··········	461	509	464	903	2.72
日本··········	514	510	460	366	1.08
ウクライナ··· 1)	59	59	440	1 019	33.55
世界計×···· 3)	20 919	21 041	21 819	…	…

ストックホルム国際平和研究所（SIPRI）"Military Expenditure Database" より作成。
1) SIPRI推計。2) 不確実性の高いデータ。3) 2021年基準実質値。×その他を含む。

員の給与や退職金などの人件・糧食費が2兆2290億円、装備品の調達・修理、隊員の教育訓練などの物件費が5兆7206億円となっている（表40-1）。重点として、前年度に引き続きスタンド・オフ・ミサイル（脅威圏外の離れた位置から侵攻する相手方へ攻撃できるミサイル）やイージス・システム搭載艦（迎撃システム「イージス・アショア」の代替として導入）などの早期整備に、多くの予算が配分された。

図 40-5　主な国の兵力（2022年）（概数）

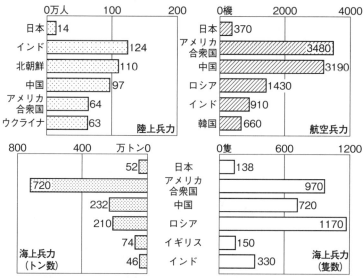

防衛省「防衛白書」（2023年版）より作成。陸上兵力は陸軍の兵員数。海上兵力は艦船トン数および隻数。航空兵力は作戦機数。日本は2022年度末の数値。中国では2015年末から軍の改革が行われ、陸軍の余剰兵員が大幅に削減された。

表 40-3　自衛官現員数（年度末現在）（単位　人）

	1990	2000	2010	2020	2022	〃定員
陸上自衛隊・・・・1)	148 413	148 676	140 278	141 443	137 024	150 500
海上自衛隊・・・・	42 245	44 227	41 755	43 419	43 106	45 293
航空自衛隊・・・・	43 359	45 377	42 748	43 830	43 694	46 994
統合幕僚監部等・	160	1 527	3 169	3 817	4 019	4 367
計・・・・・・・・1)	234 177	239 807	227 950	232 509	227 843	247 154

防衛省「防衛白書」（2023年版）、朝雲新聞社「防衛ハンドブック」より作成。1) 常備自衛官で、即応予備自衛官員数（有事等の場合に招集される）を含まず。

第40章

国防と自衛隊

表 40-4　防衛力整備計画（2023〜2027年度）

種類	整備規模	種類	整備規模
12式地対艦誘導弾[1]（地上、艦艇、航空機発射型）	地上発射型11個中隊	UUV（無人水中航走体）	—
島嶼防衛用高速滑空弾	—	護衛艦	12隻
極超音速誘導弾	—	潜水艦	5隻
トマホーク	—	哨戒艦	10隻
03式中距離地対空誘導弾[1]	14個中隊	固定翼哨戒機（P-1）	19機
イージス・システム搭載艦	2隻	戦闘機（F-35A）	40機
早期警戒機（E-2D）	5機	戦闘機（F-35B）	25機
弾道ミサイル防衛用迎撃ミサイル		戦闘機（F-15）[1]	54機
迎撃ミサイル（PAC-3MSE）[1]	—	スタンド・オフ電子戦機	1機
長距離艦対空ミサイルSM-6	—	ネットワーク電子戦システム	2式
各種無人機（UAV）	—	電波情報収集機（RC-2）	3機
USV（無人水上航走体）	—	輸送船舶	8隻
UGV（陸上無人車両）	—	輸送機（C-2）	6機
		空中給油・輸送機	13機

防衛省「防衛力整備計画について」より作成。「国家防衛戦略」（2022年12月閣議決定）に従い定められた防衛装備品の取得計画（旧中期防衛力整備計画）。1）能力向上型。

図 40-6　緊急発進（スクランブル）回数の推移（会計年度）

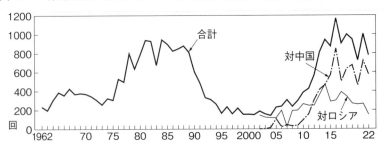

防衛省統合幕僚監部「2022年度の緊急発進実施状況について」より作成。

表 40-5　在日米軍の施設と兵力

	1975（3月末）	2023（1月1日）		1975（12月末）	2023年（9月末）
施設（専用施設）			兵力計（人）[1]	50 500	53 246
件数（件）	136	76	陸軍	5 000	2 360
土地面積（km²）	362	263	海軍	} 31 000	19 576
うち沖縄県	269	185	海兵隊		18 664
〃 %	74.3	70.3	空軍	14 500	12 555

施設は防衛省「在日米軍施設・区域（専用施設）面積」、兵力は米国防総省のDMDC（国防人員データ・センター）“Military and Civilian Personnel by Service/Agency by State /Country” より作成。兵力数は現役数。1）沿岸警備隊、宇宙軍を含む。

表 40-6　**防衛力整備計画**（おおむね10年後の達成計画）

共同の部隊			サイバー防衛部隊 海上輸送部隊	1 個防衛隊 1 個輸送群
陸上自衛隊			常備自衛官定員	14万 9 千人
	基幹部隊		作戦基本部隊	9 個師団 5 個旅団 1 個機甲師団
			空挺部隊 水陸機動部隊 空中機動部隊	1 個空挺団 1 個水陸機動団 1 個ヘリコプター団
			スタンド・オフ・ミサイル部隊	7 個地対艦ミサイル連隊 2 個島嶼防衛用高速滑空弾大隊 2 個長射程誘導弾部隊
			地対空誘導弾部隊	8 個高射特科群
			電子戦部隊 うち対空電子戦部隊	1 個電子作戦隊 （1 個対空電子戦部隊）
			無人機部隊	1 個多用途無人航空機部隊
			情報戦部隊	1 個部隊
海上自衛隊	基幹部隊		水上艦艇部隊 潜水艦部隊 哨戒機部隊 うち固定翼哨戒機部隊 無人機部隊 情報戦部隊	6 個群（21個隊） 6 個潜水隊 9 個航空隊 （4 個隊） 2 個隊 1 個部隊
	主要装備		護衛艦 うちイージス・システム搭載 イージス・システム搭載艦 哨戒艦 潜水艦 作戦用航空機	54隻 （10隻） 2 隻 12隻 22隻 約170機
航空自衛隊	主要部隊		航空警戒管制部隊 戦闘機部隊 空中給油・輸送部隊 航空輸送部隊 地対空誘導弾部隊 宇宙領域専門部隊 無人機部隊 作戦情報部隊	4 個航空警戒管制団 1 個警戒航空団（3 個飛行隊） 13個飛行隊 2 個飛行隊 3 個飛行隊 4 個高射群（24個高射隊） 1 個隊 1 個飛行隊 1 個隊
	主要装備		作戦用航空機 うち戦闘機	約430機 （約320機）

資料は表40-4に同じ。「国家防衛戦略」（2022年12月閣議決定）に従い定められたおおむね10年後までの防衛力目標。以前の防衛計画大綱の「別表」にあたる。

表40-7　自衛隊の国内災害派遣（概数）（会計年度）

	件数 （件）	人員 （人）	車両 （両）	航空機 （機）	艦艇 （隻）
2018* ・・・・・・・・・・・・・	430	22 665	3 090	644	11
〃 7月豪雨・・・・・・・・・	12	957 000	49 500	340	150
〃 北海道胆振東部地震	1	211 000	17 800	230	20
2019* ・・・・・・・・・・・・・	447	43 285	7 597	707	9
〃 房総半島台風（15号）	1	96 000	19 000	20	20
〃 東日本台風（19号）	1	880 000	49 400	1 610	100
2020* ・・・・・・・・・・・・・	530	58 828	8 132	567	4
〃 7月豪雨・・・・・・・・・	1	350 000	13 000	270	4
2021* ・・・・・・・・・・・・・	382	18 000	3 200	450	—
〃 7月1日からの大雨	1	27 000	3 500	30	—
2022・・・・・・・・・・・・・・	381	50 000	5 600	660	20

防衛省「防衛白書」（2023年版）より作成。延べ数。国内災害派遣は、被災地への救援や重症患者の空輸、民間火災や山火事などの消火などにあたる。*印の各年度のデータには、別掲の豪雨、地震、台風などへの派遣数は含まない。人員数は、現地活動人員に加えて、整備・通信要員などの後方活動人員を含める。

表40-8　自衛隊の国際緊急援助活動（概数）（2024年3月現在）

派遣地域	派遣期間	延べ人数 （人）	派遣地域	派遣期間	延べ人数 （人）
インドネシア・・・ （航空機事故）	2014.12 ～2015. 1	353	ジブチ・・・・・・・・ （大雨・洪水）	2019.11 ～2019.12	230
ネパール・・・・・・ （地震災害）	2015. 4 ～2015. 5	144	オーストラリア・ （森林火災）	2020. 1 ～2020. 2	80
ニュージーランド （地震災害）	2016.11	30	トンガ・・・・・・・ 1) （火山島噴火）	2022. 1 ～2022. 2	…
インドネシア・・・ （地震・津波）	2018.10	70	トルコ・・・・・・・ 2) （地震）	2023. 2 ～2023. 3	…

防衛省資料より作成。国際緊急援助法に基づく。1) 飲用水輸送。2) トルコ東南部を震源とする地震。必要な機材の輸送。以降、医療チームなどが派遣される。

「防衛装備移転三原則」見直し　戦後の日本は、平和国家としての道を歩む中で、武器輸出について慎重に対応してきた。1967年に「武器輸出三原則」を表明し、1976年より実質的に全面禁輸された。1983年以降は一部で例外化が始まり、2014年に「防衛装備移転三原則」を制定、その運用指針を定め、部品のみ武器輸出を容認するようになった。「防衛装備移転三原則」は2023年12月に改正され、外国企業から技術導入した「ライセンス生産」による武器完成品について、ライセンス元への輸出を可能とする。これを受けて、国産の地対空誘導弾ペトリオット（PAC-3）をアメリカ合衆国へ輸出することが決定した。これらの完成品は、ライセンス元から第三国への輸出も可能となる。

表 40-9　ソマリア沖・アデン湾における海賊対処（2023年12月累計）（単位　隻）

水上部隊 直接護衛		水上部隊 ゾーンディフェンス		P-3C哨戒機	
日本籍船数…	26	確認商船数‥	33 044	確認商船数‥	282 378
外国籍船数	701	実施日数（日）	2 672	飛行回数（回）	3 227
日本運航事業者	701			飛行時間（時間）	23 110
その他‥‥‥	3 225			情報提供（回）[1]	16 248

防衛省統合幕僚監部資料より作成。海賊対処法に基づいて、2009年7月から開始された護衛した船の累計。1）護衛艦、諸外国の艦艇等および民間商船への情報提供。

表 40-10　自衛隊の主な国際平和協力活動（2024年1月現在）

	主な派遣地	派遣期間	延べ人数 （人）
PKO：平和維持活動			
国連カンボジア暫定機構（UNTAC）	カンボジア	1992. 9〜93. 9	1 216
国連モザンビーク活動（ONUMOZ）	モザンビーク	1993. 5〜95. 1	154
国連兵力引き離し監視隊（UNDOF）	ゴラン高原[1]	1996. 2〜2013. 1	1 501
国連東ティモール暫定行政機構[2]	東ティモール	2002. 2〜04. 6	2 304
国連スーダンミッション（UNMIS）	スーダン[3]	2008.10〜11. 9	12
ハイチ国連安定化ミッション‥[4]	ハイチ	2010. 2〜13. 1	2 196
国連東ティモール統合ミッション （UNMIT）‥‥‥‥‥‥‥‥‥	東ティモール	2010. 9〜12. 9	8
国連南スーダン共和国ミッション （UNMISS）‥‥‥‥‥‥‥‥[5]	南スーダン	2011.11〜17. 5	3 967
国連政治ミッション			
国連ネパール政治ミッション （UNMIN）‥‥‥‥‥‥‥‥‥	ネパール	2007. 3〜11. 1	24
人道的な国際救援活動			
ルワンダ難民救援‥‥‥‥‥‥	ゴマ[6]	1994. 9〜94.12	378
東ティモール避難民救援‥‥‥‥	インドネシア	1999.11〜2000. 2	113
アフガニスタン難民救援‥‥‥‥	パキスタン[7]	2001.10	138
イラク難民救援‥‥‥‥‥‥‥	ヨルダン[8]	2003. 3〜03. 4	50
イラク被災民救援‥‥‥‥‥‥	ヨルダン[8]	2003. 7〜03. 8	98
ウクライナ被災民救援活動‥‥[9]	ドバイ[9]	2022. 5〜22.06	142
MFO：多国籍部隊・監視団			
シナイ半島国際平和協力業務‥	エジプト	2019. 4〜	12

防衛省、外務省、内閣府資料より作成。国連平和維持活動法などに基づく自衛隊員派遣で、司令部要員を含む。延べ人数は累計の概数。1）イスラエル、シリア。2）UNTAET。2002年5月20日以降は国連東ティモール支援団（UNMISET）に継続参加。3）ダルフールを除く。4）MINUSTAH。5）施設部隊派遣は2017年5月に終了したが、その後も司令部要員（4名）の派遣は継続中。6）旧ザイール（コンゴ民主共和国）の都市。7）パキスタンのイスラマバードへ援助物資の航空輸送を実施。8）ヨルダンのアンマンへ援助物資の航空輸送を実施。9）国際連合難民高等弁務官事務所（UNHCR）への協力。UNHCRのドバイ倉庫および近隣国（ポーランド、ルーマニア）へ、毛布、ビニールシート、スリーピングマットを輸送。

国際平和協力法（PKO法）　1992年6月に成立し、自衛隊のPKO活動が開始した。

索引

各項目の主たるページはゴシック体とした。

索引

索引

	1	2	3						4	5
			自然動態（日本における日本人）							
	総人口 （千人）	人口密度 （人／km²）	実数（千人）			人口千あたり（人）			合計特殊出生率	乳児死亡率（出生千あたり）
			出生	死亡	自然増減	出生率	死亡率	自然増減率		
1950（昭25）	83 200	225.9	2 338	905	1 433	28.1	10.9	17.2	3.65	60.1
1955（〃30）	89 276	241.5	1 731	694	1 037	19.4	7.8	11.6	2.37	39.8
1960（〃35）	93 419	252.7	1 606	707	899	17.2	7.6	9.6	2.00	30.7
1965（〃40）	98 275	265.8	1 824	700	1 123	18.6	7.1	11.4	2.14	18.5
1970（〃45）	103 720	280.3	1 934	713	1 221	18.8	6.9	11.8	2.13	13.1
1975（〃50）	111 940	300.5	1 901	702	1 199	17.1	6.3	10.8	1.91	10.0
1980（〃55）	117 060	314.1	1 577	723	854	13.6	6.2	7.3	1.75	7.5
1985（〃60）	121 049	324.7	1 432	752	679	11.9	6.3	5.6	1.76	5.5
1986（〃61）	121 660	326.3	1 383	751	632	11.4	6.2	5.2	1.72	5.2
1987（〃62）	122 239	327.9	1 347	751	595	11.1	6.2	4.9	1.69	5.0
1988（〃63）	122 745	329.3	1 314	793	521	10.8	6.5	4.3	1.66	4.8
1989（平1）	123 205	330.5	1 247	789	458	10.2	6.4	3.7	1.57	4.6
1990（〃2）	123 611	331.6	1 222	820	401	10.0	6.7	3.3	1.54	4.6
1991（〃3）	124 101	332.9	1 223	830	393	9.9	6.7	3.2	1.53	4.4
1992（〃4）	124 567	334.2	1 209	857	352	9.8	6.9	2.9	1.50	4.5
1993（〃5）	124 938	335.2	1 188	879	310	9.6	7.1	2.5	1.46	4.3
1994（〃6）	125 265	336.0	1 238	876	362	10.0	7.1	2.9	1.50	4.2
1995（〃7）	125 570	336.8	1 187	922	265	9.6	7.4	2.1	1.42	4.3
1996（〃8）	125 859	337.6	1 207	896	310	9.7	7.2	2.5	1.43	3.8
1997（〃9）	126 157	338.4	1 192	913	278	9.5	7.3	2.2	1.39	3.7
1998（〃10）	126 472	339.2	1 203	936	267	9.6	7.5	2.1	1.38	3.6
1999（〃11）	126 667	339.7	1 178	982	196	9.4	7.8	1.6	1.34	3.4
2000（〃12）	126 926	340.4	1 191	962	229	9.5	7.7	1.8	1.36	3.2
2001（〃13）	127 316	341.5	1 171	970	200	9.3	7.7	1.6	1.33	3.1
2002（〃14）	127 486	341.9	1 154	982	171	9.2	7.8	1.4	1.32	3.0
2003（〃15）	127 694	342.5	1 124	1 015	109	8.9	8.0	0.9	1.29	3.0
2004（〃16）	127 787	342.7	1 111	1 029	82	8.8	8.2	0.7	1.29	2.8
2005（〃17）	127 768	342.7	1 063	1 084	-21	8.4	8.6	-0.2	1.26	2.8
2006（〃18）	127 901	343.0	1 093	1 084	8	8.7	8.6	0.1	1.32	2.6
2007（〃19）	128 033	343.3	1 090	1 108	-19	8.6	8.8	-0.1	1.34	2.6
2008（〃20）	128 084	343.5	1 091	1 142	-51	8.7	9.1	-0.4	1.37	2.6
2009（〃21）	128 032	343.3	1 070	1 142	-72	8.5	9.1	-0.6	1.37	2.4
2010（〃22）	128 057	343.4	1 071	1 197	-126	8.5	9.5	-1.0	1.39	2.3
2011（〃23）	127 834	342.8	1 051	1 253	-202	8.3	9.9	-1.6	1.39	2.3
2012（〃24）	127 593	342.1	1 037	1 256	-219	8.2	10.0	-1.7	1.41	2.2
2013（〃25）	127 414	341.7	1 030	1 268	-239	8.2	10.1	-1.9	1.43	2.1
2014（〃26）	127 237	341.1	1 004	1 273	-269	8.0	10.1	-2.1	1.42	2.1
2015（〃27）	127 095	340.8	1 006	1 291	-285	8.0	10.3	-2.3	1.45	1.9
2016（〃28）	127 042	340.6	977	1 308	-331	7.8	10.5	-2.6	1.44	2.0
2017（〃29）	126 919	340.3	946	1 341	-394	7.6	10.8	-3.2	1.43	1.9
2018（〃30）	126 749	339.8	918	1 362	-444	7.4	11.0	-3.6	1.42	1.9
2019（令1）	126 555	339.3	865	1 381	-516	7.0	11.2	-4.2	1.36	1.9
2020（〃2）	126 146	338.2	841	1 373	-532	6.8	11.1	-4.3	1.33	1.8
2021（〃3）	125 502	336.5	812	1 440	-628	6.6	11.7	-5.1	1.30	1.7
2022（〃4）	124 947	335.0	771	1 569	-798	6.3	12.9	-6.5	1.26	1.8
2023（〃5）	124 352	333.4								

資料は各章を参照のこと。1950年～70年は原則として沖縄県を除く。数値は後に改訂される場合がある。1）～2）各年10月1日現在。2）国立社会保障・人口問題研究所「人口統計資料集」より作成。2022、23年は編者算出。4）1人の女性が生涯に産む子どもの平均数。

	6		7	8	9		10	11	12
	平均寿命（年）		完全失業率（年平均）（男女計）（%）	平均月間実労働時間（製造業）（時間）	国内総生産（十億円）		石油製品販売量（燃料油）（千kL）	原油輸入量（千kL）	総発電量（百万kWh）
	男	女			名目	実質			
1950（昭25）	58.00	61.50	…	…	3 947	16	1 810	1 541	46 266
1955（〃30）	＊ 63.60	＊ 67.75	＊ 2.5	198.0	8 370	47 075	9 590	8 553	65 240
1960（〃35）	＊ 65.32	＊ 70.19	1.7	207.0	16 010	71 683	25 983	31 116	115 497
1965（〃40）	＊ 67.74	＊ 72.92	1.2	191.8	32 866	111 294	76 385	83 280	190 250
1970（〃45）	69.31	74.66	1.1	187.4	73 345	188 323	180 442	195 825	359 539
1975（〃50）	71.73	76.89	1.9	167.8	148 327	234 459	208 824	262 806	475 794
1980（〃55）	＊ 73.35	78.76	2.0	178.2	242 839	284 375	215 083	256 833	577 521
1985（〃60）	74.78	80.48	2.6	179.7	325 402	350 602	181 404	198 330	671 952
1986（〃61）	75.23	80.93	2.8	178.2	340 560	360 527	183 782	194 515	676 352
1987（〃62）	75.61	81.39	2.8	179.1	354 170	375 336	187 445	185 380	719 068
1988（〃63）	75.54	81.30	2.5	181.1	380 743	402 160	201 720	192 162	753 728
1989（平1）	75.91	81.77	2.3	179.3	410 122	423 757	208 877	204 914	798 756
1990（〃2）	＊ 75.92	81.90	2.1	176.6	442 781	447 370	217 171	225 251	857 272
1991（〃3）	76.11	82.11	2.1	173.2	469 422	462 242	220 342	235 587	888 088
1992（〃4）	76.09	82.22	2.2	168.1	480 783	466 028	227 709	247 413	895 336
1993（〃5）	76.25	82.51	2.5	163.4	483 712	466 825	225 501	252 150	906 705
1994（〃6）	76.57	82.98	2.9	163.1	510 916	446 522	237 416	267 009	964 330
1995（〃7）	＊ 76.38	82.85	3.2	163.9	521 614	458 270	242 870	263 889	989 880
1996（〃8）	77.01	83.59	3.4	165.8	535 562	472 632	246 812	261 482	1 009 349
1997（〃9）	77.19	83.82	3.4	165.5	543 545	477 270	245 265	268 314	1 037 938
1998（〃10）	77.16	84.01	4.1	162.7	536 497	471 207	238 905	255 225	1 046 288
1999（〃11）	77.10	＊ 83.99	4.7	161.9	528 070	469 633	244 838	250 757	1 066 130
2000（ʼ12）	＊ 77.72	＊ 84.60	4.7	164.7	535 518	482 617	244 450	249 814	1 091 500
2001（〃13）	78.07	84.93	5.0	162.9	531 654	484 480	239 835	245 669	1 075 890
2002（〃14）	78.32	85.23	5.4	163.8	524 479	484 684	237 714	235 964	1 101 260
2003（〃15）	78.36	85.33	5.3	165.6	523 969	492 124	243 569	248 925	1 093 956
2004（〃16）	78.64	85.59	4.7	167.8	529 401	502 882	236 269	245 139	1 137 341
2005（〃17）	＊ 78.56	＊ 85.52	4.4	166.8	532 516	511 954	238 280	248 822	1 157 926
2006（〃18）	79.00	85.81	4.1	167.9	535 170	518 980	228 939	246 734	1 161 110
2007（〃19）	79.19	85.99	3.9	167.6	539 282	526 681	219 210	239 608	1 195 032
2008（〃20）	79.29	86.05	4.0	165.5	527 824	520 233	207 670	241 766	1 146 269
2009（〃21）	79.59	86.44	5.1	156.0	494 938	490 615	193 396	213 000	1 112 622
2010（〃22）	＊ 79.55	86.30	5.1	163.3	505 531	510 720	197 249	214 618	1 156 888
2011（〃23）	79.44	85.90	4.6	162.2	497 449	510 842	193 107	208 872	1 107 829
2012（〃24）	79.94	86.41	4.3	164.6	500 475	517 864	200 534	213 018	1 093 950
2013（〃25）	80.21	86.61	4.0	163.7	508 701	528 248	193 196	211 750	1 090 482
2014（〃26）	80.50	86.83	3.6	164.5	518 811	529 813	185 224	200 137	1 053 717
2015（〃27）	＊ 80.75	＊ 86.99	3.4	164.6	538 032	538 081	182 014	195 499	1 024 015
2016（〃28）	80.98	87.14	3.1	164.5	544 365	542 137	178 299	194 610	997 911
2017（〃29）	81.09	87.26	2.8	165.1	553 073	551 220	175 599	186 731	1 007 341
2018（〃30）	81.25	87.32	2.4	165.1	556 630	554 767	169 779	175 897	1 000 409
2019（令1）	81.41	87.45	2.4	162.0	557 911	552 535	165 514	173 864	970 770
2020（〃2）	＊ 81.56	＊ 87.71	2.8	155.8	539 808	529 621	151 715	146 026	948 979
2021（〃3）	81.47	87.57	2.8	159.0	552 571	543 176	154 215	144 310	970 249
2022（〃4）	81.05	87.09	2.6	159.3	559 710	548 362	151 805	158 909	939 025
2023（〃5）			2.6	159.4	591 881	558 921	146 827	148 596	

6)＊は完全生命表。8)事業所規模30人以上。9)1950年は国民総生産で実質は1934～36年平均価格。1979年までの実質値は1990暦年価格基準、1980～1993年までは2000暦年連鎖価格、1994年からは2015暦年連鎖価格。2023年は速報。10)燃料油のみ。11)1987年以前は資源エネルギー庁統計、1988年以降は貿易統計による。12)会計年度。一定規模（表10-1参照）以上の発電所。

	13		14	15	16	17	18	19	20
	米（水稲・陸稲）(玄米)		水稲の10aあたり収穫高(kg)	牛飼育頭数(千頭)	豚飼育頭数(千頭)	採卵鶏飼養羽数(百万羽)	ブロイラー飼養羽数(百万羽)	素材(木材)生産量(千m³)	漁業生産量(千t)
	作付面積(千ha)	収穫高(千t)							
1950(昭25)	3 011	9 651	327	2 450	608	…	…	…	3 373
1955(〃 30)	3 222	12 385	396	3 058	825	…	…	…	4 907
1960(〃 35)	3 308	12 858	401	3 163	1 918	52	…	48 515	6 193
1965(〃 40)	3 255	12 409	390	3 175	3 976	114	…	49 534	6 908
1970(〃 45)	2 923	12 689	442	3 593	6 335	161	54	45 351	9 315
1975(〃 50)	2 764	13 165	481	3 644	7 684	146	88	34 155	10 545
1980(〃 55)	2 377	9 751	412	4 248	9 998	…	…	34 051	11 122
1985(〃 60)	2 342	11 662	501	4 698	10 718	167	150	32 944	12 171
1986(〃 61)	2 303	11 647	508	4 742	11 061	170	156	31 520	12 739
1987(〃 62)	2 146	10 627	498	4 694	11 354	177	155	30 893	12 465
1988(〃 63)	2 110	9 935	474	4 667	11 725	179	155	30 930	12 785
1989(平 1)	2 097	10 347	496	4 682	11 866	180	153	30 515	11 914
1990(〃 2)	2 074	10 499	509	4 760	11 817	177	150	29 300	11 052
1991(〃 3)	2 049	9 604	470	4 873	11 335	178	143	27 938	9 978
1992(〃 4)	2 106	10 573	504	4 980	10 966	187	137	27 114	9 266
1993(〃 5)	2 139	7 834	367	5 024	10 783	189	135	25 570	8 707
1994(〃 6)	2 212	11 981	544	4 989	10 621	187	127	24 456	8 103
1995(〃 7)	2 118	10 748	509	4 916	10 250	184	120	22 897	7 489
1996(〃 8)	1 977	10 344	525	4 828	9 900	181	118	22 469	7 417
1997(〃 9)	1 953	10 025	515	4 750	9 823	184	114	21 551	7 411
1998(〃 10)	1 801	8 960	499	4 708	9 904	183	112	19 316	6 684
1999(〃 11)	1 788	9 175	515	4 658	9 879	180	107	18 737	6 626
2000(〃 12)	1 770	9 490	537	4 587	9 806	178	108	17 987	6 384
2001(〃 13)	1 706	9 057	532	4 531	9 788	177	106	15 774	6 126
2002(〃 14)	1 688	8 889	527	4 564	9 612	177	106	15 092	5 880
2003(〃 15)	1 665	7 792	469	4 524	9 725	176	104	15 171	6 083
2004(〃 16)	1 701	8 730	514	4 478	9 724	175	105	15 615	5 775
2005(〃 17)	1 706	9 074	532	4 402	…	…	102	16 166	5 765
2006(〃 18)	1 688	8 556	507	4 391	9 620	177	104	16 609	5 735
2007(〃 19)	1 673	8 714	522	4 398	9 759	183	105	17 650	5 720
2008(〃 20)	1 627	8 823	543	4 423	9 745	182	103	17 709	5 592
2009(〃 21)	1 624	8 474	522	4 423	9 899	178	107	16 619	5 432
2010(〃 22)	1 628	8 483	522	4 376	…	…	…	17 193	5 313
2011(〃 23)	1 576	8 402	533	4 230	9 768	176	…	18 290	4 766
2012(〃 24)	1 581	8 523	540	4 172	9 735	175	…	18 479	4 853
2013(〃 25)	1 599	8 607	539	4 065	9 685	172	132	19 646	4 774
2014(〃 26)	1 575	8 439	536	3 962	9 537	172	136	19 916	4 766
2015(〃 27)	1 506	7 989	531	3 860	…	…	…	20 049	4 631
2016(〃 28)	1 479	8 044	544	3 824	9 313	173	134	20 660	4 368
2017(〃 29)	1 466	7 824	534	3 822	9 346	176	135	21 408	4 306
2018(〃 30)	1 470	7 782	529	3 842	9 189	182	139	21 640	4 427
2019(令 1)	1 470	7 764	528	3 835	9 156	182	138	21 883	4 204
2020(〃 2)	1 462	7 765	531	3 907	…	…	…	19 882	4 236
2021(〃 3)	1 404	7 564	539	3 961	9 290	181	140	21 847	4 158
2022(〃 4)	1 355	7 270	536	3 985	8 949	180	139	22 082	3 917
2023(〃 5)	1 345	7 166	533	4 043	8 956	170	141		

15)～18) 各年 2 月 1 日現在。17) 種鶏を除く。18) 2013年以降は年間出荷羽数3000羽以上の飼養者。
20) 漁業（漁獲量）と養殖業（生産量）の計。

	21		22	23	24		25		
	鉱工業 生産指数 （2020年＝100）		粗鋼 生産高 （千t）	銅 生産高 （千t）	自動車 （千台）		民生用電子機器		
	指数	対前年 上昇率 （％）			生産	輸出	生産額 （億円）	輸出額 （億円）	輸入額 （億円）
1950（昭25）	…	…	4 839	85	32	6	18	…	…
1955（〃30）	7.2	7.6	9 408	113	69	1	253	3	…
1960（〃35）	15.0	24.8	22 138	248	482	39	2 414	573	2
1965（〃40）	26.2	3.7	41 161	366	1 876	194	3 447	1 511	16
1970（〃45）	54.0	13.8	93 322	705	5 289	1 087	14 658	5 870	49
1975（〃50）	58.3	-11.0	102 313	819	6 942	2 678	15 605	8 755	184
1980（〃55）	80.7	4.7	111 395	1 014	11 043	5 967	28 140	20 471	382
1985（〃60）	95.5	3.7	105 279	936	12 271	6 730	47 615	38 055	237
1986（〃61）	95.3	-0.2	98 275	943	12 260	6 605	42 722	29 409	324
1987（〃62）	98.6	3.4	98 513	980	12 249	6 305	37 974	23 172	610
1988（〃63）	108.1	9.5	105 681	955	12 700	6 104	40 474	22 078	978
1989（平1）	114.4	5.8	107 908	990	13 026	5 884	39 518	22 868	1 454
1990（〃2）	119.0	4.1	110 339	1 008	13 487	5 831	41 540	26 178	1 131
1991（〃3）	121.0	1.7	109 649	1 076	13 245	5 753	44 496	26 964	1 357
1992（〃4）	113.6	-6.1	98 132	1 161	12 499	5 668	35 686	22 575	1 560
1993（〃5）	109.2	-4.5	99 623	1 189	11 228	5 018	30 621	17 517	1 725
1994（〃6）	110.4	0.9	98 295	1 119	10 554	4 460	27 758	15 415	2 385
1995（〃7）	113.8	3.2	101 640	1 188	10 196	3 791	24 400	13 133	3 333
1996（〃8）	116.5	2.3	98 801	1 251	10 347	3 712	22 117	12 830	4 104
1997（〃9）	120.7	3.6	104 545	1 279	10 975	4 553	22 416	13 933	4 038
1998（〃10）	112.4	-7.2	93 548	1 277	10 042	4 529	21 189	15 155	4 003
1999（〃11）	112.6	0.2	94 192	1 342	9 892	4 409	20 132	14 260	4 270
2000（〃12）	119.2	5.7	106 444	1 437	10 141	4 455	22 214	15 309	5 301
2001（〃13）	111.1	-6.8	102 866	1 426	9 777	4 166	19 126	14 095	6 681
2002（〃14）	109.8	-1.3	107 745	1 401	10 257	4 699	20 258	16 295	6 101
2003（〃15）	113.0	3.3	110 511	1 430	10 286	4 756	23 138	17 196	6 013
2004（〃16）	118.4	4.9	112 718	1 380	10 512	4 958	24 880	17 889	7 341
2005（〃17）	120.0	1.3	112 471	1 395	10 800	5 053	25 592	16 886	7 812
2006（〃18）	125.3	4.5	116 226	1 532	11 484	5 967	27 813	16 444	7 010
2007（〃19）	129.0	2.8	120 203	1 577	11 596	6 550	27 188	16 833	7 296
2008（〃20）	124.6	-3.4	118 739	1 540	11 576	6 727	27 622	15 188	6 699
2009（〃21）	97.4	-21.9	87 534	1 440	7 934	3 616	22 173	9 346	6 287
2010（〃22）	112.5	15.6	109 599	1 549	9 629	4 841	23 957	9 172	10 223
2011（〃23）	109.3	-2.8	107 601	1 328	8 399	4 464	15 711	7 543	9 311
2012（〃24）	110.1	0.6	107 232	1 516	9 943	4 804	11 336	8 168	5 905
2013（〃25）	109.6	-0.8	110 595	1 468	9 630	4 675	8 223	6 492	6 699
2014（〃26）	111.9	2.0	110 666	1 554	9 775	4 466	6 930	5 568	7 007
2015（〃27）	110.5	-1.2	105 134	1 483	9 278	4 578	6 806	5 216	6 824
2016（〃28）	110.5	0.0	104 775	1 553	9 205	4 634	6 597	4 607	5 965
2017（〃29）	114.0	3.1	104 661	1 488	9 691	4 706	6 407	4 483	6 866
2018（〃30）	114.6	1.1	104 319	1 595	9 730	4 817	5 826	4 190	7 336
2019（令1）	111.6	-2.6	99 284	1 495	9 684	4 818	5 013	3 453	7 872
2020（〃2）	100.0	-10.4	83 186	1 580	8 068	3 741	3 891	2 930	7 343
2021（〃3）	105.4	5.4	96 336	1 517	7 847	3 819	3 801	3 231	7 951
2022（〃4）	105.3	-0.1	89 227	1 556	7 835	3 813	3 689	3 965	8 537
2023（〃5）	103.9	-1.4	87 001	1 494	8 999	4 423	4 183	4 070	8 893

23）電気銅。24）四輪車のみ。輸出台数は2017年12月より一部メーカーを含まず。25）民生用電子機器とは、テレビや録画再生機、ラジオや音楽再生機など、家庭を中心に一般に広く利用される電子機器。215ページ参照。2023年の輸出入額は確々報。

付録Ⅰ

主要長期統計

	26	27	28	29	30	31	32	33	
	工作機械生産（台）	プラスチック生産（千t）	硫酸生産（千t）	織物生産（百万m²）	セメント生産（千t）	紙・板紙生産（千t）	第3次産業活動指数（2015年＝100）	輸出数量指数（2020年＝100）	輸入数量指数（2020年＝100）
1950（昭25）	4 039	25	2 030	2 059	4 462	871	…	…	…
1955（〃30）	18 147	124	3 290	4 477	10 563	2 204	…	…	…
1960（〃35）	80 143	599	4 452	6 173	22 537	4 513	…	4.3	4.8
1965（〃40）	90 356	1 685	5 655	6 607	32 486	7 299	…	9.6	8.3
1970（〃45）	256 694	5 149	6 925	7 750	57 189	12 973	…	19.2	18.5
1975（〃50）	88 108	5 167	5 997	5 955	65 517	13 601	…	31.0	22.8
1980（〃55）	178 890	7 518	6 777	6 737	87 957	18 088	…	48.0	28.3
1985（〃60）	175 238	9 232	6 580	6 326	72 847	20 469	…	68.3	30.9
1986（〃61）	137 159	9 374	6 562	6 000	71 264	21 062	…	67.8	33.8
1987（〃62）	125 536	10 032	6 541	5 623	71 551	22 537	…	67.9	37.0
1988（〃63）	169 326	11 016	6 767	5 718	77 554	24 624	…	71.6	43.1
1989（平1）	177 972	11 912	6 885	5 757	79 717	26 809	…	74.2	46.6
1990（〃2）	196 131	12 630	6 887	5 587	84 445	28 086	…	78.4	49.3
1991（〃3）	172 034	12 796	7 057	5 315	89 564	29 068	…	80.4	51.1
1992（〃4）	116 649	12 580	7 100	5 054	88 253	28 310	…	81.6	50.9
1993（〃5）	88 930	12 248	6 937	4 334	88 046	27 766	…	80.2	53.1
1994（〃6）	88 109	13 034	6 594	4 117	91 624	28 518	…	81.6	60.3
1995（〃7）	100 293	14 027	6 888	3 804	90 474	29 659	…	84.6	67.8
1996（〃8）	106 813	14 661	6 851	3 664	94 492	30 012	…	85.7	71.5
1997（〃9）	115 149	15 224	6 828	3 721	91 938	31 014	…	95.7	72.8
1998（〃10）	96 805	13 909	6 739	3 232	81 328	29 886	…	94.5	68.9
1999（〃11）	71 710	14 567	6 943	2 945	80 120	30 631	…	96.5	75.5
2000（〃12）	90 916	14 736	7 059	2 645	81 097	31 828	…	105.6	83.8
2001（〃13）	74 572	13 638	6 727	2 458	76 550	30 717	…	95.6	82.1
2002（〃14）	55 807	13 609	6 763	2 164	71 828	30 686	…	103.2	83.8
2003（〃15）	65 673	13 624	6 534	2 031	68 766	30 457	…	108.3	89.7
2004（〃16）	79 500	14 084	6 444	1 974	67 376	30 892	…	119.8	96.0
2005（〃17）	92 385	14 145	6 546	1 837	69 629	30 952	…	120.8	98.8
2006（〃18）	100 171	14 050	6 843	1 737	69 942	31 108	…	130.1	102.6
2007（〃19）	106 282	14 199	7 098	1 699	67 685	31 266	…	136.4	102.4
2008（〃20）	95 310	13 041	7 227	1 554	62 810	30 627	…	134.3	101.8
2009（〃21）	28 281	10 915	6 396	1 067	54 800	26 268	…	98.6	87.1
2010（〃22）	67 607	12 320	7 037	983	51 526	27 363	…	122.5	99.2
2011（〃23）	85 483	11 283	6 416	1 127	51 291	26 609	…	117.8	101.8
2012（〃24）	93 649	10 520	6 711	1 078	54 737	25 957	…	112.1	104.2
2013（〃25）	56 780	10 579	6 429	1 062	57 962	26 241	100.2	110.4	104.5
2014（〃26）	99 407	10 608	6 536	1 085	57 913	26 479	99.6	111.1	105.2
2015（〃27）	102 101	10 838	6 278	1 081	54 827	26 228	100.0	109.9	102.2
2016（〃28）	67 991	10 753	6 461	1 030	53 255	26 275	100.6	110.5	100.9
2017（〃29）	88 644	11 020	6 169	1 022	55 195	26 512	101.5	116.4	105.1
2018（〃30）	84 803	10 673	6 539	1 030	55 307	26 056	102.8	118.3	108.1
2019（令1）	62 240	10 505	6 226	1 064	53 462	25 401	103.1	113.2	106.9
2020（〃2）	45 569	9 639	6 460	858	50 905	22 869	96.0	100.0	100.0
2021（〃3）	67 601	10 453	6 118	876	50 083	23 939	97.4	110.7	104.8
2022（〃4）	70 004	9 511	6 332	920	48 533	23 661	99.0	110.0	104.4
2023（〃5）	58 832	8 791	5 849	921	44 475	21 999	100.8	105.7	99.3

27) 繊維用樹脂を除く個々の樹脂の合計値であり、分類項目の変更などにより接続しない年がある。
29) 2013年以降の計には麻織物を含まない。33) 2023年は確々報。

	34	35	36	37	38	39	40	41
	貿易額(億円)	経常収支(億円)	経常収支対名目GDP比(%)	貿易・サービス収支(億円)	資本移転等収支(億円)	金融収支(億円)	外貨準備高(各年末)(百万ドル)	対外純資産(各年末)(十億円)
	輸出	輸入							

	輸出	輸入	経常収支	GDP比	貿易・サービス	資本移転等	金融収支	外貨準備高	対外純資産
1950(昭25)	2 980	3 482	…	…	…	…	…	839	…
1955(〃30)	7 238	8 897	…	…	…	…	…	1 824	…
1960(〃35)	14 596	16 168	…	…	…	…	…	2 107	…
1965(〃40)	30 426	29 408	…	…	…	…	…	2 107	…
1970(〃45)	69 544	67 972	7 052	1.0	…	…	…	4 399	…
1975(〃50)	165 453	171 700	-2 001	-0.1	…	…	…	12 815	…
1980(〃55)	293 825	319 953	-25 763	-1.1	…	…	…	25 232	…
1985(〃60)	419 557	310 849	119 698	3.7	106 736	…	…	26 510	…
1986(〃61)	352 897	215 507	142 437	4.2	129 607	…	…	42 239	28 865
1987(〃62)	333 152	217 369	121 862	3.4	102 931	…	…	81 479	30 199
1988(〃63)	339 392	240 063	101 461	2.7	79 349	…	…	97 662	36 745
1989(平1)	378 225	289 786	87 113	2.1	59 695	…	…	84 895	42 543
1990(〃2)	414 569	338 552	64 736	1.5	38 628	…	…	77 053	44 016
1991(〃3)	423 599	319 002	91 757	2.0	72 919	…	…	68 980	47 498
1992(〃4)	430 123	295 274	142 349	3.0	102 054	…	…	68 685	64 153
1993(〃5)	402 024	268 264	146 690	3.0	107 013	…	…	95 589	68 823
1994(〃6)	404 976	281 043	133 425	2.6	98 345	…	…	122 845	66 813
1995(〃7)	415 309	315 488	103 862	2.0	69 545	…	…	182 820	84 072
1996(〃8)	447 313	379 934	74 943	1.4	23 174	-3 537	72 723	217 867	103 359
1997(〃9)	509 380	409 562	115 700	2.1	57 680	-4 879	152 467	220 792	124 587
1998(〃10)	506 450	366 536	149 981	2.8	95 299	-19 313	136 226	215 949	133 273
1999(〃11)	475 476	352 680	129 734	2.5	78 650	-19 088	130 830	288 080	84 735
2000(〃12)	510 542	409 384	140 616	2.6	74 298	9 947	148 757	361 638	133 047
2001(〃13)	489 792	424 155	104 524	2.0	32 120	-3 462	105 629	401 959	179 257
2002(〃14)	521 090	422 275	136 837	2.6	64 690	-4 217	133 968	469 728	175 308
2003(〃15)	545 484	443 620	161 254	3.1	83 553	-4 672	136 860	673 529	172 818
2004(〃16)	611 700	492 166	196 941	3.7	101 961	-5 134	160 928	844 543	185 797
2005(〃17)	656 565	569 494	187 277	3.5	76 930	-5 490	163 444	846 897	180 699
2006(〃18)	752 462	673 443	203 307	3.8	73 460	-5 533	160 494	895 320	215 081
2007(〃19)	839 314	731 359	249 490	4.6	98 253	-4 731	263 775	973 365	250 221
2008(〃20)	810 181	789 547	148 786	2.8	18 899	-5 583	186 502	1 030 647	225 908
2009(〃21)	541 706	514 994	135 925	2.7	21 249	-4 653	156 292	1 049 397	268 246
2010(〃22)	673 996	607 650	193 828	3.8	68 571	-4 341	217 099	1 096 185	255 906
2011(〃23)	655 465	681 112	104 013	2.1	-31 101	282	126 294	1 295 841	265 741
2012(〃24)	637 476	706 886	47 640	1.0	-80 829	-804	41 925	1 268 125	299 302
2013(〃25)	697 742	812 425	44 566	0.9	-122 521	-7 436	-4 087	1 266 815	325 732
2014(〃26)	730 930	859 091	39 215	0.8	-134 988	-2 089	62 782	1 260 548	351 114
2015(〃27)	756 139	784 055	165 194	3.1	-28 169	-2 714	218 764	1 233 214	327 189
2016(〃28)	700 358	660 420	213 910	3.9	43 888	-7 433	286 059	1 216 903	336 306
2017(〃29)	782 865	753 792	227 779	4.1	42 206	-2 800	188 113	1 264 283	329 302
2018(〃30)	814 788	827 033	195 047	3.5	1 052	-2 105	201 361	1 270 975	341 450
2019(令1)	769 317	785 995	192 513	3.5	-9 318	-4 131	248 624	1 323 750	357 015
2020(〃2)	683 991	680 108	159 917	3.0	-8 773	-2 072	141 251	1 394 680	359 992
2021(〃3)	830 914	848 750	214 667	3.9	-24 834	-4 232	167 680	1 405 750	417 908
2022(〃4)	981 736	1 185 032	114 486	2.0	-212 665	-1 144	64 253	1 227 576	418 629
2023(〃5)	1 008 738	1 101 956	213 810	3.6	-94 167	-4 001	233 037	1 294 637	

34）2023年は確々報。35）〜39）1984年以前は国際収支統計（IMF国際収支マニュアル第3版、第4版ベース）のドル表示額を換算したもの。85〜95年は同第4版ベースを同第5版、96〜2013年は第5版ベースを第6版の概念に組み替えたもの。40）2000年末より現行の公表基準に基づいており、それ以前とは連続性が無い。41）暦年末現在。国際収支統計の改訂で、1994年以前と95年、95年と96年以降が接続しない。

	42		43	44	45	46	47	48	49
	為替相場 （円／1米ドル）		財政 一般会計 歳出決算 （億円）	租税 負担率 （％）	国民 負担率 （％）	国債 発行額 （億円）	国債 依存度 （％）	普通国債 残高 （億円）	国債 流通 利回り （％）
	年末	年平均							
1950(昭25)	…	…	6 333	…	…	—	—	—	—
1955(〃 30)	…	…	10 182	…	…	—	—	—	—
1960(〃 35)	…	…	17 431	18.9	22.4	—	—	—	—
1965(〃 40)	…	…	37 230	18.0	23.0	1 972	5.3	2 000	…
1970(〃 45)	357.65	360.00	81 877	18.9	24.3	3 472	4.2	28 112	7.07
1975(〃 50)	305.15	296.79	208 609	18.3	25.7	52 805	25.3	149 731	8.53
1980(〃 55)	203.00	226.74	434 050	21.7	30.5	141 702	32.6	705 098	8.86
1985(〃 60)	200.50	238.54	530 045	24.0	33.9	123 080	23.2	1 344 314	5.87
1986(〃 61)	159.10	168.52	536 404	25.2	35.3	112 549	21.0	1 451 267	5.82
1987(〃 62)	123.50	144.64	577 311	26.7	36.8	94 181	16.3	1 518 093	5.61
1988(〃 63)	125.85	128.15	614 711	27.2	37.1	71 525	11.6	1 567 803	4.57
1989(平 1)	143.45	137.96	658 589	27.7	37.9	66 385	10.1	1 609 100	5.75
1990(〃 2)	134.40	144.79	692 687	27.7	38.4	73 120	10.6	1 663 379	6.41
1991(〃 3)	125.20	134.71	705 472	26.6	37.4	67 300	9.5	1 716 473	5.51
1992(〃 4)	124.75	126.65	704 974	25.1	36.3	95 360	13.5	1 783 681	4.77
1993(〃 5)	111.85	111.20	751 025	24.8	36.3	161 740	21.5	1 925 393	3.32
1994(〃 6)	99.74	102.21	736 136	23.5	35.4	164 900	22.4	2 066 046	4.57
1995(〃 7)	102.83	94.06	759 385	23.4	35.8	212 470	28.0	2 251 847	3.19
1996(〃 8)	116.00	108.78	788 479	23.1	35.5	217 483	27.6	2 446 581	2.76
1997(〃 9)	129.95	120.99	784 703	23.6	36.5	184 580	23.5	2 579 875	1.91
1998(〃 10)	115.60	130.91	843 918	23.0	36.3	340 000	40.3	2 952 491	1.97
1999(〃 11)	102.20	113.91	890 374	22.3	35.5	375 136	42.1	3 316 687	1.64
2000(〃 12)	114.90	107.77	893 210	22.9	36.0	330 040	36.9	3 675 547	1.64
2001(〃 13)	131.80	121.53	848 111	22.8	36.7	300 000	35.4	3 924 341	1.36
2002(〃 14)	119.90	125.39	836 743	21.3	35.2	349 680	41.8	4 210 991	0.90
2003(〃 15)	107.10	115.93	824 160	20.7	34.4	353 450	42.9	4 569 736	1.36
2004(〃 16)	104.12	108.19	848 968	21.3	35.0	354 900	41.8	4 990 137	1.43
2005(〃 17)	117.97	110.22	855 196	22.5	36.3	312 690	36.6	5 269 279	1.47
2006(〃 18)	118.95	116.30	814 455	23.1	37.2	274 700	33.7	5 317 015	1.67
2007(〃 19)	114.00	117.75	818 426	23.7	38.2	253 820	31.0	5 414 584	1.50
2008(〃 20)	90.75	103.36	846 974	23.4	39.2	331 680	39.2	5 459 356	1.16
2009(〃 21)	92.06	93.57	1 009 734	21.4	37.2	519 550	51.5	5 939 717	1.28
2010(〃 22)	81.45	87.78	953 123	21.4	37.2	423 030	44.4	6 363 117	1.11
2011(〃 23)	77.72	79.81	1 007 154	22.2	38.9	427 980	42.5	6 698 674	0.98
2012(〃 24)	86.55	79.79	970 872	22.8	39.8	474 650	48.9	7 050 072	0.79
2013(〃 25)	105.30	97.60	1 001 889	23.2	40.1	408 510	40.8	7 438 676	0.73
2014(〃 26)	120.64	105.94	988 135	25.1	42.4	384 929	39.0	7 740 831	0.33
2015(〃 27)	120.50	121.04	982 303	25.2	42.3	349 183	35.5	8 054 182	0.27
2016(〃 28)	116.80	108.79	975 418	25.1	42.7	380 346	39.0	8 305 733	0.04
2017(〃 29)	112.90	112.17	981 156	25.5	43.3	335 546	34.2	8 531 789	0.04
2018(〃 30)	110.83	110.42	989 747	26.0	44.3	343 954	34.8	8 740 434	-0.01
2019(令 1)	109.12	109.01	1 013 665	25.7	44.4	365 819	36.1	8 866 945	-0.02
2020(〃 2)	103.63	106.77	1 475 974	28.2	47.9	1 085 539	73.5	9 466 468	-0.02
2021(〃 3)	114.21	109.75	1 446 495	28.9	48.0	576 550	39.9	9 914 111	0.07
2022(〃 4)	132.65	131.50	1 323 855	28.6	46.5	504 789	38.1	10 270 973	0.41
2023(〃 5)	141.91	140.49	1 275 804	28.1	46.8	444 980	34.9	10 757 132	0.62

43）〜48）会計年度。43）2023年度は補正予算。44）〜45）国民所得に対する割合。国民負担率は租税と社会保障の負担率。2023年度は見通し。46）収入金ベース。2023年度は補正後予算の値。47）「つなぎ公債」を除く。48）2023年度は予算に基づく見込み。49）1997年以前は東証上場国債10年物最長期利回りの末値、1998年以降は新発10年国債流通利回りの末値。小数点第3位以下は切り捨て。

	50	51		52	53		54	55	56
	マネーストック（M2）平均残高（億円）	国内銀行主要勘定（銀行勘定）（年末）		国内銀行貸出約定平均金利（％）	消費者物価指数（2020年＝100）		新設住宅着工戸数（千戸）	自動車保有台数（3月末現在）（千台）	日本籍船船腹量（千総トン）
		預金（億円）	貸出金（億円）		指数（全国）	対前年上昇率（％）			
1950（昭25）	…	10 485	9 947	…	—	—	359	…	1 711
1955（〃30）	…	37 243	31 958	…	—	—	257	…	3 253
1960（〃35）	…	88 722	81 826	8.08	—	—	424	…	6 002
1965（〃40）	…	206 531	192 179	7.61	—	—	843	…	10 302
1970（〃45）	477 718	413 088	394 793	7.69	31.2	—	1 485	16 529	23 715
1975（〃50）	1 130 832	929 213	887 672	8.51	53.6	11.9	1 356	27 870	38 198
1980（〃55）	1 978 716	1 529 783	1 364 746	8.27	73.5	7.5	1 269	37 333	39 015
1985（〃60）	2 951 827	2 681 505	2 677 943	6.47	84.2	2.0	1 236	46 363	38 141
1986（〃61）	3 207 324	2 936 055	3 001 653	5.51	84.9	0.8	1 365	48 241	35 619
1987（〃62）	3 540 364	3 510 500	3 377 842	4.94	85.2	0.3	1 674	50 223	32 831
1988（〃63）	3 936 668	3 947 843	3 721 757	4.93	85.5	0.4	1 685	52 646	29 193
1989（平1）	4 326 710	4 598 039	4 124 079	5.78	87.5	2.4	1 663	55 137	26 367
1990（〃2）	4 831 186	4 954 026	4 433 042	7.70	89.9	2.7	1 707	57 994	25 186
1991（〃3）	5 006 817	4 779 069	4 626 442	6.99	92.5	2.9	1 370	60 499	24 741
1992（〃4）	5 036 241	4 530 473	4 739 132	5.55	94.5	2.2	1 403	62 713	23 736
1993（〃5）	5 089 787	4 560 668	4 799 773	4.41	95.8	1.3	1 486	64 498	23 595
1994（〃6）	5 194 212	4 623 480	4 802 675	4.04	96.5	0.8	1 570	66 279	21 888
1995（〃7）	5 351 367	4 787 705	4 863 560	2.78	96.5	0	1 470	68 104	19 030
1996（〃8）	5 525 715	4 775 812	4 882 907	2.53	96.7	0.2	1 643	70 107	17 845
1997（〃9）	5 694 907	4 816 539	4 930 232	2.36	98.4	1.7	1 387	71 776	17 582
1998（〃10）	5 923 528	4 833 759	4 888 201	2.25	98.6	0.3	1 198	72 857	16 853
1999（〃11）	6 162 653	4 900 339	4 688 104	2.10	98.6	0.0	1 215	73 688	16 198
2000（〃12）	6 292 040	4 861 908	4 639 163	2.11	98.3	-0.4	1 230	74 583	14 874
2001（〃13）	6 468 026	4 897 859	4 482 233	1.88	97.5	-0.8	1 174	75 525	13 519
2002（〃14）	6 681 972	5 044 469	4 316 425	1.83	96.6	-0.9	1 151	76 271	12 955
2003（〃15）	6 782 578	5 141 813	4 138 534	1.79	96.3	-0.3	1 160	76 893	12 579
2004（〃16）	6 889 343	5 206 184	4 040 009	1.73	96.2	-0.1	1 189	77 390	12 058
2005（〃17）	7 013 739	5 281 422	4 085 480	1.62	96.1	-0.1	1 236	78 279	11 836
2006（〃18）	7 084 273	5 308 017	4 155 770	1.76	96.2	0.1	1 290	78 992	11 535
2007（〃19）	7 195 822	5 471 432	4 176 394	1.94	96.2	0.0	1 061	79 236	11 440
2008（〃20）	7 346 008	5 587 141	4 368 485	1.86	97.6	1.5	1 094	79 081	11 677
2009（〃21）	7 544 922	5 709 912	4 285 679	1.65	96.4	-1.3	788	78 801	12 684
2010（〃22）	7 753 911	5 796 794	4 204 178	1.55	95.4	-1.0	813	78 693	13 864
2011（〃23）	7 966 101	5 998 260	4 258 582	1.45	95.2	-0.3	834	78 661	15 366
2012（〃24）	8 165 213	6 151 781	4 338 238	1.36	95.1	-0.1	883	79 113	16 542
2013（〃25）	8 458 837	6 418 269	4 491 346	1.25	95.5	0.4	980	79 625	17 428
2014（〃26）	8 745 965	6 619 353	4 611 476	1.18	98.0	2.6	892	80 273	19 206
2015（〃27）	9 064 060	6 798 664	4 759 372	1.11	98.5	0.5	909	80 670	20 166
2016（〃28）	9 368 699	7 350 014	4 915 734	0.99	98.2	-0.3	967	80 901	21 479
2017（〃29）	9 739 925	7 639 463	5 052 386	0.94	98.7	0.5	965	81 260	23 393
2018（〃30）	10 024 562	7 797 315	5 154 804	0.90	99.5	0.9	942	81 563	25 094
2019（令1）	10 261 902	8 001 229	5 246 636	0.86	100.2	0.6	905	81 789	27 108
2020（〃2）	10 925 980	8 765 116	5 544 439	0.81	100.0	-0.2	815	81 850	26 915
2021（〃3）	11 626 650	9 080 594	5 611 372	0.79	99.8	-0.2	856	82 078	26 758
2022（〃4）	12 012 019	9 369 424	5 884 641	0.77	102.1	2.3	860	82 175	26 734
2023（〃5）	12 311 515	9 691 548	6 108 607	0.78	105.2	3.1	820	82 451	

50）1998年以前はマネーサプライ統計におけるM2＋CD（外国銀行在日支店等を含まないベース）、1999〜2002年はM2＋CDの値。2003年以降はマネーストック統計におけるM2の値。月平残の平均値。
51）1986年以降は特別国際金融取引勘定を含む。52）ストック分の総合の末値。小数点第3位以下は切り捨て。53）生鮮食品を除く総合。55）特種（株）用途車、二輪、被けん引車を含む。56）1950年は年末現在で、55年以降70年までは3月末現在、75年からは年央の数値。

	1		2		3	4	5	6
	面積 (2023年 10月1日) (km²)	人口 (2023年 10月1日) (千人)	15歳未満 人口 (%)	65歳以上 人口 (%)	人口密度 (2023年 10月1日) (人/km²)	世帯数 (2023年 1月1日) (千世帯)	1世帯 あたり人員 (2023年 1月1日) (人)	完全 失業率 (2023年 平均) (%)
北海道	83 421	5 092	10.1	33.0	64.9	2 804	1.83	2.8
青森	9 645	1 184	10.0	35.2	122.8	595	2.06	2.9
岩手	15 275	1 163	10.3	35.0	76.2	534	2.23	2.3
宮城	7 282	2 264	11.1	29.2	311.0	1 036	2.18	3.0
秋田	11 638	914	9.1	39.0	78.5	426	2.21	2.5
山形	9 323	1 026	10.7	35.2	110.1	421	2.47	1.7
福島	13 784	1 767	10.8	33.2	128.2	797	2.28	2.4
茨城	6 098	2 825	11.1	30.6	463.2	1 299	2.22	2.6
栃木	6 408	1 897	11.1	30.2	296.1	860	2.24	2.4
群馬	6 362	1 902	11.0	30.9	298.9	873	2.21	2.0
埼玉	3 798	7 331	11.3	27.4	1 930.5	3 470	2.13	2.7
千葉	5 157	6 257	11.2	28.1	1 213.3	3 023	2.09	2.5
東京	2 200	14 086	10.7	22.8	6 402.9	7 451	1.86	2.5
神奈川	2 416	9 229	11.2	25.9	3 819.4	4 513	2.04	2.9
新潟	12 584	2 126	10.7	33.8	169.0	914	2.37	2.2
富山	4 248	1 007	10.8	33.1	237.0	431	2.39	1.8
石川	4 186	1 109	11.6	30.5	264.9	497	2.25	2.1
福井	4 191	744	12.0	31.5	177.6	302	2.52	1.4
山梨	4 465	796	10.9	31.7	178.2	372	2.18	2.0
長野	13 562	2 004	11.4	32.7	147.8	891	2.29	2.0
岐阜	10 621	1 931	11.6	31.2	181.8	847	2.34	1.8
静岡	7 777	3 555	11.4	31.0	457.2	1 633	2.23	2.1
愛知	5 173	7 477	12.4	25.7	1 445.3	3 421	2.20	2.0
三重	5 774	1 727	11.5	30.6	299.0	813	2.18	1.8
滋賀	4 017	1 407	13.0	27.0	350.1	610	2.32	2.1
京都	4 612	2 535	10.8	29.7	549.7	1 246	2.01	2.4
大阪	1 905	8 763	11.2	27.7	4 599.1	4 462	1.97	3.2
兵庫	8 401	5 370	11.7	30.0	639.2	2 601	2.10	2.6
奈良	3 691	1 296	11.2	32.6	351.0	607	2.18	2.4
和歌山	4 725	892	11.1	34.2	188.8	443	2.08	2.1
鳥取	3 507	537	12.0	33.3	153.2	241	2.27	2.0
島根	6 708	650	11.8	35.0	96.8	294	2.24	1.7
岡山	7 115	1 847	11.9	31.0	259.6	866	2.15	2.1
広島	8 479	2 738	12.1	30.1	322.9	1 335	2.08	2.0
山口	6 113	1 298	11.0	35.3	212.3	659	2.01	1.6
徳島	4 147	695	10.6	35.3	167.6	338	2.12	1.9
香川	1 877	926	11.6	32.6	493.2	448	2.14	2.2
愛媛	5 676	1 291	11.1	34.2	227.5	657	2.02	1.9
高知	7 102	666	10.5	36.3	93.8	350	1.96	2.0
福岡	4 988	5 103	12.6	28.5	1 023.1	2 519	2.03	2.7
佐賀	2 441	795	12.9	31.7	325.7	343	2.35	1.6
長崎	4 131	1 267	12.1	34.3	306.7	633	2.06	1.9
熊本	7 409	1 709	12.8	32.3	230.6	804	2.16	2.4
大分	6 341	1 096	11.6	34.2	172.9	547	2.06	2.0
宮崎	7 734	1 042	12.7	33.7	134.8	532	2.01	2.7
鹿児島	9 186	1 549	12.7	33.8	168.6	813	1.96	2.1
沖縄	2 282	1 468	16.1	23.8	643.3	694	2.14	3.3
全国	**377 975**	**124 352**	11.4	29.1	333.4	**60 266**	2.08	2.6

資料等については各章を参照。1）北方領土、竹島を含む。2）2023年人口推計による。3）1）と2）より算出（北方領土および竹島を除く）。4）〜5）住民票から作成される住民基本台帳に基づいた数値で、実際の居住地で把握する国勢調査と数値が異なる。6）モデル推計。

	有業者（2022年10月1日現在）				1人あたり県民所得(2020年度)(千円)	県内総生産(2020年度)(億円)	発電電力量(2022年度)(百万kWh)	耕地面積(2023年7月15日)(ha)
	総数(千人)	第1次産業(%)	第2次産業(%)	第3次産業(%)	8	9	10	11
					7			
北海道	2 630	4.2	16.5	79.3	2 682	197 256	30 477	1 141 000
青森	611	9.8	20.7	69.5	2 633	44 566	5 836	148 400
岩手	623	8.6	24.8	66.6	2 666	47 474	3 728	147 100
宮城	1 202	4.0	22.3	73.8	2 803	94 852	11 361	124 400
秋田	474	7.2	25.7	67.1	2 583	35 305	16 906	146 000
山形	552	7.5	29.2	63.4	2 843	42 842	5 779	113 500
福島	943	6.2	29.7	64.1	2 833	78 286	50 800	134 500
茨城	1 521	5.6	28.7	65.7	3 098	137 713	42 286	159 400
栃木	1 030	5.1	32.0	62.8	3 132	89 465	10 882	120 700
群馬	1 038	4.5	30.5	64.9	2 937	86 535	4 965	63 800
埼玉	3 973	1.3	22.1	76.6	2 890	229 226	557	73 000
千葉	3 368	2.1	19.1	78.8	2 988	207 756	78 260	120 300
東京	8 297	0.3	14.3	85.5	5 214	1 096 016	6 396	6 190
神奈川	5 115	0.7	20.6	78.7	2 961	339 055	75 400	17 800
新潟	1 126	4.4	29.5	66.1	2 784	88 575	38 338	167 200
富山	548	2.6	33.9	63.5	3 120	47 299	15 336	57 800
石川	603	2.1	28.0	69.9	2 770	45 277	10 551	40 100
福井	420	2.9	31.6	65.5	3 182	35 711	35 881	39 600
山梨	441	5.9	27.2	66.9	2 982	35 527	2 639	23 100
長野	1 105	7.7	29.4	62.9	2 788	82 141	7 433	104 400
岐阜	1 058	3.0	33.7	63.3	2 875	76 630	9 086	54 400
静岡	1 955	3.0	33.4	63.6	3 110	171 052	6 849	59 400
愛知	4 106	1.7	31.2	67.2	3 428	396 593	66 751	72 500
三重	924	3.4	30.7	66.0	2 948	82 731	15 526	56 400
滋賀	767	2.1	33.3	64.6	3 097	67 397	158	50 000
京都	1 361	1.6	22.5	75.9	2 745	101 680	11 572	29 400
大阪	4 651	0.3	21.1	78.6	2 830	397 203	16 155	12 000
兵庫	2 752	1.5	25.2	73.3	2 887	217 359	44 552	72 000
奈良	637	2.0	21.8	76.2	2 501	36 859	941	19 000
和歌山	460	8.3	22.5	69.2	2 751	36 251	3 467	31 000
鳥取	284	7.2	22.3	70.4	2 313	18 199	2 266	33 000
島根	342	4.9	22.8	72.3	2 768	25 757	13 015	35 800
岡山	967	4.0	27.6	68.5	2 665	76 064	6 897	62 000
広島	1 453	2.6	26.2	71.1	2 969	115 554	11 709	50 900
山口	661	3.5	26.5	70.0	2 960	61 481	20 781	43 200
徳島	354	7.0	23.6	69.4	3 013	31 852	18 193	27 500
香川	478	4.8	25.9	69.3	2 766	37 344	4 514	28 500
愛媛	660	6.0	24.0	70.0	2 471	48 275	15 204	44 300
高知	345	9.0	17.6	73.3	2 491	23 543	3 567	25 500
福岡	2 653	2.1	21.0	76.9	2 630	188 869	11 894	78 400
佐賀	419	6.9	25.8	67.3	2 575	30 459	7 512	49 900
長崎	639	6.1	19.3	74.6	2 483	45 387	28 817	45 200
熊本	880	8.5	21.4	70.0	2 498	61 051	10 776	104 300
大分	558	5.5	23.5	71.0	2 604	44 580	21 654	54 000
宮崎	537	9.2	20.8	70.0	2 289	36 025	4 882	63 700
鹿児島	795	7.4	19.0	73.6	2 408	56 103	16 574	110 700
沖縄	744	3.4	14.7	81.8	2 167	42 609	7 754	36 100
全国	67 060	2.9	23.2	73.9	3 123	5 587 783	834 877	4 297 000

7) ふだん仕事をしている人。産業別割合は、分類不能の産業を除いたもの。10) 電気事業者のみ。表10-3の電気事業者とは、合計がわずかに合わない。

	12 農業 産出額 （2022年） （億円）	13 海面漁業 漁獲量 （2022年） （千 t）	14 事業所数 2022年 6月1日 （事業所）	15 製造業（2022年6月1日）			16 卸売業・ 小売業 年間商品 販売額 （2021年） （億円）	うち小売 販売額
				事業所数 （事業所）	従業者数 （千人）	製造品 出荷額等 （2021年） （億円）		
北海道	12 919	870	202 480	6 425	165	61 293	179 076	66 694
青森	3 168	64	52 214	1 500	55	16 947	30 919	14 078
岩手	2 660	75	51 379	2 114	86	27 133	32 843	13 109
宮城	1 737	187	89 484	3 115	116	50 034	115 189	28 468
秋田	1 670	6	42 111	1 775	61	14 057	21 660	10 660
山形	2 394	3	48 416	2 701	98	30 239	24 333	11 817
福島	1 970	58	76 743	3 904	155	51 627	44 780	21 023
茨城	4 409	285	103 309	5 692	275	136 869	67 571	30 399
栃木	2 718	—	75 950	4 838	200	85 761	56 082	22 753
群馬	2 473	—	80 546	5 702	219	83 831	55 568	21 727
埼玉	1 545	—	218 164	13 216	390	142 540	178 215	72 391
千葉	3 676	103	172 428	5 914	208	130 968	133 998	62 269
東京	218	28	585 893	15 416	268	76 227	1 865 051	206 414
神奈川	671	29	268 014	9 915	359	173 752	232 304	88 834
新潟	2 369	26	97 024	5 777	180	51 194	64 325	23 645
富山	568	26	45 393	2 956	124	39 045	31 142	11 579
石川	484	47	52 384	3 206	98	28 018	38 844	12 331
福井	412	9	36 931	2 701	75	23 953	19 942	8 647
山梨	1 164	—	38 094	2 098	74	27 111	17 485	8 481
長野	2 708	—	93 470	6 123	204	66 464	57 717	22 688
岐阜	1 129	—	87 242	6 487	204	61 159	44 142	20 582
静岡	2 132	147	152 486	10 526	404	172 905	116 424	39 797
愛知	3 114	38	280 580	18 476	847	478 946	409 925	83 571
三重	1 089	65	66 445	3 867	205	110 344	38 451	18 273
滋賀	602	—	48 541	3 109	168	81 874	28 400	14 247
京都	699	11	100 158	5 305	147	59 066	69 979	28 117
大阪	307	20	356 246	18 584	447	186 058	591 052	95 259
兵庫	1 583	42	187 847	8 579	359	165 023	154 149	55 708
奈良	390	—	41 200	1 876	60	18 709	18 568	10 918
和歌山	1 108	15	41 580	1 754	52	24 021	20 696	9 143
鳥取	745	82	22 460	847	31	8 441	12 114	5 921
島根	646	98	29 676	1 213	42	12 866	13 718	6 553
岡山	1 526	3	72 870	3 923	150	83 654	54 701	20 696
広島	1 289	17	114 499	5 893	213	99 439	117 164	31 416
山口	665	20	51 857	1 993	98	66 501	29 873	15 471
徳島	931	10	31 616	1 301	48	20 578	14 787	7 015
香川	855	13	41 865	2 359	72	28 014	34 315	11 435
愛媛	1 232	65	55 517	2 596	81	47 582	39 189	13 485
高知	1 073	48	30 992	1 099	24	6 015	14 283	6 997
福岡	2 021	21	195 929	6 023	229	94 450	224 621	57 096
佐賀	1 307	7	33 081	1 435	62	21 051	17 501	8 012
長崎	1 504	262	54 446	1 646	54	15 177	27 841	13 541
熊本	3 512	13	68 155	2 217	93	32 234	42 630	18 423
大分	1 245	19	46 833	1 673	66	47 134	24 184	11 812
宮崎	3 505	68	46 193	1 527	55	17 236	24 891	10 990
鹿児島	5 114	41	67 630	2 531	73	22 062	39 506	15 733
沖縄	890	11	58 282	978	23	4 599	29 413	13 482
全国	90 015	2 951	4 814 653	222 770	7 714	3 302 200	5 519 564	1 401 698

12) 都道府県別推計は、ほかの都道府県に販売された種苗や子豚など中間生産物を含む。全国推計は中間生産物を計上していない。13) 養殖業は含まない。14) 個人経営を含む全産業。ただし、農林漁業のうち個人経営のほか、家事サービス、公務や政治団体等、宗教に属する企業を除く。15)～16) 個人経営を除く。

	17	18	19	20	21	22		23
	国内銀行預金高（2023年12月末）（億円）	国内銀行貸出高（2023年12月末）（億円）	乗用車保有台数（2023年末）（千台）	消費者物価地域差指数（全国=100）（2022年）	住宅地平均価格2023年7月1日（円／m²）	住宅着工（新設）（2023年）		汚水処理人口普及率2022年度末（%）
						戸数（戸）	床面積（千m²）	
北海道	199 633	114 227	2 809	101.1	23 600	28 736	2 271	96.3
青森	49 122	28 257	727	98.3	16 100	4 655	445	82.3
岩手	51 645	29 334	742	99.1	26 100	6 744	515	84.9
宮城	121 335	80 263	1 312	99.5	48 400	16 079	1 204	93.3
秋田	44 149	22 523	583	98.7	13 200	3 449	310	89.2
山形	48 776	26 090	690	100.7	20 000	4 598	432	94.2
福島	82 085	40 238	1 224	99.3	23 700	8 444	789	86.3
茨城	136 887	63 077	2 013	98.2	33 700	16 345	1 474	87.4
栃木	96 186	50 844	1 355	98.3	33 900	10 090	973	89.3
群馬	92 257	47 224	1 397	96.2	31 400	10 061	974	84.2
埼玉	370 287	174 389	3 265	100.5	119 400	53 228	4 319	93.7
千葉	358 409	166 239	2 868	101.0	83 200	44 540	3 505	90.6
東京	3 515 195	2 591 354	3 156	104.7	404 400	128 330	8 334	99.8
神奈川	511 545	216 307	3 077	103.1	188 400	67 739	5 000	98.4
新潟	104 579	50 710	1 391	98.4	25 800	8 452	792	89.7
富山	66 216	34 257	711	98.6	30 900	5 034	464	97.7
石川	63 713	32 996	731	99.4	47 900	5 401	509	95.2
福井	41 198	22 077	515	99.4	29 400	4 149	366	97.4
山梨	35 952	14 529	566	98.1	23 300	3 969	383	86.3
長野	95 787	38 337	1 393	97.5	25 100	11 029	1 058	98.3
岐阜	90 225	35 424	1 306	97.2	31 900	9 550	906	94.0
静岡	168 270	100 316	2 239	98.4	64 100	19 415	1 762	84.9
愛知	497 659	258 348	4 243	98.4	112 300	54 685	4 468	92.8
三重	95 298	41 061	1 170	99.3	28 100	9 224	792	89.0
滋賀	70 091	39 009	824	99.6	47 200	9 166	776	99.1
京都	159 364	73 661	1 004	100.9	111 900	14 765	1 110	98.6
大阪	797 496	458 844	2 811	99.4	155 200	69 264	4 638	98.4
兵庫	278 910	120 149	2 334	99.4	110 000	30 134	2 397	99.0
奈良	78 279	27 672	655	97.0	52 900	5 520	511	90.8
和歌山	46 063	19 033	547	99.2	35 400	3 958	362	69.4
鳥取	27 677	15 247	349	98.2	19 000	2 412	220	95.8
島根	30 203	14 217	411	99.6	20 400	3 173	271	83.0
岡山	95 718	65 430	1 173	97.8	29 800	10 292	885	88.6
広島	157 561	117 675	1 474	98.7	59 400	17 515	1 374	90.3
山口	76 352	38 719	821	99.9	25 900	6 465	541	89.5
徳島	52 146	23 201	459	99.2	29 000	3 108	279	67.4
香川	62 771	32 198	598	98.2	32 600	5 279	457	81.1
愛媛	87 117	75 724	750	98.1	34 600	6 234	532	83.0
高知	31 375	16 706	398	99.4	30 500	2 407	217	77.9
福岡	292 649	226 692	2 668	97.3	65 800	37 752	2 940	94.3
佐賀	31 054	14 945	517	97.9	21 700	5 382	446	87.0
長崎	58 037	30 026	706	99.1	25 100	7 789	571	83.6
熊本	76 488	51 014	1 056	98.9	30 600	13 619	1 062	89.4
大分	46 776	27 134	702	97.4	26 300	6 184	507	81.8
宮崎	41 185	27 940	686	96.1	24 700	5 929	491	89.2
鹿児島	57 791	41 854	972	96.6	27 600	9 147	708	84.8
沖縄	61 973	43 987	922	99.0	68 100	10 183	835	87.6
全国	9 653 505	5 879 522	62 321	100.0	…	819 623	64 178	92.9

17）18）府県別は金融機関店舗の所在地区分による。ゆうちょ銀行を除く。単位未満切り捨てのため、内訳と全国計が一致しない。19）三輪車を含む。

	24		25	26	27			28
	平均寿命 （2020年）（年）		病院数 2022年 10月1日 （か所）	人口10万 あたり 病床数 2022年 10月1日 （床）	児童・生徒数 （2023年5月1日）（千人）			大学等 進学率 （高等学校） 2023年 3月卒業 （%）
	男	女			小学校	中学校	高等学校	
北海道	80.92	87.08	535	1 765.2	221.4	119.1	109.3	51.5
青森	79.27	86.33	90	1 356.6	52.4	28.5	28.3	53.5
岩手	80.64	87.05	92	1 367.1	53.0	29.1	28.5	47.6
宮城	81.70	87.51	135	1 078.7	108.6	57.1	53.6	55.2
秋田	80.48	87.10	65	1 514.9	36.5	20.7	20.4	47.5
山形	81.39	87.38	67	1 355.7	46.9	25.8	26.1	48.8
福島	80.60	86.81	124	1 345.3	83.3	44.2	42.7	50.1
茨城	80.89	86.94	173	1 075.0	130.6	70.0	68.8	56.0
栃木	81.00	86.89	109	1 107.2	91.0	49.3	47.4	56.9
群馬	81.13	87.18	127	1 224.3	89.9	49.0	46.0	57.1
埼玉	81.44	87.31	342	857.2	355.5	185.0	160.4	64.6
千葉	81.45	87.50	290	954.4	299.8	156.0	136.7	62.5
東京	81.77	87.86	629	891.5	623.6	314.5	299.9	72.8
神奈川	82.04	87.89	336	798.9	440.0	223.8	191.7	68.1
新潟	81.29	87.57	120	1 217.2	99.1	52.3	49.2	53.0
富山	81.74	87.97	106	1 476.0	46.1	25.1	24.7	57.5
石川	82.00	88.11	91	1 480.6	55.2	29.1	29.0	60.2
福井	81.98	87.84	67	1 361.1	37.6	20.5	20.4	62.7
山梨	81.71	87.94	60	1 321.4	37.4	20.2	21.5	61.2
長野	82.68	88.23	125	1 136.3	98.3	52.8	50.6	54.3
岐阜	81.90	87.51	97	1 010.3	96.5	52.6	48.5	60.0
静岡	81.59	87.48	170	1 012.6	175.8	95.8	88.8	57.3
愛知	81.77	87.52	317	879.7	395.8	207.7	181.2	62.8
三重	81.68	87.59	93	1 100.4	86.5	46.5	42.6	54.7
滋賀	82.73	88.26	58	983.9	78.1	40.8	35.9	61.6
京都	82.24	88.25	160	1 252.7	116.3	63.6	65.3	73.0
大阪	80.81	87.37	506	1 184.4	410.5	217.2	198.9	67.6
兵庫	81.72	87.90	347	1 181.5	270.7	141.0	123.6	67.1
奈良	82.40	87.95	75	1 221.4	62.3	34.1	31.1	64.5
和歌山	81.03	87.36	83	1 420.8	42.2	23.0	22.3	57.0
鳥取	81.34	87.91	43	1 528.1	27.2	13.9	13.9	52.0
島根	81.63	88.21	46	1 474.9	32.4	16.6	16.9	50.0
岡山	81.90	88.29	159	1 455.3	94.6	49.6	47.9	57.0
広島	81.95	88.16	232	1 338.0	141.9	74.9	66.9	64.6
山口	81.12	87.43	139	1 854.1	61.9	33.3	29.7	46.9
徳島	81.27	87.42	106	1 885.9	33.1	17.1	15.9	59.6
香川	81.56	87.64	87	1 505.2	47.5	25.1	23.7	58.4
愛媛	81.13	87.34	134	1 551.3	63.6	32.8	30.4	56.3
高知	80.79	87.84	120	2 328.1	30.1	16.3	16.5	56.0
福岡	81.38	87.70	453	1 596.8	274.4	140.7	123.4	58.5
佐賀	81.41	87.78	96	1 767.0	42.8	23.1	22.0	47.9
長崎	81.01	87.41	147	1 971.3	66.6	35.1	33.3	48.4
熊本	81.91	88.22	203	1 878.5	94.3	48.9	43.3	49.0
大分	81.88	87.99	151	1 757.7	54.6	29.3	28.6	52.2
宮崎	81.15	87.60	132	1 727.9	57.2	30.3	28.8	48.6
鹿児島	80.95	87.53	230	2 026.4	86.0	45.3	42.0	46.4
沖縄	80.73	87.88	89	1 274.0	100.5	50.5	42.5	46.3
全国	81.49	87.60	8 156	1 194.9	6 049.7	3 177.5	2 918.5	60.8

24）全国値は完全生命表では男81.56年、女87.71年。本表のデータは都道府県生命表と同様の方法で算出したもの。25）患者20人以上の収容施設を有するもの。26）病院の病床数で、診療所（病床数19人以下）を含まず。27）中等教育学校、義務教育学校を含まず。通信教育を含まず。28）2023年3月に高等学校を卒業した人が、現役で大学等に進学した割合であり、図34-1と異なる。

付録Ⅱ　府県別主要統計

	1	2	3	4	5	6	7	8	9
	米 (水稲) (2023年) (t)	小麦 (2023年) (t)	大豆 (2022年) (t)	みかん (2022年) (t)	りんご (2022年) (t)	日本なし (2022年) (t)	もも (2022年) (t)	ぶどう (2022年) (t)	だいこん (2022年) (t)
北海道	540 200	717 100	108 900	…	7 560	…	…	6 610	128 800
青森	248 700	1 970	4 420	…	439 000	…	1 570	3 260	107 300
岩手	249 100	7 870	5 860	…	47 900	…	…	2 740	22 500
宮城	344 700	5 010	15 800	…	2 730	2 420	…	…	8 210
秋田	458 200	960	11 500	…	22 500	2 380	…	1 570	14 200
山形	359 300	268	6 870	…	41 200	1 370	9 800	14 000	14 100
福島	327 600	1 230	1 830	…	23 700	15 200	27 700	2 440	20 400
茨城	316 400	15 400	5 340	…	…	17 800	…	…	54 200
栃木	284 200	8 630	4 690	…	…	17 000	…	…	13 400
群馬	70 100	22 400	416	…	7 740	3 550	…	…	28 900
埼玉	137 500	22 000	545	…	…	5 680	…	1 120	24 100
千葉	265 700	2 620	1 080	1 010	…	19 200	…	…	144 900
東京	465	18	6	…	…	1 700	…	…	8 050
神奈川	14 200	83	56	12 600	…	3 850	…	…	75 400
新潟	591 700	504	7 100	…	…	9 360	1 900	2 060	43 800
富山	185 900	78	5 590	…	1 160	3 510	…	…	3 400
石川	121 200	174	1 650	…	695	2 760	…	799	7 460
福井	116 500	567	2 320	…	…	1 090	…	138	5 410
山梨	25 700	243	258	…	719	…	35 700	40 800	4 850
長野	187 900	6 150	3 670	…	132 600	13 000	12 000	28 900	15 800
岐阜	100 200	12 700	3 500	…	1 700	1 820	609	…	20 200
静岡	78 400	1 850	146	103 000	…	…	…	…	18 700
愛知	123 800	34 300	6 060	24 200	…	4 960	…	3 390	23 600
三重	126 300	26 800	3 350	15 300	…	…	…	…	8 420
滋賀	142 600	24 200	10 600	…	…	630	…	412	3 710
京都	69 300	383	292	…	…	1 000	…	…	6 830
大阪	22 300	2	12	12 500	…	…	…	3 680	1 200
兵庫	170 000	5 270	2 020	…	…	1 230	…	2 260	11 100
奈良	42 700	407	118	…	…	…	…	…	3 080
和歌山	29 200	7	23	152 500	…	…	8 010	…	7 790
鳥取	57 200	283	821	…	…	11 800	…	481	7 650
島根	82 900	333	1 020	…	…	…	…	2 190	7 460
岡山	142 900	4 200	1 260	…	…	…	6 580	14 600	7 990
広島	112 900	561	388	16 400	1 590	2 350	…	3 030	10 500
山口	87 200	5 540	917	6 590	…	2 670	…	…	10 700
徳島	45 700	263	12	9 060	…	4 860	…	…	22 500
香川	50 600	9 310	65	10 000	…	422	827	1 210	6 360
愛媛	64 600	1 880	612	109 300	…	…	397	1 480	5 990
高知	46 800	6	33	5 560	…	…	…	…	5 110
福岡	157 400	70 000	9 790	17 600	…	7 530	…	7 170	13 900
佐賀	115 700	50 900	8 930	38 900	…	4 000	…	…	2 490
長崎	48 800	2 150	226	40 400	…	…	…	…	41 100
熊本	155 400	19 100	2 950	75 000	…	7 350	…	…	23 300
大分	89 900	9 790	1 310	9 860	…	7 780	…	2 290	11 800
宮崎	71 400	328	76	6 940	…	…	…	1 200	64 800
鹿児島	83 400	130	374	9 700	…	…	…	…	90 400
沖縄	1 850	11	x	…	…	…	…	…	461
全国	7 165 000	1 094 000	242 800	682 200	737 100	196 500	116 900	162 600	1 181 000

資料は各章を参照のこと。xは秘匿。4) みかんは果実数が多くなる年（表年）と少なくなる年（裏年）とが交互に発生する現象がある。4) ～8) 主産県調査で、全国は推計値。

	10 にんじん(2022年)(t)	11 ばれいしょ(2022年)(t)	12 キャベツ(2022年)(t)	13 きゅうり(2022年)(t)	14 なす(2022年)(t)	15 トマト(2022年)(t)	16 生乳(2022年)(t)	17 鶏卵(2022年)(t)	18 素材(木材)(2022年)(千m³)
北海道	168 200	1 819 000	61 700	14 500	445	62 900	4 309 275	91 604	3 335
青森	34 400	13 000	15 900	5 250	1 070	16 200	76 046	106 045	979
岩手	2 630	5 900	24 100	11 900	2 860	9 380	207 362	81 288	1 461
宮城	1 150	4 730	6 330	13 900	2 880	8 610	107 064	69 531	685
秋田	609	8 200	7 400	7 680	5 000	7 500	22 744	40 392	1 223
山形	823	2 660	3 280	11 900	5 260	9 130	64 218	8 180	364
福島	1 810	15 300	5 700	40 500	4 180	22 000	65 726	65 095	950
茨城	30 000	48 500	106 900	25 500	17 900	46 300	182 969	231 362	455
栃木	3 700	9 050	5 470	10 500	11 500	32 000	359 211	102 804	577
群馬	1 620	5 000	284 500	55 800	28 500	21 600	207 903	121 140	213
埼玉	16 100	10 200	17 900	44 000	8 510	15 200	47 063	36 900	x
千葉	110 500	28 100	109 600	31 400	6 590	31 700	192 368	125 451	91
東京	2 900	3 440	8 730	2 020	1 820	3 550	8 718	1 006	49
神奈川	2 740	6 590	67 700	10 400	3 640	12 100	27 351	19 134	8
新潟	5 850	7 050	10 300	8 530	5 730	8 360	38 769	89 311	156
富山	1 140	1 050	2 380	1 250	2 040	1 740	12 547	13 163	70
石川	425	2 420	1 660	1 760	684	3 080	17 600	19 643	113
福井	955	3 250	3 210	1 210	1 160	2 330	5 637	15 034	139
山梨	264	2 410	3 720	4 740	5 840	6 740	19 860	9 255	141
長野	1 370	15 200	68 600	13 700	3 680	16 100	90 273	8 435	467
岐阜	6 130	3 500	5 380	5 760	3 770	27 200	31 999	62 240	391
静岡	2 950	13 800	22 000	3 370	1 770	13 400	86 673	95 319	332
愛知	19 400	4 060	268 900	14 900	13 900	47 700	148 158	120 002	157
三重	1 050	2 440	11 500	2 460	1 690	9 240	59 324	94 714	327
滋賀	846	1 250	9 840	3 090	2 030	3 110	18 132	4 123	65
京都	810	2 080	6 690	4 640	7 050	4 340	28 211	28 845	171
大阪	137	778	9 190	1 680	6 070	2 170	9 382	680	22
兵庫	3 410	3 450	25 800	3 660	3 430	8 330	76 247	97 137	378
奈良	460	1 790	2 520	1 910	4 710	3 350	23 465	6 211	121
和歌山	2 330	519	6 190	2 470	1 690	3 540	4 403	4 479	188
鳥取	1 900	2 000	3 760	1 630	1 220	3 510	60 526	4 771	186
島根	659	1 460	5 980	3 620	1 780	4 560	76 573	14 322	339
岡山	1 020	1 890	12 700	2 780	4 950	5 760	113 870	133 996	406
広島	672	6 860	11 500	4 000	3 340	10 700	51 708	136 315	331
山口	842	2 860	7 470	3 370	2 180	4 100	14 597	22 570	246
徳島	48 500	1 660	6 720	7 470	6 500	4 920	24 887	12 549	307
香川	2 960	727	9 860	4 380	1 980	3 010	38 734	82 872	24
愛媛	540	2 950	11 900	8 600	3 880	6 500	29 689	27 226	563
高知	766	1 140	2 180	25 500	40 600	6 430	18 979	4 908	592
福岡	2 490	4 380	24 400	9 310	17 500	18 900	68 142	43 249	186
佐賀	356	3 200	7 970	15 300	3 080	3 240	13 576	4 768	148
長崎	32 900	83 900	11 400	6 930	1 700	11 700	42 476	24 814	129
熊本	22 700	14 800	44 800	15 300	33 400	130 300	266 013	42 904	957
大分	3 230	1 880	15 200	2 860	1 630	10 200	70 137	16 706	1 198
宮崎	13 600	10 300	21 900	64 500	2 290	17 000	80 453	55 931	2 031
鹿児島	22 200	97 600	74 500	9 550	1 970	5 270	76 699	179 337	743
沖縄	2 060	904	4 950	3 330	1 190	3 010	21 716	20 465	x
全国	582 100	2 283 000	1 458 000	548 600	294 600	707 900	7 617 473	2 596 725	22 082

18）用材（薪炭材やしいたけ原木を除く）に供される丸太またはそま角（斧で荒削りしただけの角材）。本統計は山林での集計が困難なため、各都道府県の工場への素材入荷量を生産量としている。

付録Ⅲ　府県別生産統計

	産業別製造品出荷額等（2021年）（億円）							
	食料品	飲料・たばこ・飼料	繊維工業	木材・木製品	家具・装備品	パルプ・紙・紙加工品	印刷・同関連業	化学工業
北海道	22 695	3 105	305	1 872	421	2 777	1 034	1 907
青森	3 885	1 397	163	313	30	929	170	371
岩手	3 847	465	209	750	64	349	382	592
宮城	6 792	2 011	203	812	108	1 574	583	982
秋田	984	193	227	809	84	276	98	676
山形	3 378	391	386	295	223	228	273	2 942
福島	3 032	1 173	459	831	514	1 889	478	6 664
茨城	15 191	5 557	766	1 707	780	2 513	1 347	18 824
栃木	6 649	9 567	624	1 259	636	2 789	498	6 747
群馬	8 607	3 631	459	799	564	912	826	7 270
埼玉	20 277	1 844	816	919	1 558	5 087	7 350	17 140
千葉	15 319	4 192	257	865	1 054	1 469	1 619	24 564
東京	7 663	916	922	190	761	1 563	7 846	4 342
神奈川	15 610	3 611	522	297	781	1 963	1 636	19 203
新潟	7 779	697	630	346	331	1 843	798	7 971
富山	1 453	631	528	338	365	1 357	258	7 232
石川	1 547	117	1 558	324	609	216	773	1 602
福井	596	149	2 137	900	211	797	292	2 332
山梨	2 708	1 851	304	159	74	230	288	505
長野	5 718	1 454	263	318	260	804	688	1 376
岐阜	4 042	694	1 394	836	953	2 234	833	3 156
静岡	13 704	9 641	1 123	2 355	927	8 608	1 870	22 715
愛知	17 890	4 725	3 584	1 721	1 444	3 867	2 376	13 959
三重	4 997	1 009	575	533	407	904	304	13 484
滋賀	3 505	1 291	1 924	390	700	1 281	1 164	12 652
京都	4 953	8 193	988	575	193	1 230	1 572	2 330
大阪	13 292	2 597	2 831	1 336	1 761	3 418	4 477	17 773
兵庫	17 270	4 720	1 119	655	803	3 245	1 140	21 779
奈良	2 457	258	572	624	294	667	849	1 215
和歌山	2 106	505	669	428	152	408	141	4 406
鳥取	1 568	264	133	295	20	892	92	53
島根	774	145	290	519	65	302	75	381
岡山	5 613	2 572	2 304	1 041	337	1 139	1 046	12 743
広島	5 893	762	1 585	1 562	438	996	827	3 833
山口	2 639	540	509	505	47	989	282	22 817
徳島	1 449	341	230	496	271	1 116	135	7 365
香川	3 867	351	373	638	73	1 196	660	1 671
愛媛	3 282	575	1 770	503	91	5 475	232	3 758
高知	901	133	193	249	32	687	86	119
福岡	10 114	2 822	559	692	949	941	1 908	5 683
佐賀	3 988	1 022	199	336	340	748	150	1 761
長崎	2 707	350	259	82	37	70	109	141
熊本	4 047	1 238	319	591	86	883	326	1 989
大分	1 446	1 331	180	388	96	347	176	5 855
宮崎	3 950	1 702	836	687	54	355	145	1 885
鹿児島	7 382	4 374	119	292	49	515	182	240
沖縄	1 783	599	29	29	33	64	163	80
全国	299 348	95 705	36 525	32 463	20 086	72 144	48 555	317 082

19）個人経営を除く。*x*は秘匿。　府県別の製造品出荷額等の合計は、519ページ府県別主要統計15
を参照。

19（つづき）

	産業別製造品出荷額等（2021年）(億円)							
	石油・ 石炭製品	プラスチック製品	ゴム製品	なめし革 ・同製品 ・毛皮	窯業・ 土石製品	鉄鋼業	非鉄金属	金属製品
北海道	7 053	910	134	42	2 392	4 801	262	2 841
青森	88	141	19	—	465	1 174	2 513	517
岩手	108	869	53	61	968	1 075	259	1 241
宮城	6 125	1 146	614	11	1 291	1 892	889	1 901
秋田	62	279	44	10	425	234	776	776
山形	40	749	39	170	1 297	379	551	1 099
福島	163	2 528	1 990	120	2 357	1 092	2 336	2 892
茨城	581	8 272	766	21	3 430	10 466	8 722	8 376
栃木	213	5 771	1 643	22	1 943	2 678	4 607	4 575
群馬	108	4 957	474	15	1 177	2 876	1 707	4 510
埼玉	403	7 328	1 271	126	2 643	3 886	7 477	7 887
千葉	27 749	2 978	478	112	3 086	19 054	5 075	6 830
東京	353	1 453	332	553	1 976	1 751	1 749	3 043
神奈川	26 008	5 876	988	60	2 968	7 102	4 436	5 006
新潟	174	1 547	110	26	1 150	2 483	889	5 776
富山	59	2 270	134	29	923	1 826	4 713	4 115
石川	x	649	61	x	575	644	426	1 457
福井	56	1 927	20	13	619	362	1 962	1 060
山梨	42	968	225	21	922	109	535	1 048
長野	104	2 305	157	41	1 422	440	1 501	3 751
岐阜	166	5 293	600	2	3 950	2 296	1 101	5 207
静岡	270	7 159	1 742	26	1 898	2 183	5 053	6 055
愛知	6 285	15 914	4 570	238	7 529	26 364	6 178	17 429
三重	6 079	3 875	2 200	—	2 587	1 164	5 797	4 026
滋賀	134	6 543	1 156	5	4 215	1 083	1 909	3 701
京都	80	2 050	243	71	1 745	879	1 284	2 159
大阪	14 076	8 200	1 360	219	2 636	15 429	8 824	16 479
兵庫	1 606	5 020	1 365	448	3 558	21 569	3 002	8 801
奈良	x	1 766	665	x	372	412	277	1 526
和歌山	3 715	468	361	3	453	4 210	135	924
鳥取	31	263	418	x	70	175	x	424
島根	37	338	83	x	383	1 742	x	393
岡山	17 125	2 582	1 018	8	2 271	11 536	955	2 621
広島	168	5 797	1 040	17	1 347	13 930	2 937	3 510
山口	9 737	1 047	1 705	x	1 889	6 746	1 511	1 859
徳島	40	566	68	3	234	381	16	807
香川	1 763	1 484	291	91	767	654	5 136	1 725
愛媛	6 439	1 925	x	x	468	1 444	11 224	809
高知	28	127	—	x	599	554	124	188
福岡	1 269	3 398	2 495	7	4 004	10 492	1 732	5 816
佐賀	49	497	569	88	462	465	1 499	1 064
長崎	50	211	7	—	499	330	48	653
熊本	125	1 251	944	x	918	584	424	1 723
大分	5 240	706	181	23	1 424	7 602	8 157	665
宮崎	46	608	1 074	2	376	243	43	385
鹿児島	70	195	4	7	2 514	61	577	594
沖縄	44	92	x	x	550	340	x	566
全国	144 329	130 299	33 755	2 804	79 747	197 188	119 507	158 811

19）個人経営を除く。xは秘匿。　府県別の製造品出荷額等の合計は、519ページ府県別主要統計15
を参照。

19（つづき）

	はん用機械器具	生産用機械器具	業務用機械器具	電子部品・デバイス・電子回路	電気機械器具	情報通信機械器具	輸送用機械器具	その他の製造業
	\multicolumn{8}{c}{産業別製造品出荷額等（2021年）(億円)}							
北海道	492	1 112	87	2 082	411	95	3 970	492
青森	43	296	1 168	2 186	798	20	185	76
岩手	1 440	2 917	1 157	2 724	575	238	6 213	576
宮城	219	6 268	724	6 173	1 951	1 265	6 112	387
秋田	138	1 343	1 009	4 369	293	64	644	122
山形	707	2 466	523	7 051	1 431	2 714	1 162	1 744
福島	2 328	1 887	3 032	5 215	2 409	3 671	4 117	455
茨城	6 971	15 381	2 659	2 366	9 986	592	9 464	2 132
栃木	2 054	6 928	2 654	2 589	8 271	2 154	10 080	810
群馬	2 976	3 192	3 034	2 207	5 086	1 130	26 512	805
埼玉	4 660	5 659	4 688	3 689	4 708	6 072	24 111	2 942
千葉	1 874	5 762	1 442	1 924	1 884	1 100	723	1 560
東京	1 961	4 671	3 492	3 846	6 895	5 017	11 943	2 986
神奈川	7 616	12 304	4 883	3 504	6 828	7 372	34 067	1 113
新潟	2 163	4 398	1 738	4 174	2 793	990	2 069	317
富山	1 844	3 900	366	3 281	552	66	1 457	1 347
石川	1 137	8 104	1 065	3 706	955	861	1 247	323
福井	218	780	131	4 222	2 119	83	2 120	848
山梨	759	8 309	1 242	2 567	1 157	1 320	1 139	628
長野	5 239	9 295	2 455	9 462	4 168	10 363	3 688	1 193
岐阜	3 702	5 077	561	2 810	3 758	84	11 771	641
静岡	3 113	8 034	2 864	3 375	24 809	2 098	40 873	2 410
愛知	12 713	23 837	7 689	3 082	39 385	2 269	252 306	3 589
三重	3 760	3 178	1 663	18 751	7 708	155	26 211	977
滋賀	7 791	6 929	1 608	5 004	8 069	450	10 033	339
京都	1 690	5 421	3 164	5 317	4 761	669	3 106	6 393
大阪	10 065	19 206	2 745	5 815	8 786	739	21 741	2 252
兵庫	14 057	13 705	2 351	3 972	15 015	4 078	13 771	1 973
奈良	591	1 278	1 500	203	278	—	1 796	954
和歌山	2 927	1 087	146	239	149	26	216	147
鳥取	93	249	117	1 750	1 093	225	128	35
島根	507	520	208	3 106	370	1 626	789	55
岡山	2 491	3 350	188	2 297	2 136	102	7 630	550
広島	4 598	8 743	801	6 937	2 252	41	30 531	895
山口	1 088	2 278	*x*	815	453	*x*	8 634	145
徳島	743	457	*x*	3 527	1 885	*x*	137	302
香川	1 033	1 273	91	442	1 717	—	2 423	296
愛媛	1 673	2 508	17	442	957	*x*	3 796	132
高知	158	834	185	*x*	125	—	368	262
福岡	1 815	5 759	362	2 706	2 994	143	27 042	748
佐賀	160	1 090	19	2 296	1 485	90	2 145	531
長崎	1 122	466	444	2 921	447	353	3 754	117
熊本	185	6 448	36	4 161	1 605	*x*	4 039	129
大分	1 042	721	877	2 423	369	1 756	6 053	75
宮崎	115	628	227	1 658	350	976	673	214
鹿児島	59	716	57	2 961	724	79	181	113
沖縄	20	29	36	*x*	45	*x*	30	47
全国	**122 153**	**228 795**	**65 769**	**164 424**	**194 993**	**61 345**	**631 198**	**45 176**

19) 個人経営を除く。*x*は秘匿。　府県別の製造品出荷額等の合計は、519ページ府県別主要統計15を参照。

本書の内容や、引用転載等に関するご質問は、
編集室までメールにてご連絡ください。
編集室メール：edit@yt-ms.jp

［編集］
矢野恒太記念会
編集長　岡田　康弘
　　　　白崎　あけみ
　　　　井口　萌奈
　　　　福地　早希子
　　　　トゥアー　英里奈ジュリエット
　　　　細谷　知広
　　　　大沼　昇一
　　　　有働　　洋

［装丁］
クリエイティブ・コンセプト
　　　　江森　恵子

日本国勢図会　**2024／25**

2024年（令和6年）6月1日発行
編集・発行　公益財団法人　矢野恒太記念会
理事長　渡　邉　光一郎
編集長　岡　田　康　弘
〒100-0006　東京都千代田区有楽町1-13-1　第一生命本館
URL: https://yt-ms.jp

ISBN978-4-87549-155-2

定価 3,300円（本体3,000円＋税10%）

乱丁・落丁本はお取りかえいたします。印刷／大日本印刷株式会社

《日本国勢図会の姉妹図書》

世界国勢図会 2023/24 （公財）矢野恒太記念会編（毎年9月刊） Ａ５判/480頁/電子書籍も好評発売中 定価3,300円（本体3,000円＋税10％）	日本国勢図会の国際統計版。世界情勢を、人口、GDP、産業、軍事など経済・社会の各局面から最新のデータによって明らかにしている。
データでみる県　勢 2024 （公財）矢野恒太記念会編（毎年12月刊） Ａ５判/512頁/電子書籍も好評発売中 定価3,300円（本体3,000円＋税10％）	日本国勢図会の地域統計版。都道府県については経済・社会の各分野から幅広く統計を集めて比較を行い、市町村については主要統計を掲載。
日本のすがた 2024 ―最新データで学ぶ社会科資料集― （公財）矢野恒太記念会編（毎年3月刊） Ａ５判/224頁/電子書籍も好評発売中 定価1,320円（本体1,200円＋税10％）	日本国勢図会のジュニア版。最新のデータによるグラフや分かりやすい解説で、日本の現状を伝える社会科資料集。コンパクトで便利と一般の読者にも好評を得ている。
数字でみる　日本の100年 改訂第7版 （公財）矢野恒太記念会編（2020年2月刊） Ａ５判/544頁/電子書籍も好評発売中 定価3,190円（本体2,900円＋税10％）	日本国勢図会の長期統計版。分野によっては明治から、ほとんどの分野で戦後から現代までのデータを掲載。解説と年表も加えた。